MATHEMATIK
BERUFLICHES GYMNASIUM
NIEDERSACHSEN

WIRTSCHAFT – GESUNDHEIT UND SOZIALES | 11

Von:

Rolf Schöwe

Jost Knapp

Volker Klotz

unter Mitarbeit der Verlagsredaktion

Beratung:

Alois Graelmann

Elke Preckel

Dieses Buch enthält Materialien und Aufgaben anderer Bücher der Cornelsen Schulverlage.
An diesen waren neben den zuvor genannten Personen beteiligt:
Garnet Becker, Sandra Bödeker, Juliane Brüggemann, Otto Feszler, Dr. Michael Funcke, Christa Hermes,
Andreas Höing, Wolfgang Jüschke, Michael Knobloch, Peter Meier, Hildegard Michael, Kathrin Rüsch,
Christian Saur, Paul Vaßen, Susanne Viebrock

Verlagsredaktion: Marielle Böhning
Redaktion: Dimler & Albroscheit Partnerschaft, Müncheberg
Bildredaktion: Gertha Maly
Illustration: Dietmar Griese, Laatzen
Grafik: Da-TeX Gerd Blumenstein, Leipzig; Martin Frech, Tübingen
Umschlaggestaltung: EYES-OPEN, Berlin
Layout: Da-TeX Gerd Blumenstein, Leipzig
Technische Umsetzung: medienfrech.de, Tübingen

www.cornelsen.de

1. Auflage, 1. Druck 2018

Alle Drucke dieser Auflage können im Unterricht nebeneinander verwendet werden.

© 2018 Cornelsen Verlag GmbH, Berlin

Druck: Mohn Media Mohndruck, Gütersloh

ISBN 978-3-06-451630-4 (Schülerbuch)
ISBN 978-3-06-451632-8 (E-Book)

PEFC zertifiziert
Dieses Produkt stammt aus nachhaltig
bewirtschafteten Wäldern und kontrollierten
Quellen.
www.pefc.de

PEFC/04-31-1033

Vorwort

Dieses Mathematikbuch wendet sich an Schülerinnen und Schüler an einem Beruflichen Gymnasium in Niedersachsen. Es wurde passgenau zum neuen Kerncurriculum für die Fachrichtungen Wirtschaft sowie Gesundheit und Soziales entwickelt. Die mathematischen Inhalte werden durch Beispiele aus der Berufs- und Alltagswelt motiviert, insbesondere durch wirtschaftswissenschaftliche und kaufmännische Problemstellungen. Parallel zu der im Kerncurriculum geforderten systematischen Behandlung der mathematischen Gegenstände werden die volks- und betriebswirtschaftlichen Begriffe mindestens so umfassend erläutert, dass Schülerinnen und Schüler auch ohne Vorkenntnisse aus der Ökonomie die berufsbezogenen Probleme mathematisch modellieren und lösen können. Fächerübergreifende Lerninhalte können dadurch in verständlicher Weise mathematisiert werden, ohne dass die Systematik und die Logik der Mathematik verloren gehen.

Ein besonderes Augenmerk der Didaktik und Methodik dieses Buchs gilt dem Kompetenzerwerb der Schülerinnen und Schüler sowie der Handlungsorientierung: Auf der Startseite jedes Abschnitts sind die schwerpunktmäßig zu erwerbenden Kompetenzen ebenso vermerkt wie die berufsbezogenen Anwendungen. Offene Aufgabenstellungen auf den Startseiten, in den Übungen oder im Lehrtext bieten in besonderem Maße Möglichkeiten zum Kompetenzerwerb.

In diesem Buch unterstützt außerdem der geforderte Einsatz grafikfähiger Taschenrechner (GTR) bzw. von Computer-Algebra-Systemen (CAS) den Kompetenzerwerb der Schülerinnen und Schüler. In vielen Beispielen begleiten GTR/CAS-Darstellungen den Rechenweg. Dabei werden Rechner von Casio und Texas Instruments gleichmäßig eingesetzt. Im Anhang des Buchs erfolgt auf 16 Seiten eine Erläuterung der wichtigsten Befehle der zwei Systeme.

Während die Übungsaufgaben grundsätzlich für den GTR/CAS-Einsatz konzipiert sind, werden Aufgaben, die ausdrücklich ohne jegliche Hilfsmittel bewältigt werden sollen, extra durch das Zeichen „oHiMi" ausgewiesen. Sie dienen der Vorbereitung auf diejenigen Abituraufgaben, die ohne Hilfsmittel bearbeitet werden müssen.

Das Buch für die Einführungsphase beginnt mit dem einführenden Kapitel „Beschreibende Statistik" und führt über die elementare Funktionenlehre zur Differenzialrechnung. Eine Fülle von Übungsaufgaben dient der Festigung und der Vertiefung des Gelernten und soll zur Übertragung auf andere Problemstellungen anregen. An dieses Buch schließt sich dann der Band für die Qualifikationsphase mit der Vertiefung der Differenzialrechnung, der Integralrechnung, der Stochastik, der Linearen Algebra sowie der Analytischen Geometrie an.

Das Buch soll für den Lernenden ein Lernbuch und für den Lehrenden ein Lehrbuch sein: Die mathematischen Inhalte werden in jedem Abschnitt durch eine Vielzahl von Beispielrechnungen in kleine Einheiten zerlegt. Einerseits können so die Lernenden die Problemlösungen durchschauen und selbstständig mit dem Buch arbeiten. Andererseits wird den Lehrenden eine solide Basis geboten, systematisch Mathematik berufsbezogen und problemorientiert zu unterrichten, sodass die geforderten Kompetenzen von den Schülerinnen und Schülern erworben werden können.

Wir danken der Redaktion für die gute Zusammenarbeit.

Rolf Schöwe, Jost Knapp, Volker Klotz

Inhaltsverzeichnis

degressive Abschreibung
Zinseszinsrechnung
Medikamentenabbau
Halbwertszeit

periodische Vorgänge

3 Ableitungen

Durchschnittskosten
Grenzkosten
Grenzerlös
Grenzgewinn

Gewinnmaximum bei
ertragsgesetzlichen
Kostenverläufen
Übergang vom degressiven
zum progressiven
Kostenverlauf

Kostenverläufe
Preisuntergrenzen

Anhang

Im Buch wurden folgende Hilfsmittel (zur Berechnung und Darstellung) verwendet:
• TI-*n*spire™ CX und TI-*n*spire™ CX CAS (Version: 4.5, eingetragene Warenzeichen von Texas Instruments)
• Casio fx-CG20/50 (Version: 3.10)

Grundlagen

Zahlen und Zahlenmengen

Die **Menge der natürlichen Zahlen** $\mathbb{N}$ besteht aus den Zahlen 0, 1, 2, 3, usw.

$$\mathbb{N} = \{0; 1; 2; 3; \ldots\}$$

Nehmen wir das Element 0 aus der Menge $\mathbb{N}$ heraus, dann erhalten wir die Menge $\mathbb{N}\setminus\{0\}$.
▶ Entsprechendes gilt auch für die folgenden Zahlenmengen.

$$\mathbb{N}\setminus\{0\} = \{1; 2; 3; \ldots\} \quad ▶ \text{ gesprochen: } \mathbb{N} \text{ ohne Null}$$

Wird die Menge der natürlichen Zahlen um die Menge der negativen Zahlen erweitert, so erhalten wir die **Menge der ganzen Zahlen** $\mathbb{Z}$.

$$\begin{aligned} \mathbb{Z} &= \mathbb{N} \cup \{-x \mid x \in \mathbb{N}\} \\ &= \{\ldots; -3; -2; -1; 0; 1; 2; 3; \ldots\} \end{aligned}$$

Alle Zahlen, die als Brüche dargestellt werden können, lassen sich ebenfalls zu einer Menge zusammenfassen. Sie bilden die **Menge der rationalen Zahlen** $\mathbb{Q}$.

$$\mathbb{Q} = \left\{ x \mid x = \frac{p}{q}, p \in \mathbb{Z}, q \in \mathbb{N}\setminus\{0\} \right\}$$

Alle endlichen und alle periodischen Dezimalzahlen lassen sich als Brüche darstellen. Somit gehören auch diese Dezimalzahlen zu der Menge $\mathbb{Q}$.

$$2{,}306 = \frac{2306}{1000} = \frac{1153}{500} \in \mathbb{Q}$$
$$0{,}111\ldots = 0{,}\overline{1} = \frac{1}{9} \in \mathbb{Q}$$
$$0{,}0111\ldots = 0{,}0\overline{1} = \frac{1}{90} \in \mathbb{Q}$$
$$0{,}0101\ldots = 0{,}\overline{01} = \frac{1}{99} \in \mathbb{Q}$$
$$0{,}0909\ldots = 0{,}\overline{09} = \frac{1}{11} \in \mathbb{Q}$$

Alle Dezimalzahlen, die nicht periodisch und nicht endlich sind, heißen **irrationale Zahlen**.

Beispiele für irrationale Zahlen:
$$\sqrt{2}, -\sqrt{3}, \sqrt{11}, \lg 2, \pi, e$$

Diese Zahlen lassen sich nicht durch Brüche darstellen, kommen aber beim Rechnen vor.
Beispielsweise führt die Gleichung $x^2 = 2$ zu den irrationalen Lösungen $x_1 = \sqrt{2}$ und $x_2 = -\sqrt{2}$.
Der Flächeninhalt A eines Kreises mit dem Radius 1 ist ebenfalls irrational: $A = \pi \cdot 1^2 = \pi$.

$$x^2 = 2$$
$$\Rightarrow x_1 = \sqrt{2} \text{ und } x_2 = -\sqrt{2}$$

Erweitern wir die Menge der rationalen Zahlen um die Menge der irrationalen Zahlen, dann erhalten wir die **Menge der reellen Zahlen** $\mathbb{R}$.

Die Menge $\mathbb{R}$ enthält „alle" Zahlen, mit denen wir arbeiten.
▶ $\mathbb{R}_0^+$ ist die Menge der positiven reellen Zahlen inklusive der Null.

Übungen

1. Zu welchen Mengen gehören die folgenden Zahlen? Welche Zahlen sind irrational?

a) $1{,}\overline{6}$ c) 0 e) $\sqrt{5}$ g) 67 i) $\frac{4}{\sqrt{6}}$ k) $11^{\frac{1}{2}}$

b) -2 d) $0{,}2$ f) π h) $\frac{1}{7{,}2}$ j) $\sqrt{5^3}$ l) $1{,}23456789$

2. Schreiben Sie die folgenden rationalen Zahlen in Form von Brüchen.

a) $0{,}\overline{8}$ b) $3{,}\overline{21}$ c) $-2{,}5\overline{67}$ d) $0{,}239\overline{2}$ e) $-4{,}2378\overline{5}$ f) $8{,}76\overline{546}$

G

Rechnen mit Brüchen

Ein **Bruch** $\frac{a}{b}$ besteht aus seinem **Zähler** a über dem Bruchstrich und seinem **Nenner** b unter dem Bruchstrich. Vertauschen wir Zähler und Nenner eines Bruches, dann erhalten wir den **Kehrwert**: $\frac{b}{a}$ ist der Kehrwert von $\frac{a}{b}$.

$$\begin{array}{l} \nearrow \text{ Zähler} \\ \frac{2}{3} \\ \searrow \text{ Nenner} \end{array}$$

Der Kehrwert von $\frac{2}{3}$ ist $\frac{3}{2}$.

Addition und Subtraktion

Brüche mit gleichem Nenner heißen **gleichnamig**. Diese addieren oder subtrahieren wir, indem wir die Zähler addieren bzw. subtrahieren. Der Nenner bleibt gleich.

$\frac{5}{7} - \frac{2}{7} = \frac{5-2}{7} = \frac{3}{7}$ ▶ Brüche sind gleichnamig

Brüche, die nicht gleichnamig sind, müssen wir gleichnamig machen, d.h. auf denselben Nenner bringen.

$\frac{5}{6} + \frac{1}{8} + \frac{3}{10} - \frac{2}{9} - \frac{5}{12} + \frac{7}{40}$

Dazu bestimmen wir ihren **Hauptnenner**, indem wir jeden Nenner als Produkt von Primzahlen schreiben (Primfaktorzerlegung). Anschließend bestimmen wir für jede Primzahl die höchste auftretende Potenz (▶ Seite 12). Das Produkt dieser Potenzen ist das **kleinste gemeinsame Vielfache (kgV)** aller Nenner sowie der gesuchte Hauptnenner.

$$\begin{array}{llll} 6 = 2 \cdot & 3 & = 2 \cdot 3 \\ 8 = 2 \cdot 2 \cdot 2 & & = 2^3 \\ 10 = 2 \cdot & & 5 & = 2 \cdot 5 \\ 9 = & 3 \cdot 3 & = 3^2 \\ 12 = 2 \cdot 2 \cdot & 3 & = 2^2 \cdot 3 \\ 40 = 2 \cdot 2 \cdot 2 \cdot & 5 & = 2^3 \cdot 5 \\ \\ 2^3 \cdot & 3^2 \cdot 5 = 360 & \text{▶ Hauptnenner} \end{array}$$

▶ kgV (6; 8; 10; 9; 12; 40) = 360

Wenn der Hauptnenner gefunden ist, muss jeder Bruch in der Summe auf den Hauptnenner erweitert werden. Dafür werden Zähler *und* Nenner mit dem gleichen Faktor multipliziert, sodass im Nenner der Hauptnenner steht.

$\frac{5}{6} = \frac{5 \cdot 60}{6 \cdot 60} = \frac{300}{360}$ $\frac{1}{8} = \frac{1 \cdot 45}{8 \cdot 45} = \frac{45}{360}$

$\frac{3}{10} = \frac{3 \cdot 36}{10 \cdot 36} = \frac{108}{360}$ $\frac{2}{9} = \frac{2 \cdot 40}{9 \cdot 40} = \frac{80}{360}$

$\frac{5}{12} = \frac{5 \cdot 30}{12 \cdot 30} = \frac{150}{360}$ $\frac{7}{40} = \frac{7 \cdot 9}{40 \cdot 9} = \frac{63}{360}$

Nach Erweiterung der Brüche auf den Hauptnenner 360 lässt sich die Summe leicht berechnen, wobei das Ergebnis noch gekürzt werden sollte.

$\frac{300}{360} + \frac{45}{360} + \frac{108}{360} - \frac{80}{360} - \frac{150}{360} + \frac{63}{360} = \frac{286}{360} = \frac{143}{180}$

---

oHi Mi **Übungen**

Berechnen Sie und kürzen Sie das Ergebnis.

a) $\frac{5}{6} + \frac{7}{3}$

b) $-\frac{1}{2} + \frac{5}{2} - \frac{3}{8}$

c) $\frac{1}{4} + \frac{5}{8} + \frac{11}{24}$

d) $-\frac{7}{12} + \frac{2}{3} - \frac{1}{6}$

e) $\frac{13}{12} - \frac{7}{4} + \frac{15}{6}$

f) $\frac{1}{4} + \frac{5}{8} + \frac{1}{24} - \frac{7}{12}$

g) $-\frac{5}{9} + \frac{18}{25} - \frac{4}{75}$

h) $\frac{36}{49} - \frac{13}{98} + \frac{17}{21} - \frac{5}{42} + \frac{31}{28}$

i) $\frac{3}{4} + \frac{5}{8} + \frac{2}{5} - \frac{1}{9} + \frac{1}{3} - \frac{11}{25}$

j) $\frac{y}{3} + \frac{2y}{5} + \frac{y}{2}$

k) $z - \frac{z}{2} + \frac{z}{4} - \frac{z}{8}$

l) $\frac{1}{x^2 - x} - \frac{x^2}{x + 1}$

Multiplikation und Division von Brüchen

Brüche werden multipliziert, indem man die Zähler und die Nenner jeweils multipliziert.

$$\frac{3}{5} \cdot \frac{2}{7} = \frac{3 \cdot 2}{5 \cdot 7} = \frac{6}{35}$$

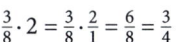

Zähler mal Zähler, Nenner mal Nenner.

Beim Multiplizieren eines Bruchs mit einer ganzen Zahl wird im Unterschied zum Erweitern nur der Zähler mit dieser Zahl multipliziert.

$$\frac{3}{8} \cdot 2 = \frac{3}{8} \cdot \frac{2}{1} = \frac{6}{8} = \frac{3}{4}$$

Es ist zu beachten, dass ein Bruchstrich wie eine Klammer wirkt. Wenn also die Zähler bzw. Nenner Summen sind, müssen beim Multiplizieren Klammern gesetzt werden.

$$\frac{2a+b}{4} \cdot \frac{6}{x+y} = \frac{(2a+b) \cdot \overset{3}{\cancel{6}}}{\underset{2}{\cancel{4}} \cdot (x+y)} = \frac{6a+3b}{2x+2y}$$

Zwei Brüche werden dividiert, indem man den ersten Bruch mit dem Kehrwert des zweiten Bruchs multipliziert. Diese Regel wird auch bei Doppelbrüchen angewendet.

$$\frac{3}{5} : \frac{2}{7} = \frac{3}{5} \cdot \frac{7}{2} = \frac{21}{10}$$

$$\frac{\frac{2}{3}}{\frac{5}{6}} = \frac{2}{\cancel{3}} \cdot \frac{\overset{2}{\cancel{6}}}{5} = \frac{4}{5}$$

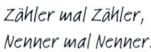

Dividieren heißt: mit dem Kehrwert multiplizieren.

Achtung: Bevor Brüche multipliziert oder dividiert werden, sollten gemischte Zahlen in sogenannte **unechte Brüche** verwandelt werden.

$$2\frac{3}{4} \blacktriangleright \text{gemischte Zahl}$$

$$= 2 + \frac{3}{4} = \frac{8}{4} + \frac{3}{4}$$

$$= \frac{11}{4} \blacktriangleright \text{unechter Bruch}$$

Gemischte Zahlen können leicht verwechselt werden mit dem Produkt einer ganzen Zahl und einem Bruch. Daher verzichten wir in der Regel auf gemischte Zahlen und verwenden unechte Brüche.

$$2\frac{3}{4} = 2 + \frac{3}{4} = \frac{11}{4} \text{ im Unterschied zu } 2 \cdot \frac{3}{4} = \frac{6}{4}$$

Übungen

1. Kürzen und multiplizieren Sie die Brüche.

a) $\frac{1}{2} \cdot \frac{2}{3}$

b) $\frac{5}{7} \cdot \frac{3}{6}$

c) $\frac{7}{8} \cdot \frac{4}{5}$

d) $\frac{9}{4} \cdot \frac{3}{9}$

e) $\frac{5}{3} \cdot \frac{6}{5}$

f) $\frac{9}{8} \cdot \frac{16}{3}$

g) $4\frac{1}{7} \cdot 8\frac{2}{5}$

h) $3 \cdot \frac{25}{9} \cdot \frac{3}{5}$

2. Führen Sie die Division aus. Kürzen Sie rechtzeitig.

a) $\frac{1}{3} : \frac{1}{4}$

b) $\frac{5}{7} : \frac{3}{7}$

c) $\frac{7}{9} : \frac{2}{5}$

d) $\frac{8}{3} : \frac{2}{9}$

e) $\frac{17}{3} : \frac{2}{9}$

f) $\frac{9}{7} : \frac{9}{4}$

g) $3\frac{3}{11} : \frac{9}{7}$

h) $\frac{\frac{3}{7} : \frac{1}{2}}{\frac{4}{5}}$

3. Berechnen Sie.

a) $\frac{25}{3} \cdot \left(\frac{14}{35} : \frac{3}{5}\right)$

b) $\left(\frac{25}{3} \cdot \frac{14}{35}\right) : \frac{3}{5}$

c) $\left(\frac{25}{3} : \frac{14}{35}\right) \cdot \frac{3}{5}$

d) $\frac{25}{3} : \left(\frac{14}{35} \cdot \frac{3}{5}\right)$

4. Wandeln Sie die Dezimalzahlen in Brüche um und kürzen Sie.

a) 0,2

b) 0,4

c) 0,1

d) 1,2

e) 1,3

f) 4,4

g) 0,14

h) 0,001

i) 1,234

j) −3,25

k) 2,5

l) 0,5

5. Vereinfachen Sie durch Kürzen.

a) $\frac{12a+4ab}{2ab-4a}$

b) $\frac{ab-ac}{b-c}$

c) $\frac{6a+2b}{12a-16b}$

d) $\frac{-7a-5a}{7a+5a}$

G

Rechnen mit Potenzen und Wurzeln

Eine **Potenz** a^n besagt, dass eine Zahl a mit sich selbst n-mal multipliziert wird. Das nennt man **Potenzieren**. Die Zahl a heißt **Basis**, die Zahl n **Exponent**.

$$\overset{\nearrow\text{Exponent}}{\underset{\nwarrow}{a^n}} = \underbrace{a \cdot a \cdot \ldots \cdot a}_{n\text{ Faktoren}} \qquad \blacktriangleright a \in \mathbb{R};\, n \in \mathbb{N}\setminus\{0\}$$

Basis

Für $a \neq 0$ wird definiert: $a^0 = 1$.

$$a^0 = 1 \qquad \blacktriangleright a \in \mathbb{R}\setminus\{0\}$$

Für $a \in \mathbb{R}\setminus\{0\}$ und $n \in \mathbb{N}\setminus\{0\}$ wird die Potenz $a^{-n} = \frac{1}{a^n}$ definiert.

$$a^{-n} = \frac{1}{a^n} \qquad \blacktriangleright a \in \mathbb{R}\setminus\{0\};\, n \in \mathbb{N}\setminus\{0\}$$

Beispiel: $2^{-3} = \frac{1}{2^3} = \frac{1}{8}$

Für $a \in \mathbb{R}_0^+$ und $n \in \mathbb{N}\setminus\{0\}$ ist die Potenz $a^{\frac{1}{n}}$ als $\sqrt[n]{a}$ (n-te **Wurzel** aus a) definiert, wobei $\sqrt[1]{a} = a$ gesetzt wird. Die Zahl a heißt **Radikand**, die Zahl n **Wurzelexponent**.

Das Wurzelziehen, auch **Radizieren** genannt, ist die Umkehrung des Potenzierens.

$$a^{\frac{1}{n}} = \overset{\nearrow\text{Wurzelexponent}}{\sqrt[n]{a}} \qquad \blacktriangleright a \in \mathbb{R}_0^+;\, n \in \mathbb{N}\setminus\{0\}$$

Radikand

Beispiel: $8^{\frac{1}{3}} = \sqrt[3]{8} = 2$

$$\left(\sqrt[n]{a}\right)^n = a = \sqrt[n]{a^n}$$

Potenzgesetze

Zwei Potenzen mit gleicher Basis werden multipliziert oder dividiert, indem man die Exponenten addiert bzw. subtrahiert und die gemeinsame Basis beibehält.

Für alle $a, b \in \mathbb{R}\setminus\{0\}$ und $r, s \in \mathbb{Z}$ gilt:

$$a^r \cdot a^s = a^{r+s};\quad a^r : a^s = a^{r-s}$$

Beispiele: $3^2 \cdot 3^3 = 3^{2+3} = 3^5 = 243$

$3^2 : 3^5 = 3^{2-5} = 3^{-3} = \frac{1}{3^3} = \frac{1}{27}$

Zwei Potenzen mit gleichen Exponenten werden multipliziert oder dividiert, indem man die Basen multipliziert bzw. dividiert und den gemeinsamen Exponenten beibehält.

$$a^r \cdot b^r = (a \cdot b)^r;\quad a^r : b^r = (a : b)^r$$

Beispiele: $2^3 \cdot 3^3 = (2 \cdot 3)^3 = 6^3 = 216$

$12^3 : 4^3 = (12 : 4)^3 = 3^3 = 27$

Eine Potenz wird potenziert, indem man die Exponenten multipliziert und die Basis beibehält.

$$\left(a^r\right)^s = a^{r \cdot s}$$

Beispiel: $\left(2^3\right)^4 = 2^{3 \cdot 4} = 2^{12} = 4096$

Potenzen können nur dann addiert und subtrahiert werden, wenn sie in der Basis *und* im Exponenten übereinstimmen.

$5x^2 - 2x^2 = 3x^2$
$3a^5 + b^5 = 3a^5 + b^5$
$a^n + b^m = a^n + b^m$

⌨ Übungen

1. Berechnen Sie folgende Potenzen.

a) 3^4
b) $-3^{\frac{1}{4}}$
c) $3^{\frac{1}{4}}$
d) $(-3)^{-4}$
e) $(-3)^4$
f) $\left(-3^2\right)^3$
g) $\frac{7^2}{8}$
h) $-\frac{3}{4^2}$
i) $\left(\frac{11}{12}\right)^2$
j) $-\left(\frac{2}{3}\right)^2$
k) $-\left(\frac{11}{12}\right)^{-2}$
l) $\left(\frac{8}{27}\right)^{\frac{1}{3}}$

2. Fassen Sie die Terme soweit wie möglich zusammen. Geben Sie die Ergebnisse ohne negative Exponenten an.

a) $2^2 + a^2$
b) $a^2 + b^2$
c) $a + a^2$
d) $a^2 + a^{-2}$
e) $3a^2 \cdot 4a^5$
f) $(a+b)^2 - (a-b)^2$
g) $3a^2 \cdot 4a^{-5}$
h) $-3a^2 \cdot 4a^{-5}$
i) $3a^{-2} \cdot 4a^{-5}$
j) $(5a)^2$
k) $5a^{-2}$
l) $a^4 \cdot 3a^n$
m) $2^3 : 2^2$
n) $5^7 : 5^4$
o) $a^6 : a^2$
p) $a^2 : a^6$
q) $(a \cdot b)^3 : a^2$
r) $a^2 : (a \cdot b)^3$

3. Wandeln Sie die folgenden Wurzeln in Potenzen um.

a) $\sqrt[3]{4}$
b) $\sqrt{7}$
c) $\sqrt[8]{a^3};\ a \geq 0$
d) $\sqrt[6]{5^3}$
e) $\frac{1}{\sqrt[3]{9}}$
f) $\sqrt{(a \cdot b)^3};\ a, b \geq 0$

Für betragsmäßig besonders große oder kleine Zahlen wird häufig die **Exponentialdarstellung** mit Zehnerpotenzen verwendet. Diese Darstellungsform bietet einen schnellen Überblick über die Größenordnung solcher Zahlen.

▶ Bei einigen Taschenrechnern erscheint in der Anzeige statt der Basis 10 ein Leerzeichen oder der Buchstabe E (für „Exponent") und anschließend der jeweilige Exponent.

$$6\,140\,000 = 6{,}14 \cdot 1\,000\,000 = 6{,}14 \cdot 10^6$$
$$96\,528{,}47 = 9{,}652\,847 \cdot 10\,000 = 9{,}652\,847 \cdot 10^4$$
$$0{,}005 = 5 \cdot 0{,}001 = 5 \cdot \frac{1}{1000} = 5 \cdot \frac{1}{10^3} = 5 \cdot 10^{-3}$$
$$0{,}000\,004\,78 = 4{,}78 \cdot 0{,}000\,001 = 4{,}78 \cdot \frac{1}{1\,000\,000}$$
$$= 4{,}78 \cdot \frac{1}{10^6} = 4{,}78 \cdot 10^{-6}$$

Wurzelgesetze

Zwei Wurzelterme mit gleichen Wurzelexponenten werden multipliziert, indem man die Radikanden multipliziert und das Produkt radiziert.
Das Anwenden dieser Regel „von rechts nach links" wird **partielles Radizieren** genannt.

Zwei Wurzelterme mit gleichen Wurzelexponenten werden dividiert, indem man die Radikanden dividiert und den Quotienten radiziert.

Ein Wurzelterm wird potenziert, indem man den Radikanden potenziert und die Potenz dann radiziert.

Eine Wurzel wird radiziert, indem man die Wurzelexponenten multipliziert und mit diesem Produkt als Wurzelexponenten die Wurzel aus dem Radikanden des inneren Wurzelzeichens zieht.

Man kann den Wurzelexponenten und den Exponenten des Radikanden mit derselben natürlichen Zahl multiplizieren, ohne dass sich der Wert des Wurzelterms ändert.

Für alle $a \in \mathbb{R}_0^+$, $b \in \mathbb{R}^+$ und $n, m, k \in \mathbb{N} \setminus \{0\}$ gilt:

$$\sqrt[n]{a} \cdot \sqrt[n]{b} = \sqrt[n]{a \cdot b}$$

Beispiel: $\sqrt[3]{9} \cdot \sqrt[3]{3} = \sqrt[3]{9 \cdot 3} = \sqrt[3]{27} = 3$

Beispiel: $\sqrt{32} = \sqrt{16 \cdot 2} = 4\sqrt{2}$

$$\sqrt[n]{a} : \sqrt[n]{b} = \sqrt[n]{a : b}$$

Beispiel: $\sqrt[3]{81} : \sqrt[3]{3} = \sqrt[3]{81 : 3} = \sqrt[3]{27} = 3$

$$\left(\sqrt[n]{a}\right)^m = \sqrt[n]{a^m}$$

Beispiel: $\left(\sqrt[3]{3}\right)^6 = \sqrt[3]{3^6} = \sqrt[3]{729} = 9$

$$\sqrt[m]{\sqrt[n]{a}} = \sqrt[m \cdot n]{a}$$

Beispiel: $\sqrt[3]{\sqrt[2]{64}} = \sqrt[3 \cdot 2]{64} = \sqrt[6]{64} = 2$

$$\sqrt[n \cdot k]{a^{m \cdot k}} = \sqrt[n]{a^m}$$

Beispiel: $\sqrt[3 \cdot 5]{3^{6 \cdot 5}} = \sqrt[3]{3^6} = \sqrt[3 \cdot 1]{3^{3 \cdot 2}} = 3^2 = 9$

Übungen

1. Schreiben Sie mithilfe der Exponentialdarstellung um.

a) $5 \cdot 10^5$ b) $0{,}5 \cdot 10^5$ c) $6 \cdot 10^{-6}$ d) $7\,000\,000$ e) $0{,}000\,001\,5$ f) $625\,001\,000$

2. Berechnen Sie die folgenden Wurzelterme für alle $a, b \in \mathbb{R}_0^+$.

a) $\sqrt{2} \cdot \sqrt{2}$ d) $\sqrt[3]{8} \cdot \sqrt[4]{16}$ g) $\sqrt{32a + 48b}$ j) $\sqrt{9a^2 b} \cdot \sqrt{4a^2 b}$

b) $\sqrt{6} \cdot \sqrt{54}$ e) $\sqrt[3]{9} \cdot \sqrt[3]{3}$ h) $2\sqrt{9a} + 3\sqrt{a}$ k) $\sqrt{\sqrt{81a}}$

c) $3\sqrt{5} \cdot 2\sqrt{0{,}2}$ f) $5\sqrt{2{,}45} \cdot 6\sqrt{5}$ i) $\sqrt{49a} - 2\sqrt{16a}$ l) $\sqrt[3]{\sqrt[8]{27b}}$

3. Wandeln Sie die Terme in Aufgabe 2 in Potenzen um und wenden Sie die Potenzgesetze an. Vergleichen Sie Ihr Ergebnis mit dem Ergebnis aus Aufgabe 2.

4. Vereinfachen Sie die Terme. Ziehen Sie, wenn möglich, partiell die Wurzel.

a) $\sqrt[3]{54}$ b) $\frac{\sqrt{16a}}{4} \cdot \frac{a}{\sqrt{a}}; a > 0$ c) $\frac{\sqrt[3]{2a} \cdot \sqrt[3]{32b}}{2\sqrt[3]{a}}; a, b > 0$ d) $\frac{\sqrt[4]{81}}{3\sqrt[3]{a^2}} : \frac{\sqrt[3]{a^3}}{3}; a > 0$

G

Absolutbetrag

Der **Betrag** (oder auch **Absolutbetrag**) einer reellen Zahl gibt ihren „Abstand" zur Null an. Er ist daher nie negativ.

Man bezeichnet für $a \in \mathbb{R}$ den Betrag von a mit $|a|$.

$$|a| = \begin{cases} a, & \text{falls } a > 0 \\ 0, & \text{falls } a = 0 \\ -a, & \text{falls } a < 0 \end{cases}$$

Beispiele:
$$|1{,}23| = 1{,}23$$
$$|-1{,}23| = 1{,}23$$

Eigenschaften des Absolutbetrags:

$$|a| = 0 \quad \Leftrightarrow \quad a = 0$$
$$|a| \geq 0$$
$$|-a| = |a|$$
$$|a \cdot b| = |a| \cdot |b|$$

$$|-5| = |5| = 5 \geq 0$$
$$|3 \cdot (-2)| = |3| \cdot |-2| = 3 \cdot 2 = \mathbf{6}$$

Multiplikation von Klammern

Wir multiplizieren zwei Klammern, indem wir jeden Summanden der ersten Klammer mit jedem Summanden der zweiten Klammer multiplizieren.

$$(2x + y)(4x - 3)$$
$$= 2x \cdot 4x + 2x \cdot (-3) + y \cdot 4x + y \cdot (-3)$$
$$= 8x^2 - 6x + 4xy - 3y$$

Die **binomischen Formeln** vereinfachen das Ausmultiplizieren (von links nach rechts gelesen) bzw. das Faktorisieren (von rechts nach links gelesen).

$$(a + b)^2 = a^2 + 2ab + b^2 \qquad \blacktriangleright \text{1. binomische Formel}$$

Beispiel: $(x+3)^2 = x^2 + 2 \cdot x \cdot 3 + 3^2 = x^2 + 6x + 9$

$$(a - b)^2 = a^2 - 2ab + b^2 \qquad \blacktriangleright \text{2. binomische Formel}$$

Beispiel: $(1-a)^2 = 1^2 - 2 \cdot 1 \cdot a + a^2 = 1 - 2a + a^2$

$$(a + b) \cdot (a - b) = a^2 - b^2 \qquad \blacktriangleright \text{3. binomische Formel}$$

Die 3. binomische Formel erleichtert auch das Kopfrechnen, falls sich ein Produkt wie im nebenstehenden Beispiel ($23 \cdot 17$) darstellen lässt.

Beispiele: $(x+3) \cdot (x-3) = x^2 - 3^2 = x^2 - 9$
$$23 \cdot 17 = (20 + 3) \cdot (20 - 3)$$
$$= 20^2 - 3^2 = 400 - 9 = \mathbf{391}$$

Übungen

1. Schreiben Sie ohne Betragsstriche und berechnen Sie das Ergebnis.

a) $|-4|$ b) $|3{,}5| - |-0{,}5|$ c) $|2| \cdot |-2|$ d) $-|2| \cdot |2|$ e) $\left|6 - \frac{12}{2}\right|$

2. Geben Sie an, welche Zahlen sich für x einsetzen lassen, damit die Ungleichung bzw. Gleichung stimmt.

a) $|x| \geq 2$ b) $|-2x| \leq 8$ c) $|x - 4| = 5$ d) $|x + 2| = 4$ e) $|x + 3| \leq 4$ f) $|-2x - 8| \geq x + 4$

3. Berechnen Sie die folgenden Terme. Nutzen Sie – wenn möglich – die binomischen Formeln.

a) $(a + b) \cdot (-a + b)$ d) $(3 - 4a) \cdot (3 - 4a)$ g) $\left(\frac{1}{4}x + \frac{2}{3}y\right) \cdot (x + y)$ j) $\left(-\frac{\sqrt{7}}{2^3}a - \frac{3^{-2}}{2}b\right)^2$

b) $(7x + 3a) \cdot (3x + 7a)$ e) $(a \cdot \sqrt{2} - 3b)^2$ h) $\left(\frac{2}{3} + \frac{1}{5}b\right) \cdot \left(\frac{1}{5}b - \frac{2}{3}\right)$ k) $(-\sqrt{a} + \sqrt{b})^2$

c) $(a + 2b)^2$ f) $(-3 + 1b) \cdot (3 - 1b)$ i) $\left(\frac{4}{7}a - \frac{3^2}{4}b\right)^2$ l) $(-\sqrt{a} - \sqrt{b}) \cdot (2\sqrt{a} + 2\sqrt{b})$

4. Verwandeln Sie die folgenden Terme mithilfe der binomischen Formeln in Produkte.

a) $x^2 + 4x + 4$ c) $a^2 + 6ab + 9b^2$ e) $9a^2 + 9ab + 2{,}25b^2$ g) $81 - 49a^2$

b) $x^2 - 25$ d) $16 - 24a + 9a^2$ f) $0{,}25a^2 - 25b^2$ h) $0{,}25a^2 - ab + b^2$

Dreisatz

Beim direkten **Dreisatz** sind die **Verhältnisse** einander zugeordneter Zahlen bzw. Werte immer gleich (quotientengleich).

Es liegt also die Situation vor: „je mehr von Größe A, desto mehr von Größe B".

▶ Der direkte Dreisatz heißt deswegen auch Dreisatz mit proportionaler Zuordnung.

Ist eine Größe gesucht, können wir folgenden Rechenweg anwenden:
Gegebenes Zahlenpaar
Schluss auf 1 Einheit
Schluss auf das Gesuchte

5 ℓ Benzin kosten 8 € ▶ Wertepaar (5 ℓ | 8 €)

Quotient: $\frac{8\,€}{5\,ℓ} = 1{,}60\,\frac{€}{ℓ}$

12 ℓ Benzin kosten 19,20 € ▶ Wertepaar (12 ℓ | 19,20 €)

Quotient: $\frac{19{,}20\,€}{12\,ℓ} = 1{,}60\,\frac{€}{ℓ}$

Gesucht: Preis für 14 ℓ Benzin

Gegebenes Zahlenpaar
Schluss auf 1 Einheit
Schluss auf das Gesuchte

$$:5 \begin{pmatrix} 5 & 8{,}00 \\ 1 & 1{,}60 \\ 14 & 22{,}40 \end{pmatrix} :5$$
$\cdot 14 \quad \cdot 14$

Prozentrechnung

In der **Prozentrechnung** vergleichen wir zwei Größen miteinander, indem der **Prozentwert** W ins Verhältnis zum **Grundwert** G gesetzt wird. Dieses Verhältnis drücken wir dann als **Prozentsatz** $p\,\%$ aus.

Mithilfe der **Grundformel** berechnen wir den Prozentwert W aus dem Prozentsatz $p\,\%$ und dem Grundwert G.

Durch Umstellen der Grundformel erhalten wir die Formeln, um den Grundwert G bzw. den Prozentsatz $p\,\%$ berechnen zu können.

$\frac{W}{G} = \frac{p}{100};\quad \frac{p}{100} = p\,\%$

Beispiel:
Prozentwert $W = 30$; Grundwert $G = 150$
$\Rightarrow p\,\% = \frac{30}{150} = \frac{20}{100} = 0{,}2 = 20\,\%$

Grundformel:
$W = p\,\% \cdot G = \frac{p}{100} \cdot G$

Beispiel:
Prozentsatz $p\,\% = 15\,\% = 0{,}15$; Grundwert $G = 120$
$\Rightarrow W = 0{,}15 \cdot 120 = 18$

$G = \frac{W \cdot 100}{p};\quad p\,\% = \frac{p}{100} = \frac{W}{G}$

Übungen

1. 24 Orangen kosten 7,20 €.
   Ermitteln Sie den Preis für 9 (13; 16) Orangen.

2. Ein halbes Dutzend Flaschen Wein kosten 30 €.
   Ermitteln Sie den Preis für 2 (4; 7) Flaschen Wein.

3. Frau Müller zahlt eine Rechnung über 128,74 € unter Abzug von 2,5 % Skonto.
   Ermitteln Sie den Überweisungsbetrag.

4. Bei einem Räumungsverkauf wird ein Herrenanzug zum Preis von 420 € um 147 € herabgesetzt.
   Ermitteln Sie den Prozentsatz der Preissenkung.

5. Ein Textileinzelhändler wirbt damit, dass alle Waren um 15 % herabgesetzt sind.
   Ermitteln Sie den ursprünglichen Preis, wenn der Rabatt auf einen Artikel 14,25 € beträgt.

G

Koordinatensystem und Wertetabelle

Ein **Koordinatensystem** besteht aus zwei Koordinatenachsen und vier Quadranten.

Die waagerechte Achse heißt **Abszissenachse** (x-Achse), die senkrechte Achse **Ordinatenachse** (y-Achse).

In das Koordinatensystem können wir Wertepaare als Punkte eintragen, z.B. $P(3\,|\,2)$ oder $Q(-4\,|\,-1)$.

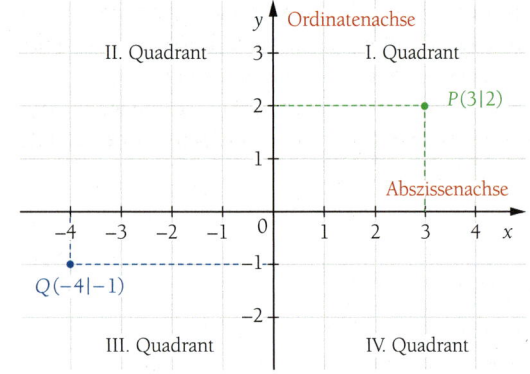

Beispiel:
An der Frankfurter Wertpapierbörse wurde die „ABC-Aktie" zu nebenstehenden Kursen notiert. Dabei ist jedem Börsentag genau ein Kurs in € zugeordnet. Ein Börsentag und der zugehörige Kurs bilden in dieser Reihenfolge ein **geordnetes Paar**. In diesem Beispiel existieren sieben solche Paare.

Diese Paare können in einer **Wertetabelle** aufgeführt oder als Punkte in einem rechtwinkligen **Koordinatensystem** gedeutet werden.

Im I. Quadranten eines Koordinatensystems tragen wir zu jedem Börsentag den Kurs ein und erhalten einzelne Punkte, den **Graphen**.

Börsentag	1	2	3	4	5	6	7
Kurs in €	2	4	1	3	5	5	4

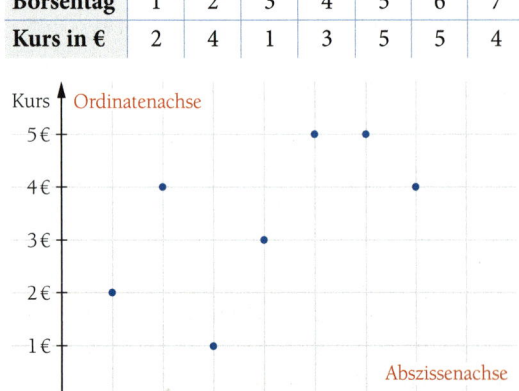

oHi Mi Übungen

1. Tragen Sie die Wertepaare der Wertetabelle als Punkte in ein Koordinatensystem ein.

2. Übertragen Sie die eingezeichneten Punkte in eine Wertetabelle.

3. Geben Sie an, worauf Sie beim Zeichnen eines Koordinatensystems achten sollten.

4. Formulieren Sie einen Merksatz zur Zählung der Quadranten im Koordinatensystem.

x	-2	-1	0	1	2	3	4	5	6
y	15	8	3	0	-1	0	3	8	15

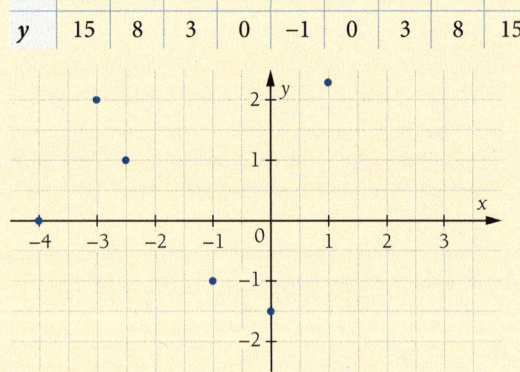

Lineare Gleichungen und Ungleichungen

Bei der nebenstehenden **linearen Gleichung** ist eine reelle Zahl für x gesucht, die die Gleichung erfüllt. Die Lösung dieser Gleichung erfolgt mithilfe von **Äquivalenzumformungen**. Dabei müssen wir auf *beiden* Seiten der Gleichung dieselben Rechenschritte durchführen.

Bei linearen Gleichungen „bringen" wir üblicherweise alle „x-Terme" auf eine Seite der Gleichung, die Zahlen auf die andere Seite.

Bei einer **linearen Ungleichung** können wir genauso vorgehen, erhalten aber nicht nur eine Lösung.
Achtung: Bei der Multiplikation oder Division mit einer negativen Zahl dreht sich das Relationszeichen um!

Bevor wir eine **Bruchgleichung** lösen, müssen wir die Zahlen ausschließen, für die die Nennerterme 0 sind. Sie gehören nicht zum **Definitionsbereich** D der Bruchgleichung. ▸ $D = \mathbb{R} \setminus \{-3{,}5; 0\}$

Bruchgleichungen lösen wir, indem wir die Bruchterme auf beiden Seiten gleichnamig machen und die Zähler miteinander vergleichen. Praktisch haben wir dann die Brüche „über Kreuz" multipliziert.

Zum Schluss überprüfen wir noch, ob der für x errechnete Wert ein Element von D ist. Nur dann ist er auch eine Lösung der Bruchgleichung.

$$5x - 8 = 7x + 4 \qquad | -7x + 8$$
$$\Leftrightarrow \quad -7x + 5x - 8 + 8 = -7x + 7x + 4 + 8$$
$$\Leftrightarrow \qquad -2x = 12 \qquad | : (-2)$$
$$\Leftrightarrow \qquad x = \frac{12}{-2} = \mathbf{-6}$$

$$5x - 8 < 7x + 4 \qquad | -7x + 8$$
$$\Leftrightarrow \qquad -2x < 12 \qquad | : (-2)$$
$$\Leftrightarrow \qquad x > -6$$

▸ Alle reellen Zahlen, die größer als -6 sind, lösen die Gleichung.

$$\frac{4x + 11}{2x + 7} = \frac{2}{x} + 2 \qquad ▸ D = \mathbb{R} \setminus \{-3{,}5; 0\}$$
$$\Leftrightarrow \quad \frac{4x + 11}{2x + 7} = \frac{2 + 2x}{x} \qquad ▸ \text{Hauptnenner } x \cdot (2x + 7)$$
$$\Leftrightarrow \quad \frac{x \cdot (4x + 11)}{x \cdot (2x + 7)} = \frac{(2x + 2) \cdot (2x + 7)}{x \cdot (2x + 7)} \qquad | \cdot x \cdot (2x + 7)$$
$$\Leftrightarrow \quad x \cdot (4x + 11) = (2x + 2) \cdot (2x + 7)$$
$$\Leftrightarrow \quad 4x^2 + 11x = 4x^2 + 18x + 14 \qquad | -4x^2 - 18x$$
$$\Leftrightarrow \qquad -7x = 14$$
$$\Leftrightarrow \qquad x = \mathbf{-2}$$

$-2 \in D$

▸ $x = -2$ ist Lösung.

Übungen

1. Lösen Sie die folgenden Gleichungen und machen Sie die Probe.
Bestimmen Sie ggf. die jeweiligen Definitionsbereiche.

a) $3x + 4 = 16$

b) $3ax - 7 = a;\ a \in \mathbb{R}$

c) $2{,}5x + 2 = 4x + 5$

d) $4 - (3{,}5x + 2) = x - 7$

e) $(ax + 4) \cdot (x - 3) = (x - 1) \cdot (ax - 12);\ a \in \mathbb{R}$

f) $(-x - 2) \cdot (3x - 5) = (-3x + 1) \cdot (x + 3)$

g) $\frac{4}{x - 3} = \frac{12}{x + 1}$

h) $\frac{3x + 2a}{x} - \frac{ax}{x + 1} = 1;\ a \in \mathbb{R}$

i) $\frac{x + 2}{2x - 5} = \frac{2x + 4}{4x - 10}$

j) $\frac{-2x + 3}{-x + 0{,}5} = \frac{-6x + 3}{-3x - 0{,}5}$

k) $\frac{x - 1}{x - a} + \frac{x + 1}{x - b} = 2;\ a, b \in \mathbb{R}$

l) $\frac{6x - 7}{x^2 - 20x + 91} = \frac{5}{x - 13} - \frac{7}{x - 7}$

2. Lösen Sie die folgenden Ungleichungen und machen Sie die Probe.

a) $2x - 14 > 22$

b) $ax - 9 < 5;\ a \in \mathbb{R}$

c) $-6x - 3 < 4x + 7$

d) $12 - (ax + 2) < x - 2b;\ a, b \in \mathbb{R}$

e) $(2x - 1) \cdot (2x + 5) > (-x - 1) \cdot (-4x + 6)$

f) $(-2x - 2) \cdot (3x - 5) > -6x \cdot (x + 3)$

G

Lineare Gleichungssysteme

Sollen wir zwei lineare Gleichungen mit zwei Variablen x und y lösen, so spricht man von einem **linearen Gleichungssystem** (LGS) mit zwei Variablen.

Durch beliebige Elimination („Wegrechnen") einer der beiden Variablen (hier: y) entsteht aus den zwei Gleichungen mit zwei Variablen *eine* Gleichung mit *einer* Variablen. Diese Gleichung lässt sich dann wie gewohnt lösen. ▶ lineare Gleichung

$$\begin{array}{lll} \text{I} & 2x + 3y = 2 \\ \text{II} & 5x + 2y = 27 \end{array}$$

Die Elimination einer Variablen geschieht z.B. mittels des **Additionsverfahrens**. Es verlangt eine Anpassung der einzelnen Gleichungen. Im nebenstehenden Beispiel wird die I. Gleichung mit 2 und die II. Gleichung mit −3 multipliziert, damit bei Addition beider Gleichungen die Variable y wegfällt. Nun können wir den Wert für die Variable x berechnen.

$$\begin{array}{llll} \text{I} & 2x + 3y = 2 & | \cdot 2 \\ \text{II} & 5x + 2y = 27 & | \cdot (-3) \end{array}$$

$$\begin{array}{lll} 2 \cdot \text{I} & 4x + 6y = 4 \\ -3 \cdot \text{II} & -15x - 6y = -81 \\ \hline & -11x \quad\;\; = -77 & | : (-11) \\ & \qquad\;\; x = 7 \end{array}$$

Anschließend bestimmen wir den Wert für die zweite Variable: Wir setzen z.B. in der II. Gleichung 7 für x ein und lösen diese Gleichung dann nach y auf.

Einsetzen von 7 in Gleichung II liefert:
$$\begin{array}{ll} 5 \cdot 7 + 2y = 27 \\ 35 + 2y = 27 & | - 35 \\ 2y = -8 & | : 2 \\ y = -4 \end{array}$$

Die **Probe** in beiden Ausgangsgleichungen bestätigt die errechneten Werte für x und y als Lösung des linearen Gleichungssystems.

Probe z.B. in I:
$$\begin{array}{ll} 2 \cdot 7 + 3 \cdot (-4) = 2 \\ 2 = 2 & \text{▶ wahre Aussage} \end{array}$$
Lösung: $x = 7$; $y = -4$

Die Lösung des Gleichungssystems können wir auch grafisch veranschaulichen. Die beiden Gleichungen beschreiben Geraden im Koordinatensystem. Die gemeinsame Lösung entspricht den Koordinaten des **Schnittpunkts** beider Geraden.

Die Gleichungen für diese Geraden erhalten wir, indem wir die Ausgangsgleichungen I und II jeweils nach y auflösen:

I $\quad 2x + 3y = 2 \quad \Leftrightarrow \quad y = -\frac{2}{3}x + \frac{2}{3}$

II $\quad 5x + 2y = 27 \quad \Leftrightarrow \quad y = -\frac{5}{2}x + \frac{27}{2}$

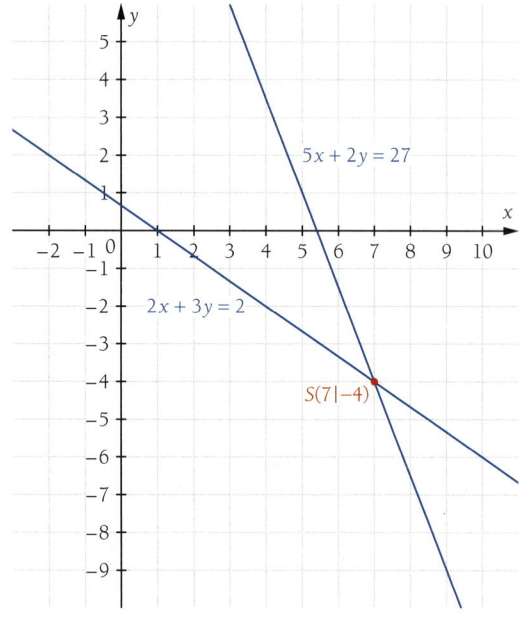

Bei einem linearen Gleichungssystem mit *drei* Variablen x, y und z lösen wir in einem ersten Schritt eine der Variablen aus zwei Gleichungen heraus (hier x).

$$
\begin{array}{rl}
\text{I} & 2x + 3y + 4z = 12 \quad |\cdot(-2) \;\; |\cdot(-1) \\
\text{II} & 4x - y + 2z = 14 \\
\text{III} & 2x - 4y - 3z = -2
\end{array}
$$

Die beiden Gleichungen, in denen dann nur noch y und z enthalten sind, behandeln wir in einem zweiten Schritt so wie in einem Gleichungssystem mit zwei Variablen:

$$
\begin{array}{rl}
\text{I} & 2x + 3y + 4z = 12 \\
\text{II}' & -7y - 6z = -10 \quad |\cdot(-1) \\
\text{III}' & -7y - 7z = -14
\end{array}
$$

Wir eliminieren y in der letzten Gleichung und erhalten so eine Gleichung, in der nur noch eine Variable existiert (hier z).
Diese letzte Gleichung lösen wir nach der verbliebenen Variablen auf.

$$
\begin{array}{rl}
\text{I} & 2x + 3y + 4z = 12 \\
\text{II}' & -7y - 6z = -10 \\
\text{III}'' & -z = -4 \Rightarrow z = 4
\end{array}
$$

Der erhaltene Wert 4 für z ist Teil der Lösung und kann in eine der Gleichungen mit zwei Variablen eingesetzt werden (hier: die Gleichung mit y und z).
Die so entstandene Gleichung enthält nur noch die Variable y und wird nach dieser aufgelöst.

$$
\begin{array}{rll}
 & -7y - 6 \cdot 4 = -10 \\
\Leftrightarrow & -7y - 24 = -10 & |+24 \\
\Leftrightarrow & -7y = 14 & \Rightarrow y = -2
\end{array}
$$

Die Werte für y und z setzen wir in eine der Gleichungen mit drei Variablen ein (hier: Gleichung I).
Diese Gleichung besitzt dann nur x als letzte Variable und kann nach dieser aufgelöst werden.

$$
\begin{array}{rl}
2x + 3 \cdot (-2) + 4 \cdot 4 = 12 \\
2x + 10 = 12 \\
2x = 2 \Rightarrow x = 1
\end{array}
$$

Zuletzt können wir die Lösung bzw. Lösungsmenge für das lineare Gleichungssystem angeben.

$$x = 1; \quad y = -2; \quad z = 4$$

Übungen

1. Bestimmen Sie die Lösungsmenge der linearen Gleichungssysteme.

a) $\begin{aligned} 3x + 2y &= 1 \\ 4x + 5y &= -1 \end{aligned}$

b) $\begin{aligned} 5x - 2y &= 0 \\ 7x - 3y &= 1 \end{aligned}$

c) $\begin{aligned} -9x + 11y &= 6 \\ 13y - 7x &= 10 \end{aligned}$

d) $\begin{aligned} \frac{x}{2} + \frac{y}{3} &= 6 \\ \frac{x}{4} + \frac{y}{2} &= 5 \end{aligned}$

e) $\begin{aligned} \frac{x+1}{6} + \frac{2y+3}{9} &= 1 \\ \frac{2x+3}{4} + \frac{2y+1}{4} &= 2 \end{aligned}$

f) $\begin{aligned} \frac{2x-3y}{4} + \frac{4x+3y}{3} &= 5 \\ \frac{6x-y}{10} - \frac{7x-2y}{5} &= -3 \end{aligned}$

g) $\begin{aligned} 2x + 4y + 3z &= 1 \\ 4x + 6y + 7z &= -5 \\ -6x - 10y - 6z &= -8 \end{aligned}$

h) $\begin{aligned} 3x + 5y + 4z &= 2 \\ -x + 10y + 6z &= -8 \\ 6x - 5y + 2z &= 10 \end{aligned}$

i) $\begin{aligned} 3x + 2y - z &= 1 \\ 2x - 4z &= 0 \\ x + 2y + 2z &= 2 \end{aligned}$

j) $\begin{aligned} 4x + 6y + 8z &= 28 \\ 2x + 2y + 2z &= 10 \\ 3x - 2y - 3z &= 7 \end{aligned}$

k) $\begin{aligned} 2x - 5y - 3z &= -3 \\ -3x - 2y + 4z &= -3 \\ -7x + 4y + 7z &= 11 \end{aligned}$

l) $\begin{aligned} x + y - z &= 2 \\ x - y + z &= 1 \\ -x + y - z &= 0 \end{aligned}$

2. Ermitteln Sie grafisch den Schnittpunkt der beiden Geraden, die durch die beiden linearen Gleichungen in Aufgabe 1 a) bzw. 1 b) gegeben sind.

G

Quadratische Gleichungen

Grundsätzlich sollten **quadratische Gleichungen** zuerst in ihre **Normalform** gebracht werden, wenn wir sie lösen wollen. Dabei muss der Faktor vor x^2 zur 1 werden und alle Zahlen und Variablen müssen sich auf einer Seite der Gleichung befinden, die Null auf der anderen Seite.

$$
\begin{aligned}
& 2x^2 - 16x && = 18 && |-18 \\
\Leftrightarrow\ & 2x^2 - 16x - 18 && = 0 && |:2 \\
\Leftrightarrow\ & x^2 - 8x - 9 && = 0 &&
\end{aligned}
$$

▶ quadratische Gleichung in Normalform

Die Lösungen einer quadratischen Gleichung in der Normalform können wir auf verschiedene Weisen bestimmen:

Quadratische Ergänzung

Dieses Verfahren nutzt die 1. bzw. 2. binomische Formel, und zwar von „rechts nach links":

$$(x + b)^2 = x^2 + 2bx + b^2$$ ▶ 1. binomische Formel
$$(x - b)^2 = x^2 - 2bx + b^2$$ ▶ 2. binomische Formel

Schreiben wir den Term $x^2 - 8x$ in der Form $x^2 - 2 \cdot x \cdot 4$, so entspricht er den ersten beiden Summanden der 2. binomischen Formel: $a^2 - 2 \cdot a \cdot b$.

Aus dieser Darstellung wird deutlich, dass 4 die Zahl für b sein muss. Der so bestimmte Wert für b wird noch **quadriert** ($b^2 = 4^2$) und zu dem Term $x^2 - 8x$ **ergänzt**.
Dieses Verfahren heißt **quadratische Ergänzung.**
Nun können wir die linke Seite der Gleichung gemäß der 2. binomischen Formel zum Quadrat eines Binoms umformen.

$$x^2 - 8x - 9 = 0$$

$$
\Leftrightarrow\ \overbrace{x^2 - 2 \cdot x \cdot 4}^{a^2 - 2 \cdot a \cdot b} - 9 = 0 \quad |+9
$$

$$
\Leftrightarrow\ \overbrace{x^2 - 2 \cdot x \cdot 4}^{a^2 - 2 \cdot a \cdot b} = 9 \quad |+4^2 \quad ▶ \text{quadrat. Ergänzung}
$$

$$
\Leftrightarrow\ \overbrace{x^2 - 2 \cdot x \cdot 4 + 4^2}^{a^2 - 2 \cdot a \cdot b + b^2} = 9 + 4^2
$$

$$
\Leftrightarrow\ x^2 - 8x + 4^2 = 25 \quad ▶ \text{2. binom. Formel anwenden}
$$

$$
\Leftrightarrow\ (x - 4)^2 = 25 \quad |\sqrt{}
$$

$$
\Leftrightarrow\ x - 4 = -5 \text{ oder } x - 4 = 5
$$

$$
\Leftrightarrow\ x = -1 \text{ oder } x = 9
$$

Lösungen: $x_1 = \mathbf{-1}$ und $x_2 = \mathbf{9}$

p-q-Formel

Löst man die allgemeine quadratische Gleichung in Normalform $x^2 + px + q = 0$ mithilfe der quadratischen Ergänzung, so erhält man die *p-q*-**Formel**.

$$x^2 + px + q = 0$$

$$\Rightarrow x_{1,2} = -\frac{p}{2} \pm \sqrt{\left(\frac{p}{2}\right)^2 - q}$$

$$\Rightarrow x_1 = -\frac{p}{2} + \sqrt{\left(\frac{p}{2}\right)^2 - q} \text{ und}$$

$$x_2 = -\frac{p}{2} - \sqrt{\left(\frac{p}{2}\right)^2 - q}$$

Wichtig ist bei der Anwendung der *p-q*-Formel, dass wir sie nur bei einer Gleichung in Normalform anwenden dürfen – und dass wir ganz besonders auf die Vorzeichen achten müssen.

Beispiel:

$$
\begin{aligned}
& 3x^2 - 12x - 36 = 0 && |:3 \\
\Leftrightarrow\ & x^2 - 4x - 12 = 0 && ▶ \text{Normalform}
\end{aligned}
$$

$$
\Leftrightarrow\ x_{1,2} = -\frac{-4}{2} \pm \sqrt{\left(\frac{-4}{2}\right)^2 + 12} \quad ▶ p = -4;\ q = -12
$$

$$
= 2 \pm \sqrt{(-2)^2 + 12}
$$

$$
= 2 \pm \sqrt{16}
$$

Anmerkung:

Die quadratische Gleichung $x^2 + px + q = 0$ besitzt nur dann Lösungen, wenn $\left(\frac{p}{2}\right)^2 - q \geq 0$ gilt. Nur in diesem Fall lässt sich aus dem Term $\left(\frac{p}{2}\right)^2 - q$ die Wurzel ziehen.

Lösungen:

$$
\begin{aligned}
x_1 &= 2 + 4 && \text{und} && x_2 = 2 - 4 \\
x_1 &= \mathbf{6} && \text{und} && x_2 = \mathbf{-2}
\end{aligned}
$$

Linearfaktorzerlegung

Die quadratische Gleichung $x^2 - 4x - 12 = 0$ können wir auch als $(x - 6) \cdot (x + 2) = 0$ schreiben. Dabei haben wir die Normalform in **Linearfaktoren** zerlegt. Liegt eine quadratische Gleichung in Form einer **Linearfaktorzerlegung** vor, dann können wir aus dieser Form die Lösung unmittelbar ablesen. Hierbei benutzen wir den **Satz vom Nullprodukt**:

Ein Produkt ist genau dann 0, wenn wenigstens einer der Faktoren 0 ist.

$$x^2 - 4x - 12 = (x - 6) \cdot (x + 2)$$

$$x^2 - 4x - 12 = 0$$
$$\Leftrightarrow (x - 6) \cdot (x + 2) = 0$$
$$\Leftrightarrow (x - 6) = 0 \text{ oder } (x + 2) = 0$$

Lösungen:

$x_1 = \mathbf{6}$ und $x_2 = \mathbf{-2}$

Satz von Vieta

Der **Satz von Vieta** bringt die Koeffizienten p und q der quadratischen Gleichung $x^2 + px + q = 0$ mit deren Lösungen x_1 und x_2 in Zusammenhang.

Um den Satz von Vieta herzuleiten, zerlegen wir den Term $x^2 + px + q$ in seine Linearfaktoren $(x - x_1) \cdot (x - x_2)$. Dann erhalten wir p und q in Abhängigkeit von x_1 und x_2.

Hat eine Gleichung der Form $x^2 + px + q = 0$ die Lösungen x_1 und x_2, so gilt:
$p = -(x_1 + x_2)$ und $q = x_1 \cdot x_2$.

$$x^2 + px + q = (x - x_1) \cdot (x - x_2)$$
$$= x^2 - (x_1 + x_2) \cdot x + x_1 \cdot x_2$$
$$\Rightarrow p = -(x_1 + x_2)$$
$$q = x_1 \cdot x_2$$

Der Satz von Vieta ist hilfreich, wenn wir die Lösungen einer quadratischen Gleichung in Normalform durch Probieren bestimmen wollen. Auch für die Probe ist „Vieta" hilfreich.

Bei $x^2 + 2x - 8 = 0$ muss für die Lösungen x_1 und x_2 gelten: $-2 = x_1 + x_2$; $-8 = x_1 \cdot x_2$.
Erhoffen wir uns ganzzahlige Lösungen, dann kommen wir durch Probieren schnell auf die Lösungen $x_1 = -4$ und $x_2 = 2$.

$$x^2 + 2x - 8 = 0$$
$$\Rightarrow -2 = x_1 + x_2; -8 = x_1 \cdot x_2$$
Lösungen:
$x_1 = \mathbf{-4}$ und $x_2 = \mathbf{2}$

Übungen

1. Lösen Sie die folgenden quadratischen Gleichungen mithilfe der quadratischen Ergänzung und überprüfen Sie Ihr Ergebnis durch Berechnung mit der p-q-Formel.

a) $x^2 + 6x + 9 = 0$

b) $x^2 - 4x - 5 = 0$

c) $x^2 + 2x - 3 = 0$

d) $x^2 + 8 = 6x$

e) $x^2 - 10 = -3x$

f) $x^2 + 2{,}5x - 6 = 0$

g) $2x^2 + 6x - 20 = 0$

h) $0{,}5x^2 - 2x - 2{,}5 = 0$

i) $0{,}5x^2 + 3{,}5x + 5 = 0$

j) $\frac{1}{3}x^2 + x - \frac{10}{3} = 0$

k) $\frac{5}{6}x^2 + \frac{25}{6}x - 5 = 0$

l) $\frac{2}{3}x^2 + x + \frac{1}{3} = 0$

m) $2x^2 - 2 = 4x^2 + 5x - 9$

n) $2x \cdot (-0{,}5x + 1) = -x + 5$

o) $0{,}5x^2 - 4 = 8x \cdot (-0{,}25x + 1)$

2. Lösen Sie die folgenden quadratischen Gleichungen, indem Sie den Term auf der linken Seite der Gleichung zunächst in Linearfaktoren zerlegen. Machen Sie die Probe.

a) $x^2 + x = 0$

b) $5x^2 - 10x = 0$

c) $0{,}2x^2 - 3x = 0$

d) $2{,}4x^2 + 12x = 0$

3. Ermitteln Sie die Lösungen der quadratischen Gleichungen unter Anwendung des Satzes von Vieta.

a) $x^2 - 10x + 25 = 0$

b) $x^2 - 3x - 10 = 0$

c) $x^2 - 3x + 2 = 0$

d) $x^2 + 4x - 21 = 0$

e) $x^2 + 7x + 12 = 0$

G

Summenzeichen

Das **Summenzeichen** Σ (griechischer Großbuchstabe **Sigma**) wird in der Mathematik verwendet, wenn eine Summe aus vielen Summanden gebildet wird, die einer Regelmäßigkeit folgen. Das Zeichen wird dann für eine abkürzende Schreibweise für die Summenbildung genutzt.

Sollen beispielsweise die ersten 10 natürlichen Zahlen summiert werden, dann können wir die ausgeschriebene Summe durch das Summenzeichen abkürzen. Nach dem Summenzeichen steht, was summiert werden soll. Dabei ist i die „Laufvariable". Unter dem Summenzeichen wird angegeben, welchen Wert die Laufvariable als erstes annimmt. Über dem Summenzeichen steht, bis wohin sie läuft.

$$1 + 2 + 3 + 4 + 5 + 6 + 7 + 8 + 9 + 10 = \sum_{i=1}^{10} i$$

Sprechweise: „Summe über i für i von 1 bis 10."

Auch die Summe der ersten 8 Quadratzahlen können wir abgekürzt schreiben.

$$\sum_{i=1}^{8} i^2 = 1^2 + 2^2 + 3^2 + 4^2 + 5^2 + 6^2 + 7^2 + 8^2$$

Sprechweise: „Summe über i^2 für i von 1 bis 8."

Neben der Abkürzung von Summen mit vielen konkreten Zahlen, verwendet man das Summenzeichen bei den **Summenformeln**:

Summe der ersten n natürlichen Zahlen
$1 + 2 + 3 + 4 + 5 + \cdots + n$

$$\sum_{i=1}^{n} i = \frac{n(n+1)}{2}$$

Summe der ersten n Quadratzahlen:
$1^2 + 2^2 + 3^2 + 4^2 + 5^2 + \cdots + n^2$

$$\sum_{i=1}^{n} i^2 = \frac{n(n+1)(2n+1)}{6}$$

Summe der ersten n Kubikzahlen:
$1^3 + 2^3 + 3^3 + 4^3 + 5^3 + \cdots + n^3$

$$\sum_{i=1}^{n} i^3 = \frac{n^2(n+1)^2}{4}$$

Summe der ersten k ungeraden Zahlen:
$1 + 3 + 5 + 7 + 9 + 11 + \cdots + (2k-1)$

$$\sum_{i=1}^{k} (2i-1) = k^2$$

Summe der ersten k geraden Zahlen:
$2 + 4 + 6 + 8 + 10 + \cdots + 2k$

$$\sum_{i=1}^{k} 2i = k^2 + k$$

Übungen

1. Schreiben Sie die Summen mithilfe des Summenzeichens. Bestimmen Sie die Summen.
a) $1 + 2 + 3 + 4 + 5 + 6 + 7 + 8 + 9 + 10 + 11 + 12$
b) Summe der ersten 20 Quadratzahlen
c) $1 + 3 + 5 + 7 + 9 + 11 + 13 + 15 + 17 + 19 + 21$
d) $2 + 4 + 6 + 8 + 10 + 12 + 14 + 16 + 18 + 20 + 22 + 24$
e) Summe der ersten 10 Kubikzahlen
f) Summe der natürlichen Zahlen von 30 bis 70

2. Berechnen Sie die Summen.

a) $\sum_{i=1}^{100} i$ b) $\sum_{i=1}^{50} 2i$ c) $\sum_{i=1}^{50} (2i-1)$ d) $\sum_{i=51}^{100} i$ e) $\sum_{i=1}^{100} i^2$ f) $\sum_{i=10}^{21} i^3$

Lösen von Anwendungsaufgaben – Mathematisches Modellieren

Die Praktikantin Saskia hat für eine Teambesprechung im Kindergarten ein Angebot für einen Spieltunnel ausgedruckt. Erzieherin Birgit winkt ab: „Der Tunnel ist viel zu schmal. Wenn unsere Vorschulkinder da durchrobben, ist er schnell zerrissen." Über diese Reaktion ist Saskia enttäuscht, aber auch etwas verunsichert. Ist der Tunnel für ältere Kinder vielleicht wirklich nicht geeignet?

Spieltunnel „Krabbel"

- Spaß für drinnen und draußen
- 180 cm lang, 150 cm Umfang
- Zusammenfaltbar
- Ab dem 3. Lebensjahr

1. Verstehen der Aufgabe
Worum geht es eigentlich?

Welche Fragestellungen beinhaltet die Aufgabe?

Welche Informationen enthält der Aufgabentext?

Passt ein sechsjähriges Kind problemlos durch diesen Raupen-Tunnel?
Wie groß darf das Kind sein, damit es nicht an die eingearbeiteten Metallreifen stößt?
Wie viel Platz hat das Kind im Tunnel?
Gegeben: Länge 180 cm, Umfang 150 cm

2. Mathematisieren der Aufgabe
Welche mathematischen Begriffe und Aussagen können den einzelnen Fragestellungen zugeordnet werden?

Welche Darstellungsform ist geeignet, das Problem zu lösen?

Notwendige Daten ermitteln.

Bei Bedarf Skizzen zur Veranschaulichung anfertigen.

Der größte Abstand und damit der Platz im Raupen-Tunnel entspricht dem Durchmesser d.
Wir nutzen den gegebenen Umfang U und die Formel $U = \pi \cdot d$.
Am meisten Platz benötigt das Kind auf allen Vieren vermutlich vom Boden bis zum Kopf. Die Kopfhöhe kann durch Messen, Schätzen oder Internetrecherche bestimmt werden.
Die geschätzte Kopfhöhe eines 6-Jährigen auf allen Vieren beträgt 57 cm.

3. Lösen der Aufgabe
Mathematische Werkzeuge zur Lösung nutzen (z.B. Äquivalenzumformungen).

$$U = \pi \cdot d \iff d = \frac{U}{\pi} \qquad \blacktriangleright U = 150\,\text{cm}$$
$$\Rightarrow d = \frac{150}{\pi} \approx 47{,}7$$

4. Rückführung
Welche Ergebnisse sind sinnvoll in Bezug auf die Aufgabe, welche nicht?

Ergebnisse in Antwortsätzen formulieren und interpretieren.

Der Durchmesser des Tunnels beträgt ca. 48 cm und ist damit zu klein. Ein Vorschulkind passt nur hindurch, wenn es auf dem Bauch liegend durchrobbt. Wie lange der Tunnel bei dieser Beanspruchung hält, ist eine Frage der Qualität.

Übungen

Melina plant mit vier Freundinnen einen Singstar-Abend. Sie wollen Pizza bestellen. Die Pizzeria bietet die rechts stehenden Angebote.
Zu welchem Angebot raten Sie Melina?

2 Pizza (⌀ 29 cm), 1 gemischter Salat, Pizzabrötchen, 1 Fl. Wein   15,00 Euro

Pizza-Party-Blech (45x45 cm) für 6 Personen mit 4 Belägen   21,00 Euro

1 großer gem. Salat mit Pizzabrötchen   3,50 Euro

Pizza

G

Grafikfähige Taschenrechner (GTR) und Computer-Algebra-Systeme (CAS)

GTR und CAS unterstützen Sie beim Erforschen mathematischer Zusammenhänge und beim Lösen mathematischer Probleme. Die folgenden Seiten sollen Ihnen helfen, sich mit Ihrem Gerät vertraut zu machen.

CA Casio fx-CG20/50

Der Casio fx-CG20/50 ist ein grafikfähiger Taschenrechner, der sich am Bedienkonzept eines wissenschaftlichen Taschenrechners orientiert. Je nach Aufgabenstellung werden unterschiedliche Anwendungen angeboten, z.B. zur Darstellung von Graphen und statistischer Daten, für statistische Berechnungen, oder zum Lösen von Gleichungen. Das zentrale Element der Bedienung ist das Startfenster, das **Hauptmenü**, das jederzeit über die Taste MENU erreicht werden kann.

Im Hauptmenü MENU können die verschiedenen **Anwendungen** aufgerufen werden. Die Navigation erfolgt mit den Cursor-Tasten. Alternativ lässt sich eine Anwendung direkt über die ihr zugeordnete Ziffer bzw. den zugeordneten Buchstaben aufrufen.

Eine Anwendung wird mit MENU wieder verlassen.

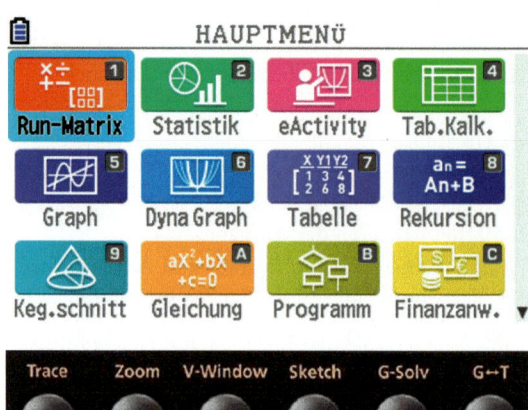

Die **Funktionstasten** F1 bis F6 bilden das zweite zentrale Bedienelement. Über sie werden die auf dem Bildschirm eingeblendeten **Untermenüs** und **Befehle** aufgerufen.

Die Option-Taste OPTN blendet je nach Anwendung zusätzliche Befehle ein. In der Run-Matrix-Anwendung kann beispielsweise der Absolutbetrag über OPTN, NUMERIC (F4), Abs (F1) eingegeben werden.

Wählen Sie die Anwendung Run-Matrix, um einfache Rechnungen, wie z.B. $\frac{6}{7} + \frac{1}{3}$, $\sqrt{10}$ oder $|-4|$, durchzuführen.

Innerhalb einer Anwendung gelangen Sie von einer Anzeige (z.B. Grafikfenster) zur vorhergehenden Anzeige (z.B. Eingabe einer Funktionsvorschrift) mit der Taste EXIT.

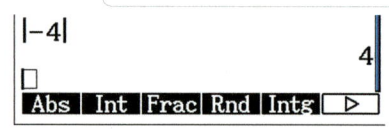

▶ Erstreckt sich ein Menü über mehrere Seiten, kann mit dem ▷-Symbol (F6) umgeblättert werden.

Übersicht der wichtigsten Anwendungen:

Run-Matrix (1)	Der „Taschenrechner": Neben den üblichen Berechnungen werden z.B. auch die numerische Differenziation und Integration sowie die Matrizenrechnung unterstützt.
Statistik (2)	Statistikanwendung: Erfassen, Auswerten und Darstellen von Daten.
Tab. Kalk. (4)	Tabellenkalkulation: Erfassen und Erstellen von Daten.
Graph (5)	Grafikanwendung: Darstellen und Auswerten von Funktionsgraphen.
Dyna Graph (6)	Dynamische Grafikanwendung: Dynamische Darstellung von Funktionen mit Parametern.
Tabelle (7)	Erstellen von Wertetabellen für Funktionen.
Gleichung (A)	Numerisches Lösen von Gleichungen und Gleichungssystemen.

TI | TI-*n*spire CX und TI-*n*spire CX CAS

Der TI-*n*spire CX ist ein grafikfähiger Taschenrechner, der sich am Bedienkonzept eines Computers orientiert. Der TI-*n*spire CX CAS ist ein Computeralgebrasystem, welches neben numerischen auch symbolische Rechenverfahren anbietet. Der TI-*n*spire CX CAS kann somit z.B. Gleichungen algebraisch lösen oder mit Parametern in Funktionen umgehen.

Bei der Bedienung wird grundsätzlich zwischen der Arbeit mit dem **Scratchpad** und der Arbeit in **Dokumenten** unterschieden, was sich auf dem Hauptbildschirm widerspiegelt. Dieser Startbildschirm kann jederzeit über die Taste ⌂on erreicht werden.

Das **Scratchpad** [▥] ist geeignet für schnelle Berechnungen und für Visualisierungen zwischendurch.

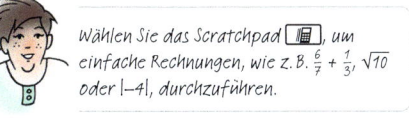

Wählen Sie das Scratchpad [▥], um einfache Rechnungen, wie z.B. $\frac{6}{7} + \frac{1}{3}$, $\sqrt{10}$ oder $|-4|$, durchzuführen.

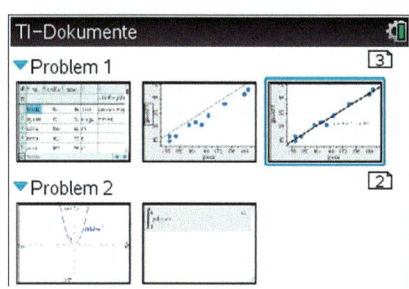

Bei komplexeren Aufgabenstellungen sollten **Dokumente** verwendet werden. Ein Dokument beschreibt eine oder mehrere Aufgaben (Probleme), die aus mehreren Seiten mit mehreren **Anwendungen** bestehen können. Unser Beispieldokument besteht aus zwei Problemen. In Problem 1 kommen die Anwendungen Lists & Spreadsheet sowie auf zwei Seiten Data & Statistics zum Einsatz.

▸ Die Taste doc▾ öffnet ein Menü mit wesentlichen Befehlen zur Verwaltung eines Dokuments.

Einem Dokument werden Anwendungen über den Hauptbildschirm ⌂on hinzugefügt, über das doc▾-Menü oder einfach mithilfe der Taste [+page] (ctrl + doc▾).

Innerhalb einer Anwendung können alle vorhandenen Befehle aus dem **Menü** (Taste menu) ausgewählt werden.
Die Navigation im Menü erfolgt über das Touchpad oder schneller durch Eingabe der Ziffern oder Buchstaben. Durch Eingabefelder navigieren Sie am schnellsten mit der tab -Taste.

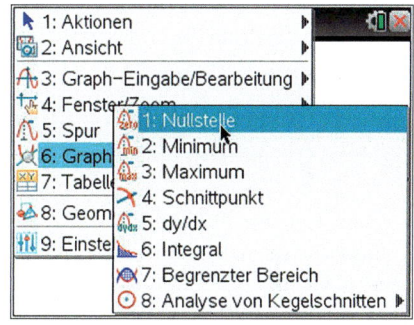

Übersicht der wichtigsten Anwendungen:

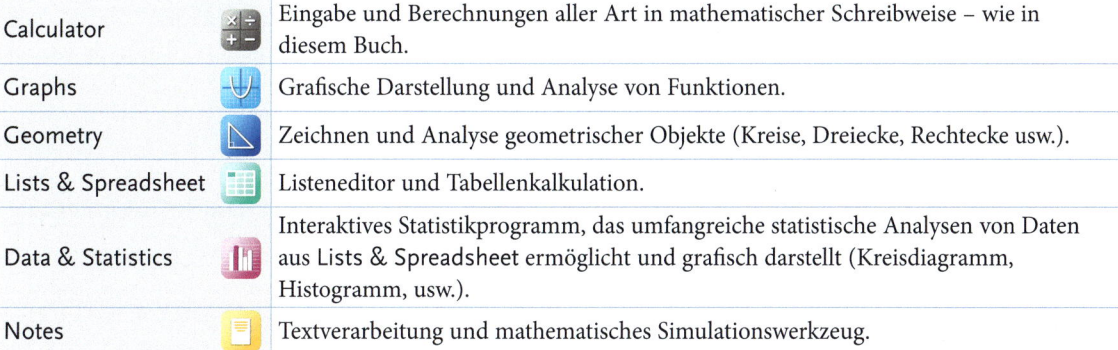

Calculator		Eingabe und Berechnungen aller Art in mathematischer Schreibweise – wie in diesem Buch.
Graphs		Grafische Darstellung und Analyse von Funktionen.
Geometry		Zeichnen und Analyse geometrischer Objekte (Kreise, Dreiecke, Rechtecke usw.).
Lists & Spreadsheet		Listeneditor und Tabellenkalkulation.
Data & Statistics		Interaktives Statistikprogramm, das umfangreiche statistische Analysen von Daten aus Lists & Spreadsheet ermöglicht und grafisch darstellt (Kreisdiagramm, Histogramm, usw.).
Notes		Textverarbeitung und mathematisches Simulationswerkzeug.

G

Übungen

Setzen Sie sich mit Ihrem Rechner bzw. Ihrer Software auseinander, indem Sie die folgenden Aufgaben bearbeiten. Nutzen Sie ggf. Ihr Handbuch oder recherchieren Sie im Internet und überprüfen Sie das Ergebnis durch Kopfrechnen bzw. „händisches" Rechnen.

1. Grundrechenarten und Brüche

a) $123 \cdot 45{,}5 =$

b) $8 \cdot (-653) =$

c) $\frac{2}{3} + \frac{5}{8} =$

d) $1\frac{6}{7} + \frac{2}{5} =$

e) $-4 \cdot 2 + 1 =$

f) $-3 \cdot 5 - (-8) =$

g) $\frac{1}{4} \cdot \left(-\frac{4}{7}\right) + \frac{2}{5} =$

h) $2\frac{1}{3} - 4 \cdot \left(-\frac{5}{6}\right) =$

2. Potenzen und Wurzeln

a) $12^2 =$

b) $7^3 =$

c) $\sqrt{784} =$

d) $\sqrt[4]{1296} =$

e) $\sqrt{-2} =$

f) $(-5)^2 + 6 =$

3. Darstellung von Brüchen

a) $\frac{2}{3} \cdot \sqrt{2} =$

b) $\frac{-4}{\frac{10}{3}} =$

c) Beurteilen Sie Ihre Ergebnisse und die Darstellung durch Ihren Rechner.

d) Wandeln Sie die Ergebnisse in einen Bruch oder in eine Dezimalzahl um.

4. Ermitteln Sie die Ergebnisse.

a) Verdoppeln Sie die Zahl Fünf und addieren Sie 7.

b) Subtrahieren Sie 6 von der Zahl 33 und multiplizieren Sie das Ergebnis mit 4.

c) Quadrieren Sie die Zahl minus Siebzehn und addieren Sie 4.

d) Verdreifachen Sie den Bruch $\frac{4}{7}$ und subtrahieren Sie 3.

e) Setzen Sie -5 in den Term $2x^2 + 4$ ein.

f) Berechnen Sie $-x^2 + 5$ mit $x = 3$.

5. Kreiszahl π und Absolutbetrag

a) $\pi \cdot 5 =$ b) $|-4| =$ c) $|\pi^2 - 10| =$

d) Bestimmen Sie das Volumen einer Kugel mit dem Durchmesser 1.

6. Winkelfunktionen

a) $\sin(20) =$

b) $\cos^{-1}(0) =$

c) Stellen Sie das Winkelmaß Ihres GTR/CAS auf Gradmaß (auf Bogenmaß) um und wiederholen Sie die Aufgaben a) und b).

Für die folgenden Aufgaben finden Sie Hilfestellungen im Anhang – für Casio fx-CG20/50 ab Seite 280, für TI-*n*spire CX und TI-*n*spire CX CAS ab Seite 288.

7. Lösen Sie die Gleichungen.

a) $2x + 7 = 0$

b) $x^2 - 4 = 0$

c) $x^2 + 4x - 21 = 0$

d) $3x + 4 = 16$

e) $(2x + 4) \cdot (x - 3) = (x - 1) \cdot (2x - 12)$

f) $0{,}5x^2 - 4 = 8x \cdot (-0{,}25x + 1)$

8. Lösen Sie die linearen Gleichungssysteme.

a) $3x + 2y = -1$
$4x + 5y = 1$

b) $4x + 5y = 32$
$y = 5x - 11$

c) $x + 2y + 3z = 1$
$5x + 6y - 7z = 2$
$9x + 10y + 11z = 3$

d) $x + y + z = 4$
$x + y = -2$
$y + z = 3$

9. Erstellen Sie die Graphen der durch die Gleichung gegebenen Funktionen.

a) $f(x) = 2x - 3$

b) $f(x) = x^2$

c) $f(x) = -2x^2 + 3x - 4$

d) $f(x) = \frac{x+1}{-3x+4}$

10. Erstellen Sie für die Funktionen aus 9 a) und 9 b) je eine Wertetabelle. Die Tabellen sollen von $x = -2$ bis $x = 5$ mit einer Schrittweite von 1 dargestellt werden.

11. Lösen Sie die Ungleichung $12 - (3x + 2) < x - 6$.

12. Verwenden Sie die in Ihrem GTR/CAS eingebaute Summenfunktion zur Berechnung der folgenden Summen.

a) $\displaystyle\sum_{i=0}^{100} i$

b) $\displaystyle\sum_{i=1}^{10} \frac{1}{i}$

c) $\displaystyle\sum_{i=1}^{8} \frac{1}{2^i}$

d) $\displaystyle\sum_{i=1}^{50} \frac{1}{2^i}$

1 Beschreibende Statistik

1.1 Aufbereitung und Darstellung statistischer Daten

Die Fly Bike Werke GmbH stellt Fahrräder her. Sie vertreibt neben Fahrrädern auch Fahrradteile und Fahrradzubehör. Gegründet wurde die Fly Bike Werke GmbH von Jan Ullmann als sogenannte Ein-Personen-GmbH. Mit der Zeit und durch Rationalisierung der Fertigungsmethoden wuchs das Unternehmen. Deshalb trat Anfang 2006 sein alter Freund Björn Ries als Gesellschafter in die GmbH ein. Seitdem wächst die Fly Bike Werke GmbH weiter, jedoch werden durch veraltete Produktionsanlagen fehlerhafte Fahrräder hergestellt. Die Folge sind Reklamationen. Zunehmend leidet so die Kundenzufriedenheit.

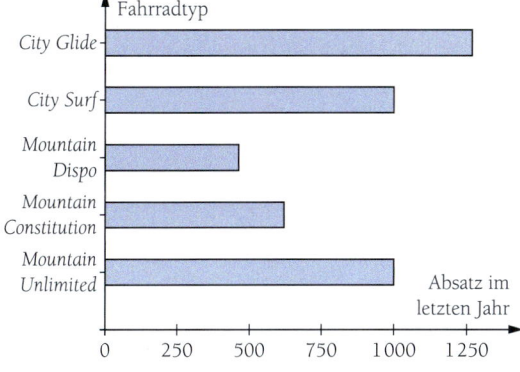

Fahrradtyp	Anzahl der Reklamationen im letzten Jahr
City Glide	100
City Surf	20
Mountain Dispo	12
Mountain Constitution	15
Mountain Unlimited	100

Die Fly Bike Werke GmbH erwirtschaftete im letzten Jahr Gewinn. Davon soll ein Teil für die Erneuerung der Produktionsanlagen genutzt werden. Jeder Fahrradtyp wird auf einem eigenen Montageband hergestellt. Das Geld soll sinnvoll investiert werden.

▶ Aufgabe 6 auf Seite 38

Kompetenzen

- Daten angemessen darstellen, beschreiben und interpretieren
- Absolute und relative Häufigkeiten berechnen

Anwendungen

- Aufbereitung von Produktionszahlen und Personaldaten
- Bestimmung zugehöriger Kennzahlen

1.1 Aufbereitung und Darstellung statistischer Daten

Millionen einzelner Daten werden täglich gesammelt, zusammengefasst, beschrieben und analysiert. Letztendlich erhofft man sich, daraus Rückschlüsse auf die Eigenschaften der Bereiche zu gewinnen, aus denen die Daten stammen. Diese Erkenntnisse können dann wiederum als Grundlage für zukünftige Entscheidungen dienen.

In der Regel wird nicht die komplette **Grundgesamtheit** untersucht, sondern nur eine **Stichprobe**. Eine Stichprobe sollte eine repräsentative Teilmenge der Grundgesamtheit sein.

1.1.1 Grundbegriffe

 Merkmale und Merkmalsausprägungen

An einer weiterführenden Schule fanden Aufnahmegespräche statt. Dabei wurden die Schülerinnen und Schüler nach ihrem Alter gefragt und gebeten, ihre letzte Zeugnisnote im Fach Mathematik zu nennen. Die erhobenen Daten wurden in nebenstehender **Urliste** zusammengefasst.

Die 20 Schülerinnen und Schüler bilden zusammen die Grundgesamtheit der statistischen Erhebung. In diesem Beispiel ist die Stichprobe gleich der Grundgesamtheit. Jede einzelne Schülerin und jeder einzelne Schüler ist im Hinblick auf die **Merkmale** „Geschlecht", „Mathematiknote" und „Alter" ein **Merkmalsträger**.

Die Merkmale selbst kommen in verschiedenen **Merkmalsausprägungen** vor:

Merkmal	Merkmalsausprägungen
Geschlecht:	männlich, weiblich
Mathematiknote:	1, 2, 3, 4, 5
Alter:	15, 16, 17, 18, 19

Nr.	Name	Geschlecht	Note	Alter
1	Alberts	m	2	15
2	Baal	m	3	16
3	Ballert	w	3	15
4	Bluhm	w	4	16
5	Boukoudi	w	4	17
6	Brestel	m	2	18
7	Castorp	w	2	16
8	Choubrok	w	3	15
9	Crest	m	5	17
10	Demiran	w	4	16
11	Droste	w	4	17
12	Estoban	m	3	16
13	Ewers	m	3	15
14	Franke	m	2	16
15	Hellmich	w	3	17
16	Janosz	m	1	18
17	Kleinert	m	1	19
18	Kranich	w	3	16
19	Lipschitz	w	5	16
20	Nowak	w	4	17

Man unterscheidet zwischen **qualitativen** und **quantitativen** Merkmalen.
- **Qualitative Merkmale** werden unterschieden in solche, bei denen die Merkmalsausprägungen in eine natürliche Reihenfolge gebracht werden können (**ordinale Skala**), und jene, bei denen die Merkmalsausprägungen nicht abgestuft werden können (**nominale Skala**).
- **Quantitative Merkmale** lassen sich durch Zahlen ausdrücken, welche einer Reihenfolge unterliegen. Die Abstände zwischen den Zahlenwerten sind interpretierbar (**metrische Skala**).

Merkmal	Merkmalsausprägung	Art des Merkmals	Art der Skala
Mathematiknote	1, 2, 3, 4, 5	qualitativ	ordinal
Geschlecht	männlich, weiblich	qualitativ	nominal
Alter	15, 16, 17, 18, 19	quantitativ	metrisch

▶ Bei Schulnoten ist eine „1" zwar besser als eine „2", aber nicht doppelt so gut. Somit ist das Merkmal „Mathematiknote" nicht metrisch, sondern ordinal skaliert.

Grundbegriffe statistischer Erhebungen:

- Die Personen oder Objekte, über die man eine Aussage machen möchte, bilden die **Grundgesamtheit**. Die **Stichprobe** ist die tatsächlich untersuchte Teilmenge der Grundgesamtheit.
- Die Elemente der Grundgesamtheit sind **Merkmalsträger** hinsichtlich bestimmter **Merkmale**.
- Die Merkmale besitzen verschiedene **Ausprägungen**.
- Bei **qualitativen Merkmalen** werden die Merkmalsausprägungen durch Namen oder Eigenschaften beschrieben. Können die Merkmalsausprägungen in eine Rangordnung gebracht werden, dann erfasst man sie in einer **Ordinalskala**, ansonsten in einer **Nominalskala**.
- Bei **quantitativen Merkmalen** werden die Merkmalsausprägungen durch Zahlen oder Größen beschrieben und in einer **metrischen Skala** erfasst.

Bei einer Meinungsumfrage sollen sich 1000 Passanten zu folgenden Fragen äußern:

„Wie lange nutzen Sie das Internet täglich?"

„Nutzen Sie das Internet überwiegend privat oder überwiegend beruflich?"

„Nutzen Sie mobiles Internet – ja oder nein?"

a) Geben Sie die Grundgesamtheit, die Merkmalsträger, die Merkmale und deren Ausprägungen an.

b) Welche Merkmale sind quantitativ, welche qualitativ? Begründen Sie.

Übungen zu 1.1.1

1. Handelt es sich um quantitative oder qualitative Merkmale? Begründen Sie.

a) Größe eines Klassenzimmers

b) Preis einer Ware

c) Lackfarbe eines Pkws

d) Zufriedenheit von Kunden

e) Anzahl Sitzplätze

f) Aktienkurs

g) Familienstand

h) Stärke von Erdbeben auf der Richterskala

2. Geben Sie je drei quantitative und qualitative Merkmale aus folgenden Bereichen an.

a) Landwirtschaft

b) Technik

c) Dienstleistungsgesellschaft

3. Entscheiden Sie, in welcher Art von Skala die folgenden Merkmalsausprägungen ausgedrückt werden können.

a) Geburtsjahr: 1998, 1999, 2000, 2001

b) Fruchtgehalt von Orangensaft: 20 %, 30 %, 40 %, 50 %, …, 100 %

c) Interesse am Fußball: sehr groß, groß, gering, kein Interesse

d) Lieblingsfarbe: blau, rot, gelb, grün

4. Geben Sie zu den Skalen je drei Merkmale an.

a) Metrische Skala

b) Nominalskala

c) Ordinalskala

5. Ermitteln Sie in Ihrer Klasse das Geschlecht, das Alter, die Nationalität, die Schuhgröße, die Haarfarbe und die Konfession Ihrer Mitschülerinnen und Mitschüler.

a) Erläutern Sie anhand Ihres Untersuchungsergebnisses die Begriffe Merkmalsträger und Merkmale.

b) Welche Merkmale sind quantitativ und welche qualitativ? Begründen Sie.

c) Entscheiden Sie, welche der Merkmale sich in einer Nominalskala, einer Ordinalskala bzw. in einer metrischen Skala erfassen lassen.

1.1.2   Häufigkeiten und ihre Darstellungen

Absolute und relative Häufigkeiten

Der erste Schritt bei der Aufbereitung der Daten besteht darin, die **Häufigkeit** festzustellen, mit der ein Merkmal eine bestimmte Ausprägung annimmt. Die Häufigkeit kann in absoluten Zahlen angegeben werden oder als relativer Anteil am Umfang der Stichprobe.

 2   Absolute und relative Häufigkeit

Eine Einzelhandelskette befragte die Kunden zweier Hannoveraner Filialen nach der Zufriedenheit mit dem Warenangebot. Um die Kosten der Umfrage niedrig zu halten, wurden lediglich Stichproben gemacht: Während einer Stunde wurde jeder zweite Kunde gefragt, ob er „sehr zufrieden (☺☺)", „zufrieden (☺)", „unzufrieden (☹)" oder „sehr unzufrieden (☹☹)" sei.

Die Gesamtzahl der befragten Kunden, der sogenannte **Stichprobenumfang**, fiel dabei in beiden
Filialen verschieden groß aus: In Filiale A wurden
180 Kunden, in Filiale B hingegen 270 Kunden nach
ihrer Meinung gefragt. ▶ Tabelle

	absolute Häufigkeit H				
	☺☺	☺	☹	☹☹	Summe
A	90	54	25	11	180
B	108	72	63	27	270

Untersuchen Sie das Ergebnis im Hinblick auf den unterschiedlichen Stichprobenumfang.

In Filiale B waren deutlich mehr Kunden (108) „sehr zufrieden" mit dem Warenangebot als in Filiale A (90). Der Vergleich dieser beiden **absoluten Häufigkeiten** H lässt aber außer Betracht, dass in den Filialen unterschiedlich viele Personen befragt wurden. In A waren 90 von 180 befragten Kunden sehr zufrieden, in B waren es 108 von 270 Kunden.

Die **relativen Häufigkeiten** h_n, bei denen man die
absoluten Häufigkeiten ins Verhältnis zum Stichprobenumfang n setzt, eignen sich für einen Vergleich besser. Deshalb ist die Tabelle der relativen
Häufigkeiten aussagekräftiger.

$A: h_{180}(☺☺) = \frac{H(☺☺)}{180} = \frac{90}{180} = 0,50 = 50\%$

$B: h_{270}(☺☺) = \frac{H(☺☺)}{270} = \frac{108}{270} = 0,40 = 40\%$

	relative Häufigkeit h_n				
	☺☺	☺	☹	☹☹	Summe
A	0,50	0,30	$\approx 0,14$	$\approx 0,06$	1
B	0,40	$\approx 0,27$	$\approx 0,23$	0,10	1

Die relative Häufigkeit ist höchstens 1.

Die **Summe der absoluten Häufigkeiten** jeder einzelnen Filiale ist immer gleich der Anzahl aller Merkmalsträger, also gleich dem Stichprobenumfang.
Die **Summe der relativen Häufigkeiten** jeder einzelnen Filiale ist immer 1, also 100 %.

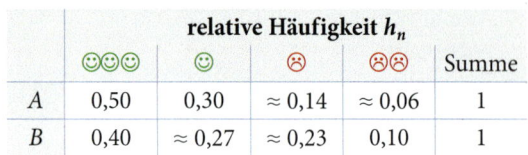
Manchmal schreibt man auch genauer $H(x_i)$ und $h_n(x_i)$.

- **Absolute Häufigkeit** $H(x_i)$ einer Merkmalsausprägung x_i:
  Anzahl der Merkmalsträger mit dieser Merkmalsausprägung.
- **Relative Häufigkeit** $h_n(x_i)$ einer Merkmalsausprägung x_i:
  Anteil der Merkmalsträger mit dieser Merkmalsausprägung am Umfang der Stichprobe:
  $h_n(x_i) = \frac{H(x_i)}{n} = \frac{\text{absolute Häufigkeit der Merkmalsausprägung } x_i}{\text{Stichprobenumfang}}$

 oHi Mi Fertigen Sie für die Merkmale Geschlecht, Note und Alter aus Beispiel 1 von Seite 28 jeweils eine Tabelle an, in der die absoluten und relativen Häufigkeiten der Merkmalsausprägungen aufgelistet sind.

Grafische Darstellungen

Mit Grafiken lassen sich Häufigkeiten in vielfältiger Weise veranschaulichen. Jede Darstellungsart hat ihre speziellen Vorteile.

Stab- und Säulendiagramm

In der JoRo GmbH werden von Montag bis Freitag Displays für Smartphones produziert. Die Betriebsleiterin vermutet, dass sich Störungen im Produktionsablauf montags besonders häufen. Deshalb erfasst sie vier Wochen lang täglich die Anzahl der Störungen:

Woche	1. Woche					2. Woche					3. Woche					4. Woche				
Wochentag	Mo	Di	Mi	Do	Fr	Mo	Di	Mi	Do	Fr	Mo	Di	Mi	Do	Fr	Mo	Di	Mi	Do	Fr
Anzahl	2	0	0	1	1	3	1	1	0	1	2	1	1	0	1	2	1	0	1	1

Stellen Sie das Ergebnis übersichtlich dar.

Zunächst zählen wir die Anzahl der Störungen für jeweils gleiche Wochentage zusammen.
▶ absolute Häufigkeit

Stellt man die Häufigkeiten z.B. durch senkrechte Stäbe oder Säulen dar, erhält man ein **Stabdiagramm** bzw. **Säulendiagramm**.

Tag	Anzahl (absolute Häufigkeit)
Mo	9
Di	3
Mi	2
Do	2
Fr	4

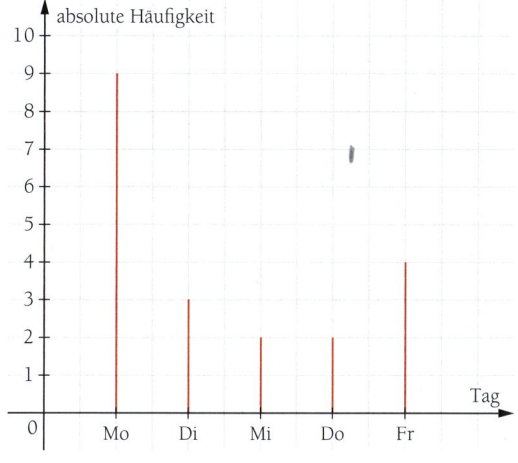

▶ Stabdiagramm

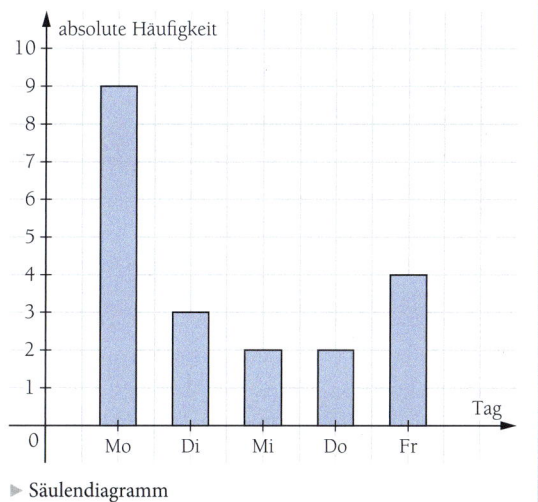

▶ Säulendiagramm

Die Grafiken belegen, dass die Betriebsleiterin Recht hat. Die Störungen häufen sich montags.

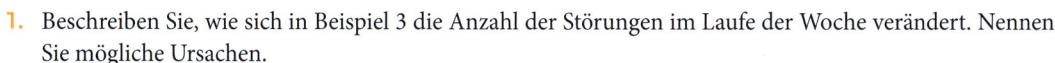

1. Beschreiben Sie, wie sich in Beispiel 3 die Anzahl der Störungen im Laufe der Woche verändert. Nennen Sie mögliche Ursachen.

2. Veranschaulichen Sie die Höhen folgender Berge durch ein geeignetes Säulendiagramm:
   Brocken 1140 m, Vesuv 1270 m, Zugspitze 3000 m, Ätna 3300 m, Montblanc 4800 m.

4 Balkendiagramm

Der Bedarf an Displays für Smartphones ist im letzten Jahr extrem angestiegen. Die JoRo GmbH aus Beispiel 3 hat beschlossen, nun auch samstags und sonntags zu produzieren.
Nachdem der 7-Tage-Betrieb schon einige Wochen läuft, möchte die Betriebsleiterin prüfen, ob sich die Verteilung der Störungen auf die einzelnen Wochentage verändert hat. Dafür erfasst sie wieder täglich die Anzahl der Störungen, diesmal aber nur drei Wochen lang. In der Tabelle hält sie in der unteren Zeile auch noch einmal die Ergebnisse für den 5-Tage-Betrieb fest.

1. Woche							2. Woche							3. Woche							4. Woche						
Mo	Di	Mi	Do	Fr	Sa	So	Mo	Di	Mi	Do	Fr	Sa	So	Mo	Di	Mi	Do	Fr	Sa	So	Mo	Di	Mi	Do	Fr	Sa	So
1	2	0	0	2	0	1	1	0	1	3	0	0	2	1	1	2	0	1	2	0	–	–	–	–	–	–	–
2	0	0	1	1	–	–	3	1	1	0	1	–	–	2	1	1	0	1	–	–	2	1	0	1	1	–	–

Stellen Sie beide Ergebnisse übersichtlich in einem Diagramm dar.

Zunächst zählen wir wieder die Anzahlen der Störungen an den einzelnen Wochentagen zusammen.
▶ absolute Häufigkeit

Wir erkennen zunächst, dass trotz der längeren Betriebszeit nicht mehr Störungen auftreten. Uns interessiert nun aber, ob sich die Verteilung der Störungen auf die Wochentage verändert hat.

Da die Störungen einmal vier Wochen lang und einmal nur drei Wochen lang erfasst wurden, sind die absoluten Anzahlen nicht vergleichbar. Wir berechnen deshalb die relativen Häufigkeiten, indem wir jeweils die Anzahl der Störungen pro Wochentag durch die Anzahl aller Störungen teilen.

Zur Darstellung der Häufigkeiten wählen wir diesmal waagerechte Balken.
Im **Balkendiagramm** kann man zwei Datensätze leicht miteinander vergleichen und Beschriftungen gut unterbringen.
Schnell sehen wir, dass die Verteilung der Störungen auf die einzelnen Wochentage im 7-Tage-Betrieb weniger schwankt als im 5-Tage-Betrieb.

Tag	absolute Häufigkeit		relative Häufigkeit	
	5-Tage	7-Tage	5-Tage	7-Tage
Mo	9	3	0,45	0,15
Di	3	3	0,15	0,15
Mi	2	3	0,1	0,15
Do	2	3	0,1	0,15
Fr	4	3	0,2	0,15
Sa	–	2	–	0,1
So	–	3	–	0,15
Summe	20	20	1	1

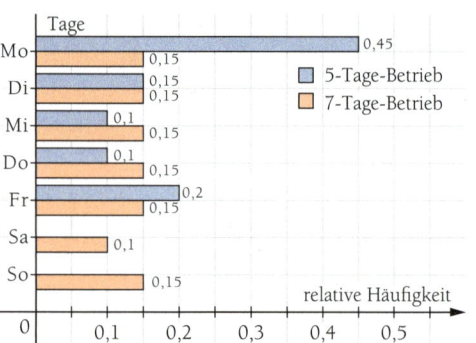

5 Liniendiagramm

Bei Aktienkursen interessiert man sich nicht nur für den zu einem bestimmten Zeitpunkt erreichten Wert, sondern auch für die Kursentwicklung. Die in regelmäßigen (kleinen) Abständen gewonnenen Daten werden deshalb in einem **Liniendiagramm** dargestellt. Dadurch können Trends gut abgelesen oder vorhergesagt werden.

Die Verbindungen zwischen den Punkten dienen nur der Führung des Auges. Es handelt sich nicht um exakte Verläufe.

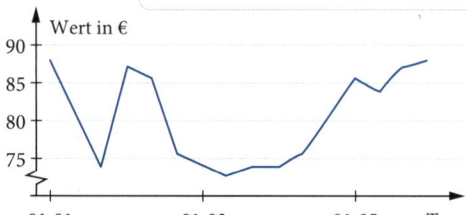

Kreis- und Tortendiagramm

Die JoRo GmbH ist in Produktionssparten gegliedert, die selbstverantwortlich wirtschaften. Die Tabelle gibt den Umsatz jeder Sparte im Jahr 2017 in Tausend € an.

Sparte	Verkehrstechnik (V)	Medizintechnik (M)	Haushaltstechnik (H)	Kommunikations-technik (K)	Anlagentechnik (A)
Umsatz	24 832	33 861	8335	10 589	35 749

Stellen Sie übersichtlich dar, welchen Anteil die Sparten jeweils am Gesamtumsatz haben.

Der Gesamtumsatz der JoRo GmbH beträgt 113 366 Tausend €.
Zunächst berechnen wir für die einzelnen Sparten den jeweiligen Anteil am Gesamtumsatz.
Zum Beispiel gilt für Sparte V:
24 832 Tausend € von 113 366 Tausend € sind

$$\frac{24\,832}{113\,366} \approx 0{,}22 = 22\,\%.$$

Sparte	Anteil	Winkelgröße
V	22 %	79°
M	30 %	108°
H	7 %	25°
K	9 %	32°
A	32 %	115°

▶ Da die Werte gerundet sind, beträgt die Summe der Winkelgrößen statt 360° (Vollkreis) hier nur 359°.

Zur Veranschaulichung von Anteilen an der Gesamtheit (100 %) eignen sich vor allem **Kreisdiagramme** und **Tortendiagramme**.

Im Kreis- bzw. Tortendiagramm entspricht dem Anteil von 22 % eine bestimmte Winkelgröße: 22 % von 360° (Vollkreis) sind 0,22 · 360° ≈ 79°.

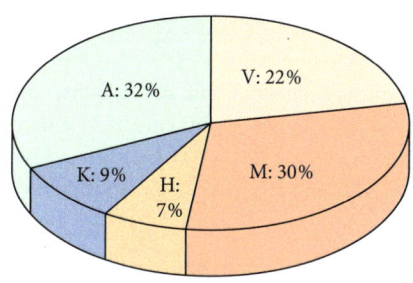

Einfacher geht es mit dem GTR oder CAS.
Geben Sie die Umsätze in eine Liste bzw. Tabelle ein. Anschließend können die Daten als Kreisdiagramm dargestellt werden.

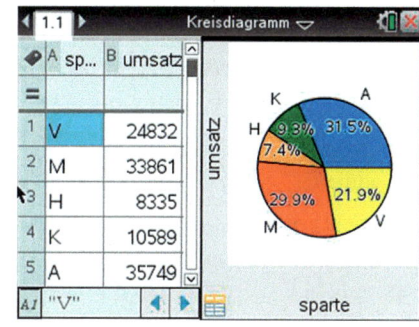

GTR CAS

▶ TI Eingabe über Lists & Spreadsheet.

Stellen Sie die Sitzverteilung im niedersächsischen Landtag in einem Kreisdiagramm dar.

SPD	CDU	Grüne	FDP	AfD
55	50	12	11	9

▶ Ergebnis der Wahl vom 15. Oktober 2017

Klassierung von Daten

Bei quantitativen Merkmalen fasst man oft verschiedene Merkmalsausprägungen zu Klassen zusammen. Deren Häufigkeiten stellt man mithilfe von Rechtecken in einem **Histogramm** dar. Die Flächeninhalte der Rechtecke entsprechen dabei den Häufigkeiten.

7 Histogramm mit gleicher Klassenbreite

In einer Rechtsanwaltskanzlei sind 15 Rechtsanwälte verschiedenen Alters beschäftigt:

Anwalt	A	B	C	D	E	F	G	H	I	J	K	L	M	N	O
Alter	28	55	29	47	53	38	40	42	67	63	61	35	70	43	55

Bilden Sie für das Merkmal „Alter" sinnvolle Altersklassen, geben Sie die zugehörigen absoluten Häufigkeiten an und stellen Sie diese in einem Histogramm dar.

GTR CAS

Mit einem GTR/CAS wird das Histogramm erstellt. In der Darstellung haben wir die gleichmäßige Einteilung in Abständen von jeweils 10 Jahren gewählt.

Alter	26 – 35	36 – 45	46 – 55	56 – 65	66 – 75
abs. Häufigkeit	3	4	4	2	2

Im Histogramm stellen wir auf der x-Achse die Alterklassen dar. Die Darstellung entspricht einem Säulendiagramm ohne Abstände zwischen den Säulen. Da alle Klassen gleich breit sind (10 Jahre), haben alle Rechtecke des Histogramms eine gleich lange Grundseite.

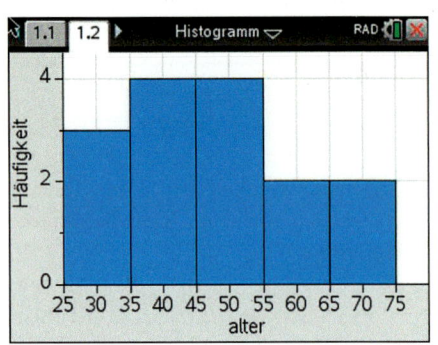

▶ TI Die Darstellung der Daten als Histogramm erfolgt durch menu, Plot-Typ und Histogramm.

8 Teilsummen von Häufigkeiten

Geben Sie an, wie viel Prozent der Anwälte bis zu 35, 45, 55, 65 bzw. bis zu 75 Jahre alt sind. Stellen Sie die Anteile grafisch dar.

Die Teilsummen der relativen Häufigkeiten werden entsprechend addiert:

$h(26 \leq x \leq 35) = \frac{3}{15} = $ **20 % bis zu 35 Jahre**

$h(26 \leq x \leq 45) = h(26 \leq x \leq 35) + h(36 \leq x \leq 45)$
$= \frac{3}{15} + \frac{4}{15} = \frac{7}{15} \approx $ **47 % bis zu 45 Jahre**

$h(26 \leq x \leq 55) = h(26 \leq x \leq 45) + h(46 \leq x \leq 55)$
$= \frac{7}{15} + \frac{4}{15} = \frac{11}{15} \approx $ **73 % bis zu 55 Jahre**

$h(26 \leq x \leq 65) = h(26 \leq x \leq 55) + h(56 \leq x \leq 65)$
$= \frac{11}{15} + \frac{2}{15} = \frac{13}{15} \approx $ **87 % bis zu 65 Jahre**

$h(26 \leq x \leq 75) = h(26 \leq x \leq 65) + h(66 \leq x \leq 75)$
$= \frac{13}{15} + \frac{2}{15} = \frac{15}{15} = $ **100 % bis zu 75 Jahre**

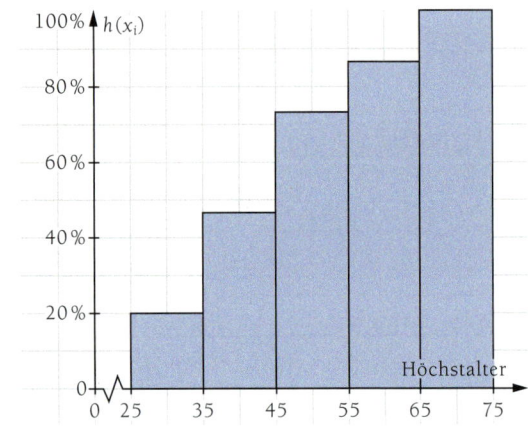

Die Summe aller relativen Häufigkeiten ist immer 1.

Bei unterschiedlichen Klassenbreiten ist besonders darauf zu achten, dass die Flächeninhalte den Häufigkeiten entsprechen. Es gilt: Rechteckhöhe $= \frac{\text{Klassenhäufigkeit}}{\text{Klassenbreite}}$.

Histogramm mit unterschiedlichen Klassenbreiten

Erstellen Sie bezüglich des Merkmals „Alter" der Rechtsanwälte ein Histogramm mit den folgenden Klassen: „26 bis 40 Jahre", „41 bis 60 Jahre" und „61 bis 70 Jahre".

Die veränderte Klasseneinteilung führt zu einer neuen Tabelle für die absoluten Häufigkeiten.

Die Breite jedes einzelnen Rechtecks entspricht nun der zugehörigen Altersspanne. So ist beispielsweise das Rechteck zur Klasse „26 bis 40 Jahre" genau 15 Einheiten breit. ▸ Tabelle

Alter	26–40	41–60	61–70
abs. Häufigkeit	5	6	4
Rechteckbreite	15	20	10
Rechteckhöhe	$\frac{1}{3}$	0,3	0,4

Die Höhe eines Rechtecks ergibt sich gemäß folgender Formel:

$$\text{Höhe} = \frac{\text{absolute Häufigkeit}}{\text{Klassenbreite}}$$

Damit muss die Höhe des 1. Rechtecks $\frac{5}{15} = \frac{1}{3}$ betragen, die des 2. Rechtecks $\frac{6}{20} = 0{,}3$ und die Höhe des 3. Rechtecks $\frac{4}{10} = 0{,}4$. ▸ Tabelle

Multiplizieren wir Breite und Höhe eines Rechtecks, so ergibt sich wieder die absolute Häufigkeit (z.B. für das 1. Rechteck $15 \cdot \frac{1}{3} = 5$).

Da das Produkt aus Breite und Höhe auch den Flächeninhalt angibt, entspricht der Flächeninhalt also tatsächlich der Häufigkeit.

▸ Bei einem Histogramm mit unterschiedlichen Klassenbreiten ist nicht die Rechteckhöhe, sondern der Flächeninhalt maßgeblich für die Darstellung der Häufigkeit. Deswegen verzichtet man in der Darstellung auf die senkrechte Achse.

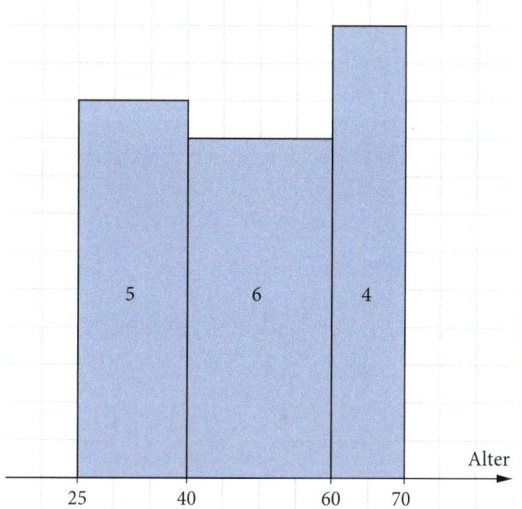

Die folgende Tabelle gibt an, welche Zeit die Teilnehmer eines Volkslaufs für die Laufstrecke benötigt haben.

Zeit in Stunden	2 bis 2,5	über 2,5 bis 3	über 3 bis 3,5	über 3,5 bis 4	über 4 bis 4,5
Läuferinnen und Läufer	240	600	510	90	60

a) Stellen Sie die relativen Häufigkeiten in einem Histogramm dar.

b) Bestimmen Sie, wie viel Prozent der Läuferinnen und Läufer höchstens 2,5 h, 3 h, 3,5 h, 4 h bzw. 4,5 h für den Volkslauf benötigten.

c) Ermitteln Sie nach Anfertigung eines entsprechenden Histogramms, wie viel Prozent der Läuferinnen und Läufer zwischen 2 h und höchstens 3 h, über 3 h bis maximal 3,5 h bzw. über 3,5 h bis höchstens 4,5 h für den Volkslauf benötigen.

Übungen zu 1.1.2

1. Von 50 Teilnehmern der Abiturprüfung erreichten 4 als Durchschnittsnote ein „sehr gut", 12 ein „gut", 18 ein „befriedigend", 10 ein „ausreichend", 5 ein „mangelhaft" und 1 ein „ungenügend".
Ermitteln Sie die relativen Häufigkeiten der Ergebnisse und stellen Sie diese jeweils in einem Stab- und Säulendiagramm dar.

2. Das Musiklabel „JamLee Records" teilt am Ende des Jahres seinen Gewinn von 1 500 000 € anteilig an seine vier Künstler auf. Künstler „FlowH8" bekommt $\frac{1}{3}$ des Gewinns, die Gruppe „Woohop" $\frac{4}{15}$, das Duo „Lil'n'Claay" und die Sängerin „MowPow" je $\frac{1}{5}$. Das Label will in einem Jahresbericht die Gewinnverteilung grafisch darstellen. Erstellen Sie dafür ein Kreisdiagramm.

3. Der Pinzgauer Zuchtverband veröffentlichte die untenstehende statistische Aufstellung über den Milchertrag der steierischen Milchkühe pro Jahr.

Milchertrag in Litern von … bis unter …	Anzahl Kühe
0–2000	0
2000–2500	25
2500–3000	16
3000–3500	10
3500–4000	55
4000–4500	370
4500–5000	502
5000–5500	922
5500–6000	313
6000–6500	205
6500–7000	612
7000–7500	48
7500–8000	22

a) Erstellen Sie ein Histogramm aus den Daten in der Tabelle.
b) Für die Veröffentlichung der statistischen Aufstellung ist aus Gründen der Übersichtlichkeit eine gröbere Klasseneinteilung vorgesehen: Der Milchertrag soll in Tausender-Schritten unterteilt werden. Erstellen Sie das neue Histogramm.
c) Nennen Sie Vor- und Nachteile der Darstellungen aus a) und b).

4. Im Rahmen einer Studie werden 200 Personen befragt, wie viele internetfähige Geräte sie besitzen. 96 Personen nennen genau ein Gerät, 82 Personen zwei, und 18 Personen drei oder mehr. Die restlichen Befragten geben an, kein internetfähiges Gerät zu besitzen. Berechnen Sie die relativen, absoluten und relativen kumulierten Häufigkeiten.

5. Der Staatswald am Niederrhein ist von der Raupenart „Nonne" befallen. Zur Bekämpfung des Nonnenbefalls werden zwei Mittel entwickelt: ein chemisches und ein biologisches Mittel. Diese Mittel werden zwei Wochen lang an je 15 gleichmäßig von Nonnen befallenen Baumstämmen getestet. Danach wird an den 30 Baumstämmen die Rinde nach Nonnenbefall untersucht.
Für die Mittel ergaben sich folgende Anzahlen der Eier pro Baumstamm:
- Chemisches Mittel: 234, 12, 54, 89, 254, 158, 9, 75, 50, 46, 187, 112, 16, 129, 265
- Biologisches Mittel: 28, 47, 124, 136, 86, 47, 42, 8, 19, 38, 94, 12, 15, 46, 57

Beurteilen Sie die Wirksamkeit der Mittel. Bereiten Sie die Daten für eine Ökologie-Zeitschrift auf.

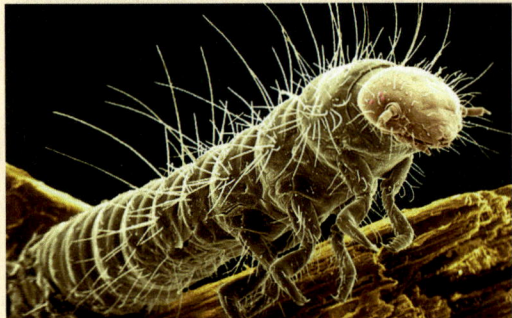

a) Stellen Sie die Anzahl der befallenen Bäume in einem Histogramm gleicher Klassenbreite dar. Erstellen Sie für jedes der beiden Mittel ein separates Histogramm.
b) Vergleichen Sie die Histogramme.
c) Beurteilen Sie die Wirksamkeit der Mittel.

Vermischte Übungen zu 1.1

1. Ein Mathematikkurs hat insgesamt 100 Menschen zwischen 16 und 25 ahren zu ihrem täglichen Medienkonsum befragt. Aus den erhobenen Daten erstellte der Kurs folgendes Diagramm:

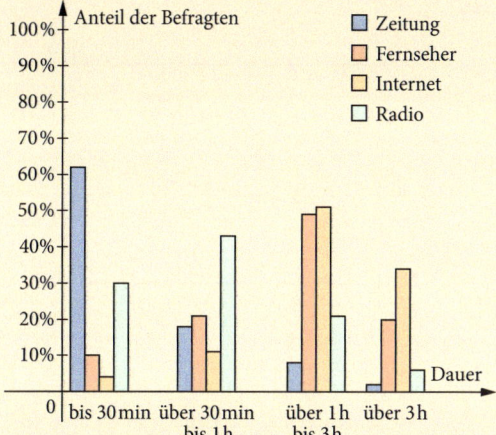

a) Beschreiben und interpretieren Sie das Diagramm.

b) Führen Sie die gleiche Umfrage durch mit mindestens fünf Menschen zwischen 25 und 50 Jahren. Stellen Sie Ihre erhobenen Daten in einem Diagramm dar.

c) Diskutieren Sie in der Klasse Ihre Ergebnisse und stellen Sie die gesamten Daten in einem Diagramm dar.

2. In der Tabelle ist das Ergebnis der Bundestagswahl vom 24. September 2017 wiedergegeben (Anzahl der gültigen Zweitstimmen und Anzahl der Sitze im Bundestag).

Partei	Zweitstimmen	Sitze
CDU/CSU	15 317 344	246
SPD	9 539 381	153
AfD	5 878 115	94
FDP	4 999 449	80
Linke	4 297 270	69
Grüne	4 158 400	67
Sonstige	2 325 533	–

Berechnen Sie die relative Häufigkeit für beide Zahlenreihen und veranschaulichen Sie die Häufigkeiten durch geeignete Diagramme. Vergleichen Sie die beiden Ergebnisse und interpretieren Sie die Abweichungen.

3. Die Notenspiegel der ersten 3 Mathematikklausuren von 22 Schülerinnen und Schülern in der Jahrgangsstufe 11 sind in der folgenden Tabelle aufgelistet.

	1	2	3	4	5	6
1. Klausur	3	8	6	4	1	–
2. Klausur	–	4	5	7	5	1
3. Klausur	1	5	6	6	3	1

Stellen Sie die Noten jeweils in einem Säulendiagramm, Kreisdiagramm und Liniendiagramm dar. Vergleichen Sie die Darstellungen bezüglich ihrer Eignung für den gegebenen Datensatz.

4. Der Bundesverband Informationswirtschaft, Telekommunikation und Neue Medien e.V. (BITKOM) veröffentlichte für die Jahre 2010 bis 2014 im Rahmen einer Pressemitteilung die untenstehende Grafik.
Vergleichen Sie die Absatz- mit den Umsatzzahlen und interpretieren Sie das Ergebnis.

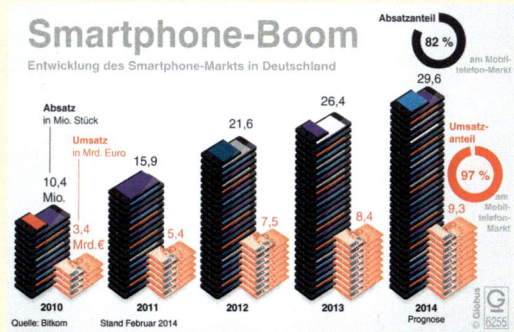

5. Die folgende Tabelle enthält die Inflationsraten (IR) der Jahre 2006 bis 2011.

Jahr	2006	2007	2008	2009	2010	2011
IR	1,6 %	2,3 %	2,6 %	0,4 %	1,1 %	2,3 %

a) Recherchieren Sie die Inflationsraten der Jahre 2012 bis 2017. Stellen Sie die Daten zusammen mit den Daten aus der Tabelle in einem geeigneten Diagramm dar.

b) Recherchieren Sie, wie die Inflationsrate gemessen wird, und geben Sie ein Beispiel für eine Messung an.

c) Nennen Sie Gründe für eine Inflation sowie für die Schwankungen der Inflationsrate.

6. Analysieren Sie die Situation auf Seite 27 und entscheiden Sie, in welches Montageband der Gewinn investiert werden soll.

7. Hannes, Auszubildender zum Automobilkaufmann, fertigt für seinen Ausbilder ein Kreisdiagramm an, aus dem die Anzahl der Pkws pro Haushalt hervorgehen soll. Der Ausbilder ist mit der Grafik nicht zufrieden.
Nennen Sie Nachteile der gewählten Darstellung und machen Sie einen Verbesserungsvorschlag.

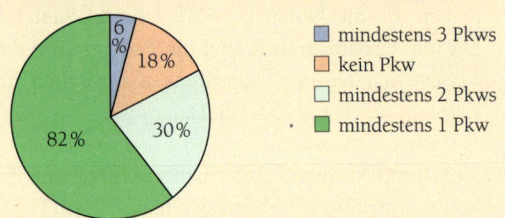

- mindestens 3 Pkws
- kein Pkw
- mindestens 2 Pkws
- mindestens 1 Pkw

8. Ein Automobilclub wirbt mit der folgenden Grafik für einen beschleunigten Ausbau des Straßennetzes.
▶ Angaben in 1000 Pkws

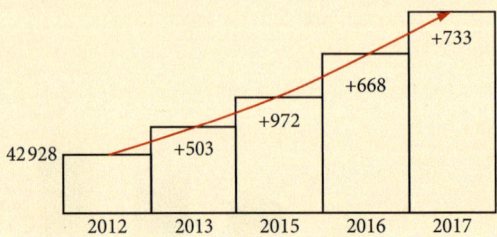

Vergleichen Sie das Diagramm mit den untenstehenden Zahlen des Statistischen Bundesamts über den Pkw-Bestand in Deutschland. Beurteilen Sie beide Darstellungen.

2012	2013	2014	2015	2016	2017
42 928	43 431	43 851	44 403	45 071	45 804

▶ Angaben in 1000 Pkws

9. Die beiden Grafiken stellen die Gesundheitsausgaben (in Mrd. €) in Deutschland in den Jahren 2005 bis 2015 dar.

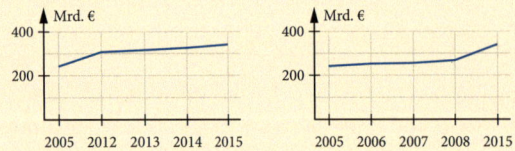

Vergleichen und interpretieren Sie die beiden Diagramme.

10. Bewerten Sie das folgende Angebot aus dem Werbeprospekt eines Anlageberaters.

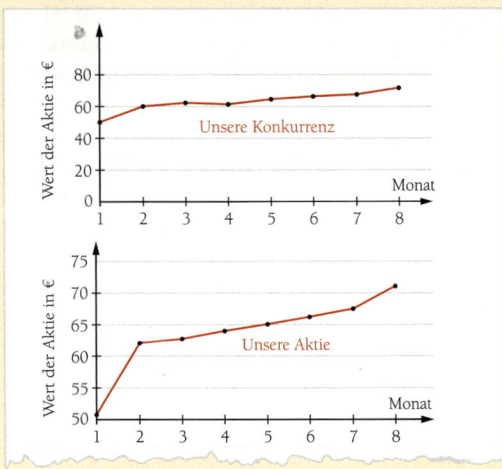

11. Im Börsenblatt „Börse aktuell" wurde in der Ausgabe vom 16. Januar eine Verkaufsempfehlung für die Aktie der PharmChem AG ausgesprochen und mit der untenstehenden Grafik für die Kursentwicklung begründet.
Beurteilen Sie diese Verkaufsempfehlung.

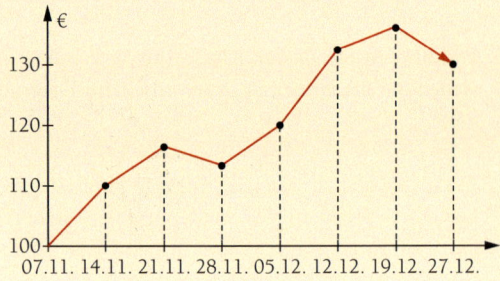

12. Das Personal der Fly Bike Werke besteht aus 12 Arbeitern, 26 Angestellten und 2 Auszubildenden.

a) Stellen Sie die prozentualen Anteile der Mitarbeiter in einer geeigneten Grafik dar.

b) Der Gesetzgeber überlegt, eine Auszubildendenquote von 7 % bezogen auf die gesamte Belegschaft einzuführen.
Wie viele Auszubildende müsste das Unternehmen einstellen, um die Quote zu erfüllen? Stellen Sie die neue Mitarbeiterverteilung grafisch dar.

c) Diskutieren Sie über die Einführung einer Auszubildendenquote.

Ich kann ...

1

... *quantitative* von **qualitativen Merkmalen** *unterscheiden und ihre* **Merkmalsausprägungen** *benennen.*
▶ Test-Aufgabe 1
	Quantitatives Merkmal:
	  Alter
	Ausprägung:
	  15, 16, 17, 18, 19 Jahre
		Quantitative Merkmale haben als Ausprägung Zahlen oder Größenwerte.

	Qualitatives Merkmal:
	  Familienstand
	Ausprägung:
	  ledig, verheiratet, verwitwet
		Qualitative Merkmale haben als Ausprägung Eigenschaften.

... *absolute und relative* **Häufigkeiten** *bestimmen.* ▶ Test-Aufgaben 1, 2	„4 von 20 Schülern haben die Note 2.“ Absolute Häufigkeit: 4 Relative Häufigkeit: $\frac{4}{20} = 0{,}2 = 20\,\%$	**Absolute Häufigkeit:** So oft tritt die Merkmalsausprägung auf **Relative Häufigkeit:** Setzt die absolute Häufigkeit ins Verhältnis zum Stichprobenumfang: $\frac{\text{absolute Häufigkeit}}{\text{Gesamtanzahl}}$
... *absolute und relative Häufigkeiten durch* **Diagramme** *veranschaulichen.* ▶ Test-Aufgaben 3, 4	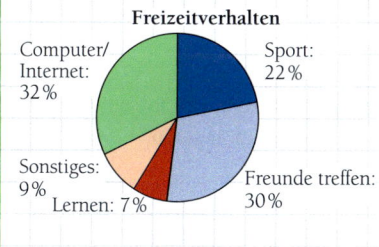	**Kreisdiagramm:** Besonders geeignet für relative Häufigkeiten
	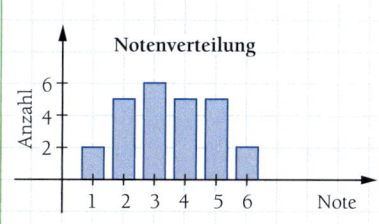	**Säulen- oder Balkendiagramm:** Geeignet für absolute und relative Häufigkeiten
	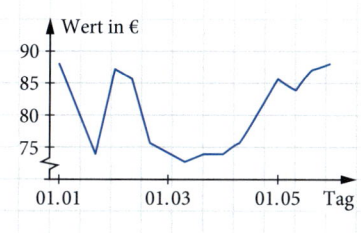	**Liniendiagramm:** Geeignet für Verläufe und Entwicklungen
	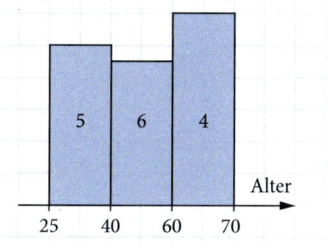	**Histogramm:** Flächeninhalt der Rechtecke entspricht der Häufigkeit

Test zu 1.1

1. Mäuse werfen in der Regel zwischen 4 und 10 Junge. In einem Zuchtbetrieb wurden bei einer Stichprobe folgende Anzahlen festgestellt:
4, 5, 6, 11, 8, 4, 7, 8, 10, 9, 9, 6, 5, 6, 8, 7, 10, 3, 12, 6.

a) Bestimmen Sie den Umfang n der Stichprobe und die Anzahl der Merkmalsausprägungen. Nennen Sie die Merkmalsart.

b) Legen Sie für die absolute Häufigkeit und für die relative Häufigkeit der Merkmalsausprägungen jeweils eine Tabelle an.

c) Veranschaulichen Sie die absolute Häufigkeit durch ein geeignetes Diagramm.

2. Eine Klasse erfasste in einer Umfrage die Anzahl der aktiven Handys pro Haushalt. Die nebenstehende Grafik stellt das Ergebnis dar.

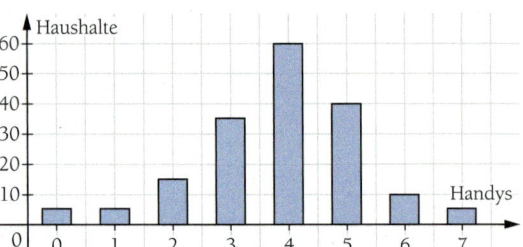

a) Wie viele Haushalte wurden befragt?

b) Wie viele Haushalte hatten maximal zwei Handys?

c) Wie viele Haushalte hatten mehr als zwei Handys?

d) Berechnen Sie jeweils die relativen Häufigkeiten.

3. Den Veröffentlichungen des Umweltbundesamts können die folgenden Zahlen zur Entwicklung der erneuerbaren Energien in den Jahren 2011 bis 2016 entnommen werden.

Höhe der Solarstromerzeugung (Photovoltaik) in Terawattstunden (TWh):

2011	2012	2013	2014	2015	2016
18,46	26,46	30,77	35,38	38,46	36,92

Höhe der Stromerzeugung durch erneuerbare Energien in TWh:

2011	2012	2013	2014	2015	2016
123,1	142,4	151,3	161,4	187,4	188,2

Stellen Sie beide Tabellen in einer Grafik dar. Vergleichen Sie die jährlichen Anteile der Solarstromerzeugung an der Stromerzeugung durch erneuerbare Energien.

4. Auf einem Versuchsgelände wurden die Höhen von neunjährigen Kiefern gemessen. Das Ergebnis der Messung ist in der folgenden Tabelle festgehalten:

Höhe in cm von … bis unter …	55–75	75–95	95–115	115–135	135–155	155–175	175–195	195–215	215–235	235–255	255–275
Anzahl	2	0	4	8	17	27	30	20	10	5	2

a) Erstellen Sie ein Histogramm der absoluten Häufigkeiten.

b) Erstellen Sie ein Histogramm der kumulierten Häufigkeiten.

5. Beim Planspiel Börse überlegt die Klasse 11a des Anne-Frank-Berufskollegs, die Aktie der „Solar-AG" zu kaufen.

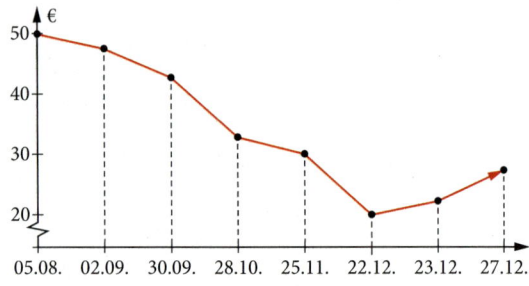

a) Begründen Sie diese Überlegung anhand der nebenstehenden Grafik, die den Aktienkurs der letzten fünf Monate zeigt.

b) Beurteilen Sie die potenzielle Kaufentscheidung.

1 Beschreibende Statistik

1.2 Deutung und Bewertung von Daten

Auf der letzten Abteilungsleiterbesprechung der Fly Bike Werke GmbH wurde von Herrn Gerland, dem Leiter der Vertriebsabteilung, angeregt, ein zusätzliches Fahrradmodell in das Produktionsprogramm aufzunehmen.

Dieses Modell soll insbesondere ältere Menschen ansprechen. Herr Gerland dachte dabei an ein superleichtes Trekkingrad, das ohne große Mühe sowohl in Bussen und Bahnen, als auch auf Fahrradträgern von Pkws transportiert werden kann. Einzelhändler hatten ihm mehrfach berichtet, dass eine große Nachfrage nach solchen Rädern besteht.

Die Geschäftsführerin, Frau Peters, zeigte sich sehr interessiert und beauftragte Herrn Gerland, die Endverbraucherpreise von ähnlichen Modellen zu recherchieren. Die anderen Abteilungsleiter wurden gebeten, bis zur nächsten Sitzung eine Kostenabschätzung für ein solches Fahrrad vorzulegen.

Bei der heutigen Zusammenkunft der Abteilungsleiter legt Herr Gerland das Ergebnis seiner Recherche vor. Danach werden in 10 ausgewählten Einzelhandelsläden vergleichbare sehr leichte Trekkingräder zu folgenden Endverbraucherpreisen verkauft:

525,90 €; 569,50 €; 589,90 €; 619,00 €; 649,90 €; 665,00 €; 735,95 €; 749,90 €; 759,95 €; 799,00 €.

Herr Gerland meint, dass die Fly Bike Werke gute Absatzchancen hätten, wenn sie das geplante Modell zu einem Durchschnittspreis anbieten könnten. Er gibt aber zu bedenken, dass in den genannten Preisen 19 % Umsatzsteuer enthalten sind und dass die Fly Bike Werke ihre Einzelhändler zu Preisen beliefert, die in der Regel 70 % des empfohlenen Nettokaufpreises betragen.

Der Leiter der Abteilung Produktion berichtet, dass die Produktionskosten eines so leichten Trekkingrades auf 352 € geschätzt wurden.

Frau Peters muss nun entscheiden, ob unter diesen Umständen das Trekkingrad in die Produktionspalette übernommen werden soll.

▶ Aufgabe 1 auf Seite 50

Kompetenzen

- Daten mithilfe von Lage- und Streuungsmaßen vergleichen und beurteilen

- Arithmetisches Mittel, Median, Modus sowie Spannweite, Varianz und Standardabweichung berechnen

Anwendungen

- Preisentwicklung

- Mittlere Inflationsrate

- Bevölkerungswachstum

1.2   Deutung und Bewertung von Daten

Die Daten einer statistischen Erhebung enthalten eine Vielzahl an Informationen. Je nachdem, für welche Eigenschaften der Grundgesamtheit man sich interessiert, sind einige Informationen wichtig, andere nebensächlich. Um die entscheidenden Informationen aus den Daten herauszufiltern, benutzt man **Kennzahlen**. Diese lassen sich unterscheiden in **Lagemaße**, die die Daten „im Mittel" beschreiben, und **Streuungsmaße**, die angeben, welchen Schwankungen die Daten unterliegen und wie weit sie um das Mittel streuen.

1.2.1   Lagemaße

  Arithmetisches Mittel und Median

Eine große Elektrohandelskette verkauft in einer Filiale in Oldenburg und in einer zweiten Filiale in Peine Navigationsgeräte. Beide Filialen beschäftigen hauptsächlich Aushilfskräfte. Diese werden je nach Bedarf eingesetzt. Die Geschäftsführerin Frau Ott hat vor, für eine der beiden Filialen eine feste Arbeitsstelle einzurichten. In welcher, möchte sie vom Absatz abhängig machen. Sie vergleicht deshalb die monatlichen Absatzzahlen des letzten Jahres. Allerdings liegen aus Oldenburg keine Absatzzahlen für den Oktober vor.
Ermitteln Sie, für welche Filiale sich Frau Ott entscheiden soll.

Monat	Jan	Feb	März	April	Mai	Juni	Juli	Aug	Sept	Okt	Nov	Dez
Oldenburg	220	205	210	220	225	210	210	210	230	—	235	300
Peine	170	180	210	220	210	210	200	180	200	220	200	500

Die Absätze sind in den beiden Säulendiagrammen noch einmal veranschaulicht.

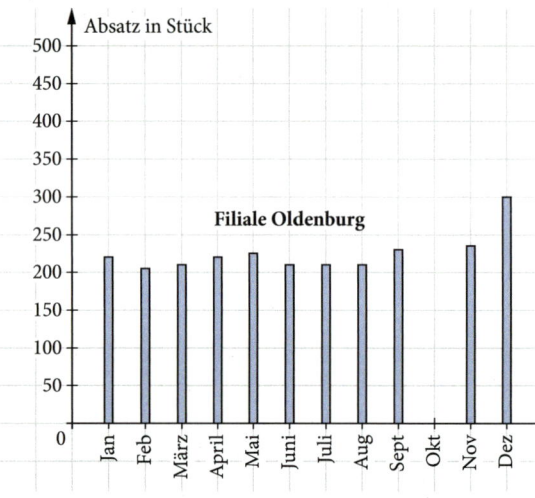
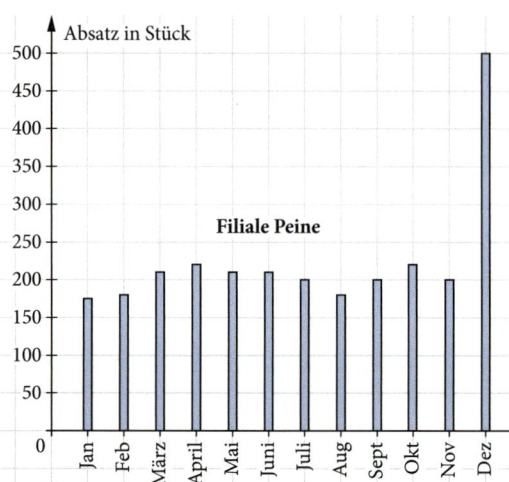

Um die Geschäftstätigkeit der beiden Filialen besser vergleichen zu können, analysiert Frau Ott das Zahlenmaterial der beiden Filialen.
Frau Ott ermittelt zunächst den durchschnittlichen Monatsabsatz beider Filialen im letzten Jahr.

- Dafür addiert sie die Monatsabsätze einer Filiale und erhält so deren Jahresabsatz.

Jahresabsatz:

Oldenburg: $220 + 205 + \cdots + 235 + 300 = $ **2475**
Peine: $170 + 180 + \cdots + 200 + 500 = $ **2700**

Die Jahresabsätze dividiert Frau Ott durch die Anzahl der Monate, für die Absatzzahlen vorliegen, also 12 für Peine und 11 für Oldenburg. Das Ergebnis ist das sogenannte **arithmetische Mittel** x_{aM}. Es gibt den Durchschnittswert über die 12 bzw. 11 Monate an. Beide Filialen haben im Durchschnitt 225 Navigationsgeräte monatlich verkauft.

Durchschnittlicher Absatz pro Monat:

Oldenburg: $x_{aM} = \frac{2475}{11} = 225$

Peine: $x_{aM} = \frac{2700}{12} = 225$

▶ Häufig wird statt der Abkürzung x_{aM} auch $\overline{x}$ verwendet.

Im Hinblick auf den durchschnittlichen Monatsabsatz unterscheiden sich die beiden Filialen nicht voneinander. Und doch gibt es einen wesentlichen Unterschied:
Während die Oldenburger Filiale über das Jahr einen relativ gleichmäßigen Monatsabsatz erwirtschaftet, konzentriert sich der Absatz in Peine auffallend auf den Monat Dezember. Das sollte bei der Fragestellung der Geschäftsführerin nach der Personalverteilung berücksichtigt werden.
Um andere – und unter dieser Fragestellung sinnvollere – Informationen aus den Daten zu gewinnen, ordnet Frau Ott die Absätze jeder Filiale zunächst ihrer Größe nach. Dabei ergeben sich die folgenden zwei Säulendiagramme mit aufsteigend angeordneten Säulen.

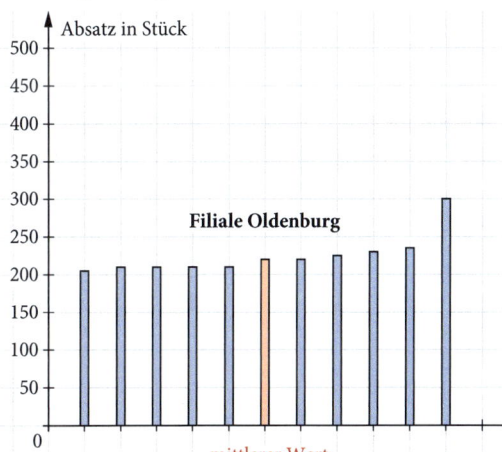

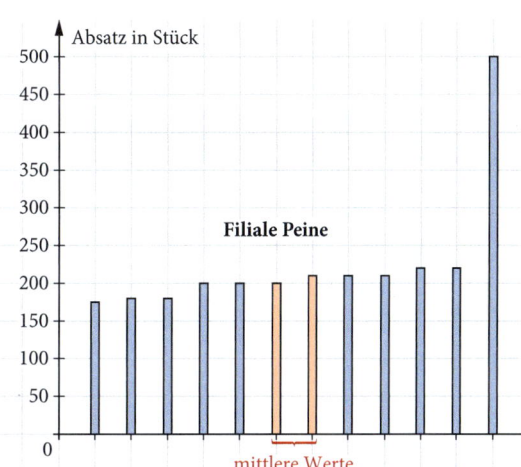

Für einen aussagekräftigen Vergleich wählt Frau Ott für jede Filiale den Absatz, der in der Mitte der aufsteigend sortierten Monatsabsätze liegt. Dies ist der sogenannte **Median** oder **Zentralwert**.

| **Oldenburg** | 205 | 210 | 210 | 210 | 210 | **220** | 220 | 225 | 230 | 235 | 300 | – |
| **Peine** | 170 | 180 | 180 | 200 | 200 | **200** | **210** | 210 | 210 | 220 | 220 | 500 |

▶ geordnete Absätze

Für die Oldenburger Filiale nimmt der Wert an der 6. Stelle die zentrale Position ein. Der Median liegt somit bei 220 verkauften Navigationsgeräten.
Für die Filiale in Peine ist eine gerade Anzahl an Werten vorhanden. Das heißt, dass kein Absatz genau in der Mitte liegt. Daher nimmt Frau Ott als Median den Durchschnitt der Werte an der 6. und 7. Stelle. Für Peine beträgt der Median 205 verkaufte Navigationsgeräte.

Median:

Oldenburg: $x_{Med} = 220$

Peine: $x_{Med} = \frac{200 + 210}{2} = 205$

▶ Häufig wird statt der Abkürzung x_{Med} auch $\tilde{x}$ verwendet.

Während der „Absatzausreißer" der Filiale in Peine (500 Stück im Dezember) große Auswirkungen auf das arithmetische Mittel hat, wird er vom Median nicht weiter berücksichtigt.

- Frau Ott ermittelt schließlich noch den **Modus** x_{Mod} oder **Modalwert** der Absätze. Das ist derjenige Absatz, der in der jeweiligen Filiale am häufigsten vorkommt.

In Oldenburg beträgt der Modus 210. Für Peine existiert kein eindeutiger Modus, da sowohl 200 Stück als auch 210 Stück gleich oft vorkommen und alle anderen Absätze weniger oft. Hier bezeichnet man beide Werte als Modus.

Modus:

Oldenburg: $x_{\text{Mod}} = \mathbf{210}$

Peine: $x_{\text{Mod}} = \mathbf{200}$, $x_{\text{Mod}} = \mathbf{210}$

Frau Ott kann die Absätze nun hinsichtlich dreier Eigenschaften miteinander vergleichen: Hinsichtlich des monatlichen Durchschnittsabsatzes sind beide Filialen identisch. Die Auswertung von Median und Modus zeigt dagegen, dass die Oldenburger Filiale vergleichsweise ausgeglichener und konstanter wirtschaftet. Die Geschäftsführerin Frau Ott erwägt deshalb, die feste Arbeitsstelle in Oldenburg einzurichten.

▶ Diese Entscheidung trifft Frau Ott unter der Annahme, dass der Oktober in Bezug auf die Absatzzahlen für die Oldenburger Filiale keinen Ausreißer darstellt.

② Lagemaße mit GTR/CAS

Berechnen Sie die Mittelwerte und Mediane aus Beispiel 1 mithilfe Ihres GTR/CAS.

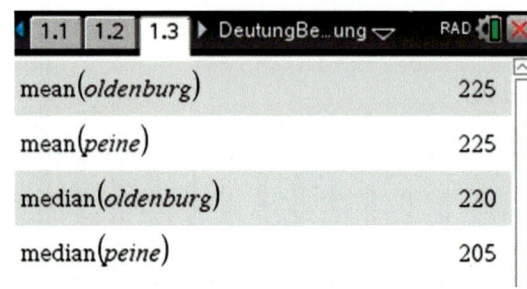

Oldenburg:

```
        Deg Norm1  d
1-Variable
x̄     =225
Q1    =210
Med   =220
Q3    =230
maxX  =300
Mod   =210
```

Peine:

```
        Deg Norm1  d
1-Variable
x̄     =225
Med   =205
Q3    =215
maxX  =500
Mod   =200
Mod   =210
```

▶ TI Eingabe der Daten in Lists & Spreadsheet. Lagemaße im Calculator berechnen.

▶ CA Eingabe der Daten in der Anwendung Statistik. Wesentliche Lagemaße berechnet der Befehl 1-VAR im Untermenü CALC.

- Das **arithmetische Mittel** x_{aM} gibt den Durchschnitt aller n Zahlenwerte x_i an:

$$x_{\text{aM}} = \frac{x_1 + x_2 + \cdots + x_n}{n}$$ ▶ Statt x_{aM} wird häufig die Abkürzung $\bar{x}$ verwendet.

- Der **Median** x_{Med} oder **Zentralwert** liegt in der Mitte der nach ihrer Größe geordneten Zahlenwerte. Ist die Anzahl n der Zahlenwerte eine gerade Zahl, so wird der Durchschnitt der beiden mittleren Werte genommen.   ▶ Statt x_{Med} wird häufig die Abkürzung $\tilde{x}$ verwendet.

- Der **Modus** x_{Mod} oder **Modalwert** gibt an, welcher Zahlenwert am häufigsten vorkommt.

  ▶ Der Modus muss nicht eindeutig sein.

Vor drei Monaten eröffnete Herr Kallus einen Kiosk. Für eine Geschäftsanalyse listet er seine ersten 13 Wochenumsätze (in €) auf und berechnet das arithmetische Mittel, den Median und den Modalwert.

Woche	1	2	3	4	5	6	7	8	9	10	11	12	13
Umsatz	1600	1900	2125	2200	2425	2500	2500	2650	2825	2650	2650	3050	3100

Interpretieren Sie das Zahlenmaterial im Hinblick auf den Geschäftserfolg.

Übungen zu 1.2.1

1. Ein Produzent von Fahrradtachometern lässt seine Produkte regelmäßig vom TÜV auf Genauigkeit überprüfen. Stichproben der letzten drei Monate ergaben für eine Sollgeschwindigkeit von $25\frac{km}{h}$ die in der Tabelle aufgeführten Werte (in $\frac{km}{h}$).

März	25,2	25,4	25,0	24,8	24,9
	25,0	25,0	26,0	25,0	24,9
April	25,0	25,0	25,3	25,9	25,8
	24,8	24,6	25,7	25,0	25,2
Mai	25,4	25,2	25,2	25,3	24,8
	24,9	25,4	26,0	25,8	25,8

Untersuchen Sie, ob die Testreihen Anlass dazu geben, den Produktionsprozess zu überdenken. Ziehen Sie für Ihre Entscheidung das arithmetische Mittel, den Median und den Modus für die einzelnen Monate heran.

2. Die Müller GmbH führt für ihre Betriebe in Braunschweig und Salzgitter eine Krankenstatistik: Im vergangenen Jahr hatten die neun Angestellten in Braunschweig 6, 6, 4, 8, 6, 10, 8, 0 bzw. 6 krankheitsbedingte Fehltage und die zehn Angestellten in Salzgitter 2, 4, 2, 10, 8, 12, 0, 20, 0 bzw. 2 Fehltage bei jeweils 220 Arbeitstagen.
Bestimmen Sie die durchschnittliche Anzahl von Fehltagen in Prozent für Braunschweig und für Salzgitter.

3. In einer Familie sind der Vater 42 Jahre und die vier Kinder 18, 16, 14 und 10 Jahre alt. Das Durchschnittsalter der Familie beträgt 24 Jahre.
Ermitteln Sie, um wie viele Jahre die Mutter älter ist als ihr Mann.

4. Ein Unternehmen erwägt, fünf neuen Mitarbeitern je einen Dienstwagen zur Verfügung zu stellen. 30 Mitarbeiter fahren bereits einen Dienstwagen, deren durchschnittlicher Kraftstoffverbrauch 9,5 ℓ pro 100 km beträgt. Durch den Kauf der 5 Neuwagen soll der Durchschnittsverbrauch aller Dienstwagen um mindestens 0,5 ℓ pro 100 km gesenkt werden.
Geben Sie den Durchschnittsverbrauch an, den die fünf Neuwagen höchstens haben dürfen.

5. Seit der Einführung des Euro im Jahre 2002 bis zum Jahr 2016 betrugen die jährlichen Inflationsraten 1,4 %, 1,1 %, 1,6 %, 1,6 %, 1,5 %, 2,3 %, 2,6 %, 0,3 %, 1,1 %, 2,1 %, 2,0 %, 1,5 %, 0,9 %, 0,3 % und 0,5 %. Berechnen Sie die durchschnittliche Inflationsrate.

6. Berechnen Sie, um wie viel Prozent sich der Reallohn im Durchschnitt über die Jahre 2007 bis 2016 verändert hat.

Jahr	2007	2008	2009	2010	2011
Lohnerhöhung (nominal)	1,5 %	3,0 %	0,2 %	2,6 %	3,3 %
Inflationsrate	2,3 %	2,6 %	0,3 %	1,1 %	2,1 %

Jahr	2012	2013	2014	2015	2016
Lohnerhöhung (nominal)	2,5 %	1,4 %	2,7 %	2,7 %	2,3 %
Inflationsrate	2,0 %	1,5 %	0,9 %	0,3 %	0,5 %

7. In der Saison 2016/17 kamen zu den Heimspielen des Fußballvereins Hannover 96 durchschnittlich 36 706 Besucher. In den Spielzeiten 2006/07 bis 2015/16 waren es im Durchschnitt (in dieser Reihenfolge) 38 663, 40 086, 41 919, 38 247, 43 919, 44 826, 44 547, 45 271, 43 882 bzw. 41 376 Stadionbesucher.
Bestimmen Sie die relevanten Lagemaße und äußern Sie sich zu den Gründen der „Ausreißer"-Zahlen.

8. Eine Schülerin des Wirtschaftsgymnasiums erreicht in den acht Klausuren der 12. und 13. Klasse folgende Punktzahlen: 12, 15, 14, 15, 13, 1, 13, 15.
Berechnen Sie das arithmetische Mittel zunächst für die letzten sieben und anschließend für alle acht Punktzahlen. Begründen Sie, dass bei einer kleinen Anzahl von Beobachtungswerten ein „Ausreißer" das arithmetische Mittel erheblich verzerren kann und wie sich ein „Ausreißer" auf den Median auswirkt

1.2.2 Streuungsmaße

Nicht in allen Fällen beschreiben die Lagemaße die Eigenschaften, die man bei einer statistischen Erhebung untersuchen möchte. So ist zum Beispiel für eine politische Partei die Erkenntnis, dass das Durchschnittsalter ihrer Wähler bei 40 Jahren liegt, nicht hilfreich bei der Ausrichtung eines Wahlkampfs. Denn es könnte bedeuten, dass die Wähler in allen Altersgruppen relativ gleichmäßig verteilt sind, oder, dass die Partei ausschließlich von Personen mittleren Alters gewählt wird. Um derartige Unterschiede bei der Auswertung von Daten sichtbar zu machen, werden die Daten mithilfe von **Streuungsmaßen** beschrieben.

 Streuungsmaße

Wir betrachten noch einmal das Beispiel 1 von Seite 42: Eine große Elektrohandelskette verkauft in einer Filiale in Oldenburg und in einer zweiten Filiale in Peine Navigationsgeräte.

Monat	Jan	Feb	März	April	Mai	Juni	Juli	Aug	Sept	Okt	Nov	Dez
Oldenburg	220	205	210	220	225	210	210	210	230	—	235	300
Peine	170	180	210	220	210	210	200	180	200	220	200	500

Die Geschäftsführerin Frau Ott plant, an einem der beiden Standorte eine feste Arbeitsstelle einzurichten. Die Entscheidung für eine der Filialen möchte sie vom Absatz abhängig machen. Der durchschnittliche Absatz ist in Oldenburg und Peine mit je 225 Stück identisch. Um genauer in Erfahrung zu bringen, wie gleichmäßig die Navigationsgeräte in den Filialen verkauft werden, ermittelt Frau Ott nun die Spannweite, die empirische Varianz sowie die empirische Standardabweichung der Absätze beider Filialen.

Die **Spannweite** ist die Differenz zwischen dem größten und dem kleinsten Zahlenwert.
In Oldenburg beträgt die Spannweite 95 Stück und in Peine 330 Stück.

Die **empirische Varianz** s_n^2 (oder auch **mittlere quadratische Abweichung** vom arithmetischen Mittel) gibt an, wie weit die Werte durchschnittlich vom Mittelwert abweichen. Als Maß der Abweichung wird allerdings nicht die absolute Abweichung vom Mittelwert verwendet, sondern das Quadrat der Differenz zum Mittelwert. Dadurch fallen „Ausreißer", die sich weit vom Mittelwert entfernen, mehr ins Gewicht.

Die Varianz beträgt für Oldenburg etwa 645 Stück^2 und für Peine etwa 7108 Stück^2.
▶ Durch das Quadrieren ändert sich auch die Einheit.

Die **empirische Standardabweichung** s_n (auch **Streuung** genannt) ist die positive Wurzel aus der Varianz. Im Vergleich zur Varianz hat sie den Vorteil, dieselbe Einheit wie die Zahlenwerte zu besitzen, dabei aber ebenfalls „Ausreißer" gut zu berücksichtigen.

Die Standardabweichung beträgt in Oldenburg etwa 25 Stück und in Peine etwa 84 Stück.

Spannweite:

Oldenburg: $300 - 205 = $ **95**
Peine: $500 - 170 = $ **330**

Varianz:

Oldenburg: ▶ $x_{aM} = 225$

$$s_n^2 = \frac{1}{11} \cdot \left((220 - 225)^2 + \cdots + (300 - 225)^2 \right)$$
$$= \frac{1}{11} \cdot \left((-5)^2 + \cdots + 75^2 \right)$$
$$= \frac{7100}{11} \approx \mathbf{645{,}45}$$

Peine: ▶ $x_{aM} = 225$

$$s_n^2 = \frac{1}{12} \cdot \left((170 - 225)^2 + \cdots + (500 - 225)^2 \right)$$
$$= \frac{1}{12} \cdot \left((-55)^2 + \cdots + 275^2 \right)$$
$$= \frac{85\,300}{12} \approx \mathbf{7108{,}33}$$

Standardabweichung: $s_n = \sqrt{s_n^2}$

Oldenburg: $s_n \approx \sqrt{645{,}45} \approx \mathbf{25{,}41}$
Peine: $s_n \approx \sqrt{7108{,}33} \approx \mathbf{84{,}31}$

In der Tabelle werden die Werte für alle Maßzahlen noch einmal systematisch zusammengefasst.

Oldenburg			Peine		
Absatz x_i	absolute Abweichung vom Mittelwert $d_{aM} = |x_i - x_{aM}|$	Quadrat der Abweichung vom Mittelwert $(x_i - x_{aM})^2$	Absatz x_i	absolute Abweichung vom Mittelwert $d_{aM} = |x_i - x_{aM}|$	Quadrat der Abweichung vom Mittelwert $(x_i - x_{aM})^2$
220	5	25	170	55	3025
205	20	400	180	45	2025
210	15	225	210	15	225
220	5	25	220	5	25
225	0	0	210	15	225
210	15	225	210	15	225
210	15	225	200	25	625
210	15	225	180	45	2025
230	5	25	200	25	625
–	–	–	220	5	25
235	10	100	200	25	625
300	75	5625	500	275	75 625
Summe = 2475):11 $x_{aM} = 225$ ▶ arithmetisches Mittel	Summe = 180):11 $d_{aM} \approx 16$ ▶ mittlere lineare Abweichung	Summe = 7100):11 $s_n^2 \approx 645$ ▶ empirische Varianz	Summe = 2700):12 $x_{aM} = 225$ ▶ arithmetisches Mittel	Summe = 550):12 $d_{aM} \approx 46$ ▶ mittlere lineare Abweichung	Summe = 85 300):12 $s_n^2 \approx 7108$ ▶ empirische Varianz
		$s_n = \sqrt{s_n^2} \approx 25{,}41$ ▶ Streuung			$s_n = \sqrt{s_n^2} \approx 84{,}31$ ▶ Streuung

In beiden Filialen werden durchschnittlich 225 Geräte pro Monat verkauft. Für einen weiteren Vergleich beider Filialen ziehen wir die empirische Standardabweichung zurate: Je geringer die Standardabweichung ist, desto gleichmäßiger sind die Werte verteilt. Also ist es sinnvoll, die feste Arbeitsstelle in Oldenburg zu einzurichten.

Oft werden empirische Varianz und empirische Standardabweichung kurz Varianz und Standardabweichung genannt.

Streuungsmaße
- Die **Spannweite** ist die Differenz zwischen dem größten und dem kleinsten Zahlenwert.
- Die **empirische Varianz** s_n^2 oder **mittlere quadratische Abweichung** vom arithmetischen Mittel ist der Durchschnitt der quadrierten Abweichungen vom arithmetischen Mittel:
$$s_n^2 = \frac{1}{n} \cdot ((x_1 - x_{aM})^2 + (x_2 - x_{aM})^2 + \cdots + (x_n - x_{aM})^2) = \frac{1}{n} \cdot \sum_{i=1}^{n} (x_i - x_{aM})^2$$
- Die **empirische Standardabweichung** s_n oder **Streuung** ist die positive Quadratwurzel aus der Varianz:
$$s_n = \sqrt{s_n^2} = \sqrt{\frac{1}{n} \cdot \sum_{i=1}^{n} (x_i - x_{aM})^2}$$

4 Streuungsmaße mit GTR/CAS

In einem Betrieb werden auf einer Maschine Drahtstifte der Länge 100 mm produziert. Aufgrund zahlreicher Kundenreklamationen wird die Maschine nachjustiert. Vor und nach der Umstellung wird je eine Stichprobe genommen, bei der 1000 Drahtstifte auf ihre Länge hin untersucht werden. Die absoluten Häufigkeiten der gemessenen Längen sind in den beiden Tabellen angegeben.

Berechnen Sie das arithmetische Mittel und die Standardabweichung beider Stichproben mithilfe Ihres GTR/CAS. Beurteilen Sie die Güte der beiden Stichproben.

Stichprobe vor der Umstellung der Maschine:

Länge x_i in mm	95	96	97	98	99	100	101	102	103	104
absolute Häufigkeit $H(x_i)$	20	40	100	120	160	200	100	30	90	140

Im GTR/CAS geben wir die gemessenen Längen und deren absolute Häufigkeiten ein. Wir lassen das arithmetische Mittel und die Standardabweichung berechnen. Für das **arithmetische Mittel** erhalten wir $x_{aM} = $ **100,03 mm**, was nur geringfügig von der geforderten Länge von 100 mm abweicht.

Die **Standardabweichung** s_n liegt bei ca. **2,44 mm**.

▸ **CA** Die Standardabweichung s_n wird mit σx abgekürzt (σ ist der griechische Buchstabe Sigma). sx hingegen steht für die Standabweichung s_{n-1} der Stichprobe; siehe Aufgabe 13 auf Seite 52.

```
       Rad Norm1  d/c Real        Rad Norm1  d/c Real
    List 1  List 2  Li  1-Variable
SUB  Länge   Hi          x̄      =100.03
  1     95      20        Σx     =100030
  2     96      40        Σx²    =1.0011E+07
  3     97     100        σx     =2.43907769
  4     98     120        sx     =2.44029814
                          n      =1000
```

▸ **CA** Eingabe der Längen in der Anwendung Statistik. Für die Berechnung (1-Var) muss unter SET definiert werden, welche Liste für die Längen und welche für die absoluten Häufigkeiten verwendet werden sollen.

Nach der Nachjustierung der Maschine wird eine zweite Stichprobe von 1000 Drahtstiften genommen:

Länge x_i in mm	95	96	97	98	99	100	101	102	103	104
absolute Häufigkeit $H(x_i)$	0	0	20	100	190	410	140	90	40	10

Bei der nachjustierten Maschine erhalten wir weiterhin ein arithmetisches Mittel von **100,03 mm**, aber mit ca. **1,34 mm** eine geringere Standardabweichung.

```
       Rad Norm1  d/c Real
  1-Variable
  x̄      =100.03          ▸ arithmetisches Mittel
  Σx     =100030
  Σx²    =1.0007E+07
  σx     =1.33757242       ▸ Standardabweichung
  sx     =1.33824171
  n      =1000
```

Der Vergleich beider Standardabweichungen ergibt, dass die Messwerte der zweiten Stichprobe weniger stark um das arithmetische Mittel 100,03 mm streuen als die Messwerte der ersten Stichprobe. Die Nachjustierung der Maschine wird daher als erfolgreich angesehen.

In der Tabelle steht das Ergebnis der letzten Klassenarbeit. Vergleichen Sie den Erfolg der Mädchen mit dem der Jungen auf der Grundlage der arithmetischen Mittel und der Standardabweichungen.

Note	1	2	3	4	5	6
Mädchen	0	3	8	1	1	2
Jungen	1	0	8	2	3	1

Übungen zu 1.2.2

1. Ein Marktforschungsinstitut führt für einen Hersteller von Aluminiumleitern eine Preiserhebung im Einzelhandel durch.

Das Institut ermittelt, dass Haushaltsleitern zu folgenden Preisen angeboten werden: 30, 32, 38, 45, 45, 59, 60, 60, 60, 60, 60, 65, 65, 65, 69, 69, 70, 72, 75, 75, 79, 80, 80, 88, 99. ▶ alle Preise auf volle Euro gerundet
Berechnen Sie die Preisspanne und die Preisschwankung um den Durchschnittspreis.

2. Berechnen Sie die Varianz und die Standardabweichung einerseits für die ersten 10 geraden Zahlen (beginnend bei 2) und andererseits für die ersten 10 ungeraden Zahlen.
Erläutern Sie, warum sowohl die Varianzen als auch die Standardabweichungen jeweils gleich groß sind.

3. Ändert sich Ihre Entscheidung über den Produktionsprozess der Fahrradtachometer (▶ Seite 45, Aufgabe 1), wenn auch die Standardabweichung berücksichtigt wird?

4. Zeigen Sie anhand der Beobachtungswerte 1, 1, 1, 2, 3, 4, 4, 5, 5, 15, dass bei einer kleinen Anzahl von Beobachtungswerten ein „Ausreißer"
a) das arithmetische Mittel und
b) die Varianz erheblich verzerren kann.

5. Zeigen Sie
a) anhand eines selbstgewählten Beispiels,
b) allgemein,
dass die Summe der Abweichungen der Beobachtungswerte von ihrem Mittelwert gleich null ist.

6. Um Argumente für eine Verkehrsberuhigung zu sammeln, zählt eine Anwohnerinitiative eine Woche lang die zwischen 8 und 13 Uhr vor einer Schule vorbeifahrenden Autos. Montag werden 7245, Dienstag 4328, Mittwoch 5120, Donnerstag 4961 und Freitag 6437 Autos gezählt. Werten Sie die Daten statistisch aus.

7. Eine Umfrage unter 84 Schülerinnen und Schülern über ihre Fernsehgewohnheiten ergibt, dass 7 von ihnen täglich zwei Stunden, 21 täglich drei Stunden, 26 täglich vier Stunden und 30 Schülerinnen und Schüler täglich fünf Stunden fernsehen.
Berechnen Sie das arithmetische Mittel, die Varianz und die Standardabweichung.

8. Das nachstehende Diagramm gibt die Entwicklung von drei Aktien im Jahr 2017 wieder.

Empfehlen Sie als Aktienhändler Ihren Klienten eine Verkaufs- bzw. Kaufstrategie. Vergleichen Sie die Aktien hinsichtlich ihres Werts im Jahr 2017.

Sie sind Aktionär und wollen gern mehr Geld in Aktien investieren.
a) Beschreiben Sie die Entwicklung der Aktien. Wann hatte sich ein Aktienkauf bzw. -verkauf gelohnt?
b) Vergleichen Sie die Aktien hinsichtlich ihres Werts im Jahr 2017. Bestimmen Sie dazu die durchschnittliche Punktzahl der einzelnen Aktien für das Jahr.
c) Vergleichen Sie die Aktien hinsichtlich ihres Risikos. Bestimmen Sie dazu die Standardabweichung der Punktzahl.

Vermischte Übungen zu 1.2

1. Entscheiden Sie in der auf Seite 41 geschilderten Situation, ob das neue Trekkingrad in die Produktionspalette übernommen werden soll.

2. Der Schulleiter eines Beruflichen Gymnasiums bittet die Mathematiklehrerin Frau Lübbeke um eine Übersicht über die Ergebnisse der von ihr korrigierten Prüfungsarbeiten im Fach Mathematik, getrennt nach Kurs A und Kurs B. Daraufhin legt ihm Frau Lübbeke die folgende Liste vor:

A	48	60	82	63	32	74	78	115	93	20	88	86	80	70	38	39	62	65	67	93	99	66
B	89	75	58	86	59	87	50	105	74	49	66	60	90	112	91	35	94	24	72	67	69	

Mit dieser ungeordneten Übersicht ist der Schulleiter nicht zufrieden. Er bittet um eine Aufbereitung der Daten und um die Angabe der Spannweite, des Medians, des Modalwerts, des arithmetischen Mittels sowie der Standardabweichung.

a) Führen Sie die notwendigen Berechnungen aus.

b) Fertigen Sie jeweils eine Notenübersicht an und stellen Sie die Häufigkeiten in einem Säulendiagramm dar.

Note	1	2	3	4	5	6
Punkte	102–120	84–101	66–83	48–65	24–47	0–23

c) Vergleichen Sie die Leistungen der beiden Kurse. Äußern Sie sich zur Aussagekraft der beiden Modalwerte.

3. Die Stadt Celle erwägt, in der Nähe einer Schule eine Fußgängerampel zu errichten. Sie lässt deshalb durch die Polizei die Geschwindigkeit der vorbeifahrenden Kraftfahrzeuge messen.
Die Ergebnisse der Radarüberwachung sind in der Tabelle zusammengefasst.

Geschwindigkeit in $\frac{km}{h}$	31–35	36–40	41–45	46–50	51–55	56–60	61–65
Anzahl	15	38	64	86	70	26	21

Geben Sie der Stadt eine Empfehlung zur Notwendigkeit der Fußgängerampel. Unterstützen Sie Ihre Aussagen grafisch.

a) Wählen Sie eine geeignete grafische Darstellung der Werte.

b) Berechnen Sie das arithmetische Mittel und die Standardabweichung. *Tipp:* Wählen Sie jeweils die Mitte der Klassenbreiten.

c) Beurteilen Sie, ob die beiden Maßzahlen für eine Entscheidung geeignet sind.

4. Ein Marmeladenhersteller möchte eine zusätzliche Abfüllanlage für 450-g-Gläser kaufen. Die Anlage gilt als frei von Mängeln, wenn unter anderem bei der Befüllung das arithmetische Mittel exakt 450 g ist und die Standardabweichung höchstens 0,5 % beträgt. Eine Stichprobe lieferte folgende Werte (▶ in Gramm):
450, 454, 452, 452, 446, 448, 448, 451, 452, 456, 450, 447, 450, 450, 451, 444, 447, 453, 449, 450.
Ermitteln Sie, ob der Hersteller der Anlage mit einer Reklamation rechnen muss.

5. Die Handelsvertreter Arkan (A) und Bartsch (B) rechnen ihre Monatsumsätze eines halben Jahres mit einem ihrer Auftraggeber ab. Sie erhalten für das halbe Jahr 30 % ihres durchschnittlichen Umsatzes. Übersteigt ein Monatsumsatz das arithmetische Mittel um mehr als die Standardabweichung, dann erhalten sie zusätzlich die Hälfte dieses Mehrbetrags als Prämie.
Berechnen Sie jeweils die Provision der beiden Vertreter Arkan und Bartsch auf der Grundlage der folgenden Umsatztabelle. ▶ Angaben in 1000 €

	Jan	Feb	Mär	Apr	Mai	Jun
A	15	22	34	18	28	21
B	18	20	25	25	28	22

6. Die folgende Tabelle listet die wöchentlichen Taschengeldbeträge der jeweils 22 Schülerinnen und Schüler beider 11. Klassen eines Wirtschaftsgymnasiums auf.

	1	2	3	4	5	6	7	8	9	10	11	12	13	14	15	16	17	18	19	20	21	22
A	10	15	12	11	11	9	8	8	10	10	12	15	14	15	11	11	12	10	8	8	9	11
B	8	15	10	20	20	15	8	9	15	18	15	18	16	20	20	12	13	20	10	10	18	16

a) Fertigen Sie eine nach Taschengeldbeträgen geordnete Übersicht an. Vergleichen Sie beide Klassen mithilfe aller Ihnen bekannten Lage- und Streuungsmaße und äußern Sie sich jeweils zu deren Aussagekraft.

b) Beurteilen Sie die Taschengeldsituation anhand jeweils eines Säulendiagramms.

7. Der Finanzvorstand einer Aktiengesellschaft mit 3100 Mitarbeitern legt der Hauptversammlung folgende Gehaltsstatistik vor:

Gehalt in € von … bis unter …	Anzahl der Mitarbeiter dieser Gehaltsgruppe
1000–1400	400
1400–1600	500
1600–1800	500
1800–2000	600
2000–2500	600
2500–3000	400
3000–5000	100

Für die bevorstehenden Gehaltsverhandlungen wird dem Betriebsrat eine leicht veränderte Aufstellung vorgelegt:

Gehalt in € von … bis unter …	Anzahl der Mitarbeiter dieser Gehaltsgruppe
1000–1400	400
1400–1600	500
1600–1800	500
1800–2000	600
2000–2500	600
2500–5000	500

Berechnen Sie für beide Aufstellungen jeweils das arithmetische Mittel der Mittelwerte der Gehaltsgruppen (1200, 1500, …, 3750). Interpretieren Sie das Ergebnis.

8. Für die Berechnung der Varianz als Maß für die Streuung der Beobachtungswerte müssen die Quadrate ihrer Abweichungen vom Mittelwert addiert werden. Zeigen Sie, dass sich die Summe der (nicht quadrierten) Abweichungen der Beobachtungswerte von ihrem Mittelwert nicht als Streuungsmaß eignet.

9. Die Fluggesellschaft „SkyLine" bietet Personenflüge (P) und Frachtflüge (F) an. In Zukunft möchte sie zu den Marktführern gehören. Dazu plant SkyLine, sich in einer der beiden Flugformen zu spezialisieren, um dort in neue Technologien zu investieren.

In der folgenden Tabelle sind die Gewinne der zwei Flugformen von 2013 bis 2017 festgehalten (alle Angaben in Milliarden).

	2013	2014	2015	2016	2017
P	2,8	0,2	1,2	2,5	2,3
F	2,2	1,0	0,9	2,5	2,5

Vergleichen Sie die wirtschaftliche Situation der beiden Flugformen über den gesamten Zeitraum anhand der Gewinne.

a) Berechnen Sie für beide Flugformen jeweils den durchschnittlichen Gewinn über die fünf Jahre. Vergleichen Sie die Ergebnisse.

b) Berechnen Sie die Standardabweichung der Gewinne je Flugform und interpretieren Sie Ihr Ergebnis.

10. Im Rahmen einer Studie werden zehn Kinder einer Kindertagesstätte in Wolfsburg ausgewählt und nach ihrer Lieblingsfarbe befragt. Die Antworten sind wie folgt: rot, orange, grün, orange, blau, blau, rot, lila, orange, lila. Werten Sie diese Rohdaten statistisch aus, indem Sie ein geeignetes Lagemaß bestimmen.

11. Das untenstehende Diagramm zeigt die Gesamtzahl der Unfälle und verletzten Personen im Stadtgebiet von Braunschweig in den Jahren 2007 bis 2016.

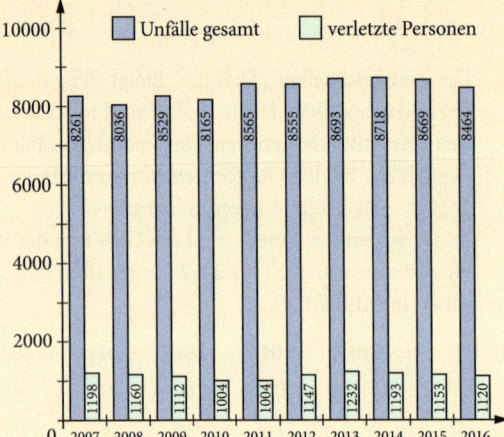

a) Bestimmen Sie alle relevanten Lagemaße und wägen Sie sie gegeneinander ab.

b) Ermitteln Sie die empirische Varianz sowie die empirische Standardabweichung in Bezug auf die Anzahl der Unfälle und verletzten Personen. Stellen Sie fest, in welchen Jahren die jeweiligen Zahlen im $1\,s_n$-Bereich, $2\,s_n$-Bereich oder $3\,s_n$-Bereich um den Mittelwert x_{aM} liegen bzw. außerhalb dieser drei Bereiche auftauchen.

12. Das Resultat einer Befragung von 80 Personen ist in der folgenden Tabelle festgehalten.

geboren im …	Frühling	Sommer	Herbst	Winter
durch-schnitt. Körper-größe	179,2 cm	180,1 cm	178,6 cm	178,8 cm

a) Begründen Sie, dass es keinen statistischen Zusammenhang zwischen der Jahreszeit der Geburt und der Körpergröße gibt.

b) Erstellen Sie ein Balkendiagramm, das trotzdem einen Zusammenhang zwischen der Jahreszeit der Geburt und der Körpergröße vortäuscht.

13. Von der empirischen Standardabweichung (oder auch Standardabweichung der Grundgesamtheit)

$$s_n = \sqrt{s_n^2} = \sqrt{\frac{1}{n} \cdot \sum_{i=1}^{n} (x_i - x_{aM})^2}$$

unterscheidet man die **Standardabweichung der Stichprobe**

$$s_{n-1} = \sqrt{\frac{1}{n-1} \cdot \sum_{i=1}^{n} (x_i - x_{aM})^2}$$

▶ Für die Standardabweichung der Grundgesamtheit wird häufig auch der griechische Buchstabe σ (Sigma) benutzt. Die Standardabweichung der Stichprobe wird häufig durch ein s dargestellt. Diese Schreibweisen ($s_n = \sigma$ und $s_{n-1} = s$) verwenden auch viele GTR/CAS; siehe Seite 48.

Die empirische Standardabweichung der Grundgesamtheit (s_n) kommt dann zum Einsatz, wenn *alle* Merkmalsträger untersucht werden. Ein Beispiel ist die Standardabweichung der Klausurergebnisse einer Deutsch-Klausur in einer Klasse. Wird jedoch nur eine Stichprobe untersucht, obwohl das Ergebnis auf die Grundgesamtheit verallgemeinert werden soll, so kommt die Standardabweichung der Stichprobe (s_{n-1}) zum Einsatz. Beispiel: Bei der Berechnung der Standardabweichung aller Klausurergebnisse aller Deutsch-Klausuren des aktuellen Schuljahrs in einer Schule werden nur die Klausuren von 100 zufällig ausgewählten Schülerinnen und Schülern untersucht und die Ergebnisse auf die gesamte Schule verallgemeinert.

a) Erläutern Sie, ob s_n oder s_{n-1} zur Berechnung der Standardabweichung verwendet werden soll.

oHi Mi

a₁) Die Wirksamkeit eines Medikaments wird in einer klinischen Studie untersucht.

a₂) Die Zielzeiten bei einem Marathonlauf werden nach dem Wettkampf ausgewertet.

a₃) Die Einkommen der volljährigen Bewohner einer Stadt werden untersucht.

b) Ein Filmstudio gibt eine Marktanalyse für seinen aktuellen Kinofilm in Auftrag. Für die statistische Auswertung werden zufällig 26 Kinobesucherinnen und Kinobesucher nach ihrem Alter befragt. Die folgende Tabelle fasst die Antworten zusammen.

Alter	14	16	17	18	20	23	25
Anzahl	1	5	10	5	2	2	1

Werten Sie die Stichprobe statistisch mithilfe der Standardabweichung der Stichprobe (s_{n-1}) aus.

Hinweis: Mit Ausnahme von Aufgabe 13 wird in diesem Buch ausschließlich mit der empirischen Standardabweichung der Grundgesamtheit, s_n, gerechnet.

Ich kann ...

... das **arithmetische Mittel** x_{aM} berechnen.

▶ Test-Aufgaben 1, 2

Noten einer Klassenarbeit:

1	2	3	4	5	6
2	4	10	6	2	1

$$x_{aM} = \frac{2 \cdot 1 + 4 \cdot 2 + 10 \cdot 3 + 6 \cdot 4 + 2 \cdot 5 + 1 \cdot 6}{25}$$
$$= 3{,}2$$

Arithmetisches Mittel:
Durchschnittswert (alle Werte zusammenzählen und durch die Gesamtanzahl teilen)

$$x_{aM} = \frac{x_1 + x_2 + \cdots + x_n}{n} \ (= \overline{x})$$

... den **Modalwert** x_{Mod} (**Modus**) bestimmen.

▶ Test-Aufgabe 1

Die Note 3 ist der Modalwert.

Modalwert:
Wert, der am häufigsten vorkommt

... den **Median** x_{Med} bestimmen.

▶ Test-Aufgabe 1

Körpergewicht von 6 Schülern (in kg):

A	B	C	D	E	F
64	66	52	56	61	57

Sortiert: 52, 56, 57, 61, 64, 66

$$x_{Med} = \frac{57 + 61}{2} = 59$$

Median:
Wert in der Mitte eines nach Größe geordneten Datensatzes (bei zwei mittleren Werten deren arithmetisches Mittel bilden)

... die **Spannweite** ermitteln.

$66 - 52 = 14$

Spannweite:
Differenz zwischen größtem und kleinstem Wert

... die **empirische Varianz** s_n^2 und **Standardabweichung** s_n (**Streuung**) berechnen.

▶ Test-Aufgabe 3

Quartalsgewinne eines Unternehmens:

Quartal	1	2	3	4
Gewinn in Mio. €	8	7	12	13

$$x_{aM} = 10$$

$$s_n^2 = \frac{1}{4} \cdot \big((8-10)^2 + (7-10)^2$$
$$+ (12-10)^2 + (13-10)^2 \big)$$
$$= 6{,}5$$

$$s_n = \sqrt{6{,}5} \approx 2{,}55$$

Empirische Standardabweichung:
Gibt die durchschnittliche Streuung um das arithmetische Mittel an

Empirische Varianz:
$$s_n^2 = \frac{1}{n} \cdot \sum_{i=1}^{n} (x_i - x_{aM})^2$$

Empirische Standardabweichung:
$$s_n = \sqrt{s_n^2}$$

Test zu 1.2

1. Bestimmen Sie das arithmetische Mittel, den Median und den Modalwert folgender Datensätze, soweit dies möglich ist.

a) Kaltmiete pro m² in €: 8; 10; 9,50; 7,50; 8; 9; 11,50; 7,50; 8

b) Anzahl Fehltage: 4, 6, 8, 2, 0, 15, 14, 4, 9, 5, 0, 2, 2

c) Lieblingsfarbe: lila, rot, grün, grün, gelb, türkis, pink, rot, rot

2. Der Camping-Ausrüster „Be free" soll demnächst verkauft werden. Die Interessenten erhalten zur Einschätzung des Unternehmens unter anderem eine grafische Darstellung der Quartalsgewinne der letzten drei Jahre.

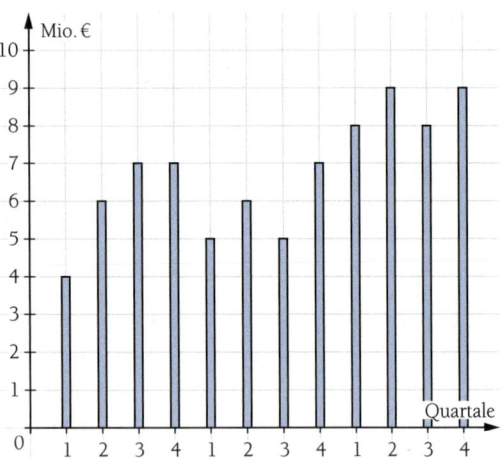

a) Berechnen Sie jeweils den durchschnittlichen Gewinn der 1., 2., 3. und 4. Quartale. Interpretieren Sie das Ergebnis.

b) Bestimmen Sie jeweils den durchschnittlichen Gewinn für das 1., 2. und 3. Jahr. Beurteilen Sie die Gewinnentwicklung über die Jahre.

c) Vergleichen Sie die Ergebnisse aus a) und b) mit dem durchschnittlichen Gewinn über alle drei Jahre.

3. Beim Weitsprung wurden von Eva und Paula folgende Sprungweiten in Metern erfasst.

| Eva | 4,94 | 4,87 | 5,61 | 4,73 | 4,79 | 5,52 |
| Paula | 4,93 | 5,33 | 5,20 | 5,12 | 5,10 | 4,92 |

Nächste Woche findet ein landesweiter Wettkampf statt. Die Trainerin muss entscheiden, wen sie antreten lässt. Beurteilen Sie die sportlichen Leistungen der beiden Sportlerinnen und geben Sie eine Empfehlung an die Trainerin ab. Berücksichtigen Sie dabei auch die Standardabweichung.

4. Im letzten Jahr betrug der durchschnittliche Umsatz eines Eisladens 8050 € pro Monat. Die Tabelle zeigt die monatlichen Umsätze (in €). Die Angabe für den Juni ist allerdings abhanden gekommen.

Jan	Feb	Mär	Apr	Mai	Jun	Jul	Aug	Sep	Okt	Nov	Dez
5050	4120	5600	6700	8340	???	13 500	14 190	10 400	5300	4080	5650

Bestimmen Sie den Umsatz im Juni.

5. Die Eheleute Hannes und Berit Richter bestellen häufig Pizza, Hannes beim Pizza-Blitz (PB), Berit beim Pizza-Pfeil (PP). Beide notieren jedes Mal, wie viele Minuten zwischen Bestellung und Lieferung vergehen:

PB	28	29	25	30	36	35	38	37	38	31	24	32	33
PP	27	32	32	34	29	29	36	33	36	36	29	30	33

Hannes behauptet, dass es unter dem Zeitaspekt vernünftig sei, beim Pizza-Blitz zu bestellen.
Nehmen Sie zu der Behauptung Stellung.

2 Elementare Funktionenlehre

2.1 Einführung in die Funktionen

Die Fly Bike Werke GmbH verwendet bei der Produktion des Mountainbikes *Unlimited* Federgabeln eines fremden Herstellers. Die Federgabeln werden über die Fahrradteile International GmbH bezogen. In den letzten Jahren hat die Fahrradteile International GmbH die Preise ständig erhöht.

Die Geschäftsführerin der Fly Bike Werke GmbH, Frau Peters, möchte daher prüfen, ob die Federgabeln günstiger bezogen werden können. Sie beauftragt Frau Nemitz-Müller, sich für die Federgabel „Race V" verschiedene Angebote einzuholen.
Frau Nemitz-Müller erhält folgende Angebote:

Fahrradteile International GmbH | Borgwardstr. 16 | 28309 Bremen

Fly Bike Werke GmbH
Rostocker Str. 334
26121 Oldenburg

Angebot

Vielen Dank für Ihre Anfrage.

Artikel	Artikel-Nr.	Einzelpreis
Federgabel Race V	74 539	129,00 €

Lieferzeit: vier Wochen; lieferbar frei Haus, einschließlich Verpackung.
Wir freuen uns, von Ihnen zu hören.

Fahrradgroßhandel Gritsch | Alfred-Faust-Str. 1 | 28177 Bremen

Fly Bike Werke GmbH
Rostocker Str. 334
26121 Oldenburg

Angebot

Federgabel Race V
– 133,00 € je Stück
– ab 200 Stück: 128,00 € je Stück
– ab 500 Stück: 120,00 € je Stück
Pauschale für Verpackungs- und Beförderungskosten: 150,00 €

Wir bedanken uns für die Anfrage und freuen uns, von Ihnen zu hören.

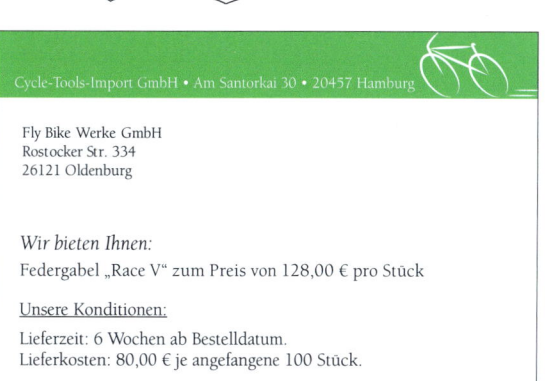

Cycle-Tools-Import GmbH • Am Santorkai 30 • 20457 Hamburg

Fly Bike Werke GmbH
Rostocker Str. 334
26121 Oldenburg

Wir bieten Ihnen:
Federgabel „Race V" zum Preis von 128,00 € pro Stück

Unsere Konditionen:

Lieferzeit: 6 Wochen ab Bestelldatum.
Lieferkosten: 80,00 € je angefangene 100 Stück.

Bike dream

Fly Bike Werke GmbH
Rostocker Str. 334
26121 Oldenburg

Bike dream
Im Industriegebiet 6
64839 Münster

Angebot

über: Federgabel Race V, à 140,00 €

Bitte beachten Sie:
– 10% Rabatt auf die gesamte Summe ab einer
  Abnahmemenge von 500 Stück
– Lieferung frei Haus

Frau Nemitz-Müller bereitet die Angebote für Frau Peters auf und möchte ihr eine Empfehlung für verschiedene Produktionsmengen aussprechen.

▶ Aufgabe 7 auf Seite 65

Kompetenzen

- Zuordnungen beschreiben und darstellen sowie Funktionen erkennen
- Realitätsbezogene Zusammenhänge mathematisch beschreiben

Anwendungen

- Trendgeraden
- Kostenfunktionen

2.1 Einführung in die Funktionen

Ein Ziel vieler statistischer Erhebungen und Messreihen ist es, herauszufinden, ob zwischen zwei Merkmalen ein Zusammenhang besteht, z.B. zwischen Größe und Gewicht eines Menschen oder zwischen Einkommen und Konsumverhalten.

2.1.1 Zuordnungen

 ① Zuordnung

In einem Sportverein werden die Körpergröße und das Körpergewicht von 10 Mädchen gemessen und aufsteigend nach der Größe in einer Tabelle festgehalten.

Name	Größe x	Gewicht y
Frieda	157 cm	48 kg
Aysun	157 cm	50 kg
Dana	159 cm	50 kg
Britta	163 cm	55 kg
Annika	165 cm	56 kg
Sarah	167 cm	55 kg
Laura	169 cm	59 kg
Pia	174 cm	64 kg
Marie	180 cm	68 kg
Hanna	181 cm	70 kg

Veranschaulichen Sie den Zusammenhang zwischen Größe und Gewicht in einem Koordinatensystem.

Für jedes Mädchen erhalten wir ein Wertepaar $(x\,|\,y)$. Hierbei steht x für die Ausprägung des Merkmals „Größe" und y für die Ausprägung des Merkmals „Gewicht".
Jeder Körpergröße ist also ein Gewicht zugeordnet. Man spricht allgemein von einer **Zuordnung**. Eine Zuordnung kann sowohl in einer Tabelle als auch in einem Koordinatensystem dargestellt werden.
Im Koordinatensystem bilden die 10 Wertepaare eine „Punktwolke" im ersten Quadranten. Dabei wird deutlich, dass die Zuordnung einen **Trend** wiedergibt: Je größer eines der 10 Mädchen ist, desto schwerer ist es.

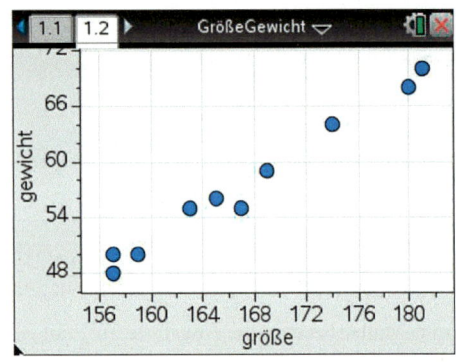

▶ **TI** Eingabe der Daten in Lists & Spreadsheet. Die Darstellung erfolgt unter Data & Statistics.

Im 19. Jahrhundert versuchte der französische Anthropologe und Arzt Paul Broca (1824–1880) diesen Trend mathematisch zu formulieren. Er entwickelte eine Formel, nach der das Gewicht y einer „normalgewichtigen" Frau linear von ihrer Körpergröße x abhängt. Brocas Formel lautet $y = 0{,}9\,x - 90$.

▶ für Männer: $y = x - 100$

Trendgerade

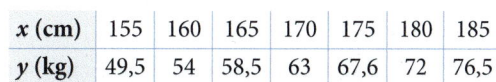

Legen Sie nach der Formel von Broca, $y = 0,9\,x - 90$, eine Wertetabelle für Wertepaare $(x\,|\,y)$ mit $x \in [155; 185]$ an, bei der die Werte für x (beginnend mit 155 cm) jeweils um 5 cm steigen. Übertragen Sie die Wertepaare als Punkte in das Koordinatensystem aus Beispiel 1. Verbinden Sie die neuen Punkte und interpretieren Sie die Formel von Broca.

Die Formel von Broca ist eine **Zuordnungsvorschrift** in Form einer Gleichung. Sie ordnet jeder Körperlänge ein Körpergewicht zu.

Eine solche Zuordnungsvorschrift ist eine weitere Möglichkeit, eine Zuordnung darzustellen.

Der Graph der Zuordnung ist eine Gerade, die den bekannten Trend wiedergibt: Je größer ein Mädchen ist, desto mehr wiegt es.

Allerdings liegt die Gerade vollständig oberhalb der Punktwolke. Sie gibt also die tatsächliche Beziehung zwischen Größe und Gewicht der zehn Sportlerinnen nur sehr unvollkommen wieder.

x (cm)	155	160	165	170	175	180	185
y (kg)	49,5	54	58,5	63	67,6	72	76,5

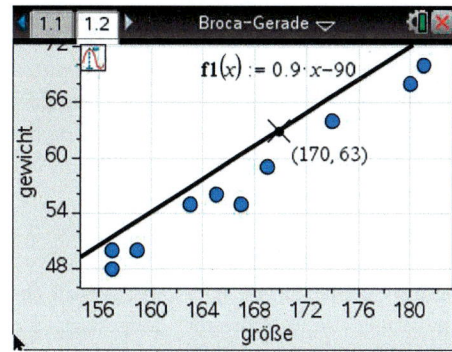

▶ TI Darstellung der Daten unter Data & Statistics. Einfügen einer Geraden durch den Menüpunkt Analysieren, Funktion zeichnen.

Die Broca-Gerade aus Beispiel 2 ist eine grafische Darstellung der Zuordnung. Den Werten auf der x-Achse werden dabei Werte auf der y-Achse zugeordnet.

Die Gerade spiegelt den sachlichen Zusammenhang wider: Jeder Körpergröße wird ein Gewicht zugeordnet. Der Körpergröße 170 cm wird z.B. das Gewicht 63 kg zugeordnet. Die Zahlenmenge, aus der die Zahlen für x genommen werden, heißt **Ausgangsmenge** A der Zuordnung.

Die **Zielmenge** Z der Zuordnung ist der Vorrat an möglichen Zahlen für die Variable y.

▶ Eine Zuordnung ordnet *jeder* Zahl der Ausgangsmenge mindestens eine Zahl der Zielmenge zu. Umgekehrt muss nicht jede Zahl der Zielmenge auch tatsächlich angenommen werden. Die Zielmenge haben wir deshalb als „Vorrat" bezeichnet.

Ausgangs- und Zielmenge

Wählen Sie für die durch die Formel von Broca, $y = 0,9\,x - 90$, gegebene Zuordnung zwischen Körpergröße und Gewicht eine sinnvolle Ausgangsmenge und eine sinnvolle Zielmenge.

Die durch die Formel gegebene Zuordnung ist für kleine Körpergrößen nicht sinnvoll.

Ein kleines Mädchen von z.B. 60 cm Größe hätte sonst ein (unmögliches) Gewicht von −36 kg.

Eine sinnvolle Wahl für die **Ausgangsmenge** ist z.B. $A = \left\{x\,\middle|\,150 \le x \le 190\right\}$.

$y = 0,9\,x - 90$ ▶ Beispiel 2
$x = 60$ (cm)
$y = 0,9 \cdot 60 - 90 = -36$ (kg)
$x = 150$ (cm)
$y = 0,9 \cdot 150 - 90 = 45$ (kg)
$x = 190$ (cm)
$y = 0,9 \cdot 190 - 90 = 81$ (kg)

Da ein Körpergewicht niemals negativ sein kann, sind die positiven reellen Zahlen eine mögliche **Zielmenge**, also $Z = \mathbb{R}^+$. Da der kleinsten Körperlänge ($x = 150$) das geringste Gewicht ($y = 45$) und der größten Körperlänge ($x = 190$) das höchste Gewicht ($y = 81$) zugeordnet sind, kann als Zielmenge aber auch $Z = \left\{y\,\middle|\,45 \le y \le 81\right\}$ gewählt werden.

2

- Bringt man zwei Merkmale in Beziehung zueinander, dann handelt es sich um eine **Zuordnung**.
- Zuordnungen können durch Tabellen, Wertepaare $(x|y)$, Punkte im Koordinatensystem und durch Zuordnungsvorschriften dargestellt werden.
- Die Zahlenmenge, aus der die Zahlen für x genommen werden, heißt **Ausgangsmenge** A der Zuordnung. Die Zahlen für die Variable y liegen in der **Zielmenge** Z der Zuordnung.

Ein Großhändler antwortet auf die Frage, wie viele Mengeneinheiten (ME) Obst er dem Produzenten abkaufen wolle, wie folgt: „1 ME zum Preis von 9 Geldeinheiten (GE), oder 2 ME zum Preis von 8 GE pro ME, oder 3 ME zum Preis von 7 GE pro ME, oder 4 ME zum Preis von 6 GE pro ME.

a) Stellen Sie die Zuordnung des Preises zur Menge in einer Tabelle dar und veranschaulichen Sie den Zusammenhang zwischen Menge x und Preis y im Koordinatensystem.

b) Verbinden Sie die Punkte im Koordinatensystem und geben Sie dazu eine sinnvolle Ausgangsmenge und die Zielmenge an. Entwickeln Sie eine Zuordnungsvorschrift, die die Abhängigkeit des Preises von der Menge x verdeutlicht.

Mit der Broca-Geraden aus Beispiel 2 wurde zwar der Trend „je größer desto schwerer" aufgezeigt, die Trendlinie verläuft aber vollständig außerhalb der Punktwolke. Wir suchen deshalb eine Trendgerade, die die tatsächliche Beziehung zwischen Größe und Gewicht bei den zehn Mädchen besser wiedergibt. Man kann eine solche Gerade natürlich „nach Augenmaß" bestimmen oder aber man nutzt ein mathematisches Verfahren, die **lineare Regression**.

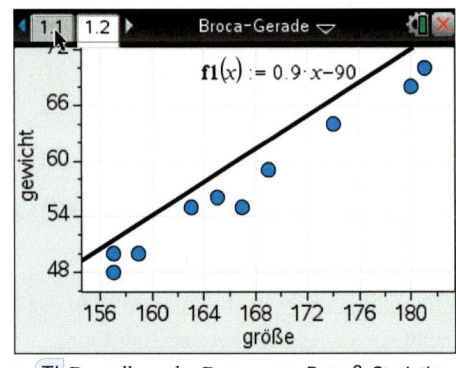

▶ TI Darstellung der Daten unter Data & Statistics.

4   Regressionsgerade mit dem GTR/CAS

Veranschaulichen Sie die Daten und bestimmen Sie die Gleichung der Regressionsgeraden, die den Zusammenhang zwischen der Körpergröße und dem Gewicht optimal beschreibt.

	A name	B größe	C gew...	D	E
1	Frieda	157	48		
2	Aysun	157	50		
3	Dana	159	50		
4	Britta	163	55		
5	Annika	165	56		
6	Sarah	167	55		
7	Laura	169	59		
8	Pia	174	64		
9	Marie	180	68		
10	Hanna	181	70		

Durch Eingabe in den GTR bzw. in das CAS lassen sich die Rohdaten der zehn Mädchen schnell veranschaulichen. Legt die Darstellung wie hier nahe, dass der Zusammenhang zwischen den beiden Größen (hier Körpergröße und Gewicht) durch eine Gerade beschrieben werden kann, so wählt man die lineare Regression. Diese liefert die Gleichung der gesuchten Regressionsgeraden:

$y = 0{,}86\,x - 86{,}20$ ▶ Werte gerundet

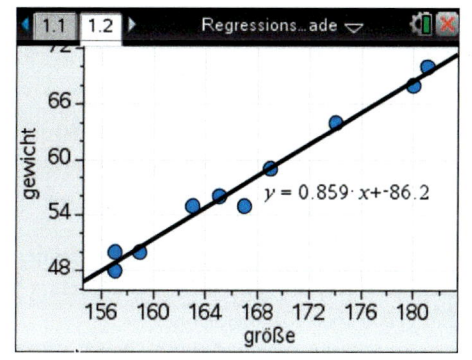

▶ TI Einfügen der Regressionsgeraden durch den Menüpunkt Analysieren, Regression.

Übungen zu 2.1.1

1. Veranschaulichen Sie die drei Zuordnungen im Koordinatensystem.

a)
x	−2	−1	0	1	2
y	2	1	2	3	4

b)
x	2	2	2	2	2
y	−2	−1	0	1	2

c)
x	−1	0	1	1	2
y	2	1	2	3	4

d)
x	−2	−1	0	1	2
y	4	1	0	1	4

2. Drücken Sie die vier Zuordnungen jeweils als Wertetabelle aus.

a)
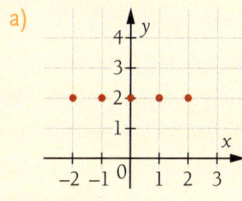

b)

c)
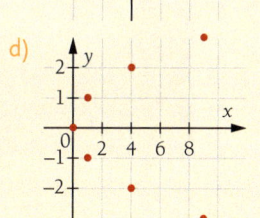

d)

3. Gegeben sind die Ausgangsmenge $A = \{2; 3; 4\}$ und die Zielmenge $Z = \{1; 2; 3; \dots; 16\}$. Den Elementen der Menge A werden die Elemente der Menge Z nach verschiedenen Vorschriften zugeordnet. Jedem Element x aus A werden diejenigen Elemente aus Z zugeordnet, die

a) größer sind als x;

b) kleiner sind als x;

c) gleich x sind;

d) gleich dem Quadrat von x sind;

e) gleich dem Doppelten von x sind;

f) um genau 1 größer als x sind.

Stellen Sie die Zuordnungen jeweils in einer Wertetabelle und anschließend jeweils im Koordinatensystem dar.
Finden Sie zu jeder Zuordnung eine Vorschrift in Form einer Gleichung oder einer Ungleichung.

4. Bei der Prozentrechnung wird u. a. anhand des Prozentsatzes der Prozentwert ermittelt.
Gehen Sie von einem Grundwert von 450 € aus und wählen Sie eine Ausgangs- und eine passende Zielmenge. Formulieren Sie fünf Zuordnungen. Stellen Sie diese Zuordnungen im Koordinatensystem dar.

5. Recherchieren Sie alternative Zuordnungen von Körpergröße und Körpergewicht. Diskutieren Sie, wie sinnvoll und aussagekräftig diese Zuordnungen sind.

6. Ordnen Sie die vier Wertetabellen den Sachverhalten a) bis d) zu. Zeichnen Sie die zugehörigen Graphen.

x	0	1	2	3	4	5	6	7	8	9	10
y_1	0	400	800	1200	1600	2000	2400	2800	3200	3600	4000
y_2	0	20	40	60	80	100	120	140	160	180	200
y_3	0	45	80	105	120	125	120	105	80	45	0
y_4	6	6,80	7,60	8,40	9,20	10	10,80	11,60	12,40	13,20	14

a) Abhängigkeit des zurückgelegten Weges y von der Zeit x bei einer konstanten Geschwindigkeit von $20 \frac{m}{s}$.

b) Kosten y einer Taxifahrt bei einem Grundpreis von 6 € und einem Preis von 0,80 € pro Kilometer in Abhängigkeit von den gefahrenen Kilometern x.

c) Höhe y eines Gegenstandes, der mit einer Anfangsgeschwindigkeit von $50 \frac{m}{s}$ senkrecht nach oben geworfen wird in Abhängigkeit von der Zeit x.

d) Herstellungskosten y für ein Gut, dessen Stückkosten 400 € betragen, in Abhängigkeit von der hergestellten Stückzahl x.

7. Die Grafik zeigt die weltweite Bevölkerungsentwicklung der letzten 60 Jahre.

a) Wie viele Menschen lebten im Jahre 2000?

b) Wann lebten erstmals über 5 Milliarden Menschen auf der Erde?

c) Beschreiben Sie die Bevölkerungsentwicklung in den letzten 60 Jahren.

d) Geben Sie eine begründete Prognose an, wie viele Menschen im Jahr 2050 leben werden.

e) Recherchieren Sie die Bevölkerungsentwicklung in Deutschland und stellen Sie diese für die letzten 60 Jahre dar.

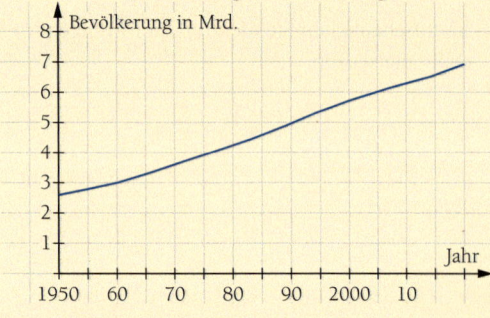

Bevölkerungsentwicklung

8. Das menschliche Darmbakterium *Escherichia coli* verdoppelt seine Anzahl unter Idealbedingungen in Laborkulturen in etwa 30 Minuten. Eine Kultur wird mit 10 Bakterien angesetzt. Für einen Versuch werden mindestens 10 000 Bakterien benötigt.

Wann kann der Versuch frühestens durchgeführt werden?

a) Ordnen Sie in einer Tabelle der Zeit die entsprechende Anzahl der Bakterien zu.

b) Stellen Sie die Anzahl der Bakterien in Abhängigkeit der Zeit im Koordinatensystem dar und verbinden Sie die einzelnen Punkte.

c) Lesen Sie ab, zu welchem Zeitpunkt 10 000 Bakterien vorhanden sind.

9. Die folgende Abbildung zeigt den Wasserverbrauch in einer deutschen Großstadt am Dienstag, den 8. Juli 2014, während des WM-Halbfinalspiels zwischen Deutschland und Brasilien.

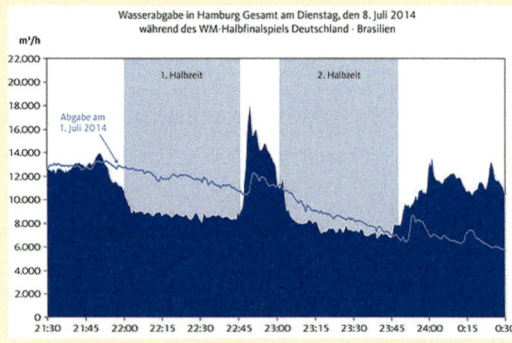

a) Geben Sie die Zuordnung und fünf Wertepaare an.

b) Schreiben Sie zur Grafik einen kurzen Artikel.

2.1.2 Funktionen

Eine Zuordnung, bei der jedem Element x aus der Ausgangsmenge **genau ein** Element y aus der Zielmenge zugeordnet ist, heißt **eindeutig**. Eindeutige Zuordnungen heißen **Funktionen**.

Eindeutige Zuordnung (Funktion)

⑤

In einer Nährflüssigkeit werden Bakterien gezüchtet, die sich nach jeder Stunde verdoppeln. Die Zucht wird mit 10 Bakterien begonnen und soll auf eine Dauer von 4 Stunden beschränkt sein.
Stellen Sie die Zuordnung in einer Tabelle, im Koordinatensystem und als Zuordnungsvorschrift in Form einer Gleichung dar.

Die Zuordnung zwischen den ersten 4 Stunden und der jeweils zugehörigen Bakterienanzahl lässt sich in einer Tabelle und in einem Koordinatensystem veranschaulichen.

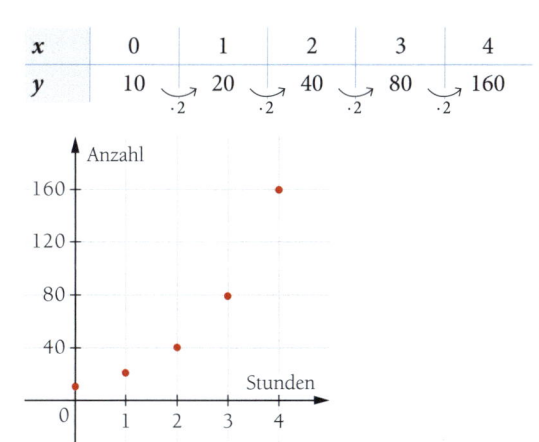

x	0	1	2	3	4
y	10	20	40	80	160

Alternativ können wir die Zuordnung durch eine Gleichung beschreiben: $y = 10 \cdot 2^x$. Dabei steht x für die Anzahl der vollen Stunden und y für die Anzahl der nach x Stunden vorhandenen Bakterien.

Die Ausgangsmenge A und eine mögliche Zielmenge Z der Zuordnung sind

$A = \{0; 1; 2; 3; 4\}, \ Z = \mathbb{R}^+$

Aus allen drei Darstellungsarten ist ersichtlich, dass jeder Zahl der Ausgangsmenge *genau eine* Zahl der Zielmenge zugeordnet ist. Das heißt, die durch die Gleichung $y = 10 \cdot 2^x$ gegebene Zuordnung ist eindeutig und somit eine **Funktion**.

Mehrdeutige Zuordnung (keine Funktion)

⑥

Stellen Sie die Zuordnung, die jeder Zahl $x \in A = \{1; 2; 3; 4\}$ die Zahlen $y \in Z = \{1; 2; 3; 4\}$ mit $y > x$ zuordnet, in einer Wertetabelle und als Graph im Koordinatensystem dar. Entscheiden Sie, ob die Zuordnung eine Funktion ist.

Aus beiden Veranschaulichungen lässt sich ablesen, dass durch $y > x$ keine Funktion gegeben ist. Denn die beiden Eigenschaften, die eine Funktion erfüllen muss, sind hier nicht erfüllt.

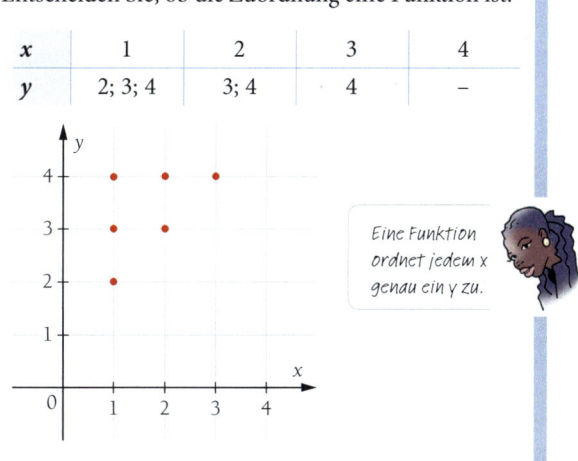

x	1	2	3	4
y	2; 3; 4	3; 4	4	–

Eine Funktion ordnet jedem x genau ein y zu.

1. Jeder Zahl $x \in A$ muss eine Zahl $y \in Z$ zugeordnet sein. Das ist aber für $x = 4$ nicht erfüllt: In der Wertetabelle gibt es für $x = 4$ keine Zahl für $y \in Z$; im Koordinatensystem existiert kein Punkt an der Stelle $x = 4$.
2. Jeder Zahl $x \in A$ muss *genau eine* Zahl $y \in Z$ zugeordnet sein.
   In der Wertetabelle stehen unter $x = 1$ drei verschiedene Zahlen aus Z und unter $x = 2$ zwei verschiedene Zahlen für y; im Koordinatensystem liegen an der Stelle $x = 1$ drei und an der Stelle $x = 2$ zwei Punkte übereinander.

2

Man verdeutlicht die Funktionseigenschaften einer Zuordnung, indem man statt *y* **auch *f*(*x*)** schreibt.

Diese Schreibweise macht deutlich, dass der Funktionswert für *y* vom Wert für *x* abhängt. Man nennt deshalb *x* die **unabhängige Variable** oder **Argumentvariable** und *y* die (von *x*) **abhängige Variable**.

Ist die Zuordnung eine Funktion, dann verwendet man statt des Begriffs Ausgangsmenge *A* den Begriff **Definitionsbereich** D_f. ▶ Die Funktion *f* ist definiert für alle $x \in D_f$.

Ist x_0 ein Element aus dem Definitionsbereich D_f, so bezeichnet $f(x_0)$ dasjenige Element aus der Zielmenge von *f*, das x_0 eindeutig zugeordnet ist. $f(x_0)$ ist der sogenannte **Funktionswert** an der Stelle x_0. Die Stelle x_0 wird auch **Argument** genannt. Die Menge aller Funktionswerte von *f* nennt man den **Wertebereich** W_f. Der Wertebereich ist immer eine Teilmenge der Zielmenge *Z*. ▶ $W_f \subseteq Z$

In diesem Buch werden Funktionen in der Regel durch **Funktionsgleichungen** beschrieben, z. B. als $f(x) = 0{,}9\,x - 90$ oder $f(x) = 10 \cdot 2^x$. Der rechte Teil dieser Gleichung ($0{,}9\,x - 90$ bzw. $10 \cdot 2^x$) wird als **Funktionsterm** bezeichnet.

Von einer **reellen Funktion** spricht man, wenn Definitions- und Wertebereich Teilmengen der reellen Zahlen sind (D_f, $W_f \subseteq \mathbb{R}$). In diesem Buch behandeln wir ausschließlich reelle Funktionen.

 (7)   Begrifflichkeiten

Erläutern Sie die vorgestellten Begriffe anhand der Funktion *f*, die durch $f(x) = -2x + 6$ ($x \in \mathbb{R}$) gegeben ist.

In der Funktionsgleichung $f(x) = -2x + 6$ ist *x* die unabhängige Variable (Argumentvariable) und $y = f(x)$ die abhängige Variable.

Da *x* jeden beliebigen Wert annehmen kann, entspricht der größtmögliche Definitionsbereich den reellen Zahlen, also $D_f = \mathbb{R}$.

Funktionsname

Argumentvariable

Funktionsterm

$$\underbrace{f(x)}_{\text{Funktionsgleichung}} = \overbrace{-2x + 6}$$

Der Funktionswert an der Stelle x_0 ist $f(x_0)$. Zum Beispiel ist an der Stelle $x_0 = 1$ der zugehörige Funktionswert $f(x_0) = 4$. Mit ausgewählten Werten für *x* lässt sich eine Wertetabelle erstellen.

$f(1) = -2 \cdot 1 + 6 = 4$

x	-2	-1	0	1	2	3	4
y	10	8	6	4	2	0	-2

Die Paare aus der Wertetabelle können wir als Punkte in ein Koordinatensystem eintragen. Da sich auch für alle Werte zwischen diesen sieben ausgewählten Stellen die Funktionswerte berechnen lassen, können wir die einzelnen Punkte verbinden. Die entstehende Gerade ist der Graph G_f der Funktion *f*.

Anhand des Graphen erkennen wir, dass jede reelle Zahl als *y*-Wert angenommen wird. Also gilt für den Wertebereich: $W_f = \mathbb{R}$.

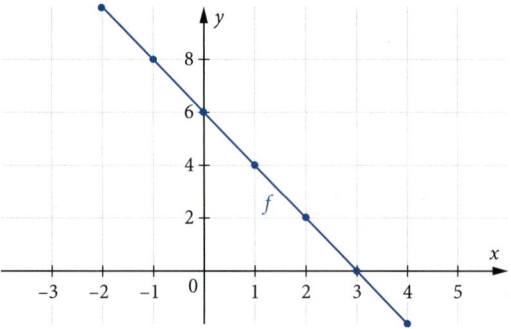

- Eine **Funktion** ist eine eindeutige Zuordnung: Jedem Element der Ausgangsmenge wird genau ein Element der Zielmenge zugeordnet.
- Die Ausgangsmenge nennt man auch **Definitionsbereich**.
- Die Menge der Funktionswerte heißt **Wertebereich**. Er ist eine Teilmenge der Zielmenge.
- Die Zuordnungsvorschrift einer Funktion wird in der Regel durch eine **Funktionsgleichung** angegeben.

 Entscheiden Sie begründet, welche der folgenden Zuordnungen Funktionen sind.

a) $y \geq x$; $D = \{0\}$ b) $y = x$; $D = \mathbb{R}$ c) $y = x^2$; $D = \mathbb{R}$ d) $y^2 = x$; $D = \mathbb{R}$

Übungen zu 2.1.2

1. Gegeben sind $A = \{x \in \mathbb{N} \mid 0 \leq x \leq 5\}$ als Ausgangsmenge und $Z = \{y \mid y \in \mathbb{Z}\}$ als Zielmenge. Erstellen Sie Wertetabellen mit der Ausgangsmenge A und den jeweiligen sich aus A und den Gleichungen ergebenden Werten.

a) $y = 3$

b) $y = 2x + 1$

c) $y^2 = x$

d) $y = x^3$

e) $x^2 + y^2 = 25$

f) $y^2 = x - 1$

2. Für die Zuordnungsvorschrift f sei der Definitionsbereich die Menge der reellen Zahlen und der Wertebereich eine Teilmenge der reellen Zahlen.
Entscheiden Sie, ob die Zuordnungsvorschrift eine reelle Funktion darstellt.

a) $f(x) = 2x$

b) $f(x) = \frac{2}{x}$

c) $f(x) = 2^x$

d) $f(x) = \left(\frac{1}{2}\right)^x$

e) $f(x) = x$

f) $f(x) \leq x$

3. Ermitteln Sie für die Zuordnungsvorschrift f den maximalen Definitionsbereich, sodass f eine reelle Funktion ist.

a) $f(x) = \frac{4}{x-3}$

b) $f(x) = \frac{4x}{x^2 + 2x - 3}$

c) $f(x) = \sqrt{x}$

d) $f(x) = \sqrt{x^2 + 2x - 3}$

4. Welche der dargestellten Punktmengen sind Graphen von Funktionen? Begründen Sie Ihre Antwort.

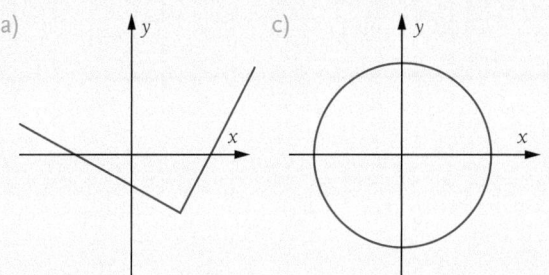

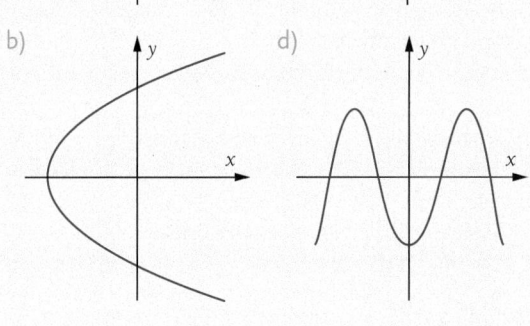

5. Entscheiden Sie begründet, welche der Zuordnungen aus den Aufgaben 1 bis 3 von Seite 59 Funktionen bzw. keine Funktionen sind.

6. Ordnen Sie (sofern möglich) die vier Graphen den Sachverhalten a) bis d) zu.

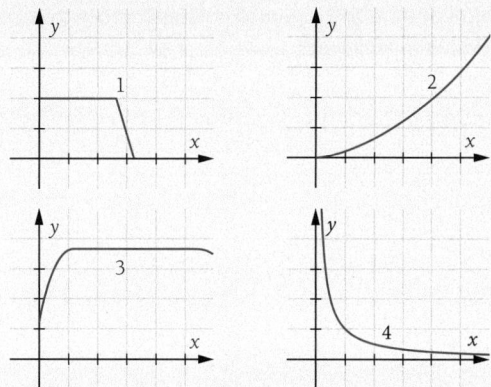

a) Entwicklung eines einmalig zu einem festen Zinssatz angelegten Kapitalbetrags y_0 im Laufe der Zeit x.

b) Leistung y einer sehr guten Batterie im Laufe der Zeit x.

c) Länge einer Rechteckseite in Abhängigkeit von der anderen Seitenlänge bei gegebenem Flächeninhalt.

d) Fläche y eines Kreises in Abhängigkeit von seinem Radius x.

7. Geben Sie zu den Zuordnungen mindestens einen passenden Sachverhalt an. Entscheiden Sie, ob es sich um Funktionen handelt. Begründen Sie Ihre Entscheidung.

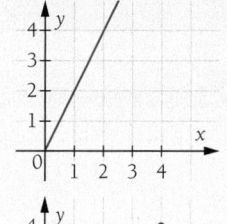

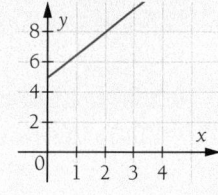

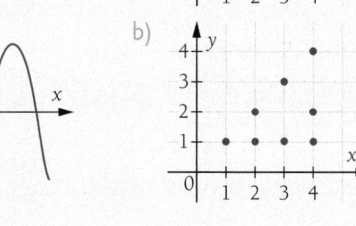

d)

x	1	2	3	4
y	2	4	6	8

e)

x	1	2	3	4
y	12	6	4	3

8. Bestimmen Sie $f(-2)$, $f(0)$, $f(2)$ und $f(10)$ für die folgenden Funktionen.

a) $f(x) = x$

b) $f(x) = x - 10$

c) $f(x) = -2x + 4$

d) $f(x) = x^2$

e) $f(x) = (-x)^2$

f) $f(x) = -x^2 + 4$

9. Machen Sie die **Punktprobe**, indem Sie prüfen, welche der Punkte $A(0|7)$, $B(-1|1)$, $C(-2|3)$, $D(-4|0)$, $E(1|9)$ und $F(3|1)$ auf den Graphen der folgenden Funktionen liegen:

a) $f(x) = 2x + 7$

b) $g(x) = x^2 + x + 1$

c) $h(x) = 1$

d) $i(x) = -0,4x + 2,2$

10. Die Gleichungen

a) $y = \frac{1}{x}$ (Hyperbel),

b) $y^2 = x$ (Wurzelparabel),

c) $x^2 + y^2 = 25$ (Kreis mit dem Radius 5)

ordnen den Werten für x Werte für y zu. Geben Sie jeweils einen Definitionsbereich $D \subseteq \mathbb{R}$ für diese Zuordnungen an, mit dem die Zuordnungen zu Funktionen werden. Stellen Sie die Funktionen jeweils im Koordinatensystem dar.

11. Die Stadtwerke einer norddeutschen Kleinstadt stellen ihren Stromkunden einen Grundpreis von 92,00 € pro Jahr und einen Arbeitspreis von 19,70 Cent pro kWh in Rechnung.

Erläutern Sie, welche Zuordnung bei der Rechnungslegung vorliegt und ob diese Zuordnung eine Funktion ist. Wenn die Zuordnung durch eine Gleichung beschrieben werden kann, geben Sie diese an. Geben Sie den Definitionsbereich und den Wertebereich dieser Zuordnung an, falls es sich um eine Funktion handelt.
Erstellen Sie eine Wertetabelle von 0 kWh bis 6000 kWh in Schritten von 500 kWh und veranschaulichen Sie die Zuordnung im Koordinatensystem.

12. Die abgebildete Drehscheibe ist in weiße, blaue, rote und grüne Segmente eingeteilt, in denen die Gewinne in € eingetragen sind. Drücken Sie die Zuordnung der Gewinne zu den Farben in einer Tabelle aus. Entscheiden Sie begründet, ob es sich um eine Funktion handelt.

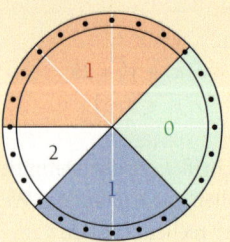

13. Die Jahresgewinne eines Unternehmens sind im untenstehenden Säulendiagramm dargestellt. Erläutern Sie an diesem Diagramm die Begriffe Zuordnung und Ausgangsmenge. Stellen Sie die Zuordnung in einer Tabelle dar. Entscheiden Sie, ob es sich um eine Funktion handelt.

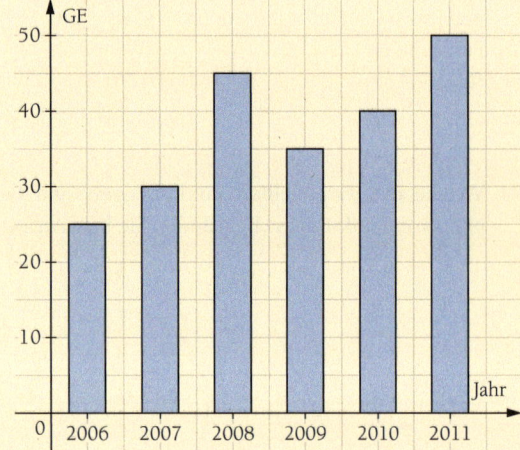

14. Die Fly Bike Werke GmbH produziert zwölf verschiedene Fahrradmodelle. Das Modell *Trekking Light* kostet 299,25 €.

a) Berechnen Sie den Erlös beim Verkauf von 8 Fahrrädern.

b) Geben Sie die Erlösfunktion an, die den Erlös in Abhängigkeit vom Absatz beschreibt. Ermitteln Sie den Definitions- und Wertebereich.

c) Zeichnen Sie den Graphen der Erlösfunktion.

d) Wie viele Fahrräder müssen verkauft werden, um einen Erlös von mindestens 50 000 € zu erzielen?

Vermischte Übungen zu 2.1

1. Handelt es sich bei den gegebenen Zuordnungen um Funktionen? Begründen Sie. Stellen Sie (sofern möglich) die Zuordnungen alternativ als Tabelle, Graph, Gleichung bzw. Zuordnungsvorschrift dar.

a)
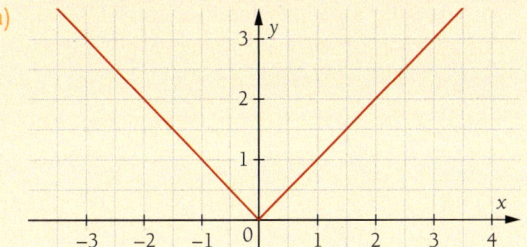

b) Jeder Zahl $x \in \mathbb{N}$ ist die Anzahl ihrer Teiler zugeordnet.

c)

x	−2	−1	0	1	2
y	4	1	0	1	4

d)

x	−2	−1	0	1	2
y	2	2	2	2	2

2. Erstellen Sie für die Funktion f eine Wertetabelle und zeichnen Sie den Graphen.

a) $f(x) = -2; D_f = [-4; 4]$
b) $f(x) = x - 2; D_f = [-2; 6]$
c) $f(x) = |x - 2|; D_f = [-2; 6]$
d) $f(x) = x^2 - 4x + 2; D_f = [-1; 5]$

3. Ersetzen Sie in der Wertetabelle aus Beispiel 6 (▶ Seite 61) den Strich in der letzten Zelle („kein Element") durch eine „4". Entscheiden Sie, ob die durch diese neue Wertetabelle dargestellte Zuordnung eine Funktion ist.

4. Drücken Sie die folgenden Sachverhalte in mathematischer Symbolsprache aus.

a) Der Definitionsbereich einer Funktion f ist die Menge der reellen Zahlen.
b) Der Definitionsbereich einer Funktion g ist die Menge der positiven rationalen Zahlen.
c) Der Wertebereich einer Funktion g enthält alle reellen Zahlen, die zwischen −1 und 1 liegen, sowie −1 und 1 selbst.
d) Der Funktionswert von f an der Stelle 3 ist 9.
e) Der Funktionswert von f an der Stelle 5 ist gleich dem Funktionswert von f an der Stelle 9.
f) Alle Funktionswerte von f sind gleich 1.

5. Geben Sie die Gleichung der jeweiligen Funktion f an.

a) f ordnet der Seitenlänge x eines Quadrats dessen Umfang zu.
b) f ordnet der Seitenlänge x eines Quadrats dessen Flächeninhalt zu.
c) f ordnet dem Umfang x eines Quadrats dessen Seitenlänge zu.
d) f ordnet dem Flächeninhalt x eines Quadrats dessen Seitenlänge zu.
e) f ordnet dem Radius x eines Kreises dessen Umfang zu.
f) f ordnet dem Radius x eines Kreises dessen Flächeninhalt zu.
g) f ordnet dem Umfang x eines Kreises dessen Radius zu.
h) f ordnet dem Flächeninhalt x eines Kreises dessen Radius zu.

6. Entscheiden Sie begründet, welche der Graphen zu den Funktionen aus Aufgabe 5a) bis 5d) gehören.

a)
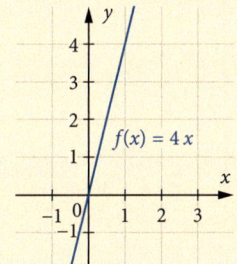

c)
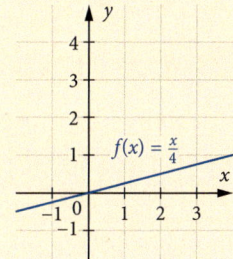

b)
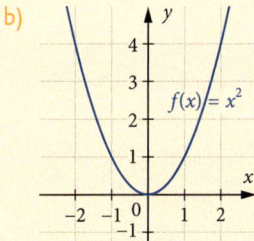

d)
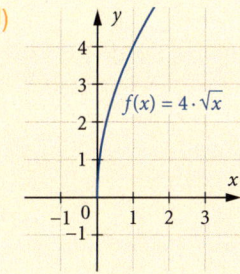

7. Analysieren Sie die auf Seite 55 beschriebene Angebotssituation. Ermitteln Sie das günstigste Angebot in Abhängigkeit der Anzahl der benötigten Federgabeln.

8. Die Tabelle zeigt die aktuellen Preise für Erdbeeren beim Biobauern Redwisch.

Gewicht in g	100	500	1000	2000
Preis in €	0,50	2,50	4,90	9,50
Preis in € selbst-gepflückt	0,20	1,00	2,00	4,00

a) Stellen Sie die Preise in Abhängigkeit des Gewichts in einem Koordinatensystem dar.

b) Sind die beiden Zuordnungen „Gewicht ↦ Preis" und „Gewicht ↦ Preis (selbstgepflückt)" Funktionen? Wenn ja, geben Sie jeweils den Definitions- und Wertebereich an.

c) Beschreiben Sie, wenn möglich, die Zuordnungen durch eine Gleichung.

d) Erntehelfer erhalten für das Erdbeerpflücken 5 € pro Stunde. Ein guter Pflücker schafft 5 kg Erdbeeren pro Stunde. Welche Variante ist für den Bauern günstiger, wenn man alle weiteren Kosten für den Verkauf vernachlässigt: die Kunden pflücken lassen oder von Erntehelfern gepflückte Erdbeeren verkaufen?
Tipp: Gehen Sie beim Verkauf der von Erntehelfern gepflückten Erdbeeren vom geringsten Preis aus.

9. Erfassen Sie die Abhängigkeit des zurückgelegten Weges s von der Zeit t durch eine Funktionsgleichung, stellen Sie eine Wertetabelle auf und zeichnen Sie den Funktionsgraphen.

a) Die Geschwindigkeit eines Pkws ist konstant und beträgt $108\,\frac{km}{h}$.

b) Die Beschleunigung eines Pkws ist konstant und beträgt $7,2\,\frac{km}{h}$ pro Sekunde.

10. Die JoRo GmbH will ein Nachfolgemodell ihres Blu-Ray-Players auf den Markt bringen. Zur Absatzanalyse wird das Gerät in allen Großstädten, die mehr als 300 000 Einwohner haben, versuchsweise eine Woche lang zu unterschiedlichen Verkaufspreisen angeboten. In der Tabelle ist der Absatz (in Stück) zum jeweiligen Preis (in €) angegeben.

Absatz	330	280	200	110	70	10	0
Preis	145	150	155	160	165	170	175

a) Führen Sie eine lineare Regression durch und veranschaulichen Sie Ihr Ergebnis im Koordinatensystem.

b) Ermitteln Sie den Absatz bei einem Preis von 100 €, wenn die ermittelte Regressionsgerade zugrunde gelegt wird.

11. Zur Erdbeersaison verkauft der Biobauer Redwisch seine Erdbeeren auch von Ständen an zentral gelegenen Stellen. Die Fixkosten für den Stand betragen pro Tag 150 €. Für den Verkäufer werden 15 € pro Stunde fällig. Folgende Tabelle zeigt die verkauften Mengen (in kg) der vergangenen Woche in Abhängigkeit von der Uhrzeit.

Uhrzeit	Mo	Di	Mi	Do	Fr	Sa
6–8	45	51	48	56	55	30
8–10	89	94	100	92	89	104
10–12	135	136	132	140	133	155
12–14	180	181	179	200	195	205
14–16	243	250	266	237	275	255
16–18	260	272	289	261	300	270
18–20	265	279	293	271	308	274

Geben Sie dem Bauern eine begründete Empfehlung zu den Verkaufszeiten und Liefermengen.

a) Berechnen Sie für die Wochentage Montag bis Samstag jeweils die durchschnittliche Verkaufsmenge zu den gegebenen Zeitpunkten.

b) Stellen Sie die durchschnittliche Verkaufsmenge in Abhängigkeit der Zeit dar.

c) Stellen Sie tabellarisch und grafisch die Gesamtkosten für den Verkauf in Abhängigkeit der Zeit dar.

d) Stellen Sie nun die Gesamtverkaufskosten in Abhängigkeit der verkauften Menge dar.

e) Interpretieren Sie das Ergebnis. Geben Sie dem Bauern eine Empfehlung zu den Öffnungszeiten an Wochentagen bzw. am Samstag und zu den Liefermengen.

Ich kann ...

... mit einer **Zuordnungs-vorschrift** aus den Elementen einer **Ausgangsmenge** A und einer **Zielmenge** Z Werte-paare (x|y) bilden. ▶ Test-Aufgabe 1	$A = \{1; 2; 3; 4\}$, $Z = \{1; 3\}$ Zuordnungsvorschrift: $y \le x$. Wertepaare $(x\|y)$ der Zuordnung: $(1\|1), (2\|1), (3\|1), (3\|3), (4\|1), (4\|3)$	Als Variable für die Elemente der Ausgangsmenge nehmen wir die unabhängige Variable x. Als Variable für die Elemente der Ziel-menge nehmen wir die (von x) abhängige Variable y.
... **Zuordnungen** als **Punkte im Koordinatensystem** erfassen.	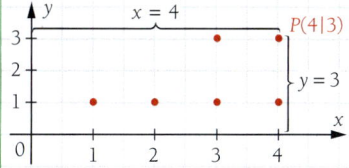	Die Werte für x werden auf der waage-rechten Achse (x-Achse), die Werte für y auf der senkrechten Achse (y-Achse) abgetragen.
... erklären, was eine **Funktion** ausmacht. ▶ Test-Aufgaben 1, 2, 3	Die Zuordnung $y = x - 2$ mit $A = \{1; 2; 3; 4\}$ stellt eine Funktion dar, weil es für alle $x \in A$ genau *eine* Zahl für y gibt. Die Zuordnung $y \le x$ mit derselben Ausgangsmenge kann keine Funktion sein, weil es x-Werte gibt, denen je-weils mehr als ein y-Wert zugeordnet ist.	Jedem $x \in A$ wird genau ein $y \in Z$ zugeordnet. In einer Wertetabelle steht zu jedem $x \in A$ ein einziger y-Wert. Im Koordinatensystem können nicht mehrere Punkte übereinander stehen.
... die Begriffe **Definitions-bereich** und **Wertebereich** einer **Funktion** erklären. ▶ Test-Aufgabe 6	$f(x) = x - 2$ $D = \{1; 2; 3; 4\}$ $f(1) = -1, f(2) = 0, f(3) = 1,$ $f(4) = 2$ $W = \{-1; 0; 1; 2\}$	Die Ausgangsmenge A wird bei Funk-tionen Definitionsbereich D genannt. Mit den Zahlen für x aus D werden die y-Werte (Funktionswerte) gebildet. Die Menge der Zahlen für y ist dann der Wertebereich W.
... die verschiedenen Teile einer **Funktionsgleichung** benennen.	Funktionsgleichung: $f(x) = x - 2$ Funktionsterm: $x - 2$ Unabhängige Variable: x Abhängige Variable: $y = f(x)$ Funktionswert zu $x = 1$: $y = f(1) = -1$	
... mit einer **Punktprobe** über-prüfen, ob ein gegebener Punkt auf dem Graphen einer Funktion liegt. ▶ Test-Aufgabe 4	$P(8\|6), Q(6\|3)$: $f(8) = 8 - 2 = 6$ $\rightarrow P$ liegt auf dem Graphen von f $f(6) = 6 - 2 = 4 \ne 3$ $\rightarrow Q$ liegt nicht auf dem Graphen von f	$P(a\|b)$: Die x-Koordinate des Punkts in den Funktionsterm von f einsetzen: $f(a) = b \rightarrow P$ liegt auf dem Graphen von f $f(a) \ne b \rightarrow P$ liegt nicht auf dem Graphen von f

Test zu 2.1

1. Gegeben sind die Ausgangsmenge $A = \{1; 2; 3; 4; 5\}$ und Zielmenge $Z = \mathbb{N}$. Drücken Sie die folgenden Zuordnungen in einer Wertetabelle aus. Entscheiden Sie begründet, welche der Zuordnungen Funktionen sind.

a) $y < x$　　　　　c) $y = -x + 1$　　　　　e) y ist das Doppelte von x

b) $y < x - 1$　　　　d) x und y sind gleich　　f) $y = 1$

2. Entscheiden Sie begründet, welche der im Koordinatensystem dargestellten Zuordnungen Funktionen sind.

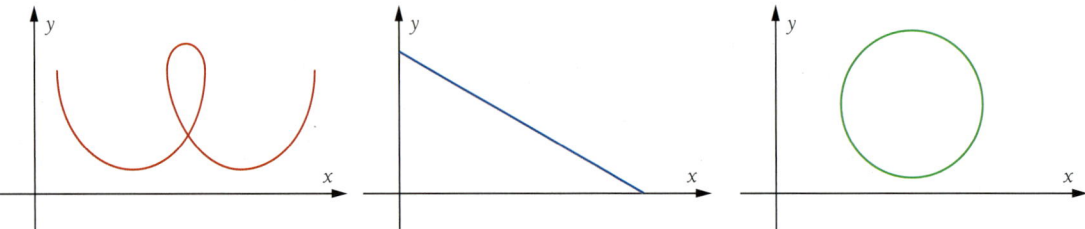

3. Entscheiden Sie begründet, welche der Zuordnungen Funktionen sind.

a) Person $\mapsto$ Personalausweisnummer

b) Person $\mapsto$ Telefonnummer

c) Höhe der Produktion $\mapsto$ Höhe des Absatzes

d) Anzahl der Endprodukte $\mapsto$ Anzahl der benötigten Rohstoffe

e) Anzahl der benötigten Rohstoffe $\mapsto$ Anzahl der Endprodukte

4. Prüfen Sie, welche der Punkte P, Q und R auf dem Graphen der Funktion f liegen.

a) $f(x) = 4x + 3$,　　$P(2|11)$, $Q(-2|-5)$, $R(5|20)$

b) $f(x) = 2^x$,　　$P(2|2)$, $Q(-2|0{,}25)$, $R(0|1)$

5. Sind die folgenden Aussagen wahr oder falsch? Begründen Sie.

Der Graph einer Funktion schneidet …

a) … die x-Achse höchstens in einem Punkt.

b) … die y-Achse höchstens in einem Punkt.

c) … die x-Achse in mindestens einem Punkt.

d) … die y-Achse in mindestens einem Punkt.

e) … eine Parallele zur y-Achse höchstens einmal.

f) … eine Parallele zur x-Achse höchstens einmal.

6. Eltern möchten ihrer Tochter für eine zehntägige Klassenfahrt Taschengeld mitgeben, und zwar für den ersten Tag 3 € und für jeden weiteren Tag 2 € mehr als am vorhergehenden Tag. Die Tochter macht einen Gegenvorschlag: Für den ersten Tag 20 Cent, dann täglich den doppelten Betrag des Vortages.

a) Stellen Sie beide Vorschläge in einer Wertetabelle und einem gemeinsamen Koordinatensystem dar.

b) Geben Sie den Definitions- und Wertebereich an.

c) Beurteilen Sie, welcher Vorschlag für die Tochter günstiger ist.

Die Geschäftsführerin der Fly Bike Werke GmbH, Frau Peters, möchte das Sortiment ausbauen. Die Produktion soll um ein Elektrofahrrad mit Tretunterstützung ergänzt werden. Die Fahrräder unterliegen weder einer Versicherungs- noch einer Führerscheinpflicht und sind bei Senioren zunehmend beliebt. Zunächst soll die Modellreihe *City* um ein solches Elektrofahrrad erweitert werden, da diese Modelle mit ihrem niedrigen Einstieg bei älteren Kunden großen Anklang finden.

Frau Peters hat deshalb den Leiter der Produktion, Herrn Rother, gebeten, die Kosten für dieses Modell zusammenzutragen.

Herr Rother ermittelt Kosten in Höhe von 40 000 €, die für die Erweiterung der Produktionshallen anfallen. Außerdem würden für jedes Fahrrad Kosten in Höhe von 1500 € für Material und Personal entstehen.

Herr Gerland als Vertriebsleiter möchte das neue Modell *City-Pedelec* nennen und schlägt als Verkaufspreis 1899 € vor. Damit steigt die Fly Bike Werke GmbH mit einem preiswerten Elektrofahrrad in diesen neuen Markt ein und kann später die Pedelec-Produktion auch auf andere Modelle ausweiten, mit denen dann höhere Preise erzielt werden können.

Die Geschäftsführung möchte nun anhand der vorliegenden Zahlen die Entscheidung treffen, ob die Fly Bike Werke GmbH in die Produktion von Elektrofahrrädern einsteigt.

▶ Aufgabe 13 auf Seite 89

Kompetenzen

- Lineare Funktionen erkennen und auf verschiedene Arten darstellen
- Einfluss der Koeffizienten auf den Graphen erläutern
- Realitätsbezogene Zusammenhänge mathematisch beschreiben und deuten

Anwendungen

- Fixe und variable Kosten
- Lineare Kosten-, Erlös- und Gewinnfunktion
- Höchstpreis (Prohibitivpreis)
- Sättigungsmenge
- Marktgleichgewicht
- Gleichgewichtspreis
- Gleichgewichtsmenge

2.2   Lineare Funktionen

2.2.1   Gleichungen und Graphen

 Variable und fixe Kosten

Ein junger Kaufmann beabsichtigt, sich als Produzent von Schoko-
lade selbstständig zu machen. Er überdenkt die Kostensituation. Er
weiß, dass er Kosten haben wird, die unverändert anfallen, egal wie
viele Mengeneinheiten (ME) er produziert. Diese von der Produktionsmenge *unabhängigen* Kosten nennt der Ökonom **fixe Kosten**.
Dazu gehören die Kosten für Miete, Versicherung usw. Hier fallen
1000 € fixe Kosten an.
Die Produktion einer Mengeneinheit kostet 500 €. Man nennt diese
von der Produktionsmenge *abhängigen* Kosten **variable Kosten**.

Stellen Sie den Sachverhalt grafisch dar und berechnen Sie, wie viele Mengeneinheiten (ME) der Kaufmann produzieren kann, wenn die Gesamtkosten 2500 € nicht übersteigen dürfen.

Fixe Kosten
Die fixen Kosten betragen unabhängig von der produzierten Menge x immer 1000 €:

$$K_{\text{fix}}(x) = 1000$$

Der Graph von K_{fix} verläuft parallel zur x-Achse und
trifft die y-Achse bei 1000.

*Die fixen Kosten sind unabhängig
von der produzierten Menge.*

x	0	1	2	3	…
$K_{\text{fix}}(x)$	1000	1000	1000	1000	1000

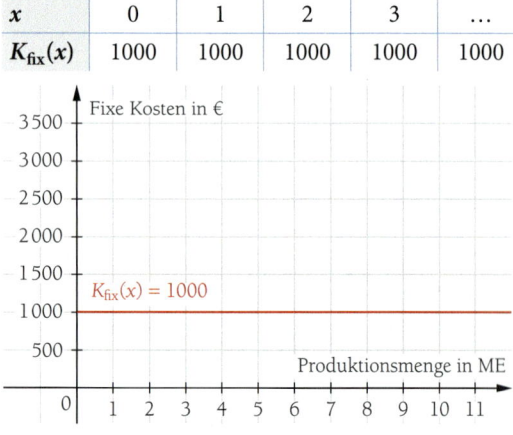

Variable Kosten
Für die variablen Kosten K_{v} gilt:

Für $x = 1$: $K_{\text{v}}(1) = 500 \cdot 1 = 500$
Für $x = 2$: $K_{\text{v}}(2) = 500 \cdot 2 = 1000$
Allgemein: $K_{\text{v}}(x) = 500 \cdot x = 500\,x$

Der Graph von K_{v} ist eine Halbgerade durch den
Punkt $(0\,|\,0)$.

▶ Zur Vereinfachung betrachten wir nicht nur ganze ME,
sondern gehen davon aus, dass z.B. eine halbe ME auch
die halben Kosten verursacht. Dadurch erhalten wir statt
einzelner Punkte eine Halbgerade.

*Die variablen Kosten steigen mit
der produzierten Menge.*

x	0	1	2	3	…
$K_{\text{v}}(x)$	0	500	1000	1500	…

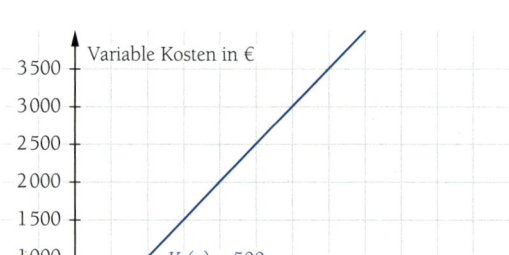

Gesamtkosten

Die Gesamtkosten $K(x)$ ergeben sich als Summe aus den variablen und den fixen Kosten:

$$K(x) = K_v(x) + K_{fix}(x) = 500x + 1000$$

Der Graph von K ergibt sich durch Verschiebung des Graphen von K_v (variable Kosten) um 1000 Einheiten (fixe Kosten) nach oben.

Am Graphen von K erkennen wir, dass für 2500 € genau 3 ME produziert werden können.

Dieses Ergebnis erhalten wir auch, wenn wir den Funktionsterm von K gleich 2500 setzen.

▸ Im GTR/CAS ist es sehr nützlich, Funktionen einen Namen zuzuweisen. Häufig wird eine Funktion durch „:=" definiert, z.B. $K(x) := 500x + 1000$.

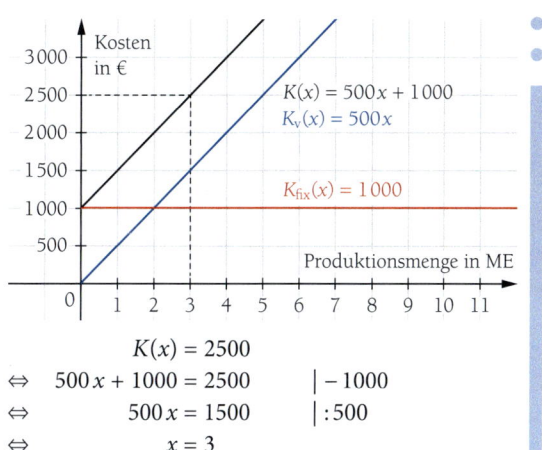

$$
\begin{aligned}
& K(x) = 2500 \\
\Leftrightarrow \quad & 500x + 1000 = 2500 \qquad |-1000 \\
\Leftrightarrow \quad & 500x = 1500 \qquad |:500 \\
\Leftrightarrow \quad & x = 3
\end{aligned}
$$

Gehalt und Provision

Die JoRo GmbH zahlt Vertretern im Außendienst 2000 € Grundgehalt pro Monat. Zusätzlich erhält jeder Vertreter eine Provision in Höhe von 5 % seines Monatsumsatzes.
Geben Sie eine Funktionsgleichung für das Monatsgehalt in Abhängigkeit des Umsatzes an. Stellen Sie das Ergebnis auch grafisch dar.

Die Variable x steht für den Monatsumsatz. Dann gilt für das gesamte Monatseinkommen:

$$E(x) = 0{,}05x + 2000 \qquad ▸ 5\% = \frac{5}{100} = 0{,}05$$

Bei einem Umsatz von beispielsweise 20 000 € erhält der Vertreter ein Monatsgehalt von 3000 €:

$$
\begin{aligned}
E(20\,000) &= 0{,}05 \cdot 20\,000 + 2000 \\
&= 1000 + 2000 = 3000
\end{aligned}
$$

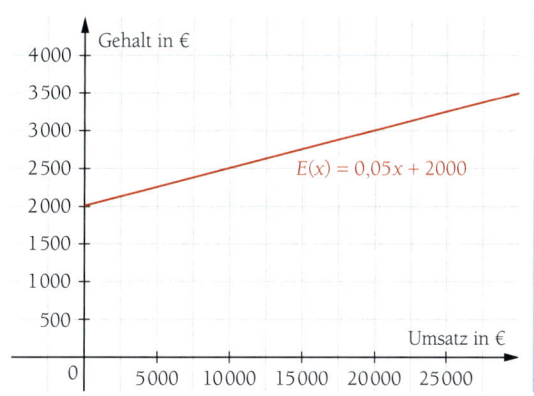

Alle in den Beispielen 1 und 2 betrachteten Funktionsgleichungen haben die Form

$$f(x) = mx + n.$$

$$
\begin{aligned}
E(x) &= 0{,}05x + 2000 \\
K(x) &= 500x + 1000 \\
K_v(x) &= 500x \qquad ▸ K_v(x) = 500x + 0 \\
K_{fix}(x) &= 1000 \qquad ▸ K_{fix}(x) = 0x + 1000
\end{aligned}
$$

Solche Funktionen nennt man **lineare Funktionen**.
In den Beispielen 1 und 2 sind nur positive Werte für x betrachtet worden. Erweitert man den Definitionsbereich auf alle reellen Zahlen, sind die Graphen linearer Funktionen immer Geraden.

- Eine Funktion f mit der Funktionsgleichung $f(x) = mx + n$ mit $m, n \in \mathbb{R}$ heißt **lineare Funktion**.
- Der Graph einer linearen Funktion ist eine **Gerade**.

Im Unterschied zur Funktionsvariablen x nennt man m und n **Formvariablen** oder auch **Parameter**.

2

Steigung und y-Achsenabschnitt

Wir betrachten noch einmal die drei Funktionen und ihre Graphen aus Beispiel 1.

Bedeutung von n

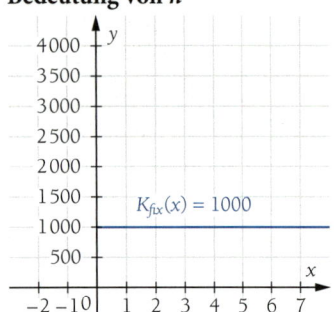
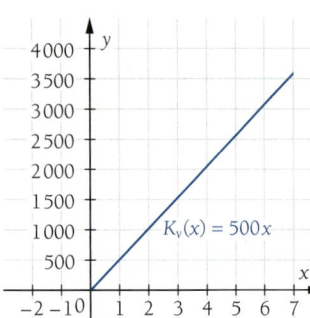
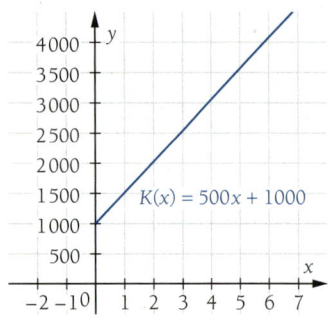

Bei n schneiden die Geraden die y-Achse. Man nennt n **Absolutglied**, **x-freies Glied** oder **y-Achsenabschnitt**. Der Schnittpunkt mit der y-Achse ist $S_y(0\,|\,n)$.

Ist $n = 0$, so geht die Gerade durch den Koordinatenursprung $(0\,|\,0)$. Geraden durch den Koordinatenursprung heißen **Ursprungsgeraden**.

Der Graph zu $K(x) = 500\,x + 1000$ schneidet die y-Achse bei 1000. ▶ $n = 1000 \Rightarrow S_y(0\,|\,1000)$

Der Graph zu $K_v(x) = 500\,x$ ist eine Ursprungsgerade. ▶ $n = 0 \Rightarrow S_y(0\,|\,0)$

Bedeutung von m

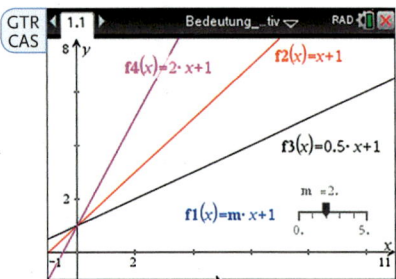
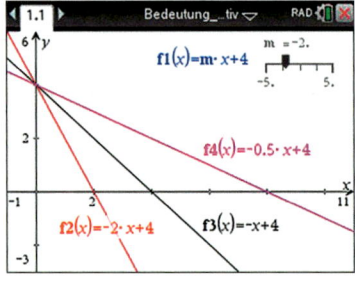
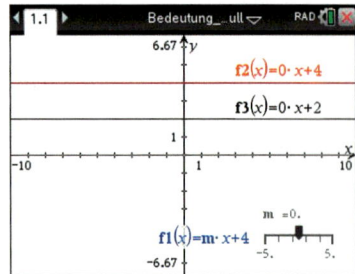

▶ TI Mit dem Schieberegler kann die Bedeutung von m anschaulich untersucht werden.

Je nachdem, ob m größer oder kleiner als 0 ist, steigt oder fällt die zugehörige Gerade:

$m > 0$: Die Gerade steigt. Je größer m ist, desto steiler verläuft die Gerade.

Der Graph zu $f_2(x) = 2\,x + 1$ steigt steiler als der Graph zu $f_1(x) = x + 1$.

$m < 0$: Die Gerade fällt. Je größer der Betrag von m ist, desto steiler fällt die Gerade.

Der Graph zu $g_2(x) = -2\,x + 4$ fällt steiler als der Graph zu $g_1(x) = -x + 4$.

$m = 0$: Die Gerade verläuft parallel zur x-Achse. Eine solche Funktion nennt man **konstante Funktion**.

Die Graphen zu $h_1(x) = 2$ und $h_2(x) = 4$ verlaufen parallel zur x-Achse.

Der Parameter m gibt also die **Steigung** der Geraden an.

Steigung einer Geraden

Steigungsdreieck

Die Gerade zu $g(x) = 2x + 1$ hat die Steigung $m = 2$.
Erläutern Sie, wie man die Steigung anhand der Geraden erkennen kann.

▶ 12 % Steigung bedeutet: Auf einem Längenunterschied von 100 m beträgt der Höhenunterschied 12 m.

2

Anhand des Graphen erkennen wir: Geht man vom Punkt $P_1(0|1)$ eine Einheit nach rechts, so muss man zwei Einheiten nach oben gehen, um wieder zu einem Punkt der Geraden zu gelangen, hier: $P_2(1|3)$.
Geht man vom Punkt $P_2(1|3)$ zunächst zwei Einheiten nach rechts, muss man vier Einheiten nach oben gehen, um wieder zu einem Punkt auf der Geraden zu gelangen, hier: $P_3(3|7)$.

Zeichnen wir diese Schritte nach, so erhalten wir rechtwinklige Dreiecke, die sogenannten **Steigungsdreiecke**. In jedem dieser Steigungsdreiecke beträgt das Verhältnis der Seitenlängen 2. Es entspricht also der Steigung m.

Erstes Dreieck:

$\frac{2}{1} = 2$ ▶ $m = 2$

Zweites Dreieck:

$\frac{4}{2} = 2$ ▶ $m = 2$

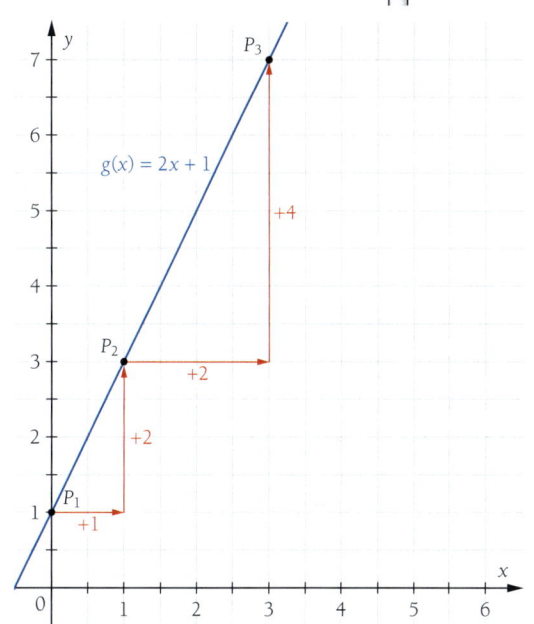

m = $\frac{2}{1}$ bedeutet: 1 Einheit nach rechts (1 im Nenner) und 2 Einheiten nach oben (plus 2 im Zähler).

Mithilfe des Steigungsdreiecks kann die Steigung einer beliebigen Geraden bestimmt werden.

Steigungsformel

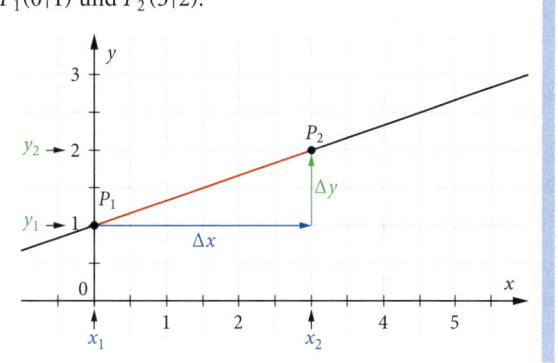

Bestimmen Sie die Steigung der Geraden durch die Punkte $P_1(0|1)$ und $P_2(3|2)$.

Die Steigung einer Geraden ist das Verhältnis der Differenz der y-Koordinaten zweier Punkte (Δy) zur Differenz der x-Koordinaten (Δx).

▶ Δ (gelesen „Delta") ist das griechische „D" und steht hier für Differenz.

Aus der Zeichnung lesen wir ab:

$\frac{\Delta y}{\Delta x} = \frac{y_2 - y_1}{x_2 - x_1} = \frac{f(x_2) - f(x_1)}{x_2 - x_1} = \frac{2 - 1}{3 - 0} = \frac{1}{3}$

Somit beträgt die Steigung der abgebildeten Geraden $m = \frac{1}{3}$.

73

5 Negative Steigung

Bestimmen Sie die Steigung der Geraden aus der nebenstehenden Zeichnung.

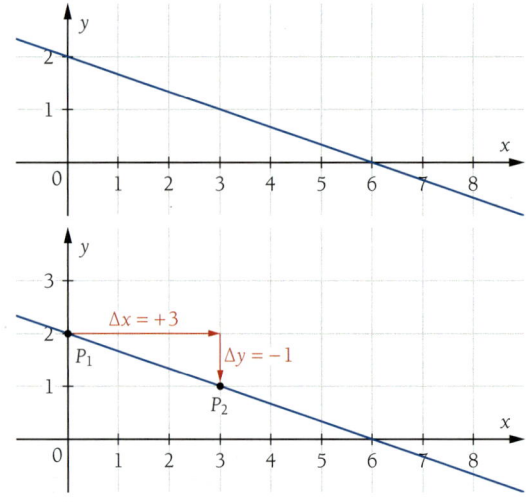

Aus der Zeichnung lesen wir zwei Punkte ab, die auf der Geraden liegen, z.B. $P_1(0|2)$ und $P_2(3|1)$. Ausgehend vom Punkt P_1 muss man 3 Einheiten nach rechts und 1 Einheit nach unten gehen, um P_2 zu erreichen.

Wir berechnen die Steigung der Geraden durch die Punkte P_1 und P_2 und erhalten $m = -\frac{1}{3}$.

▶ Im Unterschied zu den Beispielen 3 und 4 wird hier Δy nach unten gezeichnet. Bei einer negativen Steigung verläuft die Gerade „von links oben nach rechts unten".

$$m = \frac{\Delta y}{\Delta x} = \frac{y_2 - y_1}{x_2 - x_1} = \frac{1 - 2}{3 - 0} = \frac{-1}{3} = -\frac{1}{3}$$

$m = -\frac{1}{3}$ bedeutet: 3 Einheiten nach rechts (3 im Nenner) und 1 Einheit nach **unten** (**minus** 1 im Zähler).

Der Graph einer linearen Funktion mit der Gleichung $f(x) = mx + n$; $m, n \in \mathbb{R}$ ist eine Gerade.

• n bestimmt den **y-Achsenabschnitt**. Im Punkt $S_y(0|n)$ schneidet die Gerade die y-Achse.

• m gibt die Steigung der Geraden an.

   $m > 0$: Die Gerade steigt, und zwar umso steiler, je größer m ist.

   $m < 0$: Die Gerade fällt, und zwar umso steiler, je größer m betragsmäßig ist.

   $m = 0$: Die Gerade verläuft parallel zur x-Achse (konstante Funktion).

• Sind $P_1(x_1|y_1)$ und $P_2(x_2|y_2)$ zwei beliebige verschiedene Punkte der Geraden, so gilt die **Steigungsformel**

$$m = \frac{\Delta y}{\Delta x} = \frac{y_2 - y_1}{x_2 - x_1} = \frac{f(x_2) - f(x_1)}{x_2 - x_1}$$

---

1. Geben Sie m und n im Funktionsterm von f an. Entscheiden Sie, ob die zugehörige Gerade steigt, fällt oder parallel zur x-Achse verläuft.

a) $f(x) = -2{,}5x + 5$ b) $f(x) = 0{,}5x - 2$ c) $f(x) = -5 + \frac{1}{3}x$ d) $f(x) = -0{,}25x$ e) $f(x) = -40$

2. Bestimmen Sie mithilfe von Steigungsdreiecken die Steigungen der drei Funktionen, deren Graphen nebenstehend abgebildet sind.

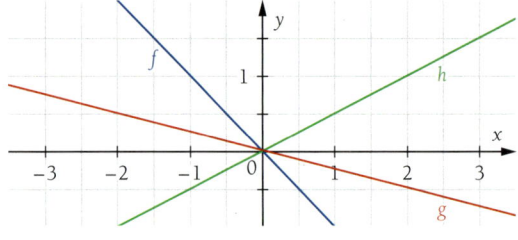

3. Ermitteln Sie die Steigung der Geraden durch die Punkte A und B.

a) $A(3|-4)$ und $B(1|6)$ b) $A(4|1)$ und $B(-6|1)$ c) $A(9|-2)$ und $B(-1|3)$

Graphen linearer Funktionen zeichnen

Zeichnen des Graphen mithilfe von Steigungsdreieck und y-Achsenabschnitt

Zeichnen Sie den Graphen von f mit $f(x) = 2x + 1$ mithilfe eines Steigungsdreiecks.

Der y-Achsenabschnitt ist $n = 1$, also schneidet die Gerade die y-Achse im Punkt $P_1(0\,|\,1)$.

Die Steigung ist $m = 2$, als Bruch geschrieben $m = \frac{2}{1}$. Das bedeutet: Ausgehend vom Startpunkt $P_1(0\,|\,1)$ geht man 1 Einheit nach rechts (1 im Nenner) und 2 Einheiten nach oben (plus 2 im Zähler) und erreicht den zweiten Punkt $P_2(1\,|\,3)$.

Nun zeichnen wir die Gerade durch die beiden Punkte P_1 und P_2. Die Gerade ist dadurch eindeutig bestimmt.

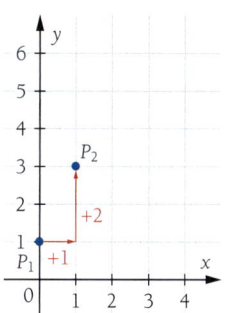
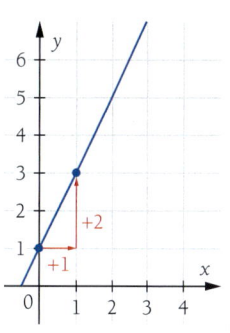

▶ 1 Einheit nach rechts (1 im Nenner) und 2 Einheiten nach oben (2 im Zähler).

Zeichnen des Graphen mithilfe zweier beliebiger Punkte

Zeichnen Sie den Graphen von f mit $f(x) = -2x + 1$ mithilfe zweier beliebiger Punkte.

Eine Gerade ist durch zwei verschiedene Punkte eindeutig bestimmt. Deshalb genügt es, mithilfe der Funktionsgleichung zwei Punkte zu bestimmen. Zum genaueren Zeichnen ist es günstig, zwei Punkte zu wählen, die nicht zu dicht beieinander liegen, z.B.

$x_1 = 0 \Rightarrow y_1 = f(0) = -2 \cdot 0 + 1 = 1 \Rightarrow P_1(0\,|\,1)$
$x_2 = 3 \Rightarrow y_2 = f(3) = -2 \cdot 3 + 1 = -5 \Rightarrow P_2(3\,|\,-5)$

Der Graph von f ist die Verbindungsgerade durch P_1 und P_2.

Die rechnerische Überprüfung anhand dieser beiden Punkte ergibt die vorgegebene Steigung $m = -2$:

$m = \frac{\Delta y}{\Delta x} = \frac{y_2 - y_1}{x_2 - x_1} = \frac{-5 - 1}{3 - 0} = \frac{-6}{3} = -2$

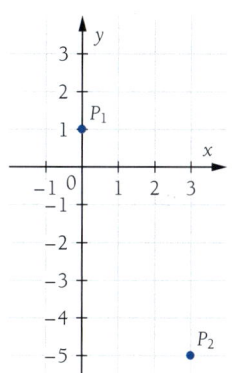
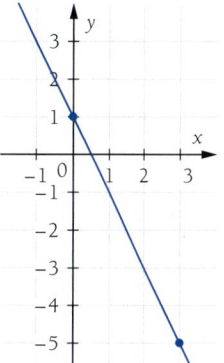

▶ Mithilfe des y-Achsenabschnitts $n = 1$ und der Steigung $m = -2 = \frac{-2}{1}$ hätten wir die gleiche Gerade erhalten: Ausgehend vom Startpunkt $(0\,|\,1)$ geht man 1 Einheit nach rechts und 2 Einheiten nach unten. So erreicht man einen zweiten Punkt $(1\,|\,-1)$.

1. Zeichnen Sie die zu f gehörende Gerade mithilfe eines Steigungsdreiecks und des y-Achsenabschnitts. Prüfen Sie die Korrektheit der Zeichnung mithilfe zweier beliebiger Punkte.

a) $f(x) = 2x - 3$　　b) $f(x) = -3x + 1$　　c) $f(x) = \frac{3}{4}x + 2$

2. Zeichnen Sie die Gerade mit der Gleichung $f(x) = 3x - 4$ und erläutern Sie anhand der Zeichnung die Bedeutung der Zahlen 3 und −4 im Funktionsterm.

3. Zeichnen Sie die Gerade mit der Steigung −2 und dem Absolutglied 3.

Funktionsgleichung einer linearen Funktion bestimmen

8 Bestimmen der Gleichung anhand eines Graphen

Die lineare Funktion f hat den nebenstehenden Graphen.
Bestimmen Sie die Funktionsgleichung.

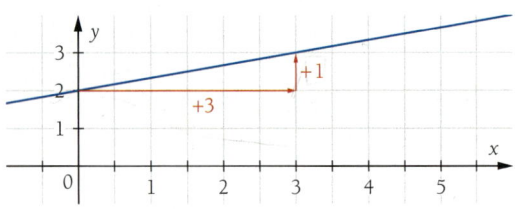

Die Funktionsgleichung jeder linearen Funktion hat die Form $f(x) = mx + n$ mit $m, n \in \mathbb{R}$.

Der Graph von f schneidet die y-Achse bei 2, deshalb gilt hier $n = 2$.

$$f(0) = 2 \;\Rightarrow\; n = 2$$

Die Steigung lesen wir am Steigungsdreieck als $m = \frac{1}{3}$ ab.

$$\frac{\Delta y}{\Delta x} = \frac{1}{3} \;\Rightarrow\; m = \frac{1}{3}$$

Insgesamt ergibt sich $f(x) = \frac{1}{3}x + 2$.

$$\boldsymbol{f(x) = \tfrac{1}{3}x + 2}$$

Nachdem wir den y-Achsenabschnitt $n = 2$ bestimmt haben, können wir die Steigung alternativ auch mithilfe zweier auf der Geraden liegenden Punkte bestimmen, z.B. $P_1(0|2)$ und $P_2(3|3)$. Dann gilt

$$m = \frac{y_2 - y_1}{x_2 - x_1} = \frac{3 - 2}{3 - 0} = \frac{1}{3}$$

Auch auf diese Weise erhalten wir die Funktionsgleichung $f(x) = \frac{1}{3}x + 2$.

9 Bestimmen der Gleichung anhand zweier Punkte

Der Graph der linearen Funktion f geht durch die Punkte $P_1(-1|7{,}5)$ und $P_2(4|0)$.
Bestimmen Sie die zugehörige Funktionsgleichung.

Zunächst berechnen wir die Steigung m mithilfe der beiden Punkte. Wir erhalten $m = -1{,}5$.

$$m = \frac{y_2 - y_1}{x_2 - x_1} = \frac{0 - 7{,}5}{4 - (-1)} = \frac{-7{,}5}{5} = -1{,}5$$

Dann setzen wir die Koordinaten eines der beiden Punkte (hier: P_2) in die allgemeine Funktionsgleichung $f(x) = mx + n$ ein und stellen sie nach n um. Es ergibt sich $n = 6$.

$$f(x) = mx + n \quad \blacktriangleright\; m = -1{,}5; x = 4; y = f(4) = 0$$
$$\Rightarrow\; 0 = -1{,}5 \cdot 4 + n \quad | +6$$
$$\Leftrightarrow\; 6 = n$$

Die gesuchte Gleichung lautet $f(x) = -1{,}5x + 6$.

$$\boldsymbol{f(x) = -1{,}5x + 6}$$

10 Bestimmen der Gleichung anhand der Steigung und eines Punkts

Der Graph der linearen Funktion f hat die Steigung 2 und geht durch den Punkt $P(-0{,}5|-2)$.
Bestimmen Sie die zugehörige Funktionsgleichung.

Die vorgegebene Steigung $m = 2$ sowie die Koordinaten $x = -0{,}5$ und $y = -2$ des Punkts P setzen wir in die allgemeine Funktionsgleichung $f(x) = mx + n$ ein. Durch Umstellen ermitteln wir $n = -1$ und erhalten so die gesuchte Funktionsgleichung. Sie lautet $f(x) = 2x - 1$.

$$f(x) = mx + n \quad \blacktriangleright\; m = 2; x = -0{,}5; y = f(-0{,}5) = -2$$
$$\Rightarrow\; -2 = 2 \cdot (-0{,}5) + n \quad | + 1$$
$$\Leftrightarrow\; -1 = n$$

$$\boldsymbol{f(x) = 2x - 1}$$

Um die Gleichung einer linearen Funktion in der Form $f(x) = mx + n$ angeben zu können, müssen die Werte für m und n bekannt sein.

Bei der rechnerischen Bestimmung der Funktionsgleichung unterscheidet man zwei Fälle:

1. Die Steigung m und ein Punkt des Graphen sind gegeben.
Man bestimmt n durch Einsetzen der gegebenen Steigung und der Koordinaten des gegebenen Punkts in die allgemeine Funktionsgleichung $f(x) = mx + n$.

2. Zwei Punkte des Graphen sind gegeben:
Man bestimmt m durch Einsetzen der Koordinaten der beiden Punkte in die Steigungsformel $m = \frac{\Delta y}{\Delta x} = \frac{y_2 - y_1}{x_2 - x_1}$

Man bestimmt n durch Einsetzen der berechneten Steigung und der Koordinaten eines der beiden Punkte in die allgemeine Funktionsgleichung $f(x) = mx + n$.

2

Bestimmen der Gleichung mit dem GTR/CAS anhand zweier Punkte

(11)

Der Graph der linearen Funktion f geht durch die Punkte $P_1(-2|-1)$ und $P_2(4|2{,}5)$. Bestimmen Sie die zugehörige Funktionsgleichung.

Wir konstruieren die Gerade geometrisch, indem wir die zwei Punkte P_1 und P_2 einzeichnen und durch eine Gerade miteinander verbinden.
Wir lassen uns die Geradengleichung anzeigen und erhalten die lineare Funktion $f(x) = 0{,}58x + 0{,}17$.

▶ Die Funktionsgleichung kann je nach GTR/CAS einfacher durch eine lineare Regression oder anhand eines Gleichungssystems bestimmt werden. Diese Ansätze lohnen sich aber erst ab den quadratischen Funktionen (siehe Abschnitt 2.3). Eine Geradengleichung aus zwei Punkten sollte wie in Beispiel 9 berechnet werden.

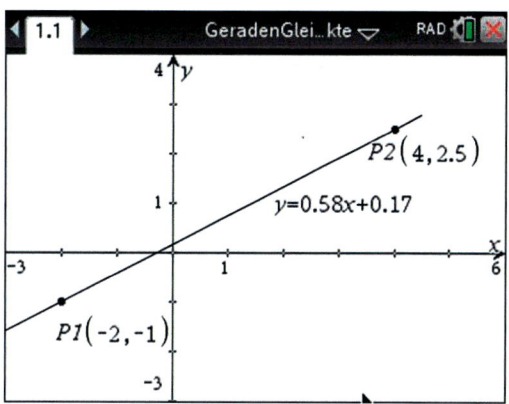

▶ TI Punkte und Geraden können in der Anwendung Graphs mit dem `menu`-Eintrag Geometry, Punkte & Geraden konstruiert werden. Die Koordinaten der Punkte und die Funktionsgleichung der selektierten Geraden blendet man mittels des Kontextmenüs (`ctrl`+`menu`) Koordinaten/Gleichungen ein.

 1. Ermitteln Sie die Funktionsgleichungen der vier nebenstehenden Graphen.

 2. Bestimmen Sie die Gleichung der linearen Funktion, deren Graph durch die gegebenen Punkte P_1 und P_2 verläuft.
a) $P_1(2|-1)$; $P_2(4|1)$ b) $P_1(-2|5)$; $P_2(0|1)$

 3. Berechnen Sie die Gleichung der linearen Funktion, die durch die Steigung m und den angegebenen Punkt P eindeutig bestimmt ist.
a) $m = -1{,}5$; $P(2|3)$ b) $m = 0{,}25$; $P(-4|-1)$

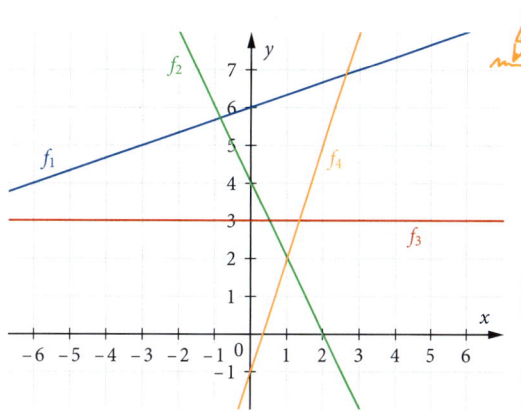

12 Abschnittsweise definierte lineare Funktion

Die JoRo GmbH produziert Blu-Ray-Player. Mit den vorhandenen Produktionsmaschinen können täglich 100 Geräte hergestellt werden. Dabei betragen die variablen Kosten 25 Geldeinheiten (GE) pro Gerät. Zusätzlich fallen Fixkosten in Höhe von 250 GE an. Für die Produktion von über 100 Geräten hinaus bis zu 150 Geräten benötigt die Firma zusätzliche Maschinen. Dadurch erhöhen sich die Fixkosten auf 500 GE; die variablen Kosten bleiben unverändert. Stellen Sie die Funktionsgleichung der Kostenfunktion K auf und zeichnen Sie ihren Graphen.

Da für Stückzahlen bis einschließlich 100 geringere Fixkosten anfallen als für den Bereich darüber bis einschließlich 150, ist die Kostenfunktion K nicht einheitlich, sondern **abschnittsweise definiert**. Die Fixkosten spiegeln sich im Absolutglied der Funktion wider:

$$K(x) = \begin{cases} 25x + 250 \text{ für } x \in [0; 100] \\ 25x + 500 \text{ für } x \in {]}100; 150] \end{cases}$$

▶ Die Variable x steht für die Anzahl der hergestellten Geräte.

Man erkennt, dass der Graph der Kostenfunktion an der Stelle 100 unterbrochen ist. Der Funktionswert $K(100) = 2750$ gehört zum ersten Teil des Funktionsterms und nicht zum zweiten Teil.

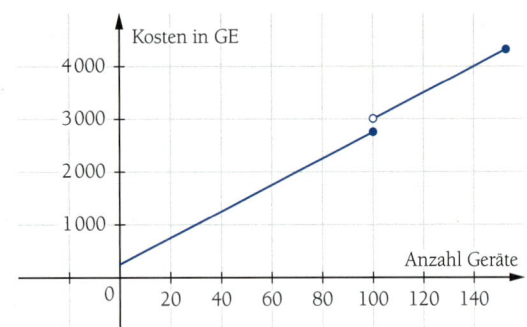

▶ Da der Definitionsbereich keine Teilmenge der reellen Zahlen ist, besteht der Funktionsgraph strenggenommen aus einzelnen, nicht miteinander verbundenen Punkten, nämlich für jede mögliche Stückzahl einen Punkt. Der Einfachheit halber jedoch sind im gesamten Buch alle Graphen als durchgezogene Linien gezeichnet.

Zu den **abschnittsweise definierten** linearen Funktionen kann man auch die sogenannte Betragsfunktion zählen.

13 Betragsfunktion

Unter dem **Betrag** $|x|$ einer reellen Zahl für x versteht man:

$$|x| = \begin{cases} x \text{ für } x \geq 0 \\ -x \text{ für } x < 0 \end{cases}$$

Entsprechend ordnet die **Betragsfunktion** jeder reellen Zahl ihren Betrag zu:

$$f(x) = |x| = \begin{cases} x \text{ für } x \geq 0 \\ -x \text{ für } x < 0 \end{cases} \quad ▶ x \in \mathbb{R}$$

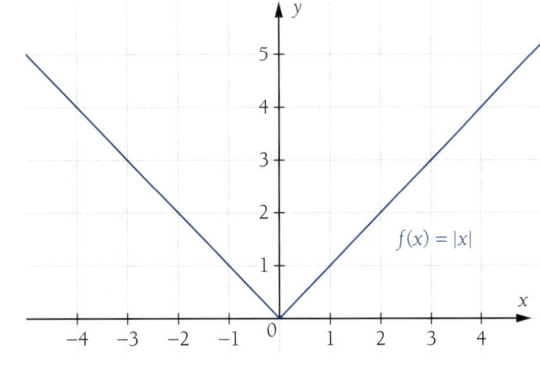

Der Graph dieser Betragsfunktion setzt sich aus den Winkelhalbierenden des Koordinatensystems im I. und II. Quadranten zusammen. Er verläuft oberhalb der x-Achse.

Übungen zu 2.2.1

1. Gegeben ist die Funktionsgleichung einer Geraden $f(x) = m \cdot x + n$.

a) Setzen Sie $n = 0$. Untersuchen und beschreiben Sie, wie sich der Graph von f verändert, wenn Sie für m verschiedene Werte einsetzen.

b) Es sei $m = 1$. Untersuchen und beschreiben Sie, wie sich der Graph von f verändert, wenn Sie für n verschiedene Werte einsetzen.

2. ⟨oHi Mi⟩ Ordnen Sie die Graphen in der Abbildung den Gleichungen zu.

a) $f(x) = 3$

b) $f(x) = 2x - 1$

c) $f(x) = \frac{1}{2}x + 1$

d) $f(x) = -3x + 4$

e) $f(x) = -\frac{3}{4}x + 2$

f) $f(x) = \frac{1}{3}x$

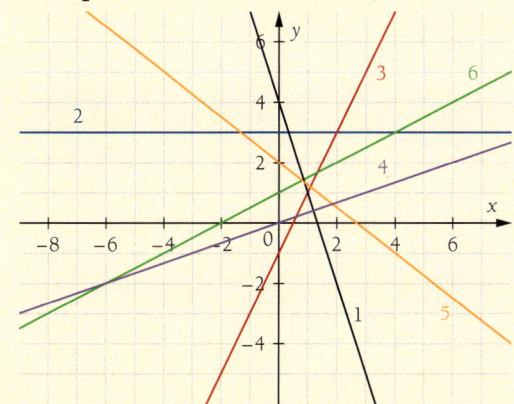

3. ⟨oHi Mi⟩ Zeichnen Sie die Gerade mit der Funktionsgleichung $f(x) = -3x + 4$.
Erläutern Sie anhand der Zeichnung die Bedeutung der Zahlen -3 und 4 in der Gleichung.

4. ⟨oHi Mi⟩ Zeichnen Sie den Graphen der Funktion f im angegebenen Intervall I.

a) $f(x) = 2x - 4$; $\quad I = [0; 4]$

b) $f(x) = 3x - 3$; $\quad I = [-2; 4]$

c) $f(x) = -2x + 2$; $\quad I = [-2; 4]$

d) $f(x) = x + 4$; $\quad I = [-8; 0]$

e) $f(x) = -x - 2$; $\quad I = [-6; 2]$

f) $f(x) = -0{,}5x + 1$; $\quad I = [-2; 6]$

5. ⟨oHi Mi⟩ Zeichnen Sie die Gerade mit der Steigung m und dem Absolutglied n.

a) $m = -2$ und $n = 3$

b) $m = \frac{2}{3}$ und $n = -3$

c) $m = -\frac{1}{5}$ und $n = 2$

d) $m = 2{,}5$ und $n = -4{,}5$

6. ⟨oHi Mi⟩ Zeichnen Sie zwei unterschiedliche Steigungsdreiecke an die Gerade mit der Gleichung

a) $f(x) = x - 4$ $\qquad$ b) $f(x) = -3x + 6$
Berechnen Sie $\frac{\Delta y}{\Delta x}$ für jedes Steigungsdreieck.

7. Prüfen Sie rechnerisch, ob die Punkte $P(-2|-6)$ und $Q(4|2)$ auf der Geraden mit der Gleichung $g(x) = 1{,}5x - 4$ liegen.

8. ⟨oHi Mi⟩ Beschreiben Sie den Verlauf der zu den Funktionsgleichungen gehörenden Geraden, ohne diese zu zeichnen. Vergleichen Sie dabei die Geraden auch miteinander.

a) $f(x) = x$

b) $f(x) = -3$

c) $f(x) = x + 4$

d) $f(x) = -2x - 3$

e) $f(x) = -\frac{1}{3}x - 3$

f) $f(x) = 5x + 4$

9. ⟨oHi Mi⟩ Bestimmen Sie anhand der Zeichnung für jede Gerade die Steigung und den y-Achsenabschnitt. Geben Sie jeweils die Funktionsgleichung an.

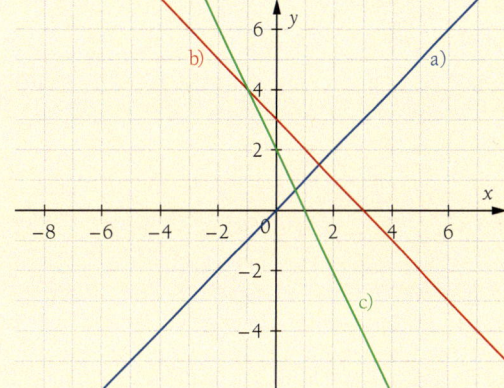

10. Bestimmen Sie die Funktionsgleichung der durch die Steigung m und den Punkt A festgelegten Geraden. Zeichnen Sie die Gerade.

a) $m = 2$; $\quad A(3|4)$

b) $m = -1$; $\quad A(2|1)$

c) $m = \frac{3}{7}$; $\quad A(14|8)$

d) $m = -\frac{2}{3}$; $\quad A(4|-1)$

e) $m = 3{,}5$; $\quad A(-2|-4)$

f) $m = -2{,}25$; $A(-4|6)$

11. Zeichnen Sie eine Gerade mit der Steigung 2 durch den Punkt $P(0|1)$ und eine zu ihr senkrecht stehende Gerade, sodass P den Schnittpunkt bildet. Bestimmen Sie die Steigung der zweiten Geraden. Was stellen Sie fest?

12. Das Einkommen eines Handelsvertreters ist prozentual abhängig von seinem Umsatz. Es beträgt bei einem Umsatz von 100 000 € genau 2000 € und bei einem Umsatz von 400 000 € immerhin 5000 €.

a) Zeigen Sie grafisch, wie das Einkommen vom Umsatz abhängt.

b) Interpretieren Sie die Steigung der Geraden und den y-Achsenabschnitt.

c) Stellen Sie die Funktionsgleichung auf, die das Einkommen in Abhängigkeit des Umsatzes angibt.

d) Berechnen Sie das Einkommen bei einem Umsatz von 500 000 €.

13. Die Downloadgeschwindigkeit ist annähernd linear.

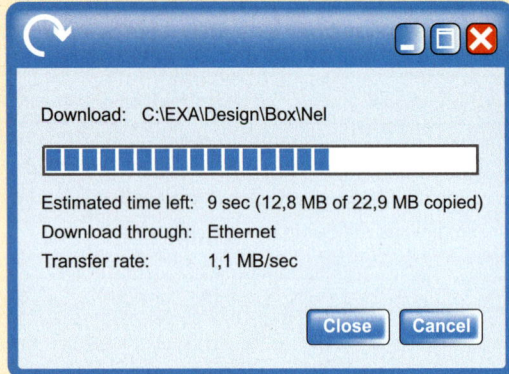

a) Ermitteln Sie, wie lange der Download einer 15 MB großen Datei dauern würde.

b) Geben Sie eine Funktionsgleichung an, die die Downloaddauer in Abhängigkeit der Dateigröße beschreibt.

c) Von einer großen Datei wurden in einer Minute 75 % heruntergeladen. Berechnen Sie, wie lange der Download noch dauert.

14. Ein LKW fährt mit eingeschaltetem Tempomat auf der Autobahn an KM (Kilometer) 56 vorbei und befindet sich nach 36 Minuten bei gleichbleibender Geschwindigkeit bei KM 104.

a) Stellen Sie die Fahrt grafisch dar, indem Sie den Weg gegen die Zeit auftragen.

b) Deuten Sie die Steigung der Geraden.

c) Bestimmen Sie den Ort (KM), an dem sich der LKW bei weiter gleichbleibender Geschwindigkeit nach weiteren 12 Minuten befindet.

15. Im Januar 2018 betrug der Kurs für den Barumtausch von Euro in Japanische Yen 135; von Euro in US-Dollar 1,20; von Euro in Schweizer Franken 1,17.

a) Bestimmen Sie den Kurs, der in Japan für den Barumtausch von Yen in Euro gelten müsste, wenn das Kursverhältnis dasselbe wäre wie in Deutschland (Paritätskurs).

b) Ermitteln Sie die Paritätskurse für den Dollar und den Schweizer Franken.

16. Bei einem Räumungsverkauf werden alle Waren um 40 % im Preis gesenkt.

a) Berechnen Sie den neuen Preis eines DVD-Rekorders, der bisher 249 € kostete.

b) Geben Sie eine Gleichung an, mit der man die neuen Preise berechnen kann.

c) Ein Fernseher wird nun für 720 € angeboten. Berechnen Sie den ursprünglichen Preis.

d) Der Preis eines Laptops wird um 264 € gesenkt. Berechnen Sie den ursprünglichen Preis.

17. Nach einer breit angelegten Umfrage vor der Einführung eines neuen Produkts wertet eine EDV-Anlage 30 000 Fragebögen in 75 Stunden aus. Es sind noch 4000 Bögen auszuwerten.

a) Wie lange dauert die Auswertung insgesamt?

b) Geben Sie eine Funktionsgleichung an, die die Dauer der Auswertung in Abhängigkeit von der Anzahl der Fragebögen darstellt.

c) Ermitteln Sie, wie lange unter sonst gleichen Bedingungen die Auswertung von 100 000 Fragebögen dauern würde.

18. Leon findet im Internet folgende Formeln zum Aufstellen von Gleichungen linearer Funktionen:

Punkt $P_1(x_1|y_1)$ und Steigung m sind gegeben:
Punktsteigungsformel:
$f(x) = m(x - x_1) + y_1$
Zwei Punkte $P_1(x_1|y_1)$ und $P_2(x_2|y_2)$ sind gegeben:
Zweipunkteformel:
$f(x) = \frac{y_2 - y_1}{x_2 - x_1} \cdot (x - x_1) + y_1$

a) Bestätigen Sie die Korrektheit beider Formeln anhand eines selbst gewählten Beispiels.

b) Erläutern Sie, wie man auf die Formeln kommt. Leiten Sie dazu die Formeln allgemein her.

19. Gegeben sind die beiden Funktionen f_2 und f_{-3} mit $f_2(x) = 2x - 2$ und $f_{-3}(x) = -3x + 3$.

a) Ermitteln Sie den Punkt, den die beiden Geraden gemeinsam haben.

b) Zeigen Sie, dass alle Geraden mit der Gleichung $f_a(x) = ax - a$; $a \neq 0$ durch den in Aufgabe a) ermittelten Punkt laufen.

c) Untersuchen Sie, ob auch die Geraden mit den Gleichungen $f_c(x) = cx + 2c$; $c \neq 0$ einen gemeinsamen Punkt haben.
Zeichnen Sie die Geraden für $c = \pm 1$ und $c = \pm 2$.

20. Eine Gerade g_1 geht durch die Punkte $P(-1|3)$ und $Q(1|-1)$.

a) Ermitteln Sie die Funktionsgleichung aller Geraden, die parallel zu g_1 laufen.

b) Ermitteln Sie die Gleichung der Geraden, die parallel zu g_1 durch den Punkt $R(1|2)$ läuft.

21. Die Firma Tweed-Expert produziert hochwertige Wolldecken. Mit den vorhandenen Webmaschinen können 5000 Decken pro Monat produziert werden. Dabei betragen die variablen Kosten 30 € pro Decke. Außerdem muss mit 60 000 € fixen Kosten für einen Monat gerechnet werden. Für die Produktion von mehr als 5000 Decken bis zu 10 000 Decken monatlich benötigt die Firma eine weitere Webmaschine und mehr Personal. Dadurch erhöhen sich die Fixkosten auf 90 000 €. Die variablen Kosten bleiben unverändert.
Stellen Sie für die Gesamtkosten eine Funktionsgleichung auf und zeichnen Sie deren Graphen.

22. Die Deutsche Post DHL gibt in ihrem Preisverzeichnis (Stand 1. August 2017) für Paketsendungen innerhalb Deutschlands bzw. innerhalb der Länder der EU bekannt:

max. Gewicht	Deutschland	EU
bis 2 kg	4,99 €	13,99 €
bis 5 kg	5,99 €	15,99 €
bis 10 kg	8,49 €	20,99 €
bis 20 kg	–	31,99 €
bis 31,5 kg	16,49 €	44,99 €

Stellen Sie die Abhängigkeit des Preises vom Paketgewicht grafisch dar.

23. In einer Möbeltischlerei werden Stühle hergestellt. Bei der Produktion von bis zu 200 Stühlen fallen variable Kosten von 25 € pro Stuhl an, darüber hinaus 30 € pro Stück. Für die ersten 100 Stück betragen die fixen Kosten 1000 €, darüber hinaus bis zu 200 Stück 1200 €. Bei einer Produktion bis zu 300 Stühlen erhöhen sich die Fixkosten auf 1400 € und dann um nochmals 300 € bis zur Kapazitätsgrenze von 450 Stühlen.

a) Berechnen Sie die Kosten bei einer Produktion von 50 Stück, 120 Stück, 300 Stück und an der Kapazitätsgrenze.

b) Zeichnen Sie den Graphen der Kostenfunktion.

c) Der kaufmännische Leiter der Tischlerei möchte wissen, bei welchen Produktionszahlen Kosten von 5000 €, 10 000 € bzw. 14 000 € entstehen.

24. [oHi Mi] Stellen Sie die Gleichung der Funktion f ohne Betragstriche dar und zeichnen Sie ihren Graphen.

a) $f(x) = |x - 3|$

b) $f(x) = |x - 3| + 2$

c) $f(x) = |x + 3|$

d) $f(x) = |x + 3| - 1$

e) $f(x) = x + |x|$

f) $f(x) = 2|x| - 4$

25. [oHi Mi] Gegeben ist die folgende Figur:

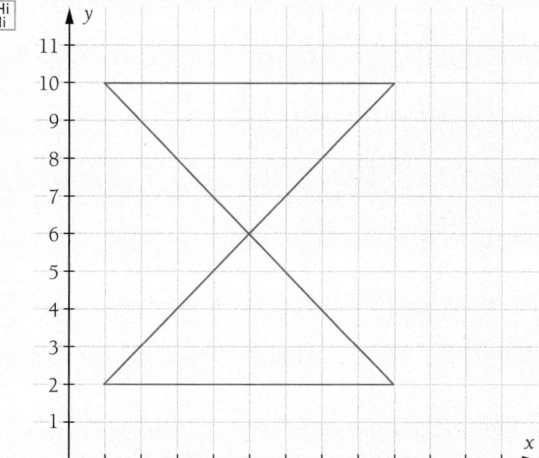

a) Geben Sie zu jeder Strecke die Funktionsgleichung an.

b) Suchen Sie Gemeinsamkeiten und Unterschiede zwischen den Gleichungen.

c) Denken Sie sich selbst geometrische Figuren mit Geraden aus, deren Funktionsgleichungen Sie ermitteln.

2.2.2 Berechnung von Schnittpunkten

 (14) Marktpreistheorie, Achsenschnittpunkte

Der auf einem Markt erzielbare Preis z.B. für ein einfaches Handy und die absetzbare Menge hängen vom Verlauf der **Nachfragekurve** ab. Diese ist hier als Graph der **Nachfragefunktion** p_N mit $p_N(x) = -5x + 100$ gegeben. Dabei steht x für die nachgefragten Mengeneinheiten (1 ME = 1000 Stück) und $p_N(x)$ für den Preis des Handys in Geldeinheiten (1 GE = 1 €).
Interpretieren Sie den Verlauf des Graphen von p_N mit $p_N(x) = -5x + 100$ ökonomisch. Bestimmen Sie auch einen ökonomisch sinnvollen Definitionsbereich.

Die Nachfragekurve ist eine fallende Gerade.
Das bedeutet: Sinkt der Preis $p_N(x)$, steigt die Nachfragemenge x nach dem Handy.
Umgekehrt wird bei einer Preissteigerung die Nachfragemenge abnehmen.
Die Nachfragemenge x hängt also immer vom Preis $p_N(x)$ ab.
Obwohl die nachgefragte Menge vom Preis abhängt, erfolgt die Darstellung der Nachfragefunktion in umgekehrter Abhängigkeit: Denn bei ökonomischen Funktionen ist es üblich geworden, die Menge immer auf der x-Achse darzustellen. Deshalb wird der Preis $p_N(x)$ in Abhängigkeit von der Menge x dargestellt.

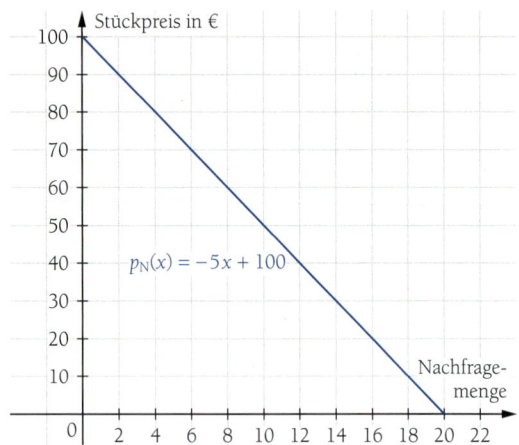

- Der **Schnittpunkt mit der y-Achse** ist $S_y(0\,|\,100)$. Bei einem Preis von 100 € ist die Nachfrage also 0. Daher nennt man diesen Preis den **Höchstpreis** oder auch **Prohibitivpreis**.
Beim Höchstpreis fällt die Nachfrage völlig aus, weil den Verbrauchern das Produkt zu teuer ist. Der Höchstpreis entspricht dem y-Achsenabschnitt der linearen Nachfragefunktion: $p_N(0) = 100$.
- Der **Schnittpunkt mit der x-Achse** ist $S_x(20\,|\,0)$. Die Stelle $x_N = 20$, an der die Gerade die x-Achse schneidet, heißt **Nullstelle** der Nachfragefunktion p_N. Sie ist die Lösung der Gleichung $p_N(x_N) = 0$.
Die Nullstelle 20 ME ist die **Sättigungsmenge**, bei der auf dem Markt selbst zum Preis von 0 € keine weiteren Produkte abgesetzt werden, weil sie der Verbraucher nicht benötigt.
  ▶ Das N in x_N steht für „Nullstelle", das N in p_N für „Nachfrage".

Anhand des Graphen können wir erkennen, dass ein Verlauf außerhalb des Bereichs zwischen 0 ME und 20 ME entweder eine negative Nachfragemenge (für $x < 0$) oder einen negativen Preis (für $x > 20$) bedeuten würde. Daraus ergibt sich der sogenannte **ökonomische Definitionsbereich** $D_{ök} = [0; 20]$.
Dies wird durch die Rechnung bestätigt.

$$
\begin{aligned}
& x \geq 0 && \blacktriangleright \text{Nachfragemenge positiv} \\
& p_N(x) \geq 0 && \blacktriangleright \text{Preis positiv} \\
\Leftrightarrow\ & -5x + 100 \geq 0 && |\ -100 \\
\Leftrightarrow\ & -5x \geq -100 && |: (-5) \\
& && \blacktriangleright \text{Vorzeichen umkehren} \\
\Leftrightarrow\ & x \leq 20 \\
\Rightarrow\ & x \in [0; 20]\ \Rightarrow\ \boldsymbol{D_{ök} = [0; 20]}
\end{aligned}
$$

> Die x-Werte einer Funktion f, an denen f den y-Wert 0 annimmt, heißen **Nullstellen** von f.
> Zur Berechnung der Nullstellen löst man die Gleichung $f(x_N) = 0$ nach x_N auf.

 Berechnen Sie die jeweilige Nullstelle der Funktionen f und g mit $f(x) = -3x - 12$ und $g(x) = 0{,}25x + 3$.

Der Zusammenhang zwischen dem Preis eines Produkts und der Nachfragemenge nach dem Produkt wird durch die **Nachfragefunktion** p_N beschrieben. Dabei hängt die Nachfragemenge vom Preis ab.
Der **Höchstpreis** (Prohibitivpreis) entspricht dem y-Achsenabschnitt und die **Sättigungsmenge** der Nullstelle von p_N.

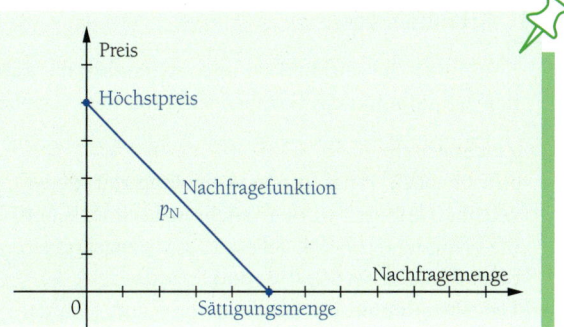

2

Marktgleichgewicht, Schnittpunkt zweier Geraden

⟨15⟩

Den Zusammenhang zwischen dem Preis und der Angebotsmenge eines Produkts beschreibt man mithilfe der **Angebotsfunktion** p_A. Wenn Nachfrage und Angebot gleich sind, spricht man vom **Marktgleichgewicht**.
Ein Hersteller von Elektronikartikeln würde bei einem Marktpreis von 30 € die Menge von 8000 Handys anbieten. Bei einem Marktpreis von 50 € wäre er bereit, 16 000 Handys anzubieten.
Bestimmen Sie die Funktionsgleichung der Angebotsfunktion p_A vom Typ $p_A(x) = mx + n$ und zeichnen Sie ihren Graphen. Ermitteln Sie das Marktgleichgewicht unter der Annahme, dass sich die Nachfrage wie in Beispiel 14 verhält.

Wir fassen je 1000 Handys zu einer Mengeneinheit (ME) zusammen.
Laut Aufgabenstellung liegen die folgenden beiden Punkte auf dem Graphen von p_A:

$P_1(8\,|\,30)$ ▸ $x_1 = 8000$ Handys $= 8$ ME; $y_1 = 30$ €
$P_2(16\,|\,50)$ ▸ $x_2 = 16\,000$ Handys $= 16$ ME; $y_2 = 50$ €

Mithilfe dieser beiden Punkte erhalten wir die Funktionsgleichung $p_A(x) = 2{,}5x + 10$.

▸ Der y-Achsenabschnitt 10 der Angebotsfunktion p_A bedeutet, dass der Anbieter bei einem Preis von 10 € nicht bereit ist, auch nur ein Handy anzubieten.

Die Graphen der Angebotsfunktion p_A und der Nachfragefunktion p_N (▸ Beispiel 14) zeichnen wir in ein gemeinsames Koordinatensystem.
Das **Marktgleichgewicht** (*MGG*) entspricht dem Schnittpunkt $(12\,|\,40)$ beider Graphen und hat folgende Bedeutung:
Bei einem Marktpreis von 40 € sind sowohl die Nachfrager bereit, 12 000 Handys (12 ME) zu kaufen, als auch der Anbieter, 12 000 Handys auf den Markt zu bringen.
12 000 Handys bilden die **Gleichgewichtsmenge** und 40 € den **Gleichgewichtspreis**. Allgemein gibt die x-Koordinate des Schnittpunkts *MGG* von Angebots- und Nachfragefunktion die Gleichgewichtsmenge an. Die y-Koordinate ist der Gleichgewichtspreis.

$$m = \frac{y_2 - y_1}{x_2 - x_1} = \frac{50 - 30}{16 - 8} = \frac{20}{8} = 2{,}5$$

$$p_A(x) = mx + n \quad ▸ m = 2{,}5;\ x = 8;\ y = p_A(8) = 30$$
$$\Rightarrow \quad 30 = 2{,}5 \cdot 8 + n \quad |-20$$
$$\Leftrightarrow \quad 10 = n$$

$$\Rightarrow \quad \boldsymbol{p_A(x) = 2{,}5\,x + 10}$$

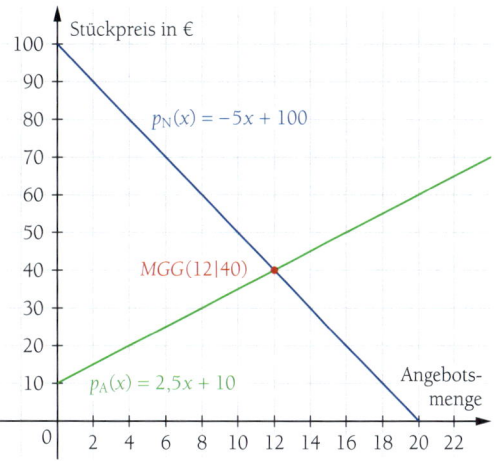

▸ Gleichgewichtsmenge 12 000 Handys
Gleichgewichtspreis 40 €

16 Schnittpunkte

Bestimmen Sie zeichnerisch und rechnerisch die Achsenschnittpunkte der Funktion f mit $f(x) = -1{,}5x + 6$ sowie den Schnittpunkt des Graphen von f mit dem Graphen zu $g(x) = 2x - 1$.

Zeichnerisch

Am Graphen von f (in der Abbildung mit Y1 bezeichnet) können wir den y-Achsenabschnitt 6 und die Nullstelle $x_N = 4$ ablesen. Die zugehörigen Schnittpunkte sind $S_y(0|6)$ und $S_x(4|0)$.
Der Schnittpunkt der Graphen von f und g (in der Abbildung mit Y2 bezeichnet) ist $S(2|3)$.

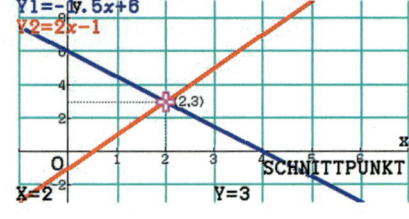

▶ CA Das Untermenü G-SOLVE (F5) der Anwendung Graph bietet Möglichkeiten, den Graphen zu untersuchen.

Rechnerisch

Rechnerisch ist der Funktionswert $f(0) = 6$ der y-Achsenabschnitt von f. Der Graph von f schneidet die y-Achse im Punkt $S_y(0|6)$.

$$f(0) = 6 \;\Rightarrow\; S_y(0|6)$$
▶ 6 ist der y-Achsenabschnitt von f.

 Zur Nullstellenbestimmung setzen wir $f(x_N) = 0$ und lösen die Gleichung nach x_N auf. Die Nullstelle gibt die Schnittstelle des Graphen mit der x-Achse an. Der Graph von f schneidet die x-Achse im Punkt $S_x(4|0)$.

$$
\begin{aligned}
& f(x_N) = 0 \\
\Leftrightarrow\; & -1{,}5x_N + 6 = 0 && |-6 \;|: (-1{,}5) \\
\Leftrightarrow\; & x_N = 4 && \blacktriangleright \text{Nullstelle von } f \\
\Rightarrow\; & S_x(4|0)
\end{aligned}
$$

Zur Ermittlung des Schnittpunkts $S(x_S|y_S)$ beider Graphen berechnen wir zunächst die Schnittstelle x_S. Dazu setzen wir beide Funktionsterme gleich und lösen die Gleichung nach x_S auf.

$$
\begin{aligned}
& f(x_S) = g(x_S) \\
\Leftrightarrow\; & -1{,}5x_S + 6 = 2x_S - 1 && |-2x_S \;|-6 \\
\Leftrightarrow\; & -3{,}5x_S = -7 && |: (-3{,}5) \\
\Leftrightarrow\; & x_S = 2 && \blacktriangleright \text{Schnittstelle von } f \text{ und } g
\end{aligned}
$$

Die y-Koordinate y_S von S erhalten wir, indem wir den Funktionswert $f(x_S) = g(x_S)$ berechnen. Der Schnittpunkt beider Graphen ist $S(2|3)$.

$$f(2) = g(2) = 3 \;\Rightarrow\; S(2|3)$$
▶ 3 ist die y-Koordinate des Schnittpunkts S.

- Den **Schnittpunkt** $S(x_S|y_S)$ der Graphen zweier Funktionen f und g bestimmt man, indem man die beiden Funktionsterme gleichsetzt: $f(x_S) = g(x_S)$. Den berechneten Wert für x_S setzt man in eine der beiden Funktionsgleichungen ein: $f(x_S) = y_S$ oder $g(x_S) = y_S$.
- Der Zusammenhang zwischen dem Preis und der Angebotsmenge eines Produkts wird durch die **Angebotsfunktion** p_A beschrieben. Dabei hängt die Angebotsmenge vom Preis ab.
  Stimmen Angebots- und Nachfragemenge eines Produkts überein, dann spricht man vom **Marktgleichgewicht**. Das Marktgleichgewicht entspricht dem Schnittpunkt $MGG(x_G|y_G)$ der Graphen von Angebots- und Nachfragefunktion. x_G gibt die **Gleichgewichtsmenge** und y_G den **Gleichgewichtspreis** an.

oHi Mi **1.** Berechnen Sie die Achsenschnittpunkte und den Schnittpunkt der Graphen von $f(x) = 3{,}5x - 12$ und $g(x) = -6x + 7$.

oHi Mi **2.** Für ein bestimmtes Gut herrscht auf dem Markt eine Nachfrage gemäß der Nachfragefunktion p_N mit $p_N(x) = -2x + 80$ und ein Angebot gemäß der Angebotsfunktion p_A mit $p_A(x) = 0{,}5x + 35$. Ermitteln Sie Preis und Menge im Marktgleichgewicht.

oHi Mi **3.** Maria hat für ihr Smartphone eine Flatrate, die pro Monat 20 € kostet. Ihr Freund Max zahlt eine monatliche Grundgebühr in Höhe von 3,95 € und pro Gesprächsminute 6 Cent. Vergleichen Sie beide Tarife.

Kosten, Erlös und Gewinn

17

Die wöchentlichen Gesamtkosten eines Betriebs zur Produktion von Luxus-Fahrrädern setzen sich zusammen aus Fixkosten von 6300 € und variablen Kosten von 800 € je Fahrrad. Es können maximal 20 Fahrräder pro Woche hergestellt werden. Der Betrieb erzielt einen Erlös von 1500 € je Fahrrad.
Bestimmen Sie die Gleichungen der Kosten-, Erlös- und Gewinnfunktion. Zeichnen Sie die drei Graphen. Berechnen Sie, wie viele Fahrräder pro Woche produziert und verkauft werden müssen, damit die Erlöse die Kosten decken. Wie hoch sind dann die Erlöse und der Gewinn?

2

Die Fixkosten entsprechen dem Absolutglied von K. Die variablen Kosten und die **Erlöse** sind von der Stückzahl x abhängig.
Der **Gewinn** ist die Differenz aus Erlösen und Kosten. Der Definitionsbereich wird durch die Kapazitätsgrenze von 20 Fahrrädern pro Woche bestimmt.

$$K(x) = 800\,x + 6300 \quad \blacktriangleright \text{ Kostenfunktion}$$
$$E(x) = 1500\,x \quad \blacktriangleright \text{ Erlösfunktion}$$
$$G(x) = E(x) - K(x)$$
$$= 1500\,x - (800\,x + 6300)$$
$$= 700\,x - 6300 \quad \blacktriangleright \text{ Gewinnfunktion}$$
$\blacktriangleright$ Für alle drei Funktionen gilt $x \in [0;\, 20]$.

An der Schnittstelle x_S der Graphen von K und E sind die Erlöse und Kosten gleich. Rechnerisch erhalten wir x_S, indem wir $E(x_S) = K(x_S)$ nach x_S auflösen.

$$E(x_S) = K(x_S)$$
$$\Leftrightarrow \quad 1500\,x_S = 800\,x_S + 6300 \qquad |-800\,x_S \ |:700$$
$$\Leftrightarrow \qquad x_S = 9 \ \blacktriangleright \text{ Schnittstelle von } E \text{ und } K$$

Wenn genau 9 Fahrräder verkauft werden, deckt der erzielte Erlös die entstandenen Kosten. Beide betragen dann jeweils 13 500 €.
$\blacktriangleright$ $E(9) = K(9) = 13\,500$
Wenn bei wöchentlich 9 verkauften Fahrrädern der Erlös die Kosten deckt, hat der Betrieb weder Gewinn noch Verlust erwirtschaftet (0 € Gewinn). Man nennt die Stelle 9 auch **Gewinnschwelle** oder **Break-even-Punkt**, da der Betrieb bei weniger als 9 verkauften Fahrrädern pro Woche Verlust und bei mehr als 9 verkauften Fahrrädern Gewinn erwirtschaftet.

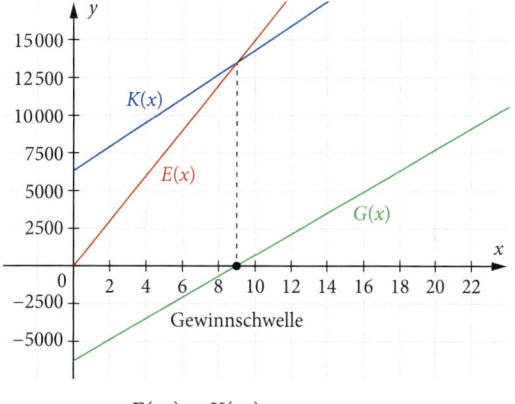

Rechnerisch ist die Gewinnschwelle nicht nur die der Gleichung $E(x_S) = K(x_S)$, sondern auch die Lösung der Gleichung $G(x_S) = 0 = 700\,x - 6300$. An der Stelle 9 schneidet der Graph von G die x-Achse.

$$E(x_S) = K(x_S)$$
$$\Leftrightarrow \quad E(x_S) - K(x_S) = 0 \qquad\qquad \blacktriangleright G = E - K$$
$$\Leftrightarrow \quad 700\,x_S - 6300 = 0 \ \Leftrightarrow\ G(x_S) = 0$$
$$\Leftrightarrow \qquad x_S = 9 \qquad \blacktriangleright \text{ Gewinnschwelle;}$$
$$\text{Nullstelle von } G$$

Übungen zu 2.2.2

1. Bestimmen Sie die Achsenschnittpunkte der durch die Funktion f gegebenen Geraden.

a) $f(x) = 4x - 2$

b) $f(x) = -3x + 1$

c) $f(x) = \frac{1}{2}x + 4$

d) $f(x) = 4$

e) $f(x) = -3x - 4$

f) $f(x) = 3x - \frac{1}{2}$

2. Bestimmen Sie die Schnittpunkte der zu den Funktionen f und g zugehörigen Graphen rechnerisch und zeichnerisch.

a) $f(x) = 0{,}5x + 4$, $\qquad g(x) = -0{,}25x + 5{,}5$

b) $f(x) = -2x + 5$, $\qquad g(x) = x - 1$

c) $f(x) = 3x - 5$, $\qquad g(x) = 2x - 2$

d) $f(x) = 0{,}5x + 8$, $\qquad g(x) = -2x + 18$

e) $f(x) = 3x - 4$, $\qquad g(x) = -2{,}5x + 1{,}5$

f) $f(x) = -2x + 2$, $\qquad g(x) = x + 5$

2

3. Gegeben ist die Funktion f mit $f(x) = 3,5\,x - 12$. Der Graph der Funktion g verläuft durch die Punkte $A(-1|9,5)$ und $B(2|5)$.

a) Bestimmen Sie die Gleichung der Funktion g.

b) Zeichnen Sie die Graphen von f und g.

c) Bestimmen Sie zeichnerisch und rechnerisch die Nullstellen von f und g.

d) Ermitteln Sie sowohl zeichnerisch als auch rechnerisch die Achsenschnittpunkte und die Schnittpunkte beider Graphen.

4. Die Gerade g_1 geht durch die Punkte $A(4|6)$ und $B(8|4)$, die Gerade g_2 hat die Steigung 2 und geht durch $C(2|1)$.

a) Bestimmen Sie die zugehörigen Funktionsgleichungen.

b) Zeichnen Sie beide Graphen im Intervall $[0;\,16]$.

c) Berechnen Sie die Nullstellen von g_1 und g_2.

d) Bestimmen Sie den Schnittpunkt der Geraden.

5. Die Gerade g_1 verläuft durch die Punkte A und B, die Gerade g_2 durch die Punkte C und D.
Geben Sie die Funktionsgleichungen von g_1 und g_2 an. Berechnen Sie die Nullstellen beider Funktionen sowie den Schnittpunkt beider Geraden.

a) $A(3|4)$, $B(7|12)$, $C(2|6)$, $D(8|9)$

b) $A(0|1)$, $B(2|-3)$, $C(-0,5|2)$, $D(2|7)$

c) $A(-2|0)$, $B(-6|-6)$, $C(4|3)$, $D(-2|6)$

d) $A(0|2)$, $B(-1|7)$, $C(3|6)$, $D(-1|-6)$

e) $A(2|2)$, $B(8|-1)$, $C(-2|-4)$, $D(4|5)$

f) $A(1|4)$, $B(5|-4)$, $C(-6|-2)$, $D(4|3)$

6. Ein Marktforschungsinstitut hat ermittelt, dass die Nachfrage nach einem bestimmten Fernsehgerät etwa linear verläuft, mit einer Sättigungsmenge von 15 000 Stück und einem Höchstpreis von 750 €.
Untersuchen Sie, wie hoch die Nachfrage bei den gegebenen Preisen ist.

a) 250 €

b) 350 €

7. Auf dem Markt für Gartenbänke aus Teakholz verhalten sich Nachfrage und Angebot etwa gemäß den Funktionsgleichungen $p_N(x) = -0,05\,x + 500$ und $p_A(x) = 0,05\,x + 100$.
Ermitteln Sie den Gleichgewichtspreis.

8. Ein Unternehmer überlegt, ob er einen angestellten Reisenden beschäftigen oder einen selbstständigen Handelsvertreter mit der Wahrnehmung seiner Interessen beauftragen soll. Der Reisende bekäme ein monatliches Fixum von 1600 € und 3 % Umsatzprovision; der Handelsvertreter würde 7 % Umsatzprovision beanspruchen.

a) Stellen Sie die Funktionsgleichungen zur Darstellung der Kosten in Abhängigkeit vom Umsatz auf und zeichnen Sie die Graphen der Funktionen.

b) Ermitteln Sie die Kosten des Reisenden und des Handelsvertreters bei einem Umsatz von 30 000 € bzw. 70 000 € pro Monat.

c) Bestimmen Sie den Umsatz, bei dem die Kosten für den Vertreter genauso hoch sind wie für den angestellten Reisenden.

9. Zwei Bergsteigergruppen beschließen, einen 3500 m hohen Berg zu besteigen. Die Gruppen fahren mit einem Lift bergauf. Die besser trainierte Gruppe steigt in 1000 m Höhe an der Mittelstation aus, die andere Gruppe fährt bis zur Bergstation in 1600 m Höhe. Um 10 Uhr beginnen beide Gruppen ihren Aufstieg, wobei die gut trainierte Gruppe einen Höhenunterschied von 600 m pro Stunde, die weniger gut trainierte Gruppe einen Höhenunterschied von 400 m pro Stunde bewältigt.

a) Stellen Sie die Funktionsgleichungen der einzelnen Höhen in Abhängigkeit von der Zeit für beide Gruppen auf. Zeichnen Sie beide Graphen.

b) Berechnen Sie, um wie viel Uhr beide Gruppen die gleiche Höhe auf dem Weg zur Bergspitze erreicht haben.

c) Ermitteln Sie den Zeitpunkt des Erreichens der Bergspitze für beide Gruppen.

10. Eine Vertreterin erhält von ihrem Arbeitgeber zwei verschiedene Gehaltsangebote. Angebot 1 sieht ein Grundgehalt in Höhe von 3600 € zuzüglich einer Provision von 8 % des jeweiligen Monatsumsatzes vor. Angebot 2 umfasst 1400 € Grundgehalt und eine Provision von 28 % des Monatsumsatzes.

Wie soll sich die Vertreterin entscheiden?

a) Stellen Sie die Funktionsgleichungen zur Darstellung beider Gehaltsangebote auf. Zeichnen Sie die zugehörigen Graphen in ein Koordinatensystem.

b) Bestimmen Sie, welches Gehalt die Vertreterin bei einem Monatsumsatz von 8000 € bzw. 25 000 € verdienen kann.

c) Ermitteln Sie den Monatsumsatz, bei dem beide Gehälter gleich hoch sind. Wie hoch ist dieses Gehalt dann?

11. Die Fly Bike Werke GmbH stellt Fahrradzubehör der verschiedensten Art her. Unter anderem werden Bügelschlösser, Faltschlösser, Kettenschlösser und Rahmenschlösser produziert. Bei der Produktion der Fahrradschlösser werden Spezial-Stahllegierungen verwendet, die ein Stammlieferant für die Fly Bike Werke zusammenstellt. Der Einkaufspreis für die Legierung ist stark abhängig von der Entwicklung des Preises am Stahlmarkt. Das Verhalten der Anbieter und Nachfrager am Stahlmarkt lässt sich aus den Daten der nebenstehenden Tabelle ableiten.

Für den Markt produzierte bzw. auf dem Markt verfügbare Stahlmenge	Angebotspreis pro Tonne	Preis der Nachfrager pro Tonne
0 t	50 €	600 €
10 t	200 €	475 €
20 t	350 €	350 €
30 t	500 €	225 €
40 t	650 €	100 €

Da die Fly Bike Werke GmbH indirekt von der Entwicklung des Stahlpreises betroffen ist, analysiert sie in gewissen Abständen die Marktsituation. Besorgt entnimmt sie einem Presseartikel, dass der Staat erwägt, einen Mindestpreis für die Tonne Stahl festzulegen; im Gespräch sind 450 € pro Tonne.

Erklären Sie, welche Auswirkungen sich für die Fly Bike Werke GmbH durch einen solchen Mindestpreis ergeben können.

a) Erklären Sie anhand des Beispiels, welche Informationen die Angebotsfunktion bietet und welche die Nachfragefunktion.

b) Ermitteln und interpretieren Sie das Marktgleichgewicht.

c) Zeigen Sie, dass Nachfrage- und Angebotsfunktion die folgenden Gleichungen haben:
$p_N(x) = -12,5x + 600$ ▶ Nachfragefunktion
$p_A(x) = 15x + 50$ ▶ Angebotsfunktion

d) Bestimmen Sie den Angebotspreis für 25 t Stahl.

e) Berechnen Sie die Nachfragemenge, wenn der Preis am Markt bei 450 € liegt.

f) Berechnen Sie den Angebotsüberhang, wenn der Staat einen Mindestpreis von 450 € pro Tonne festlegt.

g) Stellen Sie die Gesamtsituation grafisch dar.

2

Vermischte Übungen zu 2.2

1. Bestimmen Sie die Funktionsgleichung der linearen Funktion, deren Graph

a) die Steigung 10 hat und durch den Punkt $(4|-8)$ geht;

b) durch $A(-2|25)$ und $B(5|13)$ verläuft;

c) durch $C(0|8)$ und $D(-4|-4)$ verläuft;

d) in der Zeichnung abgebildet ist.

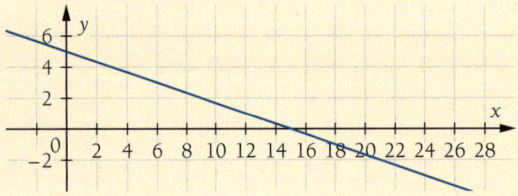

2. Der Graph der linearen Funktion f geht durch die beiden Punkte $A(1|3)$ und $B(5|-1)$. Der Graph der linearen Funktion g verläuft durch die beiden Punkte $C(1|-1)$ und $D(4|8)$. Der Graph der linearen Funktion h verbindet die beiden Punkte $E(-3|3)$ und $F(6|6)$ miteinander.

a) Ermitteln Sie die Gleichungen von f, g und h.

b) Zeichnen Sie die drei Graphen ohne Wertetabelle.

c) Bestimmen Sie zeichnerisch und rechnerisch die Achsenschnittpunkte der drei Graphen und die drei Schnittpunkte von jeweils zwei Graphen.

d) Berechnen Sie den Flächeninhalt des Dreiecks, das durch die drei Schnittpunkte der Graphen begrenzt wird.

3. Bestimmen Sie im Funktionsterm der linearen Funktion vom Typ $f(x) = mx + 2$; $x \in \mathbb{R}$ den Steigungsfaktor m so, dass der Graph von f durch den Punkt A $(3|0,5)$ geht.
Zeichnen Sie den Graphen der Funktion f im Intervall $[-2; 6]$.

4. Gegeben ist die lineare Funktion f mit der Funktionsgleichung $f(x) = 0,5x - 3$; $x \in \mathbb{R}$. Eine Parallele zum Graphen dieser Funktion verläuft durch den Punkt $A(5|5)$.

a) Zeichnen Sie den Graphen der Funktion f und die Parallele zu G_f durch A.

b) Bestimmen Sie die Gleichung der Funktion g, deren Graph die Parallele zu G_f ist.

c) Berechnen Sie die Nullstelle von g.

5. Die Großbuchstaben A, V, W, X und Z kann man sich aus Graphen linearer Funktionen zusammengesetzt denken.

a) Übertragen Sie die Buchstaben jeweils mit einem geeigneten Maßstab in ein Koordinatensystem. Stellen Sie die entsprechenden Funktionsgleichungen auf und geben Sie einen geeigneten Definitionsbereich an.

b) Begründen Sie, warum ein Buchstabe wie H nicht durch Funktionsgleichungen beschrieben werden kann.

6. Eine kreisrunde Analoguhr wird mit dem Mittelpunkt ihres Zifferblatts auf den Punkt $O(0|0)$ eines Koordinatensystems gelegt. Fassen Sie den Minutenzeiger als eine Gerade auf.

a) Ermitteln Sie die Gleichung der Geraden, wenn der Minutenzeiger auf der Zahl für i ($i = 10, 20, 30, 40, 50$) steht.

b) Die Gerade, die dem Minutenzeiger entspricht, hat die Steigung 1. Geben Sie an, um wie viele Minuten eine volle Stunde überschritten ist. Ermitteln Sie auch die zugehörige Geradengleichung.

c) Entscheiden Sie, welche Geraden Funktionen darstellen und welche nicht.

7. Zeichnen Sie den Graphen der Funktion g mit $g(x) = |x - 2| - 4$ und erläutern Sie, wie der Graph von g aus dem Graphen von f mit $f(x) = |x|$ hervorgeht.

8. Ermitteln Sie die Fläche, die von den Graphen der Funktionen f und g eingeschlossen wird.

a) $f(x) = -|x - 4| - 2$ und $g(x) = |x - 4| - 6$

b) $f(x) = -2|x| + 3$ und $g(x) = |x| - 9$

c) $f(x) = -0,5|x - 2| + 4$ und $g(x) = |x| - 2$

9. Bei der Herstellung eines Spielzeugs fallen täglich fixe Kosten von 5180 € und variable Kosten pro Stück von 15 € an. Beim Verkauf werden 22 € pro Stück erzielt.
Ermitteln Sie die Gewinnschwelle und die Höhe des Gewinns an der Kapazitätsgrenze von 2500 Stück.

10. Ein Eiscafé hat pro Tag 150 € fixe Kosten. Die Herstellung einer Eiskugel kostet 0,10 €, der Verkaufspreis beträgt 0,50 € pro Kugel.
a) Berechnen Sie den Gewinn pro Tag, wenn täglich durchschnittlich 1200 Kugeln verkauft werden.
b) Ermitteln Sie, wie viele Eiskugeln im Durchschnitt täglich verkauft werden müssen, damit kein Verlust entsteht.
c) Der Verkaufspreis pro Eiskugel wird auf 0,60 € erhöht. Erläutern Sie, welche Auswirkung das auf die Gewinnschwelle hat.

11. Die Gesamtkosten einer Elektrogerätefabrik, die sich auf die Produktion von Dokumentenkameras spezialisiert hat, genügen einer linearen Kostenfunktion. Bei einer Monatsproduktion von 5000 Dokumentenkameras betragen die Gesamtkosten 270 000 €. Werden 7500 Stück hergestellt, so betragen die Kosten 300 000 €.
Bestimmen Sie die Fixkosten sowie die variablen Kosten. Geben Sie die Kostenfunktion an.

12. Bei einem Kleingerätehersteller fallen monatlich 57 200 € fixe Kosten an. Die variablen Kosten betragen 15 € pro Stück. Der Hersteller kann höchstens 3500 Stück pro Monat produzieren. Der Verkaufspreis der Produkte beträgt 37 €.
a) Stellen Sie die Gleichungen der Kosten-, Erlös- und Gewinnfunktion auf.
b) Berechnen Sie die Gewinnschwelle. Berechnen Sie den Gewinn oder Verlust für die Produktion von 2000 Stück und an der Kapazitätsgrenze.
c) Zeichnen Sie die Graphen der drei Funktionen.
d) Berechnen Sie die produzierte und verkaufte Menge, die einen Gewinn von 8800 € bringt.
e) Bestimmen Sie die Gewinnschwelle, wenn sich die variablen Stückkosten um 3,50 € erhöhen und der Verkaufspreis um 7,50 € niedriger ausfällt.

13. Analysieren Sie die Gewinnsituation der Fly Bike Werke in der auf Seite 69 geschilderten Situation.

14. Die Graphen der linearen Nachfrage- und Angebotsfunktion für ein bestimmtes Gut sind durch jeweils zwei Punkte gegeben: Die Nachfragekurve verläuft durch $A(100|0)$ und $B(50|40)$; die Angebotskurve durch $C(90|58)$ und $D(30|38)$.
a) Bestimmen Sie die Gleichungen der Nachfrage- und Angebotsfunktion.
b) Bestimmen Sie den Gleichgewichtspreis.
c) Wie hoch ist der Nachfrageüberschuss bei einem Preis von 40 GE bzw. 20 GE?

15. Die Fly Bike Werke wollen in ihr Sortiment ein Navigationsgerät als Handelsware aufnehmen. Das Gerät könnte für 135 € vom Hersteller bezogen werden. Für Einkauf, Lagerung und Verkauf dieses Gerätes müsste mit Fixkosten von 18 200 € gerechnet werden. Die Marketingabteilung geht davon aus, dass mehr als 325 Stück verkauft werden könnten. Deshalb kalkuliert die Unternehmensleitung mit einer Gewinnschwelle von 325 Stück.

a) Ermitteln Sie den erforderlichen Verkaufspreis.
b) Bei einem Verkaufspreis wie in a) ermittelt betrug der Absatz im Jahr 2016 tatsächlich 563 Stück. Berechnen Sie den Betrag, den das Navigationsgerät zum Unternehmensgewinn des Jahres 2016 beigetragen hat.
c) Im Jahr 2017 wurde der Verkaufspreis auf 200 € angehoben. Die Kostenstruktur blieb dieselbe, der Absatz sank aber auf 275 Stück. Analysieren Sie die neue Gewinn- oder Verlustsituation.
d) Für das Jahr 2018 rechnet die Unternehmensleitung mit einem auf 110 € reduzierten Einkaufspreis und mit auf 14 000 € gesunkenen Fixkosten. Ermitteln Sie den Break-even-Point, wenn der Verkaufspreis um 41 € gesenkt wird.

2

16. Gegeben sind die Nachfragefunktion p_{N_1} mit $p_{N_1}(x) = -0{,}2\,x + 20$ und die Angebotsfunktion p_{A_1} mit $p_{A_1}(x) = x + 5$.

a) Bestimmen Sie den ökonomischen Definitionsbereich und ermitteln Sie das Marktgleichgewicht.

b) Aufgrund gewachsener Nutzenschätzung verschiebt sich die Nachfragekurve und ist jetzt der Graph der Nachfragefunktion p_{N_2} mit $p_{N_2}(x) = -0{,}25\,x + 25$. Berechnen Sie das neue Marktgleichgewicht und vergleichen Sie die Gleichgewichtsmenge und den Gleichgewichtspreis mit der Ausgangssituation in Teil a).

c) Aufgrund von Rationalisierungsmaßnahmen ergibt sich mit $p_{A_2}(x) = 0{,}8\,x + 4$ eine neue Angebotsfunktion. Berechnen Sie das Marktgleichgewicht und vergleichen Sie die Gleichgewichtsmenge und den Gleichgewichtspreis mit der Ausgangssituation in Teil a) und der neuen Situation in Teil b).

17. Maria möchte sich nach bestandener Führerscheinprüfung ein Auto kaufen. Sie hat sich im Internet informiert und nach dem Benzinverbrauch erkundigt. Drei Modelle gefallen ihr sehr gut, von denen sie die nebenstehenden Daten ermittelt hat. Maria sucht Hilfe in einem Internetforum.

	Fixkosten im Monat	Variable Kosten je km
Modell A	260 €	0,14 €
Modell B	190 €	0,24 €
Modell C	220 €	0,18 €

Beraten Sie Maria beim Autokauf. Verfassen Sie dazu einen Antwortbeitrag.

a) Stellen Sie für die drei Automodelle die Funktionsgleichungen der Gesamtkosten auf.

b) Zeichnen Sie die Graphen der drei Kostenfunktionen in ein geeignetes Koordinatensystem.

c) Berechnen Sie, bei welcher Kilometerzahl je zwei Modelle zu gleich hohen Kosten führen.

d) Welches Modell empfehlen Sie Maria, wenn sie je Monat 800 km mit dem Auto fahren wird?

e) Empfehlen Sie Maria für unterschiedliche Kilometerzahlen jeweils das passende Modell. Formulieren Sie Ihre Antwort als Forumsbeitrag.

18. Die Fly Bike Werke produzieren Bügelschlösser. Dafür stehen zwei Maschinen zur Auswahl: Beim Einsatz von Maschine 1 muss mit fixen Kosten von 25 € und mit 1,50 € pro Schloss zusätzlich für Lohn und Material gerechnet werden. Auf Maschine 2 können die Schlösser in 10er-Chargen gefertigt werden. Für jede angefangene Charge entstehen 20 € Kosten. Beide Maschinen können täglich jeweils 50 Schlösser herstellen.
Der höchste Absatz in den drei Sommermonaten liegt bei durchschnittlich 38 Schlössern pro Tag.

Helfen Sie den Verantwortlichen bei der Entscheidung für eine der beiden Maschinen.

a) Erstellen Sie eine Wertetabelle, die für Maschine 1 den Zusammenhang zwischen produzierter Menge und Kosten wiedergibt. Zeichnen Sie die zugehörige Gerade in ein Koordinatensystem.

b) Erläutern Sie, warum der Graph zu Maschine 2 nicht als Gerade dargestellt werden kann. Zeichnen Sie ihn in das Koordinatensystem aus a).

c) Geben Sie an, bei welcher Produktionsmenge Kosten in Höhe von 60 € anfallen.

d) Welche Maschine sollte für die Produktion von täglich 38 Bügelschlössern eingesetzt werden?

e) Für welche Mengen ist Maschine 1 günstiger?

Ich kann ...

... die **allgemeine Funktions-gleichung** einer linearen Funktion angeben und die Bedeutung von m und n erklären.	$K(x) = \frac{1}{2}x + 4$ $m = \frac{1}{2}; n = 4$	$f(x) = m \cdot x + n; m, n \in \mathbb{R}$ m: Steigung des Graphen von f n: x-freies Glied, y-Achsenabschnitt
... die **ökonomische Bedeutung** von m und n angeben.	m: 0,5 GE variable Kosten n: 4 GE fixe Kosten	m: z.B. variable Kosten, Verkaufspreise, variable Anteile bei Angebot und Nachfrage n: z.B. fixe Kosten, Höchstpreis

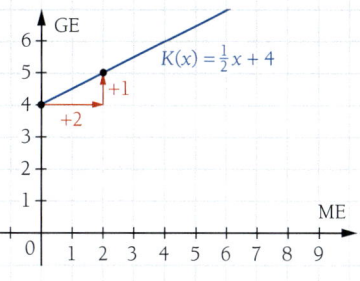

... mithilfe des y-Achsenabschnitts und des Steigungsdreiecks eine **Gerade zeichnen**. ▶ Test-Aufgaben 1, 2, 3		1. y-Achsenabschnitt n einzeichnen 2. Von dort Steigungsdreieck zeichnen („Nenner nach rechts, Zähler nach oben (m positiv) bzw. nach unten (m negativ)") 3. Beide Punkte verbinden
... die **Funktionsgleichung** anhand des Graphen **bestimmen**. ▶ Test-Aufgabe 1	$n = 4$ und $m = \frac{1}{2}$ $\Rightarrow f(x) = \frac{1}{2}x + 4$	1. y-Achsenabschnitt n ablesen 2. Steigungsdreieck zeichnen 3. Steigung m bestimmen („senkrechter Weg durch waagerechten Weg")
... die **Steigung** m mithilfe zweier Punkte berechnen. ▶ Test-Aufgaben 1, 2, 3	$P_1(0\vert 4)$ und $P_2(4\vert 6)$ $m = \frac{6-4}{4-0} = \frac{2}{4} = \frac{1}{2}$	$P_1(x_1\vert y_1)$ und $P_2(x_2\vert y_2)$ $\Rightarrow m = \frac{y_2 - y_1}{x_2 - x_1}$
... die **Funktionsgleichung** mithilfe der Steigung m und eines Punkts P bestimmen. ▶ Test-Aufgaben 1, 2, 3	$m = \frac{1}{2}$ und $P(4\vert 6)$ $f(x) = m \cdot x + n$ $6 = \frac{1}{2} \cdot 4 + n$ $4 = n$ $\Rightarrow f(x) = \frac{1}{2}x + 4$	1. m und die Koordinaten von $P(x\vert y)$ in die Funktionsgleichung $y = f(x) = m \cdot x + n$ einsetzen 2. Gleichung nach n auflösen 3. $f(x)$ aufschreiben
... die **Nullstelle** berechnen und deren ökonomische Bedeutung nennen. ▶ Test-Aufgaben 1, 2, 3	$p_N(x_N) = 0 \;\Leftrightarrow\; -x_N + 5 = 0$ $\Leftrightarrow\; x_N = 5$ $\Rightarrow$ Sättigungsmenge 5 ME	1. $f(x_N) = 0$ setzen 2. Gleichung nach x_N auflösen *Bedeutung:* z.B. Sättigungsmenge oder Gewinnschwelle

... den **Schnittpunkt** zweier Geraden bestimmen und dessen **ökonomische Bedeutung** nennen. ▶ Test-Aufgaben 1, 3	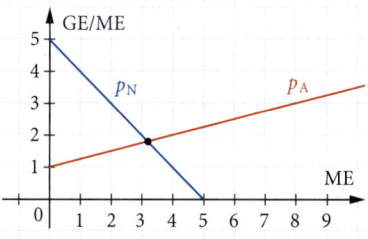	1. $f(x_S) = g(x_S)$ setzen 2. Gleichung nach x_S auflösen ergibt Schnittstelle x_S 3. $y_S = f(x_S)$ oder $y_S = g(x_S)$ berechnen 4. Schnittpunkt $S(x_S\vert y_S)$ *Bedeutung:* z.B. • Schnittpunkt der Graphen der Angebots- und Nachfragefunktion = Marktgleichgewicht $MGG(x_G\vert y_G)$ • Schnittpunkt der Graphen der Erlös- und Kostenfunktion = Break-even-Punkt (Schnittstelle = Gewinnschwelle)

$p_A(x_S) = p_N(x_S)$
$\Leftrightarrow \quad 0{,}25\,x_S + 1 = -x_S + 5$
$\Leftrightarrow \qquad\qquad 1{,}25\,x_S = 4$
$\Leftrightarrow \qquad\qquad\quad x_S = 3{,}2$
$y = p_N(3{,}2) = -3{,}2 + 5 = 1{,}8$
$\Rightarrow MGG(3{,}2\vert 1{,}8)$
▶ Gleichgewichtsmenge 3,2 ME
Gleichgewichtspreis 1,8 GE/ME

2

91

Test zu 2.2

1. Der Graph der linearen Funktion f geht durch die Punkte $A\,(-5\,|\,2)$ und $B(-3\,|\,6)$; der Graph der linearen Funktion g ist in untenstehender Grafik abgebildet.

a) Bestimmen Sie die Funktionsgleichungen von f und g.

b) Zeichnen Sie den Graphen von f.

c) Ermitteln Sie zeichnerisch und rechnerisch sowohl die Achsenschnittpunkte beider Graphen als auch ihren Schnittpunkt.

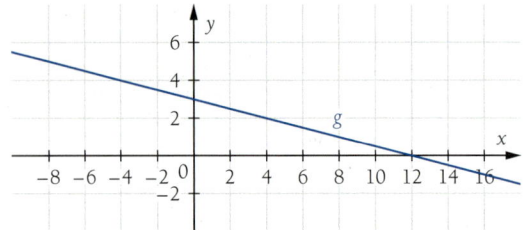

2. Die JoRo GmbH produziert MP3-Player. Die Fixkosten betragen monatlich 16 000 €. In der Herstellung fallen 21 € Kosten pro Stück an. Es können monatlich höchstens 3500 MP3-Player produziert werden. Der Verkaufspreis je MP3-Player beträgt 29 €.

a) Stellen Sie die Gleichungen der Kosten-, Erlös- und Gewinnfunktion auf.

b) Zeichnen Sie die Graphen der Kosten-, Erlös- und Gewinnfunktion und beschreiben Sie die Verläufe dieser drei Graphen.

c) Ermitteln Sie zeichnerisch und rechnerisch die Gewinnschwelle.

d) Berechnen Sie den Gewinn bzw. Verlust bei einer Produktion von 1000 MP3-Playern sowie an der Kapazitätsgrenze.

e) Untersuchen Sie, wie viele MP3-Player produziert und verkauft werden müssen, um einen Gewinn von 11 200 € zu erwirtschaften.

f) Der Unternehmer überlegt, ob er MP3-Player mit der doppelten Speicherkapazität herstellen soll. Die Herstellung dieser MP3-Player würde im Produktionsprozess zusätzliche Stückkosten von 11 € pro MP3-Player verursachen. Die MP3-Player mit der doppelten Speicherkapazität könnten für 39 € pro Stück verkauft werden. Soll der Unternehmer die MP3-Player mit doppelter Speicherkapazität herstellen? Begründen Sie Ihre Antwort.

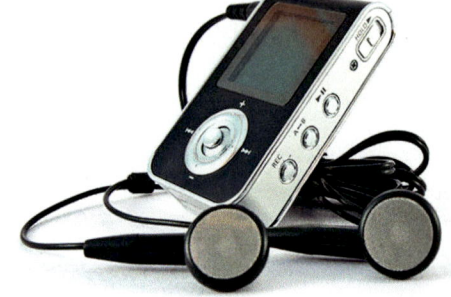

3. Die Nachfrage- und Angebotskurven für ein Produkt sind Geraden. Die Geraden sind jeweils durch zwei Punkte $(x\,\text{ME}\,|\,y\,\text{GE})$ gegeben: Die Nachfragekurve geht durch die Punkte $(30\,|\,140)$ und $(120\,|\,110)$, die Angebotskurve durch $(150\,|\,35)$ und $(260\,|\,46)$.

a) Ermitteln Sie rechnerisch die Gleichungen der Nachfragefunktion p_N und der Angebotsfunktion p_A.

▶ Zur Kontrolle: $p_N(x) = -\frac{1}{3}x + 150$ und $p_A(x) = 0,1\,x + 20$

b) Zeichnen Sie die Graphen beider Funktionen in ein geeignetes Koordinatensystem und beschreiben Sie die Graphenverläufe.

c) Bestimmen Sie den Höchstpreis und die Sättigungsmenge.

d) Berechnen Sie die Gleichgewichtsmenge und den Gleichgewichtspreis.

e) Untersuchen Sie, wie hoch der Nachfrageüberschuss bei einem Preis von 30 GE ist und wie hoch der Angebotsüberschuss bei einem Preis von 75 GE ist.

4. Ermitteln Sie die Funktionsgleichung einer linearen Nachfragefunktion, wenn der Höchstpreis von 50 € und die Sättigungsmenge von 2000 Stück bekannt sind.

Der Europäische Tag des Fahrrads findet jährlich am 3. Juni statt und soll auf das Fahrrad als umweltfreundliches und gesundes Fortbewegungsmittel aufmerksam machen.

Die Fly Bike Werke GmbH möchte an diesem Tag einen Tag der offenen Tür veranstalten und neben einer Verkaufsaktion mit 20 % Rabatt auf alle Modelle auch Führungen durch das Werk anbieten.

Um den Aktionstag weithin sichtbar zu machen, ist geplant einen aufblasbaren Bogen mit einem Banner an den Eingang des Firmengeländes zu platzieren.

Der Bogen ist annähernd parabelförmig und hat laut Auskunft des Herstellers folgende Innenmaße:
Höhe: 4 m; Breite am Boden: 8 m.

Der Bogen soll mit den Worten „Herzlich Willkommen" beschriftet werden. Zusätzlich möchte die Geschäftsführerin, Frau Peters, dass ein rechteckiges Banner in diesem Bogen angebracht wird, das mindestens 4 m breit und 60 cm hoch ist. Dort werden das Logo der Fly Bike Werke und der Schriftzug „Tag der offenen Tür" aufgedruckt. Da die Gäste beim Betreten des Firmengeländes den Bogen durchschreiten, soll die Durchgangshöhe mindestens 2,50 m betragen.

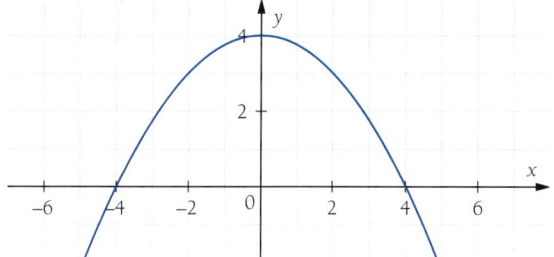

Bevor der Bogen in Auftrag gegeben wird, möchte Frau Peters wissen, ob alle Anforderungen erfüllt wurden. Herr Schumacher, einer der beiden Auszubildenden, hat mithilfe eines EDV-Programms den nebenstehenden Graphen entsprechend den Angaben des Bogenherstellers gezeichnet.

▶ Aufgabe 4 auf Seite 115

Kompetenzen

- Quadratische Funktionen erkennen und auf verschiedene Arten darstellen
- Einfluss der Koeffizienten auf den Graphen erläutern
- Realitätsbezogene Zusammenhänge mathematisch beschreiben und bewerten

Anwendungen

- Kosten-, Erlös- und Gewinnfunktion
- Ökonomischer Definitionsbereich
- Gewinnschwelle
- Gewinngrenze
- Gewinnmaximum

2.3 Quadratische Funktionen

Die linearen Funktionen mit der allgemeinen Gleichung $y = mx + n$ gehören zu den einfachsten Funktionstypen. Die nächst „höheren" Funktionen sind diejenigen, in denen die Variable x in zweiter Potenz (x^2) vorkommt. Reelle Funktionen mit der allgemeinen Gleichung $y = ax^2 + bx + c$; $a \neq 0$, bei denen die Variable x in höchster Potenz quadratisch auftritt, heißen **quadratische Funktionen**, ihre Graphen nennt man **Parabeln**.

2.3.1 Gleichungen und Graphen

Die einfachsten quadratischen Funktionen sind die vom Typ $f(x) = ax^2$. Bei ihnen fehlen das **lineare Glied** bx und das **Absolutglied** c.

Bremsweg

In der Fahrschule lernt man für den Bremsweg eines Autos folgende Faustregel:
Man quadriert die Maßzahl der Geschwindigkeit und teilt das Ergebnis durch 100.
Anders ausgedrückt:
Bremsweg (in m) = $\frac{1}{100} \cdot$ (Geschwindigkeit)^2.

▶ Die Geschwindigkeit wird in $\frac{km}{h}$ zu Beginn der Vollbremsung gemessen. Dabei werden ein trockener Fahrbelag und gute Reifen vorausgesetzt.

▶ Die Strecke, die ein Auto zwischen dem Erkennen der Gefahrenstelle und dem Stillstand zurücklegt, nennt man Anhalteweg. Der Anhalteweg ist die Summe aus Reaktionsweg und Bremsweg.

Bestimmen Sie eine Funktionsgleichung für den Bremsweg in Abhängigkeit von der Geschwindigkeit.

Schreibt man x für die Geschwindigkeit, so lässt sich der Bremsweg mit $f(x) = \frac{1}{100} \cdot x^2$ berechnen.
Für x setzen wir hier Geschwindigkeiten von $0\frac{km}{h}$ bis $100\frac{km}{h}$ ein.

$f(x) = \frac{1}{100} \cdot x^2$; $x \in [0; 100]$

Die Beispiele zeigen, dass sich der Bremsweg in Abhängigkeit von der Geschwindigkeit quadriert, während sich die Geschwindigkeit zum Beispiel von $10\frac{km}{h}$ auf $50\frac{km}{h}$ verfünffacht, ist der Bremsweg um das 5^2-fache, d. h. 25-fache länger.

Beispiele:
$f(10) = \frac{1}{100} \cdot 10^2 = 1$ ▶ 1 m Bremsweg
$f(50) = \frac{1}{100} \cdot 50^2 = 25$ ▶ 25 m Bremsweg
$f(100) = \frac{1}{100} \cdot 100^2 = 100$ ▶ 100 m Bremsweg

Quadratische Fliesen

Der Großmarkt „Fliesen-Paradies" möchte nächste Woche eine Aktion mit Toskana-Fliesen starten. Die in verschiedenen Kantenlängen erhältlichen quadratischen Toskana-Fliesen sollen jeweils in Paketen zu 50 Stück angeboten werden. Der Preis pro m^2 beträgt 25 €.

● Geben Sie eine Gleichung an, mit der der Paketpreis
● für verschiedene Kantenlängen schnell berechnet
● werden kann.

Zunächst berechnen wir den Flächeninhalt (in m^2) einer Fliese mit der Kantenlänge x (in m):

$$f(x) = x^2; \quad x > 0$$

Der Flächeninhalt der Fliesen quadriert sich in Abhängigkeit von der Kantenlänge; zum Beispiel

$$f(0,2) = 0,2^2 = 0,04$$

▶ Fliesen mit der Kantenlänge 0,2 m = 20 cm haben eine Fläche von 0,04 m^2 = 400 cm^2.

Ein Paket mit 50 Fliesen der Kantenlänge x (in m) hat dann insgesamt einen Flächeninhalt von $50 \cdot x^2$ (in m^2).

Den Paketpreis (in €) erhalten wir durch Multiplikation mit dem Quadratmeterpreis:

$$p(x) = 25 \cdot 50 \cdot x^2; \quad x > 0$$

Flächeninhalt pro Fliese: $f(x) = x^2; \quad x > 0$

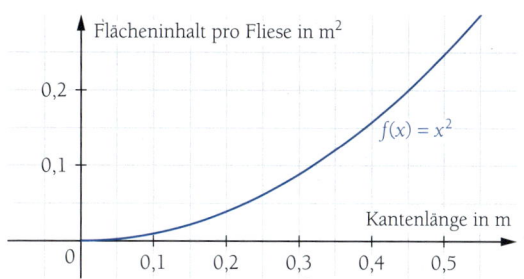

x	0,1	0,2	0,3	0,4	0,5
$f(x)$	0,01	0,04	0,09	0,16	0,25

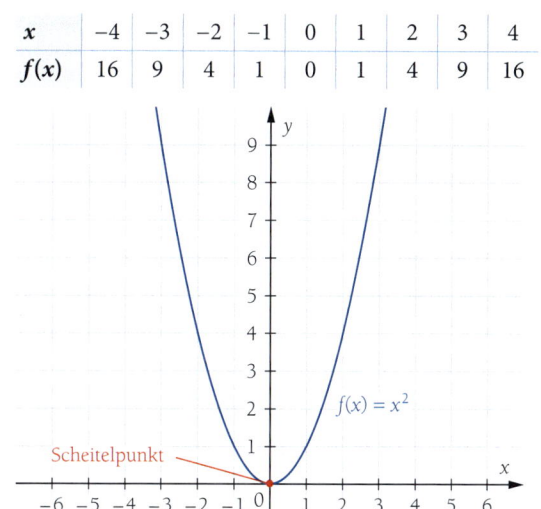

Flächeninhalt pro Paket: $50x^2; \quad x > 0$

Paketpreis: $p(x) = 25 \cdot 50 \cdot x^2 = 1250 x^2; \quad x > 0$

Beispiel: $p(0,2) = 1250 \cdot 0,2^2 = 50$

▶ Ein Paket mit 50 Fliesen der Kantenlänge 20 cm kostet 50 €.

Da es keine Fliesen mit negativen Kantenlängen gibt, ist es in Beispiel 2 sinnvoll gewesen, sich auf positive Werte für x zu beschränken. Im Allgemeinen können quadratische Funktionen jedoch für alle reellen Zahlen betrachtet werden.
Wir lösen uns nun vom obigen Beispiel und betrachten die Funktion f mit $f(x) = x^2$ für alle reellen Zahlen $x \in \mathbb{R}$.

Der Graph der reellen Funktion f mit $f(x) = x^2$ ist die sogenannte **Normalparabel**.

Sie ist symmetrisch zur y-Achse, die daher auch **Symmetrieachse** der Normalparabel heißt.

Den Schnittpunkt der beiden zueinander symmetrischen Parabeläste mit der Symmetrieachse nennt man **Scheitelpunkt** der Parabel.

Die Funktionswerte dieser quadratischen Funktion sind die positiven reellen Zahlen und 0 ($f(0) = 0$), in symbolischer Schreibweise $W_f = \mathbb{R}_0^+$.

x	-4	-3	-2	-1	0	1	2	3	4
$f(x)$	16	9	4	1	0	1	4	9	16

• Reelle Funktionen vom Typ $f(x) = ax^2 + bx + c$ mit $a \neq 0$ heißen **quadratische Funktionen**. In ihren Funktionstermen tritt die Argumentvariable x in höchster Potenz quadratisch, d. h. in zweiter Potenz, auf.
• Die Graphen quadratischer Funktionen heißen **Parabeln**. Sie besitzen zwei zueinander symmetrische **Parabeläste**. Der **Scheitelpunkt** einer Parabel ist der Schnittpunkt der Parabel mit ihrer Symmetrieachse.
• Der Graph der Funktion f mit $f(x) = x^2$ heißt **Normalparabel**.

Von der Normalparabel zur allgemeinen Parabel

Durch Verschiebung, Streckung und Stauchung können wir aus der Normalparabel die Parabel jeder beliebigen quadratischen Funktion gewinnen.

 3 Verschiebung der Normalparabel entlang der y-Achse

Erläutern Sie, wie man die Graphen zu $f_1(x) = x^2 + 2$ und $f_2(x) = x^2 - 3$ aus der Normalparabel erhält.

Wir zeichnen die Graphen mithilfe einer Wertetabelle.

x	-4	-3	-2	-1	0	1	2	3	4
$f(x)$	16	9	4	1	0	1	4	9	16
$f_1(x)$	18	11	6	3	2	3	6	11	18
$f_2(x)$	13	6	1	-2	-3	-2	1	6	13

Verschiebung nach oben:
Den Graphen der Funktion mit der Gleichung $f_1(x) = x^2 + 2$ erhält man, indem man die Normalparabel aus dem Koordinatenursprung um 2 Einheiten **nach oben** verschiebt.
Der Scheitelpunkt der verschobenen Parabel ist $S_1(0|2)$. ▶ rote Parabel

Verschiebung nach unten:
Der Graph zu $f_2(x) = x^2 - 3$ ergibt sich aus der Normalparabel durch Verschiebung aus dem Koordinatenursprung um 3 Einheiten **nach unten**.
Der Scheitelpunkt dieser Parabel ist $S_2(0|-3)$.
▶ blaue Parabel

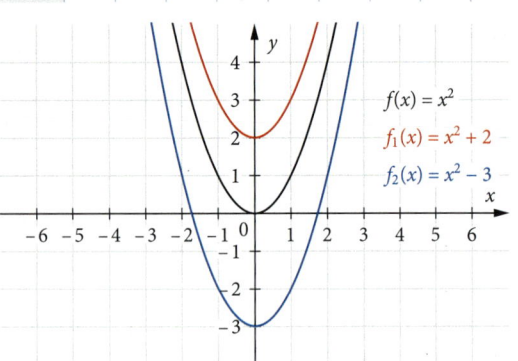

Allgemein: Der Graph der Funktion f mit $f(x) = x^2 + y_S$ entsteht durch Verschiebung der Normalparabel um y_S Einheiten in Richtung der y-Achse.

 4 Verschiebung der Normalparabel entlang der x-Achse

Erläutern Sie, wie man die Graphen zu $f_3(x) = (x - 2)^2$ und $f_4(x) = (x + 3)^2$ aus der Normalparabel erhält.

Verschiebung nach rechts:
Der Graph zu $f_3(x) = (x - 2)^2$ ergibt sich aus der Normalparabel durch Verschiebung aus dem Koordinatenursprung um 2 Einheiten **nach rechts**.
Der Scheitelpunkt dieser Parabel ist $S_3(2|0)$.
▶ rote Parabel

x	-4	-3	-2	-1	0	1	2	3	4
$f(x)$	16	9	4	1	0	1	4	9	16
$f_3(x)$	36	25	16	9	4	1	0	1	4
$f_4(x)$	1	0	1	4	9	16	25	36	49

Verschiebung nach links:
Der Graph zu $f_4(x) = (x + 3)^2$ ergibt sich aus der Normalparabel durch Verschiebung aus dem Koordinatenursprung um 3 Einheiten **nach links**.
Der Scheitelpunkt dieser Parabel ist $S_4(-3|0)$.
▶ blaue Parabel

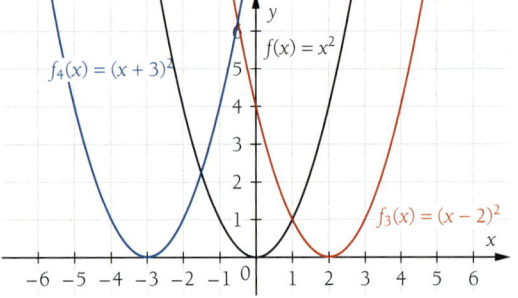

Allgemein: Der Graph der Funktion f mit $f(x) = (x - x_S)^2$ entsteht durch Verschiebung der Normalparabel um x_S Einheiten in Richtung der x-Achse, und zwar nach rechts für $x_S > 0$ und nach links für $x_S < 0$.

Beliebige Verschiebungen der Normalparabel

(5)

Erläutern Sie, wie man den Graphen der Funktion f_5 mit $f_5(x) = (x + 3)^2 - 4$ aus der Normalparabel erhält.

Der Funktionsterm $(x + 3)^2 - 4$ lässt sich auch in der Form $(x - (-3))^2 - 4$ schreiben. Nun können wir ablesen, dass man den Graphen von f_5 erhält, indem man die Normalparabel aus dem Koordinatenursprung um 3 Einheiten nach **links** und 4 Einheiten nach **unten** verschiebt.
Der Scheitelpunkt dieser Parabel ist $S_5(-3|-4)$.

Da man den Scheitelpunkt aus der Funktionsgleichung der Form $f(x) = (x - x_S)^2 + y_S$ direkt ablesen kann, nennt man diese Form **Scheitelpunktform**.
x_S und y_S sind die Koordinaten des Scheitelpunkts $S(x_S|y_S)$ der Parabel.

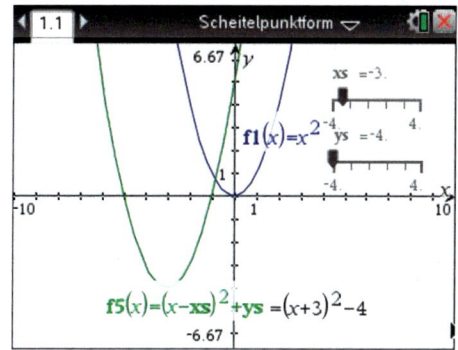

▶ TI Die Scheitelpunktform mit x_S und y_S kann sehr anschaulich mit den Schiebereglern (Anwendung Graphs, menu, Aktionen, Schieberegler einfügen) untersucht werden.

Scheitelpunktform ablesen

(6)

Geben Sie die Funktionsgleichung zum abgebildeten Graphen an.

Der Graph von f_6 ist im Vergleich zur Normalparabel um 2 Einheiten nach **rechts** und um 1 Einheit nach **oben** verschoben. Die Funktionsgleichung lautet also:
$f_6(x) = (x - 2)^2 + 1$. Der Scheitelpunkt der Parabel ist $S_6(2|1)$.

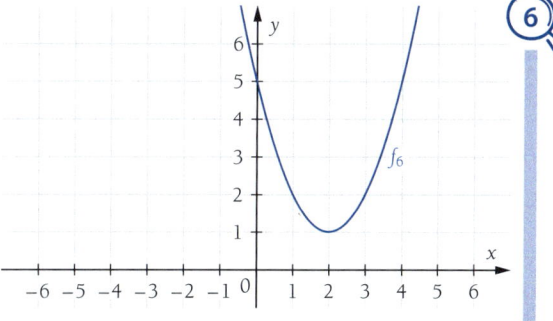

Sorge dafür, dass nach dem x ein Minuszeichen steht.
Die 3 in $(x - 3)^2$ bewirkt eine Verschiebung nach rechts; die
-2 in $(x + 2)^2 = (x - (-2))^2$ eine Verschiebung nach links.

- Der Graph einer Funktion der Form $f(x) = (x - x_S)^2 + y_S$ ist eine **Parabel** und entsteht durch Verschiebung der Normalparabel um y_S Einheiten parallel zur y-Achse und x_S Einheiten parallel zur x-Achse.

  y_S positiv: Verschiebung nach oben; y_S negativ: Verschiebung nach unten.
  x_S positiv: Verschiebung nach rechts; x_S negativ: Verschiebung nach links.

- Den Funktionsterm der Form $f(x) = (x - x_S)^2 + y_s$ nennt man **Scheitelpunktform**.
  x_S und y_S sind die Koordinaten des **Scheitelpunkts** $S(x_S|y_S)$ der Parabel.

Beschreiben Sie, wie die Graphen in der nebenstehenden Zeichnung aus Verschiebungen der Normalparabel entstehen, und geben Sie jeweils die zugehörige Scheitelpunktform an.

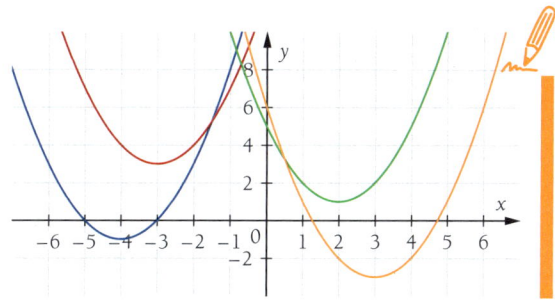

2

⑦ Öffnungsweite

Erläutern Sie, wie man die Graphen zu $f_7(x) = 2x^2$ und $f_8(x) = 0,5x^2$ aus der Normalparabel erhält.

Streckung: ▶ rote Parabel
Die reelle Funktion f_7 mit $f_7(x) = 2x^2$ hat für gleiche x-Werte doppelt so große Funktionswerte wie die Normalparabel. Der Graph von f_7 ist schmaler als die Normalparabel; er ist bezüglich der y-Achse **gestreckt**.

Stauchung: ▶ blaue Parabel
Die Funktion f_8 mit $f_8(x) = 0,5x^2$ hat für gleiche x-Werte halb so große Funktionswerte wie die Normalparabel. Ihr Graph ist breiter als die Normalparabel; er ist bezüglich der y-Achse **gestaucht**.

x	–3	–2	–1	0	1	2	3
$f(x)$	9	4	1	0	1	4	9
$f_7(x)$	18	8	2	0	2	8	18
$f_8(x)$	4,5	2	0,5	0	0,5	2	4,5

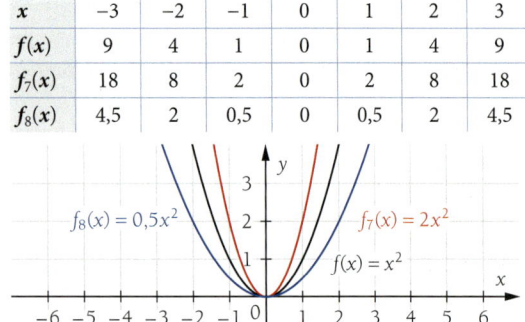

Allgemein: Die Parabel zu $f(x) = ax^2$ ist für $a > 1$ gestreckt und für $0 < a < 1$ gestaucht.

⑧ Öffnungsrichtung

Erläutern Sie, wie man die Graphen zu $f_9(x) = -x^2$, $f_{10}(x) = -3x^2$ und $f_{11}(x) = -0,25x^2$ aus der Normalparabel erhält.

Der Graph der Funktion f_9 mit $f_9(x) = -x^2$ hat die gleiche Öffnungsweite wie die Normalparabel, ist aber **nach unten** geöffnet. Man sagt auch, dass der Graph von f_9 durch Spiegelung der Normalparabel an der x-Achse entstanden ist. ▶ grüne Parabel

Der Graph zu $f_{10}(x) = -3x^2$ ist auch **nach unten** geöffnet und gegenüber der Normalparabel schmaler; er ist **gestreckt**. ▶ rote Parabel

Der Graph zu $f_{11}(x) = -0,25x^2$ ist **nach unten** geöffnet und gegenüber der Normalparabel breiter; er ist **gestaucht**. ▶ blaue Parabel

x	–3	–2	–1	0	1	2	3
$f(x)$	9	4	1	0	1	4	9
$f_9(x)$	–9	–4	–1	0	–1	–4	–9
$f_{10}(x)$	–27	–12	–3	0	–3	–12	–27
$f_{11}(x)$	–2,25	–1	–0,25	0	–0,25	–1	–2,25

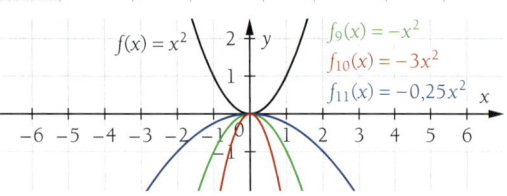

Allgemein: Die Parabel zu $f(x) = ax^2$ ist für $a > 0$ nach oben geöffnet und für $a < 0$ nach unten geöffnet.

⑨ Beliebige Veränderung der Normalparabel

Vergleichen Sie die Graphen zu $f_1(x) = x^2$, $f_{2_1}(x) = (x+1)^2 - 3$ und $f_{2_2}(x) = 2(x+1)^2 - 3$ miteinander.

Der Graph zu $f_{2_1}(x) = (x+1)^2 - 3$ ist eine um 3 Einheiten nach unten und 1 Einheit nach links verschobene Normalparabel. Der Scheitelpunkt ist $S_{2_1}(-1\,|\,-3)$. ▶ rote Parabel

Auch die Parabel zu $f_{2_2}(x) = 2(x+1)^2 - 3$ hat den Scheitelpunkt $S_{2_2}(-1\,|\,-3)$. Die Parabel ist im Vergleich zur Normalparabel gestreckt. ▶ blaue Parabel

▶ TI Alternativ zu Schiebereglern können für einen Parameter mehrere Werte definiert werden.

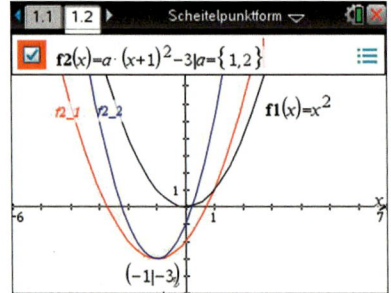

- Bei quadratischen Funktionen vom Typ $f(x) = ax^2 + bx + c$ bzw. $f(x) = a(x - x_S)^2 + y_S$ mit $a \neq 0$ gibt der Faktor a die Öffnungsweite der Parabel an. Der Faktor a wird **Streckfaktor** genannt.

  Für $|a| > 1 \Leftrightarrow a > 1$ oder $a < -1$ gilt: Die Parabel ist bezüglich der y-Achse **gestreckt**.
  Für $|a| < 1 \Leftrightarrow -1 < a < 1$ gilt: Die Parabel ist bezüglich der y-Achse **gestaucht**.
  Für $|a| = 1 \Leftrightarrow a = 1$ oder $a = -1$ gilt: Die Parabel hat die Form der **Normalparabel**.

- Für $a > 0$ ist die Parabel **nach oben geöffnet**, für $a < 0$ ist die Parabel **nach unten geöffnet**.

2

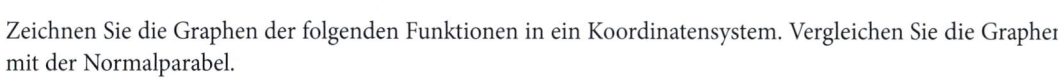

Zeichnen Sie die Graphen der folgenden Funktionen in ein Koordinatensystem. Vergleichen Sie die Graphen mit der Normalparabel.

a) $f_1(x) = 4x^2$

b) $f_2(x) = -0{,}5x^2$

c) $f_3(x) = \frac{1}{3}x^2$

d) $f_4(x) = -\frac{5}{3}x^2$

e) $f_5(x) = \frac{1}{3}x^2 + 3$

f) $f_6(x) = 2{,}5x^2 - 5$

In Beispiel 14 auf Seite 82 wurde die typische Nachfragefunktion $p_N(x) = -5x + 100$ dargestellt. Wenn der Preis $p_N(x)$ fällt, steigt die Nachfrage nach dem Produkt und somit die Absatzmenge x. Umgekehrt nimmt bei einer Preissteigerung die Nachfragemenge ab.

Steht dieser Nachfragesituation ein einzelner Anbieter gegenüber, ein sogenannter **Monopolist**, so kann dieser Anbieter mithilfe der Nachfragefunktion p_N bestimmen, welche Mengen des Produkts er in Abhängigkeit vom Preis absetzen wird. Anders formuliert: Der Monopolist kann unbehelligt von Konkurrenten die Absatzmenge und den Verkaufspreis so wählen, dass die Nachfragemenge genau der Absatzmenge entspricht.

Daher nennt man p_N in diesem Fall auch **Preis-Absatz-Funktion**.

Erlösfunktion

Bestimmen Sie die zu $p_N(x) = -5x + 100$ gehörige Erlösfunktion E. Zeichnen Sie den Graphen von E.

Der Erlös ist das Produkt aus Preis $p_N(x)$ und Absatzmenge x. Er kann als Funktion wie folgt angegeben werden:

$$E(x) = p_N(x) \cdot x$$
$$= (-5x + 100) \cdot x$$
$$= -5x^2 + 100x; \ x \in [0; 20]$$

Der Definitionsbereich $D_E = [0; 20]$ ergibt sich daraus, dass weder die Absatzmenge negativ sein kann (also $x \geq 0$) noch der Preis:

$$p_N(x) \geq 0 \ \blacktriangleright \text{Preis nicht-negativ}$$
$$\Leftrightarrow \ -5x + 100 \geq 0$$
$$\Leftrightarrow \ -5x \geq -100$$
$$\Leftrightarrow \ x \leq 20$$

Der Graph der Erlösfunktion ist eine um 500 Einheiten nach oben und 10 Einheiten nach rechts verschobene, gestreckte und nach unten geöffnete Parabel.

$\blacktriangleright E(x) = -5x^2 + 100x$
$|-5| > 1$: Parabel gestreckt
$-5 < 0$: Parabel nach unten geöffnet

x	0	1	2	...	10	...	18	19	20
$p_N(x)$	100	95	90	...	50	...	10	5	0
$E(x)$	0	95	180	...	500	...	180	95	0

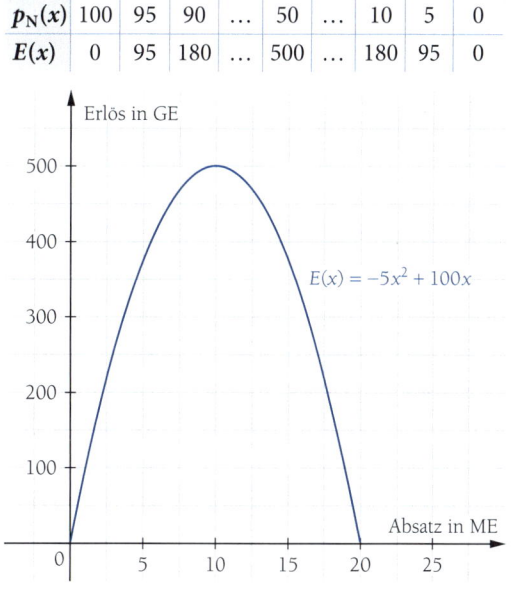

2

Übungen zu 2.3.1

1. Ordnen Sie die Graphen und Gleichungen einander zu.

a) $f(x) = x^2 + 2$

b) $f(x) = -x^2 - 1$

c) $f(x) = (x + 2)^2$

d) $f(x) = (x - 2)^2$

e) $f(x) = (x - 2)^2 - 2$

f) $f(x) = -(x + 2)^2 + 2$

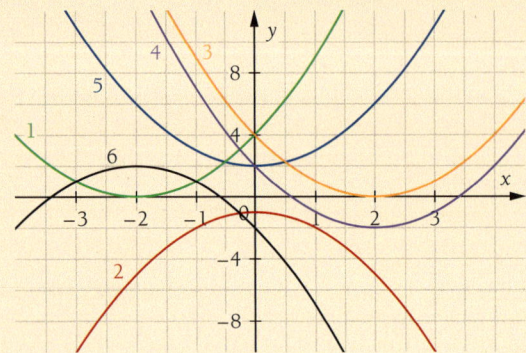

2. Zeichnen Sie die Graphen der Funktionen. Beschreiben Sie die Graphen (Symmetrie, Scheitelpunkt, Verschiebung, Öffnungsweite und Öffnungsrichtung im Vergleich zur Normalparabel).

a) $f(x) = x^2 + 1$

b) $f(x) = 2x^2 - 2$

c) $f(x) = -3x^2 + 3$

d) $f(x) = -0,5x^2 - 1$

e) $f(x) = 2(x - 1)^2$

f) $f(x) = (x - 3)^2 + 2$

3. Erläutern Sie, wie die Parabeln aus der Normalparabel hervorgehen.

a) $f(x) = -x^2$

b) $f(x) = -x^2 + 2$

c) $f(x) = -(x + 2)^2$

d) $f(x) = (x - 2)^2 - 4$

e) $f(x) = 0,5(x - 2)^2 - 4,5$

f) $f(x) = -0,5(x + 2)^2 - 4,5$

g) $f(x) = -2(x + 3)^2 + 8$

h) $f(x) = -0,5x^2$

i) $f(x) = -0,5x^2 + 4$

4. Geben Sie jeweils die Funktionsgleichung in der Scheitelpunktform an, wenn von den Funktionsgraphen der Streckfaktor a und die Verschiebung in senkrechter und waagerechter Richtung bekannt sind.

a) $a = 2$; Verschiebung um 3 Einheiten nach links und 4 Einheiten nach oben

b) $a = -0,5$; Verschiebung um 2 Einheiten nach rechts und 1 Einheit nach unten

c) $a = -1$; Verschiebung um 4 Einheiten nach rechts und 0,5 Einheiten nach oben

d) $a = 0,25$; Verschiebung um 1 Einheit nach links und 6 Einheiten nach unten

5. Betrachten Sie die Graphen zu den Funktionen $f_a(x) = a \cdot x^2$, $f_b(x) = x^2 + b$ und $f_c(x) = (x - c)^2$.

a) Zeichnen Sie die Funktion f mit $f(x) = x^2$ in Ihrem GTR/CAS.

b) Setzen Sie für die Parameter a, b bzw. c verschiedene Zahlen ein und beschreiben Sie, wie sich die Graphen im Vergleich zum Graphen von f verändern.
Tipp: Zeichnen Sie in Ihrem GTR/CAS neben G_f nur jeweils den Graphen einer der drei Funktion f_a, f_b oder f_c. Setzen Sie zur Darstellung der Graphen Schieberegler oder ähnliches ein.

c) Erläutern Sie die Auswirkungen, die die Veränderungen von a, b bzw. c auf die Graphen quadratischer Funktionen mit der Funktionsgleichung $f(x) = a \cdot (x - c)^2 + b$ bewirken.

6. Verschieben Sie mithilfe eines GTR/CAS die Normalparabel mit der Funktionsgleichung $f(x) = x^2$ auf die Scheitelpunkte $S_1(1|2)$, $S_2(-2|4)$, $S_3(3|-2)$ und $S_4(-4|-3)$.
Geben Sie die Gleichungen der verschobenen Funktionen an.

7. Erläutern Sie, wie die unten dargestellten Parabeln aus der Normalparabel entstanden sind. Geben Sie die zugehörigen Funktionsgleichungen an.
Tipp: Um die Streckung bzw. Stauchung abzulesen, geht man vom Scheitelpunkt aus einen Schritt nach rechts und prüft, wie viele Schritte man nach oben bzw. unten gehen muss, um wieder auf der Parabel zu landen. Diese Schrittweite entspricht dann dem Streckfaktor.

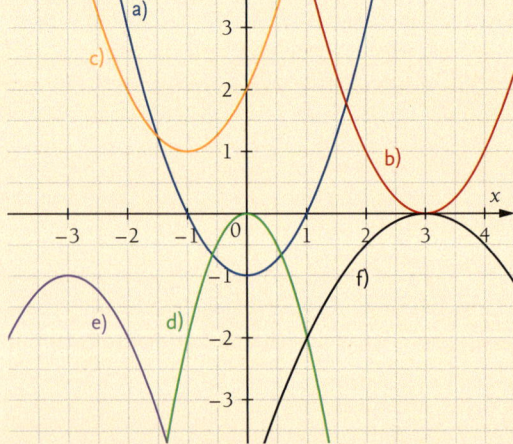

2.3.2 Normalform, allgemeine Form und Scheitelpunktform

Normalform, allgemeine Form und Scheitelpunktform (11)

Zeichnen Sie die Graphen zu $f(x) = (x + 3)^2 - 4$ und $f^*(x) = x^2 + 6x + 5$ sowie die Graphen zu $g(x) = 2(x + 3)^2 - 4$ und $g^*(x) = 2x^2 + 12x + 14$. Welche Vorteile haben die jeweiligen Formen der Funktionsgleichung?

Die beiden Funktionen f und f^* haben den gleichen Graphen. Die Funktionsgleichungen beschreiben die gleiche Funktion also in verschiedenen Formen.
Aus der Form $f(x) = (x + 3)^2 - 4$ kann man den Scheitelpunkt schnell bestimmen: $S(-3|-4)$. Die Form $f^*(x) = x^2 + 6x + 5$ hat den Vorteil, dass man den y-Achsenabschnitt direkt ablesen kann: $S_y(0|5)$.
Auch die Gleichungen zu g und g^* beschreiben die gleiche Funktion. Wie oben ermöglicht die Gleichung $g(x) = 2(x + 3)^2 - 4$ die Angabe des Scheitelpunkts $S(-3|-4)$. Dagegen kann man aus der Gleichung $g^*(x) = 2x^2 + 12x + 14$ sofort den y-Achsenabschnitt $S_y(0|14)$ ablesen.

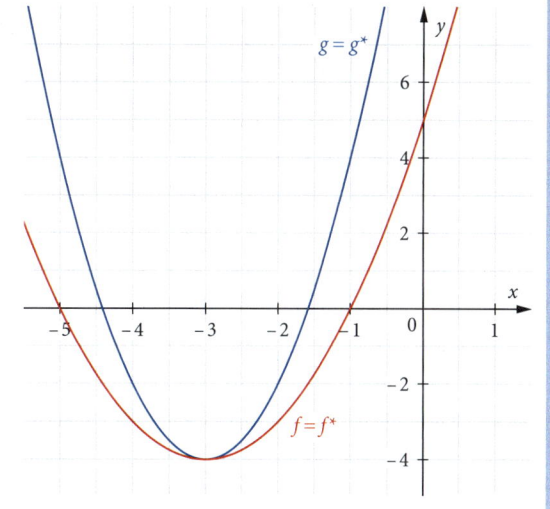

▶ Die Gleichungen von g und f unterscheiden sich nur durch den Faktor 2 vor der Klammer. Dieser hat keinen Einfluss auf den Scheitelpunkt. Er bewirkt lediglich eine Streckung der Parabel bezüglich der y-Achse.

Da der Scheitelpunkt aus der Funktionsgleichung der Form $f(x) = (x - x_S)^2 + y_S$ bzw. $f(x) = a(x - x_S)^2 + y_S$ abgelesen werden kann, nennt man diese Form auch **Scheitelpunktform**. ▶ Seite 97
Dabei geben x_S und y_S die Koordinaten des Scheitelpunkts $S(x_S|y_S)$ an.

Aus der Form $f(x) = x^2 + px + q$ einer quadratischen Funktion lässt sich der y-Achsenabschnitt q ablesen. Für den Schnittpunkt mit der y-Achse gilt $S_y(0|q)$. Man nennt diese Form der Funktionsgleichung **Normalform**.

▶ Der zugehörige Funktionsgraph ist eine entlang der Achsen verschobene Normalparabel.

Die Form $f(x) = ax^2 + bx + c$ heißt **allgemeine Form** einer quadratischen Funktion. Aus ihr lässt sich ebenfalls der y-Achsenabschnitt c ablesen. Für den Schnittpunkt mit der y-Achse gilt $S_y(0|c)$.

▶ Für $a \neq 1$ ist die zugehörige Parabel im Vergleich zur Normalparabel nicht nur verschoben, sondern auch gespiegelt, gestaucht oder gestreckt (siehe Seite 99).

- **Allgemeine Form:** $f(x) = ax^2 + bx + c$.
  Im Fall $a = 1$ liegt eine Spezialform vor, die **Normalform:** $f(x) = x^2 + px + q$.
- **Scheitelpunktform:** $f(x) = a(x - x_S)^2 + y_S$. Der Scheitelpunkt ist $S(x_S|y_S)$.

Von der Scheitelpunktform zur Normalform (12)

Formen Sie die Scheitelpunktform $f(x) = (x + 3)^2 - 4$ der Funktion f in die Normalform um.

Zuerst multiplizieren wir die Scheitelpunktform mithilfe der 1. binomischen Formel aus und vereinfachen dann die Summe.

$$f(x) = (x + 3)^2 - 4 \qquad \text{▶ 1. binomische Formel}$$
$$= x^2 + 6x + 9 - 4$$
$$= x^2 + 6x + 5 \qquad \text{▶ } y\text{-Achsenabschnitt 5}$$

Die Kenntnis des Scheitelpunkts vereinfacht das Zeichnen von Parabeln und das Erkennen ihrer wesentlichen Eigenschaften. Daher ist die Scheitelpunktform von besonderer Bedeutung.

Während das Ausmultiplizieren der Scheitelpunktform wie in Beispiel 12 keine großen Schwierigkeiten bereitet, gestaltet sich der umgekehrte Weg des Umwandelns der Normalform in die Scheitelpunktform schwieriger.

(13)   Von der Normalform zur Scheitelpunktform

Formen Sie die Normalform $f(x) = x^2 + 6x + 5$ der Funktion f in ihre Scheitelpunktform um. Geben Sie den Scheitelpunkt an.

Beim Umformen in die Scheitelpunktform wendet man auch die 1. binomische Formel an, und zwar „umgekehrt", also gewissermaßen von rechts nach links.

$$(a + b)^2 = a^2 + 2ab + b^2 \qquad \blacktriangleright \text{1. binomische Formel}$$
$$a^2 + 2ab + b^2 = (a + b)^2 \qquad \blacktriangleright \text{umgekehrte Leserichtung}$$

Die Idee dabei ist, die ersten beiden Summanden $x^2 + 6x$ so zu ergänzen, dass sich ein Term der Form $a^2 + 2ab + b^2$ ergibt.

Schreiben wir den Term $x^2 + 6x$ in der Form $x^2 + 2 \cdot x \cdot 3$, so entspricht er bereits den ersten beiden Summanden der 1. binomischen Formel $(a^2 + 2 \cdot a \cdot b)$. Aus dieser Darstellung wird schnell deutlich, dass die Zahl für b die Zahl 3 sein muss.

$$a^2 + 2 \cdot a \cdot b$$
$$\uparrow \qquad \uparrow \; \uparrow$$
$$f(x) = x^2 + 2 \cdot x \cdot 3 + 5$$

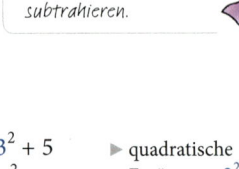

Zahl vor dem x halbieren, dann quadrieren. Ergebnis addieren und subtrahieren.

Der so bestimmte Wert für b wird noch **quadriert** und zum Funktionsterm **ergänzt**.

Um aber den Wert des ursprünglichen Funktionsterms nicht zu ändern, muss das ergänzte Quadrat (3^2) wieder subtrahiert werden. Anschließend können wir es mit dem Absolutglied (5) zusammenfassen.

$$a^2 + 2 \cdot a \cdot b + b^2$$
$$\uparrow \qquad \uparrow \; \uparrow \quad \uparrow$$
$$\begin{aligned} f(x) &= x^2 + 2 \cdot x \cdot 3 + 3^2 - 3^2 + 5 \qquad \blacktriangleright \text{quadratische} \\ &= (x^2 + 2 \cdot x \cdot 3 + 3^2) - 3^2 + 5 \qquad \quad \text{Ergänzung } 3^2 \\ &= (x^2 + 2 \cdot x \cdot 3 + 3^2) - 9 + 5 \\ &= (x^2 + 6x + 9) - 4 \end{aligned}$$

Abschließend wird die 1. binomische Formel „rückwärts" angewendet und wir erhalten die gesuchte Scheitelpunktform.

$$\begin{aligned} f(x) &= (x^2 + 6x + 9) - 4 \qquad \blacktriangleright \text{1. binomische Formel} \\ &= (x + 3)^2 - 4 \qquad \qquad \quad \text{„rückwärts" anwenden} \end{aligned}$$

Die Scheitelpunktkoordinaten können nun abgelesen werden: $x_S = -3$ und $y_S = -4$.

$$\Rightarrow S(-3 \mid -4)$$

Die Umformung einer beliebigen Form der Funktion f in ihre Scheitelpunktform gehört auch zum Leistungsspektrum eines CAS.

▶ Ein GTR bietet entsprechende Termumformungen üblicherweise nicht an.

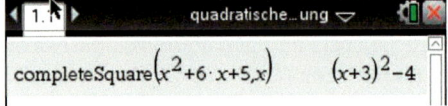

▶ $\boxed{\text{TI}}$ Der Befehl ist in der Anwendung Calculator im Menü unter Algebra, Quadratische Ergänzung gelistet.

Etwas umfangreicher, aber nach demselben Schema lassen sich quadratische Funktionen, die in allgemeiner Form $f(x) = ax^2 + bx + c$ gegeben sind, in die Scheitelpunktform überführen. ▶ Seite 110, Aufgabe 5

$$\begin{aligned} f(x) &= ax^2 + bx + c \\ &= a\left(x + \frac{b}{2a}\right)^2 + \frac{4ac - b^2}{4a} \end{aligned}$$

Erlösoptimierung

Bei einem Open-Air-Konzert werden 10 000 Besucher erwartet. Der Eintrittspreis beträgt 80 €. Der Veranstalter geht davon aus, dass mit jeder Preissenkung um 5 € die Besucherzahl um 1000 steigt und mit jeder Preiserhöhung um 5 € die Besucherzahl um 1000 sinkt.
Stellen Sie die Überlegungen des Veranstalters zur Preisfestsetzung dar, wenn er den Erlös maximieren will.

Der Erlös ist das Produkt aus dem Eintrittspreis und der Zuschauerzahl.

$$\text{Erlös} = \text{Eintrittspreis} \cdot \text{Zuschauerzahl}$$
$$= 80 \cdot 10\,000 = 800\,000 \quad \blacktriangleright \text{Erlös in €}$$

Erhöht der Veranstalter den Preis x-mal ($x \geq 0$) um 5 € oder senkt er ihn x-mal um 5 € ($x \leq 0$), dann erhält er einen Preis von $80 + 5x$.

Neuer Preis: $80 + 5x$

$\blacktriangleright$ x steht für die Anzahl der Preisveränderungen um 5 €: x positiv: Preiserhöhung; x negativ: Preissenkung

Gleichzeitig verändert sich die Anzahl der Zuschauer um $-1000x$ auf $10\,000 - 1000x$.
Erneut gibt das Produkt aus Preis und Zuschauerzahl den Erlös an.

Neue Zuschaueranzahl: $10\,000 - 1000x$

Erlös: $E(x) = (80 + 5x) \cdot (10\,000 - 1000x)$
$$= -5000x^2 - 30\,000x + 800\,000$$

Es handelt sich bei der Erlösfunktion der Form $E(x) = -5000x^2 - 30\,000x + 800\,000$ also um eine quadratische Funktion, deren Parabel nach unten geöffnet ist. Der Scheitelpunkt einer nach unten geöffneten Parabel ist der **Maximalpunkt** der Parabel, also im Beispiel der Punkt, an dem der Erlös maximal ist. Um den Scheitel- bzw. Maximalpunkt zu bestimmen, bringen wir die Erlösfunktion in die Scheitelpunktform.

Vor dem Umformen in die Scheitelpunktform muss der führende Koeffizient -5000 ausgeklammert werden.

$$E(x) = -5000x^2 - 30\,000x + 800\,000$$
$$= -5000 \cdot (x^2 + 6x - 160)$$

Die beiden Summanden $x^2 + 6x$ schreiben wir in der Form $x^2 + 2 \cdot x \cdot 3$ analog zu den ersten beiden Summanden $a^2 + 2 \cdot a \cdot b$ der 1. binomischen Formel. $\blacktriangleright$ $b = 3$

$$E(x) = -5000 \cdot [(x^2 + 2 \cdot x \cdot 3) - 160]$$
$$= -5000 \cdot [(x^2 + 2 \cdot x \cdot 3) + 3^2 - 3^2 - 160]$$
$$\blacktriangleright \text{quadratische Ergänzung } 3^2$$
$$= -5000 \cdot [(x^2 + 2 \cdot x \cdot 3 + 3^2) - 9 - 160]$$
$$= -5000 \cdot [(x^2 + 6x + 9) - 169]$$
$$\blacktriangleright \text{1. binomische Formel „rückwärts" anwenden}$$

$b = 3$ wird noch **quadriert** und zum Funktionsterm in der runden Klammer **ergänzt**. Das ergänzte Quadrat (3^2) wird subtrahiert und mit dem Absolutglied (160) zusammengefasst. Abschließend wird die eckige Klammer aufgelöst.

$$= -5000 \cdot [(x + 3)^2 - 169]$$
$$= -5000 \cdot (x + 3)^2 + 845\,000$$

Als Scheitelpunkt bzw. Maximalpunkt erhalten wir $S(-3\,|\,845\,000)$. $\blacktriangleright$ $x_S = -3$ und $y_S = 845\,000$

$$S(-3\,|\,845\,000)$$

Für den Veranstalter des Open-Air-Konzerts bedeutet das, dass er bei einer Preissenkung um 15 € ($= 3 \cdot 5$ €) den maximalen Erlös erzielen wird, nämlich 845 000 €.

Neuer Preis: $80\,€ + 5\,€ \cdot (-3) = 65\,€$
Neue Zuschaueranzahl: $10\,000 - 1000 \cdot (-3) = 13\,000$

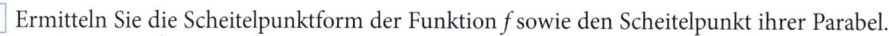

Graph: $E(x) = -5000 \cdot (x + 3)^2 + 845\,000$, $E(x)$ in €, $S(-3\,|\,845\,000)$

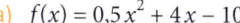 Ermitteln Sie die Scheitelpunktform der Funktion f sowie den Scheitelpunkt ihrer Parabel.
a) $f(x) = 0{,}5x^2 + 4x - 10$ b) $f(x) = -3x^2 + 9x + 12$

103

Übungen zu 2.3.2

1. Zeichnen Sie zu den angegebenen Scheitelpunktformen die zugehörigen Parabeln. Bringen Sie die Funktionsterme anschließend in die allgemeine Form.

   a) $f(x) = (x - 2)^2 - 3$
   b) $f(x) = (x + 3)^2 - 1$
   c) $f(x) = (x - 3)^2 + 2$
   d) $f(x) = (x + 1,5)^2$
   e) $f(x) = (x - 2,5)^2 - 3$
   f) $f(x) = -(x - 1)^2 + 1$
   g) $f(x) = -2(x + 2)^2 + 5$
   h) $f(x) = -4(x - 0,5)^2 - 3$
   i) $f(x) = -0,5(x - 2)^2 + 4,5$

2. Stellen Sie die Funktionsterme jeweils in Scheitelpunktform dar. Geben Sie die Scheitelpunkte der einzelnen Parabeln an. Zeichnen Sie die Parabeln.

   a) $f(x) = x^2 + 4x + 2$
   b) $f(x) = x^2 - 2x - 3$
   c) $f(x) = x^2 - 8x + 19$
   d) $f(x) = -x^2 + 4x - 5$
   e) $f(x) = 2x^2 + 4x + 3$
   f) $f(x) = -3x^2 + 9x - 9$

3. Eine Kleingärtnerin darf ihren Garten, der an einer Seite von einer Mauer begrenzt wird, so mit einem 80 Meter langen Gitter umzäunen, dass die Gartenfläche maximal groß wird.
   Ermitteln Sie die Seitenlängen des Gitterzauns, wenn der Garten rechteckig sein soll.

4. Die Zahl 40 ist so in zwei Summanden zerlegt worden, dass ihr Produkt möglichst groß wurde. Bestimmen Sie diese Zahlen.

5. Der Kraftstoffverbrauch eines Pkw hängt insbesondere von der Geschwindigkeit ab. Lisas Vater hat für seinen Pkw den folgenden funktionalen Zusammenhang ermittelt. Es gilt:
   $K(v) = 0,0018 v^2 - 0,18 v + 8$ für $v > 42$.
   Hier gibt $K(v)$ den Kraftstoffverbrauch in Liter pro 100 km an und v die Geschwindigkeit in $\frac{km}{h}$.
   Überprüfen Sie die Behauptung: „Wenn ich $80 \frac{km}{h}$ fahre, ist der Spritverbrauch am geringsten."

6. Einer Ihrer Mitschüler hat in der letzten Mathematikstunde gefehlt. Erläutern Sie ihm schriftlich an einem selbst gewählten Beispiel, wie man aus der Normalform die Scheitelpunktform erhält.

7. Gegeben ist die Preis-Absatz-Funktion p_N mit $p_N(x) = -0,1x + 100; x \in [0; 1000]$.

   Bestimmen Sie das Erlösmaximum.

   a) Bestimmen Sie den Funktionsterm der Gesamterlösfunktion und zeichnen Sie deren Graphen.
   b) Geben Sie mithilfe der Scheitelpunktform der Gesamterlösfunktion das Erlösmaximum an.

8. Die in der untenstehenden Tabelle aufgeführten quadratischen Funktionsterme sind vom Typ $f(x) = x^2 + px + q$ (Normalform) bzw. vom Typ $f(x) = (x - x_S)^2 + y_S$ (Scheitelpunktform).
   Übertragen Sie die Tabelle in Ihr Heft und vervollständigen Sie diese.

	Funktionsterm in Scheitelpunktform	Scheitelpunkt der Parabel	x_S	y_S	Funktionsterm in Normalform	p	q
a)	$(x - 2)^2$						
b)		$S(3\|4)$					
c)	$(x + 3)^2 - 5$						
d)			$-2,5$	$4,5$			
e)					$x^2 + 4x - 5$		
f)						-6	5
g)					$x^2 - 4x + 10$		
h)		$S(4,5\|-6,5)$					

2.3.3 Berechnung von Schnittpunkten

In Beispiel 14 (▶ Seite 103) haben wir gesehen, wie sich das Erlösmaximum berechnen lässt. Darüber hinaus kann von Interesse sein, bei welchen Absatzmengen überhaupt ein Erlös erzielt wird. Betrachten wir beispielsweise die durch die Gleichung $E(x) = -x^2 + 10x$ gegebene Erlösfunktion.

Grundsätzlich spricht man nur dann von einem Erlös, wenn $E(x) > 0$ ist. Anhand der Zeichnung erkennen wir, dass dies ausschließlich für Absatzmengen zwischen 0 ME und 10 ME der Fall ist, weil nur in diesem Bereich der Graph von E im positiven Wertebereich verläuft. An den Stellen 0 und 10 schneidet der Graph von E die x-Achse.

Ab dem Verkauf von mehr als 0 ME beginnen die Erlöse; deswegen nennt man 0 ME die **Erlösschwelle**. Beim Verkauf von 10 ME enden die Erlöse, darüber hinaus sind keine Erlöse zu erzielen; deshalb bezeichnet man in diesem Beispiel 10 ME als **Erlösgrenze**.

Da sich Erlöse nur zwischen Erlösschwelle und Erlösgrenze erzielen lassen, heißt der Bereich dazwischen **ökonomischer Definitionsbereich**.

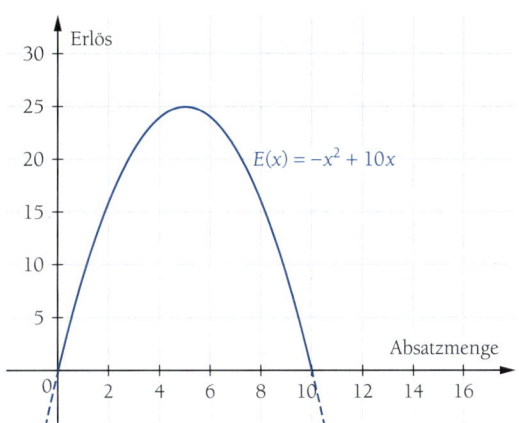

$D_{\text{ök}} = [\text{Erlösschwelle; Erlösgrenze}]$

Ökonomischer Definitionsbereich

15

Bestimmen Sie rechnerisch den ökonomischen Definitionsbereich zur Erlösfunktion E mit $E(x) = -x^2 + 10x$.

Zur Ermittlung des ökonomischen Definitionsbereichs werden die Erlösschwelle und Erlösgrenze berechnet. An diesen Stellen ist der Funktionswert von E null. Das heißt, der Graph von E schneidet die x-Achse. Es müssen somit die **Nullstellen** von E berechnet werden.

Um die Nullstellen zu berechnen, müssen wir die quadratische Gleichung $E(x_N) = 0$ lösen.
Hier können wir x_N ausklammern und den Satz vom Nullprodukt anwenden: Ein Produkt ist genau dann null, wenn mindestens ein Faktor null ist.

$$E(x_N) = 0$$
$$\Leftrightarrow \quad -x_N^2 + 10x_N = 0$$
$$\Leftrightarrow \quad -x_N \cdot (x_N - 10) = 0$$
$$\Rightarrow \quad \boldsymbol{x_{N_1} = 0} \text{ und } \boldsymbol{x_{N_2} = 10}$$

Die Erlösschwelle liegt bei 0 ME und die Erlösgrenze bei 10 ME. Der ökonomische Definitionsbereich lautet daher $D_{\text{ök}} = [0; 10]$.

Nullstellenberechnungen und grafische Deutung

16

Berechnen Sie die Nullstellen der durch die Gleichungen gegebenen Funktionen:
$f(x) = -2x^2 + 10x - 12, \quad g(x) = -2x^2 + 10x - 12,5, \quad h(x) = -2x^2 + 10x - 13$.
Stellen Sie einen Zusammenhang zwischen der Anzahl der Nullstellen und der Lage der Parabeln her.

Zur Nullstellenbestimmung mithilfe der p-q-Formel bringen wir die Gleichungen $f(x) = 0$, $g(x) = 0$ und $h(x) = 0$ jeweils in die Form $x^2 + px + q = 0$ und setzen dann die Zahlen für p und q in die Formel

$$x_{N_{1,2}} = -\frac{p}{2} \pm \sqrt{\left(\frac{p}{2}\right)^2 - q}$$

ein. Den Term unter der Wurzel, also $\left(\frac{p}{2}\right)^2 - q$ bezeichnet man als **Diskriminante** D. Die Diskriminante entscheidet über die Anzahl der vorhandenen Nullstellen.

- $f(x) = -2x^2 + 10x - 12$

- $-2x_N^2 + 10x_N - 12 = 0$

$\Leftrightarrow \quad x_N^2 - 5x_N + 6 = 0$

$\Leftrightarrow \quad x_{N_{1,2}} = -\left(-\frac{5}{2}\right) \pm \sqrt{\left(-\frac{5}{2}\right)^2 - 6}$

$\qquad = 2,5 \pm \underbrace{\sqrt{(-2,5)^2 - 6}}_{D = 0,25 > 0}$

$\Rightarrow$ zwei Nullstellen:

$\qquad x_{N_1} = 3; \; x_{N_2} = 2$

Gilt $D = \left(\frac{p}{2}\right)^2 - q > 0$, so erhält man zwei Lösungen.

Die Parabel schneidet die x-Achse zweimal.

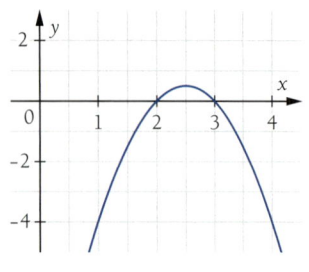

$N_1(3|0), \; N_2(2|0)$

$g(x) = -2x^2 + 10x - 12,5$

$-2x_N^2 + 10x_N - 12,5 = 0$

$\Leftrightarrow \quad x_N^2 - 5x_N + 6,25 = 0$

$\Leftrightarrow \quad x_{N_{1,2}} = -\left(-\frac{5}{2}\right) \pm \sqrt{\left(-\frac{5}{2}\right)^2 - 6,25}$

$\qquad = 2,5 \pm \underbrace{\sqrt{(-2,5)^2 - 6,25}}_{D = 0}$

$\Rightarrow$ eine Nullstelle:

$\qquad x_{N_{1,2}} = 2,5$

Gilt $D = \left(\frac{p}{2}\right)^2 - q = 0$, so erhält man eine Lösung.

Die Parabel berührt die x-Achse in genau einem Punkt.

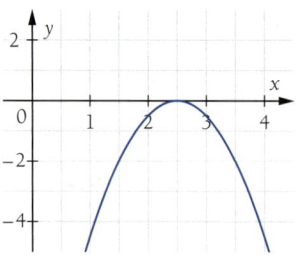

$N_{1,2}(2,5|0)$

$h(x) = -2x^2 + 10x - 13$

$-2x_N^2 + 10x_N - 13 = 0$

$\Leftrightarrow \quad x_N^2 - 5x_N + 6,5 = 0$

$\Leftrightarrow \quad x_{N_{1,2}} = -\left(-\frac{5}{2}\right) \pm \sqrt{\left(-\frac{5}{2}\right)^2 - 6,5}$

$\qquad = 2,5 \pm \underbrace{\sqrt{(-2,5)^2 - 6,5}}_{D = -0,25 < 0}$

$\Rightarrow$ keine Nullstelle

Gilt $D = \left(\frac{p}{2}\right)^2 - q < 0$, so erhält man keine reelle Lösung.

Der Graph hat keinen gemeinsamen Punkt mit der x-Achse.

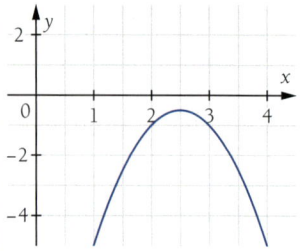

keine Schnittpunkte mit der x-Achse

Die **Nullstellen** einer quadratischen Funktion f mit $f(x) = x^2 + px + q$ kann man mithilfe der p-q-Formel berechnen:

$$x_{N_{1,2}} = -\frac{p}{2} \pm \sqrt{\left(\frac{p}{2}\right)^2 - q}$$ ▶ Lösungsansatz: $f(x_N) = 0$ also $x_N^2 + px_N + q = 0$

Dabei gilt:

- $\left(\frac{p}{2}\right)^2 - q > 0$: f hat zwei Nullstellen. G_f schneidet die x-Achse in zwei Punkten.

- $\left(\frac{p}{2}\right)^2 - q = 0$: f hat eine Nullstelle. G_f berührt die x-Achse in einem Punkt.

- $\left(\frac{p}{2}\right)^2 - q < 0$: f hat keine Nullstelle. G_f hat keinen Schnittpunkt mit der x-Achse.

Ist der Funktionsterm vom Typ $ax^2 + bx + c$ mit $a \neq 0$, so dividiert man zunächst durch a, bevor man die p-q-Formel anwendet.

Ist der Funktionsterm vom Typ $ax^2 + bx$ mit $a \neq 0$, so löst man die Gleichung $ax_N^2 + bx_N = 0$, indem man x_N ausklammert und den Satz vom Nullprodukt anwendet.

 Ermitteln Sie die Nullstellen der Funktion f. Deuten Sie das Ergebnis grafisch.

a) $f(x) = 2x^2 + 6x - 8$ 　　　　b) $f(x) = -0,25x^2 + 11x$ 　　　　c) $f(x) = 0,5x^2 + 2x + 7$

Schnittstellen von Parabel und Gerade

Die JoRo GmbH produziert Blu-Ray-Player. Die Produktionskosten (in GE) sind dabei abhängig von der Ausbringungsmenge x (in ME) und ergeben sich durch $K(x) = 0{,}5\,x + 12$. Erlöse erzielt die JoRo GmbH gemäß der Erlösfunktion E mit $E(x) = -0{,}5\,x^2 + 6x$.
Zeichnen Sie die Graphen der Kosten- und der Erlösfunktion in ein gemeinsames Koordinatensystem. Bestimmen Sie zeichnerisch und rechnerisch die Ausbringungsmengen, bei deren Produktion und Verkauf die Erlöse die Kosten genau decken.

Aus der Zeichnung erkennen wir, dass der Graph der Erlösfunktion zwischen den Stellen $x = 3$ und $x = 8$ über dem Graphen der Kostenfunktion verläuft. Zwischen den Ausbringungsmengen 3 ME und 8 ME sind die Erlöse somit größer als die Kosten, es wird Gewinn erzielt.

Bei 3 ME beginnt der Gewinn, es ist die sogenannte **Gewinnschwelle** (GS). Bei 8 ME endet der Gewinn, dort ist die **Gewinngrenze** (GG). Da sich beide Graphen an den Stellen 3 und 8 schneiden, sind die Kosten und Erlöse bei der Produktion und dem Verkauf von genau 3 ME bzw. 8 ME gleich groß.

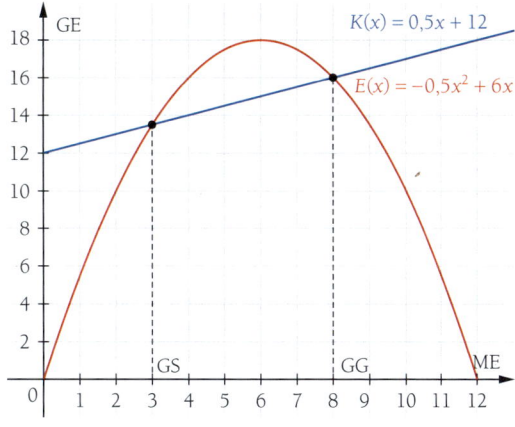

Zur Berechnung der Schnittstellen beider Funktionen setzen wir deren Terme gleich.

Die quadratische Gleichung lösen wir mithilfe der p-q-Formel.

Die Rechnung bestätigt die Zeichnung: An den Stellen 3 und 8 sind beide Funktionsterme gleich.

$$K(x_S) = E(x_S)$$
$$\Leftrightarrow \quad 0{,}5\,x_S + 12 = -0{,}5\,x_S^2 + 6x_S$$
$$\Leftrightarrow \quad 0{,}5\,x_S^2 - 5{,}5\,x_S + 12 = 0 \qquad |:0{,}5$$
$$\Leftrightarrow \quad x_S^2 - 11\,x_S + 24 = 0$$
$$\Leftrightarrow \quad x_{S_{1,2}} = 5{,}5 \pm \sqrt{(-5{,}5)^2 - 24}$$
$$= 5{,}5 \pm \sqrt{6{,}25}$$
$$\Leftrightarrow \quad x_{S_1} = \mathbf{3} \text{ und } x_{S_2} = \mathbf{8}$$

Bei Produktion und Verkauf von 3 ME (Gewinnschwelle) bzw. 8 ME (Gewinngrenze) decken die Erlöse jeweils genau die Kosten; es entsteht weder Gewinn noch Verlust.

In Beispiel 17 haben wir die Schnittstellen, also die x-Koordinaten der Schnittpunkte berechnet. Nun interessieren wir uns für die Kosten und Erlöse bei diesen Produktionsmengen 3 ME und 8 ME.

Schnittpunkte von Parabel und Gerade

Berechnen Sie die Höhe der Kosten und Erlöse an der Gewinnschwelle und an der Gewinngrenze in der Situation aus Beispiel 17.

Die berechneten x-Koordinaten 3 bzw. 8 der Schnittpunkte GS und GG setzen wir in eine der beiden Funktionsgleichungen von K oder E ein, um die y-Koordinaten der beiden Schnittpunkte zu bestimmen.

$$K(3) = 0{,}5 \cdot 3 + 12 = 13{,}5$$
$$\Rightarrow \mathbf{GS\,(3\,|\,13{,}5)} \qquad \blacktriangleright \text{ Gewinnschwelle}$$
$$K(8) = 0{,}5 \cdot 8 + 12 = 16$$
$$\Rightarrow \mathbf{GG\,(8\,|\,16)} \qquad \blacktriangleright \text{ Gewinngrenze}$$

An der Gewinnschwelle sind die Kosten und Erlöse der JoRo GmbH gleich und betragen 13,5 GE. Auch an der Gewinngrenze stimmen Kosten und Erlöse überein. Hier betragen sie 16 GE.

2

- Man berechnet die **Schnittstellen** x_S zweier Funktionen f und g, indem man die Funktionsterme gleichsetzt: $f(x_S) = g(x_S)$.
- Die zugehörige y-Koordinate y_S eines **Schnittpunkts** erhält man, indem man den für x_S berechneten Wert in eine der beiden Funktionsgleichungen einsetzt: $y_S = f(x_S) = g(x_S)$.
- Die Graphen einer linearen und einer quadratischen Funktion können keine, eine oder zwei Schnittpunkte besitzen.

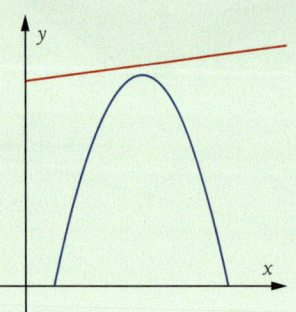 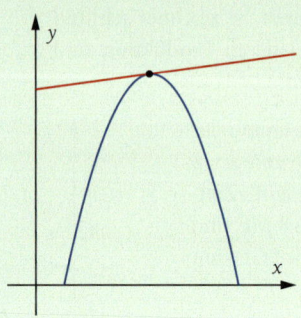 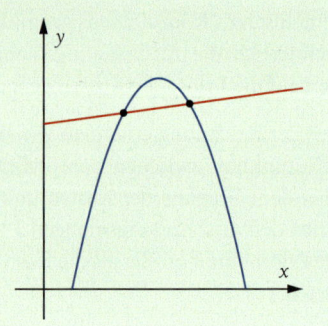

 Bestimmen Sie die Schnittpunkte der Funktionen f und g.

a) $f(x) = x^2 - 3x - 10;$ $g(x) = x + 2$ c) $f(x) = -2x^2 + 4x + 6;$ $g(x) = -0,5x - 8$

b) $f(x) = 0,25x^2 - 1;$ $g(x) = 2x^2 + 2x - 12$ d) $f(x) = -x^2 + 3x + 10;$ $g(x) = 0,5x^2 + 3x - 3,5$

(19) Untersuchung ökonomischer Funktionen

 GTR CAS

Der Produzent einer Spezialkamera ist Monopolist. Die Gleichung $K(x) = 0,2x + 1,6$ gibt die gesamten Produktionskosten (in GE) wieder, wobei x für die produzierten Mengeneinheiten steht. Die Preispolitik erfolgt auf Grundlage einer linearen Preis-Absatz-Funktion: Bei einer Nachfrage von x ME kann ein Preis von $p_N(x) = -0,2x + 2$ erzielt werden (Angabe in GE pro ME).

▶ Die Nachfragefunktion ist die Preis-Absatz-Funktion eines Angebotsmonopolisten (siehe Seite 99).

a) Geben Sie den ökonomischen Definitionsbereich $D_{ök}$ an und begründen Sie ihn.

b) Geben Sie die Gleichung der Erlösfunktion E an. Ermitteln Sie die Ausbringungsmenge, für die der Erlös maximal wird.

c) Bestimmen Sie die Erlösschwelle und -grenze.

d) Bestimmen Sie die Gewinnschwelle und -grenze.

e) Geben Sie die Gleichung der Gewinnfunktion an. Ermitteln Sie die gewinnmaximale Ausbringungsmenge und den maximalen Gewinn.

f) Zeichnen Sie die Graphen von K, E und G.

Zu a) Definitionsbereich

Der ökonomische Definitionsbereich $D_{ök}$ ergibt sich aus der nebenstehenden Rechnung als $D_{ök} = [0; 10]$.

▶ Für $x > 10$ würde man ökonomisch sinnlose, negative Preise erhalten.

$x \geq 0$ ▶ nicht-negative Absatzmenge

$p_N(x) \geq 0$ ▶ nicht-negativer Preis

$p_N(x) \geq 0 \Leftrightarrow -0,2x + 2 \geq 0 \Leftrightarrow x \leq 10$

$\Rightarrow \boldsymbol{D_{ök} = [0; 10]}$ ▶ Sättigungsmenge 10 ME

Zu b) Erlösfunktion und Maximalerlös

Die Erlösfunktion ist das Produkt aus der Preis-Absatz-Funktion und der Absatzmenge.

Die erlösmaximale Ausbringungsmenge und das zugehörige Erlösmaximum erhält man, indem man E in die Scheitelpunktform umwandelt und daraus den Scheitelpunkt abliest.
Als Scheitelpunkt ergibt sich $E_{max}(5|5)$. Das heißt, dass bei einer Ausbringungsmenge von 5 ME der Erlös maximal ist und 5 GE beträgt.

$$E(x) = p_N(x) \cdot x$$
$$= (-0,2x + 2) \cdot x$$
$$= -0,2x^2 + 2x; \quad x \in [0; 10]$$
$$E(x) = -0,2x^2 + 2x$$
$$= -0,2 \cdot [x^2 - 10x]$$
$$= -0,2 \cdot [(x^2 - 10x + 5^2) - 5^2]$$
$$= -0,2 \cdot [(x - 5)^2 - 25]$$
$$= -0,2 \cdot (x - 5)^2 + 5 \quad \blacktriangleright \text{Scheitelpunktform}$$
$$\Rightarrow E_{max}(5|5)$$

Zu c) Erlöszone

Die Erlösschwelle und -grenze eines Betriebs sind die Stellen, an denen der Erlös null ist. Zu lösen ist also die Gleichung $E(x_N) = 0$.
Die Erlösschwelle liegt bei 0 ME und die Erlösgrenze bei 10 ME. Der Bereich zwischen Erlösschwelle und Erlösgrenze wird **Erlöszone** genannt.

$$E(x_N) = 0$$
$$\Leftrightarrow -0,2x_N^2 + 2x_N = 0 \quad \blacktriangleright x_N \text{ ausklammern}$$
$$\Leftrightarrow x_N \cdot (-0,2x_N + 2) = 0 \quad \blacktriangleright \text{Satz vom Nullprodukt}$$
$$\Leftrightarrow x_N = 0 \text{ oder } -0,2x_N + 2 = 0$$
$$\Rightarrow x_{ES} = 0 \text{ und } x_{EG} = 10$$

Zu d) Gewinnzone

Die Gewinnschwelle und -grenze befinden sich an den Stellen, an denen der Erlös und die Kosten eines Betriebs übereinstimmen. Dort gilt $E(x_S) = K(x_S)$.
Die Gewinnschwelle wird beim Verkauf von 1 ME, die Gewinngrenze beim Verkauf von 8 ME erreicht. Zwischen der Gewinnschwelle und der Gewinngrenze liegt die **Gewinnzone**.

$$E(x_S) = K(x_S)$$
$$\Leftrightarrow -0,2x_S^2 + 2x_S = 0,2x_S + 1,6$$
$$\Leftrightarrow -0,2x_S^2 + 1,8x_S - 1,6 = 0$$
$$\Leftrightarrow x_S^2 - 9x_S + 8 = 0$$
$$\Leftrightarrow x_{S_{1,2}} = 4,5 \pm \sqrt{(-4,5)^2 - 8}$$
$$\Rightarrow x_{GS} = 1 \text{ und } x_{GG} = 8$$
$$\Rightarrow \text{Gewinnzone: } [1; 8]$$

Zu e) Gewinnfunktion und Maximalgewinn

Der Gewinn entspricht der Differenz aus Erlös und Kosten: $G(x) = E(x) - K(x)$.
Die gewinnmaximale Ausbringungsmenge und das Gewinnmaximum erhält man, indem man den Term der Gewinnfunktion G in die Scheitelpunktform umwandelt und daraus den Scheitelpunkt abliest.
Bei einer Ausbringungsmenge von 4,5 ME ist der Gewinn maximal und beträgt 2,45 GE.

$$G(x) = E(x) - K(x)$$
$$= -0,2x^2 + 2x - (0,2x + 1,6)$$
$$= -0,2x^2 + 1,8x - 1,6; \quad x \in [0; 10]$$
$$G(x) = -0,2x^2 + 1,8x - 1,6$$
$$= -0,2 \cdot (x^2 - 9x + 8)$$
$$= -0,2 \cdot [(x^2 - 9x + 4,5^2) - 4,5^2 + 8]$$
$$= -0,2 \cdot [(x - 4,5)^2 - 12,25]$$
$$= -0,2 \cdot (x - 4,5)^2 + 2,45 \quad \blacktriangleright \text{Scheitelpunktform}$$
$$\Rightarrow G_{max}(4,5|2,45)$$

Zu f) Graphen von K, E und G

Die durch die Untersuchung ermittelten Stellen und Punkte werden in ein Koordinatensystem eingetragen und zu den Graphen von K, E und G verbunden:

$K(x)$: Ordinatenabschnitt 1,6
  Steigung 0,2
$E(x)$: Scheitelpunkt $E_{max}(5|5)$
  Nullstellen $x_{ES} = 0$ und $x_{EG} = 10$
$G(x)$: Scheitelpunkt $G_{max}(4,5|2,45)$
  Nullstellen $x_{GS} = 1$ und $x_{GG} = 8$

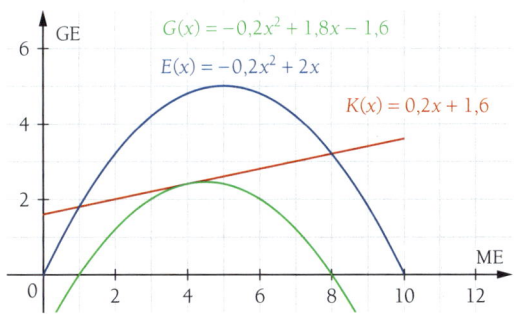

109

Übungen zu 2.3.3

1. Bestimmen Sie die Nullstellen der hier angegebenen Funktionen.
   a) $f(x) = x^2 - 9$
   b) $f(x) = x^2 + x - 12$
   c) $f(x) = (x + 3)^2 + 9$
   d) $f(x) = 2x^2 + 14x + 20$

2. Anna und Lara haben die Nullstellen der Parabel zu $f(x) = (x + 4)^2 - 25$ auf unterschiedliche Weise berechnet:

   Anna:
   $$(x_N + 4)^2 - 25 = 0$$
   $$x_N^2 + 8x_N + 16 - 25 = 0$$
   $$x_N^2 + 8x_N - 9 = 0$$
   $$x_{N_{1,2}} = -4 \pm \sqrt{4^2 + 9}$$
   $$x_{N_{1,2}} = -4 \pm 5$$
   $$x_{N_1} = 1 \text{ und } x_{N_2} = -9$$

   Lara:
   $$(x_N + 4)^2 - 25 = 0$$
   $$(x_N + 4)^2 = 25$$
   $$x_N + 4 = \pm 5$$
   $$x_{N_{1,2}} = \pm 5 - 4$$
   $$x_{N_1} = 1 \text{ und } x_{N_2} = -9$$

   Erläutern und vergleichen Sie beide Lösungswege.

3. Bestimmen Sie anhand der Zeichnung sowie rechnerisch die Schnittpunkte beider Graphen.
   $f(x) = 2x^2 - 2x + 2,5$
   $g(x) = -2x^2 - 4x + 6$

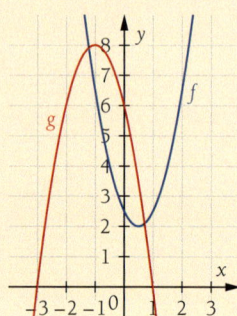

4. Ermitteln Sie die Achsenschnittpunkte der Parabel der Funktion f. Bestimmen Sie, sofern vorhanden, die Schnittpunkte der Parabel mit dem Graphen der linearen Funktion g mit $g(x) = x + 1$ und zeichnen Sie beide Graphen in ein Koordinatensystem.
   a) $f(x) = -x^2$
   b) $f(x) = x^2 + 4x - 5$
   c) $f(x) = x^2 + 3x$

5. Bestimmen Sie allgemein die Lösungen der quadratischen Gleichung $ax^2 + bx + c = 0$.
   ▶ a-b-c-Formel

6. Geben Sie den Funktionsterm in Linearform an, d. h., zerlegen Sie den Term in Linearfaktoren.
   a) $f(x) = x^2 + 6x - 7$
   b) $f(x) = x^2 - 49$

7. Gegeben sind die beiden Funktionen f_1 und f_2 mit $f_1(x) = (x + 2)^2 - 1$ und $f_2(x) = 0,5(x + 2)^2 + 3,5$. Die Graphen dieser Funktionen schneiden sich in den Punkten P_1 und P_2.
   a) Bestimmen Sie P_1 und P_2 sowohl rechnerisch als auch zeichnerisch.
   b) Ermitteln Sie die Funktionsgleichung derjenigen Geraden, die durch P_1 und P_2 geht.

8. Gegeben sind zwei quadratische Funktionen f und g. Stellen Sie ihre Scheitelpunktformen auf und treffen Sie ohne Rechnung eine begründete Aussage über die Anzahl der Punkte, in denen sich die beiden Parabeln schneiden. Ermitteln Sie eventuell vorhandene Schnittpunkte.
   a) $f(x) = x^2 + 6x + 11$; $g(x) = -x^2 - 4x - 8$
   b) $f(x) = 2x^2 + 12x + 20$; $g(x) = -x^2 - 6x - 7$
   c) $f(x) = -x^2 + 6x - 10$; $g(x) = -2x^2 + 12x - 17$

9. Ein Betrieb muss bei der Produktion von Elektroartikeln mit Fixkosten von 2,5 GE sowie variablen Kosten von 0,5 GE rechnen. Er erzielt Erlöse gemäß der Funktion E mit $E(x) = -0,5x^2 + 3,5x$, wobei x den Absatz in ME angibt.
   a) Bestimmen Sie die Funktionsgleichungen der Kosten- und Gewinnfunktion.
   b) Zeichnen Sie die Graphen der Kosten-, der Erlös- und der Gewinnfunktion in ein Koordinatensystem. Bestimmen Sie zeichnerisch und rechnerisch die Gewinnzone.
   c) Ermitteln Sie das Gewinnmaximum.

10. Die Preis-Absatz-Funktion eines Monopolisten lautet: $p_N(x) = -0,5x + 30$. Er produziert sein Gut entsprechend der Kostenfunktion $K(x) = 12x + 15$.
   a) Ermitteln Sie den ökonomischen Definitionsbereich.
   b) Bestimmen Sie den Höchstpreis und die Sättigungsmenge.
   c) Berechnen Sie die Gleichungen der Erlösfunktion und der Gewinnfunktion.
   d) Bestimmen Sie die Produktionsmengen, für die der Monopolist sein Gut mit Gewinn anbieten kann. Geben Sie auch die entsprechenden Preise an.
   e) Bestimmen Sie das Erlösmaximum und das Gewinnmaximum.

2.3.4 Bestimmung von quadratischen Funktionsgleichungen und Gauß-Algorithmus

Bestimmung der Funktionsgleichung des Gateway-Arch

Der **Gateway-Arch** in St. Louis ist das Wahrzeichen der Stadt am Ufer des Mississippi. Er ist nahezu parabelförmig, seine Höhe und Fußspannweite betragen beide 192 m.

Wählen Sie ein geeignetes Koordinatensystem und bestimmen Sie durch Modellierung die Funktionsgleichung des Gateway-Arch.

Zunächst müssen wir uns überlegen, wie wir den Umriss des Gateway-Arch in ein Koordinatensystem legen. Davon hängt es wesentlich ab, wie sich seine Funktionsgleichung bestimmt.

Der Gateway-Arch ist symmetrisch zu einer vertikalen Achse, die durch seinen Scheitelpunkt verläuft. Es liegt daher nahe, für diese Achse die y-Achse im Koordinatensystem zu wählen.

Als x-Achse wählen wir die Gerade durch die Fußpunkte des Gateway-Arch. Deren Koordinaten lauten somit $(-96|0)$ und $(96|0)$.

Der Scheitelpunkt hat die Koordinaten $(0|192)$.

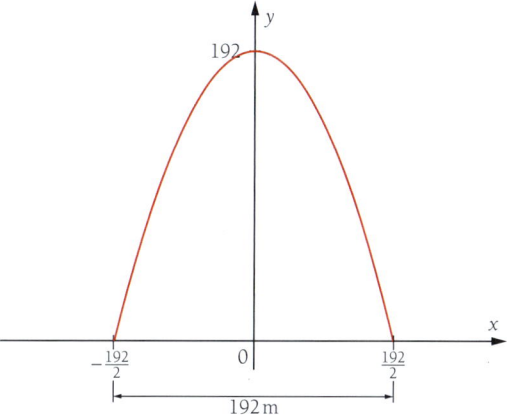

Da wir die Koordinaten des Scheitelpunkts kennen, liegt es nahe, als Ansatz für die Funktionsgleichung die Scheitelpunktform zu wählen.

Die Werte für x_S und y_S können wir direkt eintragen, sodass sich als neuer Ansatz $g(x) = ax^2 + 192$ ergibt.

Ansatz: $g(x) = a\,(x - x_S)^2 + y_S$
▸ Scheitelpunktform; Scheitelpunkt $S\,(x_S|y_S)$

Scheitelpunkt $S\,(0|192)$
$x_S = 0$ ▸ x-Koordinate des Scheitelpunkts
$y_S = 192$ ▸ y-Koordinate des Scheitelpunkts
$\Rightarrow g(x) = a\,(x - 0)^2 + 192 = ax^2 + 192$

Um schließlich a zu bestimmen, setzen wir in die Funktionsgleichung die Koordinaten eines Fußpunkts ein, beispielsweise $(96|0)$. Anschließendes Auflösen nach a ergibt den auf vier Dezimalstellen genauen Wert $-0{,}0208$.

Punkt $(96|0)$
$$0 = a \cdot 96^2 + 192 \qquad | -192$$
$$\Leftrightarrow \quad -192 = a \cdot 96^2 \qquad | : 96^2$$
$$\Rightarrow \quad a = -\frac{192}{96^2} \approx -0{,}0208$$

▸ Das negative Vorzeichen von a lässt sich auch mit der Tatsache begründen, dass die Parabel des Gateway-Arch nach *unten* geöffnet ist

$$\mathbf{g(x) = -0{,}0208\,x^2 + 192}$$

Damit ist der Umriss des Gateway-Arch in etwa durch den Graphen der quadratischen Funktion g mit der Gleichung $g(x) = -0{,}0208\,x^2 + 192$ beschrieben.

21 Bestimmung einer quadratischen Erlösfunktion

Ein Betrieb erzielt beim Absatz von 2 ME einen Erlös von 14 GE, bei einem Absatz von 4 ME einen Erlös von 20 GE und bei einem Absatz von 6 ME einen Erlös von 18 GE.
Die Erfahrungen in diesem Betrieb haben gezeigt, dass sich die Erlöse für ein Produkt mittels einer quadratischen Funktion prognostizieren lassen. Ermitteln Sie den Term der quadratischen Erlösfunktion E auf der Grundlage der oben aufgeführten Zahlen.

Der allgemeine Term einer quadratischen Funktion f ist $f(x) = ax^2 + bx + c$ mit $a \neq 0$.
Um die drei Koeffizienten a, b und c eindeutig zu bestimmen, benötigt man drei lineare Gleichungen in den Variablen a, b und c. Diese Gleichungen erhalten wir aus der Aufgabenstellung:
Die drei Punkte $(2|14)$, $(4|20)$ und $(6|18)$ liegen auf dem Graphen der Erlösfunktion E.
Ihre Koordinaten erfüllen somit die Gleichung $E(x) = ax^2 + bx + c$. Man erhält ein System aus drei linearen Gleichungen, ein sogenanntes **lineares Gleichungssystem** (LGS).

$E(x) = ax^2 + bx + c$ mit $a \neq 0$

$$E(2) = 14 \Leftrightarrow a \cdot 2^2 + b \cdot 2 + c = 14$$
$$\Leftrightarrow \quad 4a + 2b + c = 14$$
$$E(4) = 20 \Leftrightarrow a \cdot 4^2 + b \cdot 4 + c = 20$$
$$\Leftrightarrow \quad 16a + 4b + c = 20$$
$$E(6) = 18 \Leftrightarrow a \cdot 6^2 + b \cdot 6 + c = 18$$
$$\Leftrightarrow \quad 36a + 6b + c = 18$$

Lineares Gleichungssystem:

$$4a + 2b + c = 14$$
$$16a + 4b + c = 20$$
$$36a + 6b + c = 18$$

In einer linearen Gleichung ist die höchste Potenz einer Variablen gleich 1.

Zur Erhöhung der Übersichtlichkeit lassen wir in einer parallelen Darstellung die Variablen weg und schreiben die Koeffizienten in eine Matrix. ▶ Matrix ist eine Bezeichnung für eine Zahlentabelle.

Lineares Gleichungssystem:

$$4a + 2b + c = 14$$
$$16a + 4b + c = 20$$
$$36a + 6b + c = 18$$

Matrixschreibweise:

4	2	1	14
16	4	1	20
36	6	1	18

Mithilfe eines GTR/CAS können wir dieses lineare Gleichungssystem lösen. Im hier verwendeten GTR wird das lineare Gleichungssystem in der Matrixschreibweise eingegeben, wobei die Variablen a, b, c hier X, Y, Z sind.

Wir erhalten -1 für a, 9 für b und 0 für c.
Ersetzen wir a, b und c im allgemeinen Term $E(x) = ax^2 + bx + c$ durch die berechneten Werte, so erhalten wir die gesuchte Gleichung:

$$E(x) = -x^2 + 9x$$

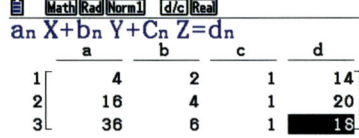

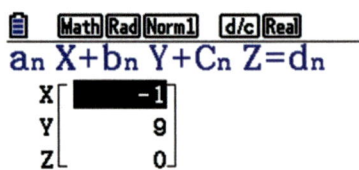

*Die quadratische Erlösfunktion E kann auch direkt aus den drei gegebenen Punkten durch eine **quadratische Regression** ermittelt werden. Der Graph dieser quadratischen Erlösfunktion ist eine nach unten geöffnete Parabel mit den Nullstellen 0 und 9 und dem Scheitelpunkt S (4,5|20,25).*

▶ CA Die Anwendung Gleichung (MENU, A), SIMUL (F1) ermöglicht das Lösen von Gleichungssystemen von bis zu sechs Unbekannten.

Hat man keine rechentechnischen Hilfsmittel zur Verfügung, muss die Funktionsgleichung „per Hand" ermittelt werden. Ein besonders systematisches Verfahren dafür ist das **Gauß'sche Eliminationsverfahren**.

Gauß'sches Eliminationsverfahren

Ermitteln Sie den Term der Funktion E aus Beispiel 21 mithilfe des Gauß'schen Eliminationsverfahrens.

Lineares Gleichungssystem:

$$4a + 2b + c = 14$$
$$16a + 4b + c = 20$$
$$36a + 6b + c = 18$$

Matrixschreibweise:

4	2	1	14
16	4	1	20
36	6	1	18

Zum Lösen des linearen Gleichungssystems wenden wir das **Gauß'sche Eliminationsverfahren** an. Dabei werden die einzelnen Gleichungen so umgeformt, dass zum Schluss in jeder Gleichung nur noch eine Variable links vom Gleichheitszeichen steht und die jeweilige Lösung rechts davon. Die anderen Variablen entfernt man mithilfe des **Additionsverfahrens**, indem man geeignete Vielfache einer Gleichung zu einer anderen Gleichung addiert.

Um zunächst die Variable c aus der 2. und 3. Zeile zu eliminieren, addieren wir das (-1)-Fache der 1. Zeile zu den beiden anderen Zeilen.

In der c-Spalte bleibt die 1 in der 1. Zeile stehen, die beiden anderen Zahlen dieser Spalte haben wir zu 0 umgeformt.

a	b	c	
4	2	1	14
16	4	1	20
36	6	1	18

$| \cdot (-1)$

$$4a + 2b + c = 14$$
$$16a + 4b + c = 20$$
$$36a + 6b + c = 18$$

Um die Variable b aus zwei Zeilen zu eliminieren, formen wir in der b-Spalte eine Zahl zu 1 um, zum Beispiel in der 2. Zeile. Dazu wird die 2. Zeile durch 2 dividiert.

a	b	c	
4	2	1	14
12	2	0	6
32	4	0	4

$| : 2$

$$4a + 2b + c = 14$$
$$12a + 2b = 6$$
$$32a + 4b = 4$$

Die beiden anderen Elemente dieser b-Spalte formen wir wieder mithilfe des Additionsverfahrens zu 0 um, indem wir das (-4)-Fache der 2. Zeile zur 3. Zeile und das (-2)-Fache der 2. Zeile zur 1. Zeile addieren. Damit hat die Matrix eine **Dreiecksform** erreicht.

a	b	c	
4	2	1	14
6	1	0	3
32	4	0	4

$| \cdot (-4)$ $| \cdot (-2)$

$$4a + 2b + c = 14$$
$$6a + b = 3$$
$$32a + 4b = 4$$

a	b	c	
−8	0	1	8
6	1	0	3
8	0	0	−8

$| : 8$

$$-8a + c = 8$$
$$6a + b = 3$$
$$8a = -8$$

Zuletzt erzeugen wir in der a-Spalte in der 3. Zeile eine 1, indem wir die Zeile durch 8 dividieren.

Dann addieren wir das (-6)-Fache der 3. Zeile zur 2. Zeile und das 8-Fache der 3. Zeile zur 1. Zeile.

a	b	c	
−8	0	1	8
6	1	0	3
1	0	0	−1

$| \cdot (-6)$ $| \cdot (8)$

$$-8a + c = 8$$
$$6a + b = 3$$
$$a = -1$$

Nun haben wir die **Diagonalgestalt** erreicht: In jeder Zeile und Spalte stehen eine 1 sowie zwei Nullen

a	b	c	
0	0	1	0
0	1	0	9
1	0	0	−1

▶ $c = 0$
▶ $b = 9$
▶ $a = -1$

$$c = 0$$
$$b = 9$$
$$a = -1$$

Wir können jetzt bequem die Lösungen aus der letzten Spalte ablesen. Die dort stehenden Werte (0, 9 und −1) bestimmen jeweils die Variable, deren Spalte in derselben Zeile mit einer 1 markiert ist: 0 ist der Wert für c, 9 für b, und −1 für a.

Ersetzen wir a, b und c im allgemeinen Term $E(x) = ax^2 + bx + c$ durch die berechneten Werte, so erhalten wir die Gleichung $E(x) = -x^2 + 9x$ der Erlösfunktion E.

Die Variablen a, b und c einer quadratischen Funktion der Form $f(x) = ax^2 + bx + c$ können bestimmt werden, wenn drei Punkte des Graphen von f bekannt sind. Dazu werden die Koordinaten $(x|f(x))$ dieser drei Punkte in die Funktionsgleichung eingesetzt. Es entsteht ein **lineares Gleichungssystem** (LGS), das mithilfe des **Gauß'schen Eliminationsverfahrens** gelöst werden kann.

oHi Mi Ermitteln Sie die allgemeine Funktionsgleichung der Parabel, die durch die Punkte $A(-2|18)$, $B(1|3)$ und $C(3|13)$ verläuft. Bestätigen Sie dabei das nebenstehende LGS.

$$4a - 2b + c = 18$$
$$a + b + c = 3$$
$$9a + 3b + c = 13$$

Übungen zu 2.3.4

1. Lösen Sie das lineare Gleichungssystem mithilfe des Gauß'schen Eliminationsverfahrens.

oHi Mi

$$3x + 3y + 2z = 5$$
$$2x + 4y + 3z = 4$$
$$-5x + 2y + 4z = -9$$

2. Bestimmen Sie die Funktionsgleichung der quadratischen Funktion f, deren Graph durch die Punkte A, B und C geht.

a) $A(-5|6)$, $B(-3|-4)$, $C(3|14)$

b) $A(-2|0)$, $B(2|4)$, $C(3|10)$

c) $A(-6|-8)$, $B(-2|12)$, $C(3|-8)$

3. Gegeben sind die Punkte $A(1|-5)$, $B(2|-9)$ und $C(-1|-15)$ einer Parabel.

a) Bestimmen Sie die zugehörige Funktionsgleichung und zeichnen Sie die Parabel.

b) Ermitteln Sie den Scheitelpunkt und die Achsenschnittpunkte der Parabel.

4. Der Graph einer quadratischen Funktion f geht durch den Punkt $P_1\left(0\left|-\frac{25}{9}\right.\right)$ und wird in den beiden Punkten $P_2(2|f(2))$ und $P_3(-3|f(-3))$ vom Graphen der Funktion g mit $g(x) = \frac{5}{3}x + \frac{5}{9}$ geschnitten.

a) Bestimmen Sie den Term der Funktion f.

b) Zeichnen Sie die beiden Graphen.

5. Der Wasserstrahl eines Springbrunnens ist parabelförmig und gelangt 3 Meter hoch und 6 Meter weit. Untersuchen Sie, welche quadratische Funktion die Parabel beschreibt, wenn der Wasserstrahl im Koordinatenursprung ansetzt. Fertigen Sie eine Skizze an.

6. Ein Studentencafé erzielt bei einem Absatz von 3 ME einen Gewinn von 1,2 GE, bei einem Absatz von 4 ME einen Gewinn von 3 GE sowie einen Gewinn von 2,2 GE beim Absatz von 8 ME.

Ermitteln Sie die Funktionsgleichung der Gewinnfunktion vom Typ $G(x) = ax^2 + bx + c$. Berechnen Sie die Gewinnzone sowie das Gewinnmaximum.

7. Die Nachfrage nach einem Gut kann durch eine quadratische Funktion beschrieben werden. Dabei beträgt die Nachfrage 3 ME bei einem Preis von 84 GE und 6 ME bei einem Preis von 51 GE. Die Sättigungsmenge liegt bei 9 ME.
Ermitteln Sie den Term der Nachfragefunktion p_N der Form $p_N(x) = ax^2 + bx + c$.

8. Berechnen Sie die Funktionsgleichung des Gateway-Arch aus Beispiel 20 (▶ Seite 111), wenn als Ansatz nicht die Scheitelpunktform, sondern die allgemeine Form $g(x) = ax^2 + bx + c$ gewählt wird.

▶ Hinweis: Bestimmen Sie zunächst den Wert für c.

Vermischte Übungen zu 2.3

1. Ordnen Sie die Graphen und Gleichungen einander zu.

a) $f(x) = -x^2$

b) $f(x) = 2x^2 - 1$

c) $f(x) = -(x+3)^2$

d) $f(x) = x^2 + 2x + 1$

e) $f(x) = -(x-3)^2 - 2$

f) $f(x) = x^2 + 4x + 5$

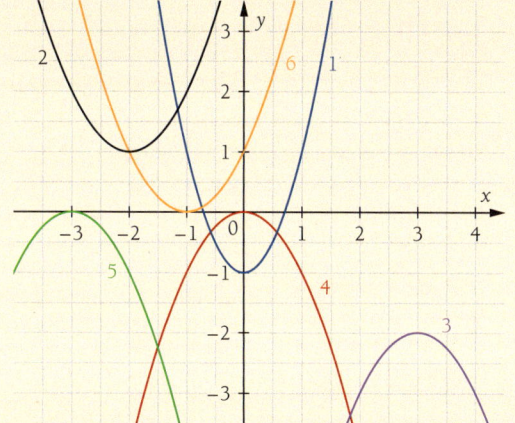

2. Betrachten Sie die quadratischen Funktionen und ihre Graphen aus Aufgabe 1.

a) Erklären Sie anhand der Beispiele aus Aufgabe 1 die Begriffe allgemeine Form und Scheitelpunktform.

b) Geben Sie zu den Funktionsgleichungen aus Aufgabe 1 die allgemeine Form bzw. Scheitelpunktform an.

c) Erläutern Sie anhand der Beispiele aus Aufgabe 1, welche Eigenschaften man aus den beiden Formen jeweils ablesen kann.

3. Bringen Sie die Funktionsterme auf ihre Scheitelpunktformen. Bestimmen Sie die Scheitelpunkte der einzelnen Parabeln sowie ihre Achsenschnittpunkte. Zeichnen Sie die Parabeln.

a) $f(x) = x^2 + 3x + 4,75$

b) $f(x) = x^2 - 5x + 8$

c) $f(x) = x^2 - x - 1$

d) $f(x) = 4x^2 + x + 6$

e) $f(x) = -0,5x^2 + 2x - 5$

f) $f(x) = 0,25x^2 - 2x + 1$

4. Im Einführungsbeispiel auf Seite 93 soll ein Banner einem parabelförmigen Bogen einbeschrieben werden. Untersuchen Sie das dargestellte Problem und äußern Sie sich zu dessen Lösung bzw. Lösbarkeit.

5. Ermitteln Sie die Funktionsgleichung der Parabel, die durch die Punkte A, B und C verläuft.

a) $A(-3|3)$, $B(1|-3)$, $C(5|7)$

b) $A(-6|4)$, $B(-3|-5)$, $C(4|9)$

c) $A(-1|-10)$, $B(2|-1)$, $C(6|-3)$

6. In der Leichtathletik beschreiben die Körperschwerpunkte von Weit- und Hochspringern parabelförmige Kurven. Mike Powell stellte 1991 in Tokio einen neuen Weitsprung-Weltrekord auf, der bis heute gültig ist.

a) Berechnen Sie die Sprungweite von Mike Powell, wenn man davon ausgeht, dass sein Körperschwerpunkt ungefähr eine Flugbahn entsprechend dem Graphen zu $f(x) = -0,06x^2 + 0,3996x + 1,23$ beschrieben hat. ▶ Absprung an der Stelle $x = 0$

b) Welche maximale Höhe erreichte sein Körperschwerpunkt während des Sprungs?

7. Hängebrücken werden überwiegend zur Überbrückung breiterer schiffbarer Gewässer errichtet. Eine der berühmtesten Hängebrücken der Welt ist die Golden-Gate-Bridge in der Bucht von San Francisco.

a) Berechnen Sie die mittlere Hauptspannweite der Golden-Gate-Bridge, indem Sie davon ausgehen, dass ihre Trageseile Parabelform mit der Funktionsgleichung $f(x) = 0,0004x^2$ haben und die Höhe der Pylone oberhalb der Straße 164 m beträgt.

b) Ermitteln Sie die Funktionsgleichung der Trageseile der größten deutschen Hängebrücke, der Rheinbrücke bei Emmerich, die eine mittlere Hauptspannweite von ca. 500 m bei einer Pylonenhöhe von ca. 76,7 m (ab Wasseroberfläche) und einer Durchfahrthöhe für die Schiffe von ca. 30 m hat. ▶ Abbildung

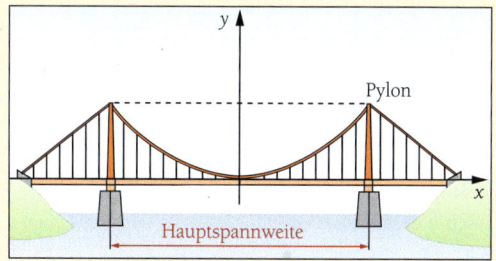

8. Ein Torbogen in Form einer nach unten geöffneten Parabel verläuft entsprechend der Funktion f mit $f(x) = -0{,}5x^2 + 4x - 1$. Der Abstand der Unterstützungsträger voneinander ist doppelt so groß wie ihr jeweiliger Abstand zum Torbogenfuß.

▶ Abbildung

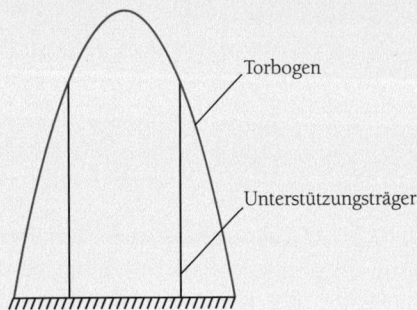

a) Bestimmen Sie die Breite des Torbogens auf dem Boden.

b) Berechnen Sie die Höhe des Torbogens und die Länge der beiden Unterstützungsträger.

9. Eine Bogenbrücke von der Form einer Parabel verläuft gemäß dem Graphen der Funktion f mit $f(x) = -0{,}004x^2 + 1{,}2x - 32{,}4$; $x \geq 0$. Die durch die Punkte A und B verlaufende Straße liegt auf der x-Achse. Der Verankerungspunkt C liegt auf der y-Achse.

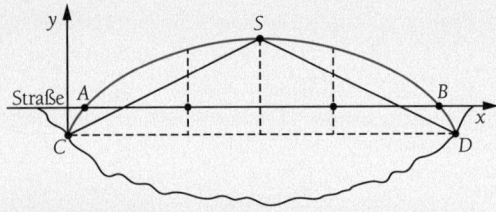

a) Berechnen Sie die Höhe der Brücke.

▶ Abstand von der Straße zum Punkt S

b) Bestimmen Sie die Länge der Straße von A nach B.

c) Wie tief unter der Straße befinden sich die Verankerungspunkte C und D?

d) Ermitteln Sie die Funktionsgleichungen der Träger durch C und S bzw. durch D und S.

10. Bestimmen Sie für $f(x) = a \cdot (x - 4)^2 + b$ die Variablen a und b so, dass f

a) keine,

b) eine,

c) zwei Nullstellen hat.
   Fertigen Sie jeweils eine Skizze an.

11. An einem geradlinigen Kanal liegt eine Weidefläche. Mit einem 240 m langen Zaun soll eine rechteckige Fläche eingezäunt werden.

Bestimmen Sie die Länge und Breite so, dass die abzugrenzende Weidefläche möglichst groß ist.

a) Geben Sie den Flächeninhalt des Rechtecks in Abhängigkeit einer der Seitenlängen an.

b) Zeichnen Sie den Graphen der Funktion, die den Flächeninhalt angibt.

c) Interpretieren Sie den Verlauf des Graphen. Wann ist der Flächeninhalt des einzugrenzenden Rechtecks maximal?

d) Bestimmen Sie rechnerisch den Scheitelpunkt des Graphen der Flächeninhaltsfunktion und deuten Sie ihn.

12. Eine Nachfragefunktion hat die Funktionsgleichung $p_N(x) = -2x + 100$; $x \in [0; 50]$.

a) Bestimmen Sie den Funktionsterm der Gesamterlösfunktion E.

b) Bestimmen Sie jeweils den Gesamterlös bei den Absatzmengen 15 ME, 40 ME und 50 ME.

c) Bestimmen Sie die erlösmaximale Absatzmenge und den zugehörigen Gesamterlös. Zeichnen Sie die Graphen von p_N und E.

13. Der Produzent von Wasserstrahlschneidemaschinen ist Monopolist. Die gesamten Produktionskosten ergeben sich nach der Kostenfunktion K mit der Gleichung $K(x) = 4000x + 32\,000$; $x \in [0; 10]$. Die Preispolitik erfolgt auf der Grundlage einer linearen Preis-Absatz-Funktion. Bei einem Angebot von x Stück kann ein Stückpreis von $p_N(x)$ erzielt werden, wobei gilt: $p_N(x) = -4000x + 40\,000$; $x \in [0; 10]$.

a) Geben Sie den Funktionsterm der Erlösfunktion an und ermitteln Sie die Ausbringungsmenge, für die der Erlös maximal wird. Geben Sie den maximalen Erlös an.

b) Bestimmen Sie die Gewinnschwelle und -grenze.

c) Ermitteln Sie die gewinnmaximale Ausbringungsmenge und den maximalen Gewinn.

d) Zeichnen Sie die Graphen der Funktionen K, p_N, E und G.

14. Von einer Kaffeesorte werden 10 000 kg zu einem Preis von 10 € pro Kilogramm abgesetzt. Eine Marktanalyse hat ergeben, dass eine Preissenkung um 0,25 € je Kilogramm jeweils zu einer Absatzsteigerung von 1000 kg führen würde.

Beraten Sie das Unternehmen.

a) Bestimmen Sie die Funktionsgleichung, die die Abhängigkeit des Preises von der Absatzmenge darstellt.

b) Ermitteln Sie die Gleichung der Erlösfunktion und zeichnen Sie deren Graphen.

c) Berechnen Sie mithilfe der Scheitelpunktform der Erlösfunktion die erlösmaximale Absatzmenge und den dazugehörenden Preis.

2

15. In letzter Zeit häufen sich die Fahrraddiebstähle. Die Fly Bike Werke GmbH verfolgt diese Tendenz und entwickelt eine neue Schließtechnik mittels Fingerprint, die sie sich auch patentieren lässt. Diese einzigartige Schließtechnik bei Fahrradschlössern hat ihren Preis: Ein Schloss soll 120 € kosten. Die interne Marktforschungsabteilung hat eine Umfrage durchgeführt, deren Ergebnisse in der Tabelle festgehalten sind.

Preis pro Schloss	Anzahl der potenziellen Käufer
120 €	0
110 €	40
100 €	80
90 €	120
80 €	160

a) Die Kostenentwicklung lässt sich durch die Funktionsgleichung $K(x) = 25x + 1200$ beschreiben, wobei x die produzierte Menge in Stück angibt und $K(x)$ die Kosten in €.
Erstellen Sie für die Preise von 120 € bis 0 € in 10er-Schritten eine Wertetabelle mit den folgenden Spalten: Preis pro Schloss; Anzahl Käufer; Erlöse; Kosten; Gewinn.

b) Ermitteln Sie anhand der Tabellenwerte, bei welcher Käuferzahl die Produktionskosten gedeckt werden können.

c) Bestimmen Sie die Gleichung der zugehörigen Erlösfunktion.

d) Ermitteln Sie den maximalen Erlös.

e) Nehmen Sie Stellung zu folgender Behauptung: „Das Gewinnmaximum erreichen die Fly Bike Werke bereits mit einer Absatzmenge von ca. 142 Schlössern."

Es wird vermutet, dass sich das Verhältnis von Preis und Käuferzahl linear verhält. Unter dieser Voraussetzung will die Fly Bike Werke GmbH ihren Erlös optimieren.
Bleibt noch die Frage, bei welcher Käuferzahl die Produktionskosten, die sich aus einem Festbetrag von 1200 € und variablen Kosten von 25 € pro Schloss ergeben, gedeckt werden können.

16. Bei einem Säugling soll ein Somatogramm erstellt werden, d. h. eine Kurve, die den Verlauf der Gewichtszunahme in den ersten Monaten beschreibt. Man vermutet, dass die Gewichtszunahme durch eine quadratische Funktion (den Tagen wird das Gewicht zugeordnet) angenähert werden kann. Die Tabelle gibt die realen Daten eines Säuglings wieder.

Zeile 1	Alter des Säuglings in Tagen	0	19	33	50	60	72	86	103	121	139	153	167
Zeile 2	Gewicht	3280	3700	4400	4900	5100	5600	5850	6220	6610	6740	6910	7020
Zeile 3	$f(x)$												
Zeile 4	Diff. zu Zeile 2												
Zeile 5	Abw. in %												

a) Übertragen Sie die Tabelle in Ihr Heft und tragen Sie die Daten in ein Koordinatensystem ein.

b) Bestimmen Sie eine mögliche Funktionsgleichung, die das Gewicht in Abhängigkeit des Alters (in Tagen) angibt.
Begründen Sie, warum es mehrere Möglichkeiten gibt, Funktionsgleichungen zu bestimmen.
Im Folgenden soll untersucht werden, wie genau Ihre erstellte Funktion die realen Daten beschreibt.

c) Berechnen Sie mithilfe Ihrer Funktion für alle angegebenen Tage die Funktionswerte, d. h. das jeweilige Gewicht, und tragen Sie die Werte in Zeile 3 ein.

d) Berechnen Sie die Differenz von Zeile 3 zu Zeile 2 und tragen Sie die Differenz in Zeile 4 ein.
In Zeile 5 tragen Sie die Abweichung in % ein. Das reale Gewicht in Zeile 2 ist der Grundwert mit 100 %, die Differenz in Zeile 4 ist der Prozentwert.

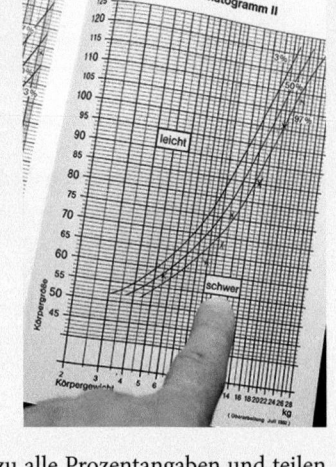

e) Berechnen Sie danach den Durchschnitt der Abweichungen. Addieren Sie dazu alle Prozentangaben und teilen Sie diese durch die Anzahl der Messwerte. Welche Bedeutung hat es, wenn dieser Wert hoch bzw. niedrig ist? Vergleichen Sie Ihren Wert mit anderen Werten in Ihrer Klasse.

f) Stellen Sie mithilfe der Regressionsfunktion Ihres GTR/CAS eine quadratische Regressionsfunktion auf und vergleichen Sie sie hinsichtlich der Genauigkeit (Durchschnitt der Abweichungen in %) mit Ihrer Funktion aus Teilaufgabe b).

g) Welches Gewicht dürfte der Säugling in 200 Tagen haben? Erläutern Sie die Grenze dieser mathematischen Beschreibung der Gewichtsentwicklung des Säuglings.

17. Bestimmen Sie die Funktionsgleichungen, die den Kopf, die Augen sowie den Mund der nebenstehenden Figur beschreiben. Geben Sie die zugehörigen Definitionsbereiche an.
Ändern Sie die Funktionsgleichung, die den Mund beschreibt, so ab, dass aus dem lachenden Mund ein trauriger wird.

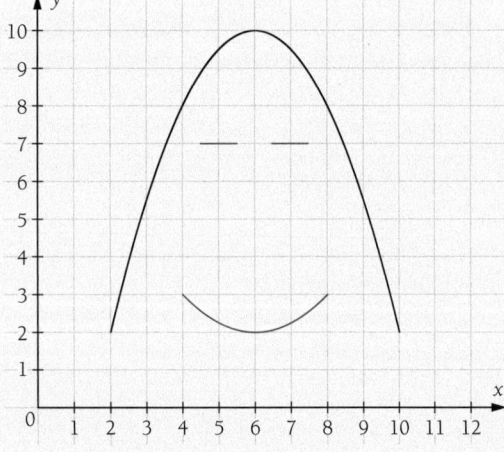

Ich kann ...

... die **allgemeine Funktions-gleichung** einer **quadratischen Funktion** angeben und die Bedeutung von a und c erklären.	$G(x) = -0{,}4x^2 + 3{,}6x - 3{,}2$ $S_y = (0\,|{-}3{,}2)$ ▸ Fixkosten 3,2 GE	**Allgemeine Form:** $f(x) = ax^2 + bx + c; a \neq 0, x \in \mathbb{R}$ a: Öffnungsweite und -richtung der Parabel c: y-Achsenabschnitt von f
... die **Scheitelpunktform** einer **quadratischen Funktion** angeben und die Bedeutung von a, x_S und y_S erklären. ▸ Test-Aufgaben 1, 2	$G(x) = -0{,}4 \cdot (x - 4{,}5)^2 + 4{,}9$ 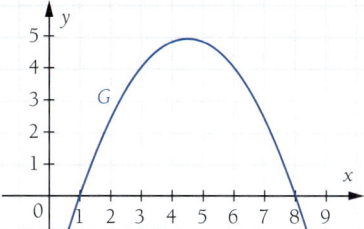	**Scheitelpunktform:** $f(x) = a(x - x_S)^2 + y_S; a \neq 0, x \in \mathbb{R}$ a: Öffnungsweite und -richtung der Parabel x_S: x-Koordinate des Scheitelpunkts $S(x_S|y_S)$ y_S: y-Koordinate des Scheitelpunkts $S(x_S|y_S)$
... den **Graphen** einer **quadratischen Funktion** zeichnen und ihn in Bezug auf Scheitel-punkt, Verschiebung sowie Öffnungsweite und -richtung beschreiben.	Scheitelpunkt $S(4{,}5|4{,}9)$; G_{max} ▸ Gewinnmaximale Produktionsmenge 4,5 ME; Gewinnmaximum 4,9 GE Parabel 4,5 Einheiten nach rechts; 4,9 Einheiten nach oben; gestaucht; nach unten geöffnet	**Verschiebung** der Parabel aus $(0|0)$ um x_S Einheiten waagerecht und y_S Einheiten senkrecht **Öffnungsweite:** $|a| < 1$: Parabel gestaucht $|a| > 1$: Parabel gestreckt **Öffnungsrichtung:** $a > 0$: Parabel nach oben geöffnet $a < 0$: Parabel nach unten geöffnet
... die **allgemeine Form** in die **Scheitelpunktform** umwandeln. ▸ Test-Aufgaben 3, 4	$\begin{aligned} G(x) &= -0{,}4x^2 + 3{,}6x - 3{,}2 \\ &= -0{,}4 \cdot (x^2 - 9x + 8) \\ &= -0{,}4 \cdot [(x^2 - 9x + 4{,}5^2) - 4{,}5^2 + 8] \\ &= -0{,}4 \cdot [(x - 4{,}5)^2 - 12{,}25] \\ &= -0{,}4 \cdot (x - 4{,}5)^2 + 4{,}9 \end{aligned}$	1. Faktor vor dem x^2 ausklammern 2. Quadratische Ergänzung 3. Binomische Formel „rückwärts" anwenden 4. Äußere Klammer auflösen
... die **Scheitelpunktform** in die **allgemeine Form** umwandeln. ▸ Test-Aufgabe 1	$\begin{aligned} G(x) &= -0{,}4 \cdot (x - 4{,}5)^2 + 4{,}9 \\ &= -0{,}4 \cdot (x^2 - 9x + 20{,}25) + 4{,}9 \\ &= -0{,}4x^2 + 3{,}6x - 3{,}2 \end{aligned}$	1. Binomische Formel anwenden 2. Klammer auflösen und zusammenfassen
... die **Nullstellen** einer **quadratischen Funktion** berechnen. ▸ Test-Aufgabe 3	$\begin{aligned} & G(x_N) = 0 \\ \Leftrightarrow\ & -0{,}4x_N^2 + 3{,}6x_N - 3{,}2 = 0 \\ \Leftrightarrow\ & x_N^2 - 9x_N + 8 = 0 \\ \Leftrightarrow\ & x_{N_{1,2}} = -\tfrac{-9}{2} \pm \sqrt{\left(\tfrac{-9}{2}\right)^2 - 8} \\ \Leftrightarrow\ & x_{N_1} = 1;\ x_{N_2} = 8 \end{aligned}$	1. Funktionsterm gleich 0 setzen 2. Durch den Faktor vor dem x^2 dividieren 3. p-q-Formel anwenden
... den **Funktionsterm** in **Linearform** schreiben. ▸ Test-Aufgabe 1	$\Rightarrow G(x) = -0{,}4 \cdot (x - 1) \cdot (x - 8)$ ▸ $x_{N_1} = 1$ und $x_{N_2} = 8$	**Linearform:** $f(x) = a \cdot (x - x_{N_1}) \cdot (x - x_{N_2})$
... den **Funktionsterm** einer **quadratischen Funktion** an-hand dreier auf dem Graphen liegender Punkte **aufstellen**. ▸ Test-Aufgaben 2, 3	$P_1(2|14): a \cdot 2^2 + b \cdot 2 + c = 14$ $P_2(4|20): a \cdot 4^2 + b \cdot 4 + c = 20$ $P_3(6|18): a \cdot 6^2 + b \cdot 6 + c = 18$ ▸ Rechnung siehe Seite 113	1. Gegebene Punkte in den allgemeinen Ansatz $ax^2 + bx + c = y$ einsetzen 2. Lineares Gleichungssystem mithilfe des Gauß'schen Eliminationsverfahrens lösen

2

Test zu 2.3

1. Von einem Funktionsterm in der Scheitelpunktform $(x - x_S)^2 + y_S$ sind $x_S = -3$ und $y_S = -1$ bekannt. Bestimmen Sie seine Scheitelpunktform, seine Normalform und seine Linearform.

2. Ermitteln Sie anhand der Zeichnung die allgemeine Funktionsgleichung $f(x) = a x^2 + b x + c$ der dargestellten Parabel.

a)
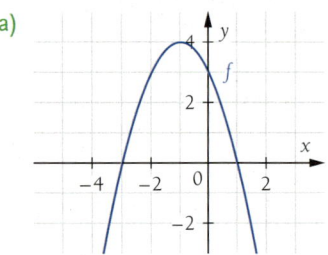

b)
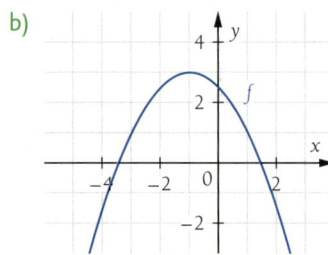

c)
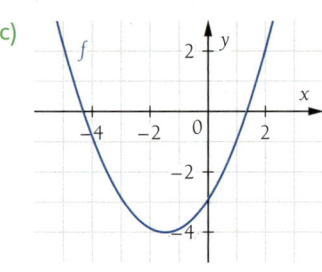

3. Die JoRo GmbH hat in ihrer Mikrochipabteilung Fixkosten von 9,5 GE und Produktionskosten von 0,25 GE pro Stück. Die Verkaufserlöse sind wie folgt: 10 GE für 2 ME, 18 GE für 6 ME und 17,5 GE für 7 ME. Äußern Sie sich zur Gewinnsituation des Unternehmens.
Ermitteln Sie dazu die lineare Funktionsgleichung der Kostenfunktion und die quadratischen Funktionsgleichungen der Erlös- und Gewinnfunktion.
Untersuchen Sie die Gewinnzone sowie das Gewinnmaximum.

4. Aufgrund der Preis-Absatz-Funktion für einen USB-Stick ergibt sich, dass 1000 USB-Sticks zu einem Preis von 15 € pro Stück abgesetzt werden können. Durch Preissenkung um 1 € nimmt die Absatzmenge um jeweils 1000 Stück zu. Die Durchschnittskosten betragen konstant 10 €.

a) Bestimmen Sie die Funktionsterme der Erlös, der Kosten- und der Gewinnfunktion.
b) Zeichnen Sie den Graphen der Gewinnfunktion.
c) Bestimmen Sie die Absatzmenge und den Preis, bei denen der Gewinn am größten ist.
d) Geben Sie den maximalen Gewinn in € an.

5. Die Global AG mit Sitz in Ludwigshafen stellt verschiedenartige Medikamente her, unter anderem ein Grippemittel mit dem Namen „Antigripp".
Zur Überprüfung der eigenen Preispolitik beobachtet die Marketingabteilung gezielt das Kaufverhalten für Grippemedikamente. Im Einzelnen werden das Verhalten der Mitanbieter, die wirkstoffgleiche Produkte anbieten, und das Verhalten der Konsumenten untersucht.
Die Untersuchung ergibt, dass bei einem Preis von $p_A(x)$ in €/100 ml von verschiedenen Anbietern die nebenstehenden Mengen angeboten werden.
Das Verhalten der Konsumenten lässt sich mittels folgender Gleichung beschreiben:

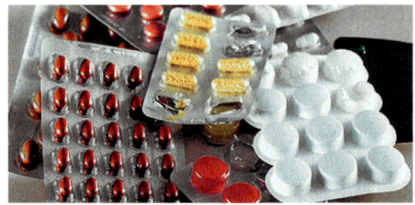

x in 100 ml	$p_A(x)$ in €/100 ml
2	26
4	36
6	46

$$p_N(x) = -0,5 x^2 - 2x + 48; \; x \in D_{\text{ök}}$$

Die Global AG hat kürzlich erfahren, dass der Staat eine Höchstpreisregelung für Grippemedikamente in Erwägung zieht. Analysieren Sie aus Sicht der Global AG die Marktsituation für „Antigripp".

Die Fly Bike Werke beabsichtigen, eine wärmende Kopfbedeckung, die man unter einem Fahrradhelm tragen kann, als Handelsware in ihr Sortiment aufzunehmen. Das neue Produkt soll von einem Unternehmen extern produziert werden. Eine entsprechende Ausschreibung wird an mehrere Textilunternehmen geschickt.

Die Nordhorner Textilmanufaktur möchte sich um den Auftrag bewerben. Deren Geschäftsführerin, Frau Niehaus, weist ihre Kreativabteilung an, ihr ein Schnittmuster vorzulegen, auf dessen Grundlage eine Mütze aus einem dünnen Baumwollstoff genäht werden kann.

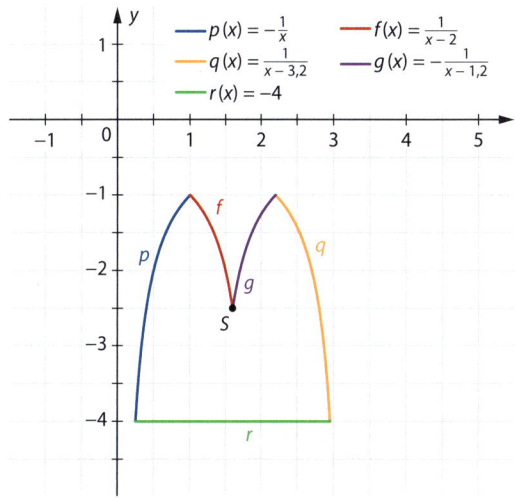

Kurz darauf wird Frau Niehaus nebenstehendes Schnittmuster zur Begutachtung vorgelegt. Es wurde mithilfe von CAD entworfen; die Funktionsgleichungen liefert das CAD-System direkt mit.

Frau Niehaus ist grundsätzlich mit dem Entwurf einverstanden, bittet aber darum, dass man ihr das Schnittmuster wegen der Übersichtlichkeit so in ein Koordinatenkreuz legt, dass der Punkt S im Ursprung liegt.

▶ Aufgabe 9 auf Seite 133

Kompetenzen

- Graphen von Potenzfunktionen mit ganzzahligen Exponenten ohne Hilfsmittel skizzieren

- Globalverhalten und Symmetrie beschreiben

- Wurzelfunktionen als spezielle Potenzfunktionen darstellen

- Potenzfunktionen verschieben und strecken

Anwendungen

- Mathematische Modellierung von Formen und Flächen

- Durchschnittliche Kosten

2.4 Potenzfunktionen

2.4.1 Drei Arten von Potenzfunktionen

Potenzfunktionen mit positiven Exponenten

1 Volumen eines Würfels

Die Firma „Magic Board Games" plant für ein neues Brettspiel eine Verpackung in Würfelform. Die Verpackung darf aus Normgründen das Volumen von 8000 cm^3 nicht überschreiten.

Berechnen Sie die Maße der würfelförmigen Verpackung.

Da bei einem Würfel Länge, Breite und Höhe gleich lang sind, können wir das Volumen eines Würfels mit folgender Formel berechnen:

$V(x) = x \cdot x \cdot x = x^3$

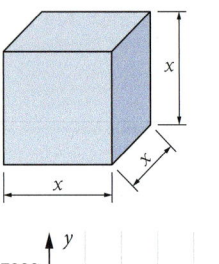

Da das Volumen der Schachtel maximal 8000 cm^3 groß sein darf, folgt:

$$V(x) = 8000 = x^3$$
$$\Rightarrow \quad \sqrt[3]{8000} = x$$
$$\Rightarrow \quad x = 20$$

Die Verpackung sollte also eine Kantenlänge von maximal 20 cm besitzen.

Den Graphen und die Wertetabelle der Funktion V mit $V(x) = x^3$ können wir rechts sehen.

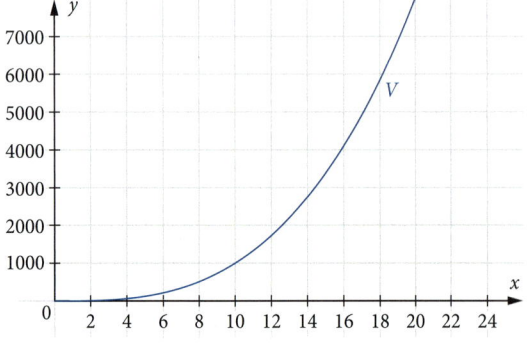

Die Kantenlänge und somit die Länge, Breite und Höhe des Würfels dürfen keine negativen Zahlen sein. Daraus ergibt sich für die Volumenfunktion V der Definitionsbereich $D_v = [0; 20]$.

x in cm	0	10	16	19
$V(x)$ in cm^3	0	1000	4096	6859

Die Funktion V mit $V(x) = x^3$ ist ein Beispiel für eine **Potenzfunktion**. Allgemein ist eine Potenzfunktion eine Funktion f mit einer Gleichung vom Typ $f(x) = x^n$ mit $n \in \mathbb{N}$. Dabei gibt der Exponent n den **Grad** der Funktion an.

- Eine Funktion f der Form $f(x) = x^n$ mit $n \in \mathbb{N}$ heißt **Potenzfunktion n-ten Grades**.
- Der maximale Definitionsbereich ist $D_f = \mathbb{R}$.
- Der zu f zugehörige Graph heißt **Parabel n-ter Ordnung**.

Geben Sie den Grad der Funktion f an. Skizzieren Sie anschließend den Funktionsgraphen in ein Koordinatensystem. Nutzen Sie dafür eine Wertetabelle mit den x-Werten -2; -1; $-0{,}5$; 0; $0{,}5$; 1; 2.

a) $f(x) = x^3$ b) $f(x) = x^4$ c) $f(x) = x^5$ d) $f(x) = x^6$

Verlauf und Symmetrie bei geraden und ungeraden positiven Exponenten

2

Zeichnen und beschreiben Sie die Graphen der Funktionen f_1, f_2, f_3 sowie g_1, g_2, g_3.
$f_1(x) = x^3$, $f_2(x) = x^5$, $f_3 = x^7$, $g_1(x) = x^2$, $g_2(x) = x^4$, $g_3(x) = x^6$

Wir unterscheiden zwischen Funktionen mit geradem Grad und Funktionen mit ungeradem Grad.

Ungerader Exponent

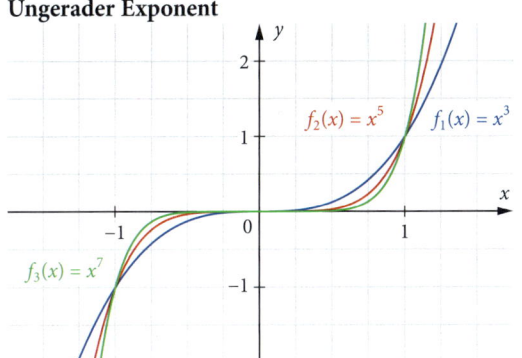

Gerader Exponent

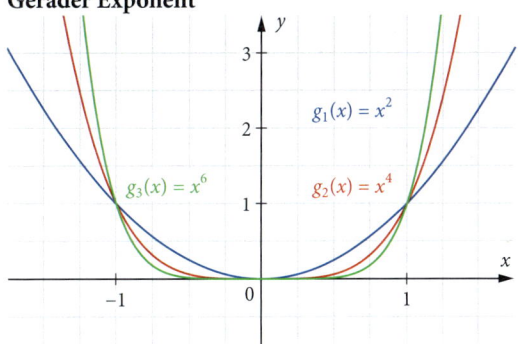

2

- Die Graphen sind punktsymmetrisch zum Ursprung.
- Die Graphen liegen ausschließlich im I. und im III. Quadranten. Sie kommen aus dem negativ Unendlichen und gehen ins positiv Unendliche.
- Die Graphen gehen durch die Punkte $(-1|-1)$, $(0|0)$ und $(1|1)$.
- $x_N = 0$ ist die einzige Nullstelle.
- $D_{f_i} = \mathbb{R}$ und $W_{f_i} = \mathbb{R}$
- Je größer n ist, desto steiler verläuft der Graph für $|x| > 1$ und desto flacher für $-1 < x < 1$.

- Die Graphen sind achsensymmetrisch zur y-Achse.
- Die Graphen liegen ausschließlich im I. und im II. Quadranten. Sie kommen aus dem positiv Unendlichen und gehen ins positiv Unendliche.
- Die Graphen gehen durch die Punkte $(-1|1)$, $(0|0)$ und $(1|1)$.
- $x_N = 0$ ist die einzige Nullstelle.
- $D_{g_i} = \mathbb{R}$ und $W_{g_i} = \mathbb{R}_0^+$
- Je größer n ist, desto steiler verläuft der Graph für $|x| > 1$ und desto flacher für $-1 < x < 1$.
- Die Graphen haben im Punkt $(0|0)$ ihren tiefsten Punkt.

Spiegelung an der x-Achse

3

Skizzieren Sie die Graphen, die durch Spiegelung an der x-Achse aus den Graphen zu $f_1(x) = x^2$ und $f_2(x) = x^5$ entstehen. Geben Sie die Funktionsgleichungen für die beiden gespiegelten Graphen an.

Der Graph der Funktion f_1 mit $f_1(x) = x^2$ ist die Normalparabel. Aus Abschnitt 2.3 (▶ Seite 98) wissen wir bereits, dass die gespiegelte Normalparabel die folgende Funktionsgleichung hat:

$g_1(x) = -f_1(x) = -x^2$

Daher vermuten wir, dass wir auch den zweiten Graphen spiegeln können, indem wir seinem Funktionsterm ein Minus voranstellen:

$g_2(x) = -f_2(x) = -x^5$

Durch das Minus vor dem Funktionsterm ändern *alle* Funktionswerte ihr Vorzeichen. Das heißt, alle Punkte des Funktionsgraphen werden an der x-Achse gespiegelt, und somit der gesamte Graph.

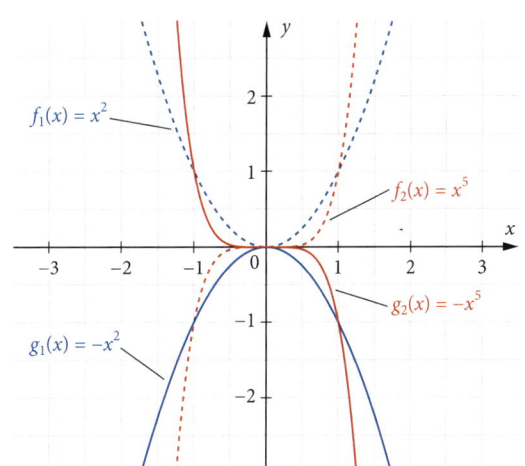

Potenzfunktionen mit negativen Exponenten

 4 Durchschnittliche Fixkosten, Grenzwerte

Die Nachfrage nach Print-Werbung ist gesunken. Deshalb muss die Werbeagentur „Schöner Werben" ihre Preise für Plakate überdenken. Die Fixkosten in Höhe von 1800 € bleiben bestehen. Die Agentur interessiert sich für die *durchschnittlichen* Fixkosten, d. h. für die anteiligen Fixkosten pro Plakat.
Modellieren Sie die durchschnittlichen Fixkosten. Welcher Effekt ist auf lange Sicht erkennbar? Bestimmen Sie dazu den Grenzwert der durchschnittlichen Fixkosten.

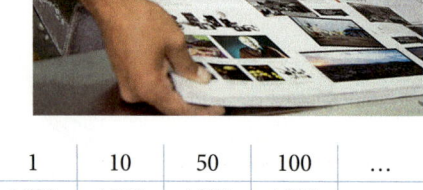

Die Fixkosten beschreiben wir durch die konstante Funktion K_{fix} mit $K_{\text{fix}}(x) = 1800$. Ihr Graph verläuft parallel zur x-Achse im Abstand 1800.

x	1	10	50	100	...
$K_{\text{fix}}(x)$	1800	1800	1800	1800	...
$k_{\text{fix}}(x)$	1800	180	36	18	...

Bei den **durchschnittlichen Fixkosten** werden die Fixkosten auf die Ausbringungsmenge x aufgeteilt. Die Funktion, die die durchschnittlichen Fixkosten beschreibt, nennen wir k_{fix}. Wir erkennen, dass es sich bei k_{fix} um eine Potenzfunktion mit Exponenten -1 und Streckfaktor 1800 handelt.

$$k_{\text{fix}}(x) = \frac{1800}{x} = 1800 \cdot x^{-1}; \quad x > 0 \quad \blacktriangleright \frac{1}{x} = x^{-1}$$

Mit wachsender Ausbringungsmenge x werden die Kosten auf eine immer größere Produktanzahl verteilt. Somit fallen die durchschnittlichen Fixkosten. Der Graph der Funktion k_{fix} ist eine **Hyperbel**.

Je größer die x-Werte werden, desto kleiner werden die Funktionswerte. Der Graph von k_{fix} nähert sich der Geraden $y_A = 0$ an. Eine solche Näherungsgerade heißt **Asymptote**.

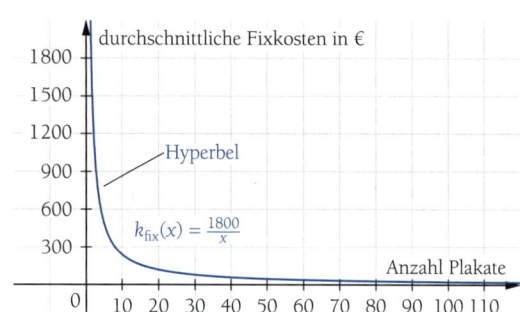

Man sagt, dass die Funktion k_{fix} für x gegen unendlich den **Grenzwert** 0 hat. Dafür schreiben wir

$$\lim_{x \to \infty} k_{\text{fix}}(x) = 0 \quad \blacktriangleright \text{ gelesen: Der Limes von } k_{\text{fix}}(x)$$
für x gegen unendlich ist null.

$$\lim_{x \to \infty} k_{\text{fix}}(x) = \lim_{x \to \infty} \frac{1800}{x} = 0$$

▶ Näherung an die x-Achse von oben

„Limes" ist das lateinische Wort für „Grenze" oder „Grenzwert".

An der Stelle $x = 0$ ist die Funktion k_{fix} nicht definiert, da hier der Nenner den Wert null hätte. Eine solche Definitionslücke nennt man **Polstelle**. Wir untersuchen die Funktionswerte in der Umgebung dieser Stelle:

Je dichter die x-Werte bei 0 liegen, desto größer werden die Funktionswerte von k_{fix}. Man sagt, dass die Funktion k_{fix} für x gegen 0 den Grenzwert ∞ hat und schreibt:

$$\lim_{x \to 0} k_{\text{fix}}(x) = \lim_{x \to 0} \frac{1800}{x} = \infty$$

▶ Näherung an die y-Achse von rechts

$$\lim_{x \to 0} k_{\text{fix}}(x) = \infty$$

Jede Potenzfunktion der Form $f(x) = x^n$ mit negativem Exponenten (also $n \in \mathbb{Z}^-$) hat die **Polstelle** (Definitionslücke) $x = 0$ und die **Asymptote** (Näherungskurve) $y_A = 0$.

Verlauf und Symmetrie bei geraden und ungeraden negativen Exponenten

5

2

Zeichnen Sie die Graphen der Funktionen in ein Koordinatensystem und ermitteln Sie Gemeinsamkeiten.

$$f_1(x) = x^{-1} = \frac{1}{x}, \qquad f_2(x) = x^{-3} = \frac{1}{x^3}, \qquad f_3(x) = x^{-5} = \frac{1}{x^5}$$

$$g_1(x) = x^{-2} = \frac{1}{x^2}, \qquad g_2(x) = x^{-4} = \frac{1}{x^4}, \qquad g_3(x) = x^{-6} = \frac{1}{x^6}$$

Wir unterscheiden anhand des Exponenten n zwei verschiedene Arten von Hyperbeln:

Ungerader Exponent

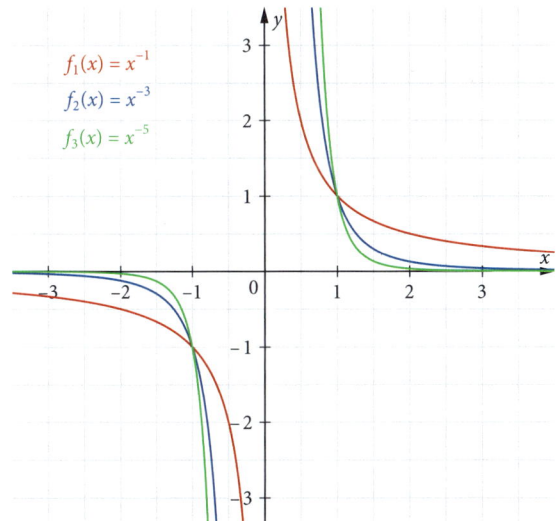

Gerader Exponent

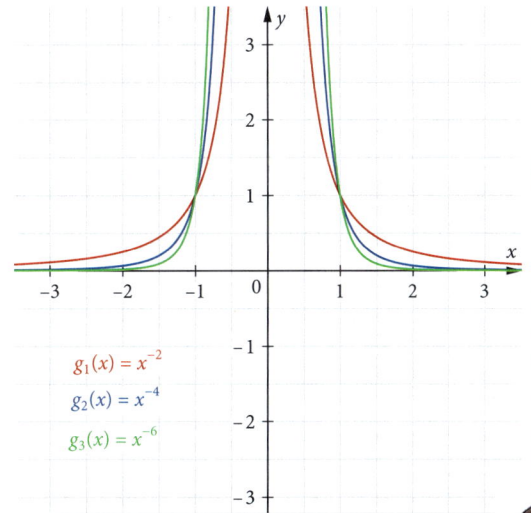

*Auch wenn es in der Zeichnung so aussieht, berühren die Graphen an **keiner** Stelle die x–Achse. Sie kommen ihr aber beliebig nah.*

- Die Graphen sind punktsymmetrisch zum Ursprung.
- Die Graphen liegen ausschließlich im I. und im III. Quadranten.
- Die Graphen gehen durch die Punkte $(-1|-1)$ und $(1|1)$.
- Die Graphen erreichen niemals die y-Achse.
- Die Stelle $x = 0$ ist eine Polstelle. Der Definitionsbereich ist $D_{f_i} = \mathbb{R}\backslash\{0\}$.
- Die Graphen nähern sich der Asymptote $y_A = 0$ von oben und von unten an.
- Der Wertebereich ist $W_{f_i} = \mathbb{R}\backslash\{0\}$.

- Die Graphen sind achsensymmetrisch zur y-Achse.
- Die Graphen verlaufen ausschließlich im I. und im II. Quadranten.
- Die Graphen gehen durch die Punkte $(-1|1)$ und $(1|1)$.
- Die Graphen erreichen niemals die y-Achse.
- Die Stelle $x = 0$ ist eine Polstelle. Der Definitionsbereich ist $D_{g_i} = \mathbb{R}\backslash\{0\}$.
- Die Graphen nähern sich der Asymptote $y_A = 0$ nur von oben an.
- Der Wertebereich ist $W_{g_i} = \mathbb{R}^+$.

Zeichnen Sie die Graphen für die Funktionen f und g mit $f(x) = -\frac{1}{x}$ und $g(x) = -\frac{1}{x^2}$.
Formulieren Sie den Verlauf und die Symmetrie der Graphen wie in Beispiel 5.

Wurzelfunktionen

 6 Abstandsberechnung

Die Gabler Sandwerke GmbH aus Hannover plant in der Nähe von Gronau (Leine) die Förderung von Sand im Trocken- und Nassbau. Dabei soll ein See entstehen, dessen nördliches und südliches Ufer durch die Graphen der Funktionen g und h mit $g(x) = \sqrt{x} + 50$ und $h(x) = -2\sqrt{x} + 50$ beschrieben werden können. Die Länge des Sees muss auf 400 m in Ost-West-Richtung begrenzt werden, weil am östlichen Ende eine Straße genau in Nord-Süd-Richtung verläuft. Fertigen Sie eine Planskizze an und ermitteln Sie, auf welcher Länge die Straße am Ufer vorbeiführt.

Gesucht ist der senkrechte Abstand d, den die beiden Graphen G_g und G_h an der Stelle 400 haben:

$d = g(400) - h(400)$
$\quad = \sqrt{400} + 50 - (-2\sqrt{400} + 50)$
$\quad = 3\sqrt{400}$
$\quad = 3 \cdot 20$
$\quad = 60$

Die Straße verläuft auf einer Länge von 60 m am See entlang.

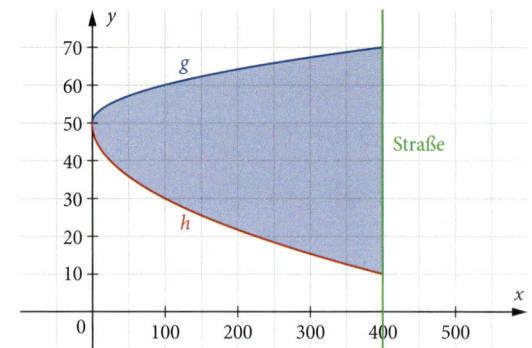

Die beiden Graphen aus Beispiel 6 gehen durch Verschiebung und (im Falle von h) Streckung aus dem Graphen der **Wurzelfunktion** f mit $f(x) = \sqrt{x}$ hervor. Die Funktionsgleichung von f lässt sich auch schreiben als $f(x) = x^{\frac{1}{2}}$ (▶ Seite 12). Damit ist die Wurzelfunktion ein Spezialfall einer Potenzfunktion, deren Exponent ein Bruch ist.

Allgemein lassen sich die Wurzelfunktionen der Form $f(x) = \sqrt[n]{x}$ mit $n \in \mathbb{N}$ und $n \geq 2$ in der Form $f(x) = x^{\frac{1}{n}}$ schreiben. Wurzelfunktionen sind also spezielle Potenzfunktionen. Da der Radikand – das ist der Term unter der Wurzel – nicht negativ sein darf, beschränkt sich der Definitionsbereich auf die positiven reellen Zahlen inklusive der Null: $D_f = \mathbb{R}_0^+$.

 7 Eigenschaften von Wurzelfunktionen

Zeichnen Sie die Graphen der Wurzelfunktionen f_1, f_2, f_3 mit

$$f_1(x) = x^{\frac{1}{2}} = \sqrt{x}, \qquad f_2(x) = x^{\frac{1}{3}} = \sqrt[3]{x}, \qquad f_3(x) = x^{\frac{1}{8}} = \sqrt[8]{x}$$

in ein gemeinsames Koordinatensystem. Beschreiben Sie ihre Eigenschaften.

- Alle drei Graphen beginnen im Ursprung und steigen von dort monoton über alle Grenzen, d.h., sie gehen ins positiv Unendliche.
- Außer $x_N = 0$ gibt es keine weiteren Nullstellen.
- Alle drei Graphen schneiden sich im Punkt $S(1|1)$.
- Je kleiner der Exponent der Potenzfunktion ist (d.h. je größer der Wurzelexponent), desto flacher verläuft der Graph ab $S(1|1)$.
- Die Graphen sind nicht symmetrisch.

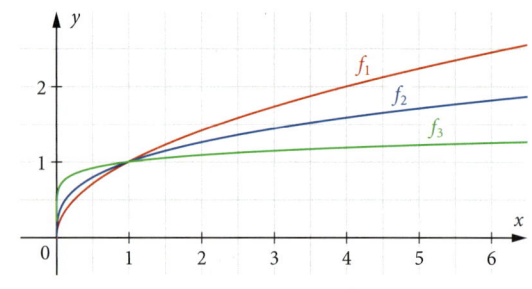

Übungen zu 2.4.1

1. Ordnen Sie die Funktionsgleichungen den abgebildeten Graphen zu.

a) $f(x) = x^5$

c) $f(x) = -x^3$

b) $f(x) = -x^4$

d) $f(x) = -x^6$

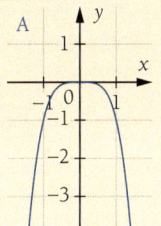
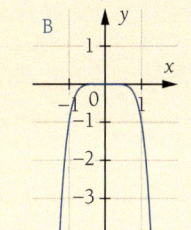
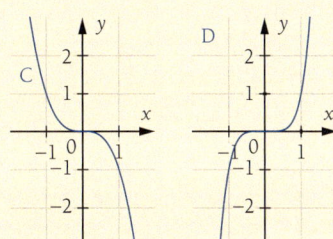

2. Gegeben ist die Funktion f mit $f(x) = x^n$. Vervollständigen Sie die folgenden Sätze.

a) Für gerades n ist der Graph von f … zur y-Achse.

b) Der Graph hat eine Berührstelle mit der x-Achse, wenn n … ist.

c) Für n … ist f eine lineare Funktion.

3. Spiegeln Sie zeichnerisch die Graphen der Funktion f und g mit $f(x) = x^{-1}$ und $g(x) = \sqrt{x}$ an der x-Achse. Geben Sie die Funktionsgleichungen der beiden gespiegelten Graphen an.

4. Ordnen Sie die Funktionsgleichungen den abgebildeten Graphen zu. Skizzieren Sie die beiden fehlenden Graphen.

$f(x) = x^{-2}$ $g(x) = \frac{1}{x^3}$ $h(x) = -\frac{1}{x}$ $i(x) = -\frac{1}{x^4}$

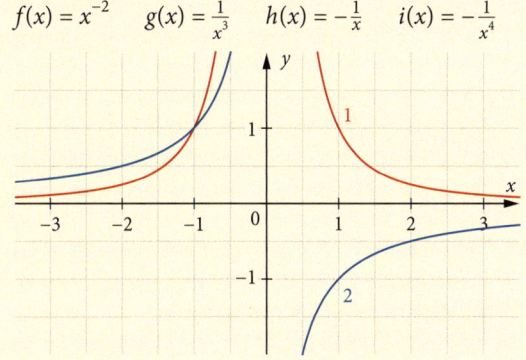

5. Ordnen Sie die Funktionsgleichungen den abgebildeten Graphen zu. Skizzieren Sie die beiden fehlenden Graphen.

$f(x) = -\sqrt{x}$ $g(x) = \frac{1}{x^3}$ $h(x) = x^{\frac{1}{4}}$ $i(x) = -x^{\frac{1}{4}}$

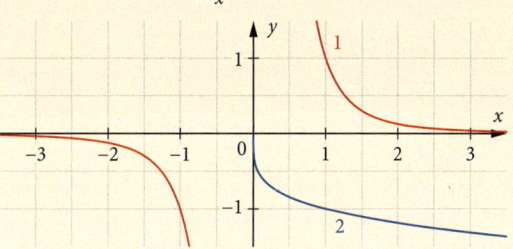

6. Gegeben sind die Funktionen f und g mit den Gleichungen $f(x) = x^{-n}$ und $g(x) = x^{\frac{1}{n}}$; $n \in \mathbb{N}$. Entscheiden Sie, ob die Aussagen wahr oder falsch sind.

a) Für gerades n sind beide Graphen symmetrisch zur y-Achse.

b) Der Graph von f ist immer symmetrisch.

c) Der Graph von g verläuft oberhalb der x-Achse.

d) Die Funktionswerte von f sind immer positiv.

e) Die Funktion g ist nur für positive Werte für x definiert.

f) Die Funktion f hat immer eine Polstelle.

7. Geben Sie die Funktionsgleichung einer passenden Potenzfunktion an. Vervollständigen Sie vorhandene Lücken in der Wertetabelle.

a)

x	-2	-1	0	1	2
$f(x)$	-8		0		8

b)

x	0	1	8	27	64	125
$f(x)$		1	2			5

8. Aufgaben, bei denen es darum geht, eine Funktionsgleichung anhand von gegebenen Informationen zu finden, heißen **Steckbriefaufgaben**.

a) Gesucht ist die Funktionsgleichung der Potenzfunktion, deren Graph von „links unten" nach „rechts oben" verläuft. Der Graph der gesuchten Funktion geht durch den Punkt $P(2|32)$ und ist nicht achsensymmetrisch.

b) Erstellen Sie einen Steckbrief einer zu suchenden Potenzfunktion.

c) Tauschen Sie Ihre Steckbriefe in Kleingruppen aus. Bestimmen Sie die gesuchten Potenzfunktionen Ihrer Mitschülerinnen und Mitschüler.

2.4.2 Verschiebungen und Streckungen der Graphen von Potenzfunktionen

 8 Streckfaktor a

Untersuchen Sie den Einfluss des Faktors a auf den Verlauf des Graphen zu $f(x) = a \cdot x^n$ mit $a \in \mathbb{R}\backslash\{0\}$. Zeichnen Sie dazu die Graphen für verschiedene Werte von a. Unterscheiden Sie zusätzlich zwischen geradem und ungeradem n. Stellen Sie Ihr Ergebnis in einer Tabelle übersichtlich dar.

	n ungerade	n gerade
$a > 0$ Je größer a ist, desto steiler verläuft der Graph.	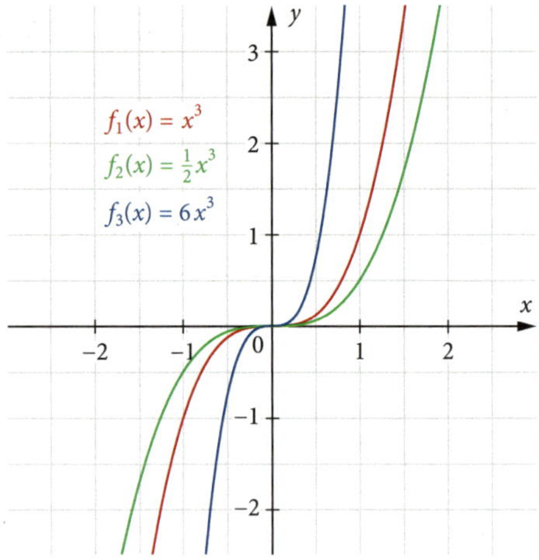 $f_1(x) = x^3$ $f_2(x) = \frac{1}{2}x^3$ $f_3(x) = 6x^3$	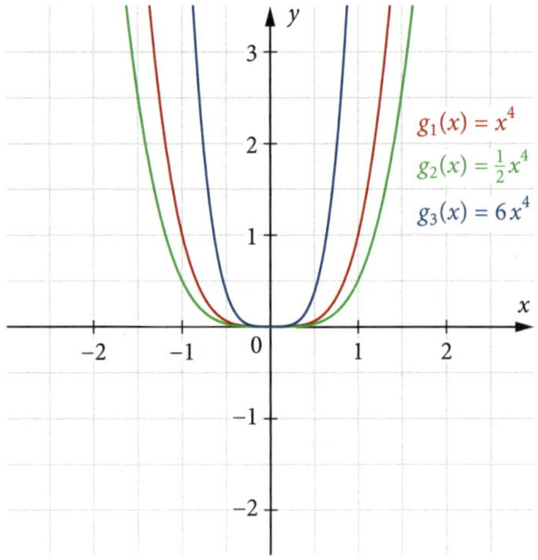 $g_1(x) = x^4$ $g_2(x) = \frac{1}{2}x^4$ $g_3(x) = 6x^4$
$a < 0$ Der negative Faktor bewirkt eine Spiegelung des Graphen an der x-Achse. Je kleiner a ist bzw. je größer $\lvert a \rvert$ ist, desto steiler verläuft der Graph.	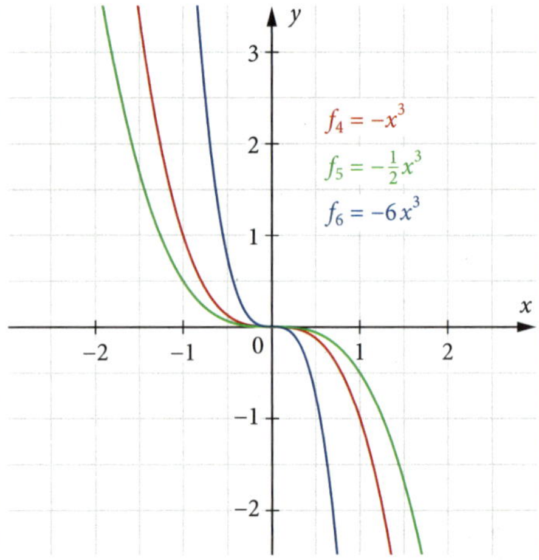 $f_4 = -x^3$ $f_5 = -\frac{1}{2}x^3$ $f_6 = -6x^3$	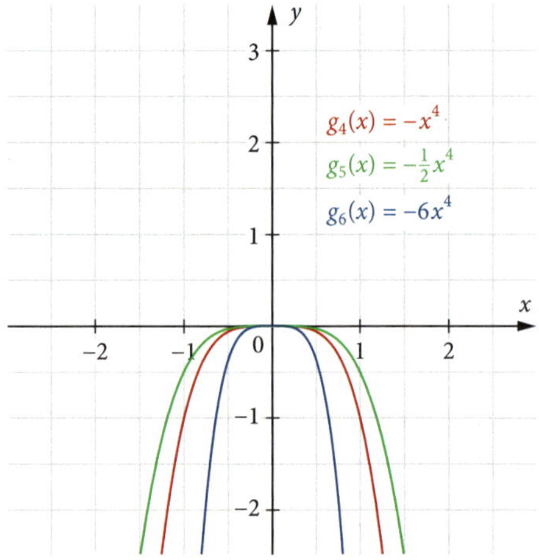 $g_4(x) = -x^4$ $g_5(x) = -\frac{1}{2}x^4$ $g_6(x) = -6x^4$

Der **Streckfaktor** $a \in \mathbb{R}\backslash\{0\}$ im Funktionsterm $f(x) = a \cdot x^n$ hat folgende Auswirkungen auf den Funktionsgraphen von f:
- Je größer $\lvert a \rvert$ ist, desto steiler verläuft der Graph.
- Der Graph zu $g(x) = -a \cdot x^n$ entsteht aus dem Graphen zu $f(x) = a \cdot x^n$ durch Spiegelung an der x-Achse.

Zeichnen Sie die Graphen folgender Funktionen und beschreiben Sie den Verlauf der Graphen. Prüfen Sie, ob Ihre Beschreibung mit den in Beispiel 8 festgestellten Ergebnissen übereinstimmt.

a) $f(x) = x^5$ b) $g(x) = 2x^6$ c) $h(x) = -0{,}5\,x^7$ d) $i(x) = -x^6$

Parametervariation $a \cdot f(x - c) + d$

Erläutern Sie, wie die Graphen zu $g_1(x) = (x - 3)^4 - 2$ und $g_2(x) = 5(x - 3)^4 - 2$ aus dem Graphen zu $f(x) = x^4$ hervorgehen.

$g_1(x) = (x - 3)^4 - 2$:
Wir erhalten den Graphen von g_1, indem wir den Graphen von f um 2 Einheiten nach unten und 3 Einheiten nach rechts verschieben.

$g_2(x) = 5(x - 3)^4 - 2$:
Wir erhalten den Graphen von g_2, indem wir den Graphen von f um 2 Einheiten nach unten und 3 Einheiten nach rechts verschieben sowie mit dem Faktor 5 entlang der y-Achse strecken.

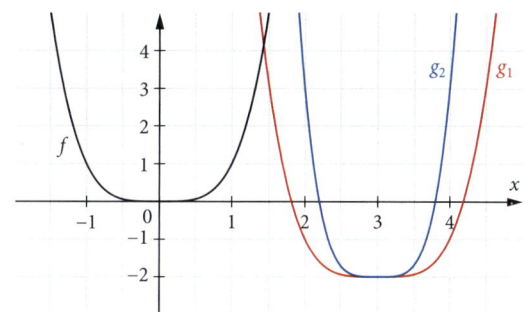

Geht man vom Scheitelpunkt $S(0|0)$ der ursprünglichen Funktion f einen Schritt nach rechts, so muss man einen Schritt nach oben gehen, um wieder auf dem Graphen zu landen.

Da die Funktionsgleichung von g_1 keinen Streckfaktor enthält, gilt hier die gleiche Schrittweite: vom Scheitelpunkt $S(3|-2)$ ausgehend 1 Schritt nach rechts und 1 Schritt nach oben.

Der Graph von g_2 ist gegenüber den anderen beiden Graphen um den Faktor 5 gestreckt. Das bedeutet, dass man vom Scheitelpunkt $S(3|-2)$ ausgehend 1 Schritt nach rechts und $5 \cdot 1 = 5$ Schritte nach oben gehen muss.

Parametervariation $f(x - c) + d$

Bestimmen Sie die Funktionsgleichung derjenigen Funktion g, die aus der Potenzfunktion f mit $f(x) = x^{-1}$ durch Verschieben um zwei Einheiten nach rechts und eine Einheit nach oben hervorgeht.
Zeichnen Sie den Graphen von g und ermitteln Sie seine Eigenschaften.

Eine Verschiebung um 2 Einheiten nach rechts bedeutet, dass die Funktionsvorschrift f auf $(x - 2)$ angewendet wird.

Eine Verschiebung um 1 Einheit nach oben bedeutet, dass jeder Funktionswert von g um 1 Einheit erhöht wird, also 1 addiert werden muss.

$$g(x) = f(x - 2) + 1 = (x - 2)^{-1} + 1 = \frac{1}{x - 2} + 1$$

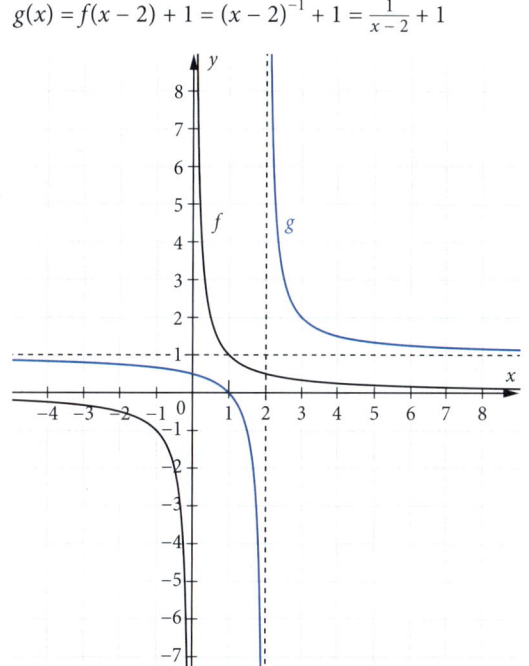

Aus der Zeichnung können die Eigenschaften des Graphen von g abgelesen werden:
- An der Stelle 2 hat der Graph von g eine Definitionslücke (Polstelle). Nähern sich die Werte für x von links der Polstelle, so streben die Funktionswerte von g gegen $-\infty$. Nähern sich Werte für x von rechts der Polstelle, so streben die Funktionswerte von g gegen $+\infty$.
- Der Graph von g ist punktsymmetrisch zum Punkt $(2|1)$.
- Für $x \to -\infty$ nähern sich die Funktionswerte von g von unten der Parallelen zur x-Achse im Abstand 1, und für $x \to +\infty$ von oben. Die Gerade $y_A = 1$ ist die Asymptote.
- Die y-Achse wird bei 0,5 geschnitten.

11 Parametervariation $f(x - c) + d$

Der Graph einer Funktion g ist nebenstehend abgebildet. Es handelt sich um den sowohl in Richtung
der x-Achse als auch in Richtung der y-Achse verschobenen Graphen der Quadratwurzelfunktion.

Ermitteln Sie die Funktionsgleichung zum Graphen
von h, der dadurch entsteht, dass der Graph von g
um zwei Einheiten nach links und um eine Einheit
nach oben verschoben wird.

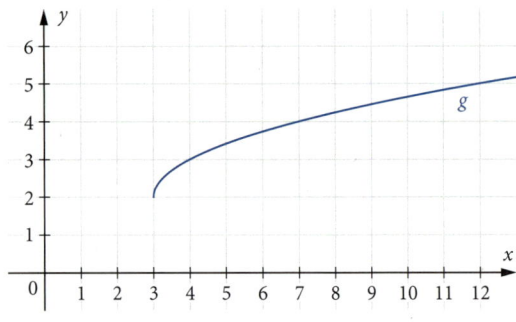

Zunächst bestimmen wir anhand der Zeichnung die
Funktionsgleichung von g. Der Parameter c steht für
die Verschiebung in Richtung der x-Achse und d für
die Verschiebung in Richtung der y-Achse.

$$g(x) = \sqrt{x - c} + d$$

Da der Graph von g im Punkt $A(3|2)$ beginnt, muss
er um 3 Einheiten nach rechts und um 2 Einheiten
nach oben verschoben worden sein. Damit können
wir die Funktionsgleichung aufstellen.

$$A(3|2) \Rightarrow c = 3;\ d = 2$$
$$\Rightarrow g(x) = \sqrt{x - 3} + 2$$

Nun verschieben wir den Graphen von g um zwei
Einheiten nach links und um eine Einheit nach
oben. Wir erhalten die Funktionsgleichung der
Funktion h, deren Graph im Punkt $B(1|3)$ beginnt.

$$h(x) = \sqrt{(x - 3) + 2} + 2 + 1$$
$$= \sqrt{x - 1} + 3$$

Geben Sie die Funktionsgleichung des Graphen an, der gegenüber dem Graphen von $f(x) = \sqrt{x}$ um 2 Einheiten nach links und 1 Einheit nach oben verschoben ist. Skizzieren Sie beide Graphen.

12 Parametervariation $f(bx)$ mit $0 < b < 1$

Erläutern Sie, wie der Graph zu $g(x) = (0,5\,x)^3$ aus dem Graphen zu $f(x) = x^3$ hervorgeht.

Der Graph von g ist im Vergleich zum Graphen
von f entlang der x-Achse um den Faktor $\frac{1}{0,5} = 2$ gestreckt. Das bedeutet, dass der x-Wert, an dem g
einen beliebigen Funktionswert annimmt, dem
Doppelten des x-Werts entspricht, an dem f diesen
Funktionswert annimmt. Beispiel:

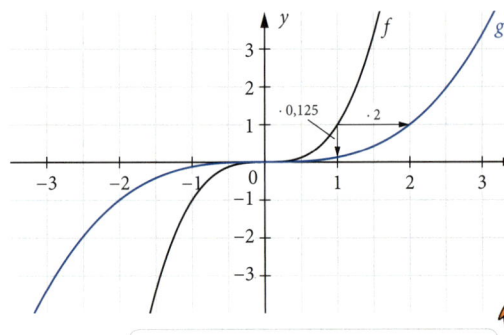

$$g(2) = g(2 \cdot 1) = f(1) = 1^3 = 1$$

Die Streckung entlang der x-Achse kann man hier
aber auch als Stauchung entlang der y-Achse mit
dem Faktor 0,125 ausdrücken:

$$g(x) = (0,5\,x)^3 = 0,5^3 \cdot x^3 = 0,125\,x^3$$

*Obwohl 0,5 < 1 ist, wird der Graph entlang
der x-Achse nicht gestaucht, sondern um
den Faktor $\frac{1}{0,5} = 2$ gestreckt.*

Ist der Streckfaktor b negativ, so kommt noch eine Spiegelung des Graphen an der y-Achse hinzu. Wir betrachten in
diesem Buch jedoch ausschließlich positive Werte, also $b > 0$.

Parametervariation $f(bx)$ mit $b > 1$

Erläutern Sie, wie der Graph zu $g(x) = \sqrt{2x}$ aus dem Graphen zu $f(x) = \sqrt{x}$ hervorgeht.

Der Graph von g ist im Vergleich zum Graphen von f entlang der x-Achse um den Faktor $\frac{1}{2} = 0{,}5$ gestaucht. Das bedeutet, dass der x-Wert, an dem g einen beliebigen Funktionswert annimmt, der Hälfte des x-Werts entspricht, an dem f diesen Funktionswert annimmt. Beispiel:

$g(2) = g(4 : 2) = f(4) = \sqrt{4} = 2$

Die Stauchung entlang der x-Achse lässt sich aber auch als Streckung entlang der y-Achse mit dem Faktor $\sqrt{2}$ ausdrücken:

$g(x) = \sqrt{2x} = \sqrt{2} \cdot \sqrt{x}$

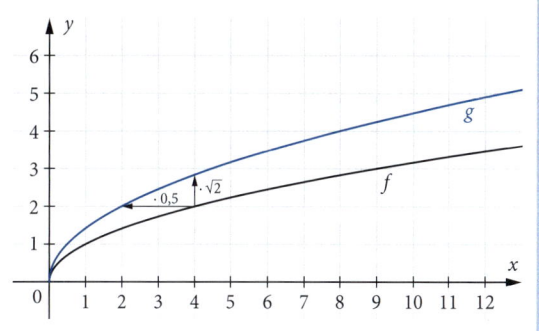

Parametervariation $a \cdot f\big(b\,(x - c)\big) + d$

Erläutern Sie, wie der Graph zu $g(x) = 0{,}5\,(2x + 8)^4 - 1$ aus dem Graphen zu $f(x) = x^4$ hervorgeht.

Der Funktionsterm enthält sowohl einen Faktor, der den Graphen entlang der y-Achse staucht ($a = 0{,}5$), als auch einen Faktor, der den Graphen entlang der x-Achse staucht ($b = 2$). Beide Faktoren fassen wir zusammen, indem wir den Faktor 2 vor dem x ausklammern und anschließend das Potenzgesetz $(a \cdot b)^r = a^r \cdot b^r$ anwenden.

Der Graph von g ist im Vergleich zum Graphen von f
- um 1 Einheit nach unten verschoben,
- um 4 Einheiten nach links verschoben,
- mit dem Faktor 8 entlang der y-Achse gestreckt.

$$\begin{aligned} g(x) &= 0{,}5\,(2x + 8)^4 - 1 \\ &= 0{,}5\,(2 \cdot (x + 4))^4 - 1 \\ &= 0{,}5 \cdot 2^4 \cdot (x + 4)^4 - 1 \\ &= 8\,(x + 4)^4 - 1 \end{aligned}$$

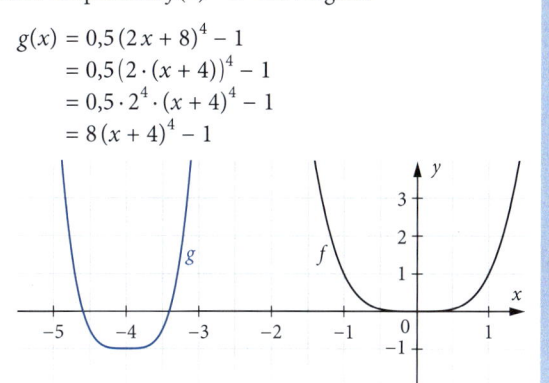

Die anhand von Potenzfunktionen dargestellten Verschiebungen und Streckungen gelten auch allgemein für beliebige Funktionen:

$$g(x) = a \cdot f\big(b\,(x - c)\big) + d$$

Der Graph von f wird entlang der y-Achse mit dem Faktor a gestreckt ($|a| > 1$) bzw. gestaucht ($|a| < 1$). Für $a < 0$ wird der Graph außerdem an der x-Achse gespiegelt.	Der Graph von f wird entlang der x-Achse mit dem Faktor $\frac{1}{b}$ gestreckt ($0 < b < 1$) bzw. gestaucht ($b > 1$).	Der Graph von f wird entlang der x-Achse um $|c|$ Einheiten nach rechts ($c > 0$) bzw. links ($c < 0$) verschoben.	Der Graph von f wird entlang der y-Achse um $|d|$ Einheiten nach oben ($d > 0$) bzw. unten ($d < 0$) verschoben.

Skizzieren Sie den Graphen von g und erläutern Sie, wie er aus dem Graphen der Funktion f hervorgeht.

a) $f(x) = x^3$ $g(x) = 2\,(x - 1)^3 - 2$

b) $f(x) = x^{-2}$ $g(x) = \dfrac{1}{(x - 2)^2} + 1$

c) $f(x) = x^2$ $g(x) = \frac{1}{3}\,(3x + 6)^2 - 2$

d) $f(x) = \sqrt[3]{x}$ $g(x) = -4\sqrt[3]{x + 2} + 3$

Übungen zu 2.4.2

1. Verschieben Sie den Graphen der Potenzfunktion f mit $f(x) = x^{-1}$
   a) um 2 Einheiten nach rechts.
   b) um 1 Einheit nach links.
   c) um 5 Einheiten nach oben.
   d) um 3 Einheiten nach unten.
   Geben Sie jeweils eine Funktionsgleichung, eine Gleichung für die Asymptote und den Definitionsbereich an.

2. Spiegeln Sie den Graphen der Funktion f mit der Gleichung $f(x) = -\frac{1}{x-2}$ zeichnerisch an der x-Achse und ermitteln Sie die Funktionsgleichung der neuen Funktion.

3. Ermitteln Sie aus den Eigenschaften der abgebildeten Graphen, durch welche Streckungen (nur entlang der y-Achse) und Verschiebungen sie aus dem Graphen der Potenzfunktion f mit $f(x) = x^3$ entstanden sind. Geben Sie die Funktionsgleichungen an.
   Tipp: Denken Sie sich den Koordinatenursprung in den Symmetriepunkt des Graphen verschoben. Prüfen Sie anschließend, um welchen Faktor die Funktionswerte von den Funktionswerten der Vergleichsfunktion abweichen.

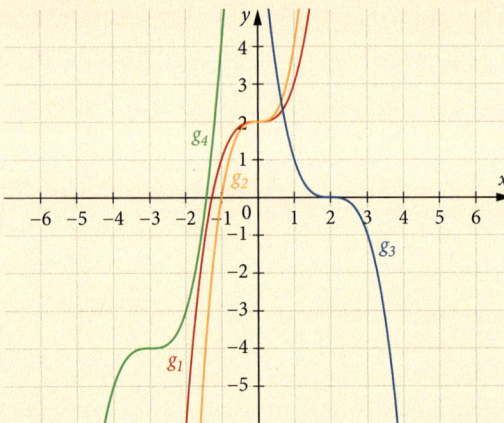

4. Verschieben Sie den Graphen der Wurzelfunktion f mit $f(x) = \sqrt[3]{x}$ um 4 Einheiten nach unten und um 2 Einheiten nach rechts. Geben Sie die Funktionsgleichung an und skizzieren Sie den Graphen.

5. Erläutern Sie, wie der Graph von g mit der Gleichung $g(x) = \sqrt{x-5} - 2$ aus dem Graphen zu $f(x) = \sqrt{x}$ hervorgeht.

6. Ermitteln Sie aus den Eigenschaften der drei Graphen, durch welche Streckungen (nur entlang der y-Achse) und Verschiebungen sie aus dem Graphen zu $f(x) = x^2$, $g(x) = \frac{1}{x}$ bzw. $h(x) = \sqrt{x}$ entstanden sind. Geben Sie die Funktionsgleichungen an.

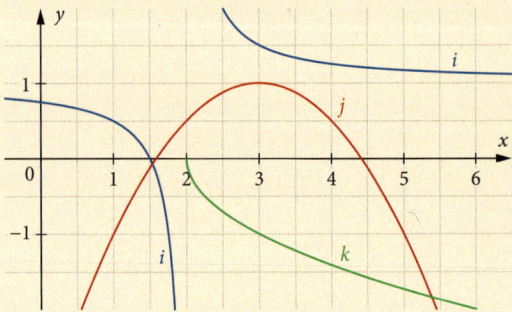

7. Zeichnen Sie den Graphen der Funktion g und beschreiben Sie, wie er aus dem Graphen der Potenzfunktion f mit $f(x) = x^{-1}$ hervorgegangen ist. Bestimmen Sie die Gleichung der Asymptote und den Definitionsbereich.
   a) $g(x) = \frac{2}{x-2}$
   b) $g(x) = \frac{1}{x+3}$
   c) $g(x) = \frac{5}{2(x-1)}$
   d) $g(x) = \frac{-1}{x+1} + 2$

8. Zeichnen Sie den Graphen der Funktion g. Beschreiben Sie seine Eigenschaften, insbesondere im Vergleich mit dem Graphen der Wurzelfunktion f_1 bzw. f_2 mit $f_1(x) = \sqrt{x}$ und $f_2(x) = \sqrt[3]{x}$.
   a) $g(x) = -\sqrt{5x}$
   b) $g(x) = 2\sqrt[3]{3x} - 2$
   c) $g(x) = 5\sqrt{x-3}$
   d) $g(x) = 2\sqrt[3]{x+1} - 2$
   e) $g(x) = \frac{1}{4}\sqrt[3]{x-3}$
   f) $g(x) = 0,5\sqrt{x-4} - 2$

9. Für eine Studienfahrt der Jahrgangsstufe 12 eines beruflichen Gymnasiums wird ein Bus gemietet. Der Fahrpreis beträgt 2400 €. Bei der Planung wurde von 60 teilnehmenden Schülerinnen und Schülern ausgegangen.
   a) Ermitteln Sie den Fahrpreis pro Person.
   b) Berechnen Sie, auf wie viele Euro der Fahrpreis pro Person steigt, wenn nur 50 Personen an der Fahrt teilnehmen.
   c) Stellen Sie einen funktionalen Zusammenhang zwischen den teilnehmenden Personen und dem Fahrpreis pro Person her. Zeichnen Sie den Graphen dieser Funktion.

Vermischte Übungen zu 2.4

1. Einer der unten abgebildeten Graphen ist aus der Verschiebung der Potenzfunktion f mit $f(x) = 0{,}5\,x^3$, der andere aus der Verschiebung der Potenzfunktion g mit $g(x) = -0{,}25\,x^4$ entstanden. Ermitteln Sie die Funktionsgleichungen der beiden abgebildeten Graphen.

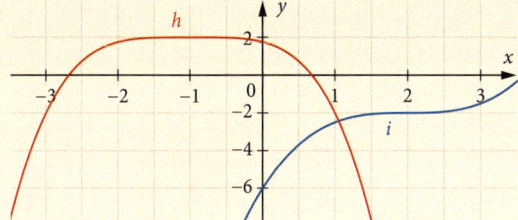

2. Ordnen Sie die Funktionsgleichungen den abgebildeten Graphen zu.

$f(x) = (x-3)^3 + 1 \qquad h(x) = (x-1)^{\frac{1}{3}}$

$g(x) = (x-3)^{-3} + 3 \qquad i(x) = -x^{\frac{1}{2}} + 2$

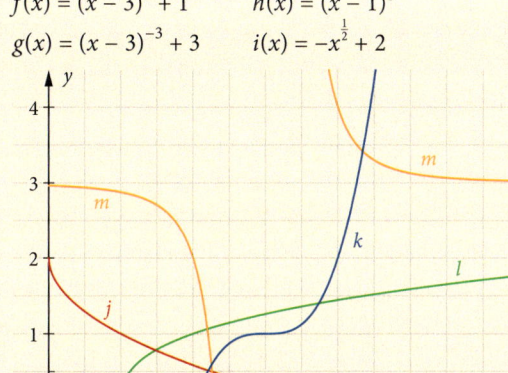

3. Gegeben sind die Funktion f und g mit $f(x) = x^5$ und $g(x) = x^{-1}$. Beschreiben Sie die Eigenschaften der Graphen der Funktionen h_1, h_2, h_3 und vergleichen Sie ihre Lage zueinander.

a) h_1: Verschiebung von G_f um 3 Einheiten in Richtung der positiven x-Achse.
h_2: Verschiebung von G_f um 2 Einheiten in Richtung der negativen y-Achse.
h_3: Verschiebung von G_f um 3 Einheiten in Richtung der positiven x-Achse und 2 Einheiten in Richtung der negativen y-Achse.

b) h_1: Verschiebung von G_g um 4 Einheiten nach links.
h_2: Verschiebung von G_g um 2 Einheiten nach oben.
h_3: Verschiebung von G_g um 4 Einheiten nach links und 2 Einheiten nach oben.

4. Verschieben Sie den Graphen der Quadratwurzelfunktion

a) um 1 Einheit entlang der positiven x-Achse.
b) um 2 Einheiten entlang der negativen x-Achse.
c) um 3 Einheiten entlang der positiven y-Achse.
d) um 4 Einheiten entlang der negativen y-Achse.
Geben Sie jeweils die Funktionsgleichung der verschobenen Funktion an. Ermitteln Sie den Definitionsbereich. Zeichnen Sie den verschobenen Graphen.

5. Vergleichen Sie den Graphen der Funktion g hinsichtlich Lage und Verlauf mit dem Graphen einer Potenzfunktion der Form $f(x) = x^n$ mit geeignetem Grad $n \in \mathbb{N}$.

a) $g(x) = -2\,x$
b) $g(x) = -2\,(x-3)^2 + 4$
c) $g(x) = x^2 - 6x + 9$
d) $g(x) = -2\,x^2 - 20\,x - 20$
e) $g(x) = 0{,}5\,(x-2)^3 - 1$
f) $g(x) = 0{,}5\,(2x-2)^4 + 1$

6. Ermitteln Sie, durch welche Verschiebungen der Graph von g aus dem Graphen der Funktion f mit $f(x) = x^{-1}$ hervorgegangen ist. Zeichnen Sie den Graphen von g.

a) $g(x) = \dfrac{1}{x+1} - 3$
b) $g(x) = -\dfrac{1}{3\,(x-2)} - 4$
c) $g(x) = \dfrac{3}{2\,(x+1)} + 2$
d) $g(x) = 2\dfrac{1}{4\,(x-3)} + 3$

7. Vergleichen Sie die Lage der Graphen der Funktion g und der Quadratwurzelfunktion.

a) $g(x) = 2\sqrt{x}$
b) $g(x) = -\sqrt{2x}$
c) $g(x) = -\sqrt{x+2}$
d) $g(x) = 2\sqrt{0{,}5\,(x-1)} + 4$

8. Isabell läuft täglich 10 km auf dem Laufband. Stufenweise lässt sich eine Geschwindigkeit in Schritten von $0{,}1\frac{km}{h}$ zwischen $1\frac{km}{h}$ und $16\frac{km}{h}$ einstellen. Der Fitnessplan sieht vor, dass Isabell ihre Zeit von 70 Minuten auf 60 Minuten reduziert.

a) Geben Sie für die beiden Trainingszeiten die jeweilige Geschwindigkeit des Laufbands in $\frac{km}{h}$ an.
b) Bestimmen Sie eine Funktion, die die Geschwindigkeit des Laufbands allgemein angibt.

9. Betrachten Sie die auf Seite 121 geschilderte Aufgabe.
a) Die Graphen der beiden Funktion f und g schneiden sich im Punkt S. Berechnen Sie dessen Koordinaten.
b) Geben Sie an, wie man die fünf Funktionsgleichungen jeweils modifizieren muss, damit der Punkt S des Schnittmusters im Koordinatenursprung $O(0|0)$ liegt.

10. Bestimmen Sie anhand der Wertetabelle der Funktion g mit $g(x) = a\sqrt[n]{x - c} + d$ und $n \in \mathbb{N}\backslash\{0\}$ die Werte der Parameter a, c und d. Geben Sie die vollständige Funktionsgleichung an.

▶ Die Dezimalzahlen sind auf eine Nachkommastelle gerundet.

a)
x	0	1	2	3	4	5	6	7	8	9
y	0	2	2,8	3,5	4	4,5	4,9	5,3	5,7	6

b)
x	−2	−1	0	1	2	3	4	5	6	7	8	9
y	0	−1	−1,4	−1,7	−2	−2,2	−2,4	−2,6	−2,8	−3	−3,2	−3,3

c)
x	−2	−1	0	1	2	3	4	5	6	7	8	9
y	2	1	0,6	0,3	0	−0,2	−0,4	−0,6	−0,8	−1	−1,2	−1,3

11. Gegeben ist die Funktion g durch die Funktionsgleichung $g(x) = \frac{x+3}{x-1}$.
a) Zeichnen Sie den Graphen von g.
b) Beschreiben Sie die Eigenschaften des Graphen von g im Vergleich mit dem Graphen der Potenzfunktion f mit $f(x) = x^{-1}$. Geben Sie eine äquivalente Funktionsgleichung für g an, aus der die Veränderungen gegenüber f unmittelbar ablesbar sind.
c) Ermitteln Sie die Funktionsgleichung des Graphen von h, der entsteht, wenn der Graph von g um 3 Einheiten nach links und um 2 Einheiten nach oben geschoben wird.

12. Zeichnen Sie den Graphen der Funktion g und beschreiben Sie, wie er aus dem Graphen zu $f(x) = x^{-2}$ hervorgegangen ist. Geben Sie für g eine Funktionsgleichung an, aus der die ermittelten Eigenschaften unmittelbar ablesbar sind. Bestimmen Sie die Gleichung der Asymptote und den Definitionsbereich.

a) $g(x) = \frac{2}{(x+2)^2}$ b) $g(x) = \frac{x^2+2}{x^2}$ c) $g(x) = \frac{-3x^2-2}{x^2}$

13. Vergleichen Sie Form und Größe der Flächen A und B.
Fläche A wird eingeschlossen von den Graphen der Funktionen f_1 und f_2 mit $f_1(x) = x^2 - 4$ und $f_2(x) = -x^2 + 4$.
Fläche B wird eingeschlossen von den vier Graphen der Funktionen g_1, g_2, g_3 und g_4 mit $g_1(x) = \sqrt{x+4}$, $g_2(x) = -\sqrt{x+4}$, $g_3(x) = \sqrt{-x+4}$ und $g_4(x) = -\sqrt{-x+4}$.

14. Die Kita „Spielkiste" beabsichtigt, einen neuen Sandkasten einzurichten, dessen Form derjenigen Fläche entspricht, die von den Graphen der Funktionen f_1, f_2, f_3 und f_4 eingeschlossen wird:
$f_1(x) = \sqrt{x}$, $f_2(x) = -\sqrt{x}$, $f_3(x) = 2\sqrt{-x+11{,}25}$, $f_4(x) = -2\sqrt{-x+11{,}25}$
Skizzieren Sie die Sandkiste. Ermitteln Sie jeweils die größte Ausdehnung in x-Richtung und y-Richtung.

15. Ein Sägeroboter schneidet aus einer dünnen Sperrholzplatte Blütenblätter. Der Roboter ist darauf programmiert, dass die Blütenblätter symmetrisch zu einer waagerechten Achse sind und oberhalb der Achse durch die Funktionen f und g mit $f(x) = 1{,}5\sqrt{x}$ und $g(x) = \sqrt{-x+26}$ beschrieben werden.
a) Zeichnen Sie eines der Blütenblätter.
b) Berechnen Sie die Länge der Blätter entlang ihrer Symmetrieachse.
c) Berechnen Sie die größte Breite der Blätter senkrecht zur Symmetrieachse.

16. Der Body-Mass-Index (BMI) berechnet sich aus dem Körpergewicht (in kg) geteilt durch das Quadrat der Körpergröße (in m^2).
a) Erläutern Sie die Bedeutung des Parameters a und der unabhängigen Variable x in der Funktionsgleichung $f_a(x) = a \cdot x^{-2}$.
b) Legen Sie einen geeigneten Definitionsbereich und den zugehörigen Wertebereich fest. Zeichnen Sie anschließend die Graphen für verschiedene Parameterwerte von a.
c) Ermitteln Sie die Körpergröße einer Person, die 100 kg wiegt und einen BMI von 20 hat (noch normalgewichtig).

Ich kann ...

... bei einer **Potenzfunktion** solche mit **positiven** bzw. **negativen Exponenten** sowie **Wurzelfunktionen** voneinander unterscheiden.
▶ Test-Aufgabe 1

positiver Exponent:
$$f(x) = x^4$$

negativer Exponent:
$$f(x) = x^{-3} = \frac{1}{x^3}$$

Exponent der Form $\frac{1}{n}$:
$$f(x) = x^{\frac{1}{2}} = \sqrt[2]{x} = \sqrt{x}$$

Wir unterscheiden drei Arten von Potenzfunktionen: ▶ $n \in \mathbb{N}$
$$f(x) = x^n$$

$$f(x) = x^{-n} = \frac{1}{x^n}$$

$$f(x) = x^{\frac{1}{n}} = \sqrt[n]{x} \quad ▶ n \geq 2$$

... den **Definitionsbereich** einer Potenzfunktion **bestimmen**.
▶ Test-Aufgabe 2

$f(x) = 4x^5; \ D_f = \mathbb{R}$

$f(x) = \frac{2}{x + 4} + 3; D_f = \mathbb{R}\backslash\{-4\}$
f hat bei $x = -4$ eine Polstelle und die Asymptote $y_A = 3$.

$f(x) = \sqrt{x - 2}; D_f = [2; \infty[$

Potenzfunktionen mit positivem Exponenten sind für ganz $\mathbb{R}$ definiert.

Bei Potenzfunktionen mit negativem Exponenten darf der Nenner im Funktionsterm nicht null werden.

Bei Wurzelfunktionen darf der Radikand nicht negativ werden.

... bei einer Potenzfunktion die Auswirkungen der **Parameter** auf den Verlauf des Graphen einschätzen.
▶ Test-Aufgaben 2, 3, 4

$f(x) = x^3$
$g(x) = 0{,}25 \, (x - 2)^3 + 3$

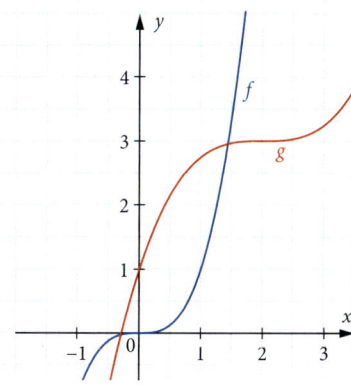

$g(x) = a \cdot f(b \, (x - c)) + d$

$a \neq 0$:
Der Graph von f wird entlang der y-Achse um den Faktor $|a|$ gestreckt ($|a| > 1$) bzw. gestaucht ($|a| < 1$). Für $a < 0$ wird der Graph von f zusätzlich an der x-Achse gespiegelt.

$b > 0$:
Der Graph von f wird entlang der x-Achse um den Faktor $\frac{1}{b}$ gestreckt ($0 < b < 1$) bzw. gestaucht ($b > 1$).

$c \in \mathbb{R}$:
Der Graph von f wird um $|c|$ Einheiten entlang der x-Achse nach rechts ($c > 0$) bzw. nach links ($c < 0$) verschoben.

$d \in \mathbb{R}$:
Der Graph von f wird um $|d|$ Einheiten entlang der y-Achse nach oben ($d > 0$) bzw. nach unten ($d < 0$) verschoben.

Test zu 2.4

1. Abgebildet sind die Graphen dreier Potenzfunktionen der Form:
$$f_1(x) = a_1(x - c_1)^3 + d_1, \qquad f_2(x) = a_2(x - c_2)^{-2} + d_2, \qquad f_3(x) = a_3(x - c_3)^{\frac{1}{2}} + d_3$$
Ordnen Sie die Graphen anhand ihrer Eigenschaften den Funktionsgleichungen zu. Geben Sie die Werte der Parameter a_i, c_i und d_i an.

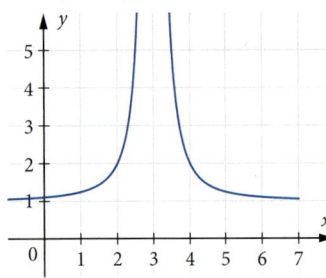 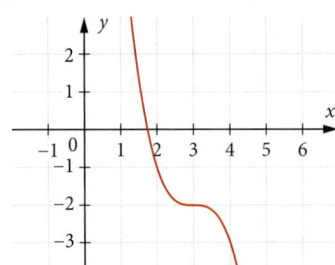 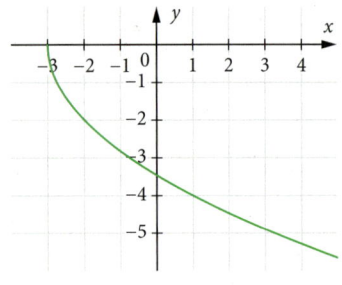

2. Ermitteln Sie anhand der Funktionsgleichungen von g_1, g_2 und g_3 die Eigenschaften der zugehörigen Funktionsgraphen im Vergleich zum Graphen der Funktion f. Machen Sie Aussagen über den Verlauf aller Funktionsgraphen für $x \to -\infty$ bzw. $x \to \infty$.

a) $f(x) = x^3$ $g_1(x) = -(x - 1)^3$ $g_2(x) = -2(x - 4)^3 + 2$ $g_3(x) = -(2x - 1)^3$

b) $f(x) = x^{-1}$ $g_1(x) = \dfrac{2}{x + 3}$ $g_2(x) = 2\dfrac{1}{x - 2} + 4$ $g_3(x) = \dfrac{1}{2x - 2} + 4$

c) $f(x) = x^{\frac{1}{3}}$ $g_1(x) = \sqrt[3]{x - 3}$ $g_2(x) = -4\sqrt[3]{x} + 2$ $g_3(x) = \sqrt[3]{0{,}5\,x} + 4$

3. Die Schülerin Sarah bekommt die Aufgabe, den Graphen der Funktion f mit $f(x) = (2x + 4)^2 - 3$ zu zeichnen. Ihr Ergebnis ist rechts dargestellt.
Erklären Sie den Fehler, der Sarah unterlaufen ist, und zeichnen Sie den korrigierten Graphen.

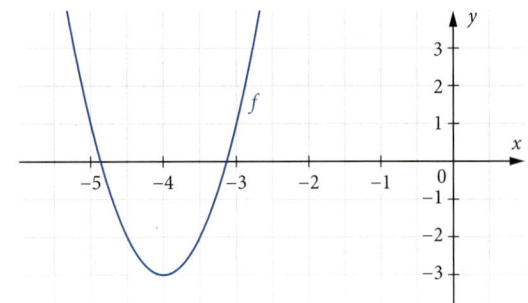

4. Die Harzer Wassergenossenschaft plant an der Oder im Harz einen weiteren Stausee. Das nördliche Ufer des Sees kann durch die Funktion f mit $f(x) = 0{,}5\sqrt{x}$ beschrieben werden, die nördliche Hälfte des Staudamms durch die Funktion g mit $g(x) = 1{,}5\sqrt{x - 6}$. Der südliche Teil ist exakt die Spiegelung an der horizontalen Achse.
▶ 1 LE entspricht 100 m

a) Skizzieren Sie den Stausee.

b) Berechnen Sie die senkrechte Entfernung der beiden Staudammenden und die horizontale Entfernung vom Anfang des Sees bis zur Mitte der Staumauer.

5. Die Fly Bike Werke GmbH bietet für ihre Fahrräder eine Halterung für Trinkflaschen an. Bei der Produktion dieser Halterung betragen die Fixkosten 20 GE und die variablen Kosten 0,5 GE pro ME. Am Markt lässt sich das Produkt für 3 GE pro ME absetzen.

a) Erstellen Sie die Funktionsgleichungen für die Kosten pro ME und den Gewinn pro ME.

b) Berechnen Sie die Gewinnschwelle.

2 Elementare Funktionenlehre

2.5 Ganzrationale Funktionen

Das City-Rad-Modell *City Glide* der Fly Bike Werke GmbH ist vor allem in den Niederlanden sehr beliebt. Die Verkaufszahlen sind in den letzten Monaten stark gestiegen. Wurden bisher 110 Fahrräder vom Typ *City Glide* pro Monat gefertigt, so betrug die Produktionszahl in den letzten beiden Monaten jeweils 250 Stück und die Nachfrage steigt weiter an.

Trotz dieser erfreulichen Entwicklung vermeldet Herr Steffens vom Controlling einen sinkenden Gewinn, der mit dem Modell *City Glide* erzielt wird.

Herr Steffens hat deshalb die Kosten, die bei der Produktion des Modells *City Glide* entstehen, in einer Tabelle zusammengestellt. Bei der nächsten Sitzung der Geschäftsführung erläutert er seine Daten:

Produzierte Anzahl *City Glide*	Gesamtkosten in €
0	10 000
100	20 000
200	30 000
300	94 000

- Zur Herstellung des Modells fallen pro Monat Fixkosten für anteilige Miete, Abschreibungen usw. in Höhe von 10 000 € an.
- Bei der Produktion profitiert die Fly Bike Werke GmbH zunächst von höheren Stückzahlen, indem sie z. B. Mengenrabatte beim Einkauf in Anspruch nehmen kann.
- Allerdings führte die erhöhte Produktion der letzten Monate zu höheren Kosten, weil von den Arbeitern Überstunden geleistet wurden, die mit einem Zuschlag zu vergüten sind. Außerdem war zusätzliche Samstagsarbeit notwendig, die ebenfalls zu erhöhten Lohnkosten führte.

Herr Steffens hat aus den vorliegenden Daten folgende Kostenfunktion ermittelt:
$K(x) = 0{,}009\,x^3 - 2{,}7\,x^2 + 280\,x + 10\,000$

Die Geschäftsführerin, Frau Peters, hätte gerne eine genauere Analyse der Kosten, insbesondere möchte sie wissen, bei welcher Produktionsmenge die geringsten variablen Stückkosten anfallen und bei welcher Produktionsmenge kein Gewinn mehr erzielt wird. Der Verkaufspreis des Modells *City Glide* soll mit 245 € unverändert bleiben.

▶ Aufgabe 15 auf Seite 160

Kompetenzen

- Ganzrationale Funktionen erkennen und auf verschiedene Arten darstellen sowie deren Graphenverläufe beschreiben

- Realitätsbezogene Situationen mathematisch beschreiben und deuten

Anwendungen

- Kosten mit ertragsgesetzlichem Verlauf

- Gewinnanalyse

- Angebotsmonopol

2.5 Ganzrationale Funktionen

2.5.1 Gleichungen, Graphen und Symmetrie

 1 Volumen eines Quaders

Eine Metallwerkstatt möchte aus 60 cm langen und 40 cm breiten Metallblechen kleine Schachteln herstellen. Die Schachteln sollen möglichst groß sein.
Stellen Sie einen Zusammenhang zwischen der Höhe und dem Volumen her. Ermitteln Sie, für welche Höhe das Volumen maximal ist.

Für verschiedene Höhen x berechnen wir das Volumen mithilfe der Volumenformel:

$V = a \cdot b \cdot x$ ▶ a, b, x in cm, V in cm³

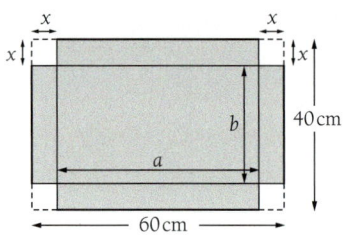

Legen wir als Höhe beispielsweise $x = 10$ cm fest, so ergeben sich auch die beiden Seitenlängen der Grundfläche:

$a = 60 - 2 \cdot 10 = 40, \qquad b = 40 - 2 \cdot 10 = 20$

Für das Volumen gilt dann:

$V = a \cdot b \cdot x = 40 \cdot 20 \cdot 10 = 8000$

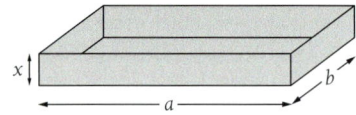

In einer Tabelle halten wir das Volumen für weitere Höhen fest.
Der Zusammenhang zwischen V und x lässt sich allgemein, d. h. für jede beliebige Höhe x, beschreiben. Es gilt:

x in cm	2	4	6	8	10	12
V in cm³	4032	6656	8064	8448	8000	6912

$a = 60 - 2x, \qquad b = 40 - 2x$

Für das Volumen $V = a \cdot b \cdot x$ ergibt sich:

$V = a \cdot b \cdot x = (60 - 2x) \cdot (40 - 2x) \cdot x$

Das Volumen hängt nun nur noch von der Variablen x ab. Wir können die Funktionsgleichung für die Volumenfunktion V angeben:

$$V(x) = (60 - 2x) \cdot (40 - 2x) \cdot x$$
$$= (2400 - 80x - 120x + 4x^2) \cdot x$$
$$= 4x^3 - 200x^2 + 2400x$$

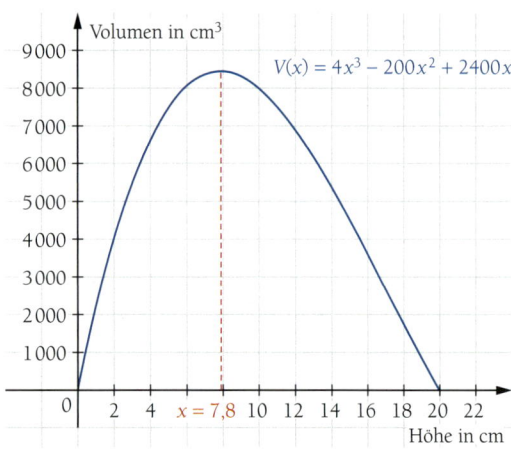

Die Höhe x, die Länge a und die Breite b können nicht negativ sein. Daraus ergibt sich für die Funktion V der Definitionsbereich $D_V = [0; 20]$.

▶ Dass die Höhe zwischen 0 cm und 20 cm liegen muss, ergibt sich auch aus der Tatsache, dass die zur Verfügung stehenden Bleche nur 40 cm breit sind.

	$a \geq 0$		$b \geq 0$	$x \geq 0$
⇔	$60 - 2x \geq 0$	⇔	$40 - 2x \geq 0$	
⇔	$60 \geq 2x$	⇔	$40 \geq 2x$	
⇔	$30 \geq x$	⇔	$20 \geq x$	

Insgesamt: $x \geq 0$ und $x \leq 20$.

Dem Graphen der Funktion entnehmen wir, dass bei einer Höhe von ca. 7,8 cm das Volumen einer Schachtel maximal ist.

Die Funktion V mit $V(x) = 4x^3 - 200x^2 + 2400x$ ist ein Beispiel für eine **ganzrationale Funktion dritten Grades**, auch **kubische Funktion** genannt.

Allgemein heißen Funktionen vom Typ

$$f(x) = a_n x^n + a_{n-1} x^{n-1} + a_{n-2} x^{n-2} + \cdots + a_1 x + a_0$$

mit $a_n \neq 0$ und $a_0, a_1, \ldots, a_{n-2}, a_{n-1}, a_n \in \mathbb{R}$ **ganzrationale Funktionen** oder **Polynomfunktionen n-ten Grades**. Ihre Funktionsterme werden **Polynome** genannt. Die Zahlen $a_0, a_1, \ldots, a_{n-2}, a_{n-1}, a_n$ heißen **Koeffizienten** des Polynoms.

Jeder Summand ist eine Polynomfunktion für sich.

2

Lineare und quadratische Funktionen sind ebenfalls ganzrationale Funktionen:

$f(x) = a_1 x + a_0$	lineare Funktion	Polynomfunktion ersten Grades
$f(x) = a_2 x^2 + a_1 x + a_0$	quadratische Funktion	Polynomfunktion zweiten Grades

Grad und Koeffizienten einer ganzrationalen Funktion

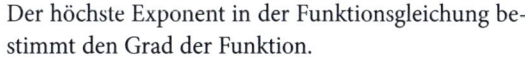

Bestimmen Sie den Grad der Funktionen f mit $f(x) = 2x^5 + 3x^4 + 2x^3 + 2x + 3$ und g mit $g(x) = x - x^4$. Geben Sie die Koeffizienten an.

Der höchste Exponent in der Funktionsgleichung bestimmt den Grad der Funktion.

f hat den Grad 5.
g hat den Grad 4.

Die Koeffizienten können wir aus den Funktionsgleichungen ablesen. Potenzen von x, die im Funktionsterm fehlen, haben den Koeffizienten 0.

Funktion f:
$a_5 = 2$; $a_4 = 3$; $a_3 = 2$; $a_2 = 0$; $a_1 = 2$; $a_0 = 3$
Funktion g:
$a_4 = -1$; $a_3 = 0$; $a_2 = 0$; $a_1 = 1$; $a_0 = 0$

- Eine Funktion f mit einer Gleichung der Form $f(x) = a_n x^n + a_{n-1} x^{n-1} + \cdots + a_1 x + a_0$ mit $n \in \mathbb{N}$, $a_0, a_1, \ldots, a_n \in \mathbb{R}$ und $a_n \neq 0$ heißt **ganzrationale Funktion n-ten Grades**.
- Der Definitionsbereich ist in der Regel $D_f = \mathbb{R}$.
- Der Funktionsterm $a_n x^n + a_{n-1} x^{n-1} + \cdots + a_1 x + a_0$ heißt **Polynom n-ten Grades**.
- Die Zahlen $a_0, a_1, \ldots, a_{n-1}, a_n$ heißen **Koeffizienten** des Polynoms.
- Der Koeffizient a_n ist der **Streckfaktor**.
- Der Koeffizient a_0 heißt **Absolutglied**.

Das Absolutglied a_0 gibt den y-Achsenabschnitt der Funktion an. Für lineare und quadratische Funktionen haben wir das bereits auf den Seite 72 bzw. 101 gesehen.

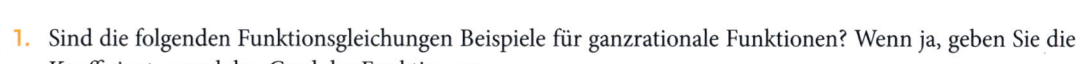

1. Sind die folgenden Funktionsgleichungen Beispiele für ganzrationale Funktionen? Wenn ja, geben Sie die Koeffizienten und den Grad der Funktion an.

a) $f(x) = 7x^7 + 13x^3 + 11x$

b) $f(x) = (x+4)^2 (x-1)$

c) $f(x) = 5$

d) $f(x) = \frac{1}{x^4}$

e) $f(x) = x^3 + 3x^2 + \sqrt{x}$

f) $f(x) = \frac{1}{3}x^3 + 37x^2 - 6$

2. Die Kinder einer Kindertagesstätte basteln als Geschenk für die Eltern offene Schachteln aus Tonkarton. Dazu schneiden sie aus dem Karton mit den Maßen 30 cm und 14 cm an den Ecken jeweils gleich große Quadrate aus. Die dann entstandene Form wird zu einer Schachtel gefaltet. Bestimmen Sie das maximale Volumen einer solchen Schachtel und geben Sie deren Kantenlängen an.

Symmetrie

Beispiele für Symmetrie finden wir überall, zum Beispiel in der Natur, im Alphabet und der Architektur. In der Mathematik ist die Symmetrie eine wichtige Eigenschaft von Funktionen. Sie erleichtert beispielsweise das Zeichnen eines Graphen.

Aus Abschnitt 2.3 ist uns bekannt, dass die Normalparabel zu $f(x) = x^2$ symmetrisch zur y-Achse ist. Wie hilft uns dieses Wissen beim Zeichnen des Graphen, wenn uns nur die Werte an positiven Stellen vorliegen?

Bedeutung der Symmetrie: Faltet man den Graphen entlang der y-Achse, so fallen die Punkte, die links von der Achse liegen, und die Punkte, die rechts von der Achse liegen, aufeinander.

Für die negativen Stellen $-x$ erhalten wir die Werte also ohne Berechnung.

Es gilt $f(-x) = f(x)$ für alle $x \in \mathbb{R}$.

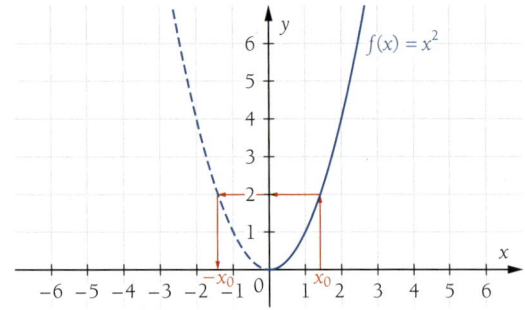

3   Achsensymmetrie zur y-Achse

Zeigen Sie, dass der Graph der Funktion f mit $f(x) = -x^2 + 4$ achsensymmetrisch zur y-Achse ist.

Wir müssen die Gleichheit von $f(-x)$ und $f(x)$ nachweisen.

Für $f(x) = -x^2 + 4$ gilt:

$f(-x) = -(-x)^2 + 4$ ▸ $(-x)^2 = x^2$
$ = -x^2 + 4$
$ = f(x)$

Die Parabel ist achsensymmetrisch zur y-Achse.

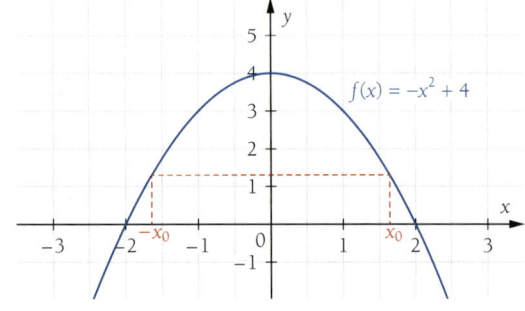

Gilt $f(-x) = f(x)$ für alle x aus dem Definitionsbereich, so heißt die ganzrationale Funktion f **gerade Funktion**. Der Graph einer geraden Funktion verläuft symmetrisch zur y-Achse.

Achsensymmetrische Funktionen haben kein lineares Glied.

Achsensymmetrie zur y-Achse erkennen wir bereits an den Exponenten im Funktionsterm: Treten bei den x-Potenzen **nur gerade Exponenten** auf, so ist der Graph der Funktion achsensymmetrisch zur y-Achse.

▸ Das Absolutglied a_0 ist ebenfalls eine Potenz von x mit geradem Exponenten:
$a_0 = a_0 \cdot 1 = a_0 \cdot x^0$.

Der Graph einer ganzrationalen Funktion f ist genau dann **achsensymmetrisch zur y-Achse**,
• wenn f **gerade** ist, d. h. der Funktionsterm die Variable nur in Potenzen mit geraden Exponenten enthält.
• wenn $f(-x) = f(x)$ für alle $x \in D_f$ gilt.

 Untersuchen Sie den Graphen der Funktion f auf Symmetrie zur y-Achse.

a) $f(x) = 2x^2 - 4x + 2$ b) $f(x) = x^2 - 4$ c) $f(x) = x^4 - 4x^2$

Punktsymmetrie zum Ursprung

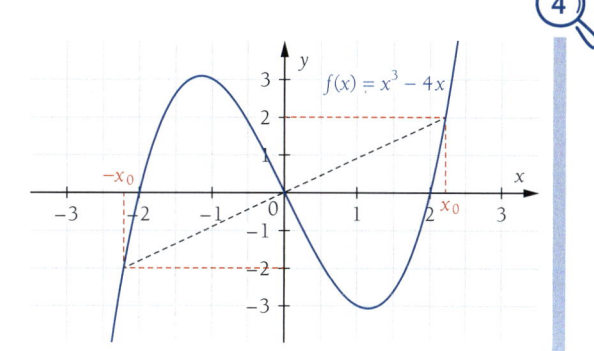

Wir betrachten den Graphen der kubischen Funktion f mit $f(x) = x^3 - 4x$. Er verläuft punktsymmetrisch zum Koordinatenursprung. Der Graph geht also in sich selbst über, wenn man ihn um 180 Grad um den Koordinatenursprung dreht.

Für alle $x \in \mathbb{R}$ gilt: Der Funktionswert an der Stelle x ist gleich dem entgegengesetzten Funktionswert an der Stelle $-x$, kurz: $-f(-x) = f(x)$.

$$-f(-x) = -((-x)^3 - 4(-x))$$
$$= -(-x^3 + 4x) = x^3 - 4x = f(x)$$

Gilt $-f(-x) = f(x)$ für alle x aus dem Definitionsbereich, so heißt die ganzrationale Funktion f **ungerade Funktion**. Der Graph einer ungeraden Funktion verläuft punktsymmetrisch zum Koordinatenursprung.

Punktsymmetrie zum Koordinatenursprung erkennt man an den Exponenten im Funktionsterm: Treten bei den x-Potenzen **nur ungerade Exponenten** auf, so ist der Graph der Funktion punktsymmetrisch zum Koordinatenursprung.

Das Absolutglied a_0 einer Funktion, deren Graph punktsymmetrisch zum Ursprung ist, muss null sein.

Der Graph einer ganzrationalen Funktion f ist genau dann **punktsymmetrisch zum Ursprung**,
- wenn f **ungerade** ist, d.h. der Funktionsterm die Variable nur in Potenzen mit ungeraden Exponenten enthält.
- wenn $-f(-x) = f(x)$ für alle $x \in D_f$ gilt.

Untersuchen Sie den Graphen der Funktion f auf Symmetrie zum Koordinatenursprung.
a) $f(x) = x^3 - 2$ b) $f(x) = -x^3 + 4x$ c) $f(x) = 4x^3 - 12x^2$

Übungen zu 2.5.1

1. Gegeben sind jeweils die Koeffizienten einer ganzrationalen Funktion.
Geben Sie die Funktionsgleichung an.
a) $a_3 = 1$; $a_2 = -5$; $a_1 = 7$; $a_0 = -3$
b) $a_4 = 1$; $a_3 = -2{,}5$; $a_2 = 3$; $a_1 = -4{,}5$; $a_0 = 1$
c) $a_3 = 1$; $a_2 = 0$; $a_1 = 8$; $a_0 = -8$
d) $a_4 = 2$; $a_3 = a_2 = a_1 = 0$; $a_0 = 12$
e) $a_i = i$ für alle $i = 0, 1, \ldots, 5$

2. Untersuchen Sie den Graphen der Funktion f auf Symmetrie zur y-Achse.
a) $f(x) = 2x^2 - 4x + 2$ d) $f(x) = -x^2 + x$
b) $f(x) = -x^2 + 9x - 4$ e) $f(x) = x^2 - 4$
c) $f(x) = 0{,}5x^2 + x - 8$ f) $f(x) = 2x^2 + 2$

3. Untersuchen Sie den Graphen der Funktion f auf Symmetrie zum Koordinatenursprung.
a) $f(x) = x^3 - 2$ d) $f(x) = -x^3 + 4x$
b) $f(x) = -x^3 + 2$ e) $f(x) = 4x^3 - 12x$
c) $f(x) = 4x^3 - 2$ f) $f(x) = -0{,}5x^3$

4. Untersuchen Sie den Graphen der Funktion f auf Symmetrie. Zeichnen Sie anschließend den Funktionsgraphen.
a) $f(x) = -x^3 + 4x$ f) $f(x) = 2x^3 - 4x^2 + 3x + 6$
b) $f(x) = -x^3 + 2$ g) $f(x) = -2x^2 - 10x - 8$
c) $f(x) = x^3 - 2$ h) $f(x) = 0{,}5x^3 - 3x^2 - 3{,}5x + 5$
d) $f(x) = 6$ i) $f(x) = 2x + 1$
e) $f(x) = 2x$ j) $f(x) = -2x^4 + 3x^2 - 2$

2.5.2 Berechnung von Schnittpunkten

 5 Erlösschwelle und Erlösgrenze

Die JoRo GmbH hat ermittelt, dass für ihre Erlöse gilt:

$$E(x) = -0{,}25\,x^3 + 1{,}5\,x^2$$

Dabei steht x für die Mengeneinheiten und $E(x)$ für die Geldeinheiten:
1 ME = 1000 Stück, 1 GE = 1 Mio. €

Bestimmen Sie die ökonomisch sinnvollen Produktionsmengen.

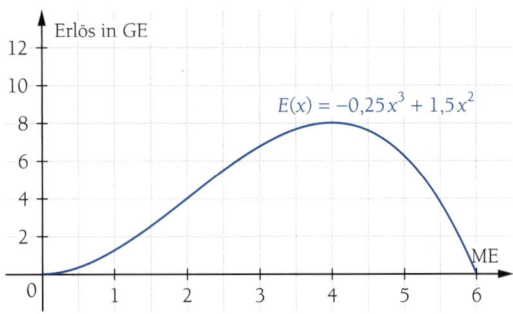

Ökonomisch sinnvoll sind nur positive Erlöse. Zur Bestimmung der Produktionsmengen, bei deren Verkauf positive Erlöse erzielt werden, müssen wir die Nullstellen der Funktion E berechnen.

Zunächst dividieren wir beide Seiten der Gleichung $E(x_N) = 0$ durch den führenden Koeffizienten $-0{,}25$. Da das Absolutglied und das lineare Glied im Funktionsterm fehlen, können wir x_N^2 nun **ausklammern**. Wir erhalten eine **Linearfaktorzerlegung** der Gleichung.

Nach dem Satz vom Nullprodukt ist ein Produkt genau dann null, wenn einer seiner Faktoren null ist. Somit können wir die Nullstellen 0 und 6 leicht ermitteln.

Die Nullstellen treten unterschiedlich oft auf. Die Nullstelle $x_{N_1} = 0$ ist Lösung von $x_N^2 = 0$ und deshalb eine Nullstelle mit der Vielfachheit 2, auch **doppelte Nullstelle** genannt. Die Nullstelle 6 ist nur einfach.

$$E(x_N) = 0$$

$\Leftrightarrow \quad -0{,}25\,x_N^3 + 1{,}5\,x_N^2 = 0 \qquad | : (-0{,}25)$

$\Leftrightarrow \qquad\qquad x_N^3 - 6\,x_N^2 = 0 \qquad \blacktriangleright x_N^2$ ausklammern

$\Leftrightarrow \qquad\qquad x_N^2 \cdot (x_N - 6) = 0 \qquad \blacktriangleright$ Satz vom Nullprodukt

$\Leftrightarrow x_N^2 = 0$ oder $x_N - 6 = 0$

$\Leftrightarrow x_N = 0$ oder $x_N = 0$ oder $x_N = 6$

$\Rightarrow x_{N_1} = 0$ und $x_{N_2} = 6 \qquad \blacktriangleright$ Nullstellen

$$E(x) = -0{,}25 \cdot x \cdot x \cdot (x - 6) \qquad \blacktriangleright \text{Linearfaktorzerlegung}$$
$$\text{von } E(x)$$

$\Rightarrow x_{N_1} = 0 \qquad\qquad \blacktriangleright$ Nullstelle mit der Vielfachheit 2

$ x_{N_2} = 6 \qquad\qquad \blacktriangleright$ Nullstelle mit der Vielfachheit 1

Die JoRo GmbH erzielt Erlöse beim Verkauf zwischen 0 Stück (**Erlösschwelle**) und 6000 Stück (**Erlösgrenze**).
$\blacktriangleright$ 6 ME = 6000 Stück

Allgemein gibt die **Vielfachheit einer Nullstelle** x_N einer ganzrationalen Funktion f an, wie oft der Linearfaktor $(x - x_N)$ im Funktionsterm $f(x)$ enthalten ist.

Erweitern wir den Definitionsbereich „unökonomisch", so erkennen wir, dass der Graph an der Stelle 0 die x-Achse berührt und an der Stelle 6 die x-Achse schneidet.

Allgemein gilt, dass der Graph einer Funktion bei einer geraden Vielfachheit einer Nullstelle die x-Achse berührt und bei einer ungeraden Vielfachheit die x-Achse schneidet.

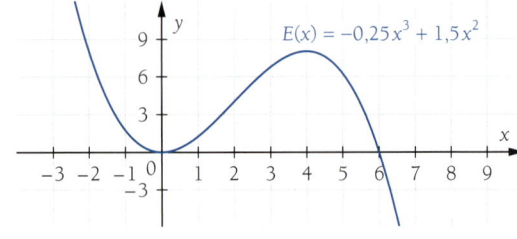

 Bestimmen Sie die Nullstellen der Funktion f sowie die Vielfachheit jeder Nullstelle.

a) $f(x) = x^4 + 6\,x^3 + 8\,x^2$ 　　　　b) $f(x) = -0{,}25\,x^3 - 5{,}5\,x$

- Die Bedingung für die **Nullstellen** x_N einer Funktion f lautet: $f(x_N) = 0$.
- Eine ganzrationale Funktion n-ten Grades hat höchstens n Nullstellen.
- Hat f genau n (nicht unbedingt verschiedene) Nullstellen $x_{N_1}, x_{N_2}, ..., x_{N_n}$, so kann man f durch die Gleichung $f(x) = a_n(x - x_{N_1})(x - x_{N_2}) \cdot ... \cdot (x - x_{N_n})$ darstellen. Taucht in dieser **Linearfaktorzerlegung** ein Linearfaktor mehrfach auf, so spricht man von einer mehrfachen Nullstelle. Zwischen der **Vielfachheit** einer Nullstelle und der Art des zugehörigen x-Achsenschnittpunkts gelten folgende Zusammenhänge:

2

einfache Nullstelle $\hat{=}$ Schnittpunkt	zweifache Nullstelle $\hat{=}$ Berührpunkt	dreifache Nullstelle $\hat{=}$ Schnittpunkt	vierfache Nullstelle $\hat{=}$ Berührpunkt

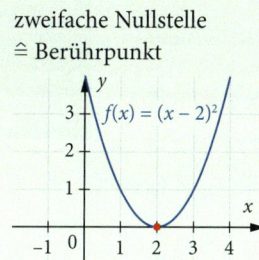
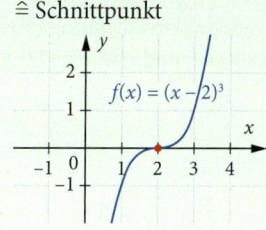
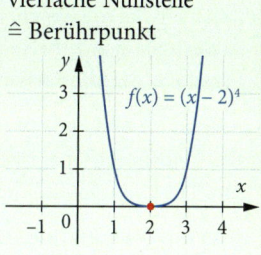

Linearfaktorzerlegung

Stellen Sie den Funktionsterm der Funktion f mit $f(x) = 3x^3 - 9x^2 + 12$ durch Linearfaktoren dar und prüfen Sie die Zerlegung anschließend durch Ausmultiplizieren. Zeichnen Sie den Graphen und interpretieren Sie die Vielfachheit der Nullstellen. Geben Sie die Schnittpunkte mit den Koordinatenachsen an.

Wir ermitteln die Nullstellen mithilfe eines GTR/CAS.
▶ Seite 145, Beispiel 9

$f(x_N) = 0$
$\Leftrightarrow 3x_N^3 - 9x_N^2 + 12 = 0$
$\Rightarrow x_{N_{1,2}} = 2$ und $x_{N_3} = -1$
▶ doppelte Nullstelle bei 2 (Vielfachheit 2)

Mit den drei Nullstellen $x_{N_{1,2}} = 2$ und $x_{N_3} = -1$ erhalten wir die drei Linearfaktoren $(x - 2)$, $(x - 2)$ und $(x + 1)$.
▶ Da bei 2 eine Nullstelle der Vielfachheit 2 vorliegt, kommt der Linearfaktor $(x - 2)$ genau 2-mal im Funktionsterm vor.

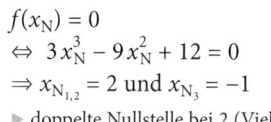
Ich schreibe $x_{N_{1,2}} = 2$, um deutlich zu machen, dass es sich bei 2 um eine doppelte Nullstelle handelt.

Insgesamt erhalten wir die folgende Darstellung von f:
$f(x) = 3(x - 2)(x - 2)(x + 1)$.

Das Ausmultiplizieren bestätigt die Zerlegung.

$f(x) = 3(x - 2)(x - 2)(x + 1)$
$\quad = 3(x^2 - 4x + 4)(x + 1)$
$\quad = 3(x^3 - 4x^2 + 4x + x^2 - 4x + 4)$
$\quad = 3x^3 - 9x^2 + 12$

Der Graph schneidet die x-Achse bei $x = -1$ (einfache Nullstelle) von unten nach oben und berührt die x-Achse an der Stelle $x = 2$ von oben (doppelte Nullstelle).

An beiden Stellen (auch an der „Berührstelle") liegt ein Schnittpunkt mit der x-Achse vor: $N_{1,2}(2|0)$ und $N_3(-1|0)$.
Der y-Achsenabschnitt entspricht dem Absolutglied im Funktionsterm. Der Graph schneidet die y-Achse also im Punkt $S_y(0|12)$.

Zerlegen Sie die Funktion f mit $f(x) = 2x^3 + 6x^2 - 8$ in Linearfaktoren.
Prüfen Sie die Zerlegung anschließend durch Ausmultiplizieren.

7 Berechnung der Gewinnzone

Die JoRo GmbH stellt qualitativ einzigartige Mikrochips her, die gemäß der Preis-Absatz-Funktion p_N mit $p_N(x) = -8x + 100$ abgesetzt werden können; $D_{ök} = [0; 12,5]$. Untersuchungen haben die Kostenfunktion K mit $K(x) = 0,5x^3 - 8x^2 + 48x + 100$ ergeben.

Bestimmen Sie die Gleichung der Erlösfunktion E sowie die Gleichung der Gewinnfunktion G.

Zeichnen Sie die Graphen von K, E und G in ein Koordinatensystem. Äußern Sie sich zur Gewinnsituation des Unternehmens.

Ermitteln Sie die Gewinnschwelle und die Gewinngrenze mithilfe eines GTR/CAS.

Die Erlösfunktion E ist das Produkt der Preis-Absatz-Funktion p_N und der Absatzmenge x:

$$E(x) = (-8x + 100) \cdot x = -8x^2 + 100x; \ x \in D_{ök}$$

Die Gewinnfunktion G ergibt sich aus der Differenz der Erlös- und der Kostenfunktion:

$$\begin{aligned} G(x) &= E(x) - K(x) \\ &= -8x^2 + 100x - (0,5x^3 - 8x^2 + 48x + 100) \\ &= -0,5x^3 + 52x - 100; \ x \in D_{ök} \end{aligned}$$

Die Gewinnzone verläuft von der Gewinnschwelle bis zur Gewinngrenze. An diesen beiden Stellen stimmen der Erlös und die Kosten eines Betriebs überein, der Gewinn ist dort also null.

Wir ermitteln die Nullstellen der Gewinnfunktion mithilfe eines GTR/CAS. ▸ Seite 145, Beispiel 9

Die negative Lösung −11,05 liegt nicht im ökonomischen Definitionsbereich.

Für die Gewinnschwelle erhalten wir 2 ME und für die Gewinngrenze rund 9 ME.

Der Abbildung kann man außerdem entnehmen, dass das Gewinnmaximum bei ungefähr 6 ME liegt.

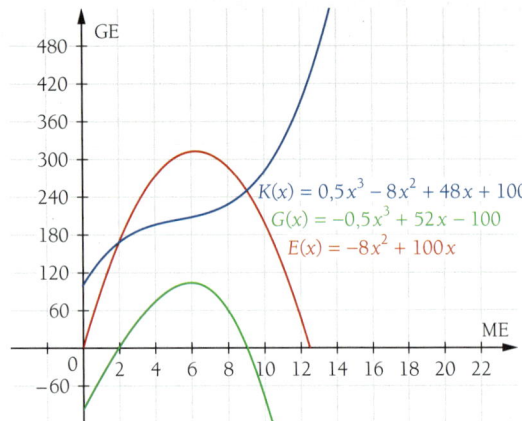

$K(x) = 0,5x^3 - 8x^2 + 48x + 100$
$G(x) = -0,5x^3 + 52x - 100$
$E(x) = -8x^2 + 100x$

$$\begin{aligned} E(x) = K(x) &\Leftrightarrow & E(x) - K(x) &= 0 \\ &\Leftrightarrow & G(x_N) &= 0 \\ &\Leftrightarrow & -0,5x_N^3 + 52x_N - 100 &= 0 \quad | : (-0,5) \\ &\Leftrightarrow & x_N^3 - 104x_N + 200 &= 0 \\ &\Rightarrow & x_{N_1} &\approx -11,05 \ (\notin D_{ök}) \\ & & x_{N_2} &= 2 \\ & & x_{N_3} &\approx 9,05 \end{aligned}$$

$$\Rightarrow x_{GS} = 2 \text{ und } x_{GG} = 9,05$$

1. Untersuchen Sie die Gewinnfunktion G mit $G(x) = -0,005x^3 + 0,75x^2 + 12,5x - 1875$ mithilfe eines GTR/CAS.

   a) Zeichnen Sie den Graphen der Gewinnfunktion. Lesen Sie die Gewinnzone sowie den maximalen Gewinn ab. Achten Sie darauf, einen sinnvollen Bereich der Funktion darzustellen.

   b) Bestätigen Sie rechnerisch die Gewinnzone.

2. Ein Unternehmen handelt am Markt als Monopolist und setzt seine Produkte gemäß der Preis-Absatz-Funktion p_N mit $p_N(x) = -8x + 160$ ab. Die Produktionskosten können durch die Kostenfunktion K mit $K(x) = x^3 - 8x^2 + 56x + 200$ wiedergegeben werden.

   a) Bestimmen Sie die Gleichungen der Erlösfunktion E und der Gewinnfunktion G.

   b) Zeichnen Sie die Graphen von K, E und G in ein gemeinsames Koordinatensystem.

   c) Ermitteln Sie die Gewinnzone und geben Sie den maximalen Gewinn an.

Enthält der Funktionsterm nur gerade Exponenten, so können wir die Nullstellen mithilfe einer **Substitution** und der p-q-Formel bestimmen.

Substitutionsverfahren

Gesucht sind die Nullstellen der Funktion f mit $f(x) = x^4 + x^2 - 2$. Berechnen Sie die Nullstellen, indem Sie x^2 durch z ersetzen.

Zunächst setzen wir den Funktionsterm gleich null. Wenn wir nun den Term x_N^2 durch z ersetzen (substituieren), erhalten wir die quadratische Gleichung $z^2 + z - 2 = 0$.

$$f(x_N) = 0$$
$$\Leftrightarrow \quad x_N^4 + x_N^2 - 2 = 0 \quad \blacktriangleright \text{ Substituiere } x_N^2 = z$$
$$\Leftrightarrow \quad z^2 + z - 2 = 0$$

Durch Anwendung der p-q-Formel erhalten wir zwei Lösungen für z.

$$z_{1,2} = -0{,}5 \pm \sqrt{0{,}25 + 2} = -0{,}5 \pm 1{,}5$$
$$\Leftrightarrow z = 1 \text{ oder } z = -2$$

Nun ersetzen wir z durch x^2 (resubstituieren) und lösen nach x auf. Die gesuchten Nullstellen erhalten wir aus der Gleichung $x_N^2 = 1$, da die zweite Gleichung $x_N^2 = -2$ keine reelle Lösung besitzt.

$$z = 1 \text{ oder } \quad z = -2 \quad \blacktriangleright \text{ Resubstituiere } z = x_N^2$$
$$\Leftrightarrow x_N^2 = 1 \text{ oder } x_N^2 = -2$$
$$\text{Nullstellen: } \boldsymbol{x_{N_1} = -1} \text{ und } \boldsymbol{x_{N_2} = 1}$$
$$\blacktriangleright x_N^2 = -2 \text{ hat keine Lösung.}$$

Mit dem **Substitutionsverfahren** können die Nullstellen von geraden ganzrationalen Funktionen vierten Grades bestimmt werden:
- x^2 durch z ersetzen (substituieren). Man erhält einen quadratischen Term.
- Die Nullstellen des quadratischen Terms z.B. mit der p-q-Formel bestimmen.
- z wieder durch x^2 ersetzen (resubstituieren) und die Lösungen für x bestimmen.

Es gibt entweder keine Lösung, zwei oder vier Lösungen.

Das Substitutionsverfahren ist auch anwendbar bei Funktionen 5. Grades mit ausschließlich ungeraden Exponenten, wenn zunächst ein x ausgeklammert wird. ▶ „Alles klar?"-Aufgabe 1c)

Nullstellenberechnung mit GTR/CAS

Bestimmen Sie mit Ihrem GTR/CAS alle Nullstellen der Funktion f mit $f(x) = x^4 - 11x^2 + 18x - 8$.

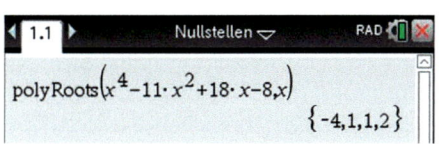

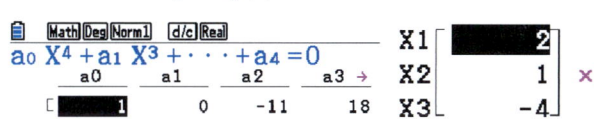

▶ **TI** Mit dem Befehl polyRoots (menu, Algebra, Polynomwerkzeuge, Wurzeln eines Polynoms finden) können sämtliche Nullstellen ganzrationaler Funktionen berechnet werden. Im CAS steht zusätzlich der Befehl zeros zur Verfügung, der die Nullstellen beliebiger Funktionen bestimmt.

▶ **CA** In der Anwendung Gleichung den Typ Polynomgleichung (F2) wählen und die Koeffizienten eingeben. SOLVE (F1) liefert die Nullstellen der ganzrationalen Funktion.

1. Ermitteln Sie die Nullstellen der Funktion f mithilfe des Substitutionsverfahrens.
a) $f(x) = x^4 - 2x^2 - 8$ b) $f(x) = 2x^4 + 8x^2 - 90$ c) $f(x) = 0{,}5x^5 + 2x^3 - 2{,}5x$

2. Bestimmen Sie mit Ihrem GTR/CAS alle Nullstellen der Funktion f.
a) $f(x) = 0{,}05x^6 - 5x^4 - 15x + 1500$ b) $f(x) = \frac{1}{4}x^5 - 2x^2 - 3x + 4$ c) $f(x) = x^6 + 2x^3 + 4$

Überblick: Nullstellenberechnung

Ansatz: $f(x_N) = 0$. Ist der Faktor vor der höchsten Potenz ungleich 1, wird die Gleichung $f(x_N) = 0$ zunächst durch diesen Faktor dividiert: z.B. $3x_N - 9 = 0 \Leftrightarrow x_N - 3 = 0$

Lineare Gleichungen werden durch Addition oder Subtraktion nach x_N aufgelöst.

$$x_N - 3 = 0 \quad | + 3$$
$$\Leftrightarrow \quad \mathbf{x_N = 3}$$

Quadratische Gleichungen $x_N^2 + p\,x_N + q = 0$ werden mithilfe der p-q-Formel gelöst:

$$x_{N_{1,2}} = -\frac{p}{2} \pm \sqrt{\left(\frac{p}{2}\right)^2 - q}$$

$$x_N^2 - 4x_N + 3 = 0 \quad \blacktriangleright \; p\text{-}q\text{-Formel}$$
$$\Leftrightarrow x_{N_{1,2}} = \frac{4}{2} \pm \sqrt{\left(-\frac{4}{2}\right)^2 - 3}$$
$$\Leftrightarrow x_{N_{1,2}} = 2 \pm 1$$
$$\Rightarrow \mathbf{x_{N_1} = 1;\; x_{N_2} = 3}$$

Gleichungen 3. Grades lassen sich durch Ausklammern lösen, wenn das Absolutglied (der Summand ohne x_N) fehlt.

$$x_N^3 - 4x_N^2 + 3x_N = 0 \quad \blacktriangleright \; x_N \text{ ausklammern}$$
$$\Leftrightarrow x_N \cdot (x_N^2 - 4x_N + 3) = 0 \quad \blacktriangleright \; \text{Satz vom Nullprodukt}$$
$$\Leftrightarrow x_N = 0 \text{ oder } x_N^2 - 4x_N + 3 = 0$$
$$\blacktriangleright \; \text{weiter mit } p\text{-}q\text{-Formel (s.o.)}$$
$$\Rightarrow \mathbf{x_{N_1} = 0;\; x_{N_2} = 1;\; x_{N_3} = 3}$$

Gleichungen 4. Grades lassen sich durch Ausklammern lösen, wenn das lineare Glied und das Absolutglied fehlen.

$$x_N^4 - 4x_N^3 + 3x_N^2 = 0 \quad \blacktriangleright \; x_N^2 \text{ ausklammern}$$
$$\Leftrightarrow x_N^2 \cdot (x_N^2 - 4x_N + 3) = 0 \quad \blacktriangleright \; \text{Satz vom Nullprodukt}$$
$$\Leftrightarrow x_N^2 = 0 \text{ oder } x_N^2 - 4x_N + 3 = 0$$
$$\blacktriangleright \; \text{0 ist doppelte Nullstelle}$$
$$\Leftrightarrow x_N = 0 \text{ oder } x_N^2 - 4x_N + 3 = 0$$
$$\blacktriangleright \; \text{weiter mit } p\text{-}q\text{-Formel (s.o.)}$$
$$\Rightarrow \mathbf{x_{N_1} = 0;\; x_{N_2} = 1;\; x_{N_3} = 3}$$

Gleichungen 4. Grades lassen sich mit dem Substitutionsverfahren lösen, wenn die Potenz 3. Grades und das lineare Glied fehlen.

$$x_N^4 - 6x_N^2 + 5 = 0 \quad \blacktriangleright \; \text{Substitution } x_N^2 = z$$
$$\Leftrightarrow z^2 - 6z + 5 = 0 \quad \blacktriangleright \; p\text{-}q\text{-Formel}$$
$$\Leftrightarrow z_{1,2} = \frac{6}{2} \pm \sqrt{\left(-\frac{6}{2}\right)^2 - 5}$$
$$\Leftrightarrow z_{1,2} = 3 \pm 2$$
$$\Leftrightarrow z = 1 \text{ oder } z = 5 \quad \blacktriangleright \; \text{Resubstitution } z = x_N^2$$
$$\Leftrightarrow x_N^2 = 1 \text{ oder } x_N^2 = 5$$
$$\Rightarrow \mathbf{x_{N_1} = -1;\; x_{N_2} = 1;\; x_{N_3} = -\sqrt{5};\; x_{N_4} = \sqrt{5}}$$

Übungen zu 2.5.2

1. Berechnen Sie die Nullstellen der Funktion f.

a) $f(x) = x^3 - 2x^2 - 3x$

b) $f(x) = -x^3 + 2x^2 + 5x - 6$

c) $f(x) = x^3 + 1$

d) $f(x) = 0{,}25x^4 - 0{,}25x^3 - 2x^2 - 5x$

e) $f(x) = 0{,}25x^4 - x^3 + 4x + 2{,}75$

2. Bestimmen Sie die Nullstellen der Funktion f. Zerlegen Sie den Funktionsterm in Linearfaktoren und geben Sie die Vielfachheit der Nullstellen an. Bestimmen Sie außerdem den Schnittpunkt des Funktionsgraphen mit der y-Achse.

a) $f(x) = x^3 + 8x^2 - x - 8$

b) $f(x) = x^3 + 3x^2 - 13x - 15$

c) $f(x) = -0{,}2x^3 - x^2 + 0{,}2x + 1$

d) $f(x) = 2x^3 - 24x^2 + 90x - 100$

e) $f(x) = 0{,}5x^3 - 3x^2 - 2x + 12$

f) $f(x) = 0{,}25x^4 - 0{,}25x^3 - 2x^2 + 3x$

3. Berechnen Sie die Nullstellen der Funktion f mithilfe des Substitutionsverfahrens. Geben Sie die Vielfachheit der Nullstellen an.

a) $f(x) = x^4 - 4x^2 + 3$

b) $f(x) = x^4 - 9x^2 + 20$

c) $f(x) = x^4 - x^2 - 2$

d) $f(x) = 0{,}25x^4 - x^2 - 1{,}25$

e) $f(x) = -0{,}5x^4 + 5x^2 - 4{,}5$

f) $f(x) = 0{,}5x^5 - 3x^3 + 2{,}5x$

g) $f(x) = 2x^5 - 10x^3 + 2x$

4. David soll die Nullstellen der ganzrationalen Funktion f mit $f(x) = x^4 + 12x^2 - 3x + 1$ berechnen. Er substituiert $x^2 = z$ und schreibt:
$z^2 + 12z - 3\sqrt{z} + 1 = 0$
Diese Gleichung möchte David mithilfe der p-q-Formel lösen. Beurteilen Sie seinen Lösungsansatz.

5. Skizzieren Sie einen möglichen Graphen der ganzrationalen Funktion mit den aufgeführten Eigenschaften und äußern Sie sich zu eventuellen weiteren Möglichkeiten.

a) Grad: 3; $x_{N_1} = -1$; $x_{N_2} = 2$; $x_{N_3} = 5$

b) Grad: 4; $x_{N_1} = 0$; $x_{N_2} = 2$; $x_{N_3} = 5$; $x_{N_4} = 6$

c) Grad: 4; $x_{N_1} = -3$ (doppelte Nullstelle); $x_{N_2} = 1$; $x_{N_3} = 4$

d) Grad: 4; $x_{N_1} = 2$ (dreifache Nullstelle); $x_{N_2} = 7$

6. Bestimmen Sie anhand der Graphen die Achsenschnittpunkte der Funktionen, die Vielfachheit der jeweiligen Nullstellen und den kleinstmöglichen Grad der Funktionen.
Geben Sie jeweils einen in Linearfaktoren zerlegten Funktionsterm an.

a)

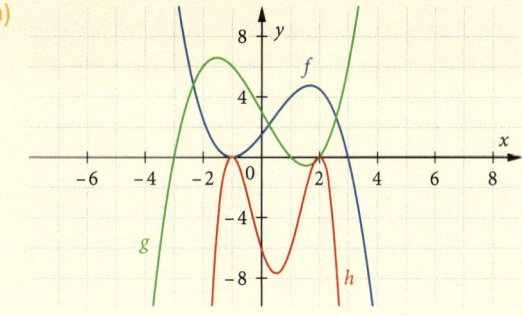

b)

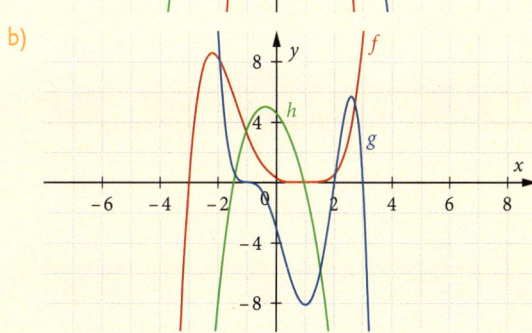

7. Die Fly Bike Werke GmbH stellt neue City-Räder her, die sie zum Preis von 300 € absetzen kann. Die Produktionskosten für bis zu 10 Räder lassen sich durch die Funktion K beschreiben:
$K(x) = 10x^3 - 50x^2 + 300x + 120; \ x \in [0; 10]$.

a) Ermitteln Sie die Gleichungen der Erlösfunktion E und der Gewinnfunktion G.

b) Äußern Sie sich zur Gewinnsituation.

8. Die JoRo GmbH plant die Einführung neuer Superchips. Aufgrund von Untersuchungen stellt sich die Absatzsituation gemäß der Preis-Absatz-Funktion p_N mit $p_N(x) = -0{,}16x + 2{,}8$ dar. Die Kosten können durch die Funktion K mit der Gleichung $K(x) = 0{,}01x^3 - 0{,}27x^2 + 2{,}85x + 0{,}5$ wiedergegeben werden.
Untersuchen Sie, ob sich die Produktion des Superchips lohnt. Begründen Sie Ihre Meinung.

2.5.3   Verhalten im Unendlichen, Extrempunkte und Wendepunkte

 Verhalten im Unendlichen

In Beispiel 5 auf Seite 142 haben wir die Erlösfunktion E mit $E(x) = -0{,}25\,x^3 + 1{,}5\,x^2$ im Intervall $[0;\,6]$ *lokal* untersucht und festgestellt, dass die Erlösschwelle bei 0 ME und die Erlösgrenze bei 6 ME liegen.

Untersuchen Sie, wie der Graph zu $f(x) = -0{,}25\,x^3 + 1{,}5\,x^2$ *global* verläuft. Das heißt, betrachten Sie den Graphen von f, wenn für die x-Werte alle reellen Zahlen zugelassen sind, also für $D_f = \mathbb{R}$.

Wenn wir betragsmäßig immer größere Werte für x einsetzen, dann untersuchen wir das Verhalten der Funktionswerte „im Unendlichen".

In diesem Beispiel werden die Funktionswerte $f(x)$ für x gegen unendlich (abgekürzt $x \to \infty$) immer kleiner und für x gegen minus unendlich ($x \to -\infty$) immer größer.

Man sagt: Die Funktionswerte „verschwinden" für $x \to \infty$ ins negativ Unendliche und für $x \to -\infty$ ins positiv Unendliche.

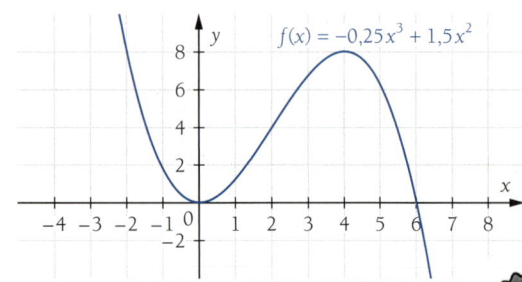

Für $x \to -\infty$ nimmt x negative Werte an, die aber betragsmäßig immer größer werden.

Das Verhalten von ganzrationalen Funktionen für $x \to \pm\infty$ wird durch die höchste Potenz von x im Funktionsterm bestimmt. Um das zu sehen, klammern wir die höchste Potenz von x aus und erhalten den Funktionsterm $f(x)$ in Produktform.

$$f(x) = -0{,}25\,x^3 + 1{,}5\,x^2 \quad \blacktriangleright \text{höchste Potenz von } x$$
$$\text{ausklammern (hier } x^3)$$
$$= x^3 \cdot \left(-0{,}25 + \tfrac{1{,}5}{x}\right)$$

Nun untersuchen wir die beiden Faktoren x^3 und $\left(-0{,}25 + \tfrac{1{,}5}{x}\right)$, wie sie sich zunächst für positive große Werte für x, also für $x \to \infty$ verhalten.

Die Funktionswerte von x^3 steigen grenzenlos, wenn x immer größer wird.

Die Funktionswerte von $\left(-0{,}25 + \tfrac{1{,}5}{x}\right)$ nähern sich dem Wert $-0{,}25$, da für große x-Werte der Bruch $\tfrac{1{,}5}{x}$ immer dichter an die 0 kommt.

Für $x \to \infty$ geht das Produkt $x^3 \cdot \left(-0{,}25 + \tfrac{1{,}5}{x}\right)$ insgesamt gegen $-\infty$.

Man schreibt dafür kurz: $\lim\limits_{x \to \infty} f(x) = -\infty$ und sagt: „Limes von $f(x)$ für x gegen ∞ ist $-\infty$".

Für $x \to -\infty$ geht das Produkt insgesamt gegen ∞.
Man schreibt dafür kurz: $\lim\limits_{x \to -\infty} f(x) = \infty$.

Für $x \to \infty$ gilt:
$$f(x) = x^3 \cdot \left(-0{,}25 + \tfrac{1{,}5}{x}\right) \to -\infty$$
$$\downarrow \qquad\quad \downarrow \qquad \downarrow$$
$$\infty \cdot (-0{,}25 + 0) = \infty \cdot (-0{,}25) = -\infty$$

$$\lim\limits_{x \to \infty} f(x) = -\infty$$

Für $x \to -\infty$ gilt:
$$f(x) = x^3 \cdot \left(-0{,}25 + \tfrac{1{,}5}{x}\right) \to \infty$$
$$\downarrow \qquad\quad \downarrow \qquad \downarrow$$
$$-\infty \cdot (-0{,}25 - 0) = -\infty \cdot (-0{,}25) = \infty$$

$$\lim\limits_{x \to -\infty} f(x) = \infty$$

 Mit einem CAS kann das Verhalten von Funktionen im Unendlichen untersucht werden. Ein GTR unterstützt dies üblicherweise nicht.

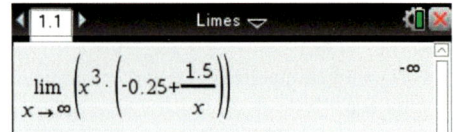

▶ TI Im Menüpunkt Analysis, Limes der Anwendung Calculator.

Der Summand $a_n x^n$ bestimmt das Verhalten ganzrationaler Funktionen im Unendlichen. Dabei kommt es auf die folgenden Eigenschaften an: a) Ist der **Grad** n gerade oder ungerade? b) Ist der **Leitkoeffizient** a_n positiv oder negativ?

1. n gerade und $a_n > 0$: Der Graph verläuft vom II. in den I. Quadranten.

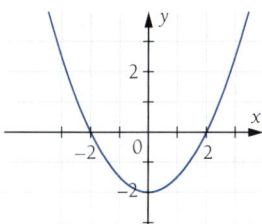
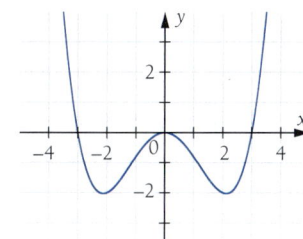
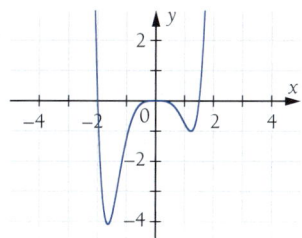

$n = 2$:
$f(x) = 0{,}5\,x^2 - 2$

$n = 4$:
$f(x) = 0{,}1\,x^2\,(x - 3)\,(x + 3)$

$n = 6$:
$f(x) = 0{,}5\,x^4\,(x - 1{,}5)\,(x + 2)$

2. n gerade und $a_n < 0$: Der Graph verläuft vom III. in den IV. Quadranten.

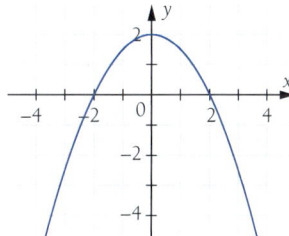
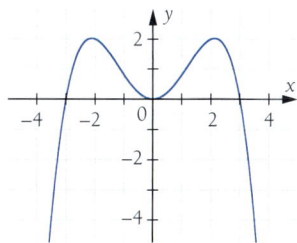
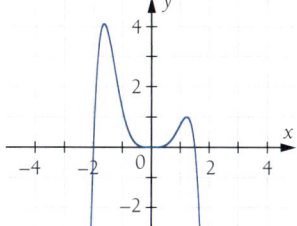

$n = 2$:
$f(x) = -0{,}5\,x^2 + 2$

$n = 4$:
$f(x) = -0{,}1\,x^2\,(x - 3)\,(x + 3)$

$n = 6$:
$f(x) = -0{,}5\,x^4\,(x - 1{,}5)\,(x + 2)$

3. n ungerade und $a_n > 0$: Der Graph verläuft vom III. in den I. Quadranten.

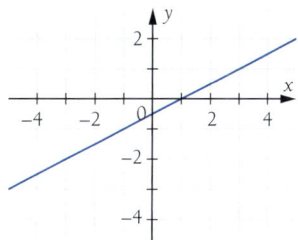
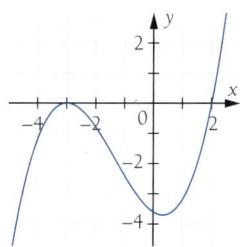
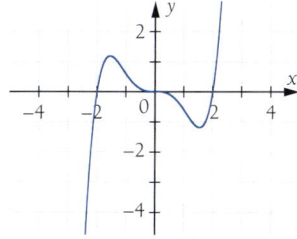

$n = 1$:
$f(x) = 0{,}5\,x - 0{,}5$

$n = 3$:
$f(x) = 0{,}2\,(x + 3)^2\,(x - 2)$

$n = 5$:
$f(x) = 0{,}2\,x^3\,(x + 2)\,(x - 2)$

4. n ungerade und $a_n < 0$: Der Graph verläuft vom II. in den IV. Quadranten.

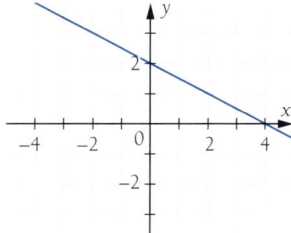
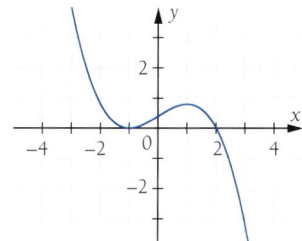
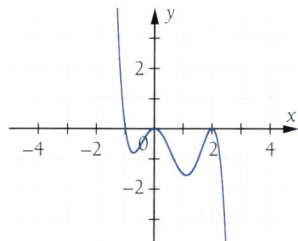

$n = 1$:
$f(x) = -0{,}5\,x + 2$

$n = 3$:
$f(x) = -0{,}2\,(x + 1)^2\,(x - 2)$

$n = 5$:
$f(x) = -0{,}75\,x^2\,(x - 2)^2\,(x + 1)$

149

Das Verhalten des Graphen einer ganzrationalen Funktion f mit $f(x) = a_n x^n + \cdots + a_1 x^1 + a_0$ $(a_n \neq 0)$ im Unendlichen wird bestimmt durch den Summanden mit dem höchsten Exponenten, also durch $a_n x^n$.
Man unterscheidet vier Fälle:

n gerade und a_n positiv

$$\lim_{x \to -\infty} f(x) = +\infty$$

$$\lim_{x \to +\infty} f(x) = +\infty$$

Der Graph verläuft vom II. in den I. Quadranten.

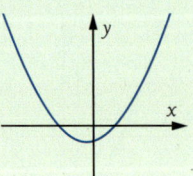

n gerade und a_n negativ

$$\lim_{x \to -\infty} f(x) = -\infty$$

$$\lim_{x \to +\infty} f(x) = -\infty$$

Der Graph verläuft vom III. in den IV. Quadranten.

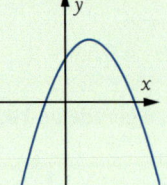

n ungerade und a_n positiv

$$\lim_{x \to -\infty} f(x) = -\infty$$

$$\lim_{x \to +\infty} f(x) = +\infty$$

Der Graph verläuft vom III. in den I. Quadranten.

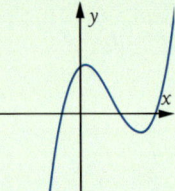

n ungerade und a_n negativ

$$\lim_{x \to -\infty} f(x) = +\infty$$

$$\lim_{x \to +\infty} f(x) = -\infty$$

Der Graph verläuft vom II. in den IV. Quadranten.

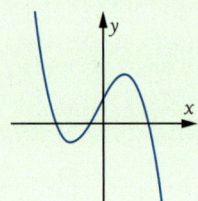

1. Beschreiben Sie das Verhalten des Graphen von f im Unendlichen.

a) $f(x) = 2x^4 + 2x^2 + 4$ c) $f(x) = -0{,}5x^4 + 2x$ e) $f(x) = x^5 + x^3 + 1$

b) $f(x) = -x^6 + x^4 + 3x$ d) $f(x) = -2x^3 + x^2$ f) $f(x) = -(x-5)(x^2-3)$

2. Bestimmen Sie $\lim\limits_{x \to -\infty} f(x)$ und $\lim\limits_{x \to +\infty} f(x)$.

a) $f(x) = 2x^3 + x$ b) $f(x) = x - 5x^3$ c) $f(x) = -x^4 + 2x^2$

3. Geben Sie jeweils zwei Gleichungen für Funktionen mit der angegebenen Eigenschaft an.

a) Der Funktionsgraph verläuft vom III. in den I. Quadranten.

b) Der Funktionsgraph verläuft vom II. in den I. Quadranten.

4. Bestimmen Sie unter den folgenden Funktionen diejenigen, deren Graphen das gleiche Verhalten im Unendlichen haben.

a) $f(x) = x^3 + 2x - 8$ c) $f(x) = x^2 + 2x - 7$ e) $f(x) = x^2 - x^3$ g) $f(x) = x^4 + x^3 + x^2$

b) $f(x) = x^7 + 5x^6 + 3$ d) $f(x) = x^3 - x^4$ f) $f(x) = x^4 + 2x^2$ h) $f(x) = -x^3 + x^2 + 1$

Extrempunkte und Wendepunkte

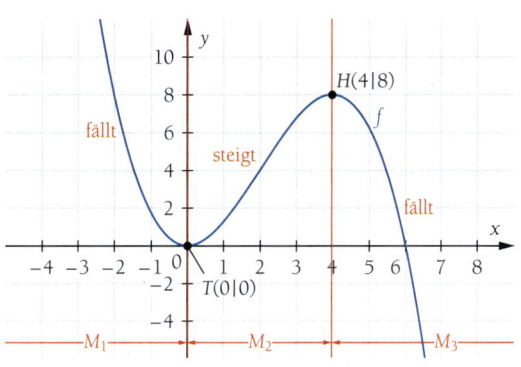

Untersuchen Sie den Graphen der reellen Funktion f mit $f(x) = -0{,}25\,x^3 + 1{,}5\,x^2$ aus Beispiel 10 (▶ Seite 148) auf Extrempunkte und Wendepunkte im Definitionsbereich $D_f = \mathbb{R}$.

Der Graph von f hat die doppelte Nullstelle 0, an der er die x-Achse berührt. Er ändert dort sein Steigungsverhalten von fallend zu steigend, und erreicht so im Punkt $T(0|0)$ seinen **Tiefpunkt**.

Zwischen den beiden Nullstellen 0 und 6 ändert der Graph ein zweites Mal sein Steigungsverhalten: von steigend zu fallend. Daher muss der Graph im Intervall $[0; 6]$ einen **Hochpunkt** haben. Dieser hat die Koordinaten $H(4|8)$.

Tief- und Hochpunkte sind **Extrempunkte** eines Graphen, sie teilen den Definitionsbereich von f (hier: alle reellen Zahlen) in einzelne **Monotonieintervalle**, in denen die Funktionswerte entweder immer größer werden: $f(x_1) \le f(x_2)$ für $x_1 < x_2$ oder immer kleiner werden: $f(x_1) \ge f(x_2)$ für $x_1 < x_2$.
Im ersten Fall nennt man die Funktion monoton steigend, im zweiten Fall monoton fallend.

Von **strenger Monotonie** spricht man dann, wenn $f(x_1) < f(x_2)$ bzw. $f(x_1) > f(x_2)$ gilt.

Zwischen den beiden Extrempunkten ändert der Graph von f sein **Krümmungsverhalten** im Punkt $W(2|4)$. Dieser Punkt teilt den Definitionsbereich von f in zwei **Krümmungsintervalle**.
Für $x < 2$ ist der Graph **linksgekrümmt**, für $x > 2$ ist er **rechtsgekrümmt**.
Ein Punkt, in dem sich das Krümmungsverhalten eines Graphen von einer Links- in eine Rechtskrümmung (oder umgekehrt) ändert, heißt **Wendepunkt**.

Fahre ich auf dem Graphen eine Linkskurve, ist der Graph linksgekrümmt. Muss ich das Lenkrad nach rechts drehen, handelt es sich um eine Rechtskrümmung.

$T(0|0)$ Tiefpunkt ▶ abgelesen
$H(4|8)$ Hochpunkt ▶ abgelesen

Monotonieintervalle:
$M_1 = \,]-\infty; 0]$: G_f fällt monoton
$M_2 = [0; 4]$: G_f steigt monoton
$M_3 = [4; \infty[$: G_f fällt monoton

Krümmungsintervalle:
$K_1 = \,]-\infty; 2]$: G_f linksgekrümmt
$K_2 = [2; \infty[$: G_f rechtsgekrümmt

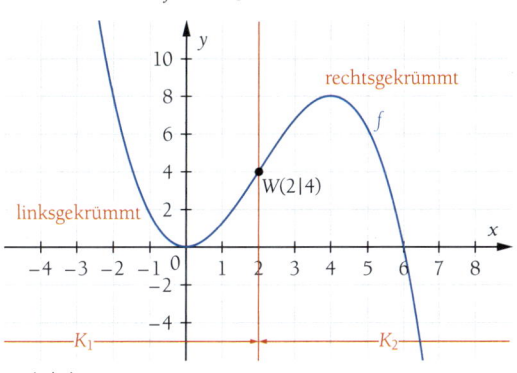

$W(2|4)$ Wendepunkt ▶ abgelesen

- In einem **Extrempunkt** (Hoch- oder Tiefpunkt) ändert der Graph einer Funktion sein **Steigungsverhalten**.
- In einem **Wendepunkt** ändert der Graph einer Funktion sein **Krümmungsverhalten**.

Bestimmen Sie die Monotonieintervalle der Funktion f mit $f(x) = x^3 + 2x^2 - 5x - 6$ und beschreiben Sie das Krümmungsverhalten des Graphen.

2

In der Wirtschaftslehre gibt es Modelle, in denen die Kostenstruktur einer Volkswirtschaft oder eines Betriebs mathematisch durch einen speziellen Typ einer ganzrationalen Funktion 3. Grades modelliert wird. Eine solche Funktion lernen wir im folgenden Beispiel kennen.

(12) Ertragsgesetzliche Produktions- und Kostenfunktion

Auf einem landwirtschaftlichen Lehrgut soll erforscht werden, wie sich die Veränderung der Düngermenge auf den mengenmäßigen Ertrag auswirkt.

Dafür wird auf mehreren Äckern von gleicher Größe und Bodenqualität unter denselben Bedingungen und mit derselben Arbeitsintensität Weizen angebaut. Der einzige Unterschied besteht in der eingesetzten Menge an Dünger. Die Düngermenge wird daher **variabler Einsatzfaktor** genannt – im Unterschied zu den **konstanten Einsatzfaktoren** Anbaufläche, Bodenqualität und Arbeitsintensität.

Der Versuch hat ergeben, dass die Abhängigkeit des Ertrags $E(u)$ von der eingesetzten Düngermenge u gut durch die Funktionsgleichung $E(u) = -0{,}5\,u^3 + 3\,u^2$ mit $u \in [0; 4]$ beschrieben wird. Sowohl beim Weizenertrag als auch bei der Düngermenge entsprechen $100\,\text{kg}$ einer Mengeneinheit (ME).

▶ Es werden also zwischen $0\,\text{kg}$ und $400\,\text{kg}$ Dünger eingesetzt.

a) Zeichnen Sie den Graphen der Ertragsfunktion E und interpretieren Sie dessen Verlauf.

Der Graph der Ertragsfunktion E steigt streng monoton bis zu einem Hochpunkt. Ökonomisch bedeutet das, dass der Ertrag mit zunehmendem Düngereinsatz bis zu einem Punkt steigt, von dem aus er wegen Überdüngung des Ackers fällt.

Die Steigung des Graphen der Ertragsfunktion erfolgt zuerst **überproportional**; das heißt, dass eine konstante Steigerung der Düngermenge zu einer immer größeren Zunahme des Ertrags führt. Der Graph ist in diesem Bereich linksgekrümmt. Dieser **progressive** Verlauf der Ertragskurve und damit ihre Linkskrümmung endet im Wendepunkt: ab hier ist der Graph rechtsgekrümmt. Ökonomisch bedeutet die Rechtskrümmung, dass der Ertrag bei gleichmäßig steigendem Düngereinsatz immer weniger zunimmt; der Ertrag steigt **unterproportional** oder **degressiv**.

Aus der Grafik können wir ablesen, dass der Wendepunkt die Koordinaten $(2\,|\,8)$ hat. Das bedeutet, dass ab einem Einsatz von 2 ME $(200\,\text{kg})$ Dünger der Ertrag bei Steigerung der Düngermenge im Verhältnis nur noch wenig steigt.

u	0	1	2	3	4
$E(u)$	0	2,5	8	13,5	16

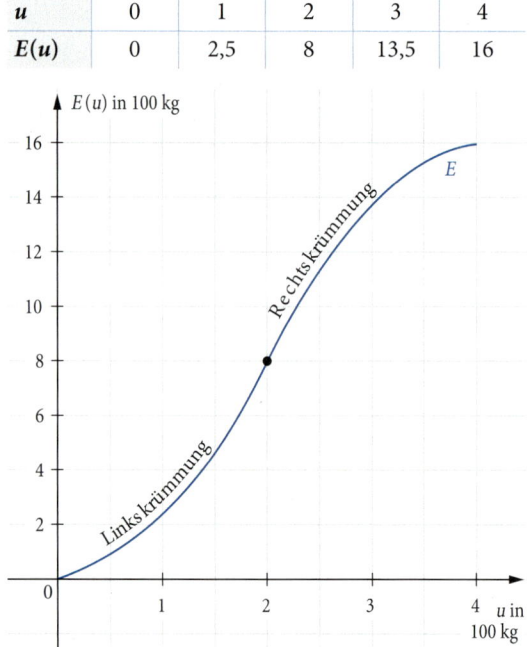

b) 100 kg des verwendeten Düngers kosten 29,70 €. Die Pacht für die benötigte Bodenfläche beträgt 75 € und die Arbeitslöhne für die Bodenbearbeitung belaufen sich auf 325 €.
Ermitteln Sie eine Gleichung, die die Gesamtkosten K in Abhängigkeit der produzierten Weizenmenge angibt.

Die fixen Kosten K_{fix} betragen 400 €.
Die variablen Kosten $K_v(u)$ sind abhängig von der Menge u des eingesetzten Düngers. Sie betragen $29,70 € \cdot u$.
Ziel ist es jedoch, eine Gleichung zu finden, die die Kosten in Abhängigkeit der produzierten Weizenmenge angibt, d.h. in Abhängigkeit des Ertrags $E(u)$. Da $E(u)$ die Argumentvariable der gesuchten Kostenfunktion ist, setzen wir $x = E(u)$.

Die Tabelle rechts zeigt den Zusammenhang zwischen Düngermenge u, Ertrag $E(u) = cx$ und Kosten $K(x)$.

▷ Für den Ertrag gilt: $E(u) = -0,5\,u^3 + 3\,u^2$.

Im GTR/CAS geben wir die vorhandenen Daten des Ertrags x (Zeile 2) und der Gesamtkosten $K(x)$ (Zeile 5) ein und versuchen, durch eine Regression eine Funktion zu erhalten, die den Zusammenhang zwischen Ertrag und Kosten möglichst gut beschreibt.

▷ Seite 58

Die fünf Ertrag-Kosten-Punkte veranschaulichen wir in einem Punktdiagramm.

Es zeigt sich, dass weder eine lineare, noch eine quadratische Regression die vorhandenen Punkte ausreichend gut beschreiben. Erst eine **kubische Regression** führt zur Funktion K dritten Grades mit $K(x) = 0,06\,x^3 - 1,44\,x^2 + 15,10\,x + 400$, welche die Gesamtkosten $K(x)$ in Abhängigkeit der Produktionsmenge x bzw. des Ertrags $E(u)$ optimal wiedergibt.

Die Funktion K hat bis zum Punkt $(8\,|\,459,4)$ einen degressiven Verlauf (der Graph ist rechtsgekrümmt) und ab dort einen progressiven Verlauf (der Graph ist linksgekrümmt).

Fixe Kosten: $K_{fix} = 75 + 325 = 400$
Variable Kosten: $K_v(u) = 29,70 € \cdot u$

$K(x) = ?$

u	0	1	2	3	4
$E(u) = x$	0	2,5	8	13,5	16
$K_V(x)$	0	29,7	59,4	89,1	118,8
K_{fix}	400	400	400	400	400
$K(x)$	400	429,7	459,4	489,1	518,8

🖬	Rad Norm1	d/c Real DUNGER

DUN	A	B	C	D
1	u	0	1	2
2	E(u)=x	0	2.5	8
3	Kv(x)	0	29.7	59.4
4	Kf	400	400	400
5	K(x)	400	429.7	459.4

=C3+C4

GRAPH CALC STORE RECALL CONDIT ▷

GTR / CAS

▷ CA Anwendung Tab.Kalk.

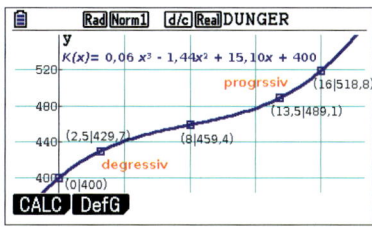

CALC DefG

▷ CA Für eine kubische Regression müssen im Grafikfenster nacheinander die Menüpunkte CALC, X³ ausgewählt werden.

Eine Kostenfunktion, die zunächst **degressive** und ab einer bestimmten Stelle **progressive** Zuwächse hat, bezeichnet man als **ertragsgesetzliche Kostenfunktion**.

Die beiden Funktionen E und K in Beispiel 12 sind **ganzrationale Funktionen dritten Grades**, deren Definitionsbereiche Teilmengen von $\mathbb{R}_0^+$ sind.

Ertragsgesetzliche Kostenfunktionen sind ganzrationale Funktionen 3. Grades,
1. deren y-Achsenabschnitt nicht negativ ist (er entspricht den Fixkosten),
2. deren Graph im ökonomisch sinnvollen Bereich streng monoton steigt,
3. deren Wendepunkt im ökonomisch sinnvollen Bereich liegt und in dem eine **degressive Kostenzunahme** (Rechtskrümmung) von einer **progressiven Kostenzunahme** (Linkskrümmung) abgelöst wird.

(13) Beschreibung von Graphenverläufen

Beschreiben Sie anhand der Zeichnung den qualitativen Verlauf des Graphen der ganzrationalen Funktion f mit $f(x) = 0{,}25\,x^3 - 0{,}75\,x^2 - 2{,}25\,x + 4{,}75$; $x \in \mathbb{R}$. Begründen Sie anhand des Funktionsterms den Verlauf des Graphen in Bezug auf sein Symmetrieverhalten und sein Verhalten im Unendlichen.

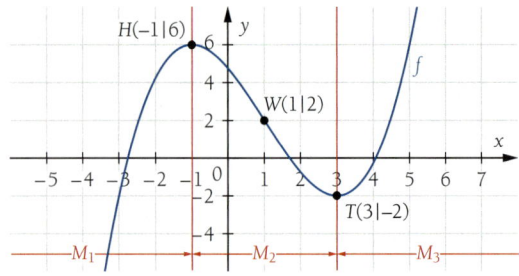

Symmetrie:
Der Graph von f ist weder achsensymmetrisch zur y-Achse, noch punktsymmetrisch zum Ursprung, da der Funktionsterm sowohl gerade als auch ungerade Exponenten enthält.

Achsenschnittpunkte:
Der Schnittpunkt mit der y-Achse ist $S_y(0\,|\,4{,}75)$. Die ungefähren Koordinaten der Schnittpunkte mit der x-Achse lesen wir aus der Zeichnung ab: $N_1(-2{,}8\,|\,0)$, $N_2(1{,}7\,|\,0)$, $N_3(4{,}1\,|\,0)$.

$S_y(0\,|\,4{,}75)$ ▶ y-Achsenabschnitt 4,75
$x_{N_1} \approx -2{,}8$, $x_{N_2} \approx 1{,}7$ und $x_{N_3} \approx 4{,}1$ ▶ Nullstellen

Extrempunkte und Steigungsverhalten:
Aus der Zeichnung können wir ablesen, dass der Graph einen Hochpunkt $H(-1\,|\,6)$ und einen Tiefpunkt $T(3\,|\,-2)$ hat. Bis zum Hochpunkt H steigt der Graph; zwischen H und T fällt er; nach dem Tiefpunkt T steigt er wieder.

$H(-1\,|\,6)$ ▶ Hochpunkt
$T(3\,|\,-2)$ ▶ Tiefpunkt

Monotonieintervalle:
$M_1 = \,]-\infty;\, -1]$: G_f steigt monoton
$M_2 = [-1;\, 3]$: G_f fällt monoton
$M_3 = [3;\, \infty[$: G_f steigt monoton

Wendepunkte und Krümmungsverhalten:
Aus der Zeichnung lesen wir den Wendepunkt $W(1\,|\,2)$ ab.
Für $x < 1$ ist der Graph **rechtsgekrümmt**, für $x > 1$ ist er **linksgekrümmt**.

$W(1\,|\,2)$ ▶ Wendepunkt
Krümmungsintervalle:
$K_1 = \,]-\infty;\, 1]$: G_f rechtsgekrümmt
$K_2 = [1;\, \infty[$: G_f linksgekrümmt

Verhalten im Unendlichen:
Der Graph kommt aus dem negativ Unendlichen und verschwindet ins positiv Unendliche, das heißt:

- $\displaystyle\lim_{x \to -\infty} f(x) = -\infty$

- $\displaystyle\lim_{x \to \infty} f(x) = \infty$

$f(x) = 0{,}25\,x^3 - 0{,}75\,x^2 - 2{,}25\,x + 4{,}75$ ▶ x^3 ausklammern

$= x^3 \cdot \left(0{,}25 - \dfrac{0{,}75}{x} - \dfrac{2{,}25}{x^2} + \dfrac{4{,}75}{x^3}\right)$

Für $x \to -\infty$ gilt: $x^3 \cdot \left(0{,}25 - \dfrac{0{,}75}{x} - \dfrac{2{,}25}{x^2} + \dfrac{4{,}75}{x^3}\right) \to -\infty$

$\downarrow \quad \downarrow \quad \downarrow \quad \downarrow \quad \downarrow$

$-\infty \cdot (0{,}25 + 0 - 0 - 0) = -\infty$

Für $x \to \infty$ gilt: $x^3 \cdot \left(0{,}25 - \dfrac{0{,}75}{x} - \dfrac{2{,}25}{x^2} + \dfrac{4{,}75}{x^3}\right) \to \infty$

$\downarrow \quad \downarrow \quad \downarrow \quad \downarrow \quad \downarrow$

$\infty \cdot (0{,}25 - 0 - 0 + 0) = \infty$

 Beschreiben Sie den Verlauf der beiden Graphen.

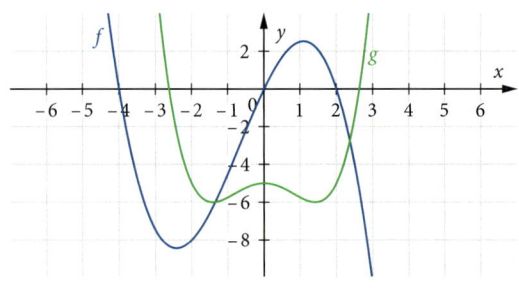

Übungen zu 2.5.3

1. Generieren Sie mit Ihrem Taschenrechner eine Tabelle, aus der das Verhalten der Funktionswerte von f für $x \to \infty$ hervorgeht.
a) $f(x) = -x^4 + 2x^2 + 3x + 100$
b) $f(x) = 2x^5 + 3x^2 - 4x$
c) $f(x) = 0,0001x^7 + 0,01x$
d) $f(x) = x^6 - 10\,000$

2. Bestimmen Sie das Verhalten der Funktion f im Unendlichen.
a) $f(x) = 0,0025x^3 - 1\,000\,000x$
b) $f(x) = -x^3 + 1000x^2 - 2x + 5$
c) $f(x) = -5x^3 + x^2 - 3,575x + 8\,000\,000$
d) $f(x) = 14x^3 + 1,5x^2 - 20\,000$

3. Beschreiben Sie die abgebildeten Graphen so ausführlich wie möglich. Geben Sie die Schnittpunkte mit den Achsen, die Extrem- und Wendepunkte an. Beschreiben Sie das Steigungs- und Krümmungsverhalten. Geben Sie, wenn möglich, die Art der Symmetrie an. Äußern Sie sich zum kleinstmöglichen Grad der Funktionen. Erläutern Sie den Zusammenhang zwischen der Anzahl der Nullstellen und Extrempunkte sowie zwischen der Anzahl der Extrem- und Wendepunkte.

a)
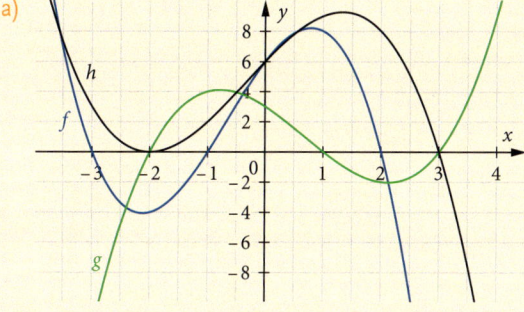

b)
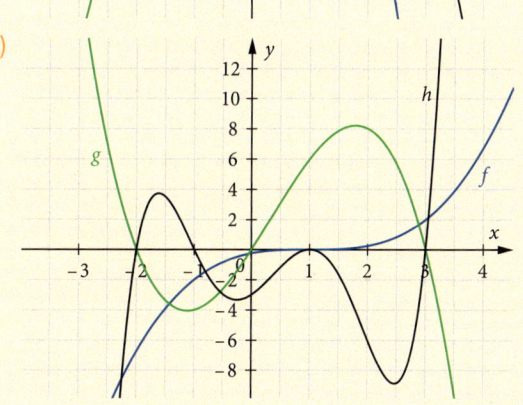

4. Der Grad einer Polynomfunktion sei ungerade. Schließen Sie von dem Verhalten der Funktionswerte für $x \to \pm\infty$ auf die Mindestanzahl von Nullstellen.

5. Entscheiden Sie, ob die folgenden Aussagen wahr oder falsch sind.
a) Für eine Funktion 4. Grades gilt immer $\lim\limits_{x \to \infty} f(x) = \infty$.
b) Die äußeren Äste des Graphen einer Funktion 5. Grades laufen für $x \to \pm\infty$ immer in entgegengesetzte y-Richtungen.
c) Eine ganzrationale Funktion 3. Grades kann c_1) keine, c_2) eine, c_3) zwei, c_4) drei Nullstellen haben.
d) Eine ganzrationale Funktion 3. Grades hat mindestens einen Wendepunkt.
e) Eine ganzrationale Funktion 4. Grades kann e_1) keine, e_2) eine, e_3) zwei, e_4) drei, e_5) vier Nullstellen haben.
f) Eine ganzrationale Funktion 4. Grades hat f_1) mindestens einen Extrempunkt, f_2) mindestens einen Wendepunkt.

6. Gegeben sind die Kostenfunktion K und die Preis-Absatz-Funktion p_N eines Unternehmens:
$K(x) = 0,04x^3 - 0,06x^2 + 3x + 2$
$p_N(x) = -0,16x + 2,8$
a) Bestimmen Sie den ökonomischen Definitionsbereich $D_{ök}$.
b) Zeichnen Sie die Graphen der Funktionen K, p_N und der Erlösfunktion E in ein Koordinatensystem.
c) Beschreiben Sie den Verlauf der Graphen in Bezug auf ihr Steigungs- und Krümmungsverhalten. Vergleichen Sie die Erlöse mit den Kosten u. a. auch für die Absatzmengen 10 ME und 15 ME.

7. Gegeben sind die Funktionen f, g, h und i mit
$f(x) = -16x + 288$
$g(x) = -16x^2 + 288x$
$h(x) = 0,5x^3 - 13,5x^2 + 142,5x + 370,5$
$i(x) = -0,5x^3 - 2,5x^2 + 137,5x - 370,5$
a) Zeichnen Sie die vier Graphen und beschreiben Sie ihre Eigenschaften.
b) Schränken Sie die folgenden Betrachtungen auf das Intervall $[0; 18]$ ein. Interpretieren Sie die Funktionen f, g, h und i ökonomisch und beschreiben Sie deren Graphen aus ökonomischer Sicht. Nehmen Sie dabei Bezug auf Ihre Aussagen in a).

2.5.4 Bestimmung von Funktionsgleichungen ganzrationaler Funktionen

 (14) Herleitung einer Kostenfunktion

Die Fly Bike Werke beginnen im neuen Jahr mit der Produktion von besonders atmungsaktiven Sattelbezügen. Im Januar werden 4 ME zu Gesamtkosten von 48 €, im Mai 10 ME zu 840 € und im Juni 12 ME zu 1488 € produziert. Frau Peters, die Geschäftsführerin, möchte aus diesen Daten die Gewinnschwelle berechnen und benötigt dafür die Kostenfunktion K_v. Ihr ist bekannt, dass K_v eine kubische Funktion ist, deren Graph durch den Koordinatenursprung verläuft.
Bestimmen Sie die Gleichung der Kostenfunktion K_v.

Da der Graph zu K_v durch den Ursprung verläuft, muss das Absolutglied des Funktionsterms gleich null sein.

$K(x) = ax^3 + bx^2 + cx + d$ ▸ allgemeine Form
$K_v(x) = ax^3 + bx^2 + cx$ ▸ durch den Ursprung $\Rightarrow d = 0$

▸ 0 produzierte Sattelbezüge erzeugen 0 € variable Kosten.

Dem Text entnehmen wir die drei Wertepaare A, B, C der Form (Menge | Preis).

$A(4|48)$, $B(10|840)$ und $C(12|1488)$

Diese Wertepaare setzen wir in die Funktionsgleichung $K_v(x) = ax^3 + bx^2 + cx$ ein und erhalten drei Gleichungen, die bezüglich a, b und c linear sind.

$$K_v(4) = 48 \quad ▸ x = 4$$
$$\Leftrightarrow \quad a \cdot 4^3 + b \cdot 4^2 + c \cdot 4 = 48$$
$$\Leftrightarrow \quad 64a + 16b + 4c = 48$$

Wie schon auf Seite 113 schreiben wir das resultierende lineare Gleichungssystem in verkürzter Form, indem wir die Variablen weglassen:

$$K_v(10) = 840 \quad ▸ x = 10$$
$$\Leftrightarrow \quad a \cdot 10^3 + b \cdot 10^2 + c \cdot 10 = 840$$
$$\Leftrightarrow \quad 1000a + 100b + 10c = 840$$

$$K_v(12) = 1488 \quad ▸ x = 12$$
$$\Leftrightarrow \quad a \cdot 12^3 + b \cdot 12^2 + c \cdot 12 = 1488$$
$$\Leftrightarrow \quad 1728a + 144b + 12c = 1488$$

a	b	c	
64	16	4	48
1000	100	10	840
1728	144	12	1488

Es bietet sich an, im ersten Schritt die Zeilen zu kürzen: Die 1. Zeile können wir durch 4 dividieren, die 2. Zeile durch 10 und die 3. Zeile durch 12. Anschließend lösen wir das lineare Gleichungssystem mithilfe des Gauß'schen Eliminationsverfahrens. ▸ Seite 113

a	b	c	
16	4	1	12	$|\cdot(-1)$
100	10	1	84
144	12	1	124

a	b	c	
16	4	1	12
14	1	0	12	$|\cdot(-4)$ $|\cdot(-1)$
16	1	0	14

a	b	c	
0	0	1	4
0	1	0	-2
2	0	0	2	$|:2$

a	b	c	
16	4	1	12
84	6	0	72	$|:6$
128	8	0	112	$|:8$

a	b	c	
-40	0	1	-36
14	1	0	12
2	0	0	2	$|\cdot(-7)$ $|\cdot 20$

a	b	c	
0	0	1	4	▸ $c = 4$
0	1	0	-2	▸ $b = -2$
1	0	0	1	▸ $a = 1$

Die Lösung des linearen Gleichungssystems bilden die Werte $a = 1$, $b = -2$ und $c = 4$, die wir in die allgemeine Funktionsgleichung einsetzen. Die gesuchte Kostenfunktion K_v lautet somit $K_v(x) = x^3 - 2x^2 + 4x$.

 Bestimmen Sie die Funktionsgleichung der reellen Funktion f dritten Grades, deren Graph durch die Punkte $A(-4|14)$, $B(-1|8)$, $C(0|18)$ und $D(2|20)$ verläuft.

Übungen zu 2.5.4

1. Bestimmen Sie den Funktionsterm der reellen Funktion f dritten Grades, deren Graph durch die angegebenen Punkte geht.

a) $A(-1|18);$ $\quad B(0|8);$ $\quad C(2|0);$ $\quad D(3|14)$

b) $A(0|-50);$ $\quad B(2|0);$ $\quad C(3|4);$ $\quad D(4|2)$

c) $A(-2|-7);$ $\quad B(0|-5);$ $\quad C(1|-16);$ $\quad D(5|0)$

d) $A(-3|-33);$ $\quad B(0|3,75);$ $\quad C(1|0);$ $\quad D(3|4,5)$

e) $A(-4|14);$ $\quad B(-1|8);$ $\quad C(0|18);$ $\quad D(2|20)$

f) $A(-2|0);$ $\quad B(-1|4);$ $\quad C(0|6);$ $\quad D(2|-20)$

g) $A(-4|-2,5);$ $\quad B(-1|-4);$ $\quad C(0|-4,5);$ $\quad D(2|12,5)$

h) $A(-3|-24);$ $\quad B(-2|0);$ $\quad C(2|-4);$ $\quad D(4|18)$

2. Die Fly Bike GmbH hat Fixkosten von 24 GE und Gesamtkosten von 40 GE bei einer Ausbringungsmenge von 2 ME. Bei einer Produktion von 3 ME entstehen 42 GE Gesamtkosten und bei einer Menge von 5 ME Gesamtkosten von 94 GE. Bestimmen Sie die Funktionsgleichung der Kostenfunktion K der Form $K(x) = a x^3 + b x^2 + c x + d$.

3. Einem Hersteller von hochwertigen Autozubehörteilen entstehen bei einer Ausbringungsmenge von 2 Stück Kosten in Höhe von 56 724 € und bei einer Menge von 4 Stück Kosten in Höhe von 59 112 €. Die Kosten pro Stück (einschließlich der Fixkosten) betragen bei einer Produktion von 6 Stück 10 198 €. Bei einer Ausbringungsmenge von 5 Stück hat der Hersteller variable Stückkosten von 1237,50 € pro Stück. Bestimmen Sie die Funktionsgleichung der Kostenfunktion vom Typ $K(x) = a x^3 + b x^2 + c x + d$.

▶ Bei der Berechnung der variablen Stückkosten bleiben die Fixkosten (hier: d) unberücksichtigt.

4. Die JoRo GmbH produziert für einen exklusiven Kunden spezielle Blu-Ray-Player. Bei der Produktion von einem Gerät fallen Kosten von 530 € an; bei einer Ausbringungsmenge von 4 Geräten 740 €. Bei Produktionsmengen von 5 bzw. 7 Geräten entstehen Kosten von 810 € bzw. 1130 €.

Die JoRo GmbH erzielt Gewinne in Höhe von 202,50 € bzw. 380 € beim Verkauf von 3 bzw. 4 Geräten. Beim Verkauf von 6 Blu-Ray-Playern bleiben 540 GE Gewinn übrig. Ihre Gewinnschwelle liegt bei 2 Geräten.

Die Kosten- und die Gewinnfunktion sind ganzrationale Funktionen dritten Grades.

a) Bestimmen Sie die Gleichungen der Kosten-, der Gewinn- und der Erlösfunktion.

b) Berechnen Sie die Gewinnzone.

5. Ein Edelstahlproduzent hat Kosten von 126 GE bei der Produktion von 2 ME sowie von 162 GE bei einer Ausbringungsmenge von 5 ME. Bei Produktionsmengen von 6 ME bzw. 7 ME entstehen variable Stückkosten von 19 GE/ME bzw. 22 GE/ME.

a) Bestimmen Sie die Gleichung der ganzrationalen Kostenfunktion dritten Grades.

b) Geben Sie die Gleichung an, die die variablen Stückkosten in Abhängigkeit von der Ausbringungsmenge angibt.

c) Ermitteln Sie die Ausbringungsmenge, bei der die geringsten variablen Stückkosten entstehen. Diese Menge nennt man **Betriebsminimum**.

d) Geben Sie den Verkaufspreis in Höhe der geringsten variablen Stückkosten an. Diesen Preis nennt man **kurzfristige Preisuntergrenze** (KPU), weil damit nur die variablen Stückkosten gedeckt werden, nicht aber die gesamten Stückkosten.

e) Der Edelstahlproduzent erzielt Gewinne von 40,5 GE bzw. 108 GE beim Verkauf von 3 ME bzw. 6 ME. Beim Verkauf von 8 ME seiner Produkte bleiben 48 GE Gewinn übrig. Die Gewinnschwelle des Unternehmens liegt bei 2 ME.

Ermitteln Sie die Gleichung der ganzrationalen Gewinnfunktion drittes Grades.

f) Untersuchen Sie die Gewinnzone.

g) Geben Sie die Gleichung der Erlösfunktion an.

Vermischte Übungen zu 2.5

1. Begründen Sie ohne Rechnung, dass der Graph zu ⟨oHi/Mi⟩ $f(x) = 3x^3 + x$ punktsymmetrisch zum Ursprung ist, und der Graph zu $g(x) = 3x^4 - x^2 + 3$ achsensymmetrisch zur y-Achse.

2. Bestimmen Sie die Schnittpunkte des Graphen der ⟨oHi/Mi⟩ Funktion f mit der x-Achse. Geben Sie die Vielfachheit jeder Nullstelle an.

a) $f(x) = 2 \cdot (x-1) \cdot (x+2) \cdot (x-3)^2$
b) $f(x) = -0,5 \cdot (x-3)^4 \cdot (x+1) \cdot x^3 \cdot (x-5)$
c) $f(x) = -0,25 \cdot (x+5)^5 \cdot (x+1) \cdot (x-5) \cdot (x+5)$
d) $f(x) = 10 \cdot x \cdot (x-4) \cdot (x+0,1) \cdot (x-0,1)^2$

3. Berechnen Sie die Nullstellen der Funktion f mithilfe eines geeigneten Verfahrens und zerlegen Sie den Funktionsterm in Linearfaktoren.

a) $f(x) = -x^3 + 3x^2 + x - 3$
b) $f(x) = -2x^4 + 6x^3 + 8x^2$
c) $f(x) = x^3 + 4x^2 - 3x - 18$
d) $f(x) = -x^6 - 3x^4 + 4$
e) $f(x) = 2x^4 + 2x^2 - 12$

4. Beschreiben Sie die Graphen. Berücksichtigen Sie ⟨oHi/Mi⟩ dabei:
- Symmetrieeigenschaften,
- das Verhalten im Unendlichen,
- charakteristische Punkte (Achsenschnittpunkte, Extrem- und Wendepunkte),
- das Steigungs- und das Krümmungsverhalten.

Äußern Sie sich zum Zusammenhang zwischen der Anzahl der Nullstellen und der Anzahl der Extrempunkte sowie zum Zusammenhang zwischen der Anzahl der Extrempunkte und der Anzahl der Wendepunkte.

a)
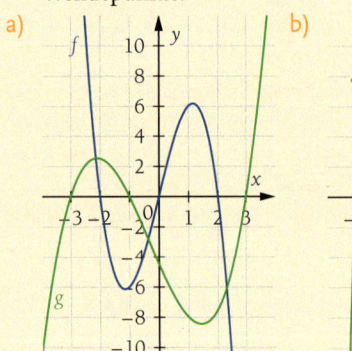

b)
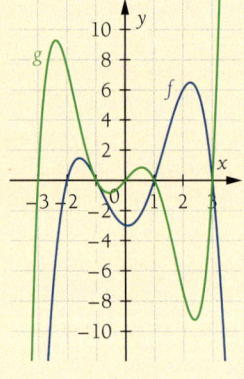

5. Zu drei der fünf Funktionsgleichungen sind die Gra- ⟨oHi/Mi⟩ phen abgebildet.
Ordnen Sie jedem Graphen die passende Gleichung zu. Skizzieren Sie zu den verbleibenden zwei Gleichungen die Graphen.

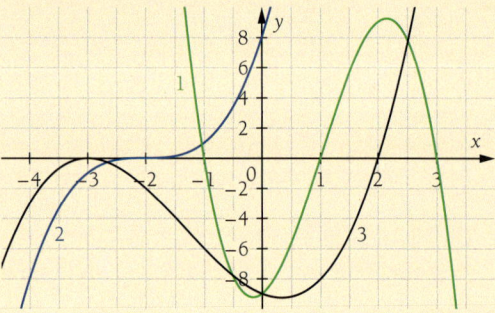

a) $f(x) = -3x^3 + 9x^2 + 3x - 9$
b) $g(x) = 0,125x^3 - 4x^2 + 7x$
c) $h(x) = 0,5x^3 + 2x^2 - 1,5x - 9$
d) $i(x) = x^3 + 4$
e) $j(x) = (x+2)^3$

6. Bestimmen Sie die Achsenschnittpunkte des Graphen der Funktion f. Zerlegen Sie den Funktionsterm in seine Linearfaktoren. Ermitteln Sie das Symmetrieverhalten des Graphen. Machen Sie begründete Aussagen über das Steigungs- und Krümmungsverhalten und möglichst auch über Extrem- und Wendepunkte des Graphen. Skizzieren Sie den Graphen in einem geeigneten Bereich.

a) $f(x) = x^3 - 8x^2 + 16x$
b) $f(x) = x^3 - 2x^2 - 5x + 6$
c) $f(x) = -x^3 + 5x^2 - 8x + 4$
d) $f(x) = 0,5x^3 + 1,5x^2 - 2$
e) $f(x) = -0,5x^3 + 2x^2 - 2,5x + 1$
f) $f(x) = x^3 - 5x^2 + 7x - 3$
g) $f(x) = x^4 - 6x^3 + 9x^2$
h) $f(x) = x^4 - 5x^2 + 4$
i) $f(x) = 0,5x^4 + x^3 - 3,5x^2 - 4x + 6$

7. Bestimmen Sie jeweils die Funktionsgleichung der ganzrationalen Funktion dritten Grades, deren Graph durch die angegebenen Punkte verläuft.

a) $A(-2|15)$; $B(2|-5)$; $C(3|0)$; $D(4|21)$
b) $A(-3|20)$; $B(-2|6)$; $C(2|0)$; $D(3|-4)$
c) $A(-4|-10)$; $B(-1|5)$; $C(3|-3)$; $D(5|8)$
d) $A(-3|-9)$; $B(1|0)$; $C(4|-9)$; $D(5|-21)$

8. Der Graph der Funktion f mit $f(t) = -2\,t^3 + 72\,t^2$ beschreibt die Anzahl der Krankheitserreger im Blut während eines kurzen, aber heftigen Magen-Darm-Infekts. ▸ t in Stunden

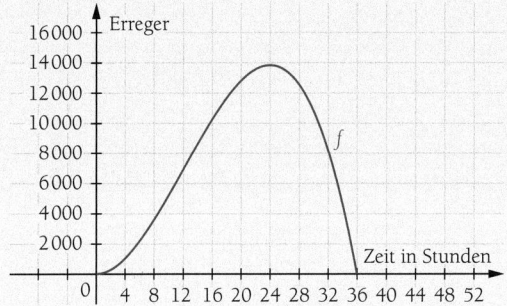

a) Geben Sie die Dauer des Infekts an.
b) Ermitteln Sie die Anzahl der Krankheitserreger nach 10, 15 bzw. 30 Stunden.
c) Bestätigen Sie, dass nach 20 Stunden 12 800 Krankheitserreger im Blut gemessen werden.
d) Zum Zeitpunkt des stärksten Anstiegs der Anzahl der Krankheitserreger bekommt der Patient ein Medikament. Begründen Sie anhand der Skizze den Zeitpunkt der Medikamenteneinnahme.
e) Beschreiben Sie den Graphenverlauf von f im Intervall $[0; 36]$ und äußern Sie sich zu den Extrempunkten und dem Steigungsverhalten sowie zu den Wendepunkten und dem Krümmungsverhalten des Graphen.

9. Die reelle Funktion E mit $E(t) = -t^3 + 7t^2 + 8t$ beschreibt den Absatz von Skianzügen ab dem Monat September, wobei $E(t)$ für den Erlös im Monat t steht ($t = 0$: September), gemessen in GE.
▸ 1 GE = 1000 €
a) Bestimmen Sie die Erlöszone.
b) Skizzieren Sie den Graphen von E im Bereich der Erlöszone und äußern Sie sich zum Erlösverlauf auch anhand der Extrem- und Wendepunkte des Graphen von E.

10. Ein Pharmakonzern hat ein neues Medikament entwickelt und verfügt damit über eine Monopolstellung. Bekannt sind die Kostenfunktion K mit $K(x) = x^3 - 6x^2 + 16x + 32$ sowie der Höchstpreis 32 GE und die Sättigungsmenge 8 ME der linearen Preis-Absatz-Funktion.
Bestimmen Sie die Gleichungen der Preis-Absatz-Funktion, der Erlös- und der Gewinnfunktion sowie der Funktion der variablen Stückkosten.

11. Die Gesamtkosten eines Herstellers von Luxuskühlgeräten für vier Ausbringungsmengen sind:
$K(10) = 49\,500$, $K(20) = 60\,000$,
$K(60) = 72\,000$, $K(100) = 180\,000$.
Die Kostenfunktion ist eine ganzrationale Funktion dritten Grades. Die lineare Preis-Absatz-Funktion hat bei 100 Geräten ihre Sättigungsmenge und einen Höchstpreis von 3750 €.
a) Bestimmen Sie die Gleichungen der Kosten- und der Erlösfunktion.
b) Skizzieren Sie beide Funktionsgraphen und beschreiben Sie ihre Verläufe unter Verwendung der ökonomischen Begriffe.
c) Die Gewinnschwelle wird beim Verkauf von 20 Geräten erreicht. Berechnen Sie die Gewinngrenze.

12. Eine Glasbläserei verkauft hochwertige Karaffen und ist Monopolist in dieser Sparte. Nach ihren Marktbeobachtungen liegt der Höchstpreis am Markt bei 49 € pro Stück und die Sättigungsmenge bei 700 Stück. Ihre Kosten verlaufen gemäß der Kostenfunktion K mit $K(x) = x^3 - 6x^2 + 15x + 32$.

Analysieren Sie die Gewinnsituation der Glasbläserei unter der Voraussetzung, dass 100 Karaffen 1 ME darstellen.

a) Ermitteln Sie den Term der linearen Preis-Absatz-Funktion vom Typ $p_N(x) = ax + b$ und bestimmen Sie den ökonomischen Definitionsbereich $D_{ök}$.
▸ 100 Karaffen = 1 ME
b) Berechnen Sie die Gewinngrenze unter der Voraussetzung der Gewinnschwelle bei 1 ME.
c) Ermitteln und erklären Sie das Betriebsminimum.
▸ Seite 157, Aufgabe 5
d) Skizzieren Sie die Graphen der Kostenfunktion K, der Preis-Absatz-Funktion p_N, der Erlösfunktion E sowie der Gewinnfunktion G. Interpretieren Sie die Verläufe der Graphen unter Verwendung der ökonomischen Begriffe.

13. Die JoRo GmbH stellt 32-GB-Sticks her, die sie zum Preis von 4,60 € je Stück absetzen kann. Die Konkurrenz wirbt nun neuerdings mit Dumping-Preisen und verkauft gleichwertige Sticks für 3,90 €. Die Geschäftsführung möchte sich bei der nächsten Sitzung über die weitere Strategie beraten. Der Assistent, Herr Hansen, trägt dazu alle nötigen Informationen zusammen:

- Fixkosten: 80 €
- Kapazitätsgrenze: 100 Sticks
- Gesamtkosten: 148 € bei 20 produzierten Sticks, 205 € bei 50 Sticks, 236 € bei 60 Sticks.

Hinweis: Die Kosten verlaufen gemäß einer ganzrationalen Funktion dritten Grades.

Erläutern Sie der Geschäftsführung, welche Auswirkungen der Preiskampf auf die Gewinnsituation hat. Geben Sie eine Empfehlung, in welchem Rahmen die JoRo GmbH bei gleichbleibenden Produktionskosten kurzfristig auf Dumping-Preise reagieren sollte.

a) Ermitteln Sie die Gleichungen der Erlösfunktion E und der Gewinnfunktion G für $x \in [0; 100]$.

b) Zeichnen Sie mithilfe eines GTR/CAS die Graphen von K, E und G in ein Koordinatensystem und beschreiben Sie ihre Verläufe unter Verwendung ökonomischer Begriffe.

c) Äußern Sie sich zur Gewinnsituation des Unternehmens. Gehen Sie dabei von einer Gewinnschwelle beim Verkauf von 40 Sticks aus.

d) Geben Sie die Funktionsgleichungen der Stückkosten und der variablen Stückkosten an.

e) Bestimmen Sie das Betriebsminimum sowie die kurzfristige Preisuntergrenze (KPU).
   ▶ Seite 157, Aufgabe 5

14. Untersuchen Sie die Kosten-, Erlös- und Gewinnsituation eines Unternehmens, das sein Produkt aus Gründen des Wettbewerbs zu einem festen Preis von 53 € verkauft. Gehen Sie von der Kostenfunktion K mit der Gleichung $K(x) = 0{,}01\,x^3 - x^2 + 50\,x + 720$; $x \in [0; 100]$ aus.

15. Bearbeiten Sie das Problem von Seite 137.

16. Gegeben sind die Kostenfunktion K mit der Gleichung $K(x) = 0{,}01\,x^3 - x^2 + 50\,x + 720$ und die Erlösfunktion E mit $E(x) = 53\,x$. Es gilt $x \in [0; 100]$.

a) Bestimmen Sie die Gewinnschwelle und -grenze.

b) Berechnen Sie den Gewinn bei einer Absatzmenge von 60 ME.

c) Ermitteln Sie das Betriebsminimum.
   ▶ Seite 157, Aufgabe 5

d) Skizzieren Sie die Graphen von K und E.

17. Die Bürostyle AG gestaltet Büroarbeitsplätze und hat sich gerade einen neuartigen Schreibtischstuhl patentieren lassen. Dieser Stuhl kann sich automatisch auf die jeweils sitzende Person einstellen und ist besonders rückenfreundlich. Die Bürostyle AG ist noch Alleinanbieter dieses Produktes.

Eine Befragung der Marketingabteilung unter den Stammkunden zum Preis ergab folgende Daten:

Menge in ME	2	6	9	14
Preis in GE pro ME	1350	1050	825	450

Aus der Entwicklungsabteilung wurde mitgeteilt, dass die fixen Produktionskosten bei 1750 GE liegen und die variablen Stückkosten mit 250 GE pro ME angesetzt werden müssen.

Damit die Produktion so schnell wie möglich anlaufen kann, muss die Produktionsabteilung eine Mitteilung zur Produktionsmenge erhalten. Außerdem möchte das Controlling wissen, mit welchen Erlösen bei diesem neuen Produkt zu rechnen ist. Verfassen Sie einen Bericht für die Produktionsabteilung und für das Controlling.

Ich kann ...

... die *allgemeine Funktions-gleichung* einer **ganzrationalen Funktion 3. Grades** angeben und die Bedeutung von a_0 erklären.

$f(x) = 2x^3 - 4x^2 - 10x + 12$
▸ Funktion 3. Grades
$a_3 = 2; \ a_2 = -4; \ a_1 = -10; \ a_0 = 12$
$a_0 = 12 \ \Rightarrow \ S_y(0|12)$

Allgemeine Form:
$f(x) = a_3 x^3 + a_2 x^2 + a_1 x + a_0; \ a_3 \neq 0, \ x \in \mathbb{R}$
Der höchste Exponent bestimmt den Grad der Funktion.
Der absolute Term a_0 ist der y-Achsen-abschnitt von f.

... das **Verhalten des Graphen im Unendlichen** beschreiben.
▸ Test-Aufgabe 1

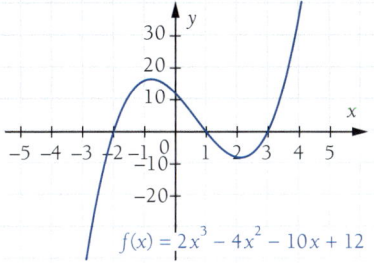

$a_3 = 2: \ x \to -\infty: \ f(x) \to -\infty$
$\qquad\ \ x \to \infty: \ \ f(x) \to \infty$

Der höchste Koeffizient bestimmt das Verhalten im Unendlichen. Für ganzrationale Funktionen 3. Grades gilt:
$a_3 > 0: x \to -\infty: \ f(x) \to -\infty$
$\qquad\quad\ x \to \infty: \ \ f(x) \to \infty$
Graph verläuft vom negativ Unendlichen ins positiv Unendliche.
$a_3 < 0: x \to -\infty: \ f(x) \to \infty$
$\qquad\quad\ x \to \infty: \ \ f(x) \to -\infty$
Graph verläuft vom positiv Unendlichen ins negativ Unendliche.

... Graphen auf **Achsen-symmetrie** zur y-Achse überprüfen.
▸ Test-Aufgabe 1

$f(x) = x^4 - 3x^2 - 4$
$f(-x) = (-x)^4 - 3(-x)^2 - 4$
$\qquad\ = x^4 - 3x^2 - 4 = f(x)$

Achsensymmetrie zur y-Achse:
$f(-x) = f(x);$
alle Exponenten von x sind gerade.

... Graphen auf **Punkt-symmetrie** zum Ursprung überprüfen.
▸ Test-Aufgabe 1

$f(x) = x^3 - 16x$
$-f(-x) = -[(-x)^3 - 16(-x)]$
$\qquad\ \ = -(-x^3 + 16x)$
$\qquad\ \ = x^3 - 16x = f(x)$

Punktsymmetrie zum Ursprung:
$-f(-x) = f(x);$
alle Exponenten von x sind ungerade.

... die verschiedenen Verfahren zur **Nullstellenberechnung** bei Funktionen 3. oder höheren Grades anwenden.
▸ Test-Aufgabe 2

▸ Seite 146

Ausklammern von x
Substitutionsverfahren
p-q-Formel

... den **Graphen** einer Funktion skizzieren, die Null-, Extrem- und Wendestellen einer Funktion erkennen sowie das **Steigungs- und Krümmungs-verhalten** anhand der Skizze beschreiben.
▸ Test-Aufgaben 3, 4, 5

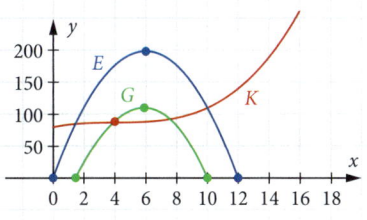

Nullstellen: Graph schneidet x-Achse

Extrempunkt (Hoch- oder Tiefpunkt): Graph ändert Steigungsverhalten

Wendepunkt: Graph ändert Krümmung

... **ökonomische Bedeutungen** erklären.
▸ Test-Aufgaben 3, 4, 5

$E(x_N) = 0 \ \Rightarrow \ D_{\ddot{o}k} = [x_{N_1}; x_{N_2}] = [0; 12]$

$G(x_N) = 0 \ \Rightarrow \ $ Gewinnzone $[x_{N_1}; x_{N_2}]$
$x_{N_1} = x_{GS} \approx 1{,}5$ (Gewinnschwelle)
$x_{N_2} = x_{GG} = 10$ (Gewinngrenze)

Die Nullstellen der Erlösfunktion E begrenzen den ökonomischen Definitionsbereich $D_{\ddot{o}k}$.
Die Nullstellen der Gewinnfunktion G begrenzen die Gewinnzone $[x_{GS}; x_{GG}]$ von der Gewinnschwelle bis zur Gewinngrenze.

Test zu 2.5

1. Untersuchen Sie die Funktion f in Bezug auf Symmetrie und das Verhalten des Graphen im Unendlichen.

a) $f(x) = 0{,}25\,x^4 - 0{,}125\,x^2 + 2$ b) $f(x) = -x^3 + 2{,}5\,x^2 - 1{,}25\,x + 7{,}5$

2. Bestimmen Sie die Nullstellen der Funktion f. Geben Sie auch die Vielfachheit der Nullstellen an.

a) $f(x) = 0{,}5\,x^4 - 6\,x^3 + 18\,x^2$ b) $f(x) = -0{,}5\,x^3 + x^2 + 2{,}5\,x - 3$ [oHi Mi] c) $f(x) = 0{,}25\,x^4 - 1{,}25\,x^2 - 6$

3. Der Gewinn eines Textilunternehmens verläuft gemäß einer Gewinnfunktion dritten Grades und beträgt 2500 €
beim Verkauf von 300 Sweatshirts. Beim Verkauf von 600 Sweatshirts hat das Unternehmen einen Verlust von
20 000 €. Seine Fixkosten liegen bei 2000 € und seine Gewinnschwelle bei 100 Sweatshirts.

a) Bestimmen Sie die Gleichung der Gewinnfunktion. Fassen Sie zur Vereinfachung 100 Sweatshirts zu einer ME
und 1000 € zu einer GE zusammen.

b) Analysieren und beschreiben Sie die Gewinnsituation des Unternehmens.

4. Die JoRo GmbH produziert einzigartige Hochleistungschips. Die dabei entstehenden Kosten lassen sich durch
eine ganzrationale Funktion dritten Grades darstellen. Die Kosten bei einer Produktion von 2 ME betragen 26 GE
und bei 5 ME genau 32 GE. Bei einer Produktion von 11 ME entstehen der JoRo GmbH Kosten von 152 GE. An
der Kapazitätsgrenze von 14 ME hat das Unternehmen Gesamtkosten von 374 GE. Entsprechend ihrer Monopolstellung hat die JoRo GmbH einen Höchstpreis von 15 GE und eine Sättigungsmenge von 15 ME ermittelt.

a) Geben Sie die Gleichungen der Gesamtkostenfunktion K und der linearen Preis-Absatz-Funktion p_N an.

b) Bestimmen Sie den ökonomischen Definitionsbereich $D_{ök}$ und äußern Sie sich zu der Möglichkeit, die Kapazitätsgrenze des Unternehmens zu erweitern.

c) Berechnen Sie den Preis, den das Unternehmen erzielen muss, um die variablen Stückkosten mindestens decken
zu können. ▸ Betriebsminimum, vgl. Seite 157, Aufgabe 5

d) Ermitteln Sie die Gleichung der Erlösfunktion und berechnen Sie die erlösmaximale Ausbringungsmenge sowie
das zugehörige Erlösmaximum.

e) Bestimmen Sie die Gewinnfunktion und die Gewinnzone, wenn die Gewinngrenze bei einer Produktionsmenge
von 8 ME liegt.

f) Bestimmen Sie die gewinnmaximale Ausbringungsmenge sowie das zugehörige Gewinnmaximum.

g) Äußern Sie sich zum Verkaufspreis, den das Unternehmen ansetzen muss, um einen maximalen Gewinn zu
erzielen.

h) Zeichnen Sie die Graphen von K, p_N, E und G in ein Koordinatensystem.

5. Die Funktion A mit $A(t) = 0{,}1\,t^3 - 4\,t^2 + 52{,}5\,t - 225$
beschreibt den Absatz von Skianzügen im Winter,
wobei t für die Anzahl der seit 1. Januar vergangenen
Monate steht und $A(t)$ für den Absatz in ME mit
$D_A = [10;\,15]$. ▸ 1 ME = 1000 Stück

a) Bestimmen Sie den Monat, in dem der Absatz für die
Skibekleidung endet, wenn bekannt ist, dass der
Absatzzyklus im Oktober beginnt.

b) Zeichnen Sie den Graphen von A im Bereich der
Absatzzone. Äußern Sie sich zum Absatzverlauf auch
anhand der Extrem- und Wendepunkte.

2 Elementare Funktionenlehre

2.6 Exponentialfunktionen

Die Geschäftsführerin der Fly Bike Werke GmbH hat gemeinsam mit den Gesellschaftern beschlossen, das Elektrofahrrad *City-Pedelec* in das Sortiment aufzunehmen.

Die Erweiterung der Werkstatt kostet die Fly Bike Werke 40 000 €. Der Produktionsleiter, Herr Rother, hat ermittelt, dass man die neu gekauften Maschinen 10 Jahre lang für die Produktion einsetzen kann. Aus diesem Grund werden die 40 000 € nicht komplett im Anschaffungsjahr der Maschinen als Aufwand gebucht, sondern anteilig durch planmäßige Abschreibungen auf die Jahre der Nutzung verteilt.

Grundsätzlich hat die Fly Bike Werke GmbH die Wahl zwischen zwei Abschreibungsverfahren:
1. Die **lineare Abschreibung**: Die Anschaffungskosten in Höhe von 40 000 € werden hier gleichmäßig auf die 10 Jahre Nutzungsdauer verteilt. Dabei wird in jedem Jahr der gleiche Betrag abgeschrieben.
2. Die **geometrisch-degressive Abschreibung**: Hier wird ein jährlich fallender Betrag abgeschrieben. Dieser beträgt in jedem Jahr 15 % des jeweiligen Restwerts der Maschinen am Jahresanfang.

Frau Lotto, die kaufmännische Auszubildende, soll nun die beiden möglichen Abschreibungsmethoden miteinander vergleichen. Sie erstellt für Herrn Rother zunächst eine Wertetabelle, aus der der jährliche Abschreibungsbetrag und der zugehörige Buchwert der Maschinen am Jahresende hervorgehen. Außerdem stellt sie den Buchwert in Abhängigkeit der Nutzungsdauer grafisch dar.

Herr Rother bittet Frau Lotto zusätzlich um eine Formel, mit deren Hilfe er den Restbuchwert der Maschinen nach einer Nutzungsdauer von t Jahren berechnen kann.

▶ Aufgabe 10 auf Seite 180

Kompetenzen

- Exponentialfunktionen erkennen und auf verschiedene Arten darstellen

- Graphenverläufe beschreiben

- Realitätsbezogene Zusammenhänge mathematisch beschreiben und deuten

- Exponentielles Wachstum erkennen

Anwendungen

- Degressive Abschreibung

- Zinseszinsrechnung

- Medikamentenabbau

- Halbwertszeit

2

2.6 Exponentialfunktionen

2.6.1 Gleichungen und Graphen

Mithilfe von Funktionen lassen sich Zu- und Abnahmeprozesse beschreiben. Da solche Vorgänge häufig in der Natur auftreten, benutzt man zu deren Beschreibung manchmal auch Begriffe aus der Natur: Man sagt **Wachstum** statt Zunahme und **Zerfall** statt Abnahme. Da Zerfall das Gegenteil von Wachstum ist, spricht man bei Zerfallsvorgängen auch von „negativem Wachstum". So kann man beides unter den Sammelbegriff „Wachstumsvorgänge" fassen.
Wenn ein Wert in gleichen Zeitspannen stets um den gleichen Wert zu- bzw. abnimmt, liegt lineares Wachstum vor. Viele Wachstumsvorgänge in der Ökonomie, Natur oder Technik verlaufen jedoch nicht linear. Sie sind vielmehr dadurch gekennzeichnet, dass ein Wert sich in gleichen Zeitspannen beispielsweise verdoppelt oder halbiert.

 Exponentielles Wachstum

Unter geeigneten Bedingungen verdoppelt sich die Anzahl der Bakterien einer bestimmten Bakterienart in einer Nährlösung stündlich. Ermitteln Sie, wie viele Bakterien sich nach einer, nach zwei, nach drei bzw. allgemein nach t Stunden in der Nährlösung befinden, wenn zu Anfang acht Bakterien darin vorhanden sind.

Die Bakterien vermehren sich stündlich immer um denselben Faktor 2. Zum Zeitpunkt 0 befinden sich 8 Bakterien in der Nährlösung, nach einer Stunde $8 \cdot 2 = 16$, nach 2 Stunden $16 \cdot 2 = 32$, nach 3 Stunden $32 \cdot 2 = 64$ Bakterien usw. In Abhängigkeit von der Zeit t lässt sich das Wachstum somit durch die Funktionsgleichung $f(t) = 8 \cdot 2^t$ beschreiben.

$$f(0) = 8 \qquad\qquad = 8 \cdot 2^0 = 8$$
$$f(1) = 8 \cdot 2 \qquad\quad = 8 \cdot 2^1 = 16$$
$$f(2) = 8 \cdot 2 \cdot 2 \qquad = 8 \cdot 2^2 = 32$$
$$f(3) = 8 \cdot 2 \cdot 2 \cdot 2 = 8 \cdot 2^3 = 64$$
$$f(t) = 8 \cdot \underbrace{2 \cdot 2 \cdot \ldots \cdot 2}_{t\text{-mal}} = 8 \cdot 2^t$$

(·2, ·2, ·2 between the rows)

Die unabhängige Variable t steht hier im Exponenten. Eine solche Funktion heißt daher **Exponentialfunktion**. Sie beschreibt **exponentielles Wachstum**, in diesem Fall mit dem **Wachstumsfaktor** 2 und dem **Anfangswert** 8.

> Die unabhängige Variable wird auf der x-Achse abgetragen. Da die Variable die Zeit angibt, nennen wir sie t wie „time".

Da die Bakterien nicht nur zur vollen Stunde gezählt werden können, ist die Exponentialfunktion für alle $t \in \mathbb{R}_0^+$ definiert.
Außerdem kann man davon ausgehen, dass sich die Bakterien nicht sprunghaft von einer Stunde t_1 zur nächsten Stunde t_2 verdoppeln, sondern dass das Wachstum annähernd kontinuierlich verläuft, sodass die Funktion zwischen t_1 und t_2 alle Werte von $f(t_1)$ bis $f(t_2)$ annimmt. Anschaulich bedeutet dies, dass der Graph der Funktion keine „Sprünge" macht.

▶ Streng genommen müssten die Funktionswerte natürliche Zahlen sein. Doch aus mathematischer Sicht ist es sinnvoll, auch hier die reellen Zahlen zuzulassen.

Der Graph von f schneidet die y-Achse an der Stelle $y = 8$. ▶ $f(0) = 8$

Da die Anzahl der Bakterien mit der Zeit immer größer wird, verläuft der Graph streng monoton steigend. Er steigt in einer Linkskurve immer stärker an. Man spricht hier von exponentiellem und **progressivem Wachstum**.

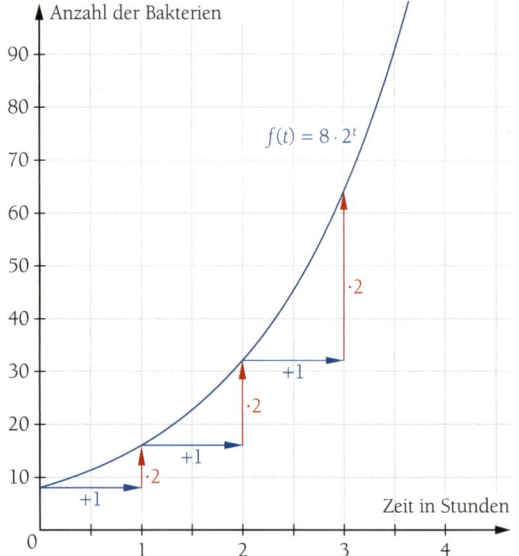

▶ Verläuft der Graph steigend und rechtsgekrümmt, so spricht man von **degressivem Wachstum**.

2

Exponentielle Abnahme

Durch eine Medikation sinkt die Anzahl der Bakterien täglich um 20 %.
Berechnen Sie die Anzahl der Bakterien in einem Milliliter Blut nach 4 Tagen, wenn sich zu Beginn der Medikation 10 000 Bakterien in einem Milliliter Blut befinden.

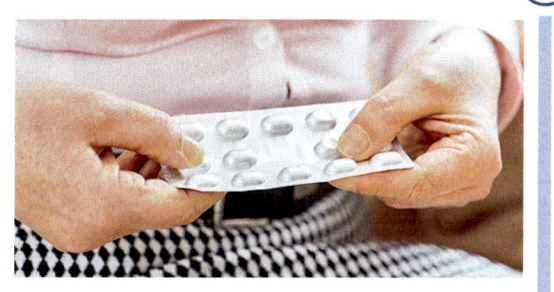

Jeden Tag sinkt die Anzahl der Bakterien um 20 %. Nach einem Tag sind also nur noch 80 % der ursprünglich vorhandenen 10 000 Bakterien in einem Milliliter Blut: $10\,000 \cdot 0{,}8 = 8000$. Nach zwei Tagen sind $8000 \cdot 0{,}8 = 6400$ und nach drei Tagen schließlich $6400 \cdot 0{,}8 = 5120$ Bakterien in einem Milliliter Blut.

In Abhängigkeit von der Zeit t (in Tagen) lässt sich die Anzahl der Bakterien somit durch die Funktionsgleichung $f(t) = 10\,000 \cdot 0{,}8^t$ beschreiben.

Da die unabhängige Variable t im Exponenten steht, ist auch diese Funktion eine Exponentialfunktion. Sie beschreibt eine **exponentielle Abnahme** bzw. ein **negatives Wachstum** mit dem **Wachstumsfaktor** 0,8 und dem **Anfangswert** 10 000.

Der Funktionsgraph von f schneidet die y-Achse bei 10 000. ▶ $f(0) = 10\,000$

Der Graph fällt streng monoton und verläuft in einer Linkskurve. Die Steigung nimmt dabei immer mehr ab. Man spricht in diesem Fall von exponentieller und **degressiver Abnahme**.

$$
\begin{aligned}
f(0) &= 10\,000 & &= 10\,000 \cdot 0{,}8^0 = 10\,000 \\
f(1) &= 10\,000 \cdot 0{,}8 & &= 10\,000 \cdot 0{,}8^1 = 8000 \\
f(2) &= 10\,000 \cdot 0{,}8 \cdot 0{,}8 & &= 10\,000 \cdot 0{,}8^2 = 6400 \\
f(3) &= 10\,000 \cdot 0{,}8 \cdot 0{,}8 \cdot 0{,}8 & &= 10\,000 \cdot 0{,}8^3 = 5120 \\
f(t) &= 10\,000 \cdot \underbrace{0{,}8 \cdot 0{,}8 \cdot \ldots}_{t\text{-mal}} & &= 10\,000 \cdot 0{,}8^{\,t}
\end{aligned}
$$

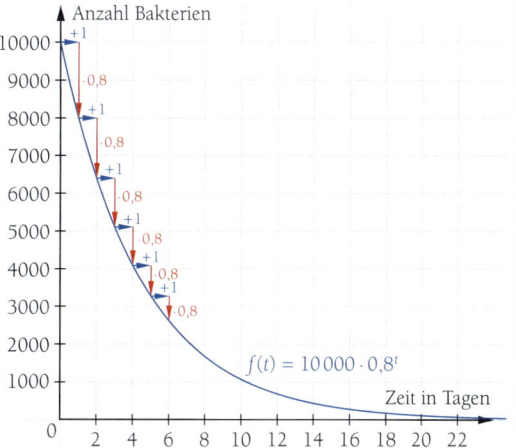

▶ Verläuft der Graph in einer Rechtskurve, die immer stärker fällt, so spricht man von **progressiver Abnahme**.

1. Beschreiben Sie den Verlauf des Graphen der Funktion f.
a) $f(x) = 2 \cdot 1{,}5^x$ b) $f(x) = 5 \cdot 0{,}5^x$ c) $f(x) = 0{,}5 \cdot 2^x$

2. Ordnen Sie die unten stehenden Graphen den Funktionen f, g und h zu.
$f(x) = 1{,}5^x$, $g(x) = 0{,}5 \cdot 3^x$, $h(x) = 8 \cdot 0{,}25^x$

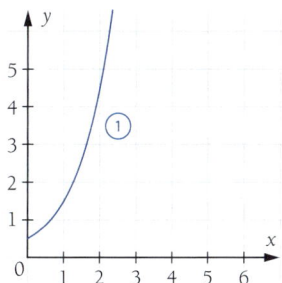
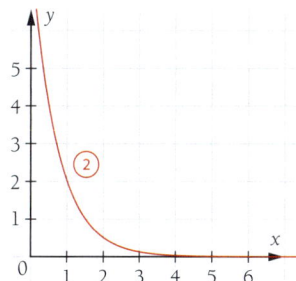
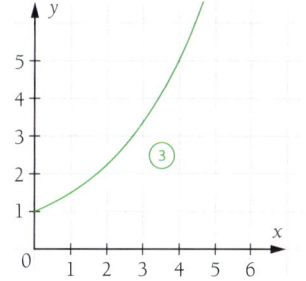

Die beiden Funktionsgleichungen aus den Beispielen 1 und 2 sind von gleicher Bauart: Der Funktionsterm besteht aus einer Potenz mit dem Exponenten x und einem konstanten Faktor, den wir allgemein mit a bezeichnen. Die Basis der Potenz nennen wir allgemein q und setzen voraus, dass sie positiv und ungleich 1 ist, also $q \in \mathbb{R}^+\backslash\{1\}$. Für a ist die Voraussetzung $a \in \mathbb{R}\backslash\{0\}$ sinnvoll.

Die **Gleichung der allgemeinen Exponentialfunktion** lautet dann: $f(x) = a \cdot q^x$.

> Die Funktion $f(x) = 1^x$ ist eine konstante Funktion.

(3) Exponentialfunktionen mit verschiedenen Basen

Untersuchen Sie den Einfluss der Basis q auf den Verlauf der Graphen. Setzen Sie dazu den Faktor $a = 1$ in der allgemeinen Gleichung $f(x) = a \cdot q^x$ und variieren Sie $q \in \mathbb{R}^+\backslash\{1\}$.

Wir betrachten z.B. die Graphen der durch die folgenden Gleichungen gegebenen Funktionen:
$$f_1(x) = 2^x \qquad f_2(x) = 3^x \qquad h_1(x) = 0{,}8^x \qquad h_2(x) = 0{,}5^x$$

Die Abbildung legt eine Fallunterscheidung nahe:

Fall 1: $q > 1$

Die Graphen sind streng monoton steigende Kurven und zeigen (positives) Wachstum. So konnten wir z.B. die Vermehrung der Bakterien in der Nährlösung durch eine Exponentialfunktion mit der Basis 2 beschreiben. Unter günstigeren Bedingungen würde sich die Anzahl der Bakterien möglicherweise sogar stündlich verdreifachen. Für die Darstellung müssten wir dann eine Exponentialfunktion mit der Basis $q = 3$ wählen. Der zugehörige Graph ist erwartungsgemäß steiler als derjenige zur Basis $q = 2$.

Allgemein gilt für $q > 1$ und $a > 0$: Je größer die Basis q ist, desto steiler steigt der Graph im I. Quadranten.

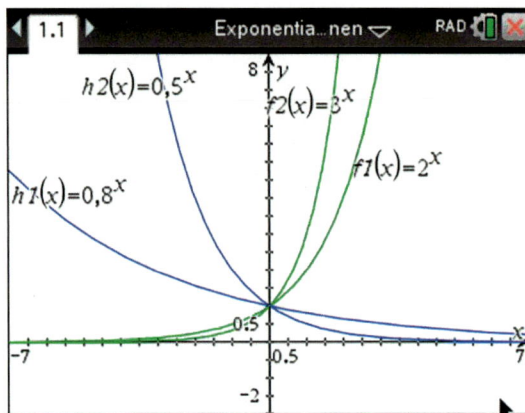

▶ TI Die Darstellung erfolgt in der Anwendung Graphs. Beliebige Exponentialfunktionen der Form $f(x) = a \cdot q^x$ können auch mit zwei Schiebereglern für die Parameter a und q untersucht werden. Schieberegler fügen Sie mittels menu, Aktionen, Schieberegler einfügen ein.

Fall 2: $0 < q < 1$

Die Graphen sind streng monoton fallende Kurven und stellen negatives Wachstum (Abnahme) dar. In Beispiel 2 haben wir die Abnahme der Bakterienanzahl durch eine Exponentialfunktion mit der Basis 0,8 beschrieben. Bei einer täglichen Abnahme der Anzahl um 50 % hätte eine geeignete Exponentialfunktion die Basis $q = 0{,}5$. Der zugehörige Graph fällt steiler als derjenige zur Basis $q = 0{,}8$.

Allgemein gilt für $0 < q < 1$ und $a > 0$: Je kleiner die Basis q ist, desto steiler fällt der Graph im I. Quadranten.

Wir betrachten die Gleichungen der Funktionen f_1 und h_2: $f_1(x) = 2^x$ und $h_2(x) = 0{,}5^x = \left(\frac{1}{2}\right)^x$.

Die Basis von h_2 ist der Kehrbruch der Basis von f_1. Bei den zugehörigen Graphen fällt auf, dass sie zueinander spiegelbildlich bezüglich der y-Achse sind.

Dieser Zusammenhang lässt sich folgendermaßen verallgemeinern: Die Graphen zweier Exponentialfunktionen mit gleichem Faktor a sind zueinander spiegelbildlich bezüglich der y-Achse, wenn die Basis der einen Funktion gleich dem Kehrbruch der Basis der anderen Funktion ist.

Im Gegensatz zu den Graphen aus den Beispielen 1 und 2 sind die Graphen in Beispiel 3 auch für negative x-Werte gezeichnet. Tatsächlich sind alle Exponentialfunktionen auf der Menge aller reellen Zahlen definiert, d.h. $D_f = \mathbb{R}$. Mögliche Einschränkungen ergeben sich aus dem jeweiligen Sachzusammenhang.

Exponentialfunktionen mit verschiedenen konstanten Faktoren

Untersuchen Sie den Einfluss des Faktors a auf den Verlauf der Graphen. Betrachten Sie dazu Exponentialfunktionen mit der Basis $q = 2$ und variieren Sie $a \in \mathbb{R}\backslash\{0\}$.

Wir zeichnen die Graphen zu
$f_1(x) = 3 \cdot 2^x$ $f_3(x) = -1 \cdot 2^x$
$f_2(x) = 0{,}5 \cdot 2^x$ $f_4(x) = -2 \cdot 2^x$

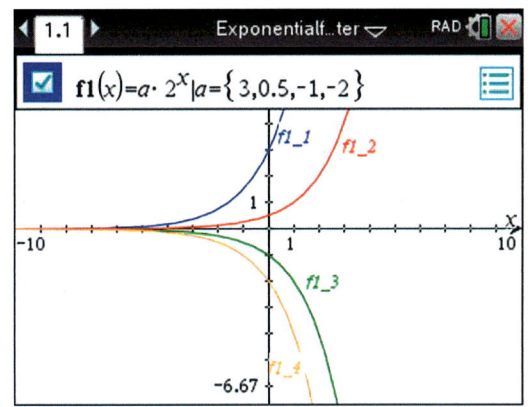

und stellen eine Übereinstimmung des konstanten Faktors a mit dem y-Achsenabschnitt fest. Diese Übereinstimmung können wir rechnerisch bestätigen:

$f_1(0) = \quad 3 \cdot 2^0 = \quad 3 \cdot 1 = \quad 3 \rightarrow S_y(0|3)$
$f_2(0) = 0{,}5 \cdot 2^0 = 0{,}5 \cdot 1 = 0{,}5 \rightarrow S_y(0|0{,}5)$
$f_3(0) = -1 \cdot 2^0 = -1 \cdot 1 = -1 \rightarrow S_y(0|-1)$
$f_4(0) = -2 \cdot 2^0 = -2 \cdot 1 = -2 \rightarrow S_y(0|-2)$

Wir verallgemeinern: Eine Funktion f vom Typ $f(x) = a \cdot q^x$ hat den y-Achsenabschnitt a.

> *Der Faktor $a \neq 0$ bewirkt eine Streckung ($a < -1$ und $a > 1$) bzw. Stauchung ($-1 < a < 1$) des Graphen bezüglich der y-Achse. Für $a > 0$ ist der Graph nach oben „geöffnet", für $a < 0$ nach unten.*

▶ TI Für einen Parameter einer Funktion können mehrere Werte definiert und die verschiedenen sich ergebenden Graphen dargestellt werden.

Exponentialfunktionen vom Typ $f(x) = a \cdot q^x$ haben keine Nullstellen, weil der Faktor a und ebenso die Potenz q^x stets ungleich null sind, also auch das Produkt $a \cdot q^x$. Weder berührt der Graph von f die x-Achse, noch schneidet er sie. Der Graph nähert sich der x-Achse; sie ist die Asymptote mit der Gleichung $y_A = 0$.

Im Fall $0 < q < 1$ kommt der Graph mit wachsenden x-Werten der x-Achse zwar immer näher, erreicht sie aber nie. Im Fall $q > 1$ gilt dasselbe für immer kleiner werdende x-Werte.

Im Fall $0 < q < 1$: $\displaystyle\lim_{x \to \infty} f(x) = 0$ ▶ Funktion h_1 und h_2 aus Beispiel 3

Im Fall $q > 1$: $\displaystyle\lim_{x \to -\infty} f(x) = 0$ ▶ alle Funktionen aus Beispiel 4

Eine Funktion der Form $f(x) = a \cdot q^x$ mit $a \in \mathbb{R}\backslash\{0\}$, $q \in \mathbb{R}^+\backslash\{1\}$ und $D_f = \mathbb{R}$ heißt **allgemeine Exponentialfunktion zur Basis q**. Exponentialfunktionen sind geeignet zur Beschreibung von **exponentiellem Wachstum**.

- Im Fall $a > 0$ liegt der Graph oberhalb der x-Achse.
- Im Fall $a < 0$ liegt der Graph unterhalb der x-Achse.
- Außerdem gilt für $a > 0$:
  Im Fall $q > 1$ steigt der Graph mit wachsenden x-Werten (**positives Wachstum**, Zunahme).
  Im Fall $0 < q < 1$ fällt der Graph mit wachsenden x-Werten (**negatives Wachstum**, Abnahme, Zerfall).
- Für $|a| > 1$ ist der Graph bezüglich der y-Achse gestreckt.
- Für $|a| < 1$ ist der Graph bezüglich der y-Achse gestaucht.
- Der Faktor a gibt den **y-Achsenabschnitt** an: $S_y(0|a)$.
- Exponentialfunktionen vom Typ $f(x) = a \cdot q^x$ haben **keine Nullstellen**.

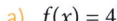

1. Beschreiben Sie die Lage und den Verlauf des Graphen. Geben Sie den y-Achsenschnittpunkt an.
a) $f(x) = 4^x$ b) $f(x) = 0{,}75^x$ c) $f(x) = 2 \cdot 1{,}5^x$ d) $f(x) = 5 \cdot 0{,}6^x$ e) $f(x) = -3 \cdot 2^x$

2. Ein elastischer Ball fällt aus zwei Metern Höhe auf eine feste Unterlage und springt nach jedem Aufprall jeweils drei Viertel der letzten Höhe zurück. Geben Sie eine Funktionsgleichung an, die jedem Aufprall die Höhe zuordnet. Welcher Definitionsbereich ist sinnvoll? Ermitteln Sie, wie hoch der Ball nach dem 4. Aufprall und wie oft er höher als 40 cm springt.

2

5 Beschränkter Abnahmeprozess

Auf dem Höhepunkt einer schweren Grippe hat ein Schüler 41 °C Fieber. Er nimmt ein Fiebermittel zu sich, das eine Senkung der Körpertemperatur innerhalb eines Tages auf 38,6 °C bewirkt. Bestimmen Sie eine Funktionsgleichung, die die Temperatur in Abhängigkeit der Tage t angibt, und zeichnen Sie deren Graphen. Ermitteln Sie ferner durch Probieren, nach wie vielen Tagen das Fieber unter 37,1 °C gefallen ist.

▶ Die Körpertemperatur eines gesunden Menschen beträgt ca. 37 °C.

Wir gehen davon aus, dass die Fieberabnahme exponentiell verläuft. Dann wird die Körpertemperatur nach t Tagen durch eine Funktion des Typs $f(t) = a \cdot q^t + 37$ beschrieben. Der Summand 37 steht für die normale Körpertemperatur. Da die Temperatur abnimmt, gilt $0 < q < 1$.

Zum Zeitpunkt $t = 0$ (dem Beginn der Medikation) beträgt die Temperatur 41 °C. Daraus ergibt sich $a = 4$. ▶ $f(0) = 41$

$$f(0) = a \cdot q^0 + 37 \quad \text{▶ Temperatur am Tag 0: 41 °C}$$
$$\Leftrightarrow \quad 41 = a + 37$$
$$\Leftrightarrow \quad a = 4$$

Einen Tag nach Einnahme des Fiebermittels beträgt die Temperatur 38,6 °C. ▶ $f(1) = 38,6$
Damit erhalten wir $q = 0,4$.
Die Funktionsgleichung, die die Temperatur in Abhängigkeit der Tage t angibt, lautet also:

$$f(t) = 4 \cdot 0,4^t + 37$$

$$f(1) = 4 \cdot q^1 + 37 \quad \text{▶} f(1) = 38,6$$
$$\Leftrightarrow 38,6 = 4q + 37$$
$$\Leftrightarrow 1,6 = 4q$$
$$\Leftrightarrow \quad q = 0,4$$

$$f(t) = 4 \cdot 0,4^t + 37; \ t \geq 0$$

Der Graph von f hat den y-Achsenabschnitt 41, fällt streng monoton und hat die Gerade mit der Gleichung $y_A = 37$ als Asymptote, da $4 \cdot 0,4^t$ keine negativen Werte annehmen kann.
Die Exponentialfunktion f beschreibt hier einen **beschränkten Abnahmeprozess**.
Da der Graph in einer Linkskurve fällt, ist die Abnahme degressiv.

Allgemein gilt, dass Exponentialfunktionen mit $a > 0$ und $0 < q < 1$ streng monoton und degressiv fallen.

GTR CAS

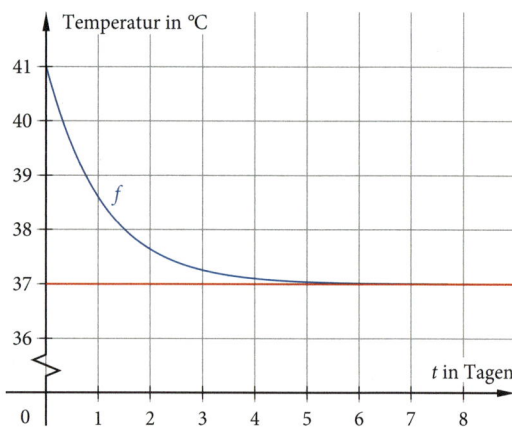

Durch Einsetzen von 3, 4 und 5 für t erkennen wir, dass nach etwa 5 Tagen die Körpertemperatur erstmalig unter 37,1 °C gefallen ist.

$$f(3) = 4 \cdot 0,4^3 + 37 = 37,256$$
$$f(4) = 4 \cdot 0,4^4 + 37 = 37,1024$$
$$f(5) = 4 \cdot 0,4^5 + 37 = 37,04096$$

6 Beschränktes Wachstum

Eine Urlauberin sitzt am Mittelmeer bei 33 °C im Schatten und bestellt ein Mineralwasser, das sie mit einer Temperatur von 6 °C serviert bekommt. Interessehalber misst sie die Temperatur ihres Getränks und stellt fest, dass es nach 5 Minuten bereits 17 °C misst.
Modellieren Sie den Temperaturverlauf durch eine Exponentialfunktion vom Typ $f(t) = a \cdot q^t + d$ mit $t \geq 0$ in Minuten und $f(t)$ in Grad Celsius.

Geht man davon aus, dass die Temperatur des Getränks sich der Umgebungstemperatur annähert, so ist $y_A = 33$ die Asymptote des Graphen der gesuchten Exponentialfunktion. Es gilt also $d = 33$.

Zum Zeitpunkt $t = 0$ beträgt die Temperatur des Getränks 6 °C. ▶ $f(0) = 6$

Durch Lösen der entsprechenden Gleichung erhalten wir $a = -27$.

Nach 5 Minuten hat sich das Mineralwasser auf 17 °C erwärmt. ▶ $f(5) = 17$

Daraus ergibt sich $q \approx 0{,}9$.

Insgesamt kann der Temperaturverlauf somit durch die Funktion f mit der folgenden Gleichung beschrieben werden:

$$f(t) = -27 \cdot 0{,}9^t + 33$$

Der Graph von f steigt streng monoton. Da er eine Rechtskurve beschreibt, ist das Wachstum degressiv. Er nähert sich der Asymptote $y_A = 33$ an und beschreibt daher ein **beschränktes Wachstum**.

Allgemein gilt, dass Exponentialfunktionen mit $a < 0$ und $0 < q < 1$ streng monoton und degressiv steigen.

$f(t) = a \cdot q^t + d$ ▶ $y_A = 33$ ist Asymptote
$f(t) = a \cdot q^t + 33$

$\begin{aligned} f(0) &= a \cdot q^0 + 33 \quad &\blacktriangleright f(0) = 6 \\ \Leftrightarrow \quad 6 &= a \cdot q^0 + 33 \quad &\blacktriangleright q^0 = 1 \\ \Leftrightarrow \quad a &= -27 \end{aligned}$

$\begin{aligned} f(5) &= -27 \cdot q^5 + 33 \quad &\blacktriangleright f(5) = 17 \\ \Leftrightarrow \quad 17 &= -27 \cdot q^5 + 33 \\ \Leftrightarrow \quad \tfrac{16}{27} &= q^5 \quad &| \sqrt[5]{} \\ \Rightarrow \quad q &\approx 0{,}9 \end{aligned}$

$f(t) = -27 \cdot 0{,}9^t + 33; \ t \geq 0$

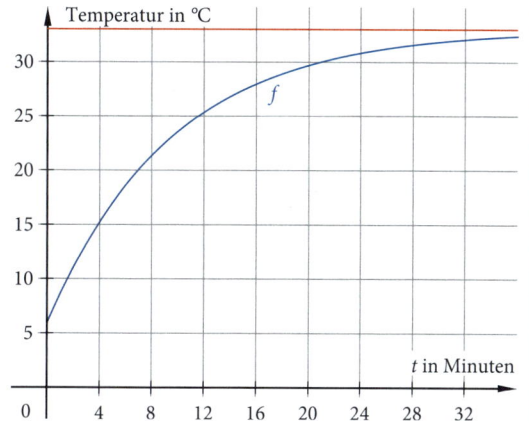

Bei einer Exponentialfunktion vom Typ $f(x) = a \cdot q^x + d$ mit $a \in \mathbb{R}\backslash\{0\}$, $q \in \mathbb{R}^+\backslash\{1\}$, $d \in \mathbb{R}$ bewirkt d eine Verschiebung des Graphen entlang der y-Achse. Der Graph hat also die Asymptote $y_A = d$ und den y-Achsenabschnitt $a + d$. Für den Verlauf des Graphen gilt in Abhängigkeit von a und q:

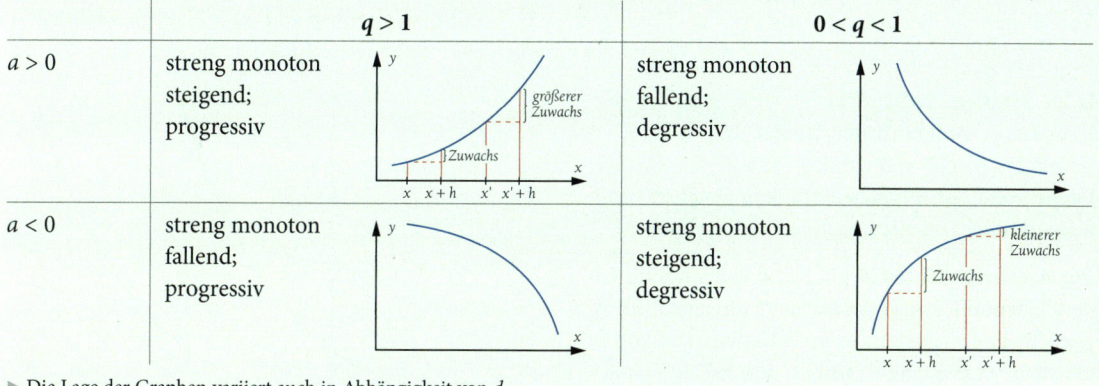

	$q > 1$		$0 < q < 1$	
$a > 0$	streng monoton steigend; progressiv		streng monoton fallend; degressiv	
$a < 0$	streng monoton fallend; progressiv		streng monoton steigend; degressiv	

▶ Die Lage der Graphen variiert auch in Abhängigkeit von d.

Beschreiben Sie die Graphen der Exponentialfunktionen f und g. Vergleichen Sie ihre Verläufe.

a) $f(x) = 1{,}5 \cdot 1{,}2^x + 1$
   $g(x) = 3 \cdot 1{,}2^x + 4$

b) $f(x) = -2 \cdot 1{,}2^x + 7$
   $g(x) = -5 \cdot 1{,}2^x + 4$

c) $f(x) = -3 \cdot 0{,}75^x$
   $g(x) = 3 \cdot 0{,}75^x$

169

In den vorangegangenen Beispielen haben wir die beiden Parameter a und d im Term $a \cdot q^x + d$ einer Exponential-funktion verändert und deren Auswirkungen auf den Graphenverlauf beschrieben.
Wie bei den quadratischen Funktionen und Potenzfunktionen bewirkt a eine Streckung oder Stauchung und d eine Verschiebung entlang der y-Achse. Die folgenden Beispiele zeigen, dass auch die Parameter b in q^{bx} und c in q^{x-c} den Graphenverlauf in bekannter Weise beeinflussen.

(7) Parametervariation $f(bx)$

Vergleichen Sie die Graphen zu $g_1(x) = 2^{3x}$ und $g_2(x) = 2^{0,5x}$ mit dem Graphen zu $f(x) = 2^x$. Schlussfolgern Sie, welchen Einfluss der Parameter b auf den Verlauf des Graphen einer Exponentialfunktion mit dem Term q^{bx} hat.

Alle drei Funktionen bzw. deren Graphen haben folgende Eigenschaften gemeinsam:
- Die Graphen steigen streng monoton und schneiden die y-Achse im Punkt $S_y(0|1)$.
- Die x-Achse ist Asymptote, der sich die Graphen von oben nähern.
- $\lim\limits_{x \to \infty} f(x) = \lim\limits_{x \to \infty} g_1(x) = \lim\limits_{x \to \infty} g_2(x) = \infty$

Wir vergleichen nun die Stellen, an denen die Funktionen dieselben Funktionswerte haben, und stellen fest:
Der x-Wert, an dem g_1 (bzw. g_2) einen beliebigen Funktionswert annimmt, entspricht einem Drittel (bzw. dem Doppelten) des x-Werts, an dem f diesen Funktionswert annimmt.

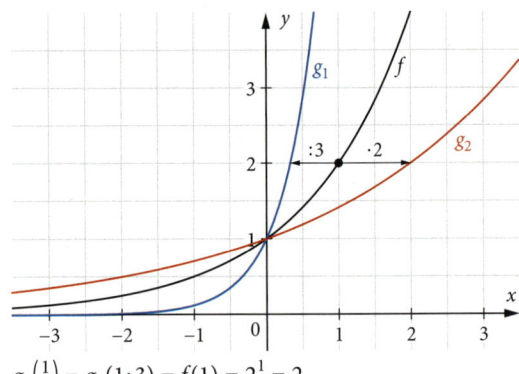

$g_1\left(\frac{1}{3}\right) = g_1(1:3) = f(1) = 2^1 = 2$
$g_2(2) = g_2(2 \cdot 1) = f(1) = 2^1 = 2$

Im Vergleich mit dem Graphen von f ist der Graph von g_1 entlang der x-Achse gestaucht, während der Graph von g_2 entlang der x-Achse gestreckt ist. Der Parameter b bewirkt also allgemein eine Streckung ($0 < b < 1$) oder Stauchung ($b > 1$) entlang der x-Achse um den Faktor $\frac{1}{b}$.

(8) Parametervariation $f(x - c)$

Vergleichen Sie die Graphen zu $g_1(x) = 2^{x-2}$ und $g_2(x) = 2^{x+1}$ mit dem Graphen zu $f(x) = 2^x$. Schlussfolgern Sie, welchen Einfluss der Parameter c auf den Verlauf des Graphen einer Exponentialfunktion mit dem Term q^{x-c} hat.

Jeder beliebige Funktionswert stellt sich bei der Funktion g_1 zwei Einheiten „später" ein als bei f.
So sind z. B. $f(2) = 2^2$ und $g_1(4) = 2^{4-2} = 2^2$. Der Graph von g_1 ist verglichen mit dem Graphen von f also um zwei Einheiten nach rechts verschoben.

Für den Graphen von g_2 gilt Entsprechendes: Er ist verglichen mit dem Graphen von f um eine Einheit nach links verschoben; jeder Funktionswert von h erscheint eine Einheit „früher" als bei der Funktion f. So sind z. B. $f(1) = 2^1$ und $g_2(0) = 2^{0+1} = 2^1$.

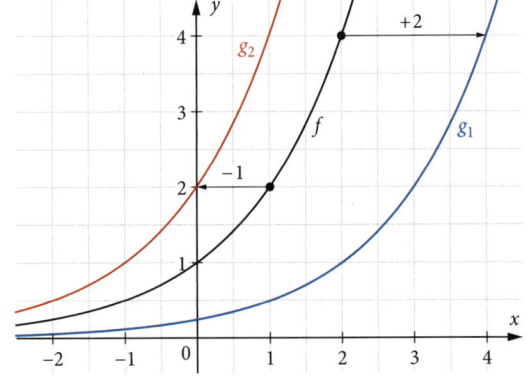

Der Parameter c im Term q^{x-c} bewirkt also allgemein eine Verschiebung entlang der x-Achse nach rechts ($c > 0$) oder nach links ($c < 0$).

Parametervariation $a \cdot f(b\,(x-c)) + d$

Erläutern Sie, wie der Graph zu $g(x) = 4 \cdot 3^{2x-6} - 1$ aus dem Graphen zu $f(x) = 3^x$ hervorgeht.

Wir nähern uns dem Graphen von g schrittweise, indem wir die Wirkung der Parameter einzeln betrachten.

$g_1(x) = 3^{2x}$

Der Parameter $b = 2$ bewirkt eine Stauchung des Graphen von f entlang der x-Achse. Das heißt, g_1 nimmt einen Funktionswert an der Stelle an, die halb so groß ist wie die Stelle, an der f diesen Funktionswert annimmt.

$g_2(x) = 4 \cdot 3^{2x}$

Der Parameter $a = 4$ bewirkt eine Streckung des Graphen von g_1 entlang der y-Achse. Das heißt, an jeder Stelle x_0 ist der Funktionswert $g_2(x_0)$ viermal so groß wie der Funktionswert $g_1(x_0)$.

$g_3(x) = 4 \cdot 3^{2x-6}$

Um die Verschiebung entlang der x-Achse ablesen zu können, müssen wir zunächst den Faktor $b = 2$ ausklammern:

$g_3(x) = 4 \cdot 3^{2x-6} = 4 \cdot 3^{2 \cdot (x-3)}$

Nun können wir ablesen, dass der Graph von g_2 um 3 Einheiten ($c = 3$) nach rechts verschoben wird.

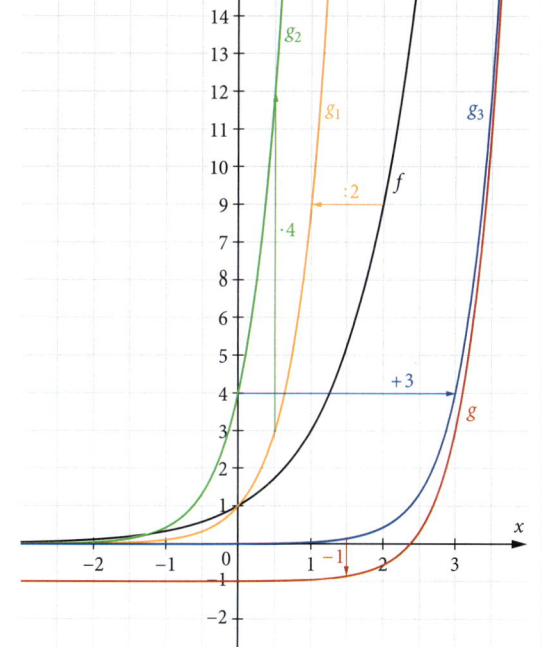

$g_4(x) = 4 \cdot 3^{2 \cdot (x-3)} - 1 = g(x)$

Der Graph von g_3 wird um 1 Einheit ($d = -1$) nach unten verschoben. Das Ergebnis ist der gesuchte Graph der Funktion g.

Wir fassen die allgemeingültigen Verschiebungen und Streckungen für Exponentialfunktionen zusammen:

$$g(x) = a \cdot q^{b \cdot (x-c)} + d$$

Der Graph zu q^x wird entlang der y-Achse mit dem Faktor a gestreckt ($|a| > 1$) bzw. gestaucht ($|a| < 1$). Für $a < 0$ wird der Graph außerdem an der x-Achse gespiegelt.	Der Graph zu q^x wird entlang der x-Achse mit dem Faktor $\frac{1}{b}$ gestreckt ($0 < b < 1$) bzw. gestaucht ($b > 1$).	Der Graph zu q^x wird entlang der x-Achse um $|c|$ Einheiten nach rechts ($c > 0$) bzw. links ($c < 0$) verschoben.	Der Graph zu q^x wird entlang der y-Achse um $|d|$ Einheiten nach oben ($d > 0$) bzw. unten ($d < 0$) verschoben.

1. Geben Sie die Funktionsgleichung des Graphen an, der gegenüber dem Graphen zu $f(x) = 4^x$ um 2 Einheiten nach links und 1 Einheit nach oben verschoben ist. Prüfen Sie Ihr Ergebnis, indem Sie die Graphen beider Funktionen zeichnen.

2. Skizzieren Sie den Graphen zu $g(x) = 2^{0,5x-1} + 2$ und erläutern Sie, wie er aus dem Graphen zu $f(x) = 2^x$ hervorgeht.

Die Wertminderungen von Wirtschaftsgütern, die sich im Zeitablauf abnutzen, werden durch **Abschreibungen** erfasst. Bei der **degressiven Abschreibung**, die steuerrechtlich nicht mehr gestattet, betriebsintern aber noch üblich ist, fallen die Restbuchwerte der Wirtschaftsgüter immer langsamer. Degressive Abschreibungen lassen sich ebenfalls mithilfe von Exponentialfunktionen beschreiben.

 10 Degressive Abschreibung

In der Buchführung einer Großdruckerei erscheinen die Restbuchwerte einer Offsetdruckmaschine nach 2 Jahren mit 73 500,00 € und nach 5 Jahren mit 25 210,50 €.
Modellieren Sie den Verlauf der Buchwerte in den einzelnen Jahren mithilfe einer Exponentialfunktion vom Typ $B(t) = a \cdot q^t$.
Geben Sie die Anschaffungskosten und den Prozentsatz an, zu dem die Maschine abgeschrieben wurde.
Stellen Sie den Verlauf der Buchwerte grafisch dar.

Mit den beiden Graphenpunkten $(2\,|\,73\,500)$ und $(5\,|\,25\,210{,}5)$ ergibt sich ein Gleichungssystem mit den zwei Gleichungen I und II und den beiden Variablen a und q.
Wir lösen das Gleichungssystem z.B. mit dem Additionsverfahren und erhalten für $q = 0{,}7$ und für $a = 150\,000$.

$B(t) = a \cdot q^t$
$B(2) = 73\,500$ I $a \cdot q^2 = 73\,500$ $|\cdot(-q^3)$
$B(5) = 25\,210{,}5$ II $a \cdot q^5 = 25\,210{,}5$

$0 = 25\,210{,}5 - 73\,500 \cdot q^3$
$\Leftrightarrow q^3 = \dfrac{25\,210{,}5}{73\,500}$
$\Leftrightarrow q = 0{,}7$

$q = 0{,}7$ in Gleichung I: $a \cdot 0{,}7^2 = 73\,500$
$\Leftrightarrow a = 150\,000$

$B(t) = 150\,000 \cdot 0{,}7^t;\ t \geq 0$
▶ Anschaffungskosten: $150\,000$ €
▶ Abschreibungssatz: $1 - 0{,}7 = 0{,}3 = 30\,\%$

Das Gleichungssystem ist hier kein lineares!

Der Restbuchwert der Druckmaschine nach t Jahren lässt sich somit durch die Funktionsgleichung $B(t) = 150\,000 \cdot 0{,}7^t$ ($t \geq 0$) beschreiben.

Der Funktionsgleichung können wir entnehmen, dass die Anschaffungskosten der Offsetdruckmaschine $150\,000$ € betrugen. ▶ $t = 0$

Der durch Nutzung und Alterung bedingten Wertminderung der Druckmaschine wird durch eine degressive Abschreibung am Ende jeden Geschäftsjahrs mit einem Abschreibungssatz von 30 % Rechnung getragen.

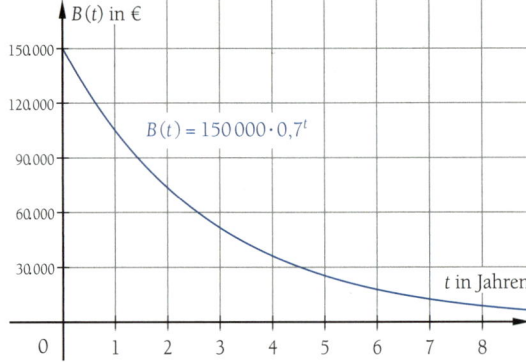

Die Anschaffungskosten für eine neue Maschine betragen 240 000 €. Die Maschine soll mit einem Abschreibungssatz von 20 % degressiv abgeschrieben werden.

a) Drücken Sie den Restbuchwert B der Maschine (in €) in Abhängigkeit von der Zeit t (in Jahren) aus.
b) Berechnen Sie die Höhe der Abschreibung und den Restbuchwert am Ende des 5. Jahres.
c) Der Betrieb rechnet mit einer Nutzungsdauer der Maschine von 10 Jahren. Ermitteln Sie den Betrag, mit dem die Maschine im 11. Jahr abgeschrieben werden müsste, wenn man sie im 11. Jahr verschrotten würde.

Übungen zu 2.6.1

1. Gegeben sind die Funktionen mit folgenden Funktionsgleichungen:

$f_1(x) = 0,5^x$ $f_3(x) = 2 \cdot 0,25^x$

$f_2(x) = 0,1 \cdot 3^x$ $f_4(x) = -0,2 \cdot \left(\frac{1}{6}\right)^x$

a) Berechnen Sie für alle vier Funktionen die Funktionswerte an den Stellen -2; -1; 0; 1 und 2.

b) Zeichnen Sie die Graphen von f_1, f_2, f_3 und f_4.

c) Geben Sie die Gleichungen der Funktionen an, deren Graphen sich durch Spiegelung der Graphen von f_1, f_2, f_3 bzw. f_4 an der y-Achse ergeben.

2. Prüfen Sie, um welche Wachstumsform es sich handelt. Geben Sie eine geeignete Funktionsgleichung und einen sinnvollen Definitionsbereich an.

a) Beim Einzug vor 5 Jahren betrug die monatliche Miete für eine Wohnung 400 €. Nach dem Einzug wurde die Miete jährlich jeweils um 5 % gegenüber der Vorjahresmiete erhöht.

b) Ein unverzinsliches Darlehen über 20 000 € wird in Jahresraten von 2500 € getilgt.

c) Ein Pkw mit dem Anschaffungswert 24 000 € verliert pro Jahr 18 % des Vorjahreswerts.

d) Eine Pilzkultur mit einem Grundbestand von 10 g vervierfacht stündlich ihre Masse.

e) Die Einnahme eines Medikaments reduziert die Anzahl der Bakterien in jeder Stunde um 30 %.

3. Ordnen Sie die Funktionsgleichungen den Graphen zu.

a) $f(x) = 3^{x-2}$ c) $f(x) = -3^x + 4$

b) $f(x) = 2^{0,5(x-4)}$ d) $f(x) = 0,25^{x+3} + 2$

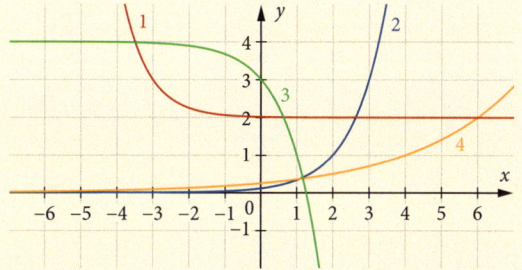

4. Skizzieren Sie die Graphen der Funktionen f_1 bis f_4.

$f_1(x) = 2 \cdot 3^{x+1}$ $f_3(x) = -3^{x+2} - 4$

$f_2(x) = 1,5^{2(x-1)}$ $f_4(x) = 0,5^{x-3} + 1$

5. Nach einer Medikation von 5 Tagen befinden sich noch ca. 40 Bakterien im Körper. Die Anzahl hat sich täglich gedrittelt.

Ermitteln Sie die Anzahl der Bakterien zu Beginn der Medikation.

6. Die Höhe einer Pflanze (in Metern) wird in Abhängigkeit der Zeit t (in Wochen) mithilfe der Funktionsgleichung $h(t) = 0,05 \cdot 2,7^{b \cdot t}$ für die ersten 10 Wochen der Wachstumsphase näherungsweise beschrieben.

a) Geben Sie an, wie hoch die Pflanze zu Beginn der Beobachtung war.

b) Bestimmen Sie b, wenn die Höhe der Pflanze in den ersten 6 Wochen der Beobachtung um 0,45 m zugenommen hat.

c) Wie hoch ist die Pflanze nach 8 Wochen?

7. Eine Kaninchenzucht beginnt mit 9 Tieren, ein Jahr später sind schon 27 Tiere vorhanden.

a) Ermitteln Sie die Anzahl der Kaninchen nach 10 Jahren, wenn der Bestand linear wächst.

b) Ermitteln Sie die Anzahl der Kaninchen nach 10 Jahren, wenn man ein exponentielles Wachstum annimmt.

c) Lässt sich die Vermehrung der Tiere eher mit dem linearen oder dem exponentiellen Modell erklären? Begründen Sie.

8. Nach einer Infusion befinden sich 50 ME eines Medikaments im Blut eines erwachsenen Menschen. Stündlich werden 25 % dieses Medikaments abgebaut. Nach welcher Zeit befinden sich nur noch 9 ME dieses Medikaments im Körper? Lösen Sie diese Aufgabe zeichnerisch.

9. Auf einem Teich bedeckten Algen vor drei Tagen noch eine Fläche von 10 m², jetzt aber schon ca. 12,6 m².

a) Ermitteln Sie a und q in dem Term der Funktion f mit $f(t) = a \cdot q^t$. Dabei steht t für die Zeit in Tagen und $f(t)$ für die bedeckte Teichfläche in m².

b) Zeichnen Sie den Graphen von f und lesen Sie aus der Zeichnung ab, nach wie vielen Tagen die Algen die doppelte Fläche (20 m²) bedecken werden.

2.6.2   Exponentialgleichungen und Logarithmen

 Exponentialgleichung

Die Großdruckerei aus Beispiel 10 (▸ Seite 172) beschreibt die Restbuchwerte ihrer Offsetdruckmaschine durch die Gleichung $B(t) = 150\,000 \cdot 0,7^t$ für $t \geq 0$. Stellen Sie durch Ablesen und Probieren fest, nach wie vielen Jahren ein Restbuchwert von 51 450 € erreicht wird.

Gesucht ist t, sodass gilt: $51\,450 = 150\,000 \cdot 0,7^t$. Eine solche Gleichung, in der die gesuchte Variable im Exponenten steht, heißt **Exponentialgleichung**.

$B(t) = 150\,000 \cdot 0,7^t$ ▸ $B(t) = 51\,450$
$51\,450 = 150\,000 \cdot 0,7^t$

Anhand des Graphen können wir ablesen, dass der Restbuchwert von 51 450 € ungefähr nach 3 Jahren erreicht wird.

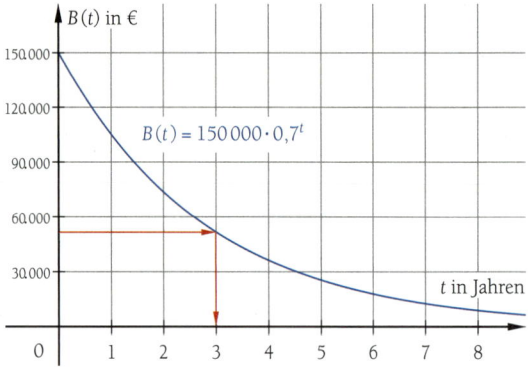

Das Probieren bestätigt, dass $t = 3$ die Gleichung erfüllt:

$51\,450 = 150\,000 \cdot 0,7^t \Leftrightarrow t = 3$

Nach 3 Jahren erhält man also einen Restbuchwert von 51 450 €.

Probieren:
$t = 1: B(1) = 150\,000 \cdot 0,7^1 = 105\,000$
$t = 2: B(2) = 150\,000 \cdot 0,7^2 = 73\,500$
$t = 3: B(3) = 150\,000 \cdot 0,7^3 = 51\,450$

Wie das Beispiel nahelegt, haben die Exponentialgleichungen $y = q^x$ ($y > 0$, $q > 0$, $q \neq 1$) eine eindeutige Lösung x. Diese bezeichnet man als **Logarithmus von y zur Basis q**. Man schreibt dafür $x = \log_q y$.

▸ $q \neq 1$, da $1^x = 1$ für jedes $x \in \mathbb{R}$

Den Logarithmus einer nicht negativen Zahl zu bestimmen heißt also, den Exponenten (die Hochzahl) einer Potenz zu bestimmen.

Beispiele:
$\log_2 8 = 3$, denn $2^3 = 8$
$\log_2 32 = 5$, denn $2^5 = 32$
$\log_{10} 100 = 2$, denn $10^2 = 100$
$\log_{10} 100\,000 = 5$, denn $10^5 = 100\,000$

 Für $q > 0$, $q \neq 1$ und $y > 0$ bezeichnet $\log_q y$ denjenigen Exponenten x, mit dem man q potenzieren muss, um y zu erhalten: $q^x = y \Leftrightarrow x = \log_q y$
Die Zahl x aus der Gleichung $x = \log_q y$ wird **Logarithmus von y zur Basis q** genannt.

Logarithmen hat man früher speziellen Tafeln (Logarithmentafeln) entnommen. Heute kann man Logarithmen mit dem Taschenrechner oder dem Computer näherungsweise bestimmen. Für das praktische Rechnen wird häufig der Logarithmus zur Basis 10 benutzt, den man **Zehnerlogarithmus** oder auch **gewöhnlichen Logarithmus** nennt. Statt $\log_{10} y$ schreibt man häufig kurz $\log y$ oder $\lg y$.

▸ Die meisten GTR/CAS bieten den Logarithmus zu einer beliebigen Basis an und können daher direkt $x = \log_q(y)$ berechnen. Üblicherweise sind auch spezielle Tasten für den Zehnerlogarithmus und den natürlichen Logarithmus zur Basis e ≈ 2,718 vorhanden.

Berechnung beliebiger Logarithmen mit Zehnerlogarithmen (12)

Zeigen Sie, dass für $q^x = y$ $(q, y \in \mathbb{R}^+; q \neq 1)$ gilt: $x = \dfrac{\lg y}{\lg q}$.

Laut Definition gilt: $q^x = y \Leftrightarrow x = \log_q y$, also $q^{\log_q y} = y$. Ebenfalls laut Definition gilt: $10^x = y \Leftrightarrow x = \lg y$, also $10^{\lg y} = y$. ▶ Entsprechend gilt auch $10^{\lg q} = q$.

Die beiden Terme für y setzen wir gleich. Durch Anwendung des Potenzgesetzes für das Potenzieren von Potenzen und durch den Vergleich der Exponenten erhalten wir die Formel: $\log_q y = \dfrac{\lg y}{\lg q}$ bzw. $x = \dfrac{\lg y}{\lg q}$. Mit dieser Formel kann man beliebige Logarithmen mithilfe der Zehnerlogarithmen berechnen.	$10^{\lg y} = y$ und $q^{\log_q y} = y$ $\Rightarrow\quad 10^{\lg y} = q^{\log_q y}$ ▶ $q = 10^{\lg q}$ $\quad\quad\quad = (10^{\lg q})^{\log_q y}$ ▶ Potenzgesetz $\quad\quad\quad = 10^{\lg q \cdot \log_q y}$ ▶ Vergleich der Exponenten $\Rightarrow\quad \lg y = \lg q \cdot \log_q y$ $\Rightarrow\quad \log_q y = \dfrac{\lg y}{\lg q}$ ▶ $q, y \in \mathbb{R}^+; q \neq 1$ $\Rightarrow\quad\quad x = \dfrac{\lg y}{\lg q}$

Lösen von Exponentialgleichungen (13)

Berechnen Sie die Lösung der Exponentialgleichung $51\,450 = 150\,000 \cdot 0,7^t$.

Die Exponentialgleichung $51\,450 = 150\,000 \cdot 0,7^t$ formen wir um zu $t = \log_{0,7} 0,343$. Der Logarithmus zur Basis $0,7$ lässt sich laut Beispiel 12 umschreiben als Bruch zweier Zehnerlogarithmen. Wir erhalten die Lösung $t = 3$.	$51\,450 = 150\,000 \cdot 0,7^t$ ▶ Exponentialgleichung $\Leftrightarrow\quad 0,343 = 0,7^t$ $\Leftrightarrow\quad t = \log_{0,7} 0,343 = \dfrac{\lg 0,343}{\lg 0,7} = 3$

1. Schreiben Sie jede Exponentialgleichung als logarithmische Gleichung und lösen Sie sie.

a) $2^x = 32$ c) $25^x = 5$ e) $0,25^x = 16$ g) $19 \cdot 0,125^x = 38$

b) $3 \cdot 4^x = 50$ d) $216^x = \sqrt{6}$ f) $7 \cdot 3^x = 49$ h) $8 \cdot 3^x = 3\sqrt{81}$

2. Schreiben Sie jede logarithmische Gleichung als Exponentialgleichung und lösen Sie sie.

a) $\log_3 81 = x$ c) $\log_2 64 = x$ e) $\log_5 3,125 = x$ g) $\lg 10^3 = x$

b) $\lg 0,0001 = x$ d) $\log_2 0,03125 = x$ f) $\log_{0,25} 8 = x$ h) $\lg 25 = x$

Übungen zu 2.6.2

1. Lösen Sie die Exponentialgleichung.

a) $1,04^x = 1,36856905$

b) $4 \cdot 0,8^x = 0,219902326$

c) $6789 \cdot 2^x = 38\,404,3835$

d) $0,123 \cdot 3^x = 269,001$

e) $32,5 \cdot 1,005^x = 33,82297893$

f) $6484 \cdot 0,95^x = 4766,335819$

g) $1,02^{x-2} = 1,21899442$

h) $0,99^{2x+3} = 0,895338254$

i) $32 \cdot 1,085^{2x+14} = 370$

2. Das Sozialbudget in der BRD betrug 1960 umgerechnet ca. 32,2 Mrd. Euro und ist bis 1995 durchschnittlich um 8,5 % gewachsen.

a) Stellen Sie den Funktionsterm vom Typ $f(t) = a \cdot q^t$ auf, der das jährliche Wachstum beschreibt.

b) Berechnen Sie das Sozialbudget im Jahr 1995.

c) Ermitteln Sie, in welchem Jahr das Sozialbudget ca. 247,5 Mrd. Euro betrug.

d) Ermitteln Sie, wie hoch das Sozialbudget aufgrund der obigen Steigerungsrate im Jahr 2016 gewesen wäre, und vergleichen Sie es mit den vom Bundesministerium für Arbeit und Soziales veröffentlichten Zahlen.

2.6.3   Wachstumsprozesse in der Finanzmathematik – Zinseszinsrechnung

In der **Zinseszinsrechnung** beschäftigt man sich mit der Entwicklung von einmalig angelegten Kapitalbeträgen zu einem Zinssatz, der in der Regel im Zeitablauf fest bleibt. Dabei werden im Unterschied zur Zinsrechnung die Jahreszinsen am Ende eines Jahres nicht ausbezahlt, sondern dem Kapital zugeschlagen.

Das bedeutet, dass im nächsten Jahr neben dem Kapital auch die Zinsen verzinst werden, im dritten Jahr neben dem Kapital und den Zinsen des ersten Jahres auch die Zinsen des zweiten Jahres usw.

Der Kapitalzuwachs verläuft **exponentiell**, wie das folgende Beispiel zeigt.

 14   Berechnung des Endkapitals

Die Schülerin Maria hat von ihren Großeltern zum bestandenen Abitur 1000 € erhalten. Sie darf diesen Betrag allerdings nicht gleich ausgeben, sondern soll ihn für das anstehende Studium sparen.
Sie überlegt sich, den gesamten Betrag langfristig auf ein Sparbuch zu legen. Das Kreditinstitut vereinbart mit ihr einen Zinssatz von 2 %. Maria möchte, dass die jährlichen Zinsen auf dem Sparbuch verbleiben. Beschreiben Sie, wie sich das Sparguthaben entwickelt.

Das Anfangskapital K_0 beträgt 1000 € und der Zinssatz 2 %.

$$K_0 = 1000\ \text{€}$$ ▶ Anfangskapital
$$p\ \% = 2\ \% = \tfrac{2}{100}$$ ▶ Jahreszinssatz

Am Ende des 1. Jahres kommen zu den 1000 € noch 2 % Zinsen von 1000 € dazu. Somit beträgt das Kapital K_1 nach einem Jahr 1020 €.

$$
\begin{aligned}
K_1 &= K_0 + K_0 \cdot 0{,}02 && \blacktriangleright \text{Ausklammern von } K_0\\
&= K_0 \cdot (1 + 0{,}02)\\
&= \mathbf{K_0 \cdot 1{,}02} && \blacktriangleright K_0 = 1000\ \text{€}\\
&= 1000\ \text{€} \cdot 1{,}02 = 1020\ \text{€}
\end{aligned}
$$

Am Ende des 2. Jahres kommen entsprechend zum Kapital K_1 die Jahreszinsen von K_1 hinzu, sodass das Kapital K_2 nach zwei Jahren 1040,40 € beträgt.
Das Kapital nach zwei Jahren K_2 lässt sich aber auch als Produkt aus dem Anfangskapital K_0 und der Potenz $1{,}02^2$ berechnen.

$$
\begin{aligned}
K_2 &= K_1 + K_1 \cdot 0{,}02 && \blacktriangleright \text{Ausklammern von } K_1\\
&= K_1 \cdot (1 + 0{,}02) && \blacktriangleright K_1 = K_0 \cdot 1{,}02\\
&= K_0 \cdot 1{,}02 \cdot 1{,}02\\
&= \mathbf{K_0 \cdot 1{,}02^2} && \blacktriangleright K_0 = 1000\ \text{€}\\
&= 1000\ \text{€} \cdot 1{,}02^2 = 1040{,}40\ \text{€}
\end{aligned}
$$

Am Ende des 3. Jahres addieren wir wieder die Jahreszinsen von K_2 zum Kapital K_2, sodass das Kapital K_3 nach drei Jahren 1061,21 € beträgt.
Das Kapital nach drei Jahren K_3 können wir aber auch als Produkt aus dem Anfangskapital K_0 und der Potenz $1{,}02^3$ berechnen.

$$
\begin{aligned}
K_3 &= K_2 + K_2 \cdot 0{,}02 && \blacktriangleright \text{Ausklammern von } K_2\\
&= K_2 \cdot (1 + 0{,}02) && \blacktriangleright K_2 = K_0 \cdot 1{,}02^2\\
&= K_0 \cdot 1{,}02^2 \cdot 1{,}02\\
&= \mathbf{K_0 \cdot 1{,}02^3} && \blacktriangleright K_0 = 1000\ \text{€}\\
&= 1000\ \text{€} \cdot 1{,}02^3 \approx 1061{,}21\ \text{€}
\end{aligned}
$$

Am Zeitstrahl erkennen wir, wie aus 1000 € durch n-malige Multiplikation mit 1,02 der jeweilige Kapitalbetrag nach n Jahren entsteht.

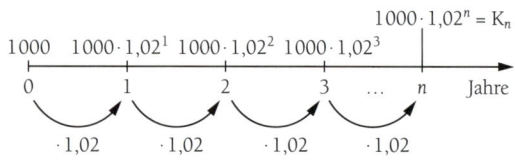

Insgesamt ergibt sich das **Endkapital K_n nach n Jahren** als Produkt aus dem Anfangskapital K_0 und dem Aufzinsungsfaktor $1{,}02^n$.

Insgesamt: $K_n = K_0 \cdot 1{,}02^n$ ▶ Endkapital

Das Endkapital nach n Jahren lässt sich auch als Funktionsgleichung schreiben:
$K(n) = K_0 \cdot 1{,}02^n$

> Allgemein gilt nach n Jahren bei einem Zinssatz von $p\,\%$ die **Zinseszinsformel**: $K_n = K_0 \cdot \left(1 + \frac{p}{100}\right)^n$.
> - Dabei ist K_0 das **Anfangskapital** und K_n ist das **Endkapital** nach n Jahren.
> - Der **Zinssatz** $p\,\%$, zu dem ein Kapital angelegt wird, wird in Prozent angegeben. ▸ $p\,\% = \frac{p}{100}$
> - Der Faktor $\left(1 + \frac{p}{100}\right)$ heißt **Zinsfaktor** und wird mit q bezeichnet: $K_n = K_0 \cdot q^n$.

2

Berechnen Sie das Endkapital nach 8 Jahren, wenn 1234 € Anfangskapital zu 2,75 % angelegt werden.

Berechnung des Zinssatzes $p\,\%$

Maria möchte ein Semester im Ausland studieren. Dazu veranschlagt sie einen Kapitalbedarf von ca. 5000 €. Sie hat ihre bisherigen Ersparnisse berechnet und ist auf den Betrag von 4509,71 € gekommen.
Ermitteln Sie, zu welchem Zinssatz Marias gesparter Betrag für 3 Jahre angelegt werden muss.

Dem Aufgabentext entnehmen wir die Werte für K_n, K_0 und n. Diese setzen wir in die Zinseszinsformel ein. Der Wert für p wird gesucht.

$K_n = 5000\,€;\ K_0 = 4509,71\,€;\ n = 3$

$$K_n = K_0 \cdot \left(1 + \frac{p}{100}\right)^n \quad \blacktriangleright \text{Zinseszinsformel}$$

$$5000\,€ = 4509,71\,€ \cdot \left(1 + \frac{p}{100}\right)^3 \quad \blacktriangleright p \text{ gesucht}$$

Die Gleichung lösen wir nach p auf und erhalten einen Zinssatz von ungefähr 3,5 %.

$$\Leftrightarrow \frac{5000\,€}{4509,71\,€} = \left(1 + \frac{p}{100}\right)^3 \quad \big|\ \sqrt[3]{}\ ;\ € \text{ kürzen}$$

Wenn also Marias Anfangskapital von 4509,71 € zu einem **Zinssatz von 3,5 %** angelegt wird, stehen ihr nach 3 Jahren 5000 € zur Verfügung.

$$\Leftrightarrow \sqrt[3]{\frac{5000}{4509,71}} = 1 + \frac{p}{100}$$

$$\Rightarrow 1 + \frac{p}{100} \approx 1,035$$

$$\Leftrightarrow \frac{p}{100} \approx 0,035 \ \Leftrightarrow\ \boldsymbol{p\,\% \approx 3,5\,\%}$$

Bestimmen Sie, bei welchem Zinssatz 6500 € in 5 Jahren auf 8100,18 € anwachsen.

Berechnung des Anfangskapitals K_0

Maria kann sich auch vorstellen, den Auslandsaufenthalt zu verschieben, um mehr Geld zu sparen. Sie ist optimistisch und geht von einem Zinssatz von 3 % aus.
Berechnen Sie, welches Kapital Maria bei diesem Zinssatz anlegen muss, um nach 5 Jahren 7500 € angespart zu haben.

Dem Aufgabentext entnehmen wir die Werte für K_n, p und n. Diese setzen wir in die Zinseszinsformel ein. Der Wert für K_0 wird gesucht.
Wenn Maria ein **Anfangskapital von ca. 6469,57 €** zu einem Zinssatz von 3 % anlegt, stehen ihr nach 5 Jahren 7500 € zur Verfügung.
Man sagt auch: Ein Kapital, das bei einem Zinssatz von 3 % in 5 Jahren einen Wert von 7500 € besitzt, hat heute den **Barwert** von 6469,57 €.

$K_n = 7500\,€;\ p\,\% = 3\,\%;\ n = 5$

$$K_n = K_0 \cdot \left(1 + \frac{p}{100}\right)^n \quad \blacktriangleright \text{Zinseszinsformel}$$

$$7500\,€ = K_0 \cdot (1 + 0,03)^5 \quad \blacktriangleright K_0 \text{ gesucht}$$

$$\Leftrightarrow \frac{7500\,€}{1,03^5} = K_0$$

$$\Rightarrow \boldsymbol{K_0 \approx 6469,57\,€}$$

Bestimmen Sie, welches Anfangskapital dem Endkapital in Höhe von 14 343,63 € zugrunde liegt, wenn es über 10 Jahre zu 1,8 % verzinst wurde.

Bestimmung der Laufzeit *n*

Maria spricht über ihre Auslandspläne mit ihren Eltern, die daraufhin bereit sind, ihr Geld dazuzugeben. Bestimmen Sie, wie lange ein Kapital von 8374,84 € zu einem Zinssatz von 3 % angelegt werden muss, um nach dieser Zeit 10 000 € zu erhalten.

Dem Aufgabentext entnehmen wir die Werte für K_n, K_0 und p. Diese setzen wir in die Zinseszinsformel ein. Der Wert für n wird gesucht.	$K_n = 10\,000\,€; \; K_0 = 8374,84\,€; \; p\,\% = 3\,\%$ $K_n = K_0 \cdot q^n$ ▸ Zinseszinsformel, $q = 1 + \frac{p}{100} = 1{,}03$
Wir lösen die Gleichung zuerst nach $1{,}03^n$ auf und verwenden dann den Logarithmus.	$10\,000\,€ = 8374{,}84\,€ \cdot 1{,}03^n$ ▸ n gesucht $\Leftrightarrow \frac{10\,000\,€}{8374{,}84\,€} = 1{,}03^n$ | € kürzen; log
Wenn also ein Anfangskapital von 8374,84 € zu einem Zinssatz von 3 % angelegt wird, stehen nach ca. **6 Jahren** 10 000 € zur Verfügung.	$\Leftrightarrow \quad n = \log_{1{,}03} \frac{10\,000}{8374{,}84} = \frac{\lg \frac{10\,000}{8374{,}84}}{\lg 1{,}03}$ $\Rightarrow \quad \mathbf{n \approx 6}$

Ersetzt man in der **Zinseszinsformel** $K_n = K_0 \cdot q^n$ drei der vier Variablen K_n, K_0, q und n durch vorgegebene Werte, so lässt sich der Wert der vierten Variablen berechnen:

- **Anfangskapital (Barwert):** $K_0 = \frac{K_n}{q^n}$
- **Laufzeit:** $n = \frac{\lg \frac{K_n}{K_0}}{\lg q}$

- **Zinsfaktor:** $q = \sqrt[n]{\frac{K_n}{K_0}}$
- **Zinssatz:** $p\,\% = q - 1 = \sqrt[n]{\frac{K_n}{K_0}} - 1$

▸ $q = 1 + \frac{p}{100}$ mit Zinssatz $p\,\% = \frac{p}{100}$

1. Berechnen Sie das Anfangskapital K_0, den Zinssatz $p\,\%$, die Laufzeit n und das Endkapital K_n, indem Sie jeweils drei der vier folgenden Werte als gegeben annehmen:
$K_n = 2680{,}19\,€; \; K_0 = 2000\,€; \; p\,\% = 5\,\%$ und $n = 6$ Jahre.

2. Leiten Sie die Formeln zur Berechnung der drei Größen Anfangskapital, Zinssatz und Jahre aus der Zinseszinsformel allgemein her.

Im Jahr 2014 war die Inflationsrate im Euro-Raum so niedrig, dass die Europäische Zentralbank (EZB) eine Deflation befürchtete. Sie setzte den ohnehin schon niedrigen Zinssatz, zu dem Kreditinstitute überschüssige Liquidität bei der EZB anlegen konnten, immer weiter nach unten.
Schließlich verhängte sie sogar sogenannte „Strafzinsen", d. h. negative Zinsen für Gelder, die Banken bei ihr anlegten. Damit wollte die EZB bewirken, dass die Kreditinstitute ihre liquiden Gelder als Kredite an die Unternehmen geben sollten, damit diese sie investierten. Auf diese Weise sollte die Nachfrage nach Gütern angekurbelt werden, um eine Deflation zu vermeiden.

 Unterjährige Verzinsung mit verschiedenen Zinsfaktoren

Ein Kreditinstitut hat 100 Millionen € angelegt, die jeweils ein Vierteljahr lang mit zunächst 0,5 %, dann 0,25 %, 0 % und abschließend −0,25 % verzinst werden. Ermitteln Sie die Zinsgutschrift am Ende des Jahres.

Da sich der Zinssatz auf ein Jahr bezieht, muss für $\frac{1}{4}$ Jahr der Zinssatz jeweils geviertelt werden. Das Hintereinanderschalten der Zinsfaktoren ergibt eine Zinsgutschrift von ungefähr 124 961 €.	$q = \left(1 + \frac{0{,}005}{4}\right) \cdot \left(1 + \frac{0{,}0025}{4}\right) \cdot \left(1 + \frac{0}{4}\right) \cdot \left(1 - \frac{0{,}0025}{4}\right)$ $\approx 1{,}00124961$ $K_1 = 1 \cdot 10^8\,€ \cdot q \approx 10^8\,€ \cdot 1{,}00124961 = 100\,124\,961\,€$

Übungen zu 2.6.3

1. Berechnen Sie den Endbetrag zu dem gegebenen Anfangskapital.
   a) 1800 € bei 2 % Zinssatz in 10 Jahren
   b) 6000 € bei 3,25 % Zinssatz in 15 Jahren

2. Berechnen Sie, welches Anfangskapital dem gegebenen Endkapital zugrunde liegt.
   a) 8081,35 € bei 5 % Zinssatz in 12 Jahren
   b) 7634,81 € bei 3,75 % Zinssatz in 14 Jahren

3. Berechnen Sie den Zinssatz, zu dem das Anfangskapital auf das Endkapital angewachsen ist.
   a) 5800 € auf 7049,94 € in 4 Jahren
   b) 6500 € auf 9299,68 € in 7 Jahren

4. Berechnen Sie die Anzahl der Jahre, in denen das Anfangskapital auf das Endkapital angewachsen ist.
   a) 2400 € bei einem Zinssatz von 4 % auf 3036,77 €
   b) 17 500 € bei 3,25 % Zinssatz auf 27 384,13 €

5. Ein Betrag in Höhe von 15 000 € wurde am 01.01.2009 mit 5 % festgelegt. Ab dem 01.01.2012 wurde das Kapital nur noch mit 2 % verzinst. Am 01.01.2015 sank der Zinssatz auf 0,5 %.
   Berechnen Sie das Kapital einschließlich Zinsen am 31.12.2019.

6. Ein Vater möchte, dass seinem Sohn am 31.12.2029 ein Betrag von 30 000 € ausgezahlt wird.
   Bestimmen Sie die Summe, die er am 01.01.2018 anlegen muss, wenn er mit einer Verzinsung von 1,1 % rechnet.

7. Herr Grapf erbt 60 000 € im Alter von 40 Jahren. Davon legt er 45 000 € bei einer Bank an. Nach 20 Jahren lässt er sich am Ende eines jeden Jahres die Jahreszinsen auszahlen.
   Berechnen Sie die Höhe der jährlichen Auszahlung, wenn der Zinssatz 2 % beträgt.

8. Ein Kapital wurde 5 Jahre lang mit 5 % und danach 6 Jahre mit 4 % jährlich verzinst.
   Berechnen Sie die Höhe des angelegten Kapitals, wenn es auf 9876 € angewachsen ist.

9. Herr Bolanzo zahlt am Anfang des 1., 5. und 6. Jahres jeweils 4000 € auf sein Sparkonto ein. Am Ende des 8. Jahres besitzt er ein Guthaben von 17 584,22 €. Der Zinssatz beträgt 3,5 %.
   Berechnen Sie den Kontostand auf dem Sparbuch vor der ersten Einzahlung von 4000 €.

10. Der Käufer eines Hauses macht dem Verkäufer drei alternative Angebote:
    1) 400 000 € sofort oder
    2) 100 000 € sofort und 400 000 € in 5 Jahren oder
    3) drei Raten in Höhe von je 158 000 €, und zwar die erste Rate sofort, die zweite Rate nach 3 Jahren und die dritte Rate nach 6 Jahren.
    Entscheiden Sie, welches Angebot am günstigsten ist unter Berücksichtigung eines Zinssatzes von 6 %.

11. Ein Kapital in Höhe von 5000 € ist innerhalb von 10 Jahren auf 6535 € angewachsen.
    Berechnen Sie den Zinssatz.

12. Eine Mutter lieh ihrem Sohn für eine Unternehmensgründung einen hohen Kapitalbetrag. 5 Jahre später lieh sie ihm denselben Betrag noch einmal. 3 Jahre nach der 2. Auszahlung waren die Schulden des Sohnes auf 302 577,47 € angewachsen.
    Ermitteln Sie den jeweils ausgeliehenen Betrag, wenn ein Zinssatz von 7,5 % zwischen Mutter und Sohn vereinbart worden war.

13. Ein Kaufinteressent möchte ein Auto für 18 000 € kaufen, ihm stehen zum jetzigen Zeitpunkt aber nur 15 000 € zur Verfügung.
    a) Berechnen Sie den Zinssatz, zu dem er das vorhandene Kapital anlegen muss, um nicht länger als 3 Jahre mit dem Kauf warten zu müssen.
    b) Um welchen Zeitraum verzögert sich der Kauf des Autos, wenn die jährliche Preissteigerungsrate im Wartezeitraum durchschnittlich 2,2 % beträgt?

14. Ermitteln Sie die Anzahl der Jahre, in denen sich ein Kapital bei einem Zinssatz von 4 % bzw. 5 % verdoppelt bzw. vervierfacht.

2

Vermischte Übungen zu 2.6

1. Zeichnen Sie die Graphen der folgenden Exponentialfunktionen und bestimmen Sie rechnerisch ihre Funktionswerte für $x \in \{1; 2; 3; 5; 10\}$.

a) $f(x) = 2^x$ c) $f(x) = 0{,}5^x$ e) $f(x) = \left(\frac{3}{2}\right)^x$

b) $f(x) = 3^x$ d) $f(x) = \left(\frac{2}{3}\right)^x$ f) $f(x) = \left(\frac{9}{10}\right)^x$

2. Lösen Sie die Exponentialgleichung.

a) $2^x = 1024$ d) $\left(\frac{2}{3}\right)^x = 0{,}131687242$

b) $3^x = 2187$ e) $\left(\frac{3}{2}\right)^x = 3{,}66$

c) $0{,}5^x = 0{,}0078125$ f) $\left(\frac{9}{10}\right)^x = 0{,}56$

3. Lesen Sie aus den Werten der Parameter a, b, c und d in der Funktionsgleichung $f(x) = a \cdot q^{b(x-c)} + d$ die Eigenschaften des Graphen von f ab.

⟨oHi Mi⟩

a) $f(x) = 2 \cdot 1{,}5^x$ d) $f(x) = -0{,}5 \cdot 1{,}5^x - 4$

b) $f(x) = 1{,}5^{x+2}$ e) $f(x) = 1{,}5^{2(x-1)} + 5$

c) $f(x) = 1{,}5^{x-3} + 2$ f) $f(x) = 3 \cdot 1{,}5^{0{,}25(x+4)}$

4. Die Funktion f mit $f(x) = 0{,}5^x$ soll

(1) mit dem Faktor 2 entlang der y-Achse gestreckt,

(2) mit dem Faktor 4 entlang der x-Achse gestaucht,

(3) um 3 Einheiten nach links verschoben,

(4) um 1 Einheit nach unten verschoben werden.

a) Führen Sie alle angegebenen Veränderungen in obiger Reihenfolge aus, indem Sie die jeweils neue Funktionsgleichung angeben und den zugehörigen Graphen zeichnen.

b) Wechseln Sie die Reihenfolge von (4) nach (1) und verfahren Sie wie in Aufgabe a).

c) Vergleichen Sie die beiden Graphen, die sich in a) und b) jeweils am Schluss ergeben.

5. Ordnen Sie die Gleichungen den Graphen zu.

a) $f(x) = -4 \cdot \left(\frac{2}{3}\right)^{x-2} + 1$ c) $f(x) = 5 \cdot 0{,}25^x - 2$

b) $f(x) = 0{,}5 \cdot 2^{x+1} - 4$ d) $f(x) = 3^{2(x+2)}$

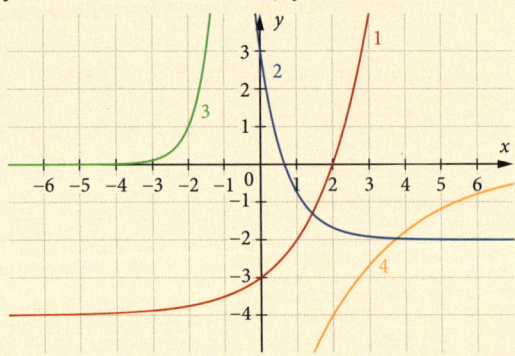

6. Betrachten Sie den Graphen G_f zu $f(x) = 2^x$.

a) Zeigen Sie, dass die Verschiebung von G_f um 3 Einheiten nach rechts äquivalent ist mit einer Stauchung von G_f entlang der y-Achse mit dem Faktor $\frac{1}{8}$.

b) Zeigen Sie, dass die Verschiebung von G_f um 4 Einheiten nach links äquivalent ist mit einer Streckung von G_f entlang der y-Achse mit dem Faktor 16.

c) Verallgemeinern Sie Ihre Erkenntnis anhand der Funktion g mit der Gleichung $g(x) = q^x$; $q > 0$, $q \neq 1$.

7. Im Jahr 2012 betrug die indische (nigerianische) Bevölkerung ca. 1,22 Mrd. (167 Mio.) Menschen. Man rechnet mit einem jährlichen Bevölkerungswachstum von 1,9 % (3,1 %).

a) Geben Sie die beiden Funktionsgleichungen an, die das Bevölkerungswachstum beschreiben.

b) Berechnen Sie die voraussichtlichen Einwohnerzahlen Indiens und Nigerias in den Jahren 2020 und 2030.

c) In welchem Jahr wird sich bei gleichbleibender Wachstumsrate die indische (nigerianische) Bevölkerung im Vergleich zu 2012 verdoppelt haben?

8. Der indische König Schehram forderte den Erfinder des Schachspiels, Sissa ibn Dahir, auf, sich eine Belohnung zu wünschen.
Dieser bat ihn daraufhin, auf das 1. Feld des Schachbretts ein Weizenkorn zu legen, auf das 2. Feld 2 Weizenkörner, auf das 3. Feld 4 Weizenkörner, auf das 4. Feld 8 Körner usw.

a) Stellen Sie den Funktionsterm der Funktion auf, die angibt, wie viele Weizenkörner auf den verschiedenen Schachfeldern liegen.

b) Berechnen Sie die Anzahl der Körner auf dem 8., 20., 32. bzw. 64. Feld.

9. Eltern möchten ihrer Tochter für eine zweiwöchige Kursfahrt Taschengeld mitgeben, und zwar für den ersten Tag 3 €, dann täglich 2 € mehr als am Tag vorher.
Die Tochter überlegt kurz und macht einen Gegenvorschlag: Für den ersten Tag 3 Cent, dann täglich den doppelten Betrag des Vortags.
Vergleichen Sie die beiden Varianten.

10. Erledigen Sie für Frau Lotto die Aufgaben des Eingangsproblems auf Seite 163.

11. Ein Waldbestand mit $200\,000\,\text{m}^3$ Holz wächst gleichmäßig um 5 % pro Jahr.

a) Erstellen Sie eine Wertetabelle, die jedem der ersten 10 Jahre den zugehörigen Waldbestand in Kubikmetern zuordnet.

b) Geben Sie die Funktionsgleichung an, die diesen Zusammenhang beschreibt. Stellen Sie den Zusammenhang grafisch dar.

c) Berechnen Sie den Wert für $t = -10$ und interpretieren Sie das Ergebnis im Sachzusammenhang.

d) Bestimmen Sie, wie viel m^3 Holz nach 8 Jahren zur Verfügung steht.

12. Bakterien sind einzellige pflanzliche Lebewesen, die häufig als Krankheitserreger auftreten. Bakterien vermehren sich durch Zellteilung: Unter günstigen Voraussetzungen teilt sich eine Bakterienzelle im Durchschnitt dreimal pro Stunde.

a) Errechnen Sie, wie viele Bakterien sich im Laufe eines Tages aus einer Bakterie entwickeln.

b) Bei einem Versuch werden 400 Bakterien zum Zeitpunkt t_1 und $26\,214\,400$ Bakterien zum Zeitpunkt t_2 gezählt. Geben Sie an, wie viele Verdopplungen in der Zwischenzeit stattgefunden haben.

13. In der Düsseldorfer Altstadt untersuchen zwei Brauereibesucher den Abbau des Bierschaums in einem Altbierglas. Sie stellen fest, dass ein gut gezapftes Altbier eine ca. 5 cm hohe Schaumkrone besitzt, deren Höhe sich alle 10 Sekunden um 2,5 % verringert.

a) Ermitteln Sie, um wie viel Prozent sich die Schaumhöhe in einer Minute verringert.

b) Bestimmen Sie den Funktionsterm der Exponentialfunktion, die die Schaumhöhe in Abhängigkeit der Zeit (in Minuten) beschreibt. Zeichnen Sie ihren Graphen für die ersten 5 Minuten.

14. Die Halbwertszeit des Isotops Radium 226 beträgt 1600 Jahre. Wie viele Jahre dauert es, bis die radioaktive Strahlung eines mit Radium 226 verseuchten Gegenstands auf $\frac{1}{8}$ ihres ursprünglichen Werts gesunken ist?

> Die **Halbwertszeit** gibt die Zeit an, in der von einer beliebigen Ausgangsmenge eines radioaktiven Elements die Hälfte zerfallen ist.

15. Die sogenannte C14-Methode ist ein Verfahren zur Datierung von organischen Materialien. Während die Anzahl der C14-Atome in einem lebenden Organismus zu Lebzeiten weitgehend konstant ist, baut sie sich mit einer Halbwertszeit von 5730 Jahren ab, sobald der Organismus stirbt.

Am 19. September 1991 fand ein Ehepaar auf dem Schnalstaler Gletscher die Leiche eines Mannes, der unter dem Namen Ötzi weltberühmt wurde. Bei der wissenschaftlichen Untersuchung des Leichnams stellte man fest, dass von der Menge an C14-Atomen, die am Tag seines Todes in seinem Gewebe vorhanden sein musste, nur noch 53 % vorhanden waren. Daraus konnte man auf die Anzahl der Jahre schließen, die der Leichnam im Gletscher gelegen haben musste. Berechnen Sie diese Zeit.

16. Aggressive Bakterien verfünffachen sich alle zwei Stunden.

a) Berechnen Sie die Anzahl der Bakterien nach 4, 6, 10, 15 bzw. 18,5 Stunden, wenn anfangs 125 Bakterien vorhanden waren.

b) Angenommen, die Bakterien haben sich mit demselben Faktor bereits die letzten 4 Stunden vermehrt. Berechnen Sie ihre Anzahl vor 2, 3 bzw. 4 Stunden.

c) Erläutern Sie Nachteile dieses Modells.

17. Im Körper eines Menschen wird Nikotin stündlich zur Hälfte abgebaut.

a) Erstellen Sie den Funktionsterm, der den Nikotinabbau im Körper beschreibt.

b) Drücken Sie den Nikotinabbau in Prozent pro Minute aus. Berechnen Sie, wie viel Prozent des Nikotins nach 20 Minuten noch vorhanden sind.

c) Eine Zigarette verursacht ca. 1,55 mg Nikotin im Blut. Es werden 5 Zigaretten im halbstündigen Abstand geraucht. Ermitteln Sie, wie viel Nikotin sich nach der 5. Zigarette im Blut befindet.

d) Bestimmen Sie den Zeitpunkt, an dem nur noch 1 % des Nikotins im Körper vorhanden ist.

18. Die Inflationsrate wird häufig aus den beobachteten Teuerungen ermittelt.

a) Berechnen Sie den Wertverlust des Geldes nach 10 Jahren unter der Annahme, dass die durchschnittliche jährliche Inflationsrate in den nächsten Jahren 1,8 % beträgt.

b) Nach wie vielen Jahren halbiert sich der Geldwert?

c) Berechnen Sie den Wertverlust des Geldes nach 10 Jahren unter der Annahme, dass die durchschnittliche jährliche Inflationsrate in den nächsten Jahren 3,6 % beträgt. Nach wie vielen Jahren halbiert sich der Geldwert in diesem Fall?

19. Die Lautstärke wird in Dezibel (dB) gemessen. 60 dB entsprechen dabei einer Intensität von 10^{-6} W/m^2, 70 dB einer Intensität von 10^{-5} W/m^2, 80 dB einer Intensität von 10^{-4} W/m^2 usw. Die Lautstärke eines Autoradios wird von 70 dB (durchschnittliche Lautstärke) auf 100 dB („Konzertlautstärke") erhöht. Bestimmen Sie, welcher Intensitätssteigerung das Lauterstellen entspricht.

20. Die Temperatur einer Flüssigkeit passt sich nach einer gewissen Zeit der Umgebungstemperatur an. In einer 19 °C warmen Wohnung findet eine Party statt. Der Temperaturverlauf eines gekühlten Getränks wird durch die Funktion f mit der Gleichung $f(t) = 19 + a \cdot q^t$ ($t > 0$ in Minuten) beschrieben.

a) Erklären Sie, warum für die Beschreibung dieses Prozesses $a < 0$ gelten muss.

b) Ein aus dem Kühlschrank entnommenes Getränk misst nach 7 Minuten ca. 12 °C und nach 20 Minuten bereits ca. 17 °C. Bestimmen Sie die Funktionsgleichung von f.

c) Bestimmen Sie die Kühlschranktemperatur.

d) Ermitteln Sie die Asymptote von f und erklären Sie ihre Bedeutung für den Temperaturverlauf.

e) Ermitteln Sie die Temperatur, die das Getränk nach einer halben Stunde hat.

21. Ein Unternehmer hat einen Lieferwagen im Wert von 25 000 € angeschafft. Im 1. Jahr schreibt er 5500 € ab, im 2. Jahr 3300 €, im 3. Jahr 3100 €, im 4. Jahr 2600 € und im 5. Jahr 2500 €.

a) Stellen Sie die Restbuchwerte der ersten 5 Jahre grafisch dar.

b) Bestimmen Sie für den Restbuchwert einen Funktionsterm der Form $B(t) = a \cdot q^t$, dessen Graph die Punkte näherungsweise wiedergibt.

22. Der Abschreibungsbetrag für eine Stanzmaschine, die jährlich mit 20 % degressiv abgeschrieben wird, beträgt am Ende des 4. Jahres 20 480 €.

a) Ermitteln Sie den Anschaffungswert der Maschine.

b) Berechnen Sie die Anzahl der Abschreibungen, bis der Restbuchwert auf 5368,71 € gesunken ist.

23. Ein Kapital wächst bei einfacher Verzinsung (ohne Zinseszinsen) mit 4 % in 12 Jahren auf 36 000 € an.

a) Berechnen Sie die Höhe des angelegten Kapitals.

b) Das gleiche Kapital soll mit Zinseszinsen angelegt werden. Berechnen Sie den Zinssatz so, dass man nach 12 Jahren ebenfalls 36 000 € erhält.

24. Johanna konnte ihre ererbte Briefmarkensammlung für 18 000 € verkaufen. Sie legt das Geld zusammen mit ersparten 2000 € zu 2 % an. Sie will das Geld dazu verwenden, in fünf Jahren ein Sabbatjahr einzulegen. Um in diesem arbeitsfreien Jahr ihren Lebensstil aufrecht erhalten zu können, benötigt sie aber 30 000 €. Berechnen Sie die Höhe des Kredits, den Johanna am Anfang ihres Sabbatjahrs aufnehmen müsste.

25. Berechnen Sie die Anzahl der Jahre, in denen ein Kapital von 15 000 € bei 6 %iger Verzinsung Zinsen in Höhe von 5073,38 € abwirft.

26. Von einem Kapital in Höhe von 100 000 € werden jeweils am Jahresende 10 000 € abgehoben.

a) Berechnen Sie den Betrag, der nach 6 Jahren zur Verfügung steht, wenn ein Zinssatz von 2,5 % vereinbart wurde.

b) Nach welcher Zeit wäre das Kapital aufgebraucht?

27. Eine Direkt-Bank wirbt im Internet damit, dass sie für ein Sparkonto einen Zinssatz von 4 % bietet, wobei die Zinsen vierteljährlich gutgeschrieben werden. ▶ unterjährige Verzinsung, Seite 178, Beispiel 18

a) Berechnen Sie für eine Anlage von 1000 € die Höhe des Guthabens nach einem Jahr.

b) Ermitteln Sie, welchem Zinssatz bei jährlicher Gutschrift der Zinsen die unterjährige Verzinsung entspricht.

c) Berechnen Sie das Guthaben nach 10 Jahren.

28. Entscheiden Sie begründet, welche Zinskondition für den Anleger günstiger ist: Die Kapitalanlage zu einem Zinssatz von 9 % bei monatlicher Zinsgutschrift oder zu 9,5 % bei jährlicher Zinsgutschrift.

Ich kann ...

... die allgemeine Funktions-gleichung einer **Exponential-funktion** angeben und die Bedeutung der Parameter erklären.	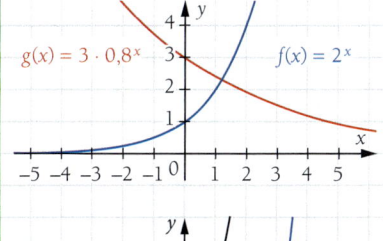	$f(x) = a \cdot q^x$; $a \neq 0, q > 0, q \neq 1, D_f = \mathbb{R}$ • a ist der y-Achsenabschnitt • Für positives a gilt: $\quad q > 1 \Rightarrow f$ streng monoton steigend $\quad 0 < q < 1 \Rightarrow f$ streng monoton fallend

$g(x) = 3 \cdot 0{,}8^x$ $f(x) = 2^x$

... bei einer Exponentialfunk-tion die Auswirkungen der **Parameter** auf den Verlauf des Graphen erklären.

▶ Test-Aufgabe 1

$f(x) = 3^x$

$g(x) = 0{,}5 \cdot 3^{x-1} - 3$

$g(x) = a \cdot f(b(x - c)) + d$ mit $f(x) = q^x$

$a \neq 0$: Der Graph von f wird entlang der y-Achse um den Faktor $|a|$ gestreckt ($|a| > 1$) bzw. gestaucht ($|a| < 1$). Für $a < 0$ wird der Graph von f zusätzlich an der x-Achse gespiegelt.

$b > 0$: Der Graph von f wird entlang der x-Achse um den Faktor $\frac{1}{b}$ gestreckt ($0 < b < 1$) bzw. gestaucht ($b > 1$).

$c \in \mathbb{R}$: Der Graph von f wird um $|c|$ Einheiten nach rechts ($c > 0$) bzw. links ($c < 0$) verschoben.

$d \in \mathbb{R}$: Der Graph von f wird um $|d|$ Einheiten nach oben ($d > 0$) bzw. unten ($d < 0$) verschoben.

... **Wachstums- und Abnahme-prozesse** modellieren.

▶ Test-Aufgaben 2, 3, 4

Wachstum von Bakterienstämmen: Zum Zeitpunkt 0 sind 8 Bakterien vorhanden ($f(0) = 8$).
Tag für Tag verdoppelt sich ihre Anzahl (Wachstumsfaktor 2).
$\rightarrow f(t) = 8 \cdot 2^t$
Abnahme von Bakterien durch Verabreichung von Medikamenten: Zum Zeitpunkt 0 sind $2 \cdot 10^9$ Bakterien vorhanden ($f(0) = 2 \cdot 10^9$).
Pro Viertelstunde halbiert sich ihre Anzahl.
$\rightarrow f(t) = 2 \cdot 10^9 \cdot \left(\frac{1}{2}\right)^t$

Bei Wachstums- und Abnahmeprozessen wird oft auf der x-Achse die Zeit t oder die Anzahl der Prozesse t abgetragen.

... erklären, was man unter dem **Logarithmus** von y zur Basis q versteht.

$\log_q y = x \Leftrightarrow q^x = y$

$\log_2 16 = 4$, weil $2^4 = 16$
$\lg 100 = 2$, weil $10^2 = 100$

Der Logarithmus von y zur Basis q ist diejenige reelle Zahl x, mit der man q potenzieren muss, um y zu erhalten. Statt $\log_{10} y$ schreibt man $\lg y$.

... **Exponentialgleichungen** lösen.

▶ Test-Aufgabe 4

$\qquad 1250 \cdot 1{,}035^t = 2500$
$\Leftrightarrow \qquad 1{,}035^t = 2$
$\Rightarrow \quad t = \log_{1{,}035} 2 = \dfrac{\lg 2}{\lg 1{,}035} \approx 20$

$\log_q y = \dfrac{\lg y}{\lg q}$

... die **Zinseszinsrechnung** mithilfe von Exponential-funktionen modellieren.

▶ Test-Aufgaben 5, 6

$K_n = K_0 \cdot q^n$; $q = 1 + \dfrac{p}{100}$

Ein Anfangskapital K_0 wächst nach n Jahren bei einer Verzinsung von $p\,\%$ auf ein Endkapital K_n.

2

Test zu 2.6

1. Die Funktionen f, g, h und k sind durch die folgenden Gleichungen gegeben:
$$f(x) = 2^x \qquad g(x) = 2^{x-1} + 3 \qquad h(x) = -3 \cdot 2^{0,5x} \qquad k(x) = -3 \cdot 2^{0,5(x-1)} + 3$$

a) Zeichnen Sie die Graphen der vier Funktionen.

b) Beschreiben Sie, wie die Graphen von g und h jeweils aus dem Graphen von f hervorgehen.

c) Beschreiben Sie, wie der Graph von k einerseits aus dem Graphen von g und andererseits aus dem Graphen von h hervorgeht.

2. Ein fiebersenkendes Mittel bewirkt, dass die Körpertemperatur eines Kindes pro Stunde um 5 % fällt. Ein krankes Mädchen, das mit 41 °C fiebert, erhält dieses Mittel.

a) Stellen Sie die Fieberkurve grafisch dar und beschreiben Sie ihren Verlauf.

b) Ermitteln Sie den Zeitpunkt, zu dem die Körpertemperatur auf 38 °C bzw. auf eine normale Temperatur von 37 °C zurückgegangen sein wird.

3. Elodea canadensis heißt eine Wasserpflanze, die in einigen Seen des Ruhrtals zu einer Plage für Wassersportler geworden ist, weil sie sich sehr schnell ausbreitet und kaum einheimische natürliche Feinde hat. So bedeckte diese „Wasserpest" im Kemnader Stausee während ihrer Vegetationszeit jede Woche eine um 50% größere Wasserfläche als in der jeweiligen Vorwoche.

a) Am Anfang der Vegetationsperiode bedeckt die Wasserpest $1000\,\text{m}^2$. Berechnen Sie die Größe der bedeckten Fläche nach 8 Wochen.

b) Ermitteln Sie, wie lange es dauert, bis der $1,25\,\text{km}^2$ große See vollständig von der Pflanze bedeckt ist, wenn keine Gegenmaßnahmen ergriffen werden.

4. Ein Narkosemedikament hat eine Halbwertszeit von 40 Minuten und wird mit der Anfangsmenge M_0 gespritzt.

a) Erstellen Sie den Funktionsterm, der den Medikamentenabbau beschreibt.

b) Berechnen Sie, wie viel Prozent des Narkosemedikaments nach 20 Minuten noch vorhanden sind.

c) Ermitteln Sie die Menge des noch im Körper vorhandenen Narkosemittels, wenn bei einer dreistündigen Operation zunächst 4 mg und danach stündlich zweimal 2 mg verabreicht werden.

d) Bestimmen Sie den Zeitpunkt, an dem nur noch 1 mg des Narkosemedikaments im Körper vorhanden ist.

5. Für den Kauf eines 12 000 € teuren Motorrads hat Frau Üzgün 11 000 € zur Verfügung.

a) Ermitteln Sie den Zinssatz, zu dem sie den zur Verfügung stehenden Betrag anlegen muss, um in 3 Jahren das Motorrad erwerben zu können.

b) Für das Motorrad wird eine jährliche Preiserhöhung von 5 % erwartet. Lösen Sie das Problem erneut.

6. Die Fly Bike Werke GmbH beabsichtigt, ein nicht mehr benötigtes Grundstück zu verkaufen. Die GmbH erhält drei Angebote:
- Angebot A: sofort 450 000 €
- Angebot B: sofort 200 000 € und nach Ablauf von 6 Jahren 300 000 €
- Angebot C: jeweils 200 000 € in 2 Jahren, 4 Jahren und 10 Jahren

Berechnen Sie, für welches Angebot sich die Fly Bike Werke GmbH entscheiden sollte, wenn ausschließlich der Zinssatz von 7 % Kriterium für die Entscheidung ist.

Die Vertriebsabteilung der Fly Bike Werke ist in den letzten Wochen personell stark gewachsen. Damit sich die alten und neuen Kolleginnen und Kollegen besser kennenlernen, hat Herr Gerland, der Vertriebsleiter, einen gemeinsamen Ausflug organisiert – natürlich mit dem Fahrrad.

Die Tour mit Mountainbikes der Hausmarke *Unlimited* beginnt auf dem Werksgelände und soll nach rund 70 km genau dort wieder enden. Während der Fahrt zeichnet Frau Lotto, die Auszubildende, das Streckenprofil mithilfe einer GPS-Uhr auf. Im letzten Streckenabschnitt ist bei 7,5 km ein eigenartiger Strich zu sehen. Frau Lotto hält dies zunächst für einen Fehler im Programm.

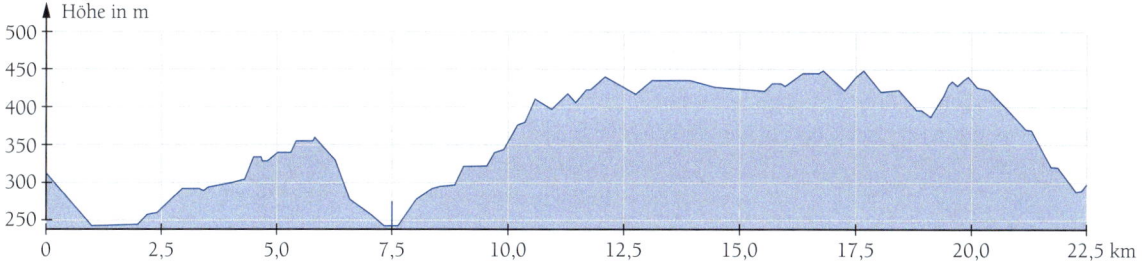

Tatsächlich ist der senkrechte Strich auf den Besuch des Jahrmarkts im Tal zurückzuführen. Frau Lotto hatte vergessen, die Datenaufzeichnung der Armbanduhr zu unterbrechen. Nun fragt sie sich, ob möglicherweise ihre Fahrt mit dem Riesenrad die Ursache für den Strich sein könnte. Wäre es dann nicht auch möglich, anhand der Aufzeichnung die Höhe des Riesenrads abzulesen?

▶ Aufgabe 7 auf Seite 196

Kompetenzen

- Eigenschaften von Sinus- und Kosinusfunktionen erkennen

- Funktionsterm auf Amplitude, Periodenlänge und Verschiebungen hin untersuchen

Anwendungen

- Periodische Vorgänge

2.7 Winkelfunktionen

2.7.1 Sinus und Kosinus am Einheitskreis

 Sinus und Kosinus im rechtwinkligen Dreieck

Geben Sie die Definition vom Sinus und Kosinus im rechtwinkligen Dreieck an.
Berechnen Sie die Größe des Winkels α im abgebildeten Dreieck.

Der **Sinus** des Winkels α ist in einem rechtwinkligen Dreieck der Quotient aus Gegenkathete und Hypotenuse.

$$\sin(\alpha) = \frac{\text{Gegenkathete von } \alpha}{\text{Hypotenuse}} = \frac{3}{5}$$

$$\cos(\alpha) = \frac{\text{Ankathete von } \alpha}{\text{Hypotenuse}} = \frac{4}{5}$$

Der **Kosinus** des Winkels α ist in einem rechtwinkligen Dreieck der Quotient aus Ankathete und Hypotenuse.

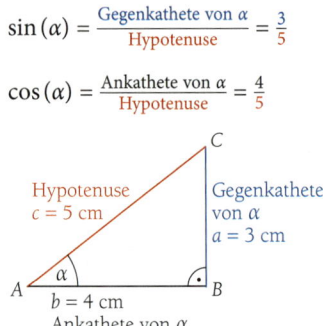

Mithilfe des Taschenrechners können wir auch die Größe des Winkels α bestimmen. Wir lesen die Länge der Gegenkathete und die Länge der Hypotenuse aus der Abbildung ab und setzen beide Werte in die Formel ein.

$$\sin(\alpha) = \frac{3}{5} \implies \alpha \approx 36{,}87° \quad \blacktriangleright \text{ Taste } \boxed{\sin^{-1}}$$

> Im rechtwinkligen Dreieck wird definiert: $\quad \sin(\alpha) = \frac{\text{Gegenkathete von } \alpha}{\text{Hypotenuse}} \quad \cos(\alpha) = \frac{\text{Ankathete von } \alpha}{\text{Hypotenuse}}$

Im Folgenden betrachten wir Dreiecke, die neben dem rechten Winkel auch stets die Hypotenusenlänge 1 haben. Alle diese Dreiecke liegen in einem Viertelkreis mit dem Radius 1. Dieser Viertelkreis mit den rechtwinkligen Dreiecken ist Teil des **Einheitskreises**.

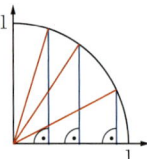

 Sinus und Kosinus im Einheitskreis

Geben Sie die Koordinaten des eingezeichneten Punkts P auf dem Einheitskreis an.

Ein Einheitskreis hat den Radius 1 und seinen Mittelpunkt im Ursprung des Koordinatensystems.

Zu jedem Winkel α entsteht im Einheitskreis ein rechtwinkliges Dreieck, in dem Sinus und Kosinus abgelesen werden können. Da die Hypotenuse des Dreiecks die Länge 1 hat, ergibt sich:

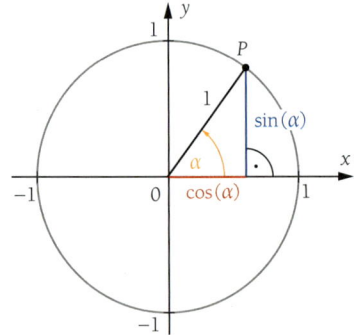

$\sin(\alpha)$ = Gegenkathete von α
$\cos(\alpha)$ = Ankathete von α

Für die Koordinaten des Eckpunkts P auf dem Kreis gilt: $P(\cos(\alpha)\,|\,\sin(\alpha))$

> Zu einem Winkel α findet sich auf dem Einheitskreis ein Punkt P, für den gilt:
> $\cos(\alpha)$ ist die x-Koordinate von P und $\sin(\alpha)$ ist die y-Koordinate von P

Sinus und Kosinus für Werte größer als 90°

Geben Sie diejenigen Winkelgrößen zwischen 0° und 360° an, für die der Sinus bzw. Kosinus negative Werte im Einheitskreis annimmt. Stellen Sie Ihre Überlegungen grafisch dar. Bestimmen Sie anschließend den Sinus für die Winkel mit den Größen 30°, 150° und 210°.

Die Überlegungen des vorigen Beispiels lassen sich auch auf den ganzen Einheitskreis verallgemeinern. Zu jedem Punkt, der auf dem Einheitskreis liegt, lässt sich ein zugehöriges rechtwinkliges Dreieck mit einem Winkel α einzeichnen. Die x-Koordinate des Punkts ist dann $\cos(\alpha)$ und die y-Koordinate $\sin(\alpha)$. Für Winkel größer als 90° lassen sich die folgenden Beobachtungen machen:

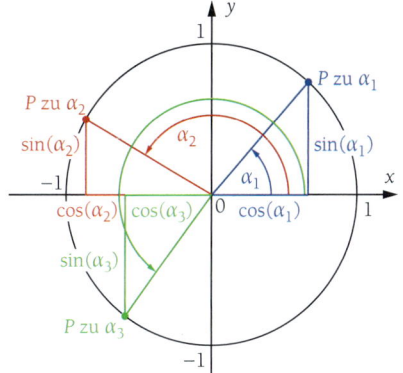

• Für 180° < α < 360° (die untere Hälfte des Einheitskreises) sind die Sinuswerte negativ.

• Für 90° < α < 270° (die linke Hälfte des Einheitskreises) sind die Kosinuswerte negativ.

In allen Fällen liegen die Sinus- und Kosinuswerte zwischen −1 und 1.

Um die gesuchten Sinuswerte zu bestimmen, werden im Einheitskreis ausgehend von der x-Achse in mathematisch positiver Drehrichtung (gegen den Uhrzeigersinn) die Winkel 30° und 150° eingezeichnet. Die zugehörigen Punkte liegen auf derselben Höhe, sie haben also dieselbe y-Koordinate. Es gilt:
$\sin(30°) = \sin(150°) = 0{,}5$

Der Punkt zu 210° hat betragsmäßig die gleiche y-Koordinate, nur mit negativem Vorzeichen:
$\sin(210°) = -0{,}5$

Die beiden Dreiecke, die bei 150° bzw. 210° entstehen, sind Spiegelungen voneinander an der x-Achse. Die y-Koordinaten ihrer Punkte P und somit die Sinuswerte unterscheiden sich daher nur im Vorzeichen:
$\sin(210°) = -\sin(150°)$

Folglich gilt:
$\sin(30°) = \sin(150°) = -\sin(210°)$

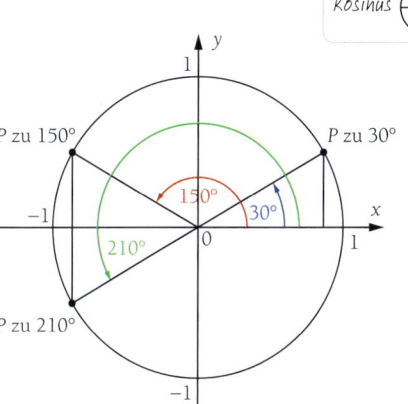

▶ Für Winkel größer oder gleich 360° gilt:
$\sin(360°) = \sin(0°)$; $\sin(361°) = \sin(1°)$;
$\sin(410°) = \sin(50°)$; $\sin(730°) = \sin(10°)$; …
Begründung: Ein Winkel von 360° entspricht einer ganzen Drehung im Einheitskreis. Der Einheitskreis kann auch mehrfach durchlaufen werden.

1. Berechnen Sie mit dem Taschenrechner. Geben Sie einen Winkel an, der denselben Sinus- bzw. Kosinuswert annimmt.

a) $\sin(150°)$ b) $\sin(120°)$ c) $\cos(153°)$ d) $\cos(372°)$ e) $\sin(365°)$ f) $\cos(380°)$

2. Legen Sie in ihrem Heft einen Einheitskreis an, wobei 1 Längeneinheit (1 LE) 10 cm betragen soll. Zeichnen Sie die Winkel in die Abbildung ein und ermitteln Sie durch Ablesen einen Näherungswert für $\sin(\alpha)$ und $\cos(\alpha)$. Überprüfen Sie Ihre Ergebnisse mit dem Taschenrechner.

a) $\alpha = 0°$ b) $\alpha = 20°$ c) $\alpha = 40°$ d) $\alpha = 60°$ e) $\alpha = 80°$ f) $\alpha = 117°$

2

4 Sinus und Kosinus für Winkel kleiner 0°

Diskutieren Sie, inwieweit sich eine Drehung im negativen Drehsinn durch eine Drehung im positiven Drehsinn beschreiben lässt. Berechnen Sie den Sinus und den Kosinus jeweils von −310°.

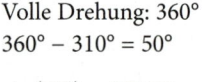
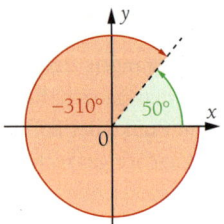

Eine Drehung um −310° (negativer Drehsinn) entspricht einer Drehung um 50° (positiver Drehsinn).

Der Sinus von −310° entspricht somit dem Sinus von 50° und beträgt 0,7660.

Der Kosinus von −310° entspricht dem Kosinus von 50° und beträgt 0,6428.

Volle Drehung: 360°
360° − 310° = 50°

$\sin(50°) \approx 0{,}7660$
$\sin(-310°) \approx 0{,}7660$

$\cos(50°) \approx 0{,}6428$
$\cos(-310°) \approx 0{,}6248$

Sinuswerte und Kosinuswerte für Winkel kleiner als 0° können stets auf Winkel zwischen 0° und 360° zurückgeführt werden.

Geben Sie einen positiven Winkel α an, sodass die Gleichung erfüllt ist.

a) $\sin(-10°) = \sin(\alpha)$ b) $\sin(-75°) = \sin(\alpha)$ c) $\cos(-130°) = \cos(\alpha)$ d) $\sin(-320°) = \sin(\alpha)$

5 Gradmaß und Bogenmaß

Häufig wird anstelle vom **Gradmaß** α das sogenannte **Bogenmaß** x verwendet. Dabei ist x die Länge des zum Winkel α zugehörigen Bogens auf dem Einheitskreis.

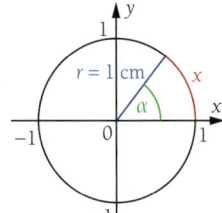

Der Umfang u eines Kreises ergibt sich durch die Formel $u = 2\pi r$. Die Länge des Umfangs des Einheitskreises ist daher gleich 2π. Das entspricht einer vollen Drehung um 360° in positiver Drehrichtung.

Die Länge π des Umfangs vom Halbkreis entspricht einer Drehung um 180° im positiven Drehsinn.
Die Länge $\frac{\pi}{2}$ des Umfangs vom Viertelkreis entspricht einer Drehung um 90° im positiven Drehsinn.

Sinus und Kosinus liefern für die einander entsprechenden Winkel in Grad- und Bogenmaß die gleiche Zahl. Bei der Verwendung eines Taschenrechners ist dabei auf den korrekten Modus zu achten.

In der Tabelle sind einige Winkelgrößen im Gradmaß und im Bogenmaß angegeben.

Kreisumfang: $u = 2\pi r$

Kreisumfang im Einheitskreis: $u = 2\pi$

	x	α	
Volle Drehung:	2π	$\triangleq$ 360°	
Halbe Drehung:	π	$\triangleq$ 180°	▶ $\pi \approx 3{,}14$
Vierteldrehung:	$\frac{\pi}{2}$	$\triangleq$ 90°	

$\sin\left(\frac{\pi}{4}\right) = \sin(45°)$

$\sin\left(\frac{\pi}{4}\right) \approx 0{,}7071$ ▶ RAD-Modus (Bogenmaß)

$\sin(45°) \approx 0{,}7071$ ▶ DEG-Modus (Gradmaß)

α	0°	30°	45°	60°	90°
x	0	$\frac{\pi}{6}$	$\frac{\pi}{4}$	$\frac{\pi}{3}$	$\frac{\pi}{2}$

• Ein Winkel kann im **Gradmaß** oder im **Bogenmaß** angegeben werden.
• Es gilt die Umrechnungsformel zwischen Grad- und Bogenmaß: $\frac{x}{2\pi} = \frac{\alpha}{360°}$

Rechnen Sie die Winkelgrößen ins Grad- bzw. Bogenmaß um.

a) 10°   b) 52°   c) 30°   d) 0,2   e) $\frac{\pi}{2}$ f) 1   g) π h) 5π i) 111°

Übungen zu 2.7.1

1. Übertragen Sie die Tabelle in Ihr Heft und vervollständigen Sie diese.

α	0°	30°			90°	135°		270°	360°
y			$\frac{\pi}{4}$	$\frac{\pi}{3}$		π			4π

2. Rechnen Sie mithilfe der Umrechnungsformel vom Grad- ins Bogenmaß um bzw. umgekehrt.

a) $\alpha = 15°$ c) $\alpha = 210°$ e) $x = \frac{\pi}{8}$

b) $\alpha = 36°$ d) $x = 2$ f) $x = 3\pi$

3. Rechnen Sie ins Bogenmaß um.

a) $\alpha = 10°$ c) $\alpha = 420°$ e) $\alpha = -270°$

b) $\alpha = 100°$ d) $\alpha = -10°$ f) $\alpha = -420°$

4. Rechnen Sie ins Gradmaß um.

a) $x = 1,5$ c) $x = \frac{\pi}{3}$ e) $x = \frac{3}{2}\pi$

b) $x = -6,5$ d) $x = \frac{\pi}{2}$ f) $x = -\frac{\pi}{2}$

5. Geben Sie die Werte gerundet auf drei Stellen nach dem Komma an.

a) $\sin\left(\frac{\pi}{3}\right)$ d) $\cos\left(\frac{\pi}{3}\right)$ g) $\sin\left(\frac{3}{4}\cdot\pi\right)$

b) $\sin(4,15)$ e) $\cos(140°)$ h) $\cos\left(\frac{2}{\pi}\right)$

c) $\sin(24°)$ f) $\cos(2,18)$ i) $\sin\left(\frac{7}{8}\right)$

6. Geben Sie einen weiteren Winkel im Bogenmaß an, der denselben Wert annimmt.

a) $\sin(0,2)$ c) $\sin\left(\frac{2}{3}\pi\right)$ e) $\cos(1)$

b) $\cos(\pi)$ d) $\sin(0,25\pi)$ f) $\sin(-\pi)$

7. Führen Sie die negativen Winkelgrößen auf positive Winkelgrößen zurück.

a) $\sin(-20°)$ d) $\sin(-1,2\pi)$ g) $\cos(-340°)$

b) $\sin\left(-\frac{\pi}{4}\right)$ e) $\cos(-65°)$ h) $\sin(-2\pi)$

c) $\sin(-90°)$ f) $\cos(-\pi)$ i) $\cos(-380°)$

8. Eine Lösung der Gleichung $\sin(x) = 0,7$ ist $x \approx 0,775$. Geben Sie drei weitere Lösungen an.

9. Zeigen Sie am Einheitskreis, dass die folgende Gleichung gilt: $\sin\left(\frac{\pi}{4}\right) = \cos\left(\frac{\pi}{4}\right)$. Geben Sie weitere Winkelweiten an, für die Sinus und Kosinus denselben Wert annehmen.

10. Eine Lösung der Gleichung $\cos(x) = 0,18$ ist $x \approx 1,39$. Geben Sie drei weitere Lösungen an.

11. Eine 5 m lange Leiter lehnt an einer Wand mit einem Winkel von 65° gegen den Boden. Bestimmen Sie die Höhe, in der die Leiter die Wand berührt.

▶ Abbildung nicht maßstabsgetreu

12. Ein Flugzeug startet mit einem Steigungswinkel von $\alpha = 3°$. Bestimmen Sie die Flughöhe, wenn das Flugzeug 9 km geflogen ist.

13. Gegeben ist die Gleichung $\sin\left(x + \frac{\pi}{2}\right) = \cos(x)$.

a) Überprüfen Sie für drei beliebige Winkelweiten, ob die Gleichung stimmt.

b) Zeigen Sie mithilfe des Einheitskreises, dass die oben angegebene Verschiebungsformel für jeden beliebigen Winkel gültig ist.

14. Angenommen Ihr Taschenrechner streikt und es funktioniert von den Winkelfunktionstasten nur noch die Taste `sin`.

a) Erklären Sie, wie man dennoch den Wert $\cos(x)$ für jedes Winkelmaß $x \in \left[0; \frac{\pi}{2}\right]$ bestimmen kann.

b) Berechnen Sie mit dem Taschenrechner unter Verwendung der Taste `sin` die Werte $\cos(35°)$ und $\cos(75°)$. Kontrollieren Sie Ihre Ergebnisse anschließend mit der Taste `cos`.

2.7.2 Definition und Eigenschaften der Sinus- und Kosinusfunktion

 Definition und Eigenschaften der Sinusfunktion

Zeichnen Sie für geeignete $x \in [0; 2\pi]$ die Werte des Sinus von x in ein Koordinatensystem ein und verbinden Sie die Punkte zu einer Kurve.
Erweitern Sie die Zeichnung für Werte $x < 0$ und für $x > 2\pi$.

Jedem Winkel x (im Bogenmaß) kann eindeutig der Wert $\sin(x)$ zugeordnet werden.
Dies ergibt die sogenannte **Sinusfunktion** mit $f(x) = \sin(x)$.

Der Graph der Funktion heißt **Sinuskurve**. Mithilfe einer Wertetabelle berechnen wir einige Punkte $P(x|\sin(x))$. Nun sind wir in der Lage, die Sinuskurve zu zeichnen.

x	0	$\frac{\pi}{8}$	$\frac{\pi}{4}$	1	$\frac{\pi}{2}$	2
$\sin(x)$	0	0,38	**0,71**	0,84	1	0,91

x	3	π	4	5	$\frac{3}{2}\pi$	2π
$\sin(x)$	0,14	0	−0,76	−0,96	−1	0

x	$-\frac{\pi}{4}$	−1	$-\frac{\pi}{2}$	$\frac{9}{4}\pi$	$\frac{5}{2}\pi$	$\frac{11}{4}\pi$
$\sin(x)$	−0,71	−0,84	−1	0,71	1	0,71

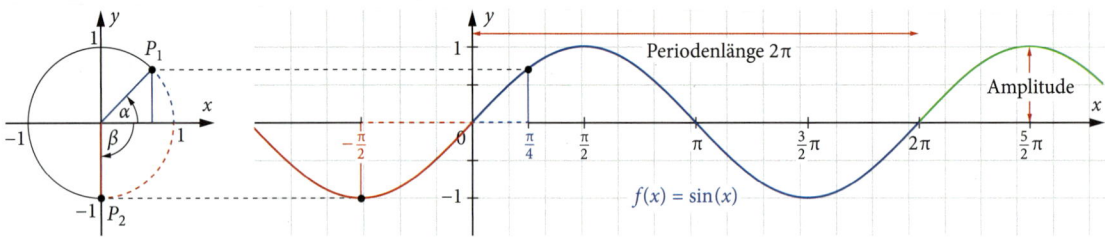

Anhand des Graphen können wir wesentliche Eigenschaften der Sinusfunktion ablesen. Zum Beispiel erkennen wir, dass sich der Funktionsverlauf nach einer bestimmten Länge wiederholt. Die **Periodenlänge** der Sinusfunktion beträgt 2π, d.h., für alle Werte $x \in \mathbb{R}$ gilt $\sin(x) = \sin(x + 2\pi)$. Ein weiterer charakteristischer Wert ist die **Amplitude**. Sie gibt den halbierten Abstand zwischen Maximum und Minimum an und beträgt hier 1.

Die **Sinusfunktion** hat folgende Eigenschaften:

Definitionsbereich	$D_f = \mathbb{R}$	Jeder reellen Zahl kann ein Funktionswert zugeordnet werden.
Wertebereich	$W_f = [-1; 1]$	Die Funktionswerte liegen zwischen −1 und 1. Die Amplitude ist 1.
Periodizität	Periodenlänge $p = 2\pi$	Die Funktionswerte wiederholen sich periodisch nach 2π.
Nullstellen	$x_N = k \cdot \pi$ mit $k \in \mathbb{Z}$	Eine Nullstelle befindet sich bei $x_N = 0$. Benachbarte Nullstellen haben den Abstand π.
Symmetrie	Punktsymmetrie zum Ursprung: $-\sin(x) = \sin(-x)$	Der Graph ist punktsymmetrisch zu $O(0|0)$. Ändert sich das Vorzeichen des x-Werts, so ändert sich das Vorzeichen des Funktionswerts.

 Begründen Sie die obigen Eigenschaften der Sinusfunktion mithilfe der Definition am Einheitskreis.

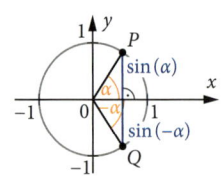

Definition und Eigenschaften der Kosinusfunktion

Im Physikunterricht wird ein Versuch durchgeführt: Eine Metallkugel wird an einer Stahlfeder befestigt und das System in Schwingung gebracht. Eine fest stationierte Kamera nimmt in kurzen Zeitabständen Bilder von der schwingenden Metallkugel auf. Nach dem Ende des Versuchs werden die Bilder aneinandergereiht. Begonnen wird mit dem Bild, das die Metallkugel im höchsten Punkt zeigt.
Beschreiben Sie, wie das Ergebnis zustande gekommen ist, und vergleichen Sie es mit einem Graphen, bei dem die Werte von $\cos(x)$ für verschiedene x-Werte eingezeichnet sind.

Beim ersten Bild befindet sich die Metallkugel an der höchsten Stelle. Sie besitzt die maximale Auslenkung aus der Nulllage, die genau in der Mitte zwischen tiefster und höchster Stelle liegt.
Danach bewegt sich die Metallkugel aufgrund der Erdanziehung nach unten. Ist die Feder maximal gespannt, dann ist die Metallkugel an der tiefsten Stelle angelangt. Die Feder zieht sich nun wieder zusammen. Dadurch bewegt sich die Metallkugel nach oben.
Wenn wir zu verschiedenen x-Werten aus dem Intervall $[0; 2\pi]$ die Punkte $P(x|\cos(x))$ in ein Koordinatensystem einzeichnen, dann erhalten wir praktisch die gleiche Kurve.

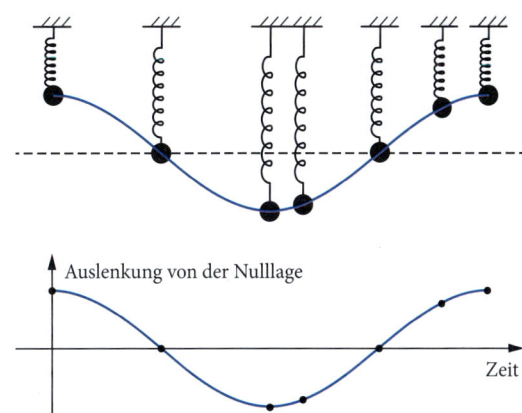

Die reelle Funktion f mit $f(x) = \cos(x)$ wird als **Kosinusfunktion** bezeichnet.

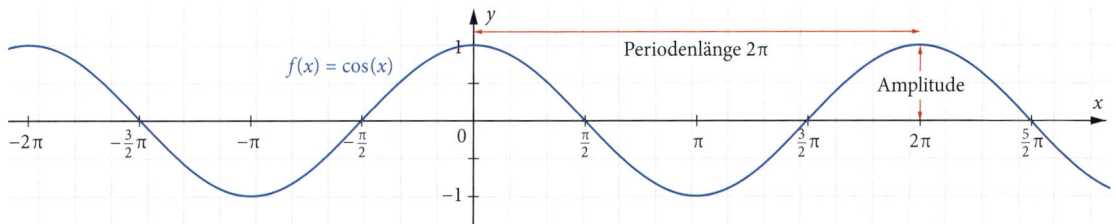

Die **Kosinusfunktion** hat folgende Eigenschaften:

Definitionsbereich	$D_f = \mathbb{R}$	Jeder reellen Zahl kann ein Funktionswert zugeordnet werden.
Wertebereich	$W_f = [-1; 1]$	Die Funktionswerte liegen zwischen −1 und 1. Die Amplitude ist 1.
Periodizität	Periodenlänge $p = 2\pi$	Die Funktionswerte wiederholen sich periodisch nach 2π.
Nullstellen	$x_N = \frac{\pi}{2} + k \cdot \pi$ mit $k \in \mathbb{Z}$	Eine Nullstelle befindet sich bei $x_N = \frac{\pi}{2}$. Benachbarte Nullstellen haben den Abstand π.
Symmetrie	Achsensymmetrie zur y-Achse: $\cos(x) = \cos(-x)$	Der Graph ist achsensymmetrisch zur y-Achse. Bei Vorzeichenänderung des x-Werts ändert sich der Funktionswert nicht.

 Begründen Sie die obigen Eigenschaften der Kosinusfunktion mithilfe der Definition am Einheitskreis.

191

2

Viele Vorgänge in der Natur wiederholen sich im Laufe der Zeit periodisch. Sie können mithilfe von geeigneten trigonometrischen Funktionen modelliert werden. Dazu müssen meistens die Amplitude und die Periodenlänge geändert werden. Auch eine Verschiebung entlang der Koordinatenachsen kann auftreten. Die daraus resultierenden Änderungen an der Funktionsgleichung der Sinusfunktion untersuchen wir auf den folgenden Seiten.

8 Veränderung der Amplitude

Vergleichen Sie die Graphen der Funktionen f, g und h mit $f(x) = 2\sin(x)$, $g(x) = 0{,}5\sin(x)$ und $h(x) = -2\sin(x)$ mit dem Graphen der Sinusfunktion.

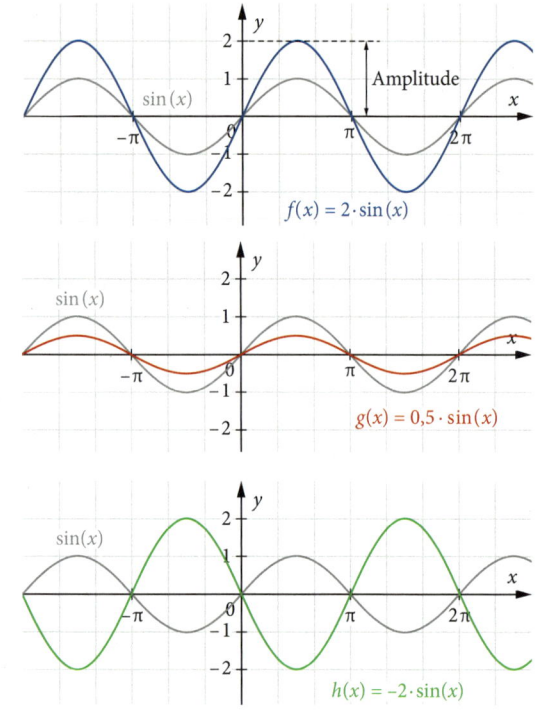

$f(x) = 2\sin(x)$
Die Funktion hat dieselben Nullstellen wie die Sinusfunktion. Die Funktionswerte sind bei jedem Wert für x doppelt so groß wie bei der Sinusfunktion. Der Graph ist im Vergleich zum Graphen der Sinusfunktion um den Faktor 2 in y-Richtung gestreckt. Die **Amplitude** beträgt 2.

$g(x) = 0{,}5\sin(x)$
Die Funktion hat dieselben Nullstellen wie die Sinusfunktion. Die Funktionswerte sind bei jedem Wert für x halb so groß wie bei der Sinusfunktion. Der Graph ist im Vergleich zum Graphen der Sinusfunktion um den Faktor 0,5 in y-Richtung gestaucht. Die Amplitude beträgt 0,5.

$h(x) = -2\sin(x)$
Die Funktion hat dieselben Nullstellen wie die Sinusfunktion. Die Amplitude beträgt 2 wie beim Graphen von f. Der Graph ist im Vergleich zum Graphen von f aber an der x-Achse gespiegelt, da das negative Vorzeichen des Vorfaktors das Vorzeichen jedes Funktionswerts umkehrt.

Für eine Funktion f mit $f(x) = a \cdot \sin(x)$ und $a \neq 0$ gibt $|a|$ die **Amplitude** der Schwingung an.
- Für $|a| > 1$ ist der Graph im Vergleich zur Sinuskurve bezüglich der y-Achse gestreckt.
- Für $|a| < 1$ ist der Graph im Vergleich zur Sinuskurve bezüglich der y-Achse gestaucht.
- Für $a < 0$ ist der Graph außerdem an der x-Achse gespiegelt.

Ermitteln Sie die Amplituden der vier Schwingungen. Geben Sie jeweils die Funktionsgleichung an.

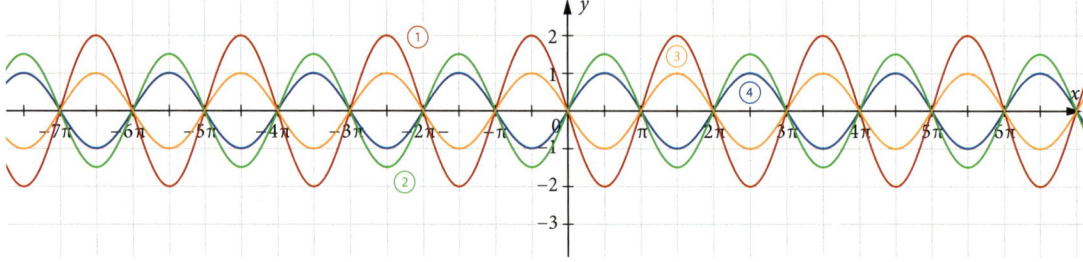

Veränderung der Periodenlänge

Vergleichen Sie die Graphen von f und g mit $f(x) = \sin(2x)$ und $g(x) = \sin(0{,}5x)$ mit dem Graphen der Sinusfunktion.

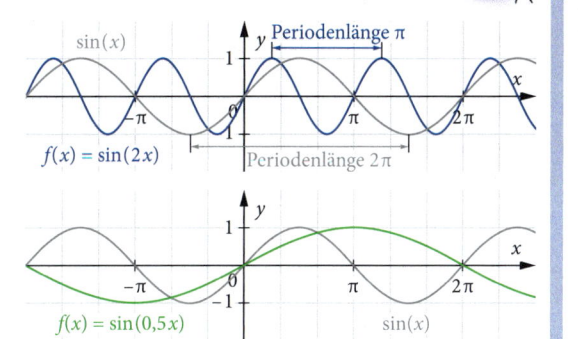

Bei Verkürzung der Periodenlänge wird der Graph entlang der x-Achse gestaucht.

$f(x) = \sin(2x)$

Die Funktion hat die gleiche Amplitude wie die Sinusfunktion. Der Abstand zwischen den Nullstellen ist im Vergleich zur Sinusfunktion halbiert. Die **Periodenlänge** verkürzt sich von 2π auf π.

$g(x) = \sin(0{,}5x)$

Die Funktion hat die gleiche Amplitude wie die Sinusfunktion. Der Abstand zwischen den Nullstellen hat sich im Vergleich zur Sinusfunktion verdoppelt. Die Periodenlänge verlängert sich von 2π auf 4π.

Für eine Funktion f mit $f(x) = \sin(b \cdot x)$ bestimmt die Zahl $b > 0$ die Länge der Periode.
- Für $b > 1$ verkürzt sich die Länge der Periode auf $\frac{2\pi}{b}$. Der Graph ist bezüglich der x-Achse gestaucht.
- Für $0 < b < 1$ vergrößert sich die Länge der Periode auf $\frac{2\pi}{b}$. Der Graph ist bezüglich der x-Achse gestreckt.

Ermitteln Sie die Periodenlänge der Funktionen f und g mit $f(x) = \sin(3x)$ und $g(x) = \sin\left(\frac{x}{\pi}\right)$.

Verschiebung des Graphen entlang der x-Achse

Vergleichen Sie die Graphen von f und g mit $f(x) = \sin\left(x - \frac{\pi}{2}\right)$ und $g(x) = \sin(x + \pi)$ mit der Sinusfunktion.

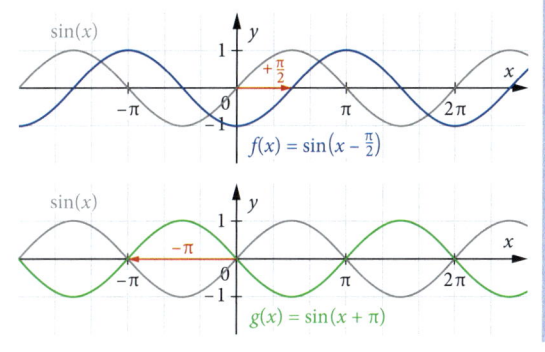

$f(x) = \sin\left(x - \frac{\pi}{2}\right)$

Die Funktion hat die gleiche Amplitude und die gleiche Periodenlänge wie die Sinusfunktion. Der Graph ist im Vergleich zum Graphen der Sinusfunktion um $\frac{\pi}{2}$ nach *rechts* verschoben.

$g(x) = \sin(x + \pi)$

Die Funktion hat die gleiche Amplitude und die gleiche Periodenlänge wie die Sinusfunktion. Der Graph ist im Vergleich zum Graphen der Sinusfunktion um π nach *links* verschoben.

▶ Eine Verschiebung entlang der x-Achse heißt auch **Phasenverschiebung**.

Für eine Funktion f mit $f(x) = \sin(x - c)$ bewirkt c eine Verschiebung der Sinuskurve entlang der x-Achse:
- Für $c > 0$ verschiebt sich die Sinuskurve um c Einheiten nach rechts.
- Für $c < 0$ verschiebt sich die Sinuskurve um $|c|$ Einheiten nach links.

Vergleichen Sie den Graphen der Funktion h mit $h(x) = \sin(x - \pi)$ mit dem Graphen der Funktion g mit $g(x) = \sin(x + \pi)$.

Verschiebung des Graphen entlang der y-Achse

Vergleichen Sie die Graphen von f und g mit $f(x) = \sin(x) + 2$ und $g(x) = \sin(x) - 1$ mit der Sinuskurve.

$f(x) = \sin(x) + 2$
Der Graph ist im Vergleich zum Graphen der Sinusfunktion um 2 Einheiten nach oben verschoben.

$g(x) = \sin(x) - 1$
Der Graph ist im Vergleich zum Graphen der Sinusfunktion um 1 Einheit nach unten verschoben.

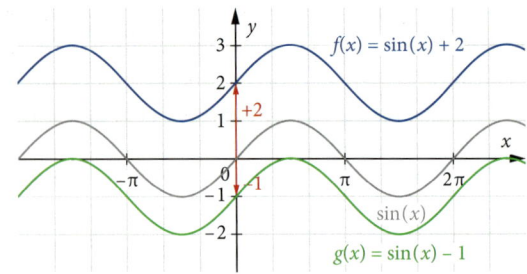

 Für eine Funktion f mit $f(x) = \sin(x) + d$ bewirkt d eine Verschiebung der Sinuskurve entlang der y-Achse:
- Für $d > 0$ verschiebt sich die Sinuskurve um d Einheiten nach oben.
- Für $d < 0$ verschiebt sich die Sinuskurve um $|d|$ Einheiten nach unten.

 Veränderung mehrerer Parameter

Skizzieren Sie den Graphen von g mit $g(x) = 2 \cdot \sin\left(2x - \frac{\pi}{2}\right) + 1{,}5$.

Ausgangsfunktion: $f(x) = \sin(x)$
Wir ermitteln den Graphen von g schrittweise:
$g_1(x) = \sin(2x)$
▶ Halbierung der Periodenlänge.

$g_2(x) = \sin\left(2x - \frac{\pi}{2}\right) = \sin\left(2\left[x - \frac{\pi}{4}\right]\right)$
▶ Verschiebung um $\frac{\pi}{4}$ nach rechts.

$g_3(x) = 2 \cdot \sin\left(2\left[x - \frac{\pi}{4}\right]\right)$
▶ Streckung in y-Richtung mit Faktor 2.

$g(x) = 2 \cdot \sin\left(2\left[x - \frac{\pi}{4}\right]\right) + 1{,}5$
▶ Verschiebung um 1,5 nach oben.

Zu beachten ist, dass wir die Verschiebung entlang
der x-Achse erst ablesen können, nachdem wir im
Argument der Sinusfunktion den Faktor 2 ausgeklammert haben.

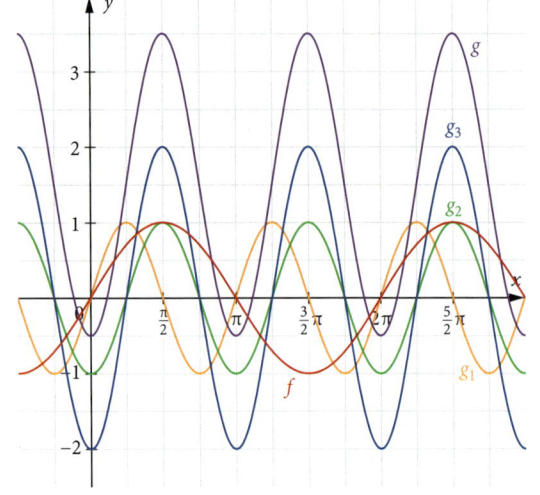

$$g(x) = a \cdot \sin(b \cdot (x - c)) + d$$

Die Amplitude ist $|a|$. Die Sinuskurve wird entlang der y-Achse mit dem Faktor $|a|$ gestreckt ($|a| > 1$) bzw. gestaucht ($|a| < 1$). Für $a < 0$ wird die Sinuskurve an der x-Achse gespiegelt.

Die Länge der Periode verkürzt ($b > 1$) bzw. vergrößert ($0 < b < 1$) sich auf $\frac{2\pi}{b}$.

Die Sinuskurve wird entlang der x-Achse um $|c|$ Einheiten nach rechts ($c > 0$) bzw. links ($c < 0$) verschoben.

Die Sinuskurve wird entlang der y-Achse um $|d|$ Einheiten nach oben ($d > 0$) bzw. unten ($d < 0$) verschoben.

Übungen zu 2.7.2

1. Ordnen Sie die Graphen ① bis ④ den Funktionsgleichungen a) bis d) zu.

a) $f(x) = 2\sin(x)$

c) $f(x) = \sin(2x)$

b) $f(x) = \sin(x) - 2$

d) $f(x) = \sin\left(x + \frac{3}{2}\pi\right)$

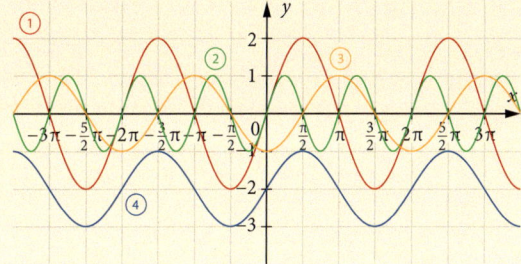

2. Skizzieren Sie den Graphen der Funktion f.

a) $f(x) = 3\sin(5(x-1)) + 2$

b) $f(x) = 3\cos(2x)$

3. Beschreiben Sie in Worten, wie man ausgehend vom Graphen der Funktion f mit $f(x) = \sin(x)$ den Graphen der Funktion g erhält. Skizzieren Sie anschließend diesen Graphen.

a) $g(x) = 2\sin(\pi x) + 5$

c) $g(x) = 5\sin(2x - \pi)$

b) $g(x) = 4 + \sin(4 + 2\pi x)$

d) $g(x) = \sin(3x - 3) + \pi$

4. Untersuchen Sie, welchen Einfluss auf den Graphen der Kosinusfunktion die Parameter a, b, c und d bei der Funktion $g(x) = a \cdot \cos(bx - c) + d$ haben.
Gehen Sie dabei ähnlich vor wie in den Beispielen zur Sinusfunktion. ▶ Beispiele 9 bis 12

5. Um für ein Kalenderjahr die Tageslängen angeben zu können, recherchiert Sophie die Uhrzeiten der Sonnenauf- und -untergänge ihres Wohnorts. Mithilfe eines Funktionsplotters erstellt Sophie als Näherungskurve für die Tageslängen die Funktion f mit $f(x) = 3{,}5 \cdot \sin(0{,}017\,x - 1{,}36) + 12$, wobei x in Tagen und $f(x)$ in Stunden angegeben ist.

a) Zeichnen Sie den Graphen der Funktion f.

b) Geben Sie die mittlere Tageslänge dieses Kalenderjahres an.

c) Ermitteln Sie die Differenz zwischen dem längsten und dem kürzesten Tag dieses Kalenderjahres.

d) Berechnen Sie die Tageslänge des 80. Tages. Interpretieren Sie das Ergebnis im Sachzusammenhang.

e) Am 21. Juni ist der längste Tag des Jahres. Zeigen Sie mithilfe einer Wertetabelle, dass die Näherungsfunktion diese Tatsache korrekt wiedergibt.

6. Betrachten Sie die Graphen und nehmen Sie Stellung zu den beiden Schüleraussagen:

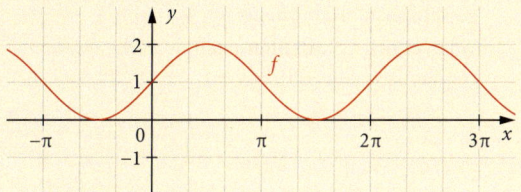

1. Aussage:
„Der Startpunkt von $f(x) = 2\sin(x) + 1$ auf der y-Achse liegt bei +1. Hinten steht also ein y-Achsenabschnitt ähnlich wie bei den Geraden."

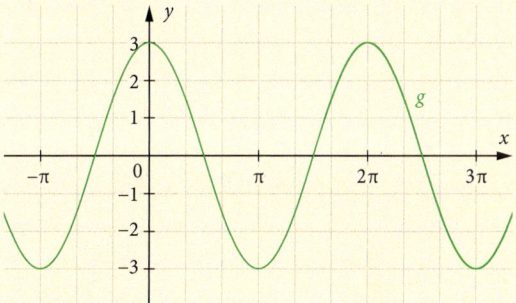

2. Aussage:
„Für $g(x) = 3\cos(x)$ liegt der Startpunkt mit der y-Achse bei 3 und hinten steht nicht +3. Also ist doch die Amplitude so etwas wie ein y-Achsenabschnitt."

7. Geben Sie die Funktionsgleichung einer Sinus- bzw. einer Kosinusfunktion an, die

a) um 3 in y-Richtung gestreckt und um 1 nach unten verschoben ist.

b) die Amplitude 1 und die Periodenlänge 10 hat.

c) einen Hochpunkt in $H(0|0)$ und einen Tiefpunkt in $T(4|-2)$ hat.

d) keinen Schnittpunkt mit der x-Achse und die Periodenlänge 7π hat.

8. Gegeben ist die reelle Funktion f mit der Gleichung $f(x) = 4\sin(3x + 2) + 1$. Geben Sie an, welche der Aussagen wahr sind.

a) Der Graph von f hat im Intervall $[0; \pi]$ genau drei Schnittpunkte mit der x-Achse.

b) Der Graph von f hat im Intervall $[\pi; 2\pi]$ genau zwei Hochpunkte.

c) Der Graph von f hat im Intervall $[2\pi; 3\pi]$ genau einen Tiefpunkt.

Vermischte Übungen zu 2.7

1. Um für eine Anlegeleiter einen sicheren Stand zu gewährleisten, empfiehlt der Hersteller einen Anstellwinkel von 65° bis 75° zwischen Leiter und Boden.

a) Berechnen Sie, wie hoch ein Baum maximal sein darf bzw. mindestens sein muss, um mit einer 3 m langen Leiter dort sicher arbeiten zu können.

b) Fertigen Sie eine Skizze an.

2. Übertragen Sie die Tabelle in Ihr Heft. Rechnen Sie vom Grad- ins Bogenmaß um bzw. umgekehrt.

α	0°		70°	90°			10°	
x		$\frac{\pi}{8}$			π	$\frac{\pi}{2}$		2,2

3. Ordnen Sie die Graphen ① bis ④ den Funktionsgleichungen a) bis d) zu. Begründen Sie Ihre Wahl. Geben Sie die Werte der Parameter a, b, c, d der allgemeinen Form $f(x) = a \cdot \sin(b \cdot (x - c)) + d$ an.

a) $f(x) = 2\sin(x)$

b) $f(x) = \sin(x) - 2$

c) $f(x) = \sin(2x)$

d) $f(x) = -\cos(x)$

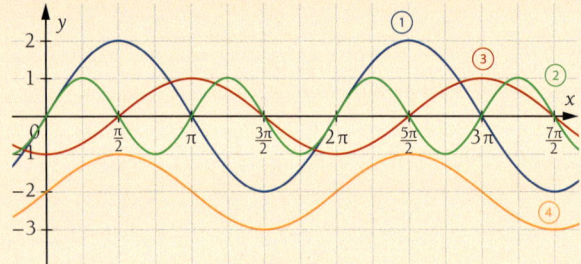

4. Geben Sie an, wie der Graph der Funktion f aus dem Graphen der Funktion g mit $g(x) = \sin(x)$ hervorgeht. Geben Sie Periodenlänge und Amplitude an. Skizzieren Sie den Graphen von f.

a) $f(x) = 0{,}5\sin(x) - 1$

b) $f(x) = 2\sin\left(\frac{\pi}{2}x\right) + 3{,}5$

c) $f(x) = -\sin(4x) - 2{,}5$

d) $f(x) = -3\sin(2\pi x) + 1$

e) $f(x) = \cos(x)$

5. Geben Sie zu jedem der abgebildeten Graphen einen möglichen Funktionsterm an.

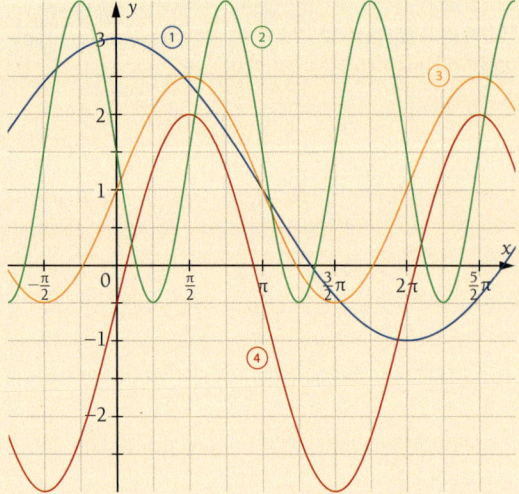

6. Im Urlaub an der Nordsee beobachten Sie an einer Steilklippe mit aufgesprühter Höhenskala die Gezeiten. Sie bemerken, dass bei Niedrigwasser die Marke von 2 m erreicht wird und bei Hochwasser die Marke von 4,5 m. Nach einigen Tagen haben Sie das Gefühl, dass sich Hoch- und Niedrigwasser ca. alle 6 Stunden abwechseln. Sie vermuten einen periodischen Zusammenhang und möchten diesen durch eine Sinusfunktion beschreiben, die die Wasserhöhe in Abhängigkeit der Zeit angibt. Später möchten Sie Ihr mathematisches Modell mit den Beobachtungen während des Urlaubs abgleichen.
Stellen Sie eine Funktion auf, die die Wasserhöhe in Abhängigkeit der Zeit t (in Stunden) wiedergibt. Nehmen Sie für den Zeitpunkt $t = 0$ den tiefsten Wasserstand („Niedrigwasser") an.

7. Betrachten Sie die auf Seite 185 geschilderte Situation.

a) Lesen Sie die Höhe des Riesenrads ab.

b) Skizzieren Sie ein mögliches Höhenprofil mit x-Werten zwischen 7,475 km und 7,575 km und y-Werten zwischen 230 m und 300 m.

c) In einer weiteren Einstellung der GPS-Uhr kann der Höhenunterschied auf der y-Achse gegen die Zeit auf der x-Achse aufgetragen werden. Skizzieren Sie einen möglichen Graphen für die Fahrt mit dem Riesenrad.

Ich kann ...

*... Winkel vom **Gradmaß** ins **Bogenmaß** umrechnen (und umgekehrt).*

$90° \mathrel{\hat=} \frac{\pi}{2}$
$180° \mathrel{\hat=} \pi$
$360° \mathrel{\hat=} 2\pi$

Umrechnungsformel:
$\frac{x}{2\pi} = \frac{\alpha}{360°}$ ▶ x im Bogenmaß
α im Gradmaß

*... die **Sinusfunktion** und die **Kosinusfunktion** beschreiben und die Graphen skizzieren.*

Sinusfunktion: $f(x) = \sin(x)$
$D_f = \mathbb{R}$
$W_f = [-1; 1]$
Periodenlänge: 2π
Punktsymmetrie zum Ursprung
Nullstellen: $x_N = k \cdot \pi$ mit $k \in \mathbb{Z}$

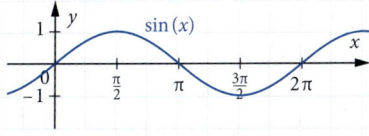

Kosinusfunktion: $f(x) = \cos(x)$
$D_f = \mathbb{R}$
$W_f = [-1; 1]$
Periodenlänge: 2π
Achsensymmetrie zur y-Achse
Nullstellen: $x_N = \frac{\pi}{2} + k \cdot \pi$ mit $k \in \mathbb{Z}$

2

*... die **Sinusfunktion** mithilfe von **Parametern** modifizieren.*

$f(x) = 3 \cdot \sin\left(2 \cdot \left[x - \frac{\pi}{4}\right]\right) + 1$

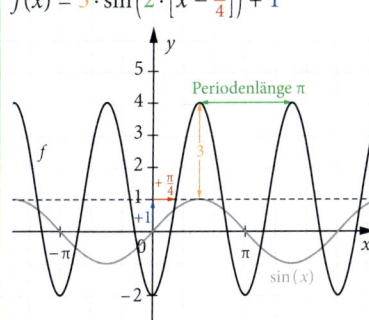

$f(x) = a \cdot \sin(b \cdot (x - c)) + d$

$a \neq 0$: Amplitude: $|a|$
Die Sinuskurve wird entlang der y-Achse gestreckt ($|a| > 1$) bzw. gestaucht ($|a| < 1$). Für $a < 0$ wird die Sinuskurve an der x-Achse gespiegelt.

$b > 0$: Periodenlänge: $\frac{2\pi}{b}$
Die Sinuskurve wird entlang der x-Achse gestreckt ($0 < b < 1$) bzw. gestaucht ($b > 1$).

$c \in \mathbb{R}$: Die Sinuskurve wird um $|c|$ Einheiten nach rechts ($c > 0$) bzw. links ($c < 0$) verschoben.

$d \in \mathbb{R}$: Die Sinuskurve wird um $|d|$ Einheiten nach oben ($d > 0$) bzw. unten ($d < 0$) verschoben.

Test zu 2.7

1. Die beiden Graphen gehören zu Funktionen mit einem Funktionsterm der Form $a \cdot \sin(b(x-c)) + d$. Bestimmen Sie jeweils passende Werte für die Parameter a, b, c und d.

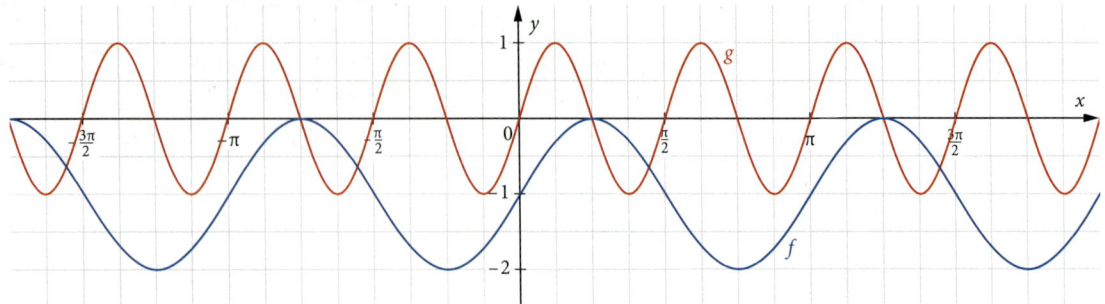

2. Ordnen Sie die abgebildeten Graphen den richtigen Funktionen zu. Begründen Sie Ihre Entscheidung.

a) $f(x) = 0{,}5 \sin(2\pi x)$ b) $g(x) = -\cos\left(\pi x + \frac{\pi}{2}\right)$ c) $h(x) = \sin\left(\frac{4}{3}x\right) - \frac{1}{2}$ d) $i(x) = \cos(-\pi x)$

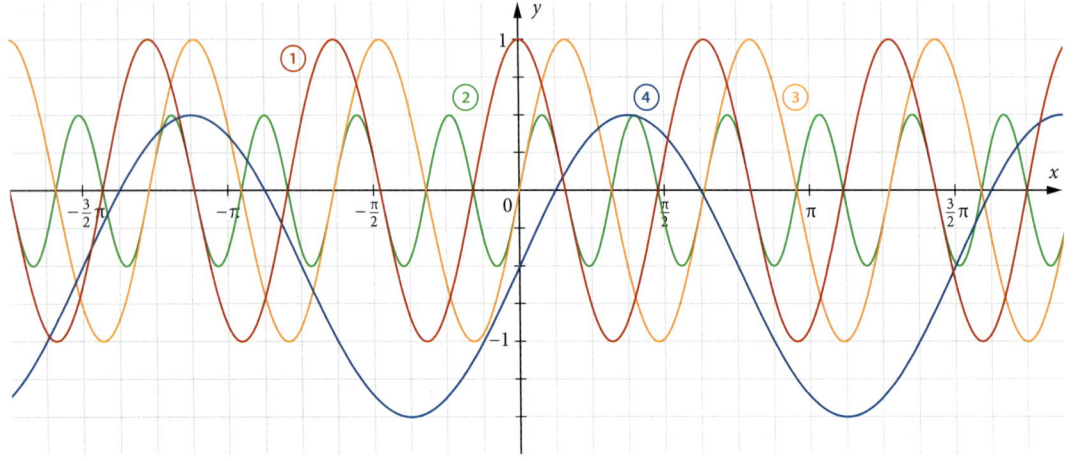

3. Der Temperaturverlauf eines Tages kann durch die Funktion f mit $f(x) = 6 \sin\left(\frac{\pi}{12}x\right) + 15$ modelliert werden. Dabei ist x die Stunde nach Sonnenaufgang (6 Uhr) und $f(x)$ ist die Temperatur in °C. Geben Sie die Periodenlänge, die Amplitude sowie die Verschiebung entlang der y-Achse an. Interpretieren Sie diese Begriffe im Sachzusammenhang. Skizzieren Sie den Graphen von f in einem sinnvollen Intervall.

4. Sogenannte Noise-Cancelling-Kopfhörer eliminieren Umgebungsgeräusche mittels Gegenschall. Dazu muss der Kopfhörer einen Ton erzeugen, der das störende Geräusch exakt auslöscht. Als Beispiel soll der Kammerton a' mit 440 Hz betrachtet werden. Die Funktion mit der Gleichung $f_{440}(t) = \sin(2\pi \cdot 440 \cdot t)$ beschreibt diesen Ton. Dabei gibt t die Zeit in Sekunden an.

a) Stellen Sie den Graphen des Kammertons in einem geeigneten Intervall dar. Beachten Sie dabei, dass 440 Hz bedeutet, dass pro Sekunde 440 Schwingungen zu beobachten sind.

b) Der Kopfhörer muss nun einen Gegenton $g_{440}(t)$ erzeugen, der den Kammerton $f_{440}(t)$ exakt auslöscht. Es soll also für jeden Zeitpunkt t gelten: $f_{440}(t) + g_{440}(t) = 0$. Zeichnen Sie den Graphen des Gegentons in das Koordinatensystem aus a) ein und bestimmen Sie den Funktionsterm $g_{440}(t)$.

c) Verallgemeinern Sie Ihre Erkenntnis auf jeden beliebigen Ton mit der Frequenz f_0 gegeben durch die Gleichung $f(t) = \sin(2\pi \cdot f_0 \cdot t)$.

Überblick: Symmetrien, Verschiebungen und Streckungen

Achsensymmetrie zur y-Achse

Ist mit jedem Punkt $(x|y)$ auch $(-x|y)$ ein Punkt auf dem Funktionsgraphen, so liegt eine Symmetrie zur y-Achse vor. Es gilt $f(-x) = f(x)$ für alle $x \in D_f$.
Ganzrationale Funktionen der Form $f(x) = a_n x^n + a_{n-1} x^{n-1} + \cdots + a_1 x + a_0$ sind achsensymmetrisch zur y-Achse, wenn der Funktionsterm die Variable nur in Potenzen mit **geraden Exponenten** enthält.

$f(x) = x^2$
$f(-x) = (-x)^2 = x^2 = f(x)$

$g(x) = \frac{1}{x^4} + 2$
$g(-x) = \frac{1}{(-x)^4} + 2 = \frac{1}{x^4} + 2 = g(x)$

$f(x) = \cos(x)$
$f(-x) = \cos(-x) = \cos(x) = f(x)$

$g(x) = 2\cos(x) + 1$
$g(-x) = 2\cos(-x) + 1 = 2\cos(x) + 1 = g(x)$

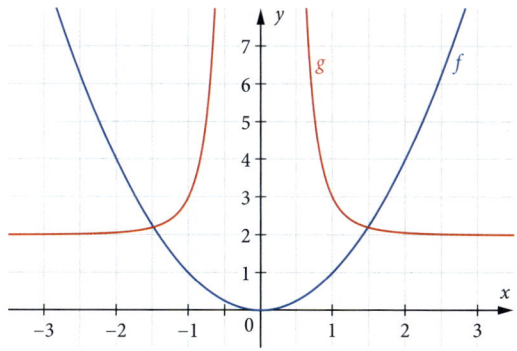

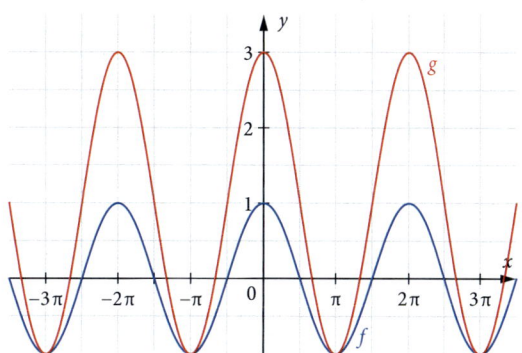

Punktsymmetrie zum Koordinatenursprung

Ist mit jedem Punkt $(x|y)$ auch $(-x|-y)$ ein Punkt auf dem Funktionsgraphen, so liegt eine Symmetrie zum Koordinatenursprung vor. Es gilt $-f(-x) = f(x)$ für alle $x \in D_f$.
Ganzrationale Funktionen der Form $f(x) = a_n x^n + a_{n-1} x^{n-1} + \cdots + a_1 x + a_0$ sind punktsymmetrisch zum Koordinatenursprung, wenn der Funktionsterm die Variable nur in Potenzen mit **ungeraden Exponenten** enthält.

$f(x) = \frac{1}{10} x^5 + x^3$
$-f(-x) = -\left(\frac{1}{10}(-x)^5 + (-x)^3\right)$
$\quad = -\left(-\frac{1}{10} x^5 - x^3\right) = \frac{1}{10} x^5 + x^3 = f(x)$

$g(x) = \frac{1}{x^3}$
$-g(-x) = -\frac{1}{(-x)^3} = -\frac{1}{-x^3} = \frac{1}{x^3} = g(x)$

$f(x) = \sin(x)$
$-f(-x) = -\sin(-x) = -(-\sin(x))$
$\quad = \sin(x) = f(x)$

$g(x) = 0,5x + \sin(x)$
$-g(-x) = -(0,5 \cdot (-x) + \sin(-x))$
$\quad = -(-0,5x - \sin(x))$
$\quad = 0,5x + \sin(x) = g(x)$

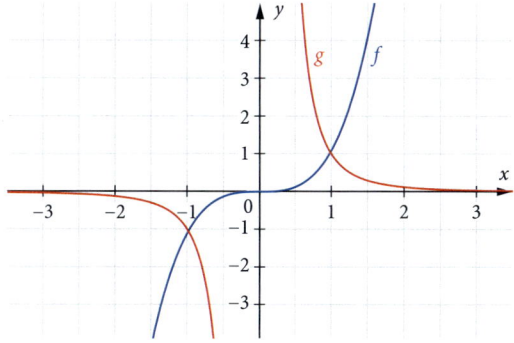

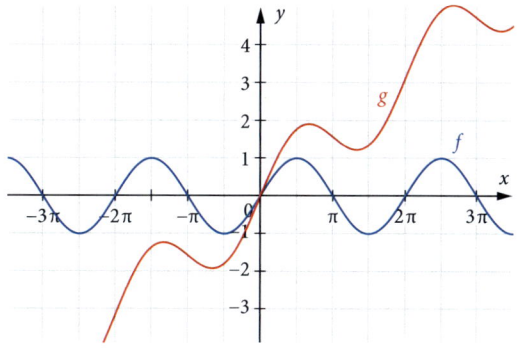

Verschiebung in x-Richtung

Die Gleichung $g(x) = f(x - c)$ mit $c \in \mathbb{R}$ verschiebt den Graphen der Ausgangsfunktion f entlang der x-Achse um $|c|$ Einheiten nach rechts ($c > 0$) bzw. nach links ($c < 0$).

$f(x) = x^2$
$g(x) = (x - 1)^2$

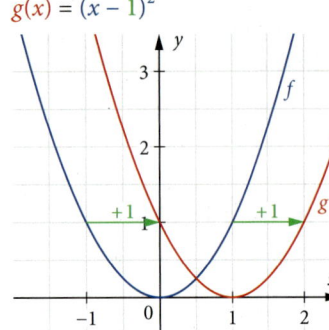

$f(x) = 2^x$
$g(x) = 2^{x+2} = 2^{x-(-2)}$

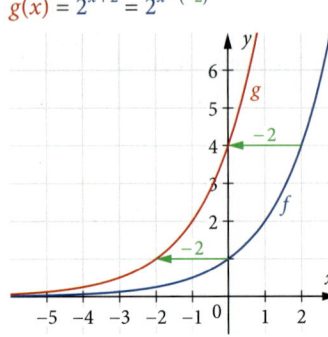

$f(x) = \frac{1}{x}$
$g(x) = \frac{1}{x - 2}$

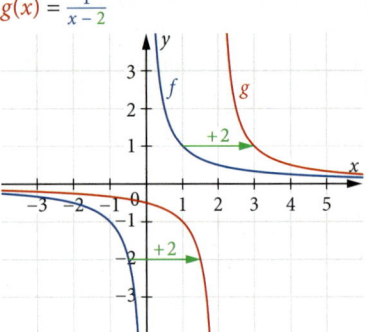

Verschiebung in y-Richtung

Die Gleichung $g(x) = f(x) + d$ mit $d \in \mathbb{R}$ verschiebt den Graphen der Ausgangsfunktion f entlang der y-Achse um $|d|$ Einheiten nach oben ($d > 0$) bzw. nach unten ($d < 0$).

$f(x) = x^2$
$g(x) = x^2 + 1$

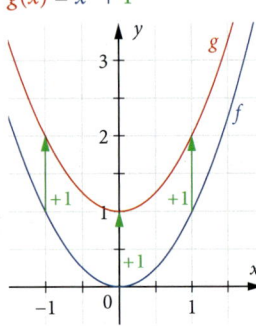

$f(x) = \sqrt{x}$
$g(x) = \sqrt{x} - 3$

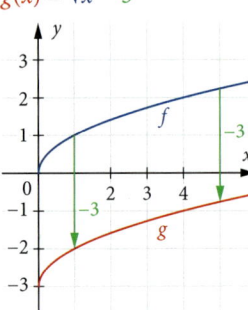

$f(x) = \sin(x)$
$g(x) = \sin(x) + 1$

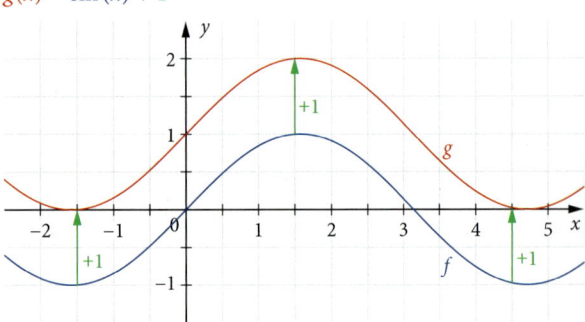

Stauchung in y-Richtung

Die Gleichung $g(x) = a \cdot f(x)$ mit $0 < |a| < 1$ staucht den Graphen der Ausgangsfunktion f um den Faktor a in y-Richtung. Der Graph wird also „flacher" bzw. „breiter".
Für $-1 < a < 0$ wird der Graph zusätzlich an der x-Achse gespiegelt.

$f(x) = x^2$
$g(x) = 0{,}5\,x^2$

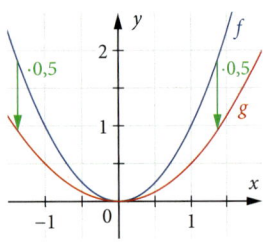

$f(x) = 3^x$
$g(x) = 0{,}25 \cdot 3^x$

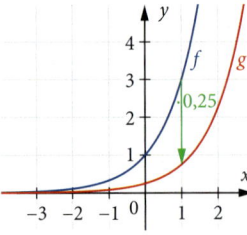

$f(x) = \sin(x)$
$g(x) = 0{,}5 \sin(x)$
$h(x) = -0{,}5 \sin(x)$

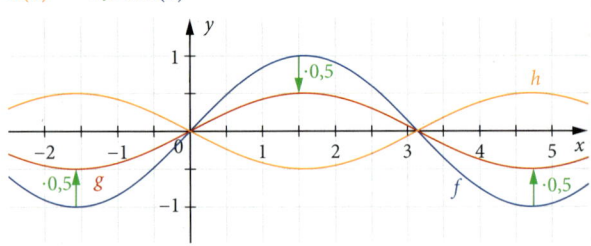

Streckung in y-Richtung

Die Gleichung $g(x) = a \cdot f(x)$ mit $|a| > 1$ streckt den Graphen der Ausgangsfunktion f um den Faktor a in y-Richtung. Der Graph wird also „steiler" bzw. „schmaler".
Für $a < -1$ wird der Graph zusätzlich an der x-Achse gespiegelt.

$f(x) = x^2$
$g(x) = 2x^2$

$f(x) = 3^x$
$g(x) = 1{,}5 \cdot 3^x$
$h(x) = -1{,}5 \cdot 3^x$

$f(x) = \sin(x)$
$g(x) = 1{,}5\sin(x)$

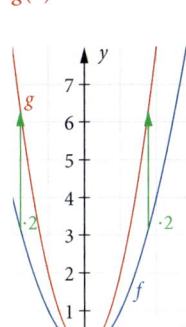
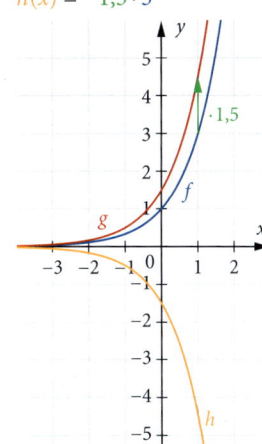
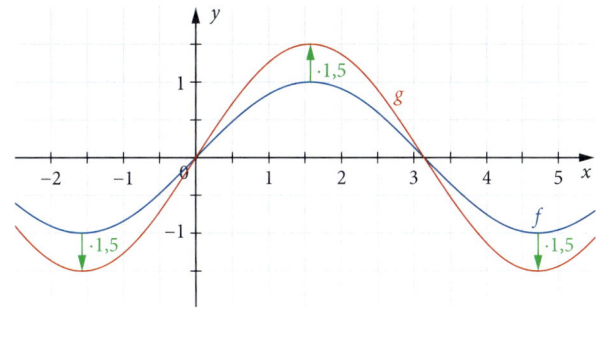

Streckung und Stauchung in x-Richtung

Die Gleichung $g(x) = f(bx)$ mit $0 < b < 1$ streckt den Graphen der Ausgangsfunktion f um den Faktor $\frac{1}{b}$ in x-Richtung.
Die Gleichung $g(x) = f(bx)$ mit $b > 1$ staucht den Graphen der Ausgangsfunktion f um den Faktor $\frac{1}{b}$ in x-Richtung.

$f(x) = 0{,}6^x$
$g(x) = 0{,}6^{0{,}5x}$
$h(x) = 0{,}6^{2x}$

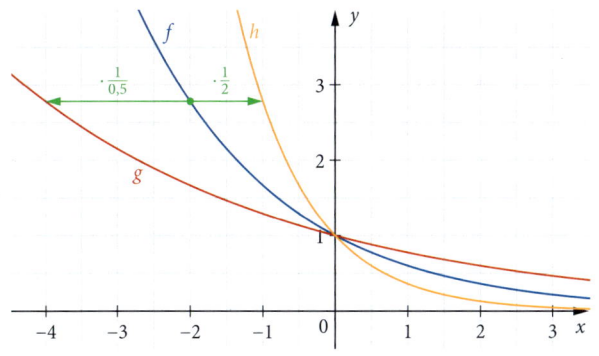

Wie bei einem Akkordeon:
Für $0 < b < 1$ auseinanderziehen, für $b > 1$ zusammenschieben.

$f(x) = \sin(x)$ $g(x) = \sin(2x)$

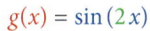
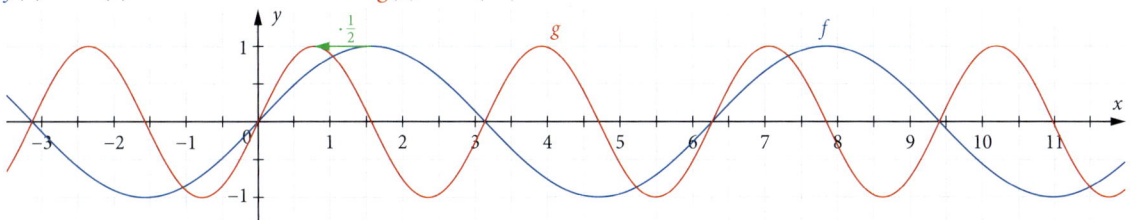

Auf dieser Seite wird gezeigt, wie der Graph einer Funktion g mit $g(x) = a \cdot f(b(x - c)) + d$ aus dem Graphen der Funktion f hervorgeht. ▶ $a \neq 0;\ b > 0;\ c, d \in \mathbb{R}$

$f(x) = 2^x$

$g(x) = 1{,}5 \cdot 2^{0{,}5 \cdot (x + 3)} + 4$

Als Erstes fügen wir im Funktionsterm von f den Faktor $b = 0{,}5$ im Exponenten ein und erhalten:

$g_1(x) = 2^{0{,}5x}$

Jeder y-Wert wird nun beim doppelten x-Wert angenommen. Dies entspricht einer Streckung des Graphen von f in x-Richtung um das Doppelte.
▶ Faktor $\frac{1}{0{,}5} = 2$

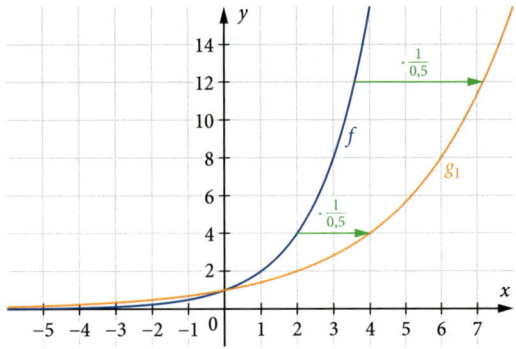

Nun multiplizieren wir den Funktionsterm von g_1 mit $a = 1{,}5$:

$g_2(x) = 1{,}5 \cdot 2^{0{,}5x}$

Dadurch wird der Graph von g_1 um das 1,5-fache in y-Richtung gestreckt.

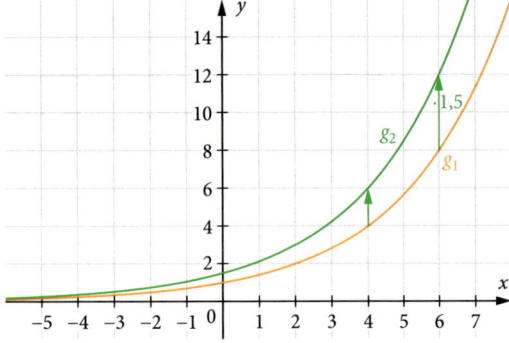

Im Funktionsterm von g_2 subtrahieren wir $c = -3$ vom x-Wert, *bevor* der neue x-Wert halbiert wird:

$g_3(x) = 1{,}5 \cdot 2^{0{,}5 \cdot (x - (-3))} = 1{,}5 \cdot 2^{0{,}5 \cdot (x + 3)}$

Im Vergleich zu g_2 ergibt sich eine Verschiebung des Graphen um 3 Einheiten nach links.

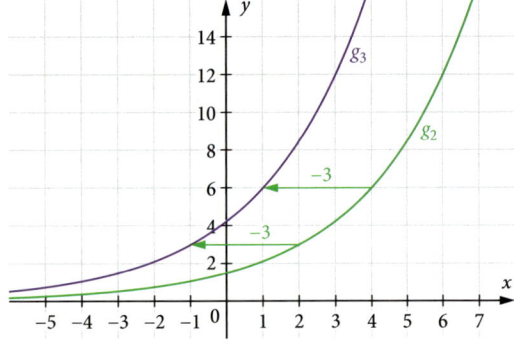

Abschließend addieren wir $d = 4$ zum Funktionsterm von g_3 und erhalten so die Funktionsgleichung der Zielfunktion g:

$g(x) = 1{,}5 \cdot 2^{0{,}5 \cdot (x + 3)} + 4$

Diese Variation bewirkt einer Verschiebung des Graphen von g_3 um 4 Einheiten nach oben.

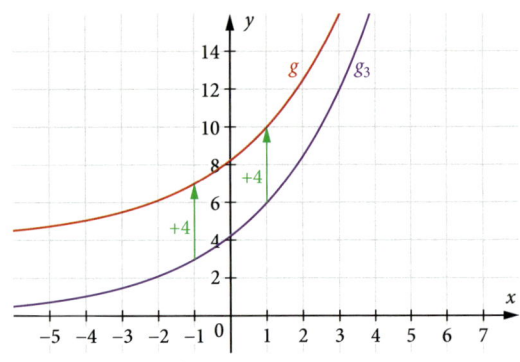

3 Ableitungen

3.1 Steigung und Änderungsraten

Die Fly Bike Werke GmbH vermittelt auch Radtouren. Eine der Radtouren beinhaltet die Vier-Pässe-Tour um die Sellagruppe in Südtirol. Die Teilnehmer werden exklusiv mit Mountainbikes der Fly Bike Werke ausgestattet und können so einige Pässe der Sellagruppe fahrend erklimmen.

Die Karte zeigt den Fahrtverlauf beginnend in Corvara.

Ein Teilnehmer fertigt das Höhenprofil der Tour an, um es später auf seinem Urlaubsblog zu veröffentlichen. In einem Erfahrungsbericht möchte er die Anstrengungen beim Auf- und Abstieg der verschiedenen Pässe schildern. Dabei sollen auch der absolut höchste Punkt der Tour sowie der steilste Anstieg und die steilste Abfahrt benannt werden.

▶ Aufgabe 1 auf Seite 228

Kompetenzen

- Grenzprozesse mathematisch beschreiben und interpretieren

- Berechnung von mittleren und lokalen Änderungsraten

- Ableitungsregeln herleiten und anwenden

- Ableitungsfunktionen bestimmen und grafisch veranschaulichen

Anwendungen

- Mittleres Kostenwachstum

- Grenzkosten, Grenzerlöse und Grenzgewinne als relative Änderungen

3

3.1   Steigung und Änderungsraten

3.1.1   Steigung einer Funktion an einer bestimmten Stelle

Steigungen sind uns aus unserem Alltag bekannt:
- Zinsen steigen oder fallen.
- Aktienkurse sind auf Höhenflug oder brechen ein.
- Kosten explodieren.
- Pflanzen wachsen unterschiedlich schnell.
- Ein Temperatursturz von 28 °C auf 18 °C innerhalb von 24 Stunden kann zu heftigen Kreislaufproblemen führen.

 Höhenprofil

Wir genießen es, einen steilen Berg mit dem Fahrrad hinunterzufahren. Wir schimpfen, wenn der Anstieg kein Ende zu nehmen scheint. Auskunft über Höhenunterschiede geben topografische Karten, in denen Höhenlinien eingezeichnet sind.

Untersuchen Sie den rot eingezeichneten Weg vom Homberg über den Heuberg zum Eggeberg in Bezug auf seine Steigung.

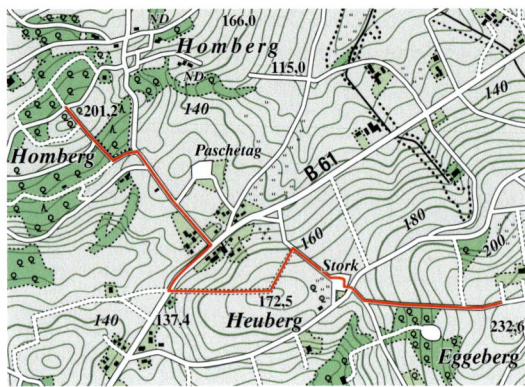

Die Tabelle gibt für einzelne Punkte des Wegs die Entfernung vom Startpunkt (Homberg) und die zugehörige Höhe an.

Entfernung in m	0	400	600	1300	2200
Höhe über NN in m	200	150	140	170	230

Ein Höhenprofil erhalten wir, wenn wir die Daten als Punkte in ein Koordinatensystem eintragen. Das Höhenprofil liefert zu jedem Entfernungspunkt die zugehörige Höhe.

Wir beschreiben die ersten 600 Meter:
Der Weg beginnt am Homberg in einer Höhe von 200 Meter über NN. Die folgenden 400 Meter führen bergab. Während dieser Strecke werden ungefähr 50 Höhenmeter überwunden (200 m bis 150 m). In den folgenden 100 Metern führt der Weg zunächst leicht bergauf und dann weiter bergab bis auf eine Höhe von 140 Meter.

Höhenprofil

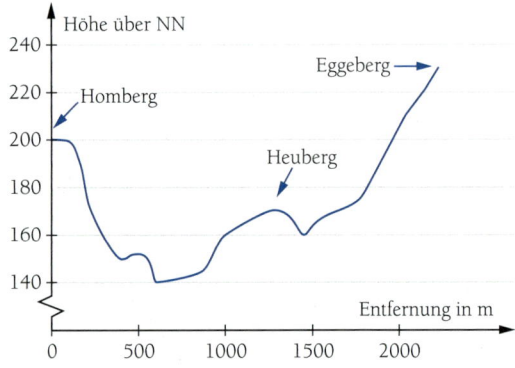

 Beschreiben Sie das Höhenprofil zwischen Homberg und Eggeberg. Wann ist der Weg besonders steil, wann ist er besonders flach?

Durchschnittliche Steigung

Geben Sie das durchschnittliche Gefälle auf den ersten 600 Metern an.

Am Höhenprofil lesen wir ab, dass auf den ersten 600 Metern beginnend vom Homberg eine Höhe von 60 Höhenmetern überwunden wird:
$$200\,m - 140\,m = 60\,m$$

Durch eine Gerade werden der Ausgangspunkt P_1 und das Etappenziel P_2 verbunden. Mithilfe der Steigungsformel berechnen wir die Steigung der Geraden durch die Punkte $P_1(0|200)$ und $P_2(600|140)$.
▶ Steigungsformel, Seite 74

Die Geradensteigung beträgt $-0,1$.

Man überwindet auf diesem Streckenabschnitt durchschnittlich 10 Höhenmeter abwärts auf 100 Meter Entfernung.

Allgemein sagt man, dass die **durchschnittliche Steigung** $-0,1$ beträgt bzw. auf dieser Strecke ein Gefälle von 10 % vorliegt.

Da die durchschnittliche Steigung die Änderung der Höhe angibt, heißt sie auch **mittlere Änderungsrate**. Die durchschnittliche Steigung spiegelt jedoch nur selten die tatsächliche Steigung an den einzelnen Streckenpunkten wider.

So verläuft der tatsächliche Weg zwischen 400 und 500 Metern bergauf. Die Steigung auf diesem Teilstück ist also positiv – eine Tatsache, die man dem negativen Wert $-0,1$ nicht ansieht. Die sonst rot eingezeichnete Steigungsgerade ist in diesem Abschnitt schwarz markiert.

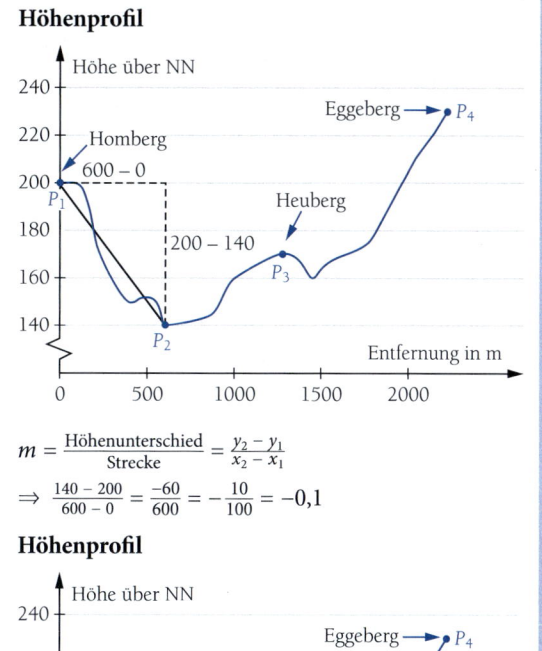

Höhenprofil

$$m = \frac{\text{Höhenunterschied}}{\text{Strecke}} = \frac{y_2 - y_1}{x_2 - x_1}$$
$$\Rightarrow \frac{140 - 200}{600 - 0} = \frac{-60}{600} = -\frac{10}{100} = -0,1$$

Höhenprofil

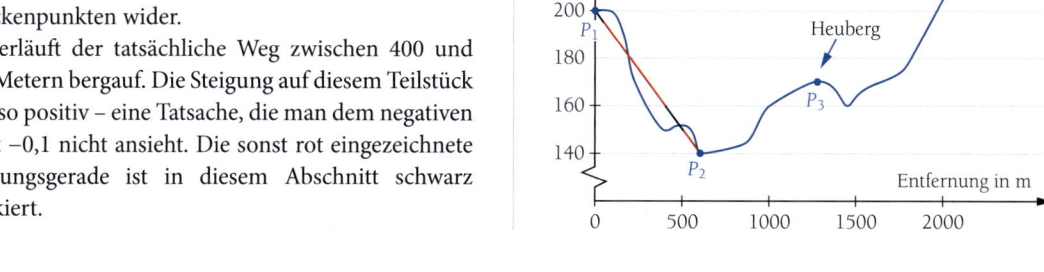

Mittlere Änderungsrate von f im Intervall $[x_0; x]$: $\frac{f(x) - f(x_0)}{x - x_0}$

Diese entspricht der Steigung der Geraden durch die Punkte $P_0(x_0|f(x_0))$ und $P(x|f(x))$: $m = \frac{f(x) - f(x_0)}{x - x_0}$

Den Ausdruck $\frac{f(x) - f(x_0)}{x - x_0}$ nennt man auch **Differenzenquotient**.

1. Berechnen Sie im obigen Beispiel 2 die durchschnittliche Steigung für die Streckenabschnitte von Punkt $P_2(600|140)$ zu $P_3(1300|170)$ und von Punkt $P_3(1300|170)$ zu $P_4(2200|230)$.
   Machen Sie Aussagen darüber, für welche Streckenabschnitte die durchschnittliche Steigung die tatsächliche Steigung gut oder schlecht widerspiegelt.

2. Bestimmen Sie die mittlere Änderungsrate in den Intervallen $[-1; 2]$, $[-1; 0]$, $[0; 2]$ und $[1; 1,1]$ zur Funktion f mit $f(x) = x^2$. Zeichnen Sie den Funktionsgraphen G_f sowie die vier Geraden der mittleren Änderungsraten. Beschreiben Sie, welche Geraden den Verlauf von G_f im jeweiligen Intervall gut bzw. weniger gut wiedergeben.

Häufig interessiert uns die Steigung an genau einem Punkt. Oder es stellt sich die Frage, wo eine Strecke am steilsten ansteigt bzw. am stärksten fällt und wie hoch die Steigung an diesen Stellen ist.

Die durchschnittliche Steigung kann nur ein ungefähres Bild der tatsächlichen Steigung an einem bestimmten Punkt liefern. Je größer dabei die betrachtete Strecke ist, umso schlechter wird in der Regel die Realität dargestellt. Daher können wir umgekehrt versuchen, die Steigung in einem Punkt anzunähern, indem wir die durchschnittliche Steigung über möglichst kleinen Intervallen betrachten.

③ Steigung in einem Punkt

Berechnen Sie die Steigung des Graphen von f mit $f(x) = -0{,}004\,x^2 + 100$ im Punkt $P(50\,|\,90)$ durch Annäherung der mittleren Änderungsraten.

Um die Steigung im Punkt $P(50\,|\,90)$ zu bestimmen, wählen wir zunächst einen zweiten Punkt A auf dem Graphen und ermitteln die durchschnittliche Steigung zwischen den Punkten P und A. Wir bestimmen also die Steigung der Geraden durch P und A.
Eine solche Gerade, die den Graphen in zwei Punkten schneidet, heißt **Sekante**.

Die Steigung m_s der Sekanten entspricht der durchschnittlichen Steigung.

Je näher die beiden Schnittpunkte P und A von Graph und Sekante nebeneinander liegen, umso genauer stimmt die durchschnittliche Steigung m_s mit der tatsächlichen Steigung m_t im Punkt P überein.

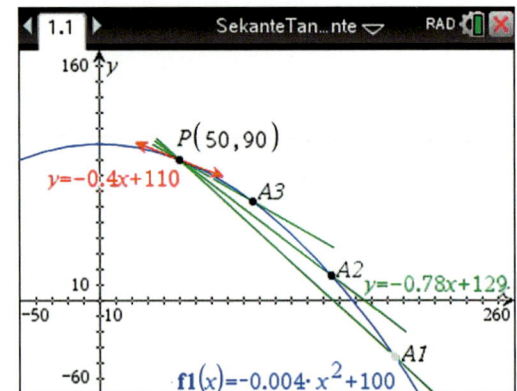

▶ TI Sekanten zeichnen Sie mit dem menu-Eintrag Geometry, Punkte & Geraden, Gerade. Die Funktionsgleichung und somit auch die Steigung blenden Sie bei einer selektierten Geraden mittels des Kontextmenüs (ctrl + menu) Koordinaten/Gleichungen ein. Die Tangente im Punkt P erstellen Sie mit dem menu-Eintrag Geometry, Punkte & Geraden, Tangente.

Die tatsächliche Steigung erhalten wir dann, wenn die Gerade in einer unmittelbaren Umgebung von P mit dem Funktionsgraphen von f nur einen Punkt gemeinsam hat. Diese Gerade berührt dort den Graphen und heißt **Tangente**.
Die Tangente t an P hat also die gleiche Steigung wie der Graph von f im Berührpunkt P.
Wir nähern uns durch die Sekanten dem Punkt P von rechts an.
Dazu verkleinern wir den Abstand zu P und berechnen die Steigungen der Sekanten mithilfe des Differenzenquotienten:

$$m_s = \frac{f(x) - f(50)}{x - 50}$$

- Die berechneten Werte halten wir in einer Tabelle fest. Nun können wir erahnen, dass die Steigung von f an der Stelle $x = 50$ den Wert $-0{,}4$ hat.

x	$m_s = \dfrac{f(x) - f(50)}{x - 50}$
200	$m_s = \dfrac{f(200) - f(50)}{200 - 50} = -1$
150	$m_s = \dfrac{f(150) - f(50)}{150 - 50} = -0{,}8$
70	$m_s = \dfrac{f(70) - f(50)}{70 - 50} = -0{,}48$
55	$m_s = \dfrac{f(55) - f(50)}{55 - 50} = -0{,}42$
51	$m_s = \dfrac{f(51) - f(50)}{51 - 50} = -0{,}404$
50,5	$m_s = \dfrac{f(50{,}5) - f(50)}{50{,}5 - 50} = -0{,}402$
50,1	$m_s = \dfrac{f(50{,}1) - f(50)}{50{,}1 - 50} = -0{,}4004$

$$\downarrow$$
$$\mathbf{-0{,}4}$$

Eigentlich wäre es am günstigsten, wenn wir für die Variable x tatsächlich 50 einsetzen könnten. Dann hätten wir keine Sekante mehr, sondern direkt die Tangente:

$$m_s = \frac{f(50) - f(50)}{50 - 50}$$

Dieser Differenzenquotient ist allerdings nicht definiert, da der Nenner null ist.

Wir können uns dem x-Wert 50 also nur beliebig nähern, ohne ihn endgültig zu erreichen. Die auf diese Weise ermittelte Tangentensteigung ist daher der **Grenzwert der Sekantensteigungen**. Wir bezeichnen diesen Grenzwert als **Differenzialquotient**:

$$m_t = \lim_{x \to 50} m_s = \lim_{x \to 50} \frac{f(x) - f(50)}{x - 50} = -0,4$$

▸ gelesen: „Limes von m_s für x gegen 50 ist gleich …"

Wir lassen dabei x gegen 50 „gehen". Der Rechner liefert uns als Grenzwert $-0,4$.

Im Folgenden berechnen wir den exakten Wert der Tangentensteigung in $x = 50$ ohne Hilfsmittel.

Nachdem wir im Zähler $-0,004$ ausgeklammert haben, können wir den Term $(x^2 - 2500)$ mithilfe der 3. binomischen Formel faktorisieren. Anschließend können wir Zähler und Nenner durch $(x - 50)$ kürzen. Ohne Nenner lässt sich der Limes durch Setzen von 50 für x leicht berechnen.

Die Tangente, also auch der Graph von f, hat in $x = 50$ eine negative Steigung von $-0,4$.

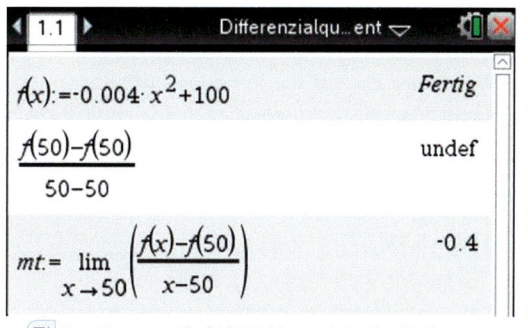

▸ ⬚TI⬚ Der Grenzwertbefehl LIM ist auch in der Vorlagentaste ⬚ zu finden. Für eine spätere Verwendung speichern wir das Ergebnis in die Variable mt.

$$m_t = \lim_{x \to 50} \frac{f(x) - f(50)}{x - 50} \qquad \blacktriangleright f(50) = 90$$

$$= \lim_{x \to 50} \frac{-0,004 x^2 + 100 - 90}{x - 50}$$

$$= \lim_{x \to 50} \frac{-0,004 x^2 + 10}{x - 50}$$

$$= \lim_{x \to 50} \frac{-0,004 \cdot (x^2 - 2500)}{x - 50}$$

$$= \lim_{x \to 50} \frac{-0,004 \cdot (x^2 - 50^2)}{x - 50}$$

$$= \lim_{x \to 50} \frac{-0,004 \cdot (x + 50) \cdot (x - 50)}{x - 50}$$

$$= \lim_{x \to 50} \left[-0,004 \cdot (x + 50) \right]$$

$$= -0,004 \cdot (50 + 50) = \mathbf{-0,4}$$

Der Grenzwert des Differenzenquotienten gibt die lokale Steigung in einem Punkt an. Daher heißt er auch **lokale Änderungsrate**.

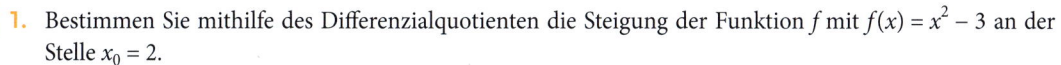

- Steigung m_s der Sekante durch die Punkte $P_0(x_0 | f(x_0))$ und $P(x | f(x))$ der Funktion f:

  $m_s = \frac{f(x) - f(x_0)}{x - x_0}$ (**Differenzenquotient**) ▸ mittlere Änderungsrate

- Steigung m_t der Tangente t im Punkt $P_0(x_0 | f(x_0))$ = Steigung der Funktion f an der Stelle x_0:

  $m_t = \lim_{x \to x_0} \frac{f(x) - f(x_0)}{x - x_0}$ (**Differenzialquotient** = Grenzwert des Differenzenquotienten für $x \to x_0$)

  Bei Anwendungen heißt der Differenzialquotient auch **lokale Änderungsrate**.

1. Bestimmen Sie mithilfe des Differenzialquotienten die Steigung der Funktion f mit $f(x) = x^2 - 3$ an der Stelle $x_0 = 2$.

2. Bestimmen Sie die lokale Änderungsrate der Funktion f an der Stelle $x_0 = 1$.
   Hinweis: Es gelten $\frac{x^2 - 1}{x - 1} = x + 1$; $\frac{x^3 - 1}{x - 1} = x^2 + x + 1$; $\frac{x^4 - 1}{x - 1} = x^3 + x^2 + x + 1$; usw.
   a) $f(x) = x^2$ b) $f(x) = x^3$ c) $f(x) = x^4$ d) $f(x) = x^5$ e) $f(x) = x^n$; $n \in \mathbb{N} \setminus \{0\}$

3

Übungen zu 3.1.1

1. Berechnen Sie für die Funktion f die durchschnittliche Steigung im angegebenen Intervall. Bewerten Sie die Aussagekraft Ihrer Ergebnisse mithilfe der Abbildungen. Geben Sie außerdem die Gleichung der zugehörigen Sekante an.

a) $f(x) = 0{,}5\,x^2$; $I = [-2; 1]$

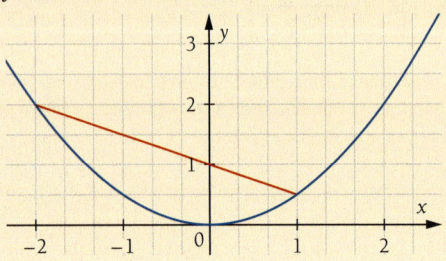

b) $f(x) = 3\,x^3 - 4\,x + 5$; $I = [-2; 1]$

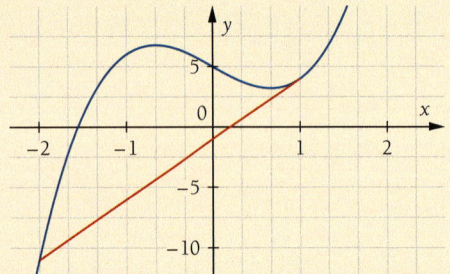

c) $f(x) = 2\,x$; $I = [-5; 4]$

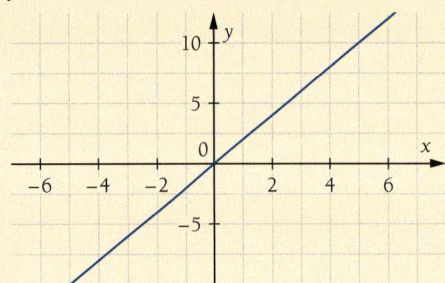

d) $f(x) = \frac{3}{x}$; $I = [0{,}5; 2]$

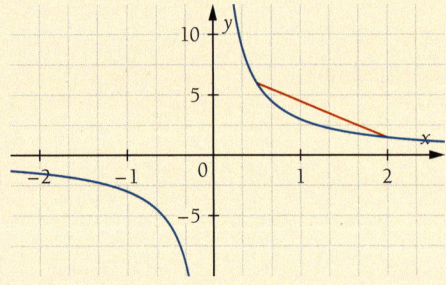

2. Berechnen Sie jeweils die Steigung der Tangente an den Graphen der Funktion f für die Stellen $-1{,}4$; -1; 0; $0{,}5$ und 3.

a) $f(x) = 5\,x^2 - 2\,x + 3$

b) $f(x) = 3\,x^3 - 3\,x^2 - 12\,x + 12$

c) $f(x) = -2\,x^3 + 5\,x$

d) $f(x) = x^4 - 5\,x^2 + 10\,x$

3. Gegeben ist die Funktion f mit der Funktionsgleichung $f(x) = x^4 + \frac{8}{3}\,x^3 - \frac{1}{2}\,x^2 - 2\,x + 8$.

a) Berechnen Sie jeweils die Steigung an den vier Stellen $x_1 = -2{,}5$; $x_2 = -1$; $x_3 = 0{,}5$ und $x_4 = 1{,}2$.

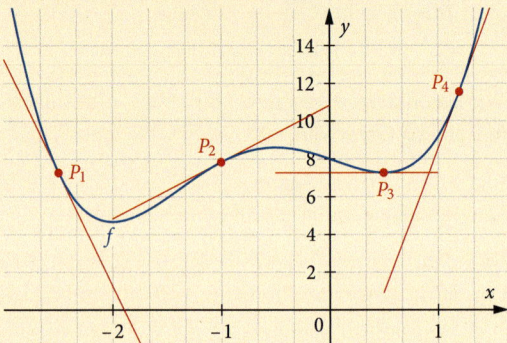

b) Lesen Sie im Intervall $[-2; 1]$ am Graphen von f die Punkte ab, an denen der Graph die höchste Steigung bzw. das stärkste Gefälle hat. Berechnen Sie die Steigung an diesen Punkten.

c) Lesen Sie am Graphen von f die Punkte ab, an denen der Graph die Steigung 0 hat. Überprüfen Sie die Richtigkeit der Punkte durch eine entsprechende Rechnung.

4. Überprüfen Sie die folgenden Aussagen auf ihre Richtigkeit. Formulieren Sie falsche Aussagen so um, dass sie mathematisch korrekt sind:

a) Die Steigung eines Funktionsgraphen kann positiv oder negativ sein; sie kann nie 0 werden.

b) Ist der Graph einer Funktion an einer Stelle fallend, dann ist die Steigung an dieser Stelle größer als 0.

c) Die Steigung in einem Punkt des Graphen entspricht der Steigung der Tangente an diesem Punkt.

d) Die Steigung der Sekante und der Tangente berechnet man über das Steigungsdreieck.

3.1.2 Steigung einer Funktion an einer beliebigen Stelle

Nachdem in Abschnitt 3.1.1 die Steigung einer Funktion an einer bestimmten Stelle des Definitionsbereichs untersucht wurde, berechnen wir in diesem Abschnitt die Steigung einer Funktion an allen Stellen.

Momentangeschwindigkeit an einer bestimmten Stelle

Wir untersuchen die Geschwindigkeit eines Autos während des Anfahrens. Die dabei zurückgelegte Strecke kann durch die Funktion s mit $s(x) = 2{,}5 \cdot x^2$ beschrieben werden, wobei x für die Zeit in Sekunden steht und die Strecke in m angegeben wird.
Bestimmen Sie die Geschwindigkeit des Autos nach drei Sekunden.

Zeit in s	0	1	2	3	4	5
Weg in m	0	2,5	10	22,5	40	62,5

$s(x) = 2{,}5\,x^2; \quad x \in [0;\,5]$
▸ x: Zeit in Sekunden (s)
▸ $s(x)$: zurückgelegte Strecke in Metern (m)

Je größer die in einem bestimmten Zeitraum zurückgelegte Strecke ist, desto größer ist die Geschwindigkeit.

Es gilt: Geschwindigkeit $= \dfrac{\text{Weg}}{\text{Zeit}}$

Anschaulich entspricht die Geschwindigkeit des Autos zu einem bestimmten Zeitpunkt der Steigung der Weg-Zeit-Funktion s an der entsprechenden Stelle.

Achtung! Die Bezeichnung s steht gleichzeitig für die Weg-Zeit-Funktion s(x) und für die Einheit Sekunden, in der x angegeben ist.

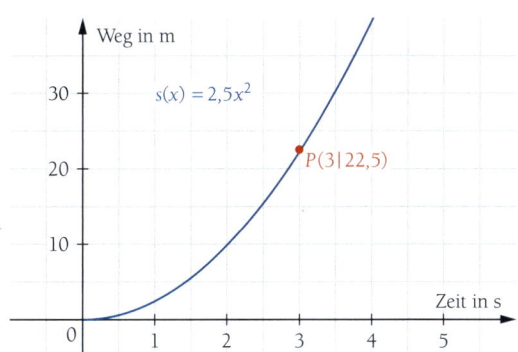

Wir ermitteln die Momentangeschwindigkeit des Autos nach drei Sekunden. Dazu berechnen wir den Grenzwert des Differenzenquotienten, also den Differenzialquotienten, an der Stelle $x_0 = 3$.

Die Momentangeschwindigkeit nach drei Sekunden beträgt $15\,\frac{m}{s}$.

Umgerechnet auf Kilometer pro Stunde erhalten wir:

$15\,\frac{m}{s} = 900\,\frac{m}{min} = 54\,000\,\frac{m}{h} = 54\,\frac{km}{h}$

$$
\begin{aligned}
m_t &= \lim_{x \to 3} \frac{s(x) - s(3)}{x - 3} \\
&= \lim_{x \to 3} \frac{2{,}5\,x^2 - 2{,}5 \cdot 3^2}{x - 3} \\
&= \lim_{x \to 3} \frac{2{,}5 \cdot (x^2 - 9)}{x - 3} \\
&= \lim_{x \to 3} \frac{2{,}5 \cdot (x^2 - 3^2)}{x - 3} \\
&= \lim_{x \to 3} \frac{2{,}5 \cdot (x + 3) \cdot (x - 3)}{x - 3} \\
&= \lim_{x \to 3} \left[2{,}5 \cdot (x + 3) \right] \\
&= 2{,}5 \cdot (3 + 3) \\
&= \mathbf{15} \quad \text{▸ Momentangeschwindigkeit}
\end{aligned}
$$
$$\text{nach 3 Sekunden in } \tfrac{m}{s}$$

Nun wollen wir die Geschwindigkeit an mehreren Stellen ermitteln. Dafür berechnen wir die Steigung nicht an einer konkreten Stelle, wie z. B. bei 3, sondern an einer beliebigen, aber festen Stelle x_0.

 5 Momentangeschwindigkeit an einer beliebigen Stelle

Berechnen Sie die Geschwindigkeit des Autos aus Beispiel 4 zu einem beliebigen Zeitpunkt x_0.

Die Momentangeschwindigkeit des Autos zu einem beliebigen Zeitpunkt x_0 entspricht der Steigung des Graphen von s an der Stelle x_0.

Wir ermitteln die Steigung an der Stelle x_0, indem wir wieder den Grenzwert des Differenzenquotienten berechnen.
Die Berechnung erfolgt wie im vorherigen Beispiel. Der Wert 3 wird dabei durch x_0 ersetzt.

Die Berechnung der Steigung an der Stelle x_0 liefert die Momentangeschwindigkeit von $5\,x_0\,\frac{m}{s}$ zum Zeitpunkt x_0.

$$
\begin{aligned}
m_t &= \lim_{x \to x_0} \frac{s(x) - s(x_0)}{x - x_0} \\[4pt]
&= \lim_{x \to x_0} \frac{2,5\,x^2 - 2,5\,x_0^2}{x - x_0} \\[4pt]
&= \lim_{x \to x_0} \frac{2,5\,(x^2 - x_0^2)}{x - x_0} \\[4pt]
&= \lim_{x \to x_0} \frac{2,5 \cdot (x + x_0) \cdot (x - x_0)}{x - x_0} \\[4pt]
&= \lim_{x \to x_0} \left[2,5 \cdot (x + x_0) \right] \\[4pt]
&= 2,5 \cdot (x_0 + x_0) \\[4pt]
&= \mathbf{5\,x_0} \quad \blacktriangleright \text{ Momentangeschwindigkeit} \\
&\qquad\qquad\qquad \text{nach } x_0 \text{ Sekunden}
\end{aligned}
$$

 *Ähnliche Schreibweise, unterschiedliche Bedeutung: x_0 ist ein fester Wert und x nähert sich dem festen x_0 an.*

Setzen wir verschiedene Zeitpunkte in $5\,x_0$ ein, so lässt sich jetzt die Momentangeschwindigkeit einfach berechnen.
Zum Beispiel beträgt die Momentangeschwindigkeit nach 3 Sekunden $5 \cdot 3 = 15\,\frac{m}{s}$ und bestätigt somit unser Ergebnis aus Beispiel 4.

$m_t = 5\,x_0$ gibt die Steigung des Graphen bei x_0 an.

Zeitpunkt in s	Geschwindigkeit in $\frac{m}{s}$
x_0	$5\,x_0$
1	$5 \cdot 1 = 5$
3	$5 \cdot 3 = 15$
4	$5 \cdot 4 = 20$

Funktionen, denen man für jede Stelle eindeutig eine Steigung m_t zuordnen kann, nennt man **differenzierbar**. Ganzrationale Funktionen sind in ihrem gesamten Definitionsbereich differenzierbar.
Statt m_t schreiben wir im Folgenden für die Steigung nur m.

Steigung einer Funktion f im Punkt $P_0(x_0 | f(x_0))$:

$m = \lim\limits_{x \to x_0} \dfrac{f(x) - f(x_0)}{x - x_0}$ (Differenzialquotient)

Eine Funktion f heißt **differenzierbar**, wenn der Differenzialquotient an jeder Stelle aus D_f existiert.

  1. Berechnen Sie die Steigung der Funktion f mit $f(x) = 2\,x^2$ an den Stellen -2; 3; 0 und in $x_0 \in \mathbb{R}$.

2. Die Funktion s mit $s(t) = 20\,t$ beschreibt eine Bewegung. $\blacktriangleright$ s in Metern, t in Sekunden
a) Zeichnen Sie den Graphen der Funktion s.
b) Berechnen Sie die Momentangeschwindigkeit nach 3 Sekunden und nach 10 Sekunden.
c) Geben Sie an, um welche Art von Bewegung es sich handelt.

Gegenüberstellung von $(x - x_0)$-Methode und h-Methode

Die Berechnung des Differenzenquotienten und somit auch des Differenzialquotienten kann mit zwei unterschiedlichen, jedoch sehr ähnlichen Verfahren erfolgen:

$(x - x_0)$-Methode

Wenn ich die Steigung des Graphen von f mit $f(x) = x^2$ an der Stelle $x_0 = 0{,}5$ berechnen möchte, dann wähle ich einen Punkt $P(x|f(x))$ in der Nähe von $P_0(0{,}5|f(0{,}5))$. Den Punkt P lasse ich nun immer näher an P_0 heranrücken.

Man sagt auch: „x nähert sich $x_0 = 0{,}5$ an." bzw. „x konvergiert gegen $x_0 = 0{,}5$."

h-Methode

Ich berechne die Steigung des Graphen von f mit $f(x) = x^2$ an der Stelle $x_0 = 0{,}5$. Dazu wähle ich einen zweiten Punkt P, der in der Nähe von $P_0(0{,}5|f(0{,}5))$ liegt. Den Abstand der x-Koordinaten von P und P_0 nenne ich h. In der Skizze liegt P rechts von P_0. Daher hat P die Koordinaten $P(0{,}5 + h|f(0{,}5 + h))$. Nun rücke ich P immer näher an P_0 heran. Der Abstand h wird also immer kleiner. Man sagt auch: „h konvergiert gegen 0".

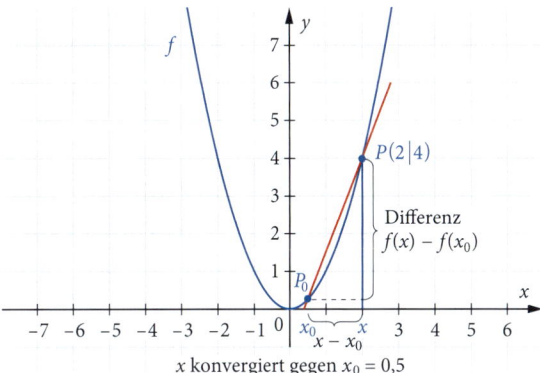

x konvergiert gegen $x_0 = 0{,}5$

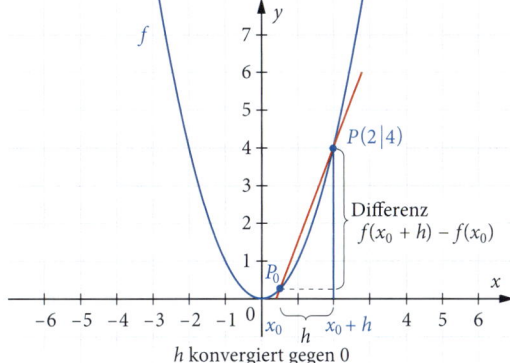

h konvergiert gegen 0

Die Steigung der Tangente errechne ich als Grenzwert des Differenzenquotienten:

$$\lim_{x \to x_0} \frac{f(x) - f(x_0)}{x - x_0}$$

Die Steigung des Graphen von f mit $f(x) = x^2$ an der Stelle $x_0 = 0{,}5$ berechne ich durch Einsetzen von $x_0 = 0{,}5$ und anschließender Umformung:

$$\lim_{x \to 0{,}5} \frac{f(x) - f(0{,}5)}{x - 0{,}5} = \lim_{x \to 0{,}5} \frac{x^2 - 0{,}25}{x - 0{,}5}$$
$$= \lim_{x \to 0{,}5} \frac{(x + 0{,}5)(x - 0{,}5)}{x - 0{,}5}$$
$$= \lim_{x \to 0{,}5} (x + 0{,}5)$$
$$= 0{,}5 + 0{,}5 = \mathbf{1}$$

Für die Steigung an der Stelle $x_0 = 0{,}5$ erhalte ich so den Wert 1.

Die Steigung der Tangente errechne ich als Grenzwert des Differenzenquotienten:

$$\lim_{h \to 0} \frac{f(x_0 + h) - f(x_0)}{h}$$

Die Steigung des Graphen von f mit $f(x) = x^2$ an der Stelle $x_0 = 0{,}5$ errechne ich durch Einsetzen:

$$\lim_{h \to 0} \frac{f(0{,}5 + h) - f(0{,}5)}{h} = \lim_{h \to 0} \frac{(0{,}5 + h)^2 - 0{,}25}{h}$$
$$= \lim_{h \to 0} \frac{0{,}25 + h + h^2 - 0{,}25}{h}$$
$$= \lim_{h \to 0} \frac{h + h^2}{h} = \lim_{h \to 0} \frac{\cancel{h}(1 + h)}{\cancel{h}}$$
$$= \lim_{h \to 0} (1 + h) = 1 + 0 = \mathbf{1}$$

Für die Steigung an der Stelle $x_0 = 0{,}5$ erhalte ich ebenfalls den Wert 1.

---

1. Vollziehen Sie die Erklärungen der beiden Schüler nach. Nennen Sie die Stellen, an denen sich die Lösungswege unterscheiden. Erklären Sie, warum trotzdem beide zu demselben Ergebnis kommen.

2. Berechnen Sie die Steigung des Graphen von f mit $f(x) = x^2$ an der Stelle $x = -3$ sowohl mithilfe der $(x - x_0)$-Methode als auch mithilfe der h-Methode.

Übungen zu 3.1.2

1. Berechnen Sie die Steigung der Funktion f an einer beliebigen Stelle x_0. Berechnen Sie damit jeweils die Steigung an den Stellen $x_1 = -2$, $x_2 = 0$ und $x_3 = 4$.

a) $f(x) = -2x^2$ c) $f(x) = \frac{x^2}{3}$ e) $f(x) = 3x^{-0,5}$

b) $f(x) = 3x^2 + 4$ d) $f(x) = 5x^3$ f) $f(x) = 3x^5$

2. Gegeben sind die ganzrationalen Funktionen f, g und h mit $f(x) = 0{,}25x^2$, $g(x) = x^2 + 4x + 7$ und $h(x) = x^3 - 2x$.

a) Berechnen Sie jeweils die Steigung von f, g und h an der Stelle $x = -2$.

b) Berechnen Sie jeweils die Steigung von f, g und h an einer beliebigen Stelle x_0.

c) Verwenden Sie Ihr Ergebnis aus b), um jeweils die Steigung an der Stelle $x = 5$ zu berechnen.

3. Maria untersucht das Höhenwachstum ihrer Sonnenblume innerhalb von 200 Tagen. Sie hält die Wachstumsentwicklung in einer Tabelle fest:

Zeit t in Tagen	0	10	25	50	100	125	150	200
Höhe h in cm	0	12	39	73	124	140	160	192

a) Bestimmen Sie den Beobachtungszeitraum, in dem die Sonnenblume am schnellsten bzw. am langsamsten wächst.

b) Das Wachstum vom 10. bis zum 100. Tag kann beschrieben werden durch:

$$f(x) = \frac{97}{1\,372\,500}x^3 - \frac{23\,197}{1\,372\,500}x^2 + \frac{6364}{2745}x - \frac{5216}{549}$$

Berechnen Sie, wie schnell die Sonnenblume am 25. bzw. am 100. Tag wächst.

c) Vergleichen und interpretieren Sie Ihre Ergebnisse aus a) und b).

4. Die Bewegung eines Körpers im freien Fall wird durch die Weg-Zeit-Funktion s mit $s(t) = 0{,}5\,g\,t^2$ mit $g \approx 10$ (in $\frac{m}{s^2}$) beschrieben.

a) Zeichnen Sie den Graphen der Weg-Zeit-Funktion in ein Koordinatensystem.

b) Berechnen Sie die Momentangeschwindigkeit nach 2; 5; 10 bzw. 20 Sekunden.

c) Geben Sie an, mit welcher Geschwindigkeit ein Körper aufschlägt, der aus einer Höhe von 5 m, 20 m, 45 m, 80 m bzw. 125 m zur Erde fällt.

5. Ein Radfahrer steigert ununterbrochen sein Tempo, bis er nach genau 5 Minuten einen Kilometer zurückgelegt hat.

In dem dann erreichten Tempo fährt der Radfahrer weitere 5 Minuten, bis er sein Ziel erreicht hat.

Der in den ersten 5 Minuten zurückgelegte Weg kann durch die Funktion s mit $s(t) = 0{,}04\,t^2$ beschrieben werden.

a) Stellen Sie die zurückgelegte Strecke in einem Weg-Zeit-Diagramm dar. Zeichnen Sie den Streckenabschnitt bis 1 km mithilfe einer Wertetabelle und skizzieren Sie dann den weiteren Streckenabschnitt.

Tipp: 1 LE auf der x-Achse: 1 min; 1 LE auf der y-Achse: 500 m

b) Berechnen Sie die Momentangeschwindigkeit in $\frac{km}{h}$ zum Zeitpunkt 5 Minuten.

c) Ermitteln Sie die Länge der zurückgelegten Strecke rechnerisch.

d) Vergleichen Sie Ihre Skizze aus a) mit Ihren Ergebnissen aus b) und c). Korrigieren Sie gegebenenfalls Ihre Skizze.

3.1.3 Die Ableitungsfunktion

Das obere Koordinatensystem auf dieser Seite zeigt den Graphen der Funktion f mit $f(x) = \frac{1}{2}x^2 + 5x$.

Zu jeder Stelle des Graphen lässt sich die zugehörige Steigung m ermitteln:

Die Steigung von f an einer beliebigen Stelle x_0 entspricht dem Grenzwert des Differenzenquotienten für $x \to x_0$. Bei der Berechnung wenden wir die 3. binomische Formel an.

Der Term $x_0 + 5$ gibt die Steigung an der Stelle x_0 an. Die Tabelle zeigt die Steigungen an ausgewählten Stellen.

Statt x_0 betrachten wir allgemein die Stelle x und ordnen jeder Stelle x ihre Steigung m zu. Wir erhalten eine neue Funktion f' (gelesen: „f Strich").
Diese ist im unteren Koordinatensystem dargestellt.

$$m = \lim_{x \to x_0} \frac{\frac{1}{2}x^2 + 5x - \left(\frac{1}{2}x_0^2 + 5x_0\right)}{x - x_0}$$

$$= \lim_{x \to x_0} \frac{\frac{1}{2}x^2 + 5x - \frac{1}{2}x_0^2 - 5x_0}{x - x_0}$$

$$= \lim_{x \to x_0} \frac{\frac{1}{2}(x^2 - x_0^2) + 5(x - x_0)}{x - x_0} \qquad \blacktriangleright \text{3. bin. Formel}$$

$$= \lim_{x \to x_0} \frac{\frac{1}{2}(x + x_0)(x - x_0) + 5(x - x_0)}{x - x_0} \qquad \blacktriangleright (x - x_0) \text{ kürzen}$$

$$= \lim_{x \to x_0} \left(\frac{1}{2}(x + x_0) + 5\right) = x_0 + 5$$

x_0	-10	-8	-6	-4	-2	0
m	-5	-3	-1	1	3	5

$f'(x) = x + 5$

$\blacktriangleright$ Steigung der Funktion f an der Stelle x

3

Der Zusammenhang ist an der Stelle $x = -8$ verdeutlicht:
Im ersten Koordinatensystem sehen wir, dass der Graph von f an der Stelle $x = -8$ die Steigung $m = -3$ hat.
Im zweiten Koordinatensystem wird der Stelle $x = -8$ der y-Wert -3 zugeordnet. Der y-Wert entspricht der Steigung der Ausgangsfunktion an der untersuchten Stelle.

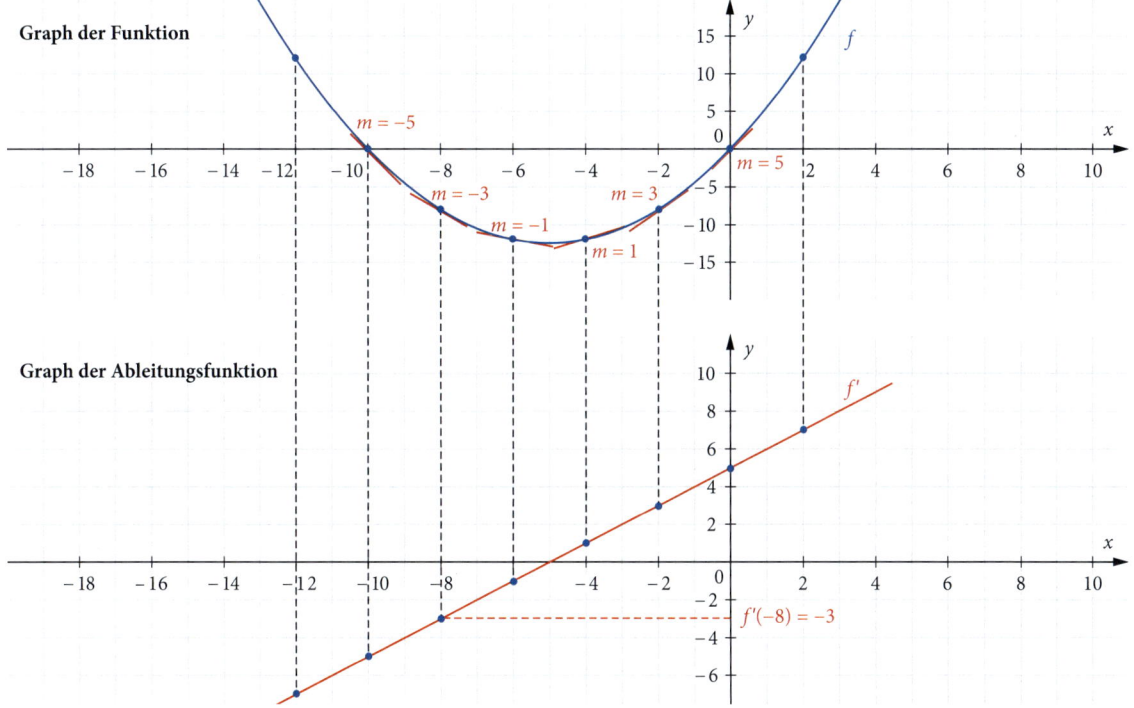

Die Funktion, die jeder Stelle von f die Steigung zuordnet, heißt **Ableitungsfunktion** von f.
Die Ableitungsfunktion wird f' genannt (gelesen: „f Strich").

Ermitteln Sie die Ableitungsfunktion von f mit $f(x) = x^2$.

> Ist die Funktion f differenzierbar, dann ordnet die **Ableitungsfunktion** f' jedem x_0 die Steigung des Graphen von f an der Stelle x_0 zu: $f'(x_0) = m = \lim\limits_{x \to x_0} \dfrac{f(x) - f(x_0)}{x - x_0}$

6 Grafisches Differenzieren mit Tangenten

Herauf und herunter, mal steil und mal weniger steil – so lässt sich die Fahrt in einer Achterbahn beschreiben. Und ganz oben „steht" die Bahn einen Augenblick lang waagerecht.
Diese Sachverhalte aus dem Alltag können wir mathematisch näher untersuchen und beschreiben.
Einen Teil der Achterbahn können wir durch den Graphen einer ganzrationalen Funktion 3. Grades beschreiben. ▶ oberes Koordinatensystem
Zeichnen Sie den Graphen der Ableitungsfunktion.

Wir zeichnen nach Augenmaß in verschiedenen Punkten des Graphen Tangenten und lesen die Steigungen ab. Die gewählten Stellen (x-Werte) und die zugehörigen Steigungswerte übertragen wir als Punkte in ein neues Koordinatensystem. Als Steigungsgraph ergibt sich eine Parabel.

In den Punkten A und G fährt die Achterbahn bergauf, entsprechend liegen die Punkte A' und G' des Steigungsgraphen im positiven Bereich (oberhalb der x-Achse).

In den Punkten B und F steht die Bahn waagerecht, also sind die Steigungswerte hier gleich 0. Entsprechend liegen B' und F' auf der x-Achse.

In den Punkten C, D und E fährt die Bahn bergab, deshalb liegen die Punkte C', D' und E' des Steigungsgraphen unterhalb der x-Achse.

Da im Punkt D die Strecke am steilsten bergab geht, ist D' der tiefste Punkt des Steigungsgraphen.

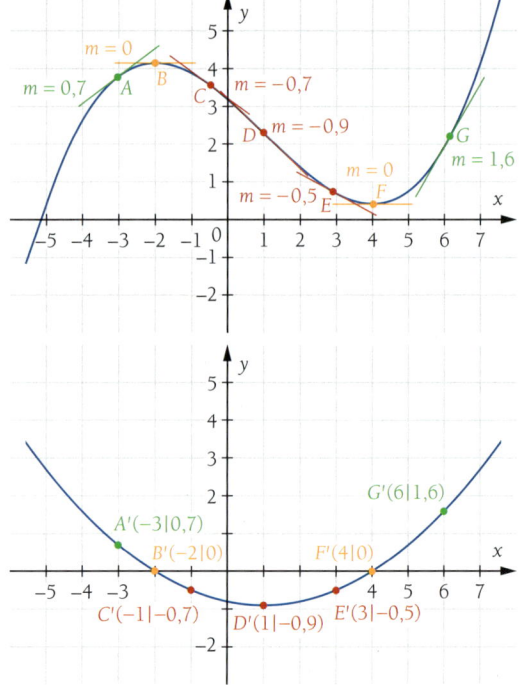

Im Punkt des größten Anstiegs hätte der Steigungsgraph einen Hochpunkt.

Gegeben ist die Funktion f mit der Gleichung $f(x) = -2x^2 + 1$.

a) Skizzieren Sie den Graphen von f.
b) Bestimmen Sie durch Tangenten nach Augenmaß die Steigung des Graphen an den Stellen $x_1 = 2$, $x_2 = 0$ und $x_3 = 5$.
c) Skizzieren Sie den Steigungsgraphen von f.
d) Berechnen Sie die Steigung des Graphen von f an den Stellen $x_1 = 2$, $x_2 = 0$ und $x_3 = 5$.

Übungen zu 3.1.3

1. Gegeben sind drei Funktionen f, g und h durch die Funktionsgleichungen $f(x) = x^2 + 2$, $g(x) = 2x + 1$ und $h(x) = x^3 + 2$.

a) Skizzieren Sie zu den Funktionsgleichungen die zugehörigen Graphen.

b) Skizzieren Sie für jeden der drei Graphen in jeweils vier selbst gewählten Punkten die Tangente nach Augenmaß ein und ermitteln Sie die Steigung.

c) Überprüfen Sie mithilfe der drei Ableitungsfunktionen Ihre Ergebnisse aus Aufgabe b).

d) Skizzieren Sie die Graphen der drei Ableitungsfunktionen.

2. Der blaue Graph ist der Funktionsgraph einer Funktion f.
Entscheiden und begründen Sie, welcher der daneben stehenden roten Graphen das Steigungsverhalten von f richtig darstellt.
Begründen Sie, warum die jeweils anderen beiden Graphen falsch sind.

a)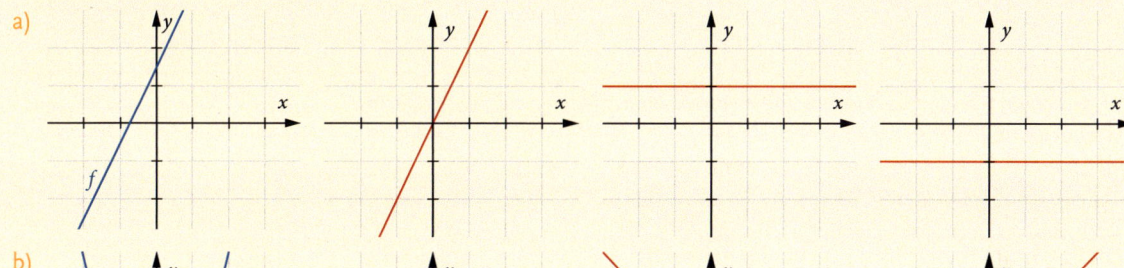

b)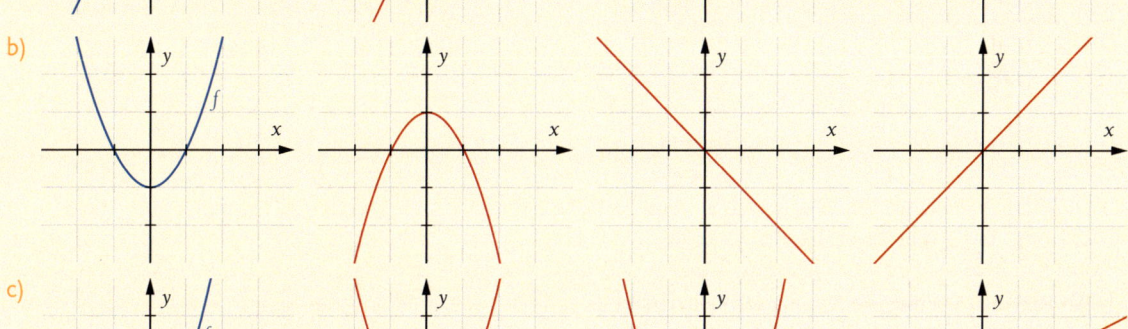

c)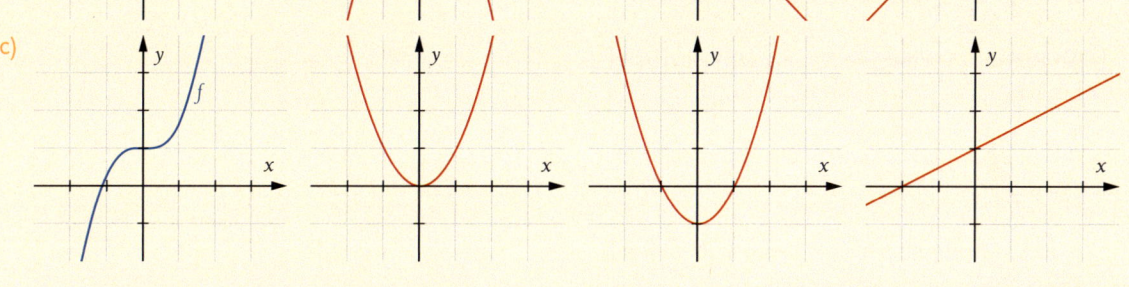

3. Die Koordinatensysteme zeigen jeweils den Graphen einer Ableitungsfunktion f'. Skizzieren Sie den Graphen einer möglichen Ausgangsfunktion f. Erläutern Sie jeweils, welche Informationen Sie der Abbildung entnehmen konnten und was Sie für Ihre Zeichnung selbst festgelegt haben.

a) b) c)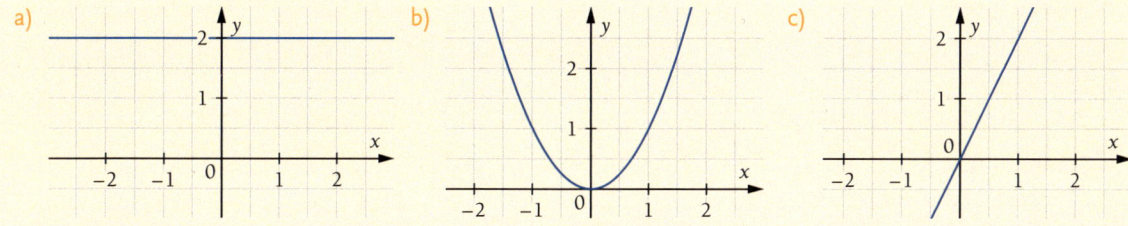

3.1.4 Ableitungsregeln

In diesem Abschnitt betrachten wir Verfahren zur einfacheren Bestimmung von Ableitungen, die sogenannten Differenzierungs- oder **Ableitungsregeln**. Durch diese Regeln ist es für viele Funktionen möglich, den oft mühsamen Weg über die Berechnung von Grenzwerten zu vermeiden und stattdessen die Ableitung formelmäßig zu bestimmen.

 7 Herleitung von Ableitungsregeln

Die Funktionsterme von elf Funktionen und ihrer Ableitungsfunktionen sind in der folgenden Tabelle festgehalten:

$f(x)$	x^2	$3x^2$	x^3	x^4	$2x$	5	$-2{,}5$	$3x^4$	$3x^4 + 5$	$5x^3 - 2x$	x^{-1}
$f'(x)$	$2x$	$6x$	$3x^2$	$4x^3$	2	0	0	$12x^3$	$12x^3$	$15x^2 - 2$	$-x^{-2}$

Analysieren Sie die Einträge der Tabelle und halten Sie fest, was Sie beobachten.
Leiten Sie allgemeine Ableitungsregeln her.

- Die Exponenten der Funktion treten als Koeffizienten im Term der Ableitungsfunktion auf.

$$f(x) = x^2 \;\Rightarrow\; f'(x) = 2x$$
$$f(x) = 3x^4 \Rightarrow f'(x) = 12x^3 = 3 \cdot 4 \cdot x^3$$
$$\underset{\text{Exponent}}{} \qquad \underset{\text{Koeffizient}}{}$$

- Die Exponenten in der Ableitungsfunktion sind um jeweils 1 geringer als in der Ausgangsfunktion.

$$f(x) = x^4 \qquad \Rightarrow f'(x) = 4x^3 = 4x^{4-1}$$
$$f(x) = 2x = 2x^1 \;\Rightarrow f'(x) = 2 = 2x^0$$

- Die Zusammenhänge lassen sich auch auf Funktionen mit negativem Exponenten anwenden.

$$f(x) = x^{-1} \;\Rightarrow\; f'(x) = -x^{-2} = -1\,x^{-1-1}$$

- Bei Summen werden die Summanden einzeln abgeleitet.

$$f(x) = 3x^4 + 5 \;\Rightarrow\; f'(x) = 12x^3 + 0$$

- Die Ableitung einer konstanten Funktion ist immer 0.

$$f(x) = 5 \qquad \Rightarrow f'(x) = 0$$
$$f(x) = -2{,}5 \;\Rightarrow f'(x) = 0$$

Aus diesen Beobachtungen können wir die vier folgenden Ableitungsregeln herleiten:

Potenzregel:
$$f(x) = x^n \qquad\qquad \Rightarrow f'(x) = n \cdot x^{n-1}$$
$$f(x) = x^3 \qquad\qquad \Rightarrow f'(x) = 3x^2$$

Konstantenregel:
$$f(x) = c \qquad\qquad \Rightarrow f'(x) = 0$$
$$f(x) = -2{,}5 \qquad\qquad \Rightarrow f'(x) = 0$$

Faktorregel:
$$f(x) = c \cdot g(x) \qquad \Rightarrow f'(x) = c \cdot g'(x)$$
$$f(x) = 3x^2 \qquad\qquad \Rightarrow f'(x) = 3 \cdot 2 \cdot x^1 = 6x$$

Summenregel:
$$f(x) = g(x) + h(x) \;\Rightarrow f'(x) = g'(x) + h'(x)$$
$$f(x) = 5x^3 - 2x \;\Rightarrow f'(x) = 15x^2 - 2$$

Anwenden der Potenzregel:

Den Potenzterm multiplizieren wir mit dem Exponenten. Den Exponenten vermindern wir um 1.

$f(x) = x^5 \qquad \Rightarrow f'(x) = 5x^4$

$f(x) = x^{11} \qquad \Rightarrow f'(x) = 11x^{10}$

$f(x) = x = x^1 \quad \Rightarrow f'(x) = 1x^0 = 1$

Anwenden der Konstantenregel:

Die Ableitung einer konstanten Funktion ist immer 0. Dies ist auch anschaulich klar, da eine konstante Funktion parallel zur x-Achse verläuft und somit weder steigt noch fällt. Ihre Steigung muss also an jeder Stelle 0 sein.

$f(x) = 0{,}2 \qquad \Rightarrow f'(x) = 0$

$f(x) = 15 \qquad \Rightarrow f'(x) = 0$

$f(x) = -3 \qquad \Rightarrow f'(x) = 0$

Anwenden der Faktorregel:

Wir multiplizieren die Ableitung des Potenzterms mit dem Koeffizienten.

$f(x) = 2x^4 \qquad \Rightarrow f'(x) = 2 \cdot 4 \cdot x^3 = 8x^3$

$f(x) = -5x^2 \quad \Rightarrow f'(x) = -5 \cdot 2 \cdot x = -10x$

$f(x) = 0{,}5x \qquad \Rightarrow f'(x) = 0{,}5 \cdot 1 \cdot x^0 = 0{,}5$

Anwenden der Summenregel:

Wir leiten die Summanden einzeln ab.

$f(x) = 5x^2 - x \quad \Rightarrow f'(x) = 10x - 1$

Anwenden der Ableitungsregeln ⑧

Bestimmen Sie die Ableitung der Funktion f mit $f(x) = 2x^6 - 5x^3 + 9$ und geben Sie die verwendeten Ableitungsregeln an.

Der Funktionsterm von f besteht aus drei Summanden: $2x^6$, $-5x^3$ und 9. Die **Summenregel** erlaubt uns, diese drei Summanden unabhängig voneinander abzuleiten.

Um den Term 9 abzuleiten, wenden wir die **Konstantenregel** an.

Dann schreiben wir durch Anwendung der **Faktorregel** die Koeffizienten der beiden verbleibenden Terme jeweils vor die Ableitung.

Abschließend wenden wir zweimal die **Potenzregel** an.

$$
\begin{aligned}
f'(x) &= (2x^6 - 5x^3 + 9)' \qquad &\blacktriangleright \text{ Summenregel}\\
&= (2x^6)' + (-5x^3)' + (9)' \qquad &\blacktriangleright \text{ Konstantenregel}\\
&= (2x^6)' + (-5x^3)' + 0 \qquad &\blacktriangleright \text{ Faktorregel}\\
&= 2 \cdot (x^6)' - 5 \cdot (x^3)' \qquad &\blacktriangleright \text{ Potenzregel}\\
&= 2 \cdot 6x^5 - 5 \cdot 3x^2\\
&= 12x^5 - 15x^2
\end{aligned}
$$

$$\Rightarrow f'(x) = 12x^5 - 15x^2$$

Beweis der Summenregel ⑨

Beweisen Sie die Summenregel: Sind g und h differenzierbare Funktionen und ist $f(x) = g(x) + h(x)$, so hat die Ableitung von f die Gleichung $f'(x) = g'(x) + h'(x)$.

Wir berechnen zuerst den Differenzenquotienten für f an der Stelle x_0.

$$
\begin{aligned}
\frac{f(x) - f(x_0)}{x - x_0} &= \frac{g(x) + h(x) - [g(x_0) + h(x_0)]}{x - x_0}\\[6pt]
&= \frac{g(x) - g(x_0) + h(x) - h(x_0)}{x - x_0}\\[6pt]
&= \frac{g(x) - g(x_0)}{x - x_0} + \frac{h(x) - h(x_0)}{x - x_0}
\end{aligned}
$$

Anschließend bestimmen wir den Grenzwert des Differenzenquotienten für $x \to x_0$.

$$
\begin{aligned}
f'(x_0) &= \lim_{x \to x_0} \frac{f(x) - f(x_0)}{x - x_0}\\[6pt]
&= \lim_{x \to x_0} \left(\frac{g(x) - g(x_0)}{x - x_0} + \frac{h(x) - h(x_0)}{x - x_0} \right)\\[6pt]
&= \lim_{x \to x_0} \frac{g(x) - g(x_0)}{x - x_0} + \lim_{x \to x_0} \frac{h(x) - h(x_0)}{x - x_0}\\[6pt]
&= g'(x_0) + h'(x_0)
\end{aligned}
$$

⑩ Beweis der Faktorregel

Beweisen Sie die Faktorregel: Ist g eine differenzierbare Funktion und ist $f(x) = c \cdot g(x)$ mit $c \in \mathbb{R}$, so hat die Ableitung von f die Gleichung $f'(x) = c \cdot g'(x)$.

Anschaulich bedeutet die Regel, dass der Graph einer Funktion, die gegenüber einer anderen Funktion z. B. dreimal so große Werte annimmt, an jeder Stelle auch die dreifache Steigung besitzt.

Wenn z. B. der Graph zu $g(x) = x^2$, also die Normalparabel, um den Faktor 3 gestreckt wird $(f(x) = 3 \cdot g(x))$, dann steigt auch der Graph der zugehörigen Ableitungsfunktion um das Dreifache:

$g'(x) = 2x$
$f'(x) = 3 \cdot 2x = 6x$

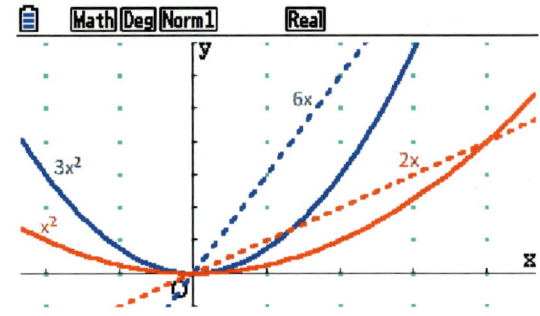

Um die Regel allgemein zu beweisen, berechnen wir zunächst den Differenzenquotienten für f an der Stelle x_0.

$$\frac{f(x) - f(x_0)}{x - x_0} = \frac{c \cdot g(x) - c \cdot g(x_0)}{x - x_0} \qquad \blacktriangleright f(x) = c \cdot g(x)$$

$$= c \cdot \frac{g(x) - g(x_0)}{x - x_0}$$

Anschließend bestimmen wir den Grenzwert des Differenzenquotienten für $x \to x_0$.

$$f'(x_0) = \lim_{x \to x_0} \frac{f(x) - f(x_0)}{x - x_0}$$

$$= \lim_{x \to x_0} c \cdot \frac{g(x) - g(x_0)}{x - x_0}$$

$$= c \cdot \lim_{x \to x_0} \frac{g(x) - g(x_0)}{x - x_0}$$

$$= c \cdot g'(x_0)$$

$$\Leftrightarrow f'(x) = c \cdot g'(x)$$

Potenzregel:	$f(x) = x^n$	$\Rightarrow f'(x) = n \cdot x^{n-1}$	$(n \in \mathbb{N})$
Konstantenregel:	$f(x) = c$	$\Rightarrow f'(x) = 0$	$(c \in \mathbb{R})$
Faktorregel:	$f(x) = c \cdot g(x)$	$\Rightarrow f'(x) = c \cdot g'(x)$	$(c \in \mathbb{R})$
Summenregel:	$f(x) = g(x) + h(x)$	$\Rightarrow f'(x) = g'(x) + h'(x)$	

---

 1. Bestimmen Sie zur gegebenen Funktion f die Ableitungsfunktion f'.

a) $f(x) = 2x^3 + 4x + 2$

b) $f(x) = 5 - 0{,}5x^2$

c) $f(x) = 0{,}05x^5 - 0{,}3x^4$

d) $f(x) = \frac{1}{42}x^7 - \frac{1}{30}x^6 + \frac{1}{20}x^5$

e) $f(x) = \frac{1}{4}x^4 + \frac{1}{3}x^3$

f) $f(x) = 2x^0$

g) $f(x) = ax^3 + bx^2 + cx + d$; $a, b, c, d \in \mathbb{R}$

h) $f(x) = 7ax^2 - 2bx + 5c$; $a, b, c \in \mathbb{R}$

2. Bestimmen Sie zur gegebenen Funktion f die Ableitungsfunktion f'. Zeichnen Sie die Graphen von f und f'.

a) $f(x) = 2x - 5$

b) $f(x) = -0{,}25x^2 + 4x$

c) $f(x) = \frac{1}{2}x^3 - 3x$

Ableitungen höherer Ordnung

(11)

Gegeben ist die Funktion f mit der Gleichung:

$$f(x) = 0{,}05\,x^4 - \tfrac{2}{15}x^3 - 0{,}8\,x^2$$

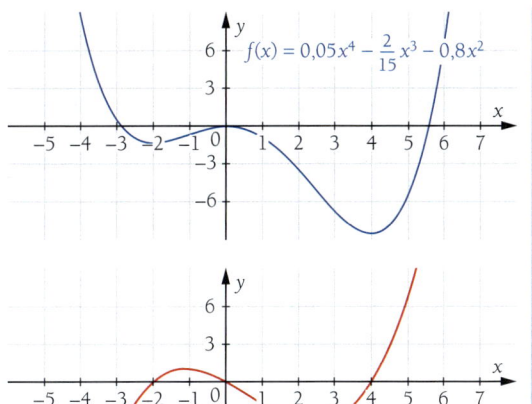

Mithilfe der Ableitungsregeln erhalten wir die Gleichung von f':

$$f'(x) = 0{,}2\,x^3 - 0{,}4\,x^2 - 1{,}6\,x$$

f' heißt genauer **erste Ableitung von f**.

Wenn wir f' wiederum ableiten, erhalten wir die **zweite Ableitung von f**:

$$f''(x) = 0{,}6\,x^2 - 0{,}8\,x - 1{,}6$$

(gelesen: „f zwei Strich von x")

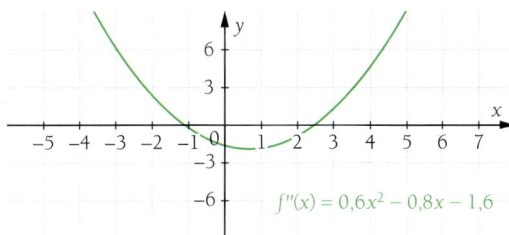

Wenn wir f'' ableiten, erhalten wir die **dritte Ableitung von f**:

$$f'''(x) = 1{,}2\,x - 0{,}8$$

(gelesen: „f drei Strich von x")

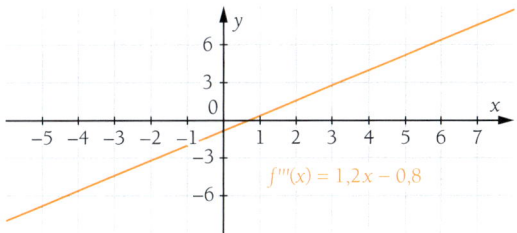

Entsprechend werden die weiteren Ableitungen gebildet. Es ist zu beachten, dass bei der **vierten Ableitung** und allen höheren Ableitungen eine andere Schreibweise üblich ist:

$$f^{(4)}(x) = 1{,}2$$
$$f^{(5)}(x) = 0$$
$$f^{(6)}(x) = 0 \text{ usw.}$$

Da beim Ableiten stets ein Grad der Funktion „verloren geht", wird der Ableitungsterm einer ganzrationalen Funktion durch mehrfaches Ableiten null, sobald die Ordnung der Ableitung höher ist als der Grad der Funktion.

> Eine ganzrationale Funktion f kann beliebig oft abgeleitet werden.
> f' heißt **erste Ableitung von f**.
> f'' ist die Ableitung von f' und heißt **zweite Ableitung von f**.
> f''' ist die Ableitung von f'' und heißt **dritte Ableitung von f**.
> $f^{(4)}$ ist die Ableitung von f''' und heißt **vierte Ableitung von f**.
> Entsprechend können höhere Ableitungen gebildet werden: $f^{(5)}$; $f^{(6)}$; $f^{(7)}$ usw.

oHi Mi Leiten Sie die Funktion f so oft ab, bis der Ableitungsterm den Wert 0 hat.

a) $f(x) = 2{,}5\,x^4 + 3\,x^2$

b) $f(x) = 0{,}25\,x^3 - 5\,x + 1$

c) $f(x) = -x^5 + 0{,}2\,x^4 - 6\,x^3 - 8$

d) $f(x) = -\tfrac{1}{6}x^4 + \tfrac{5}{6}x^3 - \tfrac{1}{3}x^2 - \tfrac{4}{3}x + 3$

Übungen zu 3.1.4

1. Bestimmen Sie die Ableitungsfunktion f' der Funktion f mithilfe der Ableitungsregeln. Berechnen Sie die Steigung an der angegebenen Stelle x_0.

a) $f(x) = 2x^2$; $x_0 = \frac{1}{2}$

b) $f(x) = 1{,}5x^4$; $x_0 = 4$

c) $f(x) = 0{,}5x^3$; $x_0 = 1{,}5$

d) $f(x) = 0{,}5x^3 + 1$; $x_0 = \frac{1}{2}$

e) $f(x) = 0{,}5x^3$; $x_0 = 2$

f) $f(x) = 2{,}5x^5 + 1$; $x_0 = 1$

g) $f(x) = 0{,}5x^5$; $x_0 = \frac{1}{5}$

h) $f(x) = -\frac{1}{9}x^7 + \frac{2}{3}x^2$; $x_0 = 9$

i) $f(x) = 3x^3 + 3x^2$; $x_0 = -1$

j) $f(x) = 5x$; $x_0 = 2$

k) $f(x) = -3x^7 + 1$; $x_0 = 3$

l) $f(x) = -3$; $x_0 = \frac{1}{3}$

m) $f(x) = -\frac{1}{3}x^3 + 2x$; $x_0 = -3$

n) $f(x) = 5x^3 - a$; $x_0 = 5$; $a \in \mathbb{R}$

o) $f(x) = a + bx^3 - cx$; $x_0 = 3$; $a, b, c \in \mathbb{R}$

p) $f(x) = -2x + ax$; $x_0 = 2$; $a \in \mathbb{R}$

2. Leiten Sie die Funktion f so oft ab, bis der Ableitungsterm konstant ist.

⟦oHi Mi⟧

a) $f(x) = 2{,}5x^5 + 3x^4$

b) $f(x) = 0{,}25x^8 + 0{,}4x^{10} - 3$

c) $f(x) = 3x^7 - 0{,}5x^3$

d) $f(x) = -\frac{1}{9}x^7 + \frac{2}{3}x^2$

e) $f(x) = ax^3$; $a \in \mathbb{R}$

f) $f(x) = 2ax^4 + 5bx^5$; $a, b \in \mathbb{R}$

3. Geben Sie eine Funktionsgleichung für die Funktion f an, sodass die Ableitungsfunktion f' die angegebene Form hat.

⟦oHi Mi⟧

a) $f'(x) = 0$

b) $f'(x) = 2$

c) $f'(x) = \pi$

d) $f'(x) = -3x^2 + 4{,}12$

e) $f'(x) = \frac{1}{2}x^3 - 5x^4$

f) $f'(x) = -\frac{1}{9}x^8 + \frac{2}{3}x^2$

g) $f'(x) = a$; $a \in \mathbb{R}$

h) $f'(x) = -ax^2 + 4bx^3$; $a, b \in \mathbb{R}$

i) $f'(x) = 2ax^{a-1}$; $a \in \mathbb{N}\backslash\{0\}$

j) $f'(x) = ax^a - (b+1)x^b$; $a, b \in \mathbb{N}$

4. Ordnen Sie den drei Funktionsgraphen aus der linken Abbildung jeweils den Graphen der zugehörigen Ableitungsfunktion aus der rechten Abbildung zu.

⟦oHi Mi⟧

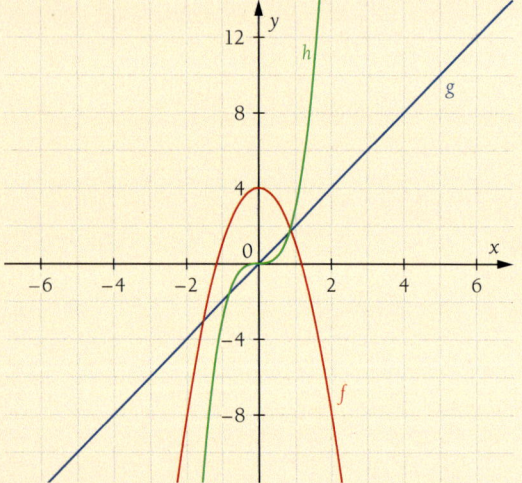
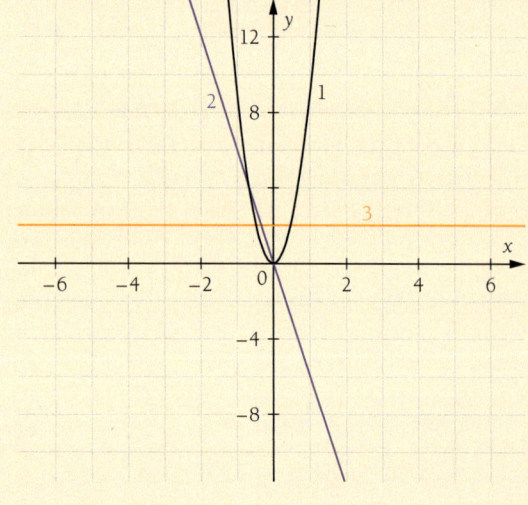

3.1.5 Ableitung spezieller Funktionen

In diesem Abschnitt soll zunächst gezeigt werden, wie sich die Potenzregel (▶ Seite 218) auf Funktionen vom Typ $f(x) = \frac{1}{x^n} = x^{-n}$ mit $n \in \mathbb{N}\backslash\{0\}$, also auf Funktionen mit negativen Exponenten übertragen lässt.

Potenzregel für negative Exponenten
(12)

Wenden Sie die Potenzregel formal auf die Funktionen f und g mit $f(x) = \frac{1}{x} = x^{-1}$ und $g(x) = \frac{5}{x^2} = 5x^{-2}$ an. Ermitteln Sie anschließend mithilfe des Differenzenquotienten die Steigung beider Funktionen an jeder Stelle ihrer Definitionsbereiche $D_f = D_g = \mathbb{R}\backslash\{0\}$. Bestimmen Sie die Ableitungsfunktionen f' und g'.

3

Die formale Anwendung der Potenzregel bei der Funktion $f(x) = x^{-1}$ ergibt $f'(x) = -x^{-2}$.

$$f(x) = x^{-1} \Rightarrow f'(x) = -1 \cdot x^{-2} = -x^{-2}$$

Zur Berechnung der Steigung von f an jeder Stelle x_0 des Definitionsbereichs bilden wir den Grenzwert des Differenzenquotienten für eine beliebige Stelle $x_0 \in D_f$. Wir wenden die auf Seite 211 vorgestellte h-Methode an und erhalten:

$$f'(x_0) = -x_0^{-2}; \quad x_0 \in \mathbb{R}\backslash\{0\}$$

Damit haben wir gleichzeitig nachgewiesen, dass f überhaupt differenzierbar ist.

Wir gelangen zu demselben Ergebnis wie durch Anwendung der Potenzregel.

$$f'(x_0) = \lim_{h \to 0} \frac{f(x_0 + h) - f(x_0)}{h}$$
$$= \lim_{h \to 0} \frac{(x_0 + h)^{-1} - x_0^{-1}}{h}$$
$$= \lim_{h \to 0} \frac{1}{h} \cdot \left(\frac{1}{x_0 + h} - \frac{1}{x_0} \right)$$
$$= \lim_{h \to 0} \frac{1}{h} \cdot \frac{x_0 - (x_0 + h)}{x_0 \cdot (x_0 + h)}$$
$$= \lim_{h \to 0} \frac{1}{h} \cdot \frac{-h}{x_0 \cdot (x_0 + h)}$$
$$= \lim_{h \to 0} \frac{-1}{x_0 \cdot (x_0 + h)} = \frac{-1}{x_0^2} = -x_0^{-2}$$

$$\Rightarrow f'(x) = -x^{-2}; \quad x \in \mathbb{R}\backslash\{0\}$$

Die formale Anwendung der Potenzregel bei der Funktion g mit $g(x) = 5x^{-2}$ ergibt $g'(x) = -10x^{-3}$.

$$g(x) = 5x^{-2} \Rightarrow g'(x) = -10x^{-3}$$

Zur Berechnung der Steigung von g an jeder Stelle x_0 des Definitionsbereichs bilden wir auch hier den Grenzwert des Differenzenquotienten und erhalten:

$$g'(x_0) = -10x_0^{-3}; \quad x_0 \in \mathbb{R}\backslash\{0\}$$

Auf diese Weise gelangen wir zu demselben Ergebnis wie durch Anwendung der Potenzregel.

$$g'(x_0) = \lim_{h \to 0} \frac{g(x_0 + h) - g(x_0)}{h}$$
$$= \lim_{h \to 0} \frac{5(x_0 + h)^{-2} - 5x_0^{-2}}{h}$$
$$= \lim_{h \to 0} \frac{1}{h} \cdot \left(\frac{5}{(x_0 + h)^2} - \frac{5}{x_0^2} \right)$$
$$= \lim_{h \to 0} \frac{1}{h} \cdot \frac{5x_0^2 - 5(x_0 + h)^2}{x_0^2 \cdot (x_0 + h)^2}$$
$$= \lim_{h \to 0} \frac{1}{h} \cdot \frac{-10x_0 h - 5h^2}{x_0^2 \cdot (x_0 + h)^2}$$
$$= \lim_{h \to 0} \frac{1}{h} \cdot \frac{h \cdot (-10x_0 - 5h)}{x_0^2 \cdot (x_0 + h)^2}$$
$$= \lim_{h \to 0} \frac{-10x_0 - 5h}{x_0^2 \cdot (x_0 + h)^2} = \frac{-10x_0}{x_0^4} = \frac{-10}{x_0^3} = -10x_0^{-3}$$

$$\Rightarrow g'(x) = -10x^{-3}; \quad x \in \mathbb{R}\backslash\{0\}$$

Hi Mi Bilden Sie mithilfe des Differenzenquotienten die Ableitungsfunktion der Funktion f.

a) $f(x) = -\frac{3}{x}$; $\quad D_f = \mathbb{R}\backslash\{0\}$

b) $f(x) = 3x^{-3} + 2x^2$; $\quad D_f = \mathbb{R}\backslash\{0\}$

Auch Wurzelfunktionen $f(x) = \sqrt[n]{x}$ lassen sich als verallgemeinerte Potenzfunktionen auffassen, indem man sie in der Form $f(x) = x^{\frac{1}{n}}$ mit $n \in \mathbb{N}\backslash\{0\}$ schreibt (▶ Abschnitt 2.4). Im Fall $n = 2$ ist f die Quadratwurzelfunktion.

(13) Ableitung der Quadratwurzelfunktion

Wenden Sie die Potenzregel formal auf die Funktion f mit $f(x) = \sqrt{x} = x^{\frac{1}{2}}$ an. Ermitteln Sie die Steigung der Funktion an jeder Stelle ihres Definitionsbereichs $D_f = \mathbb{R}_0^+$ mithilfe des Differenzenquotienten. Bestimmen Sie die Ableitungsfunktion f'.

Die formale Anwendung der Potenzregel ergibt:

$$f'(x) = \frac{1}{2\sqrt{x}}$$

Anders als in Beispiel 12 wenden wir hier die $(x - x_0)$-Methode an, um die Steigung von f an einer beliebigen Stelle x_0 des Definitionsbereichs zu berechnen. Wir erhalten:

$$f'(x_0) = \frac{1}{2\sqrt{x_0}}; \quad x_0 \in \mathbb{R}_0^+$$

Wir erhalten also das gleiche Ergebnis wie beim Anwenden der Potenzregel.

$$f(x) = x^{\frac{1}{2}}$$

$$\Rightarrow f'(x) = \frac{1}{2} \cdot x^{\frac{1}{2}-1} = \frac{1}{2} \cdot x^{-\frac{1}{2}} = \frac{1}{2} \cdot \frac{1}{x^{\frac{1}{2}}} = \frac{1}{2\sqrt{x}}$$

$$f'(x_0) = \lim_{x \to x_0} \frac{f(x) - f(x_0)}{x - x_0}$$

$$= \lim_{x \to x_0} \frac{\sqrt{x} - \sqrt{x_0}}{x - x_0} \qquad \text{▶ 3. binomische Formel im Nenner}$$

$$= \lim_{x \to x_0} \frac{\sqrt{x} - \sqrt{x_0}}{(\sqrt{x} - \sqrt{x_0}) \cdot (\sqrt{x} + \sqrt{x_0})}$$

$$= \lim_{x \to x_0} \frac{1}{\sqrt{x} + \sqrt{x_0}} = \frac{1}{2\sqrt{x_0}}$$

$$\Rightarrow f'(x) = \frac{1}{2\sqrt{x}}; \quad x \in \mathbb{R}_0^+$$

 Die Potenzregel lässt sich auch auf rationale Exponenten anwenden:
$$f(x) = x^q \Rightarrow f'(x) = q \cdot x^{q-1} \ (q \in \mathbb{Q})$$

 Bilden Sie mithilfe des Differenzenquotienten die Ableitungsfunktion zu $f(x) = 4\sqrt{x}$; $D_f = \mathbb{R}_0^+$.

Bei trigonometrischen Funktionen reicht die Potenzregel nicht aus.

(14) Ableitung der Sinusfunktion

Ermitteln Sie zeichnerisch die Steigung des Graphen der Sinusfunktion an den Stellen $x_1 = 0$, $x_2 = \frac{\pi}{2}$, $x_3 = \pi$, $x_4 = \frac{3}{2}\pi$ und $x_5 = 2\pi$. Skizzieren Sie anschließend den Graphen der Ableitungsfunktion.

Wir zeichnen den Graphen der Sinusfunktion.

An den gegebenen Stellen zeichnen wir jeweils die zugehörigen Tangenten ein und bestimmen so nach Augenmaß die Steigung des Graphen.

An den Stellen $x_1 = 0$ und $x_5 = 2\pi$ ist die Steigung der Sinusfunktion gleich eins.

An den Stellen $x_2 = \frac{\pi}{2}$ und $x_4 = \frac{3}{2}\pi$ ist die Steigung der Sinusfunktion gleich null.

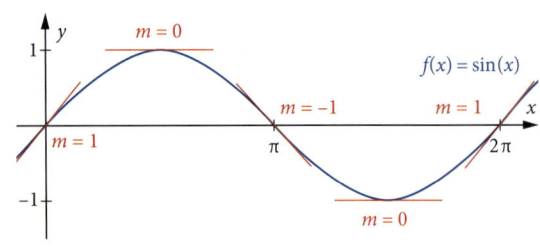

An der Stelle $x_3 = \pi$ ist die Steigung der Sinusfunktion gleich minus eins.

Um noch mehr Funktionswerte der Ableitungsfunktion zu erhalten, bestimmen wir näherungsweise an weiteren Stellen die Steigung der Sinusfunktion.

x	0	$\frac{\pi}{4}$	$\frac{\pi}{2}$	$\frac{3}{4}\pi$	π	$\frac{5}{4}\pi$	$\frac{3}{2}\pi$	$\frac{7}{4}\pi$	2π
$f'(x)$	1	0,7	0	$-0,7$	-1	$-0,7$	0	0,7	1

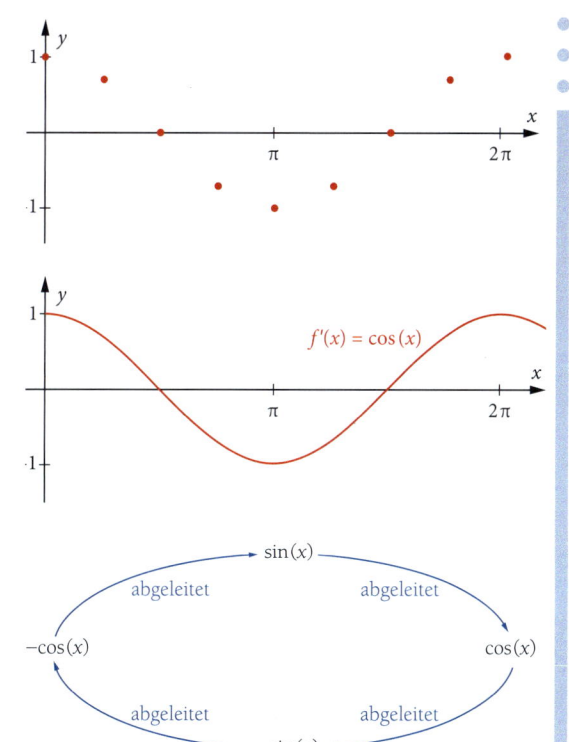

Jetzt können wir den Graphen der Ableitungsfunktion f' in einem neuen Koordinatensystem skizzieren. Wir stellen fest, dass es sich dabei um den Graphen der Kosinusfunktion handelt.

Für die Kosinusfunktion können analoge Überlegungen angestellt werden. Der Graph der Ableitungsfunktion der Kosinusfunktion ist der an der x-Achse gespiegelte Graph der Sinusfunktion.

▸ „Alles klar?"-Aufgabe

Die untere Grafik der rechten Spalte veranschaulicht den Zusammenhang zwischen den beiden trigonometrischen Funktionen sin und cos und ihren ersten Ableitungsfunktionen.

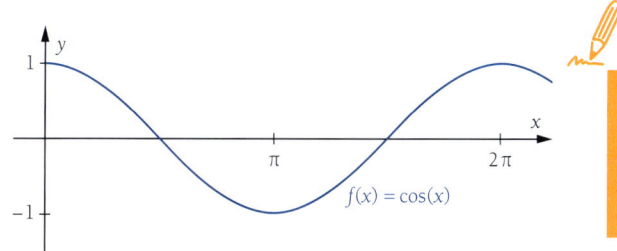

- Die **Ableitung der Sinusfunktion** ist die Kosinusfunktion:
  $f(x) = \sin(x) \;\Rightarrow\; f'(x) = \cos(x)$

- Die **Ableitung der Kosinusfunktion** ist die an der x-Achse gespiegelte Sinusfunktion:
  $g(x) = \cos(x) \;\Rightarrow\; g'(x) = -\sin(x)$

 Ermitteln Sie grafisch die Ableitung der Kosinusfunktion.

$f(x) = \cos(x)$

Übungen zu 3.1.5

1. Bestimmen Sie die Ableitung der Funktion f.

a) $f(x) = 3x^{-3} + 2x^2$

b) $f(x) = 0,5x^{-4} - 6x$

c) $f(x) = 2\sqrt{x} - 4x^{\frac{1}{3}}$

d) $f(x) = 12x^{-\frac{1}{2}} + 7\sqrt[3]{x}$

e) $f(x) = -3\cos(x)$

2. Leiten Sie die Funktion f dreimal ab.

a) $f(x) = 8\cos(x) - 2\sin(x)$

b) $f(x) = 5x^2 - 2a\sqrt{x};\ a \in \mathbb{R}$

c) $f(x) = 7ax^5 + 4\cos(x);\ a \in \mathbb{R}$

d) $f(x) = 3a\sin(x) + 2x^{-1};\ a \in \mathbb{R}$

e) $f(x) = -3ax^{\frac{3}{2}} - 6bx^{-2};\ a, b \in \mathbb{R}$

3

3.1.6   Anwendungen

 (15) Bestimmen der Tangentengleichung

Bestimmen Sie die Gleichung der Tangente t, die den Graphen der Funktion f mit $f(x) = -\frac{1}{2}x^2 + 5$ im Punkt $P(2|3)$ berührt.

Die Tangente t und die Funktion f haben zwei gemeinsame Eigenschaften:
1. Beide Graphen verlaufen durch denselben Punkt $P(2|3)$.
2. Beide Graphen haben im Punkt $P(2|3)$ dieselbe Steigung.

Die Tangente t ist eine lineare Funktion. Sie hat somit die Form $t(x) = mx + n$.
Wir wollen die Gleichung der Tangente aufstellen. Dazu berechnen wir zunächst die Steigung m und anschließend den y-Achsenabschnitt n:

Berechnung der Steigung m:
Die Tangente t hat im Punkt $(2|3)$ die gleiche Steigung wie die Funktion f. Es reicht also, wenn wir die Steigung von f an der Stelle $x = 2$ bestimmen.

Die Steigung an der Stelle $x = 2$ können wir grafisch mithilfe eines Steigungsdreiecks ermitteln.

Rechnerisch erhalten wir die Steigung über die Ableitungsform f'. Sie hat die Gleichung

$f'(x) = -x$

In dieser Gleichung setzen wir $x = 2$.

Für die Steigung von f an der Stelle $x = 2$ erhalten wir somit $f'(2) = -2$.
Die Steigung der Tangente beträgt demnach $m = -2$.

Die Funktionsgleichung der Tangente t hat nun die Form $t(x) = -2x + n$.

Berechnung des y-Achsenabschnitts n:
Der Graph von t verläuft durch den Punkt $P(2|3)$. Er hat die Steigung $m = -2$.
Wir setzen die Werte $x = 2$, $y = 3$ und $m = -2$ in $t(x) = mx + n$ ein. Anschließend lösen wir nach n auf.
Nun setzen wir $m = -2$ und $n = 7$ in die Tangentengleichung ein. Als Gleichung für die Tangente ergibt sich $t(x) = -2x + 7$.

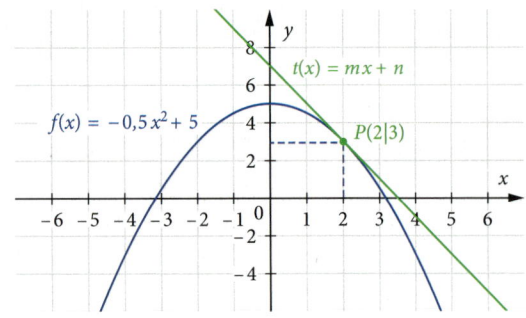

Grafische Bestimmung der Steigung:

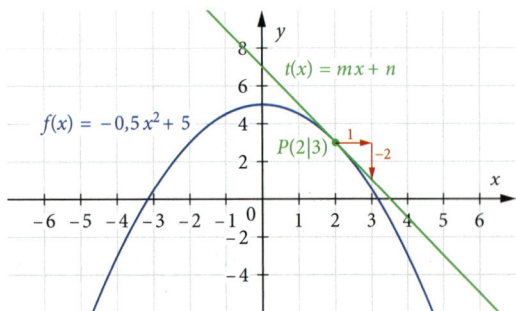

Rechnerische Bestimmung der Steigung:

$$f(x) = -\frac{1}{2}x^2 + 5$$
$$f'(x) = -\frac{1}{2} \cdot 2 \cdot x^{2-1} = -x$$
$$f'(2) = -2$$
$$\Rightarrow\ m = f'(2) = -2$$

Berechnung des y-Achsenabschnitts:

$t(x) = mx + n$ ▶ $P(2|3); m = -2$
$\quad 3 = -2 \cdot 2 + n$
$\quad 3 = -4 + n \qquad\qquad |+4$
$\quad 7 = n$

Angabe der Tangentengleichung:
$t(x) = -2x + 7$

 Berechnen Sie die Gleichung der Tangente von f mit $f(x) = 0{,}1\,x^3 - 2x^2$ an der Stelle $x = -3$.

Bestimmen von Punkten bei gegebener Steigung

Geben Sie die Punkte an, in denen der Graph von $f(x) = \frac{1}{2}x^2 + 5x$ die Steigung 2 hat.

Zunächst bestimmen wir die Gleichung der Ableitungsfunktion f' mithilfe der Ableitungsregeln.
Der y-Wert der Ableitungsfunktion f' gibt die Steigung an. Diese ist hier mit 2 vorgegeben. Also muss $f'(x) = 2$ gelten.
Wir ersetzen $f'(x)$ durch den Funktionsterm $x + 5$ und erhalten als einzige Lösung $x = -3$.

Gesucht ist aber nicht nur die Stelle, sondern der Punkt, in dem der Graph von f die Steigung 2 hat. Wir müssen also $x = -3$ in die Ausgangsfunktion f einsetzen, um den zugehörigen y-Wert zu erhalten. Im Punkt $P(-3|-10,5)$ hat f die Steigung 2.

$$f(x) = \frac{1}{2}x^2 + 5x = \frac{1}{2}x^2 + 5x^1$$
$$f'(x) = \frac{1}{2} \cdot 2 \cdot x^{2-1} + 5x^{1-1} = x + 5$$

Berechnung der Stellen mit der Steigung 2:
$$f'(x) = 2$$
$$\Leftrightarrow \quad x + 5 = 2 \qquad |-5$$
$$\Leftrightarrow \qquad x = -3$$

Berechnung der Punktkoordinaten:
$$f(-3) = \frac{1}{2} \cdot (-3)^2 + 5 \cdot (-3) = -10,5$$
$$\Rightarrow P(-3|-10,5)$$

Berechnen Sie für die Funktionen f und g mit $f(x) = 3x^2 - 5x + 4$ und $g(x) = x^3 - 11x$ jeweils die Punkte, in denen f bzw. g die Steigung 1 haben.

Bestimmen einer zur Tangente senkrechten Geraden

Geben Sie die Funktionsgleichung der Geraden G_s an, die den Graphen von f mit $f(x) = -0{,}25x^2 + 1{,}5x + 1$ im Punkt $P(2|3)$ senkrecht schneidet.

Anschaulich ist die Senkrechte zum Graphen von f im Punkt $P(2|3)$ die Senkrechte zur Tangente an den Graphen von f im Punkt P.
Die Bedingung für die Orthogonalität zweier Geraden mit den jeweiligen Steigungen m_1 und m_2 ist:

$m_1 \cdot m_2 = -1$ ▶ Seite 79, Aufgabe 11

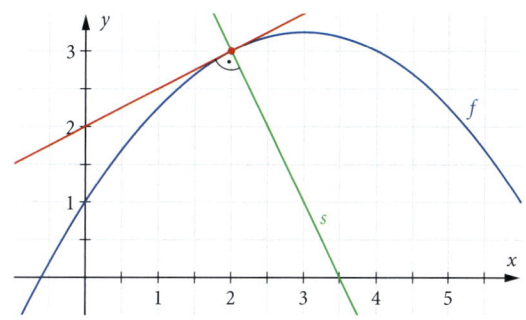

Der Graph von f hat an der Stelle 2 die Steigung $f'(2)$.
Die Gerade G_s hat an der Stelle 2 die Steigung $s'(2)$.
Es muss also gelten: $f'(2) \cdot s'(2) = -1$.

Wir stellen diese Gleichung nach $s'(2)$ um und erhalten $s'(2) = -2$.

Mit der Steigung -2 der Senkrechten G_s und den Koordinaten $(2|3)$ von P lässt sich der y-Achsenabschnitt von G_s leicht berechnen.

Die Funktionsgleichung der Senkrechten zum Graphen von f im Punkt $P(2|3)$ lautet: $s(x) = -2x + 7$

$$f'(x) = -0{,}5x + 1{,}5$$
$$f'(2) = -0{,}5 \cdot 2 + 1{,}5 = 0{,}5$$
$$f'(2) \cdot s'(2) = -1$$
$$\Leftrightarrow \quad s'(2) = -\frac{1}{f'(2)} = -\frac{1}{0{,}5} = -2$$

Funktionsgleichung von s:
$$y = s'(2) \cdot x + n \qquad \blacktriangleright P(2|3)$$
$$\Leftrightarrow \quad 3 = -2 \cdot 2 + n$$
$$\Leftrightarrow \quad n = 7$$
$$\Rightarrow \boldsymbol{s(x) = -2x + 7}$$

Bestimmen Sie eine Gerade, die G_f mit $f(x) = x^3 - 2x^2 - 8x$ im Punkt $P(4|0)$ senkrecht schneidet.

225

(18) Durchschnittliche Kosten und Grenzkosten

Die zwei Gärtnereien „Blütenpracht" und „Blumen-meer" kalkulieren bei der Herstellung von Blumen-samen mit der Kostenfunktion K:

$$K(x) = x^3 - 6x^2 + 15x + 32$$

Die Gärtnerei Blütenpracht hat im letzten Jahr 2 ME Blumensamen auf den Markt gebracht. Die Gärt-nerei Blumenmeer produzierte 5 ME. Eine ME ent-spricht 2000 g Blumensamen und eine GE sind 100 €. Beide Gärtnereien wollen die Produktion an Blumensamen im kommenden Jahr leicht steigern. Untersuchen Sie die jeweilige Kostensituation.

Kostensituation der Gärtnerei Blütenpracht:

Im letzten Jahr produzierte die Gärtnerei 2 ME Blu-mensamen. Dabei entstanden Kosten in Höhe von $K(2) = 46$ GE.
Wird die Blumensamenmenge gesteigert, so erhö-hen sich auch die Kosten. Eine Steigerung der Pro-duktion um 0,5 ME von 2 ME auf 2,5 ME erhöht die Kosten auf $K(2,5) = 47,625$ GE.
Bei der Steigerung der Produktion um 0,5 ME stei-gen die Kosten um 1,625 GE (47,625 − 46), also um 162,5 €.

Kostensituation der Gärtnerei Blumenmeer:

Im letzten Jahr produzierte die Gärtnerei 5 ME Blu-mensamen. Dabei entstanden Kosten in Höhe von $K(5) = 82$ GE.
Möchte die Gärtnerei die Produktion um beispiels-weise eine ME steigern, so erhöht diese Produktions-steigerung die Kosten auf $K(6) = 122$ GE.

Bei der Steigerung der Produktion um 1 ME steigen die Kosten um 40 GE (122 − 82), also um 4000 €.

Die jeweiligen Mehrkosten von 162,50 € für die Gärtnerei Blütenpracht bzw. 4000 € für die Gärtnerei Blumenmeer können wir nicht vergleichen. Sie beziehen sich auf unterschiedliche Produktionssteigerungen (0,5 bzw. 1 ME). Um vergleichbare Werte zu bekommen, berechnen wir die mittleren Änderungsraten.

Änderungsrate der Gärtnerei Blütenpracht:

Die mittlere Änderungsrate von 2 ME auf 2,5 ME beträgt:
$$\frac{K(2,5) - K(2)}{2,5 - 2} = \frac{47,625 - 46}{0,5} = 3,25 \; \blacktriangleright \text{ GE pro ME}$$

Bei einer Produktionssteigerung entstehen durch-schnittliche Mehrkosten von 325 € pro Mengenein-heit.

Änderungsrate der Gärtnerei Blumenmeer:

Die mittlere Änderungsrate von 5 ME auf 6 ME be-trägt:
$$\frac{K(6) - K(5)}{6 - 5} = \frac{122 - 82}{1} = 40 \; \blacktriangleright \text{ GE pro ME}$$

Bei einer Produktionssteigerung entstehen durch-schnittliche Mehrkosten von 4000 € pro Mengenein-heit.

Die durchschnittlichen Mehrkosten beider Gärtnereien lassen sich gut vergleichen. Sie zeigen, dass eine Erhöhung der Produktion für die Gärtnerei Blütenpracht sinnvoll ist. Für die Konkurrenz vom Blumenmeer hingegen wür-de eine Erhöhung der Produktion einen erheblichen Kostenanstieg bedeuten.

Allgemein können wir Folgendes ableiten:
• Eine Produktionssteigerung ist aus Kostensicht dann günstig, wenn die Kostenfunktion eine ge-ringe Steigung aufweist.
• Je größer die Steigung der Kostenfunktion ist, umso stärker steigen die Kosten mit zunehmender Produktionsmenge an.

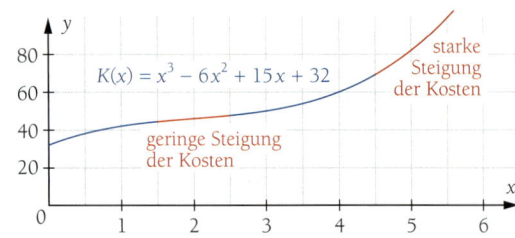

Wir berechnen also die Steigung der Kostenfunktion K und erhalten eine **Kostensteigerungstendenz**.

Die Ableitungsfunktion K' gibt die Steigung der Kostenfunktion K im Punkt $P(x|K(x))$ an.

$$K'(x) = \lim_{x \to x_0} \frac{K(x) - K(x_0)}{x - x_0} \quad \blacktriangleright \text{ lokale Änderungsrate}$$

$K'(x)$ ist uns auch als lokale Änderungsrate bekannt. Sie misst den Kostenzuwachs, der bei einer Produktion einer unendlich kleinen Mehreinheit über x ME hinaus entsteht. Den Kostenzuwachs nennt man **Grenzkosten**. Daher heißt die Ableitungsfunktion K' der Kostenfunktion K **Grenzkostenfunktion**.

Die Grenzkostenfunktion gibt nicht die wirkliche Kostenzunahme wieder, sondern lediglich eine Tendenz.

Wir ermitteln die Grenzkosten für beide Gärtnereien. Dazu leiten wir die Kostenfunktion K ab.

$K(x) = x^3 - 6x^2 + 15x + 32 \quad \blacktriangleright \text{ Kostenfunktion}$

$K'(x) = 3x^2 - 12x + 15 \quad \blacktriangleright \text{ Grenzkostenfunktion}$

Für die Gärtnerei Blütenpracht ergeben sich bei einer Produktionsmenge von 2 ME Grenzkosten in Höhe von 3 GE pro ME. Eine Mehrproduktion lohnt sich. Die Grenzkosten der Gärtnerei Blumenmeer bei einer Produktionsmenge von 5 ME betragen 30 GE pro ME. Eine Mehrproduktion wäre deutlich teurer.

Grenzkosten der Gärtnerei Blütenpracht:

$K'(2) = 3 \cdot 2^2 - 12 \cdot 2 + 15 = 3$

Grenzkosten der Gärtnerei Blumenmeer:

$K'(5) = 3 \cdot 5^2 - 12 \cdot 5 + 15 = 30$

Ermitteln Sie für die Kostenfunktion K mit $K(x) = -0{,}125x^3 + 2{,}825x^2 - 5x - 30$ die Grenzkostenfunktion und berechnen Sie die Grenzkosten für 6 ME.

Übungen zu 3.1.6

1. Gegeben ist die Kostenfunktion K durch die Gleichung $K(x) = x^3 - 6x^2 + 15x + 32$; $x \in [0; 6{,}5]$.

a) Vergleichen Sie die Grenzkosten für 1 ME, 2 ME, 2,5 ME, 4 ME und 5,25 ME.

b) Leiten Sie ökonomisch sinnvolle Schlussfolgerungen ab.

2. Gegeben ist die Kostenfunktion K durch die Gleichung $K(x) = 5x + 100$; $x \in [0; 25]$.

a) Berechnen Sie die Grenzkosten für 4 ME und 10 ME und interpretieren Sie das Ergebnis.

b) Untersuchen Sie, welche Auswirkungen eine Senkung der Fixkosten um 20 % hat.

3. Ein niedersächsischer Hersteller von Dekorationsartikeln legt für ein neues Produkt die Kostenfunktion K mit $K(x) = x^3 - 6x^2 + 15x + 32$ und die Erlösfunktion E mit $E(x) = -5x^2 + 55x$ zugrunde.

a) Berechnen Sie den Grenzgewinn für 3,5 ME und für 4 ME.

b) Interpretieren Sie das Ergebnis ökonomisch.

4. Berechnen Sie die Stellen, an denen der Graph der Funktion f jeweils die Steigung -2; -1; 0; 2 und 4 hat.

a) $f(x) = 2x^2 - 12$

b) $f(x) = x^2 + 6x + 5$

c) $f(x) = -x^3$

d) $f(x) = x^3 - 4x$

e) $f(x) = -2x^3 + x^2$

5. Gegeben sind die Funktionen f, g, h und i:

$f(x) = -x^2 + 1$

$g(x) = x^2 - x - 3$

$h(x) = x^3 - 2x^2 - 3x + 2$

$i(x) = 0{,}5x^3 - 2x$

a) Berechnen Sie jeweils die Steigung der Tangente an die Graphen der einzelnen Funktionen für die Stellen -1; 0 und 2. Geben Sie jeweils die zugehörige Tangentengleichung an.

b) Skizzieren Sie den Graphen der Funktion f und die drei in Aufgabe a) berechneten Tangenten in ein Koordinatensystem.

Vermischte Übungen zu 3.1

1. Verfassen Sie einen zu dem auf Seite 203 dargestellten Höhenprofil passenden Erfahrungsbericht.

a) Beschreiben Sie die Anstrengungen beim Auf- und Abstieg der verschiedenen Pässe um die Sellagruppe. Geben Sie auch an, wann der Radfahrer langsam bzw. schnell aufwärts und abwärts fährt.

b) Ein Teilstück der Bergetappe lässt sich durch die folgende Funktionsgleichung modellieren:
$$f(x) = \frac{1}{20}x^5 - \frac{7}{12}x^4 + \frac{5}{3}x^3 + 2x + 5; \quad D_f = [0; 6]$$
Ermitteln Sie die Stellen, an denen der steilste Anstieg bzw. die steilste Abfahrt vorliegen.

2. Die Abbildung zeigt den Graphen der Funktion f mit $f(x) = 0{,}03\,x^4 - 0{,}44\,x^3 + 1{,}44\,x^2$.

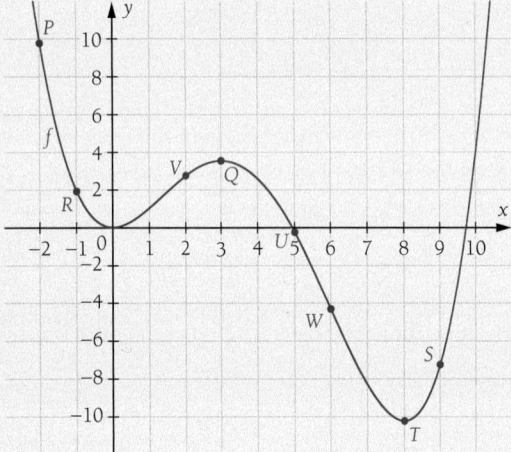

Außerdem sind die Gleichungen von acht Tangenten an den Graphen von f gegeben:

$t_1(x) = -4{,}32\,x + 21{,}6$ $t_5(x) = -10{,}24$

$t_2(x) = 1{,}44\,x - 0{,}16$ $t_6(x) = 6{,}48\,x - 65{,}61$

$t_3(x) = -12\,x - 14{,}24$ $t_7(x) = 3{,}51$

$t_4(x) = -4{,}32\,x - 2{,}41$ $t_8(x) = -3{,}6\,x + 17{,}75$

Ordnen Sie jedem markierten Punkt des Graphen die passende Tangentengleichung zu. Überprüfen Sie die Zuordnung auch rechnerisch.

3. Leiten Sie die Funktion f ab. ▸ $a, b \in \mathbb{R}$

a) $f(x) = 4x^5 - 7x^2 + 2$ f) $f(x) = 3\sqrt{x} - 8x^2$

b) $f(x) = -2x + 5x^{-1}$ g) $f(x) = x^{-0{,}5} + x^{-2}$

c) $f(x) = \sqrt{x} - 0{,}5\sin(x)$ h) $f(x) = ax^{-3} - b\sin(x)$

d) $f(x) = 3x^{-2} - a\sqrt{x}$ i) $f(x) = 7\cos(x) - ab$

e) $f(x) = ax^{-3} - bx^{\frac{1}{2}}$ j) $f(x) = 2x^{\frac{2}{3}} - b$

4. Beweisen Sie die Konstantenregel: Ist die Funktion f eine konstante Funktion, also $f(x) = c$ mit $c \in \mathbb{R}$, dann gilt für die Ableitung von f: $f'(x) = 0$.

5. Die Grafik gibt die Flughöhe eines Segelflugzeugs (in m) für eine bestimmte Flugzeit an.

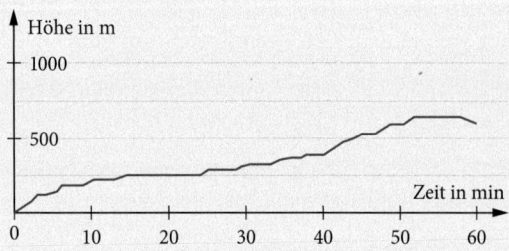

a) Beschreiben Sie den Flugverlauf des Segelflugzeugs und geben Sie an, wann das Flugzeug langsam bzw. schnell steigt.

b) Berechnen Sie jeweils die durchschnittliche Steigung in den beiden Zeitintervallen $[10; 40]$ und $[30; 60]$.

c) Vergleichen und interpretieren Sie Ihre Ergebnisse aus a) und b).

6. Das Höhenprofil einer 12 km langen Wanderung lässt sich annähernd durch den Funktionsgraphen zu $f(x) = -0{,}75\,x^4 + 17\,x^3 - 120\,x^2 + 300\,x$ darstellen.

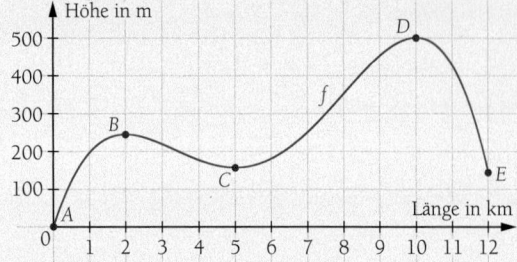

a) Berechnen Sie die durchschnittliche Steigung der Streckenabschnitte $\overline{AB}$, $\overline{AD}$, $\overline{AE}$, $\overline{BC}$, $\overline{BD}$, $\overline{CD}$ und $\overline{DE}$. Geben Sie die Ergebnisse in % an.

b) Berechnen Sie die momentane Steigung für die Kilometerstände 1 km, 4 km, 6 km, 9 km und 11 km. Geben Sie auch diese Ergebnisse in % an.

c) Ermitteln Sie durch Rechnung die Stelle, an welcher der Weg genauso steil ansteigt wie beim Kilometerstand 1.

d) Berechnen Sie die Stellen, an denen die Steigung 0 % beträgt. Berechnen Sie ebenfalls, auf welcher Höhe dies jeweils der Fall ist.

7. Ordnen Sie die Funktionen f, k, h und g den abgebildeten Funktionsgraphen zu.

$f(x) = 5x^2 - 2x + 3$
$k(x) = -2x^2 + 5$
$h(x) = -2x^3 + 5x$
$g(x) = 3x^3 - 3x^2 - 12x + 12$

Berechnen Sie die Steigung der einzelnen Graphen jeweils an den Stellen $x_1 = -1{,}4$; $x_2 = -1$; $x_3 = 0$ und $x_4 = 0{,}5$.

a)
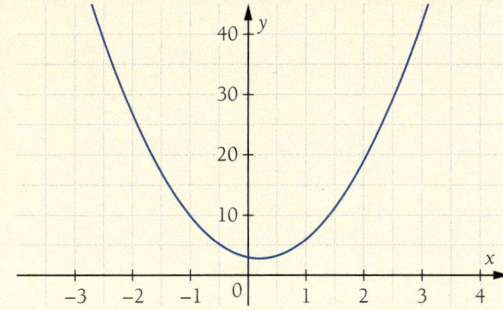

b)
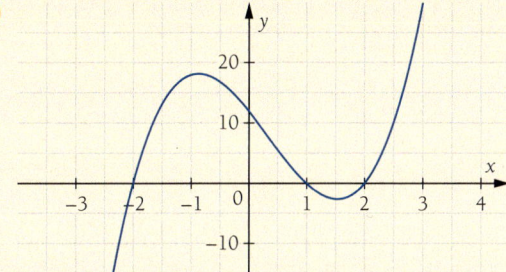

c)
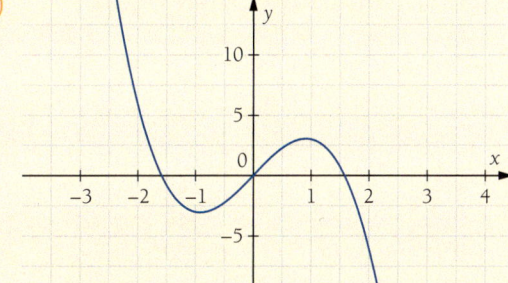

d)
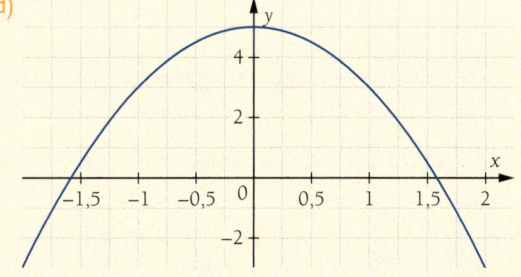

8. Berechnen Sie die Punkte, in denen der Graph von f jeweils die angegebene Steigung m besitzt.

Ermitteln Sie jeweils die Steigung im Punkt $P(2\,|\,f(2))$.

a) $f(x) = 5x^2$; $m = 4$
b) $f(x) = 2x^2 - 1$; $m = 2$
c) $f(x) = -3x^2 - 12x + 12$; $m = 6$
d) $f(x) = -5x^2 + 10x$; $m = 30$
e) $f(x) = 2x^{0{,}5}_2$; $m = 4$
f) $f(x) = 4x^3$; $m = \frac{64}{3}$

9. Berechnen Sie jeweils die Steigung der Tangenten an die Graphen der einzelnen Funktionen für die Stellen $-1{,}4$; -1; 0; $0{,}5$ und 3. Geben Sie die jeweils zugehörige Tangentenfunktion an.

a) $f(x) = 5x^2 - 2x + 3$
b) $f(x) = 3x^3 - 3x^2 - 12x + 12$
c) $f(x) = -2x^3 + 5x$
d) $f(x) = x^4 - 5x^2 + 10x$

10. Im Parcours wurde die Strecke gekennzeichnet, die ein Teilnehmer beim Fahrsicherheitstraining fuhr.

a) Vermuten Sie, in welchem Streckenabschnitt am meisten beschleunigt bzw. am stärksten gebremst wurde.

b) Die Grafik gibt die Geschwindigkeit des Teilnehmers in Abhängigkeit von der Zeit wieder.

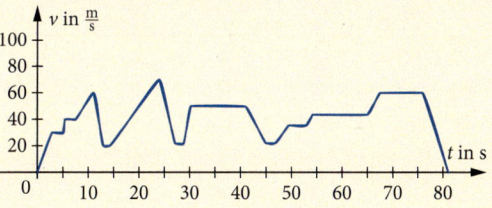

Überprüfen Sie Ihre Vermutung aus a) anhand des Graphen.

11. Die Gesamtkosten des vorangegangenen Geschäftsjahres eines Unternehmens werden durch die Gleichung $K_1(x) = 0,02x^3 - 1,5x^2 + 50x + 400$ beschrieben. Im kommenden Geschäftsjahr wird mit folgendem Gesamtkostenverlauf gerechnet:
$K_2(x) = 0,05x^3 - 1,5x^2 + 30x + 400$.
Schon letztes Jahr war eine Produktionssteigerung geplant. Das Unternehmen wollte jedoch noch ein Jahr abwarten, da der Markt unsicher ist.
War das die richtige Entscheidung? Begründen Sie.

12. Die Fly Bike Werke GmbH überlegt, die Produktion von Rennrädern mit Stahlrahmen zu steigern. Der Kostenverlauf der Maschine, die die Stahlrohre zu den Rahmen herstellt, wird durch die Funktion K mit $K(x) = 250x + 7500$ beschrieben. Die derzeitige Produktionsauslastung der Maschine liegt bei 100 Stahlrahmen. Ihre maximale Auslastung beträgt 350 Stahlrahmen.
Beraten Sie die Firma bezüglich der geplanten Produktionssteigerung. Berechnen Sie dazu die Durchschnittskosten und die Grenzkosten.

13. Musa hat im Physikunterricht gelernt, dass der Wasserdruck mit der Höhe einer Wassersäule steigt. Zu Hause versucht er, das Gelernte in einem Experiment anzuwenden. Musa lässt seine Badewanne bis zu einer Höhe von 50 cm vollaufen, zieht den Stöpsel und beobachtet, wie das Wasser abfließt.
Durch den Druckabfall wird die pro Zeiteinheit abfließende Wassermenge immer weniger. Doch schon nach 5 Minuten ist die Wanne ganz leer. Musa hat der Ehrgeiz gepackt. Er versucht, seine Beobachtungen zu mathematisieren.
Musa glaubt, die Höhe h des Wasserstands in der Wanne (in cm) in Abhängigkeit von der Zeit t (in min) durch die Gleichung $h(t) = 2t^2 - 20t + 50$ beschreiben zu können. Äußern Sie sich dazu.

14. Herr Söst macht einen Wochenendausflug von Hildesheim nach Hamburg. Er möchte benzinsparend fahren und im Durchschnitt nicht mehr als 9 ℓ pro 100 km verbrauchen.
Nach 150 km Fahrt lässt er sich von seinem Bordcomputer eine Grafik zum Benzinstand während der bisherigen Fahrt anzeigen.

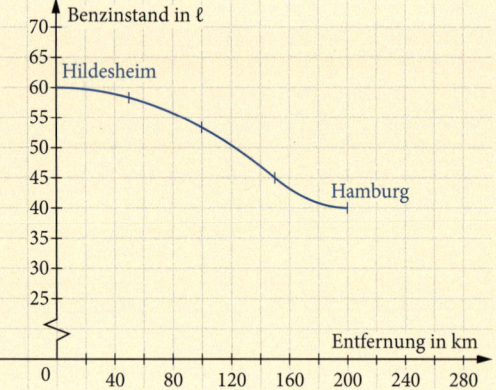

Im Streckenabschnitt 0 km bis 150 km kann der Benzinstand durch die Gleichung $f(x) = -\frac{1}{1500}x^2 + 60$ beschrieben werden.

Herr Söst wundert sich über den hohen durchschnittlichen Verbrauch auf den ersten 150 km. Als er zwischen 20 km und 80 km den Verbrauch überprüfte, lag dieser doch unter 9 ℓ pro 100 km.
Erklären Sie den unterschiedlichen Benzinverbrauch. Beraten Sie Herrn Söst bezüglich seiner Fahrweise.

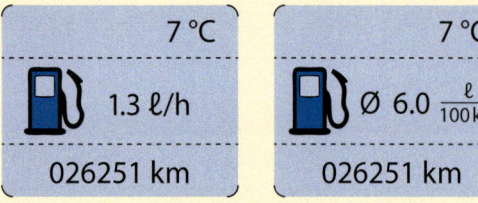

a) Berechnen Sie den durchschnittlichen Benzinverbrauch im Streckenabschnitt 0 km bis 150 km.

b) Berechnen Sie den lokalen Benzinverbrauch an der Stelle 50 km.

c) Interpretieren Sie Ihre Ergebnisse aus a) und b). Erklären Sie den unterschiedlichen Benzinverbrauch.

Ich kann ...

... die Formel für die **mittlere Änderungsrate** angeben.
▶ Test-Aufgabe 1

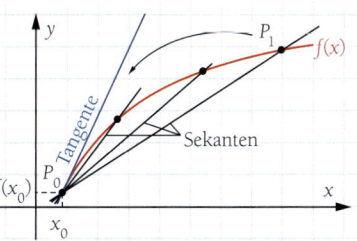

Mittlere Änderungsrate im Intervall $[x_0; x]$:
$\frac{f(x) - f(x_0)}{x - x_0}$ ▶ Differenzenquotient

... die Formel für die **lokale Änderungsrate** anwenden.
▶ Test-Aufgabe 7

Lokale Änderungsrate an einer Stelle x_0:
$\lim\limits_{x \to x_0} \frac{f(x) - f(x_0)}{x - x_0}$ ▶ Differenzialquotient

---

... den Zusammenhang zwischen **Sekantensteigungen** und **Tangentensteigung** erläutern.

Sekantensteigung:
    mittlere Änderungsrate
Tangentensteigung:
    lokale Änderungsrate

Durch Annäherung des Punkts $P(x|f(x))$ an P_0 wird die Sekante durch P_0 und P zur Tangente in P_0. Die lokale Änderungsrate ist der Grenzwert des Differenzenquotienten.

... den **Funktionswert der ersten Ableitung** an einer Stelle x_0 mithilfe des Differenzialquotienten **berechnen**.
▶ Test-Aufgabe 4

$f(x) = 3x^2 - 5$

$$f'(x_0) = \lim_{x \to x_0} \frac{3x^2 - 5 - (3x_0^2 - 5)}{x - x_0}$$

$$= \lim_{x \to x_0} \frac{3x^2 - 3x_0^2}{x - x_0} = \lim_{x \to x_0} \frac{3(x^2 - x_0^2)}{x - x_0}$$

$$= \lim_{x \to x_0} \frac{3(x + x_0)(x - x_0)}{x - x_0}$$

$$= \lim_{x \to x_0} 3(x + x_0)$$

$$= 3(x_0 + x_0) = 6x_0$$

1. Im Differenzenquotienten für $f(x)$ und $f(x_0)$ jeweils den Funktionsterm einsetzen.
2. Zählerterm vereinfachen.
3. Durch Kürzen den Nenner „verschwinden" lassen.
4. Grenzprozess $x \to x_0$ durchführen.

... die **Steigung an der Stelle** x_0 berechnen.
▶ Test-Aufgabe 5

Steigung bei $x_0 = 2$
$m = f'(2) = 6 \cdot 2 = 12$

Für die **Steigung** m an der Stelle x_0 gilt:
$m = f'(x_0) = \lim\limits_{x \to x_0} \frac{f(x) - f(x_0)}{x - x_0}$

... zu einem Funktionsgraphen den zugehörigen **Graphen der Ableitungsfunktion skizzieren**.
▶ Test-Aufgabe 2

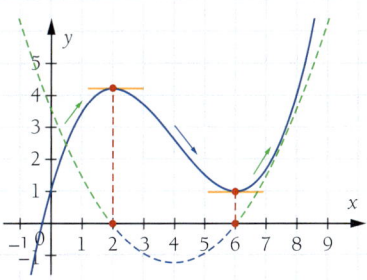

1. Punkte des Graphen mit waagerechten Tangenten aufsuchen.
2. Diese Stellen auf der x-Achse markieren.
   $\to$ Nullstellen von f'
3. Steigung des Graphen vor und nach den waagerechten Tangenten prüfen.
   $\to$ Vorzeichen der Funktionswerte von f'
4. Graphen von f' skizzieren.

... die **Ableitung** einer Funktion **bilden**.

$f(x) = -2x^3 + \frac{1}{x^2} + \sqrt{x} + 7$

$$= -2x^3 + x^{-2} + x^{\frac{1}{2}} + 7$$

$$f'(x) = -6x^2 - 2x^{-3} + \frac{1}{2}x^{-\frac{1}{2}}$$

$$= -6x^2 - \frac{2}{x^3} + \frac{1}{2\sqrt{x}}$$

Summenregel: Jeder Summand kann für sich abgeleitet werden.
Faktorregel: Konstante Faktoren bleiben beim Ableiten erhalten.
Potenzregel: Zahl im Exponenten vorziehen und Exponenten um 1 verringern.

... durch grafisches Ableiten die Ableitungen der Sinus- und Kosinusfunktion bilden.

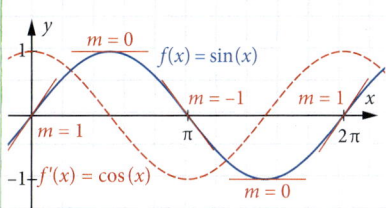

$f(x) = \sin(x) \Rightarrow f'(x) = \cos(x)$
$g(x) = \cos(x) \Rightarrow g'(x) = -\sin(x)$

3

Test zu 3.1

1. Die Abbildung zeigt eine Prognose über den Anteil der wirtschaftlich Abhängigen (Kinder, Jugendliche, Rentner) an der Bevölkerung im erwerbsfähigen Alter.

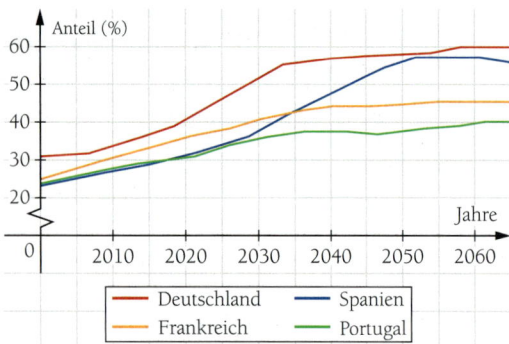

a) In welchem Jahrzehnt nimmt der Anteil der wirtschaftlich Abhängigen in Deutschland am stärksten zu?

b) Bestimmen Sie die durchschnittliche Änderungsrate in den Jahren von 2010 bis 2060 für Deutschland.

2. Skizzieren Sie zu den gegebenen Funktionsgraphen jeweils die Graphen von f' und f''.

a)
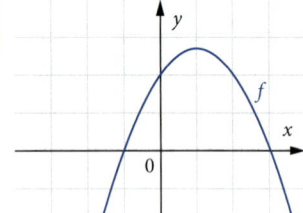

b)
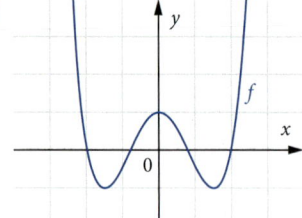

c)
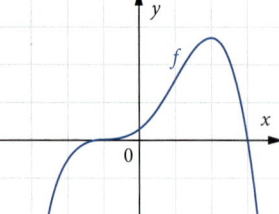

3. Stellen Sie die Gleichung der Tangente an den Graphen von f mit $f(x) = x^3 - 6x^2$ im Punkt $P(2|f(2))$ auf. Zeichnen Sie den Graphen von f und die Tangente im Intervall $[-4; 4]$.

4. Bestimmen Sie mithilfe des Differenzialquotienten die Ableitung der Funktion f mit $f(x) = x^3$.

5. Gegeben sind die Funktionen f und g mit $f(x) = -x^2 + 6x$ und $g(x) = 0{,}5x^3 - 4$.

a) Bestimmen Sie jeweils die Ableitungsfunktion von f und g.

b) Berechnen Sie die Steigung der Graphen von f und g jeweils an der Stelle $x = -2$.

c) In welchen Punkten haben die Graphen von f und g die Steigung 6?

6. Ein Kleintransporter beschleunigt aus dem Stand 15 Sekunden lang mit der Beschleunigung $0{,}8$ m/sec² und fährt dann mit gleichförmiger Bewegung weiter. Die funktionale Abhängigkeit zwischen dem Weg s (in Meter) und der Zeit t (in Sekunden) lässt sich dann durch die Funktion s beschreiben:

$$s(t) = \begin{cases} 0{,}4t^2 & \text{für } t \in [0; 15] \\ 12t - 90 & \text{für } t \in\,]15; \infty[\end{cases}$$

a) Berechnen Sie die Geschwindigkeit zu den Zeitpunkten $t_1 = 5$ und $t_2 = 10$.

b) Prüfen Sie zeichnerisch und rechnerisch, ob die Zusammensetzung der Funktion im Kontext der Aufgabe gelungen ist. Als gelungen kann die Funktion gelten, wenn der Graph zusammenhängend ist und an der „Nahtstelle" keinen „Knick" hat.

7. Die JoRo GmbH produzierte bisher im laufenden Geschäftsjahr 4 ME an Schnellladegeräten. Das Unternehmen möchte die Produktion im kommenden Jahr auf das Doppelte steigern. Die Gesamtkosten werden mithilfe der Funktionsgleichung $K(x) = x^3 - 8x^2 + 30x + 50$ kalkuliert. Eine ME entspricht 100 000 Stück und eine GE steht für 1000 €. Untersuchen Sie die Kostensituation und beraten Sie die JoRo GmbH.

3 Ableitungen

3.2 Eigenschaften von Funktionen

Die Fly Bike Werke GmbH stellt Kinderfahrräder in zwei verschiedenen Modellen her. Das Modell *Kinder Twist* und das Modell *Kinder Cool*. Bei der Einführung des Modells *Kinder Cool* vor einigen Jahren hatten sich die folgenden wöchentlichen Verkaufszahlen für die ersten 12 Wochen ergeben:

Verkaufswoche	1	2	3	4	5	6	7	8	9	10	11	12
Verkaufte Fahrräder in dieser Woche	20	24	37	40	36	39	35	34	30	38	35	39

Auf der Grundlage dieser Daten wurde mit einem Statistikprogramm eine Trendlinie erzeugt, die eine möglichst gute Anpassung darstellt.

Die Funktionsgleichung

$$f(t) = 0{,}1155\,t^3 - 2{,}5\,t^2 + 16{,}33\,t + 4{,}72$$

beschreibt modellhaft die wöchentlichen Verkaufszahlen. Dabei ist t die Zeit in Wochen nach Verkaufsbeginn und $f(t)$ stellt die Stückzahl der verkauften Fahrräder pro Woche dar.

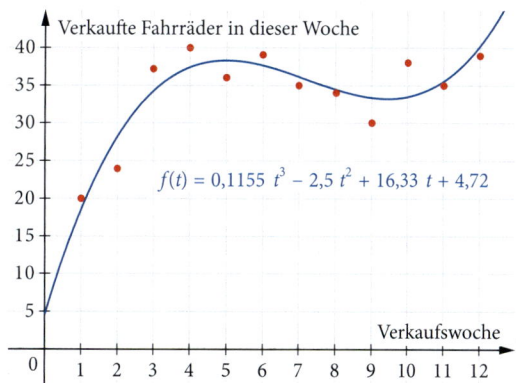

Die Firma möchte in nächster Zeit ein neues Kinderfahrradmodell auf den Markt bringen.

Frau Dogan aus der Marketingabteilung überlegt, wann die Markteinführung des neuen Modells erfolgen sollte, damit das Maximum der wöchentlichen Verkaufszahlen in die erste Dezemberwoche und damit ins Weihnachtsgeschäft fällt. Sie geht dabei von einer ähnlichen Entwicklung der Verkaufszahlen aus wie beim Modell *Kinder Cool*.

Für einen Marketingbericht möchte Frau Dogan die Entwicklung der Verkaufszahlen beschreiben und die 12 Wochen in charakteristische Abschnitte einteilen.

▶ Aufgabe 16 auf Seite 254

Kompetenzen

- Extrem- und Wendepunkte bestimmen

- Steigungs- und Krümmungsverhalten beschreiben

- Funktionen untersuchen

Anwendungen

- Unternehmenssituationen analysieren

- Gewinnmaximum bei ertragsgesetzlichen Kostenverläufen

- Übergang von degressiven zu progressiven Kostenverläufen

3.2 Eigenschaften von Funktionen

3.2.1 Monotonieverhalten und Extrempunkte

Monotonie und Tangentensteigung

Gegeben ist die ganzrationale Funktion f mit der folgenden Gleichung:

$$f(x) = 0{,}125\,x^3 - 0{,}375\,x^2 - 1{,}125\,x + 2{,}375;\ x \in \mathbb{R}$$

Untersuchen Sie das Steigungsverhalten des Graphen der Funktion f mithilfe ausgewählter Tangenten. Bestimmen Sie die Steigungsintervalle.

Steigungsverhalten:

Im Intervall $M_1 = \,]{-\infty};\,{-1}[$ haben die Tangenten an den Graphen G_f von f eine **positive Steigung**. Dort **steigt** der Graph von f bis zu seinem Hochpunkt H. Am Hochpunkt H verläuft die Tangente an G_f horizontal, ihre Steigung ist also null.

Im Intervall $M_2 = \,]{-1};\,3[$ haben die Tangenten an G_f eine **negative Steigung**. Dort **fällt** auch der Graph von f bis zu seinem Tiefpunkt T.
Am Tiefpunkt T verläuft die Tangente an G_f horizontal, ihre Steigung ist ebenfalls null.

Im Intervall $M_3 = \,]3;\,\infty[$ haben die Tangenten an G_f wieder eine **positive Steigung**, dort **steigt** der Graph von f wieder.

Das Steigungsverhalten des Graphen von f entspricht dem **Monotonieverhalten** von f.

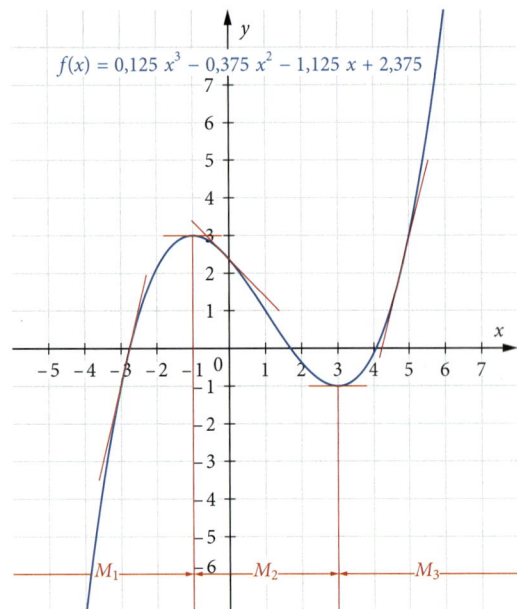

$f(x) = 0{,}125\,x^3 - 0{,}375\,x^2 - 1{,}125\,x + 2{,}375$

Sind die Tangentensteigungen in einem Intervall M nur positiv, so ist f in M **streng monoton steigend**.
Sind die Tangentensteigungen in einem Intervall M nur negativ, so ist f in M **streng monoton fallend**.
Ist die Tangentensteigung an einem Punkt E des Graphen null, so ist E ein möglicher **Extrempunkt**.
▶ Hoch- und Tiefpunkte sind Extrempunkte.

$M_1 = \,]{-\infty};\,{-1}[$: Tangentensteigung in M_1 positiv
$\Rightarrow$ f steigt in M_1 streng monoton.

$M_2 = \,]{-1};\,3[$: Tangentensteigung in M_2 negativ
$\Rightarrow$ f fällt in M_2 streng monoton.

$M_3 = \,]3;\,\infty[$: Tangentensteigung in M_3 positiv
$\Rightarrow$ f steigt in M_3 streng monoton.

Untersuchen Sie das Steigungsverhalten der Funktion f mit $f(x) = -0{,}5\,x^3 + 0{,}5\,x^2 + 3\,x$ und $x \in \mathbb{R}$. Bestimmen Sie die Monotonieintervalle mithilfe der Tangentensteigung. Wählen Sie dazu x-Werte im Bereich $-3 \le x \le 3$ mit der Schrittweite 0,5.

Monotonie und Ableitung

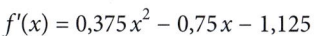

Untersuchen Sie das Monotonieverhalten von f mit $f(x) = 0{,}125\,x^3 - 0{,}375\,x^2 - 1{,}125\,x + 2{,}375$ und $x \in \mathbb{R}$ mithilfe der 1. Ableitung f'. Geben Sie die Monotonieintervalle an.

Monotonieverhalten:
Im Intervall $M_1 = \,]{-}\infty;\,{-}1[$ verläuft der Graph von f' oberhalb der x-Achse ($f'(x) > 0$). Dort ist f **streng monoton steigend**.
Im Intervall $M_2 = \,]{-}1;\,3[$ verläuft der Graph von f' unterhalb der x-Achse ($f'(x) < 0$). Dort ist f **streng monoton fallend**.
Im Intervall $M_3 = \,]3;\,\infty[$ verläuft der Graph von f' wieder oberhalb der x-Achse ($f'(x) > 0$). Dort ist f **streng monoton steigend**.

Allgemein gilt:
Aus $f'(x) \geq 0$ für alle $x \in M$ können wir schließen, dass f im Intervall **monoton steigt**.
Aus $f'(x) > 0$ für alle $x \in M$ können wir schließen, dass f im Intervall **streng monoton steigt**.
Aus $f'(x) \leq 0$ für alle $x \in M$ können wir schließen, dass f im Intervall **monoton fällt**.
Aus $f'(x) < 0$ für alle $x \in M$ können wir schließen, dass f im Intervall **streng monoton fällt**.

Wissen wir umgekehrt, dass M ein Monotonieintervall der Funktion f ist, so muss dort entweder $f'(x) \geq 0$ oder $f'(x) \leq 0$ für alle $x \in M$ gelten.

Die beiden aus der Zeichnung ersichtlichen Extremstellen von f bilden die Grenzen der Monotonieintervalle: $M_1 = \,]{-}\infty;\,{-}1[$, $M_2 = \,]{-}1;\,3[$ und $M_3 = \,]3;\,\infty[$. An den Extremstellen ist f' null. Indem wir die Gleichung $f'(x_E) = 0$ lösen, können wir also mögliche Extremstellen berechnen.

$f'(x) = 0{,}375\,x^2 - 0{,}75\,x - 1{,}125$

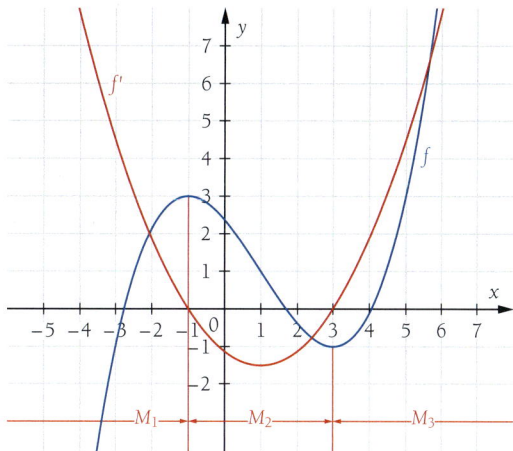

$M_1 = \,]{-}\infty;\,{-}1[:\ f'(-2) = 1{,}875 > 0$
$\Rightarrow f$ steigt in M_1 monoton.
$M_2 = \,]{-}1;\,3[:\ f'(0) = -1{,}125 < 0$
$\Rightarrow f$ fällt in M_2 monoton.
$M_3 = \,]3;\,\infty[:\ f'(4) = 1{,}875 > 0$
$\Rightarrow f$ steigt in M_3 monoton.

$$f'(x_E) = 0$$
$$\Leftrightarrow\ 0{,}375\,x_E^2 - 0{,}75\,x_E - 1{,}125 = 0 \quad |:0{,}375$$
$$\Leftrightarrow\qquad\qquad x_E^2 - 2\,x_E - 3 = 0$$
$$\Rightarrow\qquad\qquad\qquad x_E = 1 \pm 2$$
Lösung: $x_{E_1} = -1$ und $x_{E_2} = 3$

Für eine **ganzrationale Funktion** f gilt:
- Die **Extremstellen** der Funktion f bilden die Grenzen der **Monotonieintervalle** M von f. Diese Monotonieintervalle zerlegen den Definitionsbereich von f in Abschnitte, in denen der Graph von f entweder steigt oder fällt.
  $f'(x) \geq 0$ für alle $x \in M \Leftrightarrow f$ ist im Intervall M **monoton steigend**.
  $f'(x) > 0$ für alle $x \in M \Rightarrow f$ ist im Intervall M **streng monoton steigend**.
  $f'(x) \leq 0$ für alle $x \in M \Leftrightarrow f$ ist im Intervall M **monoton fallend**.
  $f'(x) < 0$ für alle $x \in M \Rightarrow f$ ist im Intervall M **streng monoton fallend**.
- f kann an einer Stelle $x_E \in D_f$ eine Extremstelle besitzen, wenn gilt: $f'(x_E) = 0$.

Untersuchen Sie das Monotonieverhalten der Funktion f mit $f(x) = -0{,}5\,x^3 + 0{,}5\,x^2 + 3\,x$ und $x \in \mathbb{R}$ mithilfe der 1. Ableitung f'. Bestimmen Sie die Monotonieintervalle.

3

③ Gewinnmaximum

Die JoRo GmbH produziert und verkauft DVD-Rekorder. Die Funktion G mit $G(x) = -x^3 + 6x^2 + 15x - 56$ beschreibt für $x \geq 0$ den Gewinn der JoRo GmbH in Geldeinheiten (GE) in Abhängigkeit von den produzierten und abgesetzten Mengeneinheiten (ME). Dabei stehen 1 ME für 1000 Rekorder und 1 GE für 1000 €.
Bestimmen Sie die Produktionsmenge, bei der der Gewinn maximal ist.

Anhand der Zeichnung erkennen wir, dass der Gewinn bei einer Produktionsmenge von 5 ME am größten ist. Der Graph von G hat dort seinen höchsten Punkt H.
Sowohl bei einer Produktion von weniger als 5 ME als auch bei einer Produktion von mehr als 5 ME erzielt die JoRo GmbH weniger Gewinn.
Der Graph von G besitzt in seinem Hochpunkt $H(x_E | G(x_E))$ eine waagerechte Tangente, also die **Steigung 0**.
Für die **Ableitungsfunktion G'** bedeutet dies, dass dort $G'(x_E) = 0$ gelten muss. Die Stelle x_E des Hochpunkts $H(x_E | G(x_E))$ ist also eine Nullstelle der Ableitungsfunktion G'.

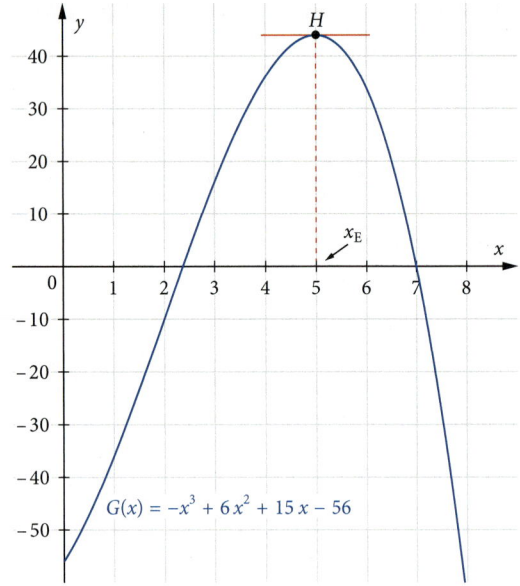

Am Hochpunkt hat der Graph die Steigung „0".

Zur rechnerischen Bestimmung von x_E lösen wir die Gleichung $G'(x_E) = 0$.
Wir erhalten zwei Lösungen: $x_{E_1} = -1$ und $x_{E_2} = 5$.
Da x_{E_1} negativ ist, bleibt nur x_{E_2} als ökonomisch sinnvolle Lösung.

$G(x) = -x^3 + 6x^2 + 15x - 56$
$G'(x) = -3x^2 + 12x + 15$
$G'(x_E) = 0 \Rightarrow x_E = 2 \pm 3$
$\Rightarrow$ **Lösung: $x_{E_1} = -1$ oder $x_{E_2} = 5$**

Aus der Zeichnung *ersehen wir*, dass der Graph von G bei $x = 5$ einen Hochpunkt hat. *Rechnerisch* haben wir jedoch nur bewiesen, dass der Graph von G an der Stelle 5 die **Steigung 0** hat.
Allerdings können wir mithilfe der Steigung von G unmittelbar links und rechts von H, also mithilfe von G' in der Nähe von H, nachweisen, dass H tatsächlich ein Hochpunkt von G ist:

Links von H, also links von der Stelle $x_{E_2} = 5$, steigt der Graph von G; für $x < 5$ gilt also $G'(x) > 0$.
Rechts von H, also rechts von der Stelle $x_{E_2} = 5$, fällt der Graph von G; für $x > 5$ gilt also $G'(x) < 0$.
Wir erkennen: An der Stelle 5 wechselt G' das Vorzeichen von „+" nach „−". Der Graph von G steigt zunächst und fällt dann. Dazwischen muss der Graph von G also einen **Hochpunkt** besitzen.

$x < 5$: $G'(x) > 0$; z. B.: $G'(4) = 15 \, (> 0)$

$x > 5$: $G'(x) < 0$; z. B.: $G'(6) = -21 \, (< 0)$

Wechselt f' sein Vorzeichen von „+" nach „−", so hat der Graph von f einen Hochpunkt.

Wir berechnen die y-Koordinate und erhalten $H(5\,(\text{ME}) | 44\,(\text{GE}))$. Das bedeutet:
Bei einer Ausbringungsmenge von 5000 Rekordern ist der **Gewinn maximal** und beträgt 44 000 €.

Insgesamt gilt:
$G'(5) = 0$ ▸ Steigung 0 an der Stelle 5
G' wechselt bei 5 das Vorzeichen von „+" nach „−".
$G(5) = 44 \Rightarrow \mathbf{H(5|44)}$

Extrempunkte

Bestimmen Sie die Extrempunkte der ganzrationalen Funktion f mit $f(x) = -x^3 + 6x^2 + 15x - 56$ und $x \in \mathbb{R}$.

Der Funktionsterm von f ist derselbe wie der von G aus Beispiel 3. Jedoch beschränkt sich der Definitionsbereich von f hier nicht nur auf die positiven reellen Zahlen wie bei G, sondern wird auf alle reellen Zahlen erweitert.

Aus der Zeichnung wird neben dem Hochpunkt nun auch ein Tiefpunkt ersichtlich.
Wir sehen, dass der Graph von f eine waagerechte Tangente auch in seinem Tiefpunkt T besitzt.
Für die **Ableitungsfunktion** f' bedeutet dies, dass nicht nur im Punkt H, sondern auch im Punkt T gelten muss: $f'(x_E) = 0$.

Die Stelle x_{E_1} des aus der Zeichnung ersichtlichen Tiefpunkts $T(x_{E_1} | f(x_{E_1}))$ ist also wie $x_{E_2} = 5$ eine Nullstelle der Ableitungsfunktion f'.
Auch $x_{E_1} = -1$ ist wie $x_{E_2} = 5$ Lösung der Gleichung $f'(x_E) = 0$. Die Berechnung der beiden Lösungen ist bereits in Beispiel 3 erfolgt.

Aus der Zeichnung *ersehen* wir, dass der Graph von f bei $x_{E_1} = -1$ einen Tiefpunkt hat. *Rechnerisch* haben wir jedoch nur bewiesen, dass der Graph von f an der Stelle -1 die **Steigung 0** hat.
Auch hier können wir mithilfe der Steigung von f unmittelbar links und rechts von T, also mithilfe von f' in der Nähe von T, nachweisen, dass T tatsächlich ein Tiefpunkt ist:

Links von T, also links von der Stelle $x_{E_1} = -1$, fällt der Graph von f; für $x < -1$ gilt also $f'(x) < 0$.
Rechts von T, also rechts von der Stelle $x_{E_1} = -1$, steigt der Graph von f; für $x > -1$ gilt also $f'(x) > 0$.
Wir erkennen: An der Stelle -1 wechselt f' sein Vorzeichen von „$-$" nach „$+$". Der Graph von f fällt zunächst und steigt dann. Dazwischen muss der Graph von f also einen Tiefpunkt besitzen.

Da f' an der Nullstelle -1 von f' das Vorzeichen von „$-$" nach „$+$" wechselt, fällt der Graph von f zunächst und steigt dann. Also ist $T(-1|-64)$ ein **Tiefpunkt**.

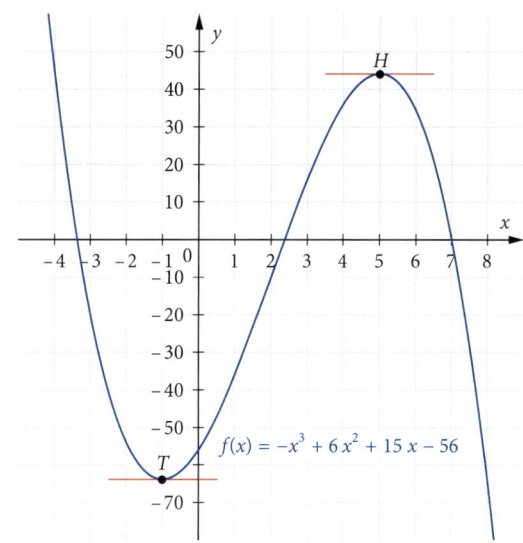

$$f(x) = -x^3 + 6x^2 + 15x - 56$$
$$f'(x) = -3x^2 + 12x + 15$$

$$f'(x_E) = 0 \Rightarrow x_{E_1} = -1 \text{ und } x_{E_2} = 5$$
▶ Beispiel 3

$$x < -1: f'(x) < 0; \text{ z. B.: } f'(-2) = -21 \ (< 0)$$

$$x > -1: f'(x) > 0; \text{ z. B.: } f'(0) = 15 \ (> 0)$$

Wechselt f' sein Vorzeichen von „$-$" nach „$+$", so hat der Graph von f einen Tiefpunkt.

Insgesamt gilt:
$f'(-1) = 0$ ▶ Steigung 0 an der Stelle -1
f' wechselt bei -1 das Vorzeichen von „$-$" nach „$+$".
$f(-1) = -64 \Rightarrow$ **$T(-1|-64)$**

Sowohl der Tiefpunkt T als auch der Hochpunkt H sind **lokale Extrempunkte**. Da der Graph von f aus dem positiv Unendlichen kommt und ins negativ Unendliche verschwindet, sind beide Punkte nur in einer kleinen, lokalen Umgebung Extrempunkte des Graphen von f.

Ein Punkt T des Graphen einer Funktion f, dessen unmittelbar benachbarte Punkte links und rechts auf dem Graphen jeweils größere Funktionswerte haben, heißt **lokaler Tiefpunkt** des Graphen.
Ist $T(x_E|f(x_E))$ ein lokaler Tiefpunkt, so heißt die Stelle x_E **lokale Minimalstelle** und der zugehörige $f(x_E)$-Wert **lokales Minimum**.
Ist der Tiefpunkt kleiner als **alle** anderen Funktionswerte, so heißt T **globaler** oder **absoluter Tiefpunkt**.

Ein Punkt H des Graphen einer Funktion f, dessen unmittelbar benachbarte Punkte links und rechts auf dem Graphen jeweils größere Funktionswerte haben, heißt **lokaler Hochpunkt** des Graphen.
Ist $H(x_E|f(x_E))$ ein lokaler Hochpunkt, so heißt die Stelle x_E **lokale Maximalstelle** und der zugehörige $f(x_E)$-Wert **lokales Maximum**.
Ist der Hochpunkt größer als **alle** anderen Funktionswerte, so heißt H **globaler** oder **absoluter Hochpunkt**.

Die Extremstellen x_E einer differenzierbaren Funktion f werden mithilfe der notwendigen und hinreichenden Bedingung bestimmt:

Notwendige Bedingung für eine Extremstelle:
x_E ist Extremstelle von $f \Rightarrow f'(x_E) = 0$

Hinreichende Bedingung für eine Extremstelle (Vorzeichenwechsel von f'):
$f'(x_E) = 0$ und $f'(x)$ wechselt bei x_E sein Vorzeichen von „+" nach „–".
$\quad\quad \Rightarrow x_E$ ist lokale Maximalstelle von f.
$f'(x_E) = 0$ und $f'(x)$ wechselt bei x_E sein Vorzeichen von „–" nach „+".
$\quad\quad \Rightarrow x_E$ ist lokale Minimalstelle von f.

Diese hinreichende Bedingung für eine Extremstelle nennt man das **Vorzeichenwechselkriterium für f'** (kurz: VZW-Kriterium oder 1. Kriterium für f').

1. Untersuchen Sie die Funktion f mit $f(x) = x^3 - 12x$ auf ihre Extrempunkte. Skizzieren Sie ihren Graphen.

2. Die JoRo GmbH überlegt, digitale Bilderrahmen zu einem Preis von 60 € pro Rahmen zu verkaufen. Der geschätzte Gewinn wird durch die Funktion G beschrieben:
$G(x) = -0,01x^3 + 9x^2 - 150x - 250\,000$
Das Unternehmen wird sich bei einem maximalen Gewinn von mindestens 35 000 € dafür entscheiden, digitale Bilderrahmen in ihr Verkaufssortiment aufzunehmen. Beraten Sie die JoRo GmbH.

a) Berechnen Sie den maximalen Gewinn und zeigen Sie, dass er bei einer Ausbringungsmenge von 592 Rahmen erzielt wird.

b) Zeichnen Sie den Graphen von G und beschreiben Sie den Graphenverlauf unter kaufmännischen Aspekten.

3. Führen Sie folgende Untersuchungen einer Funktion durch.

a) Skizzieren Sie den Graphen von f' mit $f'(x) = x^3 + 4x^2 + x - 6$.

b) Entscheiden Sie anhand des Graphen von f', an welchen Stellen der Graph von f eine Extremstelle hat. Prüfen Sie Ihre Behauptung rechnerisch nach.

c) Skizzieren Sie den Graphen von f auf Grundlage seiner Extremstellen.

Übungen zu 3.2.1

1. Erläutern Sie anhand des Graphen von f' die Monotonieintervalle von f. Kennzeichnen Sie die Stellen, an denen der Graph von f Extrempunkte hat.

a)
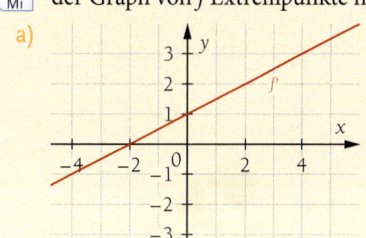

b)
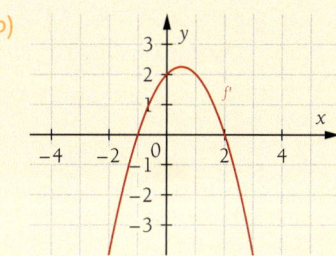

c)
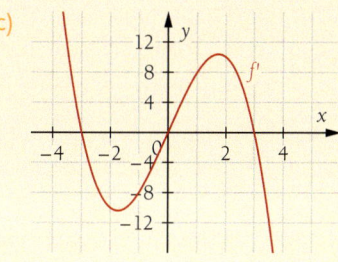

3

2. Untersuchen Sie die Funktion f in Bezug auf ihr Monotonieverhalten.

a) $f(x) = x^2 - 1$

b) $f(x) = x^3 + 3$

c) $f(x) = x^3 - 12x$

d) $f(x) = -x^3 + 3x^2$

e) $f(x) = \frac{1}{3}x^3 - x^2 - x + 4$

f) $f(x) = \frac{1}{4}x^4 - \frac{1}{3}x^3$

3. Entscheiden Sie anhand des Graphen von f', an welchen Stellen der Graph von f eine Extremstelle hat. Prüfen Sie Ihren Befund rechnerisch nach. Skizzieren Sie den Graphen von f auf der Grundlage seiner Extremstellen.

a) $f'(x) = 2x - 1$

b) $f'(x) = x^2 - 4x - 5$

c) $f'(x) = -0{,}5x^3 + x^2 + 2x - 4$

d) $f'(x) = x^3 + 4x^2 + x - 6$

e) $f'(x) = 3x^2 - 3$

f) $f'(x) = -x^2 + 2x + 3$

4. Bestimmen Sie die Punkte, in denen der Funktionsgraph von f waagerechte Tangenten hat.

a) $f(x) = 2x^3 - 12x^2 + 18x$

b) $f(x) = 0{,}2x^5 + x^3 - 4x$

c) $f(x) = \frac{1}{16}x^4 - \frac{1}{6}x^3 + 1$

d) $f(x) = \frac{1}{4}x^4 + \frac{4}{3}x^3 - \frac{1}{2}x^2 - 6$

5. Untersuchen Sie die Funktion f in Bezug auf lokale Extrema. Geben Sie die Art der lokalen Extrema an und bestimmen Sie für die Extremstellen die jeweils zugehörige Tangentenfunktion.

a) $f(x) = 0{,}5x^2 - 1$

b) $f(x) = -0{,}5x^2 + x$

c) $f(x) = x^2 + 3x$

d) $f(x) = x^2 - 4x + 5$

e) $f(x) = \frac{1}{3}x^3 - 12x^2 - 6x$

f) $f(x) = \frac{1}{4}x^4 + \frac{4}{3}x^3 + \frac{1}{2}x^2 - 6x + 2$

g) $f(x) = -\frac{1}{3}x^3 + 4x$

h) $f(x) = \frac{1}{3}x^3 + 1$

i) $f(x) = x^4 - 8x^2$

j) $f(x) = -0{,}25x^4 - x^3$

k) $f(x) = x^3 + 4x^2 + 5$

6. In welchen Punkten hat der Graph der reellen Funktion $f(x) = \frac{2}{3}x^3 - 2x^2 - 1$

a) eine waagerechte Tangente?

b) eine Tangente mit der Steigung -2?

c) eine Tangente mit der Steigung 6?

7. Die JoRo GmbH erzielt in ihrer EDV-Zubehörabteilung ihre Gewinne gemäß der Gewinnfunktion G mit
$G(x) = -0{,}5x^3 - 0{,}5x^2 + 17x - 16$; $D_{ök} = [0; 7]$.

Analysieren Sie die Gewinnsituation hinsichtlich einer maximalen Gewinnausschüttung.

a) Berechnen Sie den maximalen Gewinn und zeigen Sie, dass er bei einer Ausbringungsmenge von 3,05 ME erzielt wird.

b) Zeichnen Sie den Graphen von G und beschreiben Sie den Graphenverlauf von G unter kaufmännischen Aspekten.

3.2.2 Krümmungsverhalten und Wendepunkte

(5) Krümmungswechsel beim Graphen einer Kostenfunktion

Die JoRo GmbH produziert DVD-Rekorder. Die Funktion K mit $K(x) = x^3 - 6x^2 + 15x + 56$ beschreibt für $x \geq 0$ den Kostenverlauf in Geldeinheiten (GE) in Abhängigkeit von den produzierten Mengeneinheiten (ME). Dabei stehen 1 ME für 1000 Rekorder und 1 GE für 1000 €.

a) Bestimmen Sie die Produktionsmenge, bei der der Kostenanstieg am geringsten ist.
Berechnen Sie sowohl die Kosten als auch den Kostenanstieg bei dieser Produktionsmenge.
b) Stellen Sie einen Zusammenhang zwischen der Krümmung des Graphen und der 2. Ableitung her.

Zu a) Anhand des blauen Graphen erkennen wir, dass die Kosten mit zunehmender Produktionsmenge ununterbrochen steigen.
Die Kosten steigen zuerst **degressiv**, also immer langsamer. Ab der Produktionsmenge 2 ME steigen sie dann **progressiv**, also immer schneller.
Der Graph von K ist zunächst rechtsgekrümmt, weist im Punkt $W(2|K(2))$ einen **Krümmungswechsel** auf und ist anschließend linksgekrümmt.

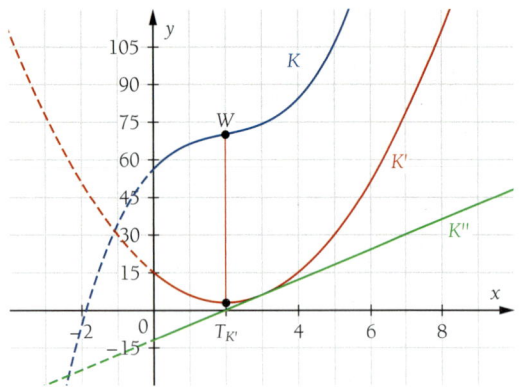

Im Punkt W ist die Kostensteigung am geringsten. Wir möchten die Koordinaten von W im Folgenden rechnerisch bestimmen.
Gesucht ist also der Punkt, in dem der Anstieg der Kosten am geringsten ist. Der Anstieg der Kosten K wird durch die Ableitungsfunktion K', die hier auch **Kostensteigerungsfunktion** oder **Grenzkostenfunktion** genannt wird, beschrieben. Wir suchen also das Minimum bzw. den Tiefpunkt $T_{K'}$ von K'.
Dieses Minimum $T_{K'}$ der Grenzkostenfunktion heißt **Grenzkostenminimum**.

$K(x) = x^3 - 6x^2 + 15x + 56$ ▶ Kostenfunktion

$K'(x) = 3x^2 - 12x + 15$ ▶ Kostensteigerungsfunktion/
Grenzkostenfunktion

$K''(x) = 6x - 12$

Wenn K' bei x_W ein Minimum haben soll, muss die Ableitung von K', also K'', an dieser Stelle den Wert 0 annehmen: $K''(x_W) = 0$. Wir erhalten als Lösung $x_W = 2$.
Anschließend prüfen wir die Steigung von K' links und rechts der Stelle x_W.

$$K''(x_W) = 0 \Leftrightarrow 6x_W - 12 = 0$$
$$\Leftrightarrow x_W = 2$$
$x < 2$: $K''(x) < 0$, z. B.: $K''(1) = -6 \, (< 0)$
$x > 2$: $K''(x) > 0$, z. B.: $K''(3) = 6 \, (> 0)$

Die Untersuchung bestätigt, dass K' bei $x_W = 2$ ein Minimum hat. Die Steigung der Kosten ist dort also minimal. Sie beträgt bei einer Ausbringungsmenge von 2000 Stück 3000 € pro Stück.

Insgesamt gilt:
$K''(2) = 0$ ▶ K' hat die Steigung 0 an der Stelle 2.
K'' wechselt bei 2 das Vorzeichen von „−" nach „+".
$K'(2) = 3 \Rightarrow T_{K'}(2|3)$

Die Gesamtkosten selbst betragen dann 70 000 €.

$K(2) = 70 \Rightarrow W(2|70)$

Zu b) Im Beispiel wechselt der Graph von K bei $x_W = 2$ seine Krümmung von rechtsgekrümmt nach linksgekrümmt. Allgemein heißt ein Punkt, an dem sich das Krümmungsverhalten eines Graphen ändert, **Wendepunkt** des Graphen. Die x-Koordinate eines Wendepunkts heißt **Wendestelle**.

Der Graph von K hat also im Punkt $W(2|70)$ einen Wendepunkt mit Rechts-Links-Krümmungswechsel (RL-KW).
Die Ableitungsfunktion K' hat an der gleichen Stelle den Tiefpunkt $T(2|3)$.
Es gilt folgender Zusammenhang:

- $K''(x) < 0$ links von der Wendestelle $x_W = 2$
  → K' fällt; **Graph von K ist rechtsgekrümmt**.
- $K''(x) > 0$ rechts von der Wendestelle $x_W = 2$
  → K' steigt; **Graph von K ist linksgekrümmt**.

K'' gibt die Krümmung von K an und wird auch **Krümmungsfunktion** genannt.

> *Wenn $K''(x) > 0$ ist, wächst K' streng monoton, die Steigung des Graphen von K nimmt also zu und damit krümmt sich der Graph nach links.*

Wendepunkte

Bestimmen Sie rechnerisch den Wendepunkt des Graphen der Funktion f mit $f(x) = -x^3 + 6x^2 + 15x - 56$.

Aus der Zeichnung lesen wir ab, dass der Graph von f zunächst linksgekrümmt und ab dem Wendepunkt rechtsgekrümmt ist.

Wir bestimmen die erste und zweite Ableitung von f:

$f(x) = -x^3 + 6x^2 + 15x - 56$
$f'(x) = -3x^2 + 12x + 15$
$f''(x) = -6x + 12$

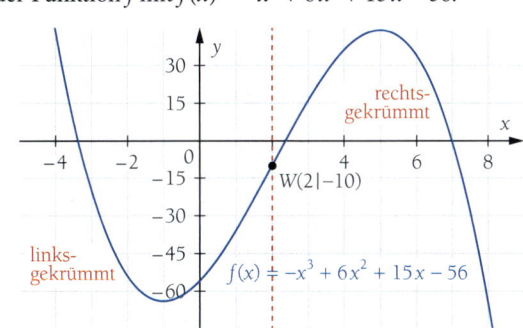

Die möglichen Wendestellen sind die Lösungen der Gleichung $f'(x_W) = 0$. Wir erhalten als einzige Lösung $x_W = 2$.
Für $x < 2$ gilt $f''(x) > 0$; somit ist der Graph von f für $x < 2$ tatsächlich linksgekrümmt.
Für $x > 2$ gilt $f''(x) < 0$; somit ist der Graph von f für $x > 2$ tatsächlich rechtsgekrümmt.

In $W(2|-10)$ hat der Graph von f einen Wendepunkt mit **Links-Rechts-Krümmungswechsel** (LR-KW).

$f''(x_W) = 0 \Leftrightarrow -6x_W + 12 = 0 \Leftrightarrow x_W = 2$

$x < 2: f''(x) > 0$; z. B.: $f''(1) = 6 \,(> 0)$

$x > 2: f''(x) < 0$; z. B.: $f''(3) = -6 \,(< 0)$

Insgesamt gilt: $f''(2) = 0$ und f'' wechselt bei 2 das Vorzeichen von „+" nach „–".
$f(2) = -10 \Rightarrow W(2|-10)$ mit LR-KW

Die Wendestellen x_W einer zweimal differenzierbaren Funktion f werden mithilfe der notwendigen und hinreichenden Bedingung bestimmt:

Notwendige Bedingung für eine Wendestelle:
x_W ist Wendestelle von $f \Rightarrow f''(x_W) = 0$

Hinreichende Bedingung für eine Wendestelle (Vorzeichenwechsel von f''):
$f''(x_W) = 0$ und $f''(x)$ wechselt bei x_W sein Vorzeichen von „+" nach „–".
⇒ x_W ist Wendestelle von f mit einem Links-Rechts-Krümmungswechsel.
$f''(x_W) = 0$ und $f''(x)$ wechselt bei x_W sein Vorzeichen von „–" nach „+".
⇒ x_W ist Wendestelle von f mit einem Rechts-Links-Krümmungswechsel.

Die Bedingung für eine Wendestelle nennt man das **Vorzeichenwechselkriterium für f''** (1. Kriterium für f'').

Untersuchen Sie die Funktion f mit $f(x) = x^3 - 12x$ auf Wendestellen und skizzieren Sie die Graphen von f und f'. Erläutern Sie den mathematischen Zusammenhang zwischen dem Tiefpunkt von $G_{f'}$ und dem Wendepunkt von G_f.

Übungen zu 3.2.2

1. Erläutern Sie anhand des Graphen von f'' die Krümmungsintervalle des Graphen von f. Kennzeichnen Sie die Stellen, an denen G_f Wendepunkte hat.

a)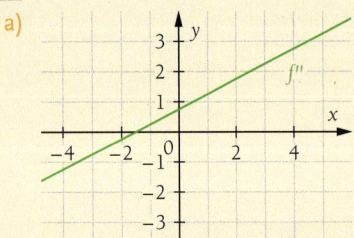

b)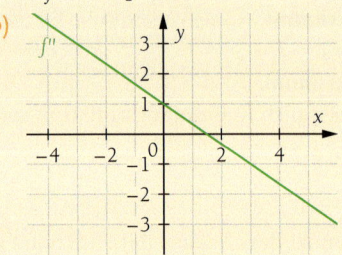

c)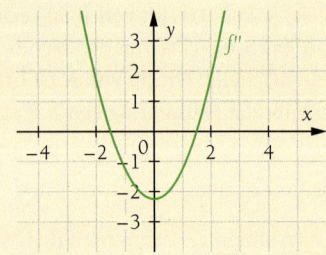

2. Untersuchen Sie den Graphen der Funktion f in Bezug auf sein Krümmungsverhalten.

a) $f(x) = -x^2 + 4x$

b) $f(x) = 2x^2 - 3x$

c) $f(x) = -x^3 + 2$

d) $f(x) = \frac{1}{24}x^4 - \frac{1}{2}x^3$

e) $f(x) = -\frac{1}{12}x^4 + 2x^2$

f) $f(x) = \frac{1}{2}x^3 + 3x$

g) $f(x) = \frac{1}{6}x^3 - \frac{1}{2}x^2$

h) $f(x) = \frac{1}{12}x^4 + \frac{1}{2}x^3 - 2x^2 + x$

3. Untersuchen Sie die Funktion f in Bezug auf Wendepunkte. Ermitteln Sie die Steigung der einzelnen Wendetangenten sowie deren Gleichungen.

▶ Die Tangente an den Graphen von f im Wendepunkt heißt **Wendetangente**.

a) $f(x) = \frac{1}{3}x^3 - 1$

b) $f(x) = \frac{1}{3}x^3 - x^2$

c) $f(x) = \frac{1}{6}x^4 - \frac{1}{3}x^3$

d) $f(x) = \frac{1}{12}x^4 - \frac{1}{2}x^2$

e) $f(x) = \frac{1}{5}x^5 + \frac{1}{3}x^3$

f) $f(x) = \frac{1}{2}x^5 - 2x^3 + 0{,}25x$

g) $f(x) = x^3 - 6x^2 + 15x + 32$

h) $f(x) = 0{,}5x^3 - 4x^2 + 8x$

i) $f(x) = \frac{1}{12}x^4 - \frac{1}{6}x^3 - 3x^2 + x$

j) $f(x) = \frac{1}{6}x^6 - \frac{1}{4}x^4$

4. Ermitteln Sie, in welchen Punkten der Graph der Funktion f mit $f(x) = 0{,}5x^3 - 2{,}25x^2 - 1{,}5x + 10$

a) die Steigung 4,5 hat.

b) die Krümmung 0 hat.

5. Gegeben ist die Funktion f mit $f(x) = x^3 - x$.

a) Untersuchen Sie, in welchen Punkten der Graph von f eine Wendetangente hat.

b) In welchem Punkt hat die 2. Ableitung den Wert 2?

6. Berechnen Sie für den Graphen der Funktion f die Wendepunkte und den Schnittpunkt ihrer Wendetangenten: $f(x) = -\frac{1}{12}x^4 + \frac{1}{6}x^3 + x^2$.

7.  Die Kostenstruktur innerhalb der EDV-Zubehörabteilung der JoRo GmbH lässt sich durch die Funktionsgleichung $K(x) = 0{,}5x^3 - 3x^2 + 7{,}5x + 16$ mit $D_{\text{ök}} = [0; 7]$ beschreiben.

Die Geschäftsführung möchte die Verkaufsmenge von USB-Sticks steigern. Dabei soll die Kostensteigerung jedoch minimal sein.

 Analysieren Sie die Kostensituation des Unternehmens. Beraten Sie die JoRo GmbH bezüglich der optimalen Verkaufsmenge mit minimalem Kostenanstieg.

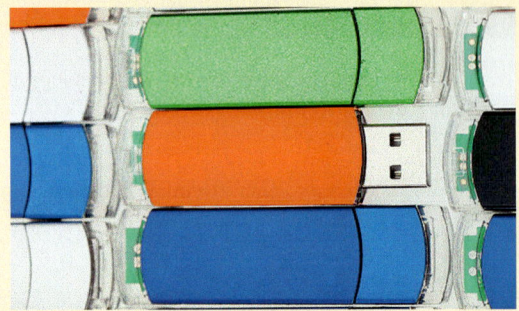

a) Skizzieren Sie die Graphen von K und K'.

b) Berechnen Sie den Wendepunkt des Graphen von K und das Grenzkostenminimum.

c) Erläutern Sie den mathematischen Zusammenhang zwischen dem Tiefpunkt des Graphen der Grenzkostenfunktion K' und dem Wendepunkt des Graphen der Kostenfunktion K.

d) Beschreiben Sie den Graphenverlauf von K und K' unter kaufmännischen Aspekten.

3.2.3   Weitere Kriterien zur Bestimmung von Extrem- und Wendepunkten

Lokale Extrempunkte mit einem weiteren Kriterium

⑦

Bestimmen Sie die lokalen Extrempunkte der Funktion f mit $f(x) = -x^3 + 6x^2 + 15x - 56$.

In den Beispielen 3 und 4 (▶ Seiten 236–237) haben wir bereits den lokalen Hochpunkt $H(5\,|\,44)$ und den lokalen Tiefpunkt $T(-1\,|\,-64)$ des Graphen berechnet.

Da f' an der Stelle −1 sein Vorzeichen von „−" nach „+" wechselt, ist hinreichend bewiesen, dass T ein lokaler Tiefpunkt ist. Da f' an der Stelle 5 sein Vorzeichen von „+" nach „−" wechselt, ist hinreichend bewiesen, dass H ein lokaler Hochpunkt ist.
▶ Vorzeichenwechselkriterium für f'

Wir können die **lokalen Extrempunkte** aber auch mithilfe der **Krümmungseigenschaft** eines Graphen hinreichend nachweisen. Denn es gilt:
Ein Tiefpunkt liegt immer auf einem linksgekrümmten Graphen, ein Hochpunkt immer auf einem rechtsgekrümmten Graphen.

Zunächst bestimmen wir notwendigerweise die möglichen Extremstellen von f, indem wir die Gleichung $f'(x_E) = 0$ lösen.

Wir erhalten die Lösungen −1 und 5. Nun untersuchen wir die Krümmung an diesen Stellen.

Das Vorzeichen der **Krümmungsfunktion f''** ist an der Stelle −1 positiv, also verläuft der Graph von f dort linksgekrümmt. Folglich ist $T(-1\,|\,-64)$ ein lokaler Tiefpunkt.

An der Stelle 5 ist das Vorzeichen von f'' negativ, also verläuft der Graph von f dort rechtsgekrümmt. Es liegt ein lokaler Hochpunkt $H(5\,|\,44)$ vor.

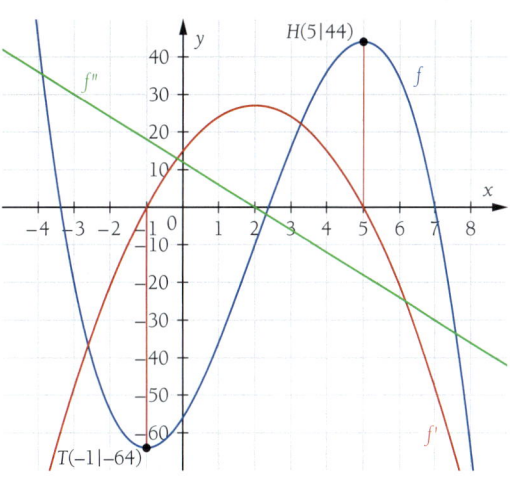

3

$f'(x) = -3x^2 + 12x + 15$
$f''(x) = -6x + 12$

$f'(x_E) = 0 \;\Leftrightarrow\; -3x_E^2 + 12x_E + 15 = 0$
$\qquad\qquad \Leftrightarrow\; x_E^2 - 4x_E - 5 = 0$
$\qquad\qquad \Rightarrow\; x_{E_1} = \mathbf{-1}$ und $x_{E_2} = \mathbf{5}$
$f''(-1) = 18\,(>0) \;\Rightarrow\; G_f$ ist bei −1 linksgekrümmt.
$f''(5) = -18\,(<0) \;\Rightarrow\; G_f$ ist bei 5 rechtsgekrümmt.

Insgesamt gilt:
$f'(-1) = 0$ und $f''(-1) > 0$
▶ G_f hat bei −1 eine lokale Extremstelle mit Linkskrümmung
$f(-1) = -64 \;\Rightarrow\; \mathbf{T(-1\,|\,-64)}$

$f'(5) = 0$ und $f''(5) < 0$
▶ G_f hat bei 5 eine lokale Extremstelle mit Rechtskrümmung
$f(5) = 44 \;\Rightarrow\; \mathbf{H(5\,|\,44)}$

▶ Im Unterschied zum VZW-Kriterium für f', bei dem zwei Funktionswerte von f' links und rechts von der möglichen Extremstelle gebildet werden müssen, ist bei diesem Kriterium nur die Berechnung eines Funktionswerts von f'' erforderlich; dafür muss aber die 2. Ableitung f'' gebildet werden.

Allgemein gilt für eine beliebige zweimal differenzierbare Funktion f das sogenannte **2. Kriterium für f''**:

Notwendige und hinreichende Bedingung für eine Extremstelle (mit f''):
$f'(x_E) = 0$ und $f''(x_E) < 0 \;\Rightarrow\; x_E$ ist **lokale Maximalstelle** von f.
$f'(x_E) = 0$ und $f''(x_E) > 0 \;\Rightarrow\; x_E$ ist **lokale Minimalstelle** von f.

Untersuchen Sie die Funktion f mit $f(x) = x^3 - 12x$ mithilfe des 2. Kriteriums auf lokale Extrempunkte.

8 Wendepunkte mit einem weiteren Kriterium

Bestimmen Sie den Wendepunkt der Funktion f mit $f(x) = -x^3 + 6x^2 + 15x - 56$.

In Beispiel 6 (► Seite 241) haben wir den Wendepunkt $W(2|-10)$ des Graphen berechnet. Da f'' an der Stelle 2 sein Vorzeichen von „+" nach „–" wechselt, ist hinreichend bewiesen, dass W ein Wendepunkt mit einem Links-Rechts-Krümmungswechsel ist. ► Vorzeichenwechselkriterium für f''

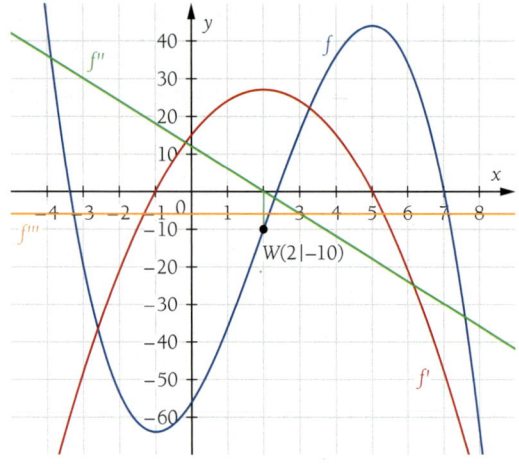

Im letzten Beispiel haben wir die lokalen Extrempunkte von G_f mithilfe des Vorzeichens von f'' nachgewiesen. Ebenso weisen wir hier den lokalen Hochpunkt von $G_{f'}$ mithilfe von f''' nach. Denn wenn wir einen Hochpunkt von $G_{f'}$ gefunden haben, wissen wir, dass an dieser Stelle die Steigung von G_f am größten ist, d. h., dass G_f dort einen Wendepunkt mit einem Links-Rechts-Krümmungswechsel haben muss.

Wie immer bilden wir die ersten zwei Ableitungen von f und hier zusätzlich noch die dritte.
Wir bestimmen mithilfe der notwendigen Bedingung die möglichen Wendestellen von f, indem wir die Gleichung $f''(x_W) = 0$ lösen.
Wir erhalten die Lösung 2 als mögliche Wendestelle.

$$f'(x) = -3x^2 + 12x + 15$$
$$f''(x) = -6x + 12$$
$$f'''(x) = -6$$

$$f''(x_W) = 0 \iff -6x_W + 12 = 0$$
$$\iff x_W = 2$$

Das Vorzeichen von f''' ist an der Stelle 2 negativ, also verläuft der Graph von f' rechtsgekrümmt. Damit hat G_f bei 2 eine Wendestelle mit Links-Rechts-Krümmungswechsel (LR-KW).

$f'''(2) = -6 \ (<0) \ \Rightarrow \ G_{f'}$ ist bei 2 rechtsgekrümmt
► G_f hat bei 2 eine Wendestelle mit LR-KW

Mithilfe des Vorzeichens von $f'''(x_W)$ erhalten wir den Nachweis für den Wendepunkt $W(2|-10)$ mit einem Links-Rechts-Krümmungswechsel.

Insgesamt gilt:
$f''(2) = 0$ und $f'''(2) < 0$
► G_f hat bei 2 eine Wendestelle mit LR-KW
$f(2) = -10 \ \Rightarrow \ \mathbf{W(2|-10)}$ mit LR-KW

Analog verläuft der Graph von f' linksgekrümmt, wenn das Vorzeichen von f''' an einer Stelle x_W positiv ist. Die Stelle x_W (mit $f''(x_W) = 0$) ist dann also eine Wendestelle von G_f mit Rechts-Links-Krümmungswechsel.

► Im Unterschied zum VZW-Kriterium für f'', bei dem zwei Funktionswerte von f'' links und rechts von der möglichen Wendestelle gebildet werden müssen, ist bei diesem Kriterium nur die Berechnung eines Funktionswerts von f''' erforderlich; dafür muss die 3. Ableitung f''' gebildet werden.

Allgemein gilt für eine beliebige dreimal differenzierbare Funktion f das sogenannte **2. Kriterium für f'''**:

Notwendige und hinreichende Bedingung für eine Wendestelle (mit f'''):
$f''(x_W) = 0$ und $f'''(x_W) < 0 \ \Rightarrow \ x_W$ ist **Wendestelle** von f mit **Links-Rechts-Krümmungswechsel**.
$f''(x_W) = 0$ und $f'''(x_W) > 0 \ \Rightarrow \ x_W$ ist **Wendestelle** von f mit **Rechts-Links-Krümmungswechsel**.

Untersuchen Sie die Funktion f mit $f(x) = x^3 - 12x$ mithilfe des 2. Kriteriums auf Wendepunkte.

Übungen zu 3.2.3

1. Erläutern Sie anhand der Graphen von f', f'' und f''' den möglichen Graphenverlauf von f. Gehen Sie dabei insbesondere auf die Art der Extrem- und Wendepunkte ein.

a)
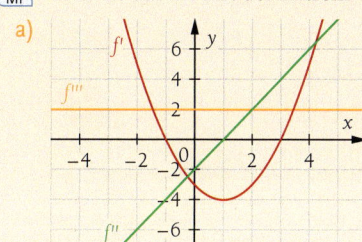

b)
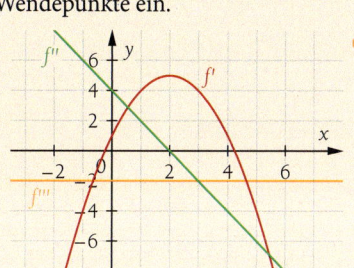

c)
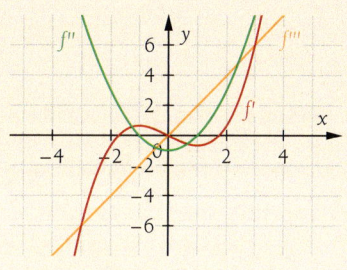

2. Untersuchen Sie die Funktion f auf Extrem- und Wendestellen. Verwenden Sie für die hinreichende Bedingung die 2. bzw. 3. Ableitung. Charakterisieren Sie die zugehörigen Extrem- und Wendepunkte. Geben Sie die Monotonie- und Krümmungsintervalle an.

a) $f(x) = x^3 + 3x^2$

b) $f(x) = 8x^4 - 3x^2$

c) $f(x) = 0{,}25x^3 - 2x^2 + 4x$

d) $f(x) = x^3 - 6x^2 + 9x$

e) $f(x) = x^3 - 3x^2 + 3x - 1$

f) $f(x) = x^4 - 6x^3 + 5x^2 + 24x - 36$

g) $f(x) = \frac{1}{4}x^4 + \frac{1}{3}x^3 - 2x^2 - 4x$

h) $f(x) = -x^4 + 2x^3 + 3x^2 - 4x - 4$

i) $f(x) = -\frac{1}{12}x^4 + \frac{1}{6}x^3 + x^2$

j) $f(x) = \frac{1}{5}x^5 + 2x^3 - 12{,}5x$

3. Die Funktion f mit $f(x) = x^3 - 6x^2 + 12x - 8$ hat an der Stelle 2 einen sogenannten **Sattelpunkt**.
Erläutern Sie die Eigenschaften eines solchen Sattelpunkts, indem Sie f auf Extrem- und Wendepunkte untersuchen.

4. Berechnen Sie den Extrempunkt der Funktion f mit $f(x) = x^4$. Äußern Sie sich zu dem Problem, warum hier *nicht* mit dem hinreichenden Kriterium, $f'(x) = 0$ und $f''(x) \neq 0$, argumentiert werden kann.

5. Bestimmen Sie den Wendepunkt der Funktion f mit $f(x) = x^5$. Äußern Sie sich zu dem Problem, warum hier *nicht* mit dem hinreichenden Kriterium, $f''(x) = 0$ und $f'''(x) \neq 0$, argumentiert werden kann.

6. Der Gewinn eines Unternehmens wird beschrieben durch die Gewinnfunktion G mit der Gleichung $G(x) = -\frac{1}{3}x^3 + 2x^2 + 96x - 200$; $D_{\text{ök}} = [0; 25]$. Ermitteln Sie die gewinnmaximale Ausbringungsmenge und den maximalen Gewinn des Unternehmens.

7. Der Gewinn eines Logistikunternehmens wird beschrieben durch die Gewinnfunktion G mit der Gleichung $G(x) = -x^3 + 6x^2 + 52x - 120$. Dabei steht x für die produzierte und abgesetzte Menge des Gutes in ME und $G(x)$ steht für den Gewinn in GE.

▶ 1 ME = 1000 Stück; 1 GE = 1 Mio. €

Analysieren Sie die Gewinnsituation.

a) Zeichnen Sie den Graphen von G in $D_{\text{ök}}$.

b) Ermitteln Sie den maximalen Gewinn.

c) Ermitteln Sie die Stückzahl, bei der der Gewinnanstieg, also der Grenzgewinn, am größten ist.

d) Beschreiben Sie den Graphen von G unter ökonomischen Aspekten von $x = 0$ bis $x = 10$.

3.2.4   Untersuchung ganzrationaler Funktionen

Unter einer Funktionsuntersuchung oder auch **Kurvendiskussion** versteht man die vollständige Bestimmung der globalen und lokalen Eigenschaften einer Funktion und ihres Graphen, das Zeichnen des Graphen inbegriffen. Dabei spielt vor allem der Ableitungsbegriff eine Rolle.

9   Untersuchung einer ganzrationalen Funktion

GTR
CAS

Diskutieren Sie die Funktion f mit $f(x) = -0{,}5\,x^3 + 2\,x^2 + 1{,}5\,x - 9$ und zeichnen Sie ihren Graphen.

Verhalten von f für $x \to \pm\infty$

Das Verhalten von ganzrationalen Funktionen wird für betragsmäßig große x-Werte durch die höchste Potenz von x festgelegt.

Daher klammern wir im Funktionsterm für f die höchste in x vorkommende Potenz aus (hier: x^3).

Anschließend stellen wir das Verhalten von $f(x)$ für $x \to \infty$ bzw. $x \to -\infty$ fest.

Die Funktionswerte fallen für $x \to \infty$ und steigen für $x \to -\infty$ jeweils grenzenlos.

Wir skizzieren das Ergebnis:

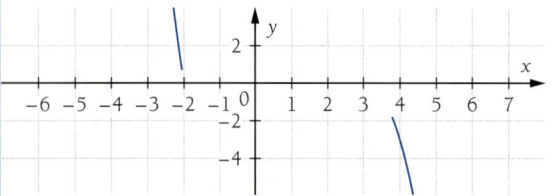

$$f(x) = -0{,}5\,x^3 + 2\,x^2 + 1{,}5x - 9$$
$$= x^3 \cdot \left(-0{,}5 + \tfrac{2}{x} + \tfrac{1{,}5}{x^2} - \tfrac{9}{x^3}\right)$$

$$\lim_{x \to \infty} f(x) = \lim_{x \to \infty}\left[x^3 \cdot \left(-0{,}5 + \tfrac{2}{x} + \tfrac{1{,}5}{x^2} - \tfrac{9}{x^3}\right)\right]$$

$$= \lim_{x \to \infty}(x^3) \cdot \lim_{x \to \infty}\left(-0{,}5 + \tfrac{2}{x} + \tfrac{1{,}5}{x^2} - \tfrac{9}{x^3}\right)$$

$$= \infty \cdot (-0{,}5) = -\infty$$

$$\lim_{x \to -\infty} f(x) = \lim_{x \to -\infty}(x^3) \cdot \lim_{x \to -\infty}\left(-0{,}5 + \tfrac{2}{x} + \tfrac{1{,}5}{x^2} - \tfrac{9}{x^3}\right)$$

$$= -\infty \cdot (-0{,}5) = \infty$$

Berechnung mit dem CAS:

$f(x){:}{=}-0.5 \cdot x^3 + 2 \cdot x^2 + 1.5 \cdot x - 9$ Fertig

$\lim\limits_{x \to \infty} \ (f(x))$ $-\infty$

$\lim\limits_{x \to -\infty} \ (f(x))$ ∞

▶ TI Der Befehl zur Grenzwertberechnung kann aus den mathematischen Vorlagen ⬚⬚ ausgewählt werden oder ist im Menü unter menu, Analysis, Limes zu finden.

Symmetrieeigenschaften des Graphen von f

Die Funktion ist weder gerade noch ungerade, und somit ist ihr Graph G_f weder achsensymmetrisch zur y-Achse noch punktsymmetrisch zum Koordinatenursprung.

Überprüfung z. B. an der Teststelle $x_0 = 1$:
$f(-1) = -8$ und $f(1) = -6$ ▶ $f(-1) \ne f(1)$
$-f(-1) = 8$ und $f(1) = -6$ ▶ $-f(-1) \ne f(1)$

y-Achsenabschnitt

Der y-Achsenabschnitt wird durch $f(0)$ bestimmt, ist also -9.

▶ -9 ist das Absolutglied im Funktionsterm

$f(0) = -9 \ \Rightarrow \ S_y(0\,|-9)$

▶ Schnittpunkt von G_f mit der y-Achse

Berechnung mit dem GTR oder CAS:

$f(x){:}{=}-0.5 \cdot x^3 + 2 \cdot x^2 + 1.5 \cdot x - 9$ Fertig

$f(0)$ $-9.$

Nullstellen

Die Nullstellen von f sind die Lösungen der Gleichung $f(x_N) = 0$. Wir lösen diese Gleichung mit technischen Hilfsmitteln.

Berechnung mit dem CAS:

solve$(f(x)=0,x)$	$x=\text{-}2$ or $x=3$

▶ TI CAS: Mit dem CAS können die Nullstellen direkt berechnet werden.

Nun können wir die Skizze des Graphen im Bereich um die beiden Nullstellen erweitern:

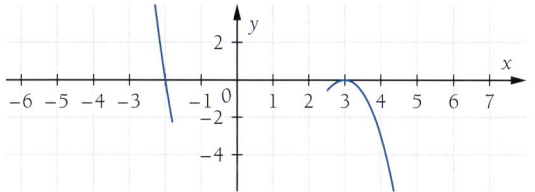

Lokale Extrempunkte

Die Nullstellen von f' sind die möglichen Extremstellen von f.

Die quadratische Gleichung $f'(x_E) = 0$ lösen wir mithilfe der p-q-Formel.

Mögliche Extremstellen von f sind $-\frac{1}{3}$ und 3.

Berechnung mit dem CAS:

$df(x) := \dfrac{d}{dx}(f(x))$	Fertig
solve$(df(x)=0,x)$	$x = \dfrac{-1}{3}$ or $x=3$

▶ TI CAS: Die Ableitungsfunktion f' wird ermittelt und als neue Funktion $df(x)$ abgespeichert.

Um die Art der Extremstellen zu ermitteln, verwenden wir die zweite Ableitung f''.

Wegen $f''\left(-\frac{1}{3}\right) > 0$ hat f an der Stelle $-\frac{1}{3}$ eine Extremstelle mit Linkskrümmung und damit eine lokale Minimalstelle. Der Graph von f hat dort den lokalen Tiefpunkt $T(-0{,}33\,|-9{,}26)$.

Wegen $f''(3) < 0$ hat f an der Stelle 3 eine lokale Extremstelle mit Rechtskrümmung und damit eine lokale Maximalstelle. Der Graph von f hat dort den lokalen Hochpunkt $H(3\,|\,0)$.

$f(x_N) = 0$

$\Leftrightarrow -0{,}5\,x_N^3 + 2\,x_N^2 + 1{,}5\,x_N - 9 = 0$

Berechnung mit dem GTR:

polyRoots$(f(x),x)$	$\{-2.,3.,3.\}$

▶ TI Nullstellen ganzrationaler Funktionen sollten mit der Funktion polyRoots bestimmt werden. Dabei erkennt man auch die Vielfachheit der Nullstellen.

$f(x_N) = 0$

$\Leftrightarrow -0{,}5\,x_N^3 + 2\,x_N^2 + 1{,}5\,x_N - 9 = 0$

Lösung: $x_{N_1} = -2$ und $x_{N_{2,3}} = 3$

▶ An der doppelten Nullstelle 3 **berührt** der Graph von f die x-Achse.

$f(x) = -0{,}5\,x^3 + 2\,x^2 + 1{,}5\,x - 9$

$f'(x) = -1{,}5\,x^2 + 4\,x + 1{,}5$

$f'(x_E) = 0 \;\Leftrightarrow\; -1{,}5\,x_E^2 + 4\,x_E + 1{,}5 = 0$

$\Leftrightarrow x_E^2 - \frac{8}{3}\,x_E - 1 = 0$ ▶ p-q-Formel

Lösung: $x_{E_1} = -\frac{1}{3}$ und $x_{E_2} = 3$

Berechnung mit dem GTR:

$df(x) := \dfrac{d}{dx}(f(x))$	Fertig
nSolve$(df(x)=0,x)$	-0.333333
nSolve$(df(x)=0,x,1)$	$3.$

▶ TI Es wird die Ableitung an einem Punkt berechnet. Die Nullstellen von f' können somit nur numerisch angenähert werden.

$f''(x) = -3\,x + 4$

$f''(x_{E_1}) = f''\left(-\frac{1}{3}\right) = 5$

▶ Vorzeichen positiv, Extremstelle mit Linkskrümmung

$f\left(-\frac{1}{3}\right) \approx -9{,}26 \;\Rightarrow\; T(-0{,}33\,|-9{,}26)$

$f''(x_{E_2}) = f''(3) = -5$

▶ Vorzeichen negativ, Extremstelle mit Rechtskrümmung

$f(3) = 0 \;\Rightarrow\; H(3\,|\,0)$

Wir ergänzen unsere Skizze des Graphen um die beiden Extrempunkte T und H:

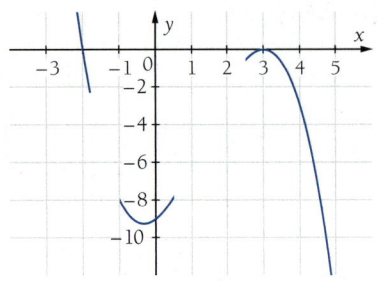

Berechnung mit dem GTR oder CAS:

$$d2f(x):=\frac{d^2}{dx^2}(f(x))$$ Fertig

$$d2f\left(\frac{-1}{3}\right)$$ 5

$$d2f(3)$$ -5

$$f\left(\frac{-1}{3}\right)$$ -9.25926

$$f(3)$$ 0.

Monotonieverhalten

Die zwei lokalen Extremstellen $x_{E_1} = -\frac{1}{3}$ und $x_{E_2} = 3$ teilen den Definitionsbereich von f, also die x-Werte, in drei Monotonieintervalle M_1, M_2 und M_3.

In einem Monotonieintervall ändert sich das Steigungsverhalten von G_f nicht. Es reicht also, wenn wir an einer Teststelle in je einem Monotonieintervall den Funktionswert von f' berechnen. Anhand des Vorzeichens von f' stellen wir die Art der Monotonie von f innerhalb des Intervalls fest.

Der Graph von f fällt in M_1, steigt in M_2 und fällt wieder in M_3. Da es bis auf die beiden Extremstellen keine weiteren Stellen gibt, an denen f' null ist, liegt in allen drei Intervallen sogar strenge Monotonie vor.

$M_1 = \left]-\infty; -\frac{1}{3}\right[$; $M_2 = \left]-\frac{1}{3}; 3\right[$ und $M_3 = \left]3; \infty\right[$

$M_1 = \left]-\infty; -\frac{1}{3}\right[: f'(-1) = -4$ ▶ Vorzeichen „–"
$\Rightarrow f$ fällt in M_1 streng monoton.

$M_2 = \left]-\frac{1}{3}; 3\right[: f'(0) = 1{,}5$ ▶ Vorzeichen „+"
$\Rightarrow f$ steigt in M_2 streng monoton.

$M_3 = \left]3; \infty\right[: f'(4) = -6{,}5$ ▶ Vorzeichen „–"
$\Rightarrow f$ fällt in M_3 streng monoton.

> Ein **Monotonieintervall** ist ein Bereich zwischen zwei x-Werten, in dem sich das Steigungsverhalten des Graphen von f nicht ändert.

Wendestellen

Die Nullstellen von f'' sind die möglichen Wendestellen von f.
Die Lösung der linearen Gleichung $f''(x_W) = 0$ ergibt mit $\frac{4}{3}$ die mögliche Wendestelle von f.

Für die ermittelte Nullstelle von f'' berechnen wir den Funktionswert der dritten Ableitung f'''.

Wegen $f'''\left(\frac{4}{3}\right) < 0$ hat f an der Stelle $\frac{4}{3}$ eine Wendestelle mit einem Links-Rechts-Krümmungswechsel.

Der Graph von f hat an dieser Stelle den Wendepunkt $W(1{,}33|-4{,}63)$.

$f''(x) = -3x + 4$
$f''(x_W) = 0 \Leftrightarrow -3x_W + 4 = 0 \quad |-4|:(-3)$
Lösung: $x_W = \frac{4}{3}$

$f'''(x_W) = f'''\left(\frac{4}{3}\right) = -3$ ▶ Vorzeichen „–"

$f\left(\frac{4}{3}\right) \approx -4{,}63 \Rightarrow W(1{,}33|-4{,}63)$ ▶ mit LR-KW

Berechnung mit dem CAS:

$$\text{solve}(d2f(x)=0,x) \qquad x=\frac{4}{3}$$

$$d3f(x):=\frac{d^3}{dx^3}(f(x)) \qquad \textit{Fertig}$$

$$d3f\left(\frac{4}{3}\right) \qquad -3$$

$$f\left(\frac{4}{3}\right) \qquad -4.62963$$

Berechnung mit dem GTR:

$$\text{nSolve}(d2f(x)=0,x) \qquad 1.33333$$

$$d3f(x):=-3 \qquad \textit{Fertig}$$

$$d3f(1.33333) \qquad -3$$

$$f(1.33333) \qquad -4.62964$$

▶ TI Die dritte Ableitung an einem Punkt kann mit dem GTR nicht ermittelt werden. Der Funktionsterm von f''' muss händisch berechnet und eingegeben werden.

> Bei ganzrationalen Funktionen ist es häufig einfacher, die Ableitung per Hand zu bestimmen und dann mit dem GTR über Polyrootfinder die Nullstellen dieser Ableitung zu berechnen.

Krümmungsverhalten

Die Wendestelle $\frac{4}{3}$ teilt den Definitionsbereich von f in zwei Krümmungsintervalle K_1 und K_2.

In einem Krümmungsintervall ändert sich das Krümmungsverhalten von G_f nicht. Es reicht also, wenn wir für jedes Krümmungsintervall den Funktionswert von f'' an jeweils nur einer Teststelle berechnen.
Anhand des Vorzeichens von f'' stellen wir die Art der Krümmung von G_f in den Intervallen fest.

Der Graph von f verläuft in K_1 linksgekrümmt und in K_2 rechtsgekrümmt.

$$x_W = \frac{4}{3}$$

$$K_1 = \left]-\infty; \frac{4}{3}\right[\quad \text{und} \quad K_2 = \left]\frac{4}{3}; \infty\right[$$

$$K_1 = \left]-\infty; \frac{4}{3}\right[: f''(0) = 4 \qquad \text{▶ Vorzeichen „+"}$$
$$\Rightarrow G_f \text{ ist in } K_1 \text{ linksgekrümmt.}$$

$$K_2 = \left]\frac{4}{3}; \infty\right[: f''(2) = -2 \qquad \text{▶ Vorzeichen „–"}$$
$$\Rightarrow G_f \text{ ist in } K_2 \text{ rechtsgekrümmt.}$$

> Ein **Krümmungsintervall** ist ein Bereich zwischen zwei x-Werten, in dem sich das Krümmungsverhalten des Graphen von f nicht ändert.

Graph der Funktion

Die durch die Funktionsuntersuchung ermittelten Punkte tragen wir in ein Koordinatensystem ein und verbinden sie zum Graphen der Funktion f mit $f(x) = -0{,}5x^3 + 2x^2 + 1{,}5x - 9$.
Beim Zeichnen berücksichtigen wir das Grenzwert-, Monotonie- und Krümmungsverhalten der Funktion.

$N_1(-2|0)$, $N_{2,3}(3|0)$ ▶ Schnittpunkte mit der x-Achse
$S_y(0|-9)$ ▶ Schnittpunkt mit der y-Achse
$T(-0{,}33|-9{,}26)$ ▶ lokaler Tiefpunkt
$H(3|0)$ ▶ lokaler Hochpunkt
$W(1{,}33|-4{,}63)$ ▶ Wendepunkt

▶ Für die Zeichnung wurden die Koordinaten gerundet angegeben.

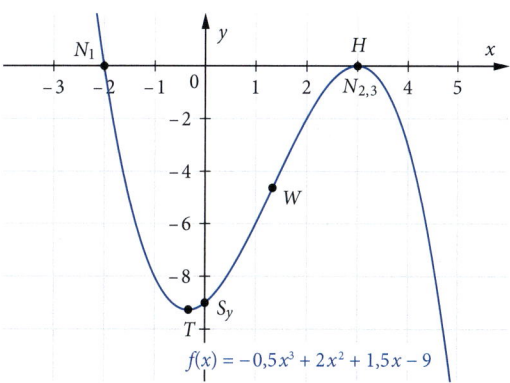

$f(x) = -0{,}5x^3 + 2x^2 + 1{,}5x - 9$

Mit dem GTR/CAS können Funktionsuntersuchungen auch weitestgehend ohne Berechnung von Ableitungsfunktionen erfolgen.

(10) Funktionsuntersuchung mit dem GTR/CAS

Diskutieren Sie die Funktion f mit $f(x) = -0{,}5x^3 + 2x^2 + 1{,}5x - 9$ aus Beispiel 9 erneut, diesmal ausschließlich mithilfe des GTR/CAS.

Wir beginnen mit der Darstellung des Graphen G_f der Funktion f.
Die Erweiterung der Darstellung um die Graphen $G_{f'}$ und $G_{f''}$ ist zu empfehlen.

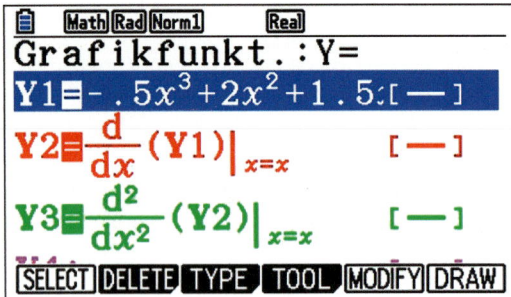

▶ CA Eingabe der Funktionen Y2 = f' durch OPTN, CALC (F2), d/dx (F1), Y (F1), 1. Zur Eingabe von $x = x$ muss die Taste X,θ,T verwendet werden. Die Eingabe von Y3 = f'' erfolgt analog mit dem Befehl d²/dx² (F2).

Das **Verhalten von f für $x \to \pm\infty$** kann am Graphen G_f abgelesen werden.

Den **y-Achsenabschnitt**, die **Nullstellen** sowie die **lokalen Extrempunkte** können wir mit den Befehlen zur Analyse eines Graphen bestimmen.

In einem CAS ist üblicherweise auch ein Befehl zur Berechnung der **Wendepunkte** vorhanden.
Ein GTR bietet dafür zumeist keinen eigenen Befehl an.
Wir nutzen zur Ermittlung der Wendepunkte aus, dass die Nullstellen von f'' mögliche Wendestellen von f sind.
Mit den Befehlen zur Analyse eines Graphen bestimmen wir die Nullstellen (ROOT) der zweiten Ableitungsfunktion Y3 = $f''(x)$.

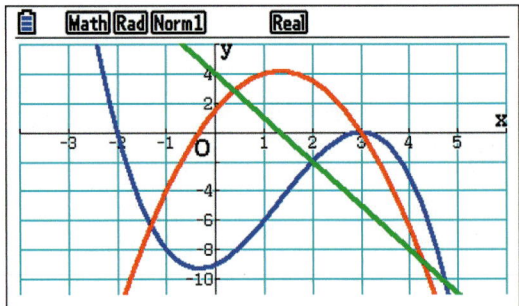

▶ CA Eingabe der Funktion f in der Anwendung Graph. Einstellen des Darstellungsfensters durch den Menüpunkt V-WIN (F3).

Mit den Zoom-Befehlen kann dynamisch ein Ausschnitt des Graphen gewählt werden, der alle interessanten Punkte darstellt.

y-Achsenabschnitt	Y-ICEPT (F4)
Nullstellen	ROOT (F1)
Tiefpunkte	MIN (F3)
Hochpunkte	MAX (F2)

▶ CA Die Befehle zur Untersuchung eines Graphen sind im Untermenü G-SOLVE (F5) zu finden.
Mit den Cursor-Tasten ▶ ◀ kann zwischen mehreren Nullstellen, Tiefpunkten etc. gewechselt werden.

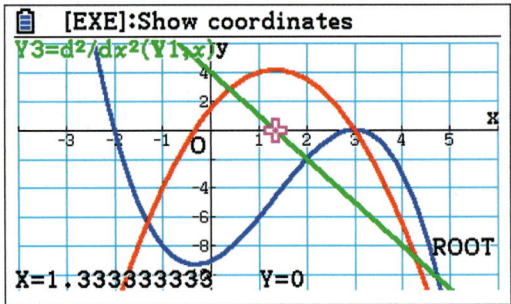

▶ CA Die y-Koordinate des Wendepunkts $W(1{,}33 | -4{,}63)$ berechnen sie durch den Befehl G-SOLVE (F5), Y-CAL (F1).

Das folgende Schema soll für ganzrationale Funktionen f mindestens dritten Grades einen Überblick über die Eigenschaften und die möglichen Zusammenhänge zwischen f, f', f'' und f''' bzw. ihren Graphen geben. Hierbei bezeichnen M Monotonieintervalle und K Krümmungsintervalle.

f, G_f	$f', G_{f'}$	f''	f'''
f hat Nullstelle x_N; $f(x_N) = 0$.			
f ist monoton steigend in M.	$f'(x) \geq 0$ für alle $x \in M$		
f ist monoton fallend in M.	$f'(x) \leq 0$ für alle $x \in M$		
G_f hat Rechtskrümmung in K (abnehmende Steigung).	$G_{f'}$ fällt in K.	$f''(x) < 0$ für alle $x \in K$	
G_f hat Linkskrümmung in K (zunehmende Steigung).	$G_{f'}$ steigt in K.	$f''(x) > 0$ für alle $x \in K$	
G_f hat lokalen Extrempunkt bei x_E: als Hochpunkt (abnehmende Steigung), als Tiefpunkt (zunehmende Steigung).	$f'(x_E) = 0$ und VZW von f' $G_{f'}$ fällt in der Nähe von x_E. $G_{f'}$ steigt in der Nähe von x_E.	$f''(x_E) < 0$ $f''(x_E) > 0$	
G_f hat Wendepunkt bei x_W: mit LR-Krümmungswechsel, mit RL-Krümmungswechsel. G_f hat Sattelpunkt bei x_W (Wendepunkt mit waagerechter Tangente).	$G_{f'}$ hat lokalen Extrempunkt. $G_{f'}$ hat lokalen Hochpunkt. $G_{f'}$ hat lokalen Tiefpunkt. $f'(x_W) = 0$	$f''(x_W) = 0$ und VZW von f''	$f'''(x_W) < 0$ $f'''(x_W) > 0$ $f'''(x_W) \neq 0$

Diskutieren Sie die Funktion f mit $f(x) = x^3 - 4x$. Zeichnen Sie den Graphen von f im Intervall $[-3; 3]$.

Übungen zu 3.2.4

1. Bestimmen Sie die Extrem- und Wendepunkte und erläutern Sie die einzelnen Monotonie- und Krümmungsintervalle.

a) $f(x) = x^3 - 3x^2 - 13x + 15$

b) $f(x) = -2x^3 + 3x^2 - 36x$

c) $f(x) = \frac{1}{3}x^3 + x^2 + x + \frac{1}{3}$

d) $f(x) = 0,25x^4 - 3x^3 + 9x^2$

e) $f(x) = -0,5x^4 + 4x^3 - 3x^2 - 20x + 28$

f) $f(x) = \frac{1}{3}x^4 - \frac{7}{3}x^3 + \frac{13}{3}x^2 + x - 6$

2. Diskutieren Sie die Funktion f.

a) $f(x) = x^3 - 2x^2 - 3x$

b) $f(x) = x^3 - 6x^2 + 12x - 8$

c) $f(x) = \frac{3}{16}x^3 - \frac{9}{8}x^2 + 6$

d) $f(x) = -x^4 + 2x^3$

e) $f(x) = -0,2x^3 - x^2 + 0,2x + 1$

f) $f(x) = 0,25x^4 - 3,25x^2 + 9$

3. Ermitteln Sie, in welchen Punkten des Graphen von f mit $f(x) = 0,125x^4 - 0,75x^3 - 0,75x^2 + 10x$ gilt: $f''(x) = 4,5$.

4. Es sei f eine ganzrationale Funktion 4. Grades. Beurteilen Sie die folgenden Aussagen.

a) f hat mindestens zwei Nullstellen.

b) f hat höchstens vier Nullstellen.

c) G_f hat mindestens einen Extrempunkt.

d) G_f hat mindestens einen Wendepunkt.

e) G_f hat höchstens zwei Extrempunkte.

f) G_f hat höchstens zwei Wendepunkte.

g) G_f muss achsensymmetrisch sein.

h) f kann eine einfache und eine dreifache Nullstelle haben.

i) Für $x \to +\infty$ gilt auch immer $f(x) \to +\infty$.

j) Alle Funktionswerte von f können negativ sein.

k) G_f kann einen Extrempunkt, keinen Wendepunkt und zwei Schnittpunkte mit der x-Achse haben.

Vermischte Übungen zu 3.2

1. Skizzieren Sie jeweils anhand des Graphen von f die möglichen Graphenverläufe von f', f'' und f''' in dasselbe
oHi Mi Koordinatensystem und erläutern Sie dabei Ihr Vorgehen.

a) b)
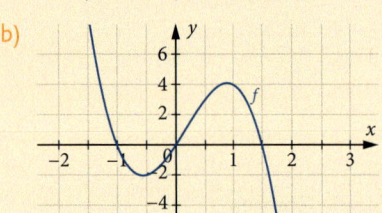

c) d)
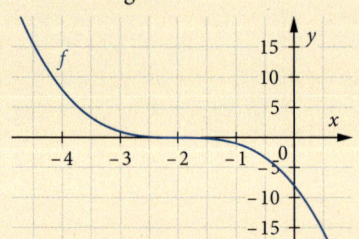
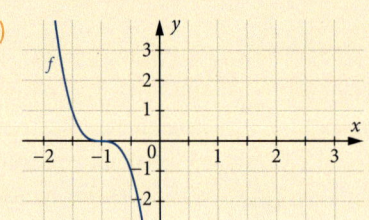

e) f)
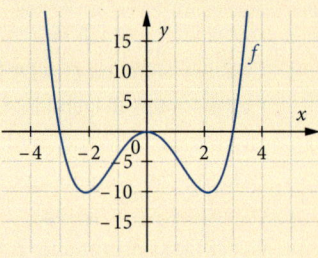
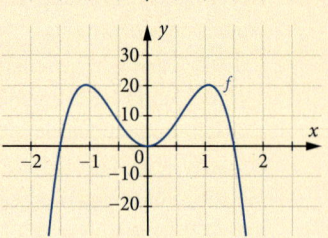

2. Entscheiden Sie begründet anhand der abgebildeten
oHi Mi Graphen G_f und G_g, welche der folgenden Aussagen
wahr sind.

a) $f(-1) = 0$ d) $g''(-1) = 5$ g) $g'''(0) > 0$

b) $f'(-1) < 0$ e) $g(2) = 4$ h) $f'''\left(-\frac{5}{3}\right) = 11$

c) $g'(-1) < 0$ f) $f''(3) > 0$ i) $f(0) = 0$

j) G_f ist achsensymmetrisch zur y-Achse.

k) G_g ist punktsymmetrisch zum Koordinatenursprung.

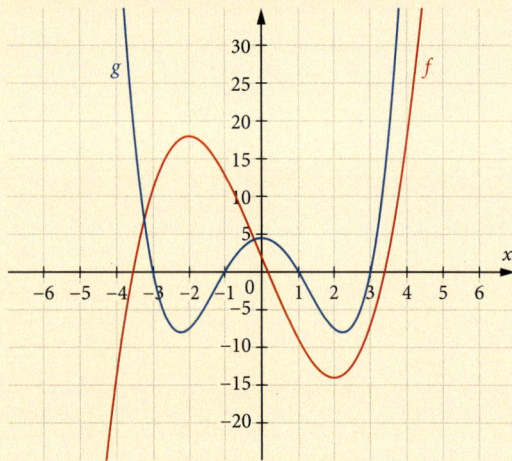

3. Gegeben ist $f(x) = -0.5\,x^3 + 0.5\,x^2 + 2x - 2$.

a) Berechnen Sie, in welchen Punkten der Graph von f

a$_1$) eine Tangente mit der Steigung $\frac{1}{3}$ hat.

a$_2$) eine waagerechte Tangente hat.

b) Untersuchen Sie, an welcher Stelle $f''(x) = -2$ gilt.

4. Berechnen Sie die Extrem- und Wendepunkte des
Graphen der Funktion f mithilfe des Vorzeichen-
wechselkriteriums für f' bzw. f''.

a) $f(x) = x^3 + 2x^2 - 9x - 18$

b) $f(x) = -2x^3 + 4x^2 - 6x$

c) $f(x) = 0.75\,x^3 - 4.5\,x^2 + 24$

d) $f(x) = 0.25\,x^3 - 1.5\,x^2 + 3x - 2$

e) $f(x) = 0.5\,x^4 + x^3$

f) $f(x) = x^4 - 13\,x^2 + 36$

g) $f(x) = 0.5\,x^4 - 6x^3 + 18\,x^2$

h) $f(x) = x^4 - 7x^3 + 13\,x^2 + 3x - 18$

i) $f(x) = 0.5\,x^4 - 0.5\,x^3 - 4x^2 + 6x$

5. Es sei f eine ganzrationale Funktion 5. Grades. Beur-
oHi Mi teilen Sie die folgenden Aussagen.

a) f hat mindestens drei Nullstellen.

b) f hat höchstens fünf Nullstellen.

c) G_f hat mindestens einen Extrempunkt.

d) G_f hat höchstens drei Extrempunkte.

e) G_f hat mindestens einen Wendepunkt.

f) G_f hat höchstens drei Wendepunkte.

g) G_f ist punktsymmetrisch.

h) f kann eine fünffache Nullstelle haben.

i) Für $x \to \infty$ gilt auch immer $f(x) \to -\infty$.

j) Alle Funktionswerte von f können negativ sein.

k) G_f kann achsensymmetrisch sein.

l) G_f kann zwei Extrempunkte haben.

m) Für $x \to -\infty$ kann $f(x) \to \infty$ gelten.

6. Erläutern Sie anhand der Graphen von f' und f'' den möglichen Graphenverlauf von f sowie die Art der Extrem- und Wendepunkte.

a)

c)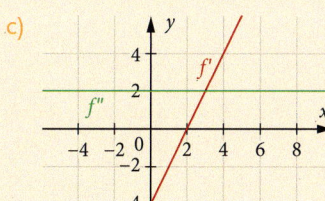

e)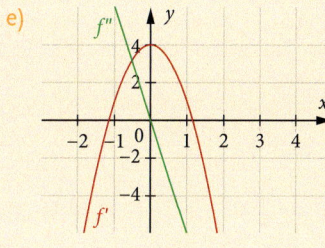

b)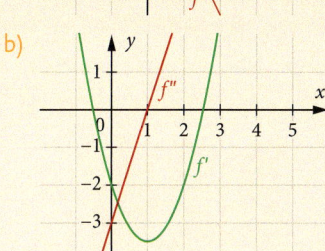

d)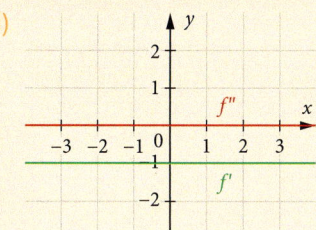

f)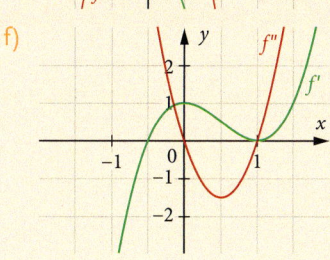

3

7. Untersuchen Sie die Funktion f auf Achsenschnittpunkte, Symmetrieverhalten, das Verhalten im Unendlichen sowie auf Extrem- und Wendepunkte. Skizzieren Sie den Funktionsgraphen.

a) $f(x) = 0,01\,x^5 - 0,05\,x^4 - 0,35\,x^3 + 1,25\,x^2 + 1,94\,x - 2,8$

b) $f(x) = 0,1\,x^4 - 0,4\,x^3 - 10,8\,x^2 + 44,8\,x + 128$

c) $f(x) = 0,1\,x^6 - 4,8\,x^5 + 64,8\,x^4 - 3499\,x^2$

d) $f(x) = -0,2\,x^6 + 22,8\,x^4 - 765\,x^2 + 8000$

8. Ein Wanderer steigt auf einen Berg, dessen Querschnitt durch $f(x) = 0,038\,x^2 - 0,004\,x^3$ gegeben ist (Angaben in km).

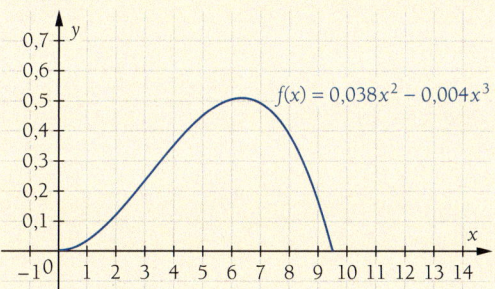

a) Bestimmen Sie die Querschnittslänge des Bergs.

b) Berechnen Sie die Höhe des Bergs.

c) Ermitteln Sie, wie groß der Anstieg maximal ist, wenn der Wanderer
 c_1) von links;
 c_2) von rechts kommt.

d) Beurteilen Sie, von welcher Seite der Anstieg steiler ist.

9. Beschreiben Sie die Graphenverläufe von f, f' und f'' aus Aufgabe 6 f). Stellen Sie die Zusammenhänge der drei Funktionen heraus.

10. Die JoRo GmbH kann ihre Kosten bei der Produktion von speziellen Taschenrechnern durch die Kostenfunktion K darstellen:
$K(x) = 2\,x^3 - 24\,x^2 + 120\,x + 100;\ D_{ök} = [0;\,12]$
▸ x in 1000 Stück, $K(x)$ in €
Die Taschenrechner werden für 81 € pro Stück verkauft.

a) Bestimmen Sie die Ausbringungsmenge, bei der die Kosten von degressivem zu progressivem Wachstum wechseln.

b) Ermitteln Sie die Gewinnzone, wenn man davon ausgeht, dass die Gewinnschwelle bei einer Ausbringungsmenge von 4 ME liegt.

c) Berechnen Sie die Ausbringungsmenge, bei der der Gewinn maximal ist, und bestimmen Sie den maximalen Gewinn.

d) Zeichnen Sie die Graphen von K, E und G im Intervall $[0;\,12]$ in ein Koordinatensystem.

11. Der Produktlebenszyklus eines Tablets wird durch die Funktion U mit $U(t) = -37\,t^3 + 407\,t^2 + 370\,t$ im Jahresverlauf dargestellt. Hierbei ist t in Monaten angegeben und $U(t)$ in ME.

a) Beschreiben Sie den Produktlebenszyklus aufgrund geeigneter Berechnungen in einem ökonomisch sinnvollen Definitionsbereich.

b) Zeichnen Sie den Graphen G_U.

12. Untersuchen Sie, welche der folgenden Aussagen wahr sind. Begründen Sie Ihre Entscheidung mit dem Verlauf des abgebildeten Graphen.

a) $f(-2) = 4$

b) $f(0) = -3$

c) $f(0) = 3$

d) $f'(3,9) = 0$

e) $f'(5) > 0$

f) $f'(2) = -1,5$

g) $f''(4) > 0$

h) $f''(1) > 0$

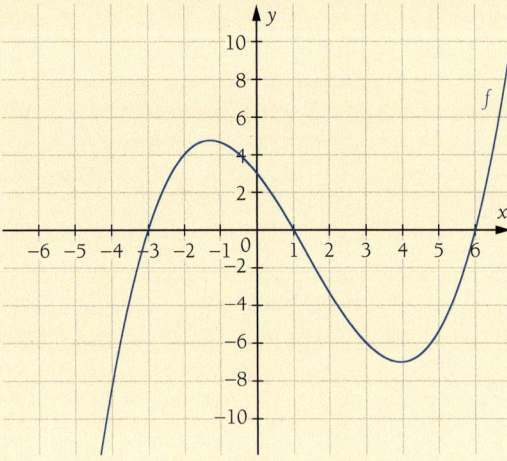

13. Abgebildet ist der Graph zur Funktionsgleichung $f(x) = 0,25\,x^4 + 1,5\,x^3 - 13,5\,x - 1$.

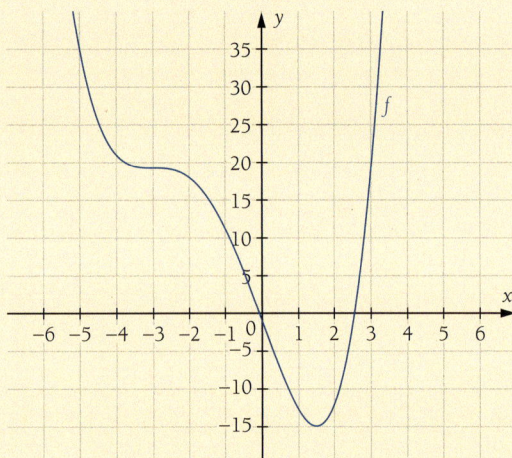

Entscheiden Sie begründet anhand des Verlaufs von G_f, welche der folgenden Aussagen wahr sind.

a) $f(-2) = 2,75$

b) $f(-1) = 0$

c) $f'(2) > 0$

d) $f'(-1) = 2$

e) $f'(-3) = 0$

f) $f''(1,5) < 0$

g) $f(0) = -1$

h) $f''(-3) = 0$

i) $f'(1,5) = 0$

Skizzieren Sie anschließend anhand des Verlaufs des Graphen von f und mithilfe der oben stehenden Aussagen die Graphen der Ableitungsfunktionen f' und f''.

14. Die Funktion K mit der Funktionsgleichung $K(x) = 1,12\,x^3 - 16,8\,x^2 + 86\,x + 50$ beschreibt für $x \in [0;\,10]$ den Kostenverlauf eines Unternehmens. Hierbei steht x für die Mengeneinheit und $K(x)$ für die Geldeinheit. Analysieren Sie den Kostenverlauf.

15. Die Konzentration eines Medikamentenwirkstoffs im Blut in Abhängigkeit von der Zeit kann durch die Funktion f mit der folgenden Gleichung beschrieben werden: $f(t) = -0,001\,t^4 + 0,03\,t^3 - 0,3\,t^2 + t$.
Dabei gibt t die Zeit in Stunden und $f(t)$ die Konzentration in $\frac{mg}{ml}$ an.

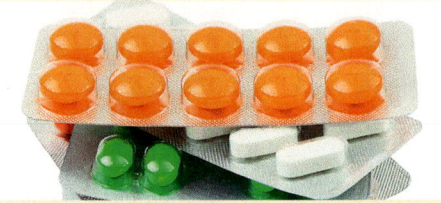

a) Zeichnen Sie den Graphen der Funktion in ein geeignetes Koordinatensystem.

b) Beschreiben Sie den Verlauf des Graphen im Sachzusammenhang.

c) Berechnen Sie, zu welchem Zeitpunkt die Wirkstoffkonzentration am höchsten ist und wie hoch diese dann ist.

d) Erläutern Sie, was eine positive bzw. negative Steigung über die Wirkstoffkonzentration im Blut aussagt.

e) Berechnen Sie die Steigung an der Stelle $t = 1$ und interpretieren Sie das Ergebnis im Sachzusammenhang.

f) Beurteilen Sie, in welchem Zeitraum die Funktion f die Wirkstoffkonzentration des Medikaments sinnvoll beschreibt.

g) Um eine Wirkung zu erzielen, muss die Konzentration des Medikaments mindestens $0,3\,\frac{mg}{ml}$ betragen. Bestimmen Sie den Zeitraum, in dem das Medikament wirkt.

16. Beschreiben Sie den Verlauf der auf Seite 233 dargestellten Absatzkurve.

a) Ermitteln Sie dazu, in welchen Zeitabschnitten der Absatz zu- bzw. abnimmt. Berechnen Sie die relativen und absoluten Absatzmaxima und -minima.

b) Bestimmen Sie die Zeitpunkte, an denen der Absatz am stärksten steigt bzw. zurückgeht. Geben Sie an diesen Zeitpunkten auch die Zu- bzw. Abnahme pro Woche an.

Ich kann ...

... das **Monotonieverhalten** einer Funktion bestimmen. ▶ Test-Aufgaben 1, 4	$f(x) = x^3 - 12x$ $f'(x) = 3x^2 - 12$ z.B.: $M_1 = {]-\infty; -2[}$: $f'(-1) = -9\ (< 0)$ $\Rightarrow f$ streng monoton fallend in M_1	$f'(x) \geq 0$ in $M \Leftrightarrow f$ monoton steigend in M $f'(x) > 0$ in $M \Rightarrow f$ streng monoton steigend in M $f'(x) \leq 0$ in $M \Leftrightarrow f$ monoton fallend in M $f'(x) < 0$ in $M \Rightarrow f$ streng monoton fallend in M

... **Extrempunkte** ermitteln. ▶ Test-Aufgaben 1, 2, 3, 4	$f'(x_E) = 0 \Rightarrow x_{E_1} = -2; x_{E_2} = 2$ z.B. $x_{E_1} = -2$: $f'(-3) = 15\ (> 0); f'(-1) = -9\ (< 0)$ $f'(x)$ wechselt bei $x_{E_1} = -2$ das Vorzeichen von „+" nach „−" $\Rightarrow x_{E_1}$ ist lokale Maximalstelle	**Notwendige Bedingung:** $f'(x_E) = 0$ **Hinreichende Bedingung** (VZW-Kriterium oder 1. Kriterium für f'): $f'(x)$ wechselt bei x_E Vorzeichen von „+" nach „−" $\Rightarrow x_E$ lokale Maximalstelle $f'(x)$ wechselt bei x_E Vorzeichen von „−" nach „+" $\Rightarrow x_E$ lokale Minimalstelle
	$f''(x) = 6x$ $f''(-2) = -12\ (< 0)$ $\Rightarrow x_{E_1}$ ist lokale Maximalstelle	**Hinreichende Bedingung** (2. Kriterium): $f''(x_E) < 0 \Rightarrow x_E$ lokale Maximalstelle $f''(x_E) > 0 \Rightarrow x_E$ lokale Minimalstelle

... das **Krümmungsverhalten** des Graphen einer Funktion bestimmen. ▶ Test-Aufgabe 1	z.B. $K_1 = {]-\infty; 0[}$: $f''(-1) = -6\ (< 0)$ $\Rightarrow G_f$ ist rechtsgekrümmt in K_1	$f''(x) > 0$ in $K \Rightarrow G_f$ linksgekrümmt in K $f''(x) < 0$ in $K \Rightarrow G_f$ rechtsgekrümmt in K

... **Wendepunkte** bestimmen. ▶ Test-Aufgaben 1, 2, 3, 4	$f''(x_W) = 0 \Rightarrow x_W = 0$ $x_W = 0$: $f''(-1) = -6\ (< 0); f''(1) = 6\ (> 0)$ $f''(x)$ wechselt bei $x_W = 0$ das Vorzeichen von „−" nach „+" $\Rightarrow x_W$ ist Wendestelle mit RL-KW	**Notwendige Bedingung:** $f''(x_W) = 0$ **Hinreichende Bedingung** (VZW-Kriterium oder 1. Kriterium für f''): $f''(x)$ wechselt bei x_W das Vorzeichen von „+" nach „−" $\Rightarrow x_W$ Wendestelle mit Links-Rechts-Krümmungswechsel $f''(x)$ wechselt bei x_W das Vorzeichen von „−" nach „+" $\Rightarrow x_W$ Wendestelle mit Rechts-Links-Krümmungswechsel
	$f'''(x) = 6$ $f'''(0) = 6\ (> 0)$ $\Rightarrow x_W$ ist Wendestelle mit RL-KW	**Hinreichende Bedingung** (2. Kriterium): $f'''(x_W) < 0 \Rightarrow x_W$ Wendestelle mit Links-Rechts-Krümmungswechsel $f'''(x_W) > 0 \Rightarrow x_W$ Wendestelle mit Rechts-Links-Krümmungswechsel

... den **Graphen** von f anhand der ermittelten Eigenschaften **zeichnen**. ▶ Test-Aufgaben 1, 3		Die durch die Kurvendiskussion ermittelten Punkte ins Koordinatensystem einzeichnen und ggf. mit einer Wertetabelle zusätzliche Punkte ermitteln.

3

Test zu 3.2

1. Untersuchen Sie das Monotonie- und das Krümmungsverhalten der Funktion *f* mit folgender Gleichung:

$$f(x) = 0{,}5\,x^3 + 2{,}5\,x^2 - 0{,}5\,x - 2{,}5$$

Geben Sie die Wende- und Extrempunkte an und zeichnen Sie den Graphen von *f*.

2. Abgebildet sind die drei Graphen einer Funktion *f*, ihrer 1. Ableitungsfunktion *f′* und ihrer 2. Ableitungsfunktion *f″*. Begründen Sie, welcher Graph zu welcher Funktion gehört.

a)

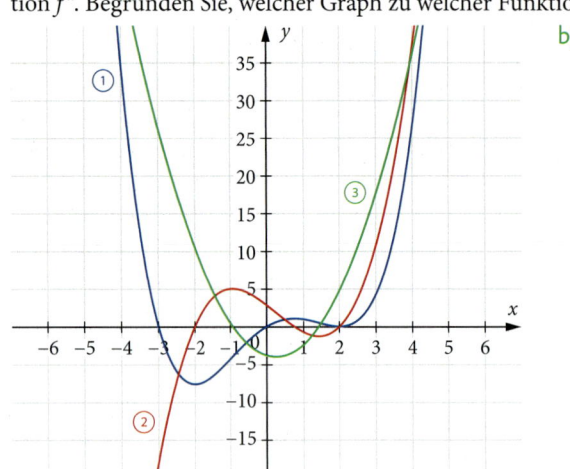

b)

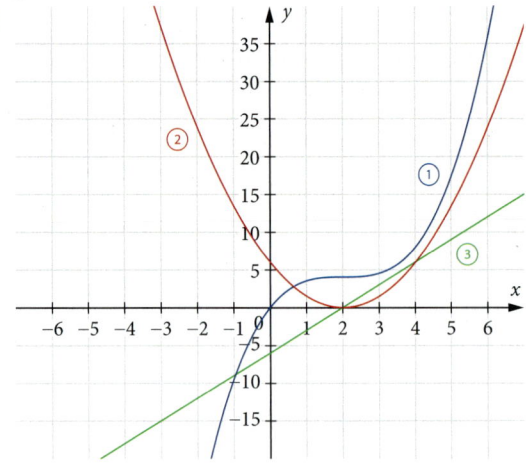

3. Der Absatz von Sonnenschutzkappen verläuft bei der JoRo GmbH in den ersten 8 Monaten des Jahres 2017 gemäß der Funktion *A* mit $A(t) = 0{,}5\,t^3 - 9{,}5\,t^2 + 56\,t - 96$. Dabei steht *t* für die Monate und *A(t)* für den Absatz in ME pro Monat (1 ME = 1000 Stück).
Schon ab Anfang September werden keine Sonnenschutzkappen mehr verkauft.

a) Bestimmen Sie den Absatzbeginn der Sonnenschutzkappen.
b) Ermitteln Sie rechnerisch, in welchem Monat der maximale Absatz für die Sonnenschutzkappen erreicht wird und beziffern Sie ihn.
c) Ermitteln Sie rechnerisch den Zeitpunkt des maximalen Absatzrückgangs und berechnen Sie diesen Rückgang pro Monat.
d) Zeichnen Sie den Graphen von *A* im Intervall [0; 8].

4. Nebenstehend sind die Graphen von drei ganzrationalen Funktionen abgebildet.

a) Bestimmen Sie, von welchem Grad die drei Funktionen jeweils sind.
b) Beschreiben Sie die unterschiedlichen Verläufe der Graphen beider nicht-linearer Funktionen und entscheiden Sie begründet, welche Funktion keine Kostenfunktion sein kann.

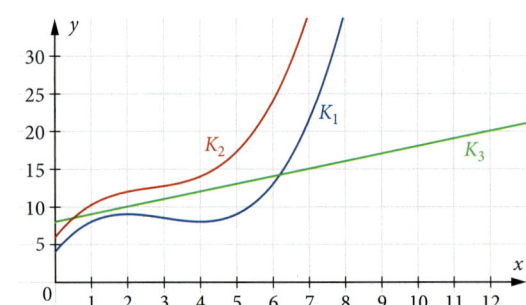

256

3 Ableitungen

3.3 Anwendungen

Die Fly BikeWerke GmbH stellt Rennräder für Profis sowohl in Einzelfertigung als auch in Werkstattfertigung her. Das Modell *Renn Fast* wird in Werkstattfertigung produziert und zu einem Preis von 1260 € verkauft.

In betriebsinternen Untersuchungen ist die folgende Kostenfunktion entwickelt worden:

$$K(x) = 0,9\,x^3 - 50\,x^2 + 1150\,x + 8500$$

Dabei ist x die Anzahl der produzierten Fahrräder und $K(x)$ stellt die entstehenden Kosten in € dar.
Die kaufmännische Auszubildende, Bettina Lotto, bekommt von Herrn Steffens aus der Controlling-Abteilung den Auftrag, einen kurzen Vortrag für die nächste Abteilungssitzung vorzubereiten. Sie soll über den Gewinnbereich und den maximal zu erzielenden Gewinn für das Rennrad *Renn Fast* berichten.

Folgende Fragen gehen Frau Lotto durch den Kopf:

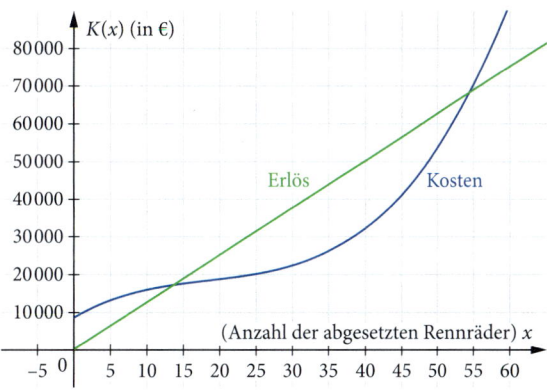

> *Welche Bedeutung haben die beiden Schnittpunkte der Erlös- und Kostenfunktion?*
> *Wie könnte der Gewinn grafisch dargestellt werden?*

> *Wie kann ich mithilfe dieser zwei Funktionen auf den maximalen Gewinn schließen?*
> *Ist dies der maximale Abstand der beiden Funktionen?*

Frau Lotto hat nach vielen Überlegungen eine quadratische Gewinnfunktion per Hand in die Abbildung eingefügt.
Sie vermutet den Gewinnbereich zwischen 15 und 55 Rennrädern und den maximalen Gewinn bei ca. 34 abgesetzten Rennrädern.
Herr Steffens stellt die Ergebnisse in Frage und möchte die schriftliche Berechnung von Frau Lotto sehen.

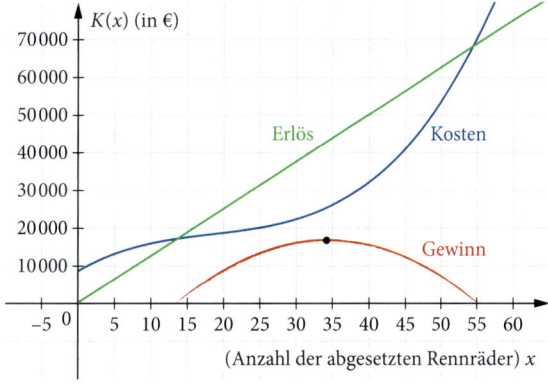

▶ Aufgabe 13 auf Seite 276

Kompetenzen

- Wirtschaftliche Zusammenhänge mathematisch modellieren
- Lösungsstrategien entwickeln und bewerten
- Extremwertaufgaben lösen

Anwendungen

- Kostenverläufe bewerten
- Preisuntergrenzen ermitteln
- Absätze im Zeitverlauf beschreiben
- Bestellungen optimieren

3.3 Anwendungen

Einige wirtschaftliche Anwendungen der Differenzialrechnung haben wir bereits kennengelernt. Die folgenden Beispiele fassen die wesentlichen Aspekte noch einmal zusammen und erweitern die Anwendungsmöglichkeiten.

3.3.1 Ökonomische Anwendungen der Funktionsuntersuchung

 Kosten und Grenzkosten

Der Angebotsmonopolist JoRo GmbH stellt Ultrabooks her. Seine Gesamtkosten für die Herstellung in einer Planperiode können durch die Kostenfunktion K mit $K(x) = 0{,}25\,x^3 - 2\,x^2 + 6\,x + 12{,}5$ und $x \in [0;\,9{,}375]$ beschrieben werden. Dabei steht x für die Anzahl der hergestellten Ultrabooks (1 ME $\,\widehat{=}\,$ 1000 Stück) und $K(x)$ für die zugehörigen Herstellungskosten (1 GE $\,\widehat{=}\,$ 1000 €).

Die JoRo GmbH möchte die Herstellungskosten so gering wie möglich halten und insbesondere die Mehrkosten kontrollieren, die bei einer möglichen Produktionssteigerung auftreten.

Berechnen Sie das Grenzkostenminimum, erklären Sie seine Bedeutung und stellen Sie den grafischen Zusammenhang zum Wendepunkt der Gesamtkostenkurve her.

Die **Grenzkostenfunktion** K' gibt in der Praxis den Kostenzuwachs bei einer Erhöhung der Ausbringungsmenge um eine Mengeneinheit (ME) an. Das **Grenzkostenminimum** liegt bei derjenigen Ausbringungsmenge, für die der Kostenzuwachs pro ME minimal ist.

Die möglichen Extremstellen von K' sind die Nullstellen von K''. Dazu lösen wir die Gleichung $K''(x_W) = 0$ und erhalten die Lösung $x_W = \frac{8}{3}$.

$$K'(x) = 0{,}75\,x^2 - 4\,x + 6$$
$$K''(x) = 1{,}5\,x - 4;\ K'''(x) = 1{,}5$$

$$K''(x_W) = 0 \ \Leftrightarrow\ 1{,}5\,x_W - 4 = 0$$
$$\Rightarrow x_W = \tfrac{8}{3} \approx 2{,}67\ (\in D_{\text{ök}} = [0;\,9{,}375])$$

Da K''' an jeder Stelle positiv ist, liegt bei $\frac{8}{3}$ eine lokale Minimalstelle von K' vor. Das Grenzkostenminimum (**GKM**) liegt bei 2,67 ME.

$$K''\!\left(\tfrac{8}{3}\right) = 0 \ \text{und}\ K'''\!\left(\tfrac{8}{3}\right) = 1{,}5\ (>0)$$
$$\Rightarrow x_W = \tfrac{8}{3} \approx 2{,}67 \text{ ist lokale Minimalstelle von } K'.$$

Eine Ausbringungsmenge von ca. 2,67 ME ist für das Unternehmen hinsichtlich der Grenzkosten optimal. Dann ist der Kostenzuwachs mit ca. 0,67 GE pro ME minimal. Also ist der Punkt des Grenzkostenminimums $GKM\,(2{,}67\,|\,0{,}67)$.

$$K'\!\left(\tfrac{8}{3}\right) = \tfrac{2}{3} \approx 0{,}67 \ \Rightarrow\ \boldsymbol{GKM\,(2{,}67\,|\,0{,}67)}$$

Der Graph von K hat an der Stelle des Grenzkostenminimums $\frac{8}{3}$ eine Wendestelle. Bis zum Wendepunkt steigt der Graph G_K **degressiv**, also immer weniger stark an. In diesem Bereich fällt der Graph von K'. Rechts von der Wendestelle steigt G_K **progressiv**, also immer stärker an. Dort steigt $G_{K'}$. Die Steigung von G_K ist an der Wendestelle minimal. $G_{K'}$ hat dort einen Tiefpunkt. Insgesamt ist K eine ertragsgesetzliche Kostenfunktion. ▶ Seite 153

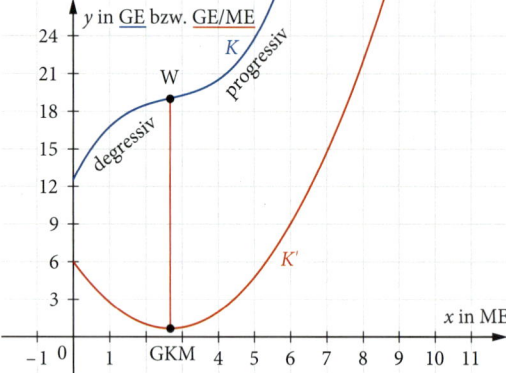

▶ Zur Erinnerung: Eine ganzrationale Funktion 3. Grades heißt ertragsgesetzliche Kostenfunktion, wenn 1. der y-Achsenabschnitt nicht negativ ist, 2. der Graph (im ökonomisch sinnvollen Bereich) streng monoton steigend ist und 3. der Graph einen Wendepunkt mit einem Krümmungswechsel von degressiv zu progressiv hat.

Funktion	Sachverhalt	Berechnung
Gesamtkostenfunktion K	Wendepunkt $W(x_W \mid K(x_W))$ mit RL-KW	$K''(x_W) = 0,\ K'''(x_W) > 0$
Grenzkostenfunktion K'	Grenzkostenminimum $GKM(x_W \mid K'(x_W))$	

1. Die Kosten eines Betriebs können durch K mit $K(x) = 0{,}05\,x^3 - 4\,x^2 + 110\,x + 2500$ beschrieben werden. Ermitteln Sie das Grenzkostenminimum.

2. Zeigen Sie, dass die Kostenfunktion K mit $K(x) = 0{,}1\,x^3 - 1{,}8\,x^2 + 14\,x + 20$ eines Herstellers einen ertragsgesetzlichen Verlauf hat.

3

Funktionsuntersuchung – Kosten, Erlös, Gewinn

Die Gesamtkosten der JoRo GmbH aus Beispiel 1 bleiben bestehen: $K(x) = 0{,}25\,x^3 - 2\,x^2 + 6\,x + 12{,}5$. Die Preis-Absatz-Funktion p_N lautet $p_N(x) = 18{,}75 - 2x$. Der ökonomische Definitionsbereich ist $D_{ök} = [0;\ 9{,}375]$. Analysieren Sie die Gewinnsituation des Unternehmens. Ermitteln Sie dazu die Erlösfunktion E, die Gewinnfunktion G und die Gewinnzone. Bestimmen Sie den maximalen Gewinn sowie den Verkaufspreis im Gewinnmaximum. Interpretieren Sie Ihre Ergebnisse grafisch.

Die **Erlösfunktion** ist das Produkt aus der Preis-Absatz-Funktion $p_N(x)$ und der Absatzmenge x.

$$E(x) = p_N(x) \cdot x = (18{,}75 - 2x) \cdot x$$
$$= 18{,}75\,x - 2\,x^2$$

Der Term der **Gewinnfunktion** G ergibt sich aus der Differenz der Terme für die Erlös- und Gesamtkostenfunktion.

$$G(x) = E(x) - K(x)$$
$$= 18{,}75\,x - 2\,x^2 - (0{,}25\,x^3 - 2\,x^2 + 6\,x + 12{,}5)$$
$$= -0{,}25\,x^3 + 12{,}75\,x - 12{,}5$$

Um die Gewinnzone zu ermitteln, lösen wir die Gleichung $G(x_N) = 0$.
Die Lösung der Gleichung $G(x_N) = 0$ liefert drei Nullstellen. Eine Nullstelle liegt jedoch nicht im ökonomischen Definitionsbereich.

$$G(x_N) = 0$$
$$\Leftrightarrow\ -0{,}25\,x_N^3 + 12{,}75\,x_N - 12{,}5 = 0 \qquad | \cdot (-4)$$
$$\Leftrightarrow\ x_N^3 - 51\,x_N + 50 = 0$$

Lösung: $x_{N_1} = 1$; $x_{N_2} \approx \mathbf{6{,}59}$; $x_{N_3} \approx -7{,}59\ (\notin D_{ök})$

Die **Gewinnzone** erstreckt sich von der Gewinnschwelle bis zur Gewinngrenze, also von 1 ME verkaufter Ultrabooks bis 6,59 ME verkaufter Ultrabooks.

$x_{GS} = 1$ ▶ Gewinnschwelle
$x_{GG} \approx 6{,}59$ ▶ Gewinngrenze

Nun bestimmen wir den **maximalen Gewinn**.
Die Lösung der Gleichung $G'(x_G) = 0$ liefert die mögliche Extremstelle $x_G = 4{,}12$.

$$G'(x) = -0{,}75\,x^2 + 12{,}75$$
$$G'(x_G) = 0\ \ \Leftrightarrow\ -0{,}75\,x_G^2 + 12{,}75 = 0$$
$$\Leftrightarrow x_G \approx -4{,}12\ (\notin D_{ök})\ \text{oder}\ x_G \approx 4{,}12$$

Lösung: $x_G \approx \mathbf{4{,}12}$

Wegen $G''(4{,}12) < 0$ ist x_G Maximalstelle von G.
Das Gewinnmaximum wird bei einer Ausbringungsmenge von 4,12 ME erzielt und beträgt 22,55 GE.

$$G''(x) = -1{,}5\,x$$
$G'(4{,}12) = 0$ und $G''(4{,}12) \approx -6{,}18$ ▶ Vorzeichen „–“
$\Rightarrow\ 4{,}12$ ist lokale Maximalstelle.

Der Verkaufspreis für die gewinnmaximale Menge beträgt 10,51 GE/ME.

$G(4{,}12) = 22{,}55\ \Rightarrow\ \mathbf{G_{max}(4{,}12 \mid 22{,}55)}$
     ▶ Gewinnmaximum

Der Punkt $C(4{,}12 \mid 10{,}51)$ auf dem Graphen der Preis-Absatz-Funktion p_N heißt **Cournot'scher Punkt**. Er gibt die gewinnmaximale Ausbringungsmenge und den zugehörigen Verkaufspreis an.

$p_N(4{,}12) = 10{,}51\ \Rightarrow\ \mathbf{C(4{,}12 \mid 10{,}51)}$
     ▶ Cournot'scher Punkt

- Der Hersteller JoRo GmbH sollte also 4,12 ME produzieren und zu einem Preis von 10,51 GE/ME verkaufen. Dann erwirtschaftet er einen maximalen Gewinn in Höhe von 22,55 GE.
Bei einer Produktion und einem Verkauf von mindestens 1 ME und maximal 6,59 ME macht die JoRo GmbH Gewinn.

Die Zeichnung verdeutlicht den ökonomischen Definitionsbereich, das Erlös- und Gewinnmaximum sowie die Gewinnzone.

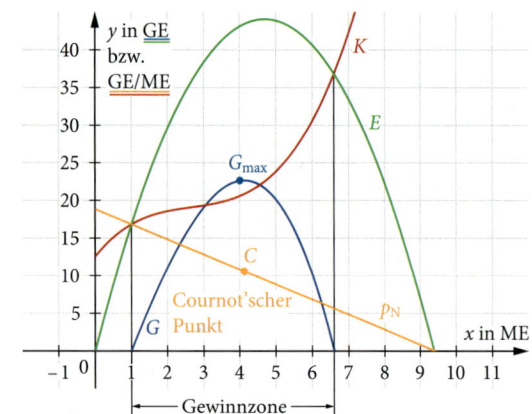

Funktion	Sachverhalt	Berechnung
Preis-Absatz-Funktion p_N	Sättigungsmenge x_S, ökonomischer Definitionsbereich	$p_N(x_S) = 0$ $\Rightarrow D_{ök} = [0; x_S]$
Erlösfunktion E	Erlösmaximum $E_{max}(x_E \mid E(x_E))$	$E'(x_E) = 0$, $E''(x_E) < 0$
Gewinnfunktion G	Gewinnzone $[x_{GS}; x_{GG}]$ Gewinnmaximum $G_{max}(x_G \mid G(x_G))$ Cournot'scher Punkt $C(x_G \mid p_N(x_G))$	$G(x_N) = 0$ $G'(x_G) = 0$, $G''(x_G) < 0$ $G'(x_G) = 0$, $G''(x_G) < 0$

Der Kostenverlauf einer Produktion wird durch die Funktion K mit $K(x) = 0,05x^3 - 4x^2 + 110x + 2500$ beschrieben. Die Preis-Absatz-Funktion p_N lautet $p_N(x) = -1,25x + 200$.
a) Geben Sie die Funktionsgleichung der Erlösfunktion an. Bestätigen Sie rechnerisch, dass die Funktionsgleichung der Gewinnfunktion $G(x) = -0,05x^3 + 2,75x^2 + 90x - 2500$ ist.
b) Zeigen Sie, dass die Gewinnschwelle bei 20 ME liegt, und geben Sie die Gewinnzone an.
c) Berechnen Sie die gewinnmaximale Ausbringungsmenge und den maximalen Gewinn.

③ Ertrag

Auf dem landwirtschaftlichen Lehrgut, das wir bereits auf Seite 152 kennengelernt haben, wird weiterhin der Einfluss der Düngermenge auf den Weizenertrag untersucht. Dabei hat man herausgefunden, dass die Funktion E mit $E(x) = -0,5x^3 + 3x^2$ im Definitionsbereich $D_E = [0; 6]$ die Abhängigkeit zwischen eingesetzter Düngermenge x und dem mengenmäßigen Weizenertrag $E(x)$ gut beschreibt. Sowohl x als auch $E(x)$ werden dabei in ME angegeben, wobei 1 ME jeweils 100 kg (Dünger bzw. Weizen) entspricht.
Analysieren Sie in folgenden Schritten die Ertragssituation:

a) Bestimmen Sie rechnerisch das Ertragsmaximum sowie das Grenzertragsmaximum.
b) Geben Sie die Funktionsgleichung der Stückertragsfunktion an, also der Funktion, die der eingesetzten Düngermenge x den Weizen*mehr*ertrag pro Mengen*mehr*einheit Dünger zuordnet.
c) Ermitteln Sie den Schnittpunkt der Graphen der Stückertragsfunktion und der Grenzertragsfunktion.
d) Interpretieren Sie Ihre Ergebnisse grafisch.

▶ Vorsicht: In Beispiel 12 auf Seite 152 wurde ein anderer Definitionsbereich vorausgesetzt. Außerdem ist die Düngermenge dort mit u bezeichnet, und x bezeichnet stattdessen den Ertrag.

Zu a) Ertragsmaximum, Grenzertragsmaximum

Das **Ertragsmaximum** liegt bei einem Düngereinsatz von 4 ME.

Setzt man mehr Dünger ein, dann fällt der Ertrag wieder. Eine weitere Düngung wäre ab hier nicht sinnvoll. Den höchsten Ertrag erhalten wir also bei einem Einsatz von 400 kg Dünger (4 ME): Der maximale Ertrag beträgt dann 1600 kg Weizen (16 ME).

$$E'(x) = -1{,}5x^2 + 6x; \quad E''(x) = -3x + 6$$
$$E'(x_E) = 0 \quad \Leftrightarrow \quad -1{,}5x_E^2 + 6x_E = 0$$
$$\Leftrightarrow \quad x_E = 0 \text{ oder } x_E = 4$$

$$E'(0) = 0 \text{ und } E''(0) = 6 \; (> 0)$$
$$\Rightarrow \; 0 \text{ ist lokale Minimalstelle von } E$$
$$E'(4) = 0 \text{ und } E''(4) = -6 \; (< 0)$$
$$\Rightarrow \; 4 \text{ ist lokale Maximalstelle von } E$$
$$E(4) = 16 \; \Rightarrow \; \mathbf{E_{max}(4\,|\,16)}$$

Das **Grenzertragsmaximum** ist das Maximum der Grenzertragsfunktion E'. Wir lösen also die Gleichung $E''(x_W) = 0$. Wegen $E'''(2) < 0$ ist 2 lokale Maximalstelle von E'.

Bei einem Düngereinsatz von 2 ME ist der Grenzertrag maximal und beträgt 6 ME pro 1 ME Düngermehreinsatz.

$$E''(x) = -3x + 6; \quad E'''(x) = -3$$
$$E''(x_W) = 0 \Leftrightarrow -3x_W + 6 = 0 \Leftrightarrow x_W = \mathbf{2}$$

$$E''(2) = 0 \text{ und } E'''(2) = -3 \; (< 0)$$
$$\Rightarrow \; 2 \text{ ist lokale Maximalstelle von } E'$$
$$E'(2) = 6 \; \Rightarrow \; \mathbf{GE_{max}(2\,|\,6)}$$

An der Stelle 2 des Grenzertragsmaximums hat die Ertragsfunktion E eine Wendestelle. Dort hat der Graph von E einen Links-Rechts-Krümmungswechsel. Zunächst steigt also der Ertrag progressiv, und ab der Einsatzmenge 2 ME steigt der Ertrag nur noch degressiv.

Zu b) Stückertragsfunktion

Die **Stückertragsfunktion** e ist der Quotient aus $E(x)$ und x. Sie gibt den anteiligen Weizenertrag pro Mengeneinheit Dünger wieder. Ihr Graph steigt, solange er unterhalb der Grenzertragskurve $G_{E'}$ verläuft.

$$e(x) = \frac{E(x)}{x} = \frac{-0{,}5x^3 + 3x^2}{x}$$
$$= -0{,}5x^2 + 3x \quad \blacktriangleright \; x \neq 0$$

Zu c) Optimalpunkt

Der Schnittpunkt des Graphen der Stückertragsfunktion e und des Graphen der Grenzertragsfunktion E' ist immer auch gleichzeitig der Hochpunkt des Graphen von e. In diesem Punkt ist die Produktivität, d. h. der Weizenertrag pro 1 ME Dünger, am größten. Daher heißt der Punkt **Optimalpunkt**.

$$e(x) = E'(x) \quad \Leftrightarrow \quad -0{,}5x^2 + 3x = -1{,}5x^2 + 6x$$
$$\Leftrightarrow \quad x^2 - 3x = 0$$
$$\Leftrightarrow \quad x = 0 \; (\notin D_e) \text{ oder } x = 3$$
$$e(3) = 4{,}5 \; \Rightarrow \; \mathbf{S(3\,|\,4{,}5)} \; \blacktriangleright \text{ Optimalpunkt}$$

Die Berechnung der Extremwerte von e bestätigt obige Überlegung. Bei 3 ME ist der Ertrag pro ME am größten. Eine Produktion über 3 ME hinaus ist weniger sinnvoll.

$$e'(x) = -x + 3; \quad e''(x) = -1$$
$$e'(x_E) = 0 \Leftrightarrow -x_E + 3 = 0 \Leftrightarrow x_E = \mathbf{3}$$
$$e'(3) = 0 \text{ und } e''(3) = -1 \; (< 0)$$
$$\Rightarrow \; 3 \text{ ist lokale Maximalstelle von } e.$$

Zu d) Graphen von E, E' und e

An der Stelle 2 hat die Grenzertragskurve $G_{E'}$ ihr Maximum und die Ertragskurve G_E ihren Wendepunkt. Der Anstieg des Ertrags verlangsamt sich ab dieser Stelle.

Am Schnittpunkt der Graphen von e und E' ist der **Optimalpunkt** und gleichzeitig der Maximalpunkt des Graphen der Stückertragsfunktion e. Bis zu diesem Punkt steigt der Graph von e, da bis dahin der Grenzertrag größer als der Stückertrag ist.

Ab dem Optimalpunkt sinken Grenz- und Stückertrag. Eine weitere Düngung ist nicht sinnvoll.

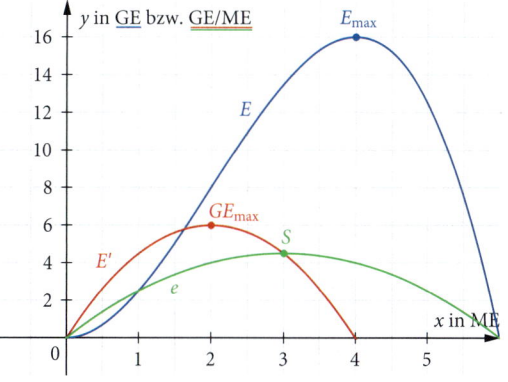

(4)   Produktlebenszyklus

Die Nordhorner Textilmanufaktur vertreibt unter anderem T-Shirts. Für den Jahresbericht soll die Entwicklung der Absatzzahlen untersucht werden. Im laufenden Jahr lässt sich der Absatz bis Ende September durch die Funktion A mit $A(t) = -0{,}15\,t^3 + 1{,}35\,t^2$ beschreiben. Dabei steht t für Monate und $A(t)$ für den Absatz in ME pro Monat. ▸ 1 ME = 100 000 Stück

Schon ab Anfang Oktober werden keine T-Shirts mehr verkauft. Analysieren Sie die Absatzsituation der Nordhorner Textilmanufaktur. Bestimmen Sie dazu den Beginn des Absatzes, das Absatzmaximum, sowie den Zeitpunkt des größten Absatzzuwachses und -rückgangs pro Monat. Interpretieren Sie Ihre Ergebnisse grafisch.

Absatzzone

Der Absatzzeitraum, also der Zeitraum zwischen Absatzbeginn und Absatzende, ist gekennzeichnet durch die beiden Nullstellen von A, zwischen denen der Graph von A oberhalb der t-Achse verläuft.

Dieser Zeitraum stellt aus ökonomischer Sicht den sinnvollen Definitionsbereich dar.

Wir berechnen die Nullstellen der Absatzfunktion A und erhalten die doppelte Nullstelle 0 sowie die einfache Nullstelle 9.

Der Absatz der T-Shirts beginnt am Jahresanfang und endet am 30. September.
▸ siehe auch den Graphen G_A der Absatzfunktion A

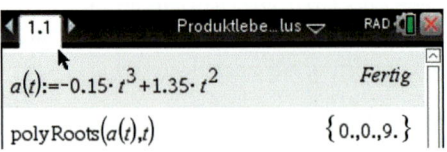

Absatzmaximum

Das Absatzmaximum lesen wir zuerst am Graphen ab. Der maximale Absatz wird Ende Juni erreicht und beträgt 16,2 ME (also 1 620 000 T-Shirts) pro Monat.
▸ TI [menu], Graph analysieren, Maximum

Nun bestätigen wir das gefundene Absatzmaximum durch die Berechnung der Nullstellen von A'.

Mögliche Extremstellen von A sind $t_{E_1} = 0$ und $t_{E_2} = 6$.

Wegen $A''(0) > 0$ ist 0 lokale Minimalstelle. Der minimale Absatz ist am Jahresanfang erreicht.

Wegen $A''(6) < 0$ ist 6 lokale Maximalstelle.

Der maximale Absatz wird also Ende Juni erreicht und beträgt 1 620 000 Stück pro Monat.

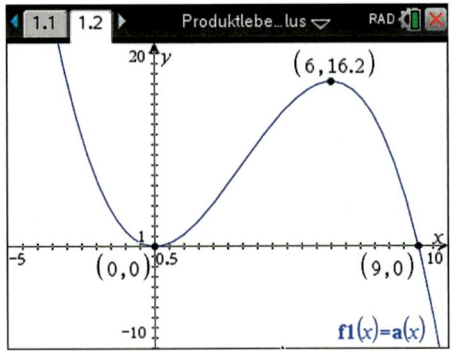

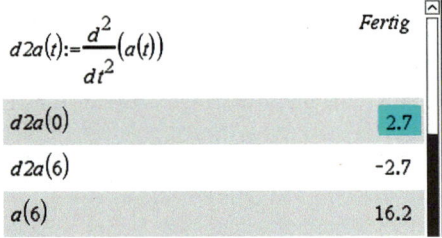

Maximaler Absatzzuwachs und -rückgang

An den Wendestellen von A fällt oder steigt der Absatz maximal. Die Nullstellen von A'' sind die möglichen Wendestellen von A.

Die einzige Nullstelle von A'' ist die Stelle 3. Wegen $A'''(3) = -0{,}9$ (< 0) ist $x_W = 3$ Wendestelle mit LR-Krümmungswechsel. Ende März ist der Absatzzuwachs maximal und beträgt 4,05 ME pro Monat.

▶ $A'(3) = 4{,}05$

Um den Zeitpunkt des maximalen Absatzrückgangs zu bestimmen, betrachten wir die Ränder der Absatzzone $[0;\,9]$:

$A'(0) = 0$ und $A'(9) = -12{,}5$

Also ist Ende September der Absatzrückgang mit 12,15 ME pro Monat maximal.

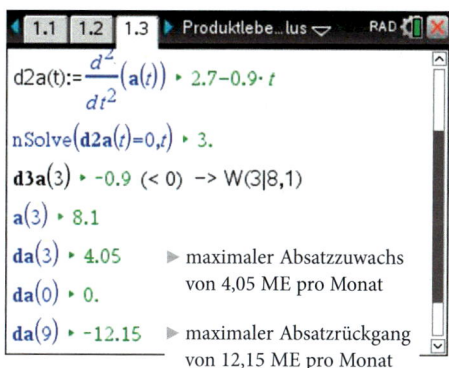

▶ **TI** Der Befehl nSolve berechnet immer nur eine numerische Lösung. Am Graphen von A erkennen wir, dass $x_W = 3$ die einzige Wendestelle ist.

Graph von A

Bis Ende Juni steigt der monatliche Absatz, und zwar zunächst progressiv bis zum stärksten Absatzanstieg Ende März (Anstieg: 405 000 Stück/Monat), danach degressiv bis zum Absatzmaximum Ende Juni (Absatz: 1 620 000 Stück/Monat).

Nachdem das Absatzmaximum erreicht ist, fällt der Graph in einer Rechtskrümmung und somit progressiv bis zum Absatzende im September. Der stärkste Absatzrückgang liegt Ende September vor und beträgt 1 215 000 Stück/Monat.

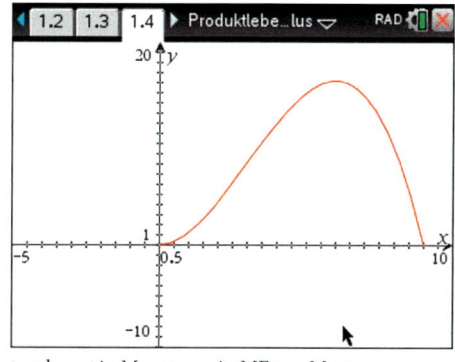

▶ x bzw. t in Monaten; y in ME pro Monat

Funktion	Sachverhalt		Berechnung
Absatzfunktion A	Absatzzone $[x_{AS};\,x_{AG}]$ ökonomischer Definitionsbereich		$A(x_N) = 0$ $\Rightarrow D_{\text{ök}} = [x_{AS};\,x_{AG}]$ mit $x_{AS} < x_{AG}$
	Absatzmaximum $A_{\max}(x_E \mid A(x_E))$		$A'(x_E) = 0,\ A''(x_E) < 0$
	max. Absatzzuwachs max. Absatzrückgang	$A'(x_W)$	$A''(x_W) = 0,\ A'''(x_W) < 0;$ LR-KW bei G_A $A''(x_W) = 0,\ A'''(x_W) > 0;$ RL-KW bei G_A

Der Absatz eines Holzkohle-Herstellers wird durch die Funktion A mit $A(t) = t^3 - 44\,t^2 + 629\,t - 2890$ beschrieben. Eine ME entspricht 100 000 kg.

Berechnen Sie die Absatzzone mit Beginn im Oktober, das Absatzmaximum sowie den maximalen Absatzzuwachs und -rückgang.

Zeichnen Sie den Graphen der Absatzfunktion und interpretieren Sie den Graphenverlauf ökonomisch.

5 Kostenfunktionen

Die Gesamtkosten des Angebotsmonopolisten JoRo aus Beispiel 1 (▶ Seite 258) können beschrieben werden durch

$$K(x) = 0{,}25\,x^3 - 2x^2 + 6x + 12{,}5;\ x \in [0;\,9{,}375] = D_{\text{ök}}$$

Zeichnen Sie die Graphen der Funktionen K, K', k_v und k in ein Koordinatensystem.
Beschreiben Sie den Verlauf der Graphen G_K und G_{k_v} auch in Bezug auf den Verlauf der Grenzkostenkurve $G_{K'}$.
Interpretieren Sie die Graphenverläufe bzw. die charakteristischen Punkte im Anwendungsbezug.

Die Grenzkostenfunktion $K'(x) = 0{,}75\,x^2 - 4x + 6$ gibt in der Praxis den Kostenzuwachs bei einer Erhöhung der Ausbringungsmenge um 1 ME an.
▶ Seite 258, Beispiel 1

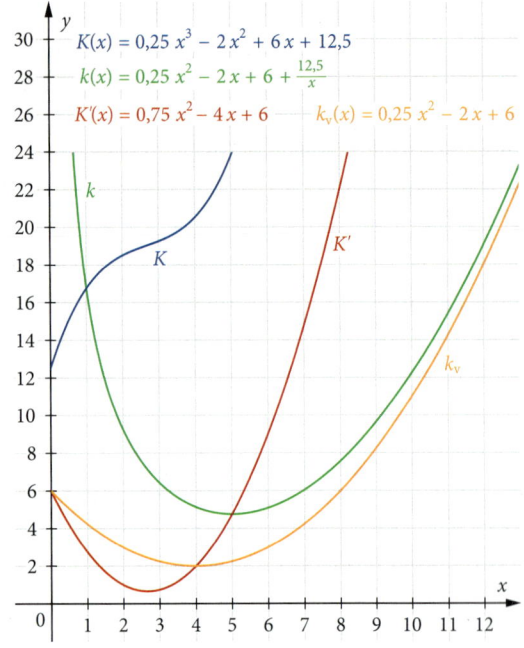

Dividieren wir den Funktionsterm der Gesamtkostenfunktion K durch die Ausbringungsmenge x, so erhalten wir die Funktion k der Durchschnittskosten, auch Stückkostenfunktion genannt. Sie gibt den auf jede produzierte Mengeneinheit entfallenden Teil der Gesamtkosten an:

$$k(x) = \frac{K(x)}{x} = 0{,}25\,x^2 - 2x + 6 + \frac{12{,}5}{x};\ x \neq 0$$

Der Absolutterm 12,5 der Gesamtkostenfunktion gibt die Fixkosten wieder. Streichen wir ihn, so erhalten wir eine Funktion K_v, die ausschließlich die variablen Gesamtkosten berücksichtigt:

$$K_v(x) = 0{,}25\,x^3 - 2x^2 + 6x$$

Dividieren wir nun den Funktionsterm von K_v durch die Ausbringungsmenge x, so erhalten wir die variablen Stückkosten, also die variablen Kosten pro produzierte Mengeneinheit:

$$k_v(x) = \frac{K_v(x)}{x} = 0{,}25\,x^2 - 2x + 6;\ x \neq 0$$

1. Verlauf im Intervall [0; 2,67]:
Der Graph der Gesamtkosten K hat zunächst eine Rechtskrümmung. Bei steigender Produktion mit geringer werdenden Zuwächsen steigen somit die Gesamtkosten immer langsamer. Das hat zur Folge, dass die Grenzkosten fallen.
Wie in Beispiel 1 berechnet, erreicht die Gesamtkostenkurve G_K ihren Wendepunkt an der Stelle $x_W = \frac{8}{3} \approx 2{,}67$. Sie geht dort von einer Rechtskrümmung in eine Linkskrümmung über. Die Gesamtkosten steigen also erst degressiv und nach $\frac{8}{3}$ ME progressiv.
Da die Grenzkosten K' im Bereich des degressiven Verlaufs von K abnehmen, aber im Bereich des progressiven Verlaufs zunehmen, hat die Funktion K' an der Stelle $x_W = \frac{8}{3}$ ihr Minimum. ▶ $x_W = x_{\text{GKM}}$

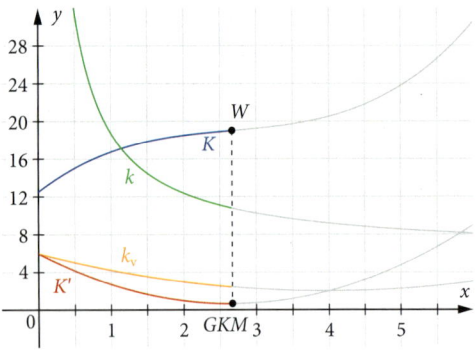

$x_W = \frac{8}{3};\ GKM\,(2{,}67\,|\,0{,}67)$

2. Verlauf im Intervall [2,67; 4]:

Nachdem der Graph von K' sein Minimum durchlaufen hat, steigt er nun an. ▶ progressiver Kostenanstieg
Der Graph der Stückkostenfunktion k fällt.

Solange die Kostensteigerung geringer ist als die variablen Stückkosten, solange also die Grenzkosten kleiner sind als die durchschnittlichen variablen Kosten $(K'(x) < k_v(x))$, solange sinken die variablen Stückkosten. Diese Phase endet, wenn die steigenden Grenzkosten den gleichen Wert erreichen wie die variablen Stückkosten. Die variablen Stückkosten steigen, sobald die Grenzkosten größer sind als diese. Folglich muss dort das Minimum der variablen Stückkosten sein, wo Grenzkosten und variable Stückkosten gleich sind.

Den x-Wert dieses Minimums bezeichnet man als **Betriebsminimum**. Es stellt die Ausbringungsmenge mit den geringsten variablen Stückkosten dar. In unserem Beispiel liegt das Betriebsminimum bei 4 ME.

Die y-Koordinate des Betriebsminimums bestimmt die **kurzfristige Preisuntergrenze**. Sie liegt hier bei 2 GE pro ME. Die Preisuntergrenze ist kurzfristig, weil sie bestenfalls die variablen Stückkosten, aber keinesfalls die fixen Kosten decken kann.

3. Verlauf im Intervall [4; 5]:

Ab dem Betriebsminimum steigt der Graph von k_v, da die Grenzkosten höher sind als die variablen Stückkosten.
Die Grenzkosten sind aber immer noch geringer als die gesamten Stückkosten, daher fällt der Graph der gesamten Stückkostenfunktion k weiter. Sobald die Grenzkosten größer sind als die gesamten Stückkosten, steigen auch die gesamten Stückkosten.
Folglich muss dort das Minimum der gesamten Stückkosten sein, wo die Grenzkosten und die gesamten Stückkosten gleich sind.

Den x-Wert dieses Minimums bezeichnet man als **Betriebsoptimum**. Es stellt die Ausbringungsmenge mit den geringsten Stückkosten dar.

Zur rechnerischen Bestimmung des Betriebsoptimums, bilden wir zunächst die ersten zwei Ableitungen der Funktion k.

Die Nullstellen von k' sind die mögliche Extremstellen der Stückkostenfunktion k.
Wir erhalten als einzige reelle Nullstelle 5.

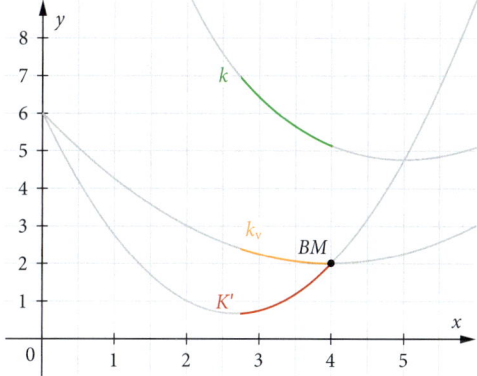

$k_v(x) = 0{,}25\,x^2 - 2x + 6$
$k_v'(x) = 0{,}5\,x - 2; \quad k_v''(x) = 0{,}5$

$k_v'(x_E) = 0 \;\Leftrightarrow\; 0{,}5\,x_E - 2 = 0 \quad |+2 \quad |\cdot 2$
$\Leftrightarrow \qquad\qquad x_E = 4$

$k_v'(4) = 0$ und $k_v''(4) = 0{,}5$ ▶ Vorzeichen „+"
$\Rightarrow$ 4 ist lokale Minimalstelle von k_v
$\Rightarrow x_{BM} = 4$ ▶ Betriebsminimum
$k_v(4) = 2$ ▶ minimale variable Stückkosten: 2 GE je ME
$\Rightarrow \boldsymbol{BM\,(4\,|\,2)}$

> Ich kann x_{BM} auch berechnen, indem ich die Gleichung $K'(x_{BM}) = k_v(x_{BM})$ nach x_{BM} auflöse.

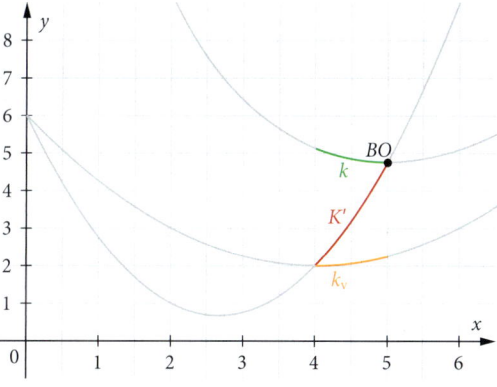

$k(x) = 0{,}25\,x^2 - 2x + 6 + \dfrac{12{,}5}{x}$

$k'(x) = 0{,}5\,x - 2 - \dfrac{12{,}5}{x^2}$

$k''(x) = 0{,}5 + \dfrac{25}{x^3}$

> Wir können $\frac{12{,}5}{x}$ auch schreiben als $12{,}5\,x^{-1}$.

$k'(x_E) = 0 \;\Leftrightarrow\; 0{,}5\,x_E - 2 - \dfrac{12{,}5}{x_E^2} = 0 \quad |\cdot x_E^2$

$\Rightarrow 0{,}5\,x_E^3 - 2\,x_E^2 - 12{,}5 = 0 \quad |\cdot 2$
$\Leftrightarrow \qquad x_E^3 - 4\,x_E^2 - 25 = 0$
$\Rightarrow \qquad\qquad x_{E_1} = 5$ ▶ Nullstelle von k'

3

- Mithilfe der zweiten Ableitung k'' stellen wir fest,
- welche Art von Extremstelle bei $x_E = 5$ vorliegt.
- Dazu setzen wir 5 in k'' ein. Da das Vorzeichen positiv ist, liegt eine Minimalstelle der Stückkostenfunktion vor. Dort liegt also das Betriebsoptimum.

Bei einer Produktion von 5 ME entstehen somit die geringsten Stückkosten. Die **langfristige Preisuntergrenze** beträgt 4,75 GE pro ME.

$k'(5) = 0$ und $k''(5) = 0,7$ ▸ Vorzeichen „+"

$\Rightarrow$ 5 ist lokale Minimalstelle von k

$\Rightarrow x_{BO} = 5$ ▸ Betriebsoptimum

$k(5) = 4,75$ ▸ minimale Stückkosten: 4,75 GE pro ME

$\Rightarrow BO\,(5\,|\,4,75)$ ▸ 4,75 ist die langfristige Preisuntergrenze

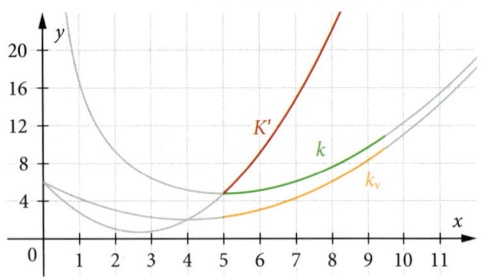

Ich kann x_{BO} auch berechnen, indem ich die Gleichung $k'(x_{BO}) = k(x_{BO})$ nach x_{BO} auflöse.

4. Verlauf im Intervall $]5; 9,375]$:
Mit Erreichen des Betriebsoptimums steigen alle Kostenkurven progressiv bis zum Ende des Definitionsbereichs bei $x = 9,375$.

Da die Grenzkostenkurve oberhalb der Stückkostenkurve liegt, kostet jede zusätzlich hergestellte ME mehr als die bisher produzierten ME im Durchschnitt bzw. pro Stück.

Funktion	Sachverhalt	Berechnung
Gesamtkosten-funktion K	Wendepunkt $W(x_W | K(x_W))$ mit RL-KW	$K''(x_W) = 0$, $K'''(x_W) > 0$, Setzen von x_W in K
Grenzkosten-funktion K'	Grenzkostenminimum $GKM(x_W	K'(x_W))$ ▸ $x_W = x_{GKM}$	$K''(x_W) = 0$, $K'''(x_W) > 0$, Setzen von x_W in K'
Variable Stück-kostenfunktion k_v	Betriebsminimum $BM(x_{BM} | k_v(x_{BM}))$ kurzfristige Preisuntergrenze (KPU) $k_v(x_{BM})$	$k_v'(x_{BM}) = 0$, $k_v''(x_{BM}) > 0$, Setzen von x_{BM} in k_v
Gesamtstückkosten-funktion k	Betriebsoptimum $BO(x_{BO} | k(x_{BO}))$ langfristige Preisuntergrenze (LPU) $k(x_{BO})$	$k'(x_{BO}) = 0$, $k''(x_{BO}) > 0$, Setzen von x_{BO} in k

 In der Abbildung sind der zur Kostenfunktion K gehörige Graph der Grenzkostenfunktion K', der Graph der Stückkostenfunktion k und der Graph der Preisfunktion p der JoRo GmbH abgebildet.
Prüfen Sie jede der drei folgenden Aussagen auf ihre Richtigkeit und begründen Sie Ihre Entscheidung.

a) Der Graph von K besitzt eine Wendestelle im Intervall $3 < x < 6$.

b) Je mehr von der JoRo GmbH produziert wird, desto geringer sind die Stückkosten.

c) Das Betriebsoptimum liegt im Schnittpunkt der Preisgeraden und der Grenzkostenkurve.

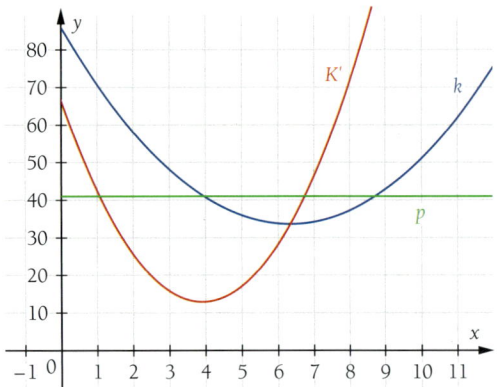

Übungen zu 3.3.1

1. Die Kosten eines Betriebs in einer Planperiode werden beschrieben durch die Funktion K mit $K(x) = 0{,}125\,x^3 - 1{,}5\,x^2 + 6\,x + 12$. Der Stückpreis beträgt 5 GE.

a) Bestimmen Sie die Gleichung der Erlösfunktion E.

b) Stellen Sie den Term der Gewinnfunktion G auf.

c) Berechnen Sie die Gewinnschwelle und -grenze.

d) Ermitteln Sie das Gewinnmaximum.

2. Für ein Produkt wird die Kostenfunktion K mit $K(x) = 0{,}5\,x^3 - 3\,x^2 + 8\,x + 8$ näher untersucht. Dabei sind bereits folgende Werte berechnet:

x	0	1	2	3	4	5	6
$K(x)$	8	13,5	16	18,5	24	35,5	56
$K_v(x)$							
$K'(x)$							

a) Bestimmen Sie die Gleichung der variablen Gesamtkosten K_v und der Grenzkosten K'.
Berechnen Sie die in der Tabelle fehlenden Werte für $K_v(x)$ und $K'(x)$.

b) Skizzieren Sie die Graphen zu K_v und K' in ein gemeinsames Koordinatensystem.
  ▸ x-Achse: 1 cm = 0,5 ME; y-Achse: 1 cm = 5 GE

c) Berechnen Sie den Tiefpunkt des Graphen von K'.

d) Beschreiben Sie, welche Eigenschaft der Graphen von K_v und K man am x-Wert des Tiefpunkts des Graphen von K' erkennen kann.

e) Zur Markteinführung soll die kurzfristige Preisuntergrenze als Verkaufspreis angesetzt werden.

  e_1) Bestimmen Sie die Gleichung der Erlösfunktion.

  e_2) Zeichnen Sie die zugehörende Erlösgerade in die Grafik.

  e_3) Beschreiben Sie die Lage der Erlösgeraden und der Kurve von K_v.

  e_4) Erklären Sie anhand der Grafik, welche Folgen ein Preis unterhalb der kurzfristigen Preisuntergrenze hätte.

3. Die Grenzkosten eines Betriebs sind mit 100 GE/ME konstant. Der Gesamterlös hängt von der Produktionsmenge gemäß der Funktion E mit der Gleichung $E(x) = -0{,}5\,x^2 + 500\,x$ ab.
Bestimmen Sie sowohl den ökonomischen Definitionsbereich als auch den Cournot'schen Punkt. Erklären Sie deren Bedeutungen.

4. Wie jedes Jahr im Herbst versuchen zwei Getränkehersteller, ihren Getränkeabsatz des kommenden Jahres zu planen. Getränkehersteller A setzt einen jahreszeitbedingten Absatz gemäß der Absatzfunktion A_1 mit $A_1(t) = 0{,}5\,t^3 - 9\,t^2 + 40{,}5\,t + 150$ voraus; $t \in [0; 12]$. Hersteller B geht von demselben Absatz zu Beginn und am Ende des Jahres wie Hersteller A aus, sonst jedoch von einer linearen Steigerung innerhalb der 12 Monate.

a) Bestimmen Sie den Term der linearen Absatzfunktion A_2 des Getränkeherstellers B. Zeichnen Sie den zugehörigen Graphen und den Graphen von A_1 in ein Koordinatensystem.

b) Ermitteln Sie den Zeitraum, in dem der prognostizierte Absatz des Herstellers A abnimmt.

c) Berechnen Sie, an welchem Monatsbeginn in der Jahresmitte sich der geplante Getränkeabsatz des Herstellers A am stärksten verändert.

d) Berechnen Sie, zu welchen Zeitpunkten die beiden Hersteller die größten Unterschiede in ihren Getränkeabsätzen erwarten.

5. In einer Rechnungsperiode lassen sich die Gesamtkosten eines Betriebs bei der Produktion von x ME Festplatten beschreiben durch die Funktion K mit $K(x) = 1{,}2\,x^3 - 10{,}8\,x^2 + 36\,x + 30$ und $D_K = [0; 8]$. Berechnen und erklären Sie

a) das Grenzkostenminimum $x_{GKM}\,(= x_W)$ und den minimalen Kostenanstieg;

b) das Betriebsminimum x_{BM} und die kurzfristige Preisuntergrenze;

c) das Betriebsoptimum x_{BO} und die langfristige Preisuntergrenze.

d) Die Funktionsgleichungen einer ertragsgesetzlichen Kostenfunktion lautet: $K(x) = a\,x^3 + b\,x^2 + c\,x + d$ mit $a, c, d > 0$ und $b < 0$. Zeigen Sie, dass gilt:
$x_{GKM} < x_{BM} < x_{BO}$

6. Die Funktion K mit $K(x) = 0{,}1\,x^3 - 1{,}2\,x^2 + 5\,x + 80$ beschreibt die Kosten eines Betriebs in einer Planperiode. Die Funktion p_N mit $p_N(x) = 66 - 5{,}5\,x$ ist die Preis-Absatz-Funktion eines Angebotsmonopolisten.

a) Ermitteln Sie rechnerisch den Höchstpreis, die Sättigungsmenge und den ökonomischen Definitionsbereich.

b) Zeigen Sie, dass K eine Funktion mit ertragsgesetzlichem Kostenverlauf ist.

c) Zeichnen Sie die Graphen der Funktionen K, K', k_v und k.

d) Berechnen Sie, bis zu welcher Produktionsmenge der Gesamtkostenverlauf degressiv ist und ab welcher Produktionsmenge progressiv.

e) Berechnen Sie das Betriebsminimum sowie das Betriebsoptimum. Erklären Sie kurz deren Bedeutung.

f) Zeigen Sie allgemein für eine Kostenfunktion K mit $K(x) = a\,x^3 + b\,x^2 + c\,x + d$ mit $a > 0$, $d > 0$, dass der Graph der zugehörigen Stückkostenfunktion k für $x > 0$ immer linksgekrümmt ist.

g) Bestimmen Sie die Terme der Erlösfunktion E und der Gewinnfunktion G. Zeichnen Sie die Graphen von p_N, K, E und G in ein weiteres Koordinatensystem.

h) Berechnen Sie die Gewinnschwelle und -grenze.

i) Ermitteln Sie den höchsten Gewinn und geben Sie den Cournot'schen Punkt an.

j) Durch einen Lieferantenwechsel können die Fixkosten bei der Produktion um 10 GE gesenkt werden. Erläutern Sie – auch anhand der entsprechenden Graphenverläufe – den Einfluss dieser Veränderung auf

    j_1) das Minimum der Grenzkosten,

    j_2) das Betriebsminimum,

    j_3) das Betriebsoptimum,

    j_4) die Gewinnzone,

    j_5) die gewinnmaximale Ausbringungsmenge,

    j_6) das Gewinnmaximum.

7. Ein Textilhersteller bringt ein Abi-Shirt mit dem Slogan „Rent'Abi'lität" auf den Markt.

a) Bei einer Produktionsanfrage überprüft der Hersteller zunächst seine ertragsgesetzliche Kostenfunktion vom Typ $K(x) = a\,x^3 + b\,x^2 + c\,x + d$. Dabei gibt x die Produktionsmenge in 1000 Stück und $K(x)$ die Kosten in GE an. Bei einer Produktion von 3 ME entstehen Kosten in Höhe von 545 GE. Die Fixkosten machen 200 GE aus. Die Grenzkosten betragen 10 GE pro ME bei einer Produktion von 4 ME. Das Betriebsminimum liegt bei einer Ausbringungsmenge von 6 ME.
Zeigen Sie, dass mit $a = 5$, $b = -60$, $c = 250$ und $d = 200$ die oben genannten Eigenschaften erfüllt werden.

b) Zur Gewinnberechnung verwendet der Hersteller die Preis-Absatz-Funktion p_N eines Angebotsmonopolisten mit $p_N(x) = 312{,}5 - 31{,}25\,x$ und die Kostenfunktion K mit $K(x) = 5\,x^3 - 60\,x^2 + 250\,x + 200$.

    b_1) Bestimmen Sie den ökonomisch sinnvollen Definitionsbereich von p_N.

    b_2) Erläutern Sie, welcher Summand im Term der Kostenfunktion K keine Auswirkung auf das Grenzkostenminimum und das Betriebsminimum sowie das Betriebsoptimum hat.

    b_3) Bestimmen Sie die langfristige Preisuntergrenze.

    b_4) Ermitteln Sie das Betriebsoptimum, die Gewinnzone und die Gewinnschwelle.

    b_5) Berechnen Sie den maximalen Gewinn.

c) Die Marketingabteilung des Herstellers geht nach intensiven Marktforschungen von der Absatzfunktion A mit $A(t) = 0{,}2\,t^3 - 3\,t^2 + 11{,}25\,t$ aus. Dabei gibt t die Zeit in Monaten und $A(t)$ den Absatz in 1000 Stück pro Monat an.

    c_1) Zeigen Sie, dass es sinnvoll ist, den Definitionsbereich für die Absatzfunktion A auf das Intervall $[0; 7{,}5]$ zu begrenzen.

    c_2) Berechnen Sie den maximalen Absatz und den Zeitpunkt des größten Absatzrückgangs.

3.3.2 Extremwertprobleme

Erlösoptimierung

Für ein Open-Air-Konzert erwartet der Veranstalter 10 000 Besucher. Der Eintrittspreis beträgt 80 €. Ferner geht der Veranstalter davon aus, dass mit jeder Preissenkung um 5 € die Besucheranzahl um 1000 steigt und mit jeder Preiserhöhung von 5 € die Besucherzahl um 1000 sinkt.
Stellen Sie die Überlegungen des Veranstalters zur Preisfestsetzung dar, wenn er den Erlös maximieren möchte.

Der **Erlös** ist das Produkt aus dem Eintrittspreis und der Zuschauerzahl.

Erhöht der Veranstalter den Eintrittspreis x-mal ($x \geq 0$) um 5 € oder senkt er den Preis x-mal ($x \leq 0$) um 5 €, so erhält er den Preis $80 + 5x$.
Gleichzeitig verändert sich die Anzahl der Zuschauer um $-1000x$ auf $10\,000 - 1000x$. Sein Erlös beträgt dann $(80 + 5x) \cdot (10\,000 - 1000x)$ €.

Da weder der Preis noch die Zuschauerzahl negativ sein können, darf die Anzahl der Preissenkungen höchstens 16 und die Anzahl der Preiserhöhungen höchstens 10 sein. Das heißt, es gilt $-16 \leq x \leq 10$.

Wir untersuchen die Funktion E auf mögliche Extremstellen. Dazu lösen wir die Gleichung $E'(x_E) = 0$ und erhalten als mögliche Extremstelle $x_E = -3$.

An dieser Stelle liegt wegen $E''(-3) < 0$ eine lokale Maximalstelle vor.

Bei drei Preissenkungen beträgt der Erlös 845 000 €.

Die **Randwerte** von E sind beide gleich null, also kleiner als 845 000. Das Maximum in $(-3 \,|\, 845\,000)$ ist damit ein globales Maximum. Bei drei Preissenkungen um je 5 € ist der Erlös mit 845 000 € am größten.

Erlös = Eintrittspreis · Zuschaueranzahl
$= 80 \cdot 10\,000 = 800\,000$ ▶ erwarteter Erlös

x = Anzahl der Preisveränderungen um 5 €
Neuer Preis: $80 + 5x$
Neue Zuschaueranzahl: $10\,000 - 1000x$

Erlös: $E(x) = (80 + 5x) \cdot (10\,000 - 1000x)$
$= -5000x^2 - 30\,000x + 800\,000$

Definitionsbereich $D_{\text{ök}}$ von E:
$80 + 5x \geq 0 \quad \Leftrightarrow \quad 5x \geq -80$
$\Leftrightarrow \quad x \geq -16$
$10\,000 - 1000x \geq 0 \quad \Leftrightarrow \quad 10\,000 \geq 1000x$
$\Leftrightarrow \quad x \leq 10$
$\Rightarrow \quad D_{\text{ök}} = [-16; 10]$

Mögliche Extremstellen von E:
$E'(x) = -10\,000x - 30\,000; \; E''(x) = -10\,000$

$E'(x_E) = 0 \quad \Leftrightarrow \quad -10\,000x_E - 30\,000 = 0$
$\Leftrightarrow x_E = -3$ ▶ mögliche Extremstelle
▶ drei Preissenkungen

$E''(-3) = -10\,000 \; (< 0)$ ▶ -3 ist lokale Maximalstelle.

$E(-3) = (80 - 5 \cdot 3) \cdot (10\,000 + 3 \cdot 1000)$
$= 65 \cdot 13\,000$
$= \mathbf{845\,000}$

$E(-16) = E(10) = 0$ ▶ Randwerte von $D_{\text{ök}} = [-16; 10]$

Neuer Preis: $80 - 15 = 65$
Neue Zuschaueranzahl: $10\,000 + 3000 = 13\,000$

Senkt der Veranstalter also den ursprünglichen Eintrittspreis von 80 € auf 65 €, so erzielt er einen maximalen Erlös von 845 000 €. Die erwartete Besucherzahl steigt in diesem Fall von 10 000 auf 13 000 Besucher.
▶ Mit einer anderen Methode haben wir das Problem bereits auf Seite 103 gelöst. Die Ergebnisse stimmen überein.

Maximale Werbefläche

Die JoRo GmbH möchte eine große Werbefläche auf ihrem Grundstück befestigen. Diese Werbefläche soll rechteckig sein.
Für den Rahmen dieses Werbereiters hat die Werbeabteilung 20 laufende Meter eines besonders schönen Kunststoffs gekauft.
Äußern Sie sich zur Breite und Länge der Werbefläche, wenn diese möglichst groß sein soll.

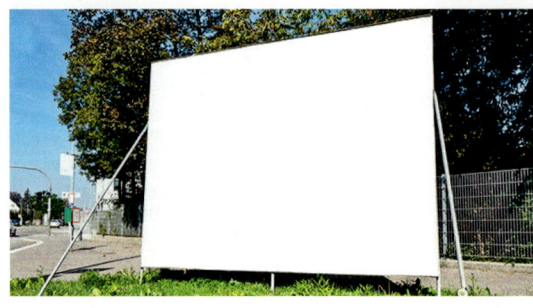

Zunächst skizzieren wir die rechteckige Fläche und bezeichnen ihre Seiten mit x und y.

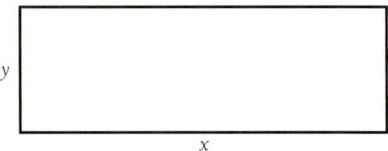

Die rechteckige Werbefläche soll maximiert werden. Somit lautet die Gleichung der **Zielfunktion** in Abhängigkeit der beiden Variablen x und y:

$A(x, y) = x \cdot y$

Da die Funktion A von zwei Variablen abhängt, können wir sie nicht so einfach ableiten. Wir müssen eine Variable mithilfe der **Nebenbedingung** durch die zweite Variable ersetzen. Die Nebenbedingung ist bestimmt durch den Umfang von 20 Metern. Welche der beiden Variablen wir ersetzen, spielt keine Rolle. Die Nebenbedingung ermöglicht uns also, die Abhängigkeit von A auf *eine* Variable zu reduzieren.

Für den **Definitionsbereich von A** gilt: Weder x noch y dürfen negativ sein. Es folgt: $D_A = [0; 10]$.

Wir untersuchen die **Zielfunktion A** auf mögliche Extremstellen. Dazu lösen wir die Gleichung $A'(x_E) = 0$ und erhalten $x_E = 5$.

Wegen $A''(5) < 0$ ist bei $x_E = 5$ eine **lokale** Maximalstelle von A.

Da $x_E = 5$ die einzige Lösung von $A'(x_E) = 0$ und damit die einzig mögliche Extremstelle von A innerhalb von D_A ist, können weitere Extremstellen nur an den Rändern 0 und 10 des Definitionsbereichs von A liegen.
Das lokale Maximum 25 an der Stelle 5 ist auch **absolutes** Maximum, da 25 größer ist als beide Randwerte.
Die Nebenbedingung $y = 10 - x$ liefert zur Länge $x = 5$ die Breite $y = 5$ des Rechtecks.

Flächeninhalt der Werbefläche:
$A(x, y) = x \cdot y$ ▸ Zielfunktion A mit zwei Variablen

Umfang der Werbefläche:
$$2x + 2y = 20 \quad ▸ \text{Nebenbedingung}$$
$$\Leftrightarrow \quad 2y = 20 - 2x$$
$$\Leftrightarrow \quad y = 10 - x$$

Flächeninhalt der Werbefläche:
$$A(x) = x \cdot (10 - x)$$
$$= -x^2 + 10x \quad ▸ \text{Zielfunktion } A \text{ mit einer Variablen}$$

Definitionsbereich von A:
$x \geq 0$ und $y = 10 - x \geq 0 \Leftrightarrow x \leq 10$
$\Rightarrow D_A = [0; 10]$

Mögliche Extremstellen von A:
$A'(x) = -2x + 10; \quad A''(x) = -2$
$$A'(x_E) = 0 \Leftrightarrow -2x_E + 10 = 0$$
$$\Leftrightarrow \quad x_E = 5$$

$A'(5) = 0$ und $A''(5) = -2 \, (< 0)$
$\Rightarrow x_E = 5$ ist lokale Maximalstelle.

$A(5) = 25$
$\Rightarrow A_{max}(5 | 25)$

Randwertuntersuchung:
$A(0) = 0$ und $A(10) = 0$ ▸ $A(5) = 25$

Breite des Rechtecks: $x = 5 \Rightarrow y = 10 - 5 = 5$

Die Werbefläche ist mit $25 \, \text{m}^2$ dann am größten, wenn beide Seiten 5 Meter lang sind. Das Rechteck ist also quadratisch.

Optimale Werbegeschenkschachtel

Die JoRo GmbH möchte große Schachteln für kleine Werbegeschenke herstellen lassen.

Die Größe des rechteckigen Verpackungsmaterials wird auf ungefähr DIN-A4-Größe begrenzt, und zwar auf 32 cm Länge und 20 cm Breite. ▶ Skizze

Aus dem Karton sollen die Mitarbeiterinnen und Mitarbeiter eine nach oben offene Schachtel mit maximalem Volumen herstellen.

Beraten Sie die Belegschaft, indem Sie Maße für die Schachtel vorschlagen.

Aus dem DIN-A4-Blatt konstruieren wir die Grundfläche und die Seitenflächen der nach oben offenen Schachtel. Die Höhe der vier einzuschlagenden Seitenflächen – und damit die Höhe der Schachtel – bezeichnen wir mit der Variablen x. Somit misst die Länge der Schachtel $(32 - 2x)$ cm und die Breite $(20 - 2x)$ cm.

Die beiden Nebenbedingungen Länge und Breite setzen wir in die Zielfunktion V mit drei Variablen ein und erhalten eine **Zielfunktion V mit nur einer Variablen**. Das Volumen der Schachtel wird durch die Zielfunktion V mit $V(x) = (32 - 2x) \cdot (20 - 2x) \cdot x$ bestimmt.

Wegen der gegebenen Breite kann x, und damit die Höhe der Schachtel, höchstens 10 cm betragen.

Die Lösungen der Gleichung $V'(x_E) = 0$ sind die möglichen Extremstellen von V.
Wegen $V''(4) < 0$ ist 4 lokale Maximalstelle. Für $x_E = 4$ ist das Volumen maximal und beträgt 1152 cm³.

Die Grundfläche beträgt 288 cm².

Beide Randwerte sind kleiner als das gefundene lokale Maximum von 1152. Daher ist das lokale Maximum auch das absolute Maximum.

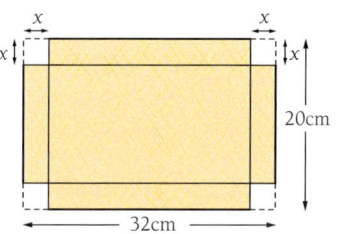

Volumen der Schachtel:
Volumen = Länge · Breite · Höhe
$V(l, b, x) = l \cdot b \cdot x$
▶ Zielfunktion V mit drei Variablen

Länge und Breite der Schachtel:
Länge: $l = 32 - 2x$ ▶ x ist die Höhe der Schachtel
Breite: $b = 20 - 2x$
▶ zwei Nebenbedingungen

Volumen der Schachtel:
$$V(x) = (32 - 2x) \cdot (20 - 2x) \cdot x$$
$$= 4x^3 - 104x^2 + 640x$$
▶ Zielfunktion V mit einer Variablen

Definitionsbereich von V:
$x \geq 0$ und $20 - 2x \geq 0 \Leftrightarrow x \leq 10$
$\Rightarrow D_V = [0; 10]$

Mögliche Extremstellen von V:
$V'(x) = 12x^2 - 208x + 640$; $V''(x) = 24x - 208$
$V'(x_E) = 0 \Leftrightarrow x_E = 4$ oder $x_E = \frac{40}{3}$ ($\notin D_V$)
$V'(4) = 0$ und $V''(4) = -112$ (< 0)
$\Rightarrow$ 4 ist lokale Maximalstelle.
$V(4) = 1152$ (maximales Volumen in cm³)

$$A(4) = (32 - 2 \cdot 4) \cdot (20 - 2 \cdot 4) = 24 \cdot 12 = \mathbf{288}$$

Randwerte:
$D_V = [0; 10]$
$V(0) = V(10) = 0$
$\Rightarrow$ 1152 ist absolutes Maximum.

Die Grundfläche A berechnen wir durch Länge mal Breite.

Die Geschenkeschachtel mit einer Grundfläche von 24 cm × 12 cm und einer Höhe von 4 cm bietet das größtmögliche Volumen unter all den Schachteln, die aus dem vorgegebenen Material hergestellt werden können. Damit die Schachtel für Werbegeschenke wie Kugelschreiber oder Süßigkeiten nutzbar ist, muss jedoch noch ein Deckel angefertigt werden.
▶ Eine ganz ähnliche Aufgabe haben wir auf Seite 138 grafisch gelöst.

Zur Lösung von Extremwertaufgaben mit Nebenbedingungen empfiehlt sich folgende Vorgehensweise:
- Die Problemstellung anhand einer **Skizze** mit allen gegebenen Größen und vorkommenden Variablen darlegen.
- Die **Zielfunktion** in Abhängigkeit aller auftretenden Variablen aufstellen.
- Die **Nebenbedingungen** formulieren, mit deren Hilfe die Zielfunktion auf eine Funktion mit einer Variablen reduziert wird.
- Den **Definitionsbereich** der Zielfunktion festlegen.
- Die Zielfunktion auf **lokale Extremstellen** untersuchen.
- Anhand der **Randuntersuchung** feststellen, ob das errechnete lokale Extremum auch absolutes Extremum ist.
- Die **Werte für die weiteren Variablen** mittels der Extrema und der Nebenbedingungen berechnen.

In vielen Sportstadien wird die Rasenfläche von einer 400 m langen Laufbahn umgeben.
Berechnen Sie die Länge der Parallelstrecken und den Radius der Halbkreise, wenn bei einer solchen Laufbahn die rechteckige Rasenfläche einen möglichst großen Flächeninhalt haben soll.

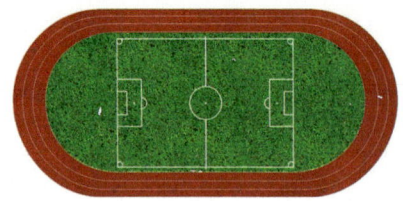

9 Optimale Bestellmenge

Viele Unternehmen sind auf eine Lagerhaltung angewiesen. Sie stehen vor der Frage, ob sie ihren gesamten Jahresbedarf durch eine einmalige Bestellung oder durch mehrmalige Bestellungen von gleich großen Teilmengen im Laufe eines Jahres decken sollen. ▶ Vorausgesetzt wird, dass der Bedarf im Verlauf des Jahres gleich bleibt.

Je häufiger ein Unternehmen seine Ware nachbestellt, desto geringer sind der tatsächliche Lagerbestand und der rechnerisch ermittelte **durchschnittliche Lagerbestand**. Letzterer entspricht der Hälfte der Bestellmenge, wenn das Lager gleichmäßig geräumt wird. Sein Wert ist die Bezugsgröße für die Berechnung der **Lagerkosten**.
Allerdings gibt es den Nachteil, dass mit der Anzahl der Bestellungen pro Jahr auch die **Bestellkosten** wachsen. Daher wird die Anzahl der Bestellungen und damit die Bestellmenge gesucht, bei der die Summe aus Lager- und Bestellkosten minimal ist. Diese Bestellmenge wird als **optimale Bestellmenge** bezeichnet.

Ein norddeutsches Elektronik-Unternehmen benötigt pro Rechnungsperiode 48 000 Stück von 1,5-V-Batterien zum Bezugspreis von 1 € pro Stück. Das Unternehmen rechnet mit 15 % des Werts des durchschnittlichen Lagerbestands als Lagerkosten und mit Bestellkosten in Höhe von 100 € pro Bestellung.

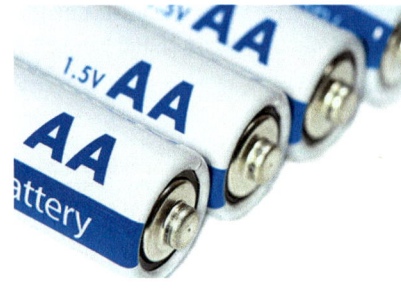

a) Bestimmen Sie den durchschnittlichen Lagerbestand in Abhängigkeit von der Anzahl der jährlichen Bestellungen x ($x > 0$).
b) Bestimmen Sie die Lagerkosten.
c) Bestimmen Sie die Bestellkosten in Abhängigkeit von der Anzahl der Bestellungen.
d) Geben Sie die Gleichung der Gesamtkostenfunktion K an. (Lagerkosten + Bestellkosten)
e) Fertigen Sie eine Tabelle an mit der Anzahl $x \in \{1; 2; …; 12\}$ der Bestellungen, der Bestellmenge, dem durchschnittlichen Lagerbestand, den Lager- und Bestellkosten sowie den Gesamtkosten. Lesen Sie die optimale Bestellmenge aus der Tabelle ab.
f) Überprüfen Sie Ihr Ergebnis anhand der Berechnung des Gesamtkostenminimums.

Zu a) Bei x Bestellungen pro Jahr beträgt die Bestellmenge, also die Anzahl der Batterien pro Bestellung, $\frac{48\,000}{x}$. Der **durchschnittliche Lagerbestand** DLB entspricht rechnerisch der Hälfte der Bestellmenge.

Zu b) Die **Lagerkosten** $K_L(x)$ errechnen sich zu 15 % vom Wert des durchschnittlichen Lagerbestands.

Zu c) Die **Bestellkosten** $K_B(x)$ betragen 100 € pro Bestellung.

Zu d) Die **Gesamtkosten** $K(x)$ ergeben sich aus der Summe von Lager- und Bestellkosten.

Zu e) Mithilfe der Tabellen-Anwendungen des GTR/CAS kann nun die optimale Bestellmenge ermittelt werden. Sie beläuft sich auf 8000 Stück bei insgesamt sechs Bestellungen pro Rechnungsperiode. Bei dieser Konstellation sind die Gesamtkosten mit 1200 € am geringsten.

Zur Berechnung der einzelnen Einträge in der Tabelle ist es sinnvoll, die aus den Rechnungen a) bis d) stammenden Werte in Variablen abzuspeichern. Die einzelnen Spalten berechnen sich mit den folgenden Formeln:

B: bestellmenge	=jahresverbr/anzbestellungen
C: lagerbestand	=bestellmenge/2
D: lagerkosten	=lagerbestand · preisprostueck · lagerkostens
E: bestellkosten	=anzbestellungen · kostenprobest
F: gesamtkosten	=lagerkosten+bestellkosten

Zu f) Um die Minimalstelle der Kostenfunktion K zu bestimmen, leiten wir den Funktionsterm von K gliedweise ab.

Die Nullstellen der Ableitungsfunktion K' sind mögliche Extremstellen von K.

An der Stelle 6 besitzt K eine **lokale Minimalstelle**. Mit $K(6) = 1200$ belaufen sich die Gesamtkosten bei sechs Bestellungen auf 1200 €.

Die **optimale Bestellmenge** OBM beträgt 8000 Stück bei sechs Bestellungen pro Jahr.

$$\text{Bestellmenge} = \frac{48\,000}{x} \quad \blacktriangleright x > 0$$

$$DLB(x) = \frac{\text{Bestellmenge}}{2} = \frac{48\,000}{2x}$$

$$K_L(x) = 0{,}15 \cdot DLB(x) \cdot 1 = 0{,}15 \cdot \frac{48\,000}{2x} \quad \blacktriangleright \text{ in } €$$

▶ Wert je Batterie: 1 €

$$K_B(x) = 100\,x \quad \blacktriangleright \text{ in } €$$

$$K(x) = K_L(x) + K_B(x)$$
$$= 0{,}15 \cdot \frac{48000}{2x} + 100\,x \quad \blacktriangleright \text{ in } €$$

jahresverbr:=48000
kostenprobest:=100
lagerkostens:=0.15
preisprostueck:=1

▶ TI Variablen können in der Anwendung Calculator mit := definiert werden. Mit der Taste var erhalten Sie einen Überblick über alle im Dokument definierten Variablen.

◆	A anz...	B bestell...	C lagerb...	D lagerkosten	E bestellko...	F gesamtko...
=	anzbestellungen	=(('jahresv	=('bestellm	='lagerbestan	='anzbestellu	='lagerkosten
1	1	48000	24000	3600.	100	3700.
2	2	24000	12000	1800.	200	2000.
3	3	16000	8000	1200.	300	1500.
4	4	12000	6000	900.	400	1300.
5	5	9600	4800	720.	500	1220.
6	6	8000	4000	600.	600	1200.
7	7	48000/7	24000/7	514.286	700	1214.29
8	8	6000	3000	450.	800	1250.

▶ TI Den Spalten der Tabelle können sinnvolle Variablennamen gegeben werden. Im Beispiel wird die Spalte A mit anzbestellungen bezeichnet. Die Formeln tragen wir in der zweiten Zeile (=) ein.

$$K(x) = 0{,}15 \cdot \frac{48\,000}{2x} + 100\,x = 3600\,x^{-1} + 100\,x$$

$$K'(x) = -3600\,x^{-2} + 100 = -\frac{3600}{x^2} + 100$$

$$K''(x) = 7200\,x^{-3} = \frac{7200}{x^3}$$

$$K'(x) = 0 \Leftrightarrow \quad -\frac{3600}{x^2} + 100 = 0 \quad |\cdot x^2$$
$$\Leftrightarrow -3600 + 100\,x^2 = 0$$

Lösung: $x_{E_1} = 6$ und $x_{E_2} = -6 \; (\notin \{1; 2; \ldots; 12\})$

$$K'(6) = 0 \text{ und } K''(6) = \frac{7200}{6^3} \; (> 0)$$

$$\Rightarrow x_E = \mathbf{6} \text{ ist lokale Minimalstelle von } K$$

$$K(6) = \mathbf{1200}$$

$$OBM = \frac{48\,000}{6} = \mathbf{8000}$$

Der Jahresbedarf eines Modebetriebs an T-Shirts beträgt 120 000 Stück, die Beschaffungsmenge wird in gleichgroße Bestellmengen aufgeteilt, die Kosten pro Bestellung betragen 180 € und sind fix. Der Lagerkostensatz beträgt 10 % des eingesetzten Kapitals, wobei vom durchschnittlichen Lagerbestand ausgegangen wird. Der Einstandspreis pro T-Shirt ist 3 €. Berechnen Sie die optimale Bestellmenge.

3

Übungen zu 3.3.2

1. Von einer Kaffeesorte wird bei einem Preis von 10 € je kg eine Menge von 10 000 kg abgesetzt. Einer Marktanalyse zufolge führt eine Preissenkung um jeweils 0,25 € je kg zu einer Absatzsteigerung von 1000 kg.

Bestimmen Sie den Verkaufspreis, bei dem der Gewinn maximal wird, wenn der Selbstkostenpreis 7 € pro kg beträgt. Wie hoch ist der Gewinn?

2. Eine Unternehmerin verkauft die Sektmarke Rotkappe zum Preis von 5 € pro Flasche. Dabei kann sie pro Woche 1800 Flaschen absetzen. Der Verkaufsleiter weiß, dass bei jeder Senkung des Preises um 0,50 € pro Flasche die Absatzmenge um jeweils 200 Flaschen erhöht werden kann.

a) Bestimmen Sie die Gleichung der Preis-Absatz-Funktion p.

b) Wählen Sie die Absatzmenge so, dass der Erlös möglichst groß wird.

3. Beim Bau eines Mietshauses sollen die Kosten im Verhältnis zum Ertrag minimiert werden. Die Grundkosten betragen 1 600 000 €, das 1. Stockwerk kostet 200 000 €. Jedes weitere Stockwerk kostet 50 000 € mehr als das vorhergehende. Der Mietertrag beträgt 5000 € pro Stockwerk.
Ermitteln Sie die Anzahl der Stockwerke unter ökonomischen Gesichtspunkten.

4. Die Einkaufsleiterin eines Unternehmens plant für das nächste Jahr die kostenminimale Bestellmenge. Sie geht in ihrer Planung davon aus, dass 9000 Bleche einer bestimmten Qualität benötigt werden. Jede Anlieferung verursacht unabhängig von der Anzahl der Bleche Transportkosten von 500 €. Die Kosten für die Lagerung betragen 4 € pro Blech.
Bestimmen Sie die optimale Bestellmenge und die minimalen Kosten für Lieferung und Lagerung.

5. Ein Spielzeuggroßhandel benötigt pro Rechnungsperiode 7200 Kinder-DVD-Player zum Bezugspreis von 35 € je Stück. Er rechnet mit Lagerkosten von 20 %, berechnet vom Wert des durchschnittlichen Lagerbestands, und mit Bestellkosten von 700 € pro Bestellung.

a) Geben Sie die Gleichung der Gesamtkostenfunktion K an.

b) Stellen Sie die Gesamtkosten in einem Koordinatensystem dar, indem Sie auf der x-Achse die Anzahl der Bestellungen abtragen, und berechnen Sie die optimale Bestellmenge.

c) Fertigen Sie eine Tabelle an mit der Anzahl x der Bestellungen, der Bestellmenge, dem durchschnittlichen Lagerbestand, den Lager- und Bestellkosten sowie den Gesamtkosten für $x \in \{1; 2; \ldots; 12\}$. Lesen Sie die optimale Bestellmenge aus der Tabelle ab.

d) Überprüfen Sie das Ergebnis anhand der Berechnung des Gesamtkostenminimums.

6. Einer Halbkugel mit dem Radius 20 cm soll ein Zylinder mit maximalem Volumen einbeschrieben werden. Berechnen Sie die Maße des Zylinders.

7. In eine Kugel mit dem Radius 18 cm soll ein Zylinder mit maximalem Volumen einbeschrieben werden. Berechnen Sie die Maße des Zylinders.

8. Dem Graphen der Funktion f mit $f(x) = -(x - 2)^2 + 4$ soll in dem über der x-Achse liegenden Teil ein rechtwinkliges Dreieck mit maximalem Flächeninhalt einbeschrieben werden, dessen Katheten parallel zu den Koordinatenachsen verlaufen.
Berechnen Sie die Seitenlängen des Dreiecks.

Vermischte Übungen zu 3.3

1. Der Kostenverlauf eines Unternehmens wird beschrieben durch $K(x) = 1{,}12x^3 - 16{,}8x^2 + 86x + 50$, wobei x für ME und $K(x)$ für GE steht, $x \in [0; 10]$. Analysieren Sie den Kostenverlauf.

2. Ein Betrieb stellt Großgeräte für den Kraftwerksbau her. Die Marketingabteilung geht von einer Preis-Absatz-Funktion p mit $p(x) = -80{,}625x + 7256{,}25$ aus. Die Abteilung für Rechnungswesen setzt die Gleichung $K(x) = 0{,}5x^3 - 45x^2 + 1450x + 54\,000$ für die Kostenfunktion an.
   a) Ermitteln Sie den ökonomischen Definitionsbereich.
   b) Berechnen Sie den Cournot'schen Punkt.
   c) Ermitteln Sie die Gewinnzone.
   d) Bestimmen Sie das Betriebsminimum und die kurzfristige Preisuntergrenze.
   e) Berechnen Sie das Betriebsoptimum und die langfristige Preisuntergrenze.

3. Durch die Funktion K mit der Funktionsgleichung $K(x) = x^3 - 9x^2 + 30x + 10$ werden die Kosten eines Betriebs in einer Planperiode und durch die Funktion p_N mit $p_N(x) = 42 - 6x$ die Preis-Absatz-Funktion eines Angebotsmonopolisten beschrieben.
   a) Bestimmen Sie den ökonomischen Definitionsbereich.
   b) Berechnen Sie das Grenzkostenminimum sowie das Betriebsminimum. Erklären Sie deren Bedeutung. Skizzieren Sie die Graphen der Grenzkostenfunktion und der variablen Stückkostenfunktion in ein gemeinsames Koordinatensystem.
   c) Stellen Sie die Gleichung der Gewinnfunktion G auf. Berechnen Sie die Gewinnschwelle und -grenze sowie das Gewinnmaximum und den Cournot'schen Punkt. Erklären Sie deren Bedeutung und skizzieren Sie die zugehörigen Graphen in ein Koordinatensystem.

4. Die Kosten eines Unternehmens werden durch die Funktion K mit $K(x) = x^3 - 10x^2 + 43x + 72$ wiedergegeben.
   a) Berechnen und erläutern Sie das Betriebsminimum und die kurzfristige Preisuntergrenze.
   b) Ermitteln und erläutern Sie das Betriebsoptimum und die langfristige Preisuntergrenze.

5. Mit $p_N(x) = 0{,}01 \cdot (x - 100)^2$ ist die Preis-Absatz-Funktion und mit $K(x) = 0{,}01x^3 - x^2 + 40x + 300$ ist die Kostenfunktion K eines Monopolisten gegeben.
   a) Berechnen Sie den Höchstpreis und die Sättigungsmenge auf diesem Markt.
   b) Ermitteln Sie die Gleichung der Erlösfunktion und das Erlösmaximum.
   c) Bestimmen Sie die Gewinnzone.
   d) Berechnen Sie die gewinnmaximale Ausbringungsmenge und den maximalen Gewinn.

6. Ein Unternehmen produziert Spezialkopfkissen und verkauft diese zum Stückpreis von 42 €. Bei der Produktion entstehen täglich fixe Kosten in Höhe von 1200 €. Das Unternehmen liegt bei täglichen Absatzmengen zwischen 100 Stück und 400 Stück in der Gewinnzone.

   a) Bestätigen Sie $K(x) = 0{,}03x^2 + 27x + 1200$ als Gleichung der Kostenfunktion zweiten Grades.
   b) Berechnen Sie die gewinnmaximale Ausbringungsmenge und den Gesamtgewinn.
   c) Aufgrund eines neuen Pachtvertrags für das Betriebsgrundstück steigen die fixen Kosten um 25 %, zugleich soll der maximale Gewinn auf 1100 € täglich gesteigert werden.
   c₁) Untersuchen Sie, bei welcher Produktionsmenge das Gewinnmaximum erreicht wird.
   c₂) Ermitteln Sie den Preis, den der Hersteller nun verlangen müsste.
   c₃) Beurteilen Sie seine Gewinnsituation, wenn eine 2 %-ige Sondersteuer auf den Preis aufgeschlagen werden musste, der Anbieter aber wegen der Konkurrenzsituation zu anderen Unternehmen den Preis nicht erhöhen konnte.

7. Zeigen Sie allgemein, dass die Schnittpunkte der Graphen einer Preisfunktion p eines Anbieters und seiner Stückkostenfunktion k die Gewinnzone des Unternehmens markieren.

275

8. Ein Winzer aus dem Moseltal versucht, für seinen Riesling den gewinnmaximalen Preis herauszufinden. Er bietet den Wein in verschiedenen Verkaufsstellen zu unterschiedlichen Preisen an und hält die tägliche Absatzmenge fest.
Das Ergebnis dieser Untersuchung fasst folgende Tabelle zusammen:

Preis pro Flasche	7,40 €	7 €	6,60 €	6,20 €	5,80 €
Absatz/ Flaschen	20	40	60	80	100

a) Analysieren Sie die Absatzsituation.
b) Die Weinproduktion verursacht Kosten, die durch die Kostenfunktion K angegeben werden können: $K(x) = 0{,}001\,x^3 - 0{,}1\,x^2 + 5\,x + 80$; $x \in [0; 500]$.
Analysieren Sie die Gewinnsituation.

a) Die Abhängigkeit des Absatzes vom Preis ist offensichtlich linear. Bestimmen Sie den Term der Preis-Absatz-Funktion p.
b) Ermitteln Sie den Term der Erlösfunktion und berechnen Sie die Erlöse bei einer Absatzmenge von 50, 100 bzw. 200 Flaschen Wein.
c) Die Weinproduktion verursacht Kosten, die durch die Kostenfunktion K angegeben werden können: $K(x) = 0{,}001\,x^3 - 0{,}1\,x^2 + 5\,x + 80$; $x \in [0; 500]$.
Ermitteln Sie die Kosten für die Produktion von 50, 100 bzw. 200 Flaschen.
d) Berechnen Sie die Gewinnschwelle und -grenze.
e) Bestimmen Sie die gewinnmaximale Produktionsmenge, den gewinnmaximalen Preis und den maximalen Gesamtgewinn.
f) Zeichnen Sie die Graphen der Erlös- und Kostenfunktion.

9. Die Geschwindigkeit eines Fahrzeugs wird durch die Funktion v mit $v(t) = t^3 - 9\,t^2 + 27\,t + 4$ und $t \in [0; 5]$ wiedergegeben. ▸ t in Sekunden, v in $\frac{km}{h}$
a) Berechnen Sie die Geschwindigkeit nach zwei Sekunden.
b) Bestimmen Sie die maximale bzw. minimale Geschwindigkeit.
c) Berechnen Sie die maximale bzw. minimale Beschleunigung.
d) Ein weiteres Fahrzeug hat zu den Zeitpunkten D und S dieselbe Geschwindigkeit wie obiges Fahrzeug, beschleunigt aber gleichmäßig.
Beschreiben Sie seine Geschwindigkeit durch eine lineare Funktion.

10. Der Jahresbedarf eines Sportartikelgeschäfts an Fußbällen beträgt 2400 Bälle. Die Beschaffungsmenge ist in gleichgroße Bestellmengen x aufzuteilen. Die fixen Kosten pro Bestellung betragen 360 €. Der Lagerkostensatz beläuft sich auf 10 % des eingesetzten Kapitals, wobei grundsätzlich vom durchschnittlichen Lagerbestand ausgegangen wird. Der Einstandspreis pro Ball ist 6 €. Ermitteln Sie die optimale Bestellmenge, wobei weder Lieferzeiten noch Fehlmengen zu berücksichtigen sind.

11. Gegeben sind die Preis-Absatz-Funktion p_N und die Kostenfunktion K eines Angebotsmonopolisten: $p_N(x) = -7\,x + 49$ und $K(x) = x^3 - 6\,x^2 + 15\,x + 32$.
a) Analysieren Sie die Gewinnsituation und ermitteln Sie den optimalen Verkaufspreis.
b) Aufgrund von Tarifverhandlungen werden die Lohnkosten, die 75 % der variablen Kosten ausmachen, um 8 % erhöht. Vergleichen Sie die beiden Gewinnmaxima.

12. Ein Unternehmen hat eine Kostenstruktur mit ertragsgesetzlichem Kostenverlauf.
Die Stückkostenfunktion k hat die Gleichung $k(x) = 0{,}125\,x^2 - 1{,}5\,x + 6{,}25 + \frac{100}{x}$ und für die konstante Preisfunktion p gilt $p(x) = 27{,}25$.
a) Zeichnen Sie die Graphen von k und p. Berechnen und interpretieren Sie deren beider Schnittpunkte.
b) Bestimmen Sie das Grenzkostenminimum, das Betriebsminimum und das Betriebsoptimum.

13. Lösen Sie das Problem von Frau Lotto auf der Eingangsseite (▸ Seite 257), indem Sie die Gewinnzone und das Gewinnmaximum berechnen.

Ich kann ...

... die **Gewinnzone** ermitteln. ▶ Test-Aufgabe 1	$G(x_N) = 0$; $[x_{GS}; x_{GG}]$	**Nullstellen** der Gewinnfunktion G berechnen.
... das **Gewinnmaximum** berechnen. ▶ Test-Aufgabe 1	$G'(x_E) = 0$ und $G''(x_E) < 0$ $\Rightarrow G_{max} = (x_E \mid G(x_E))$	**Maximum** der Gewinnfunktion G berechnen.
... das **Grenzkostenminimum** berechnen. ▶ Test-Aufgabe 1	Grenzkostenfunktion K' $K''(x_W) = 0$ und $K'''(x_W) > 0$ $\Rightarrow GKM(x_W \mid K'(x_W))$ ▶ $x_W = x_{GKM}$	**Grenzkostenminimum:** Mengeneinheit, bei deren Produktion die geringsten Mehrkosten pro produzierter Mehreinheit anfallen.
... das **Betriebsminimum** bestimmen. ▶ Test-Aufgabe 1	$k_v(x) = \frac{K_v(x)}{x}$ ▶ $x > 0$ $k_v'(x_{BM}) = 0$ und $k_v''(x_{BM}) > 0$ $\Rightarrow BM(x_{BM} \mid k_v(x_{BM}))$	**Betriebsminimum:** Mengeneinheit, bei deren Produktion die geringsten **variablen Stückkosten** anfallen. **Kurzfristige Preisuntergrenze:** y-Koordinate des BM-Punkts.
... das **Betriebsoptimum** bestimmen. ▶ Test-Aufgabe 1	$k(x) = \frac{K(x)}{x}$ ▶ $x > 0$ $k'(x_{BO}) = 0$ und $k''(x_{BO}) > 0$ $\Rightarrow BO(x_{BO} \mid k(x_{BO}))$	**Betriebsoptimum:** Mengeneinheit, bei deren Produktion die geringsten **Stückkosten** anfallen. **Langfristige Preisuntergrenze:** y-Koordinate des BO-Punkts.
... **Extremwertaufgaben** lösen. ▶ Test-Aufgaben 2, 3	Der Umfang eines Rechtecks soll 20 cm betragen. Wie sind die Seitenlängen zu wählen, sodass die Fläche maximal wird? 1. Zielfunktion: $A(x, y) = x \cdot y$ 2. NB: $2x + 2y = 20 \Rightarrow y = 10 - x$ 3. $A(x) = x \cdot (10 - x)$ 4. $D_A = [0; 10]$ 5. $A'(x) = -2x + 10$; $A''(x) = -2$ $A'(x_E) = 0 \Leftrightarrow x_E = 5$ $A'(5) = 0$ und $A''(5) = -2 (< 0)$ $\Rightarrow$ 5 ist Maximalstelle; $A(0) = 0$ und $A(10) = 0$ $\Rightarrow$ Randwerte sind kleiner als $A(5) = 25$ $\Rightarrow$ 5 ist absolute Maximalstelle 6. $y = 10 - x = 10 - 5 = 5$ 7. Sind die Seiten des Rechtecks jeweils 5 cm lang, dann ist der Flächeninhalt mit $25\,\text{cm}^2$ maximal.	1. Zielfunktion aufstellen (ggf. Sachverhalt vorher in einer Skizze veranschaulichen). 2. Nebenbedingung(en) formulieren. 3. Zielfunktion mithilfe der Nebenbedingungen in Abhängigkeit einer Variablen angeben. 4. Einen sinnvollen Definitionsbereich angeben. 5. Maximum bzw. Minimum der Zielfunktion bestimmen und mit den Randwerten vergleichen. 6. Weitere Variable(n) bestimmen. 7. Antwort formulieren.

3

Test zu 3.3

1. Durch die Funktion K mit $K(x) = x^3 - 12x^2 + 48x + 96$ werden die Kosten eines Betriebs in einer Planperiode beschrieben, der Stückpreis beträgt 40 GE.

a) Begründen Sie den Term der Erlösfunktion mit $E(x) = 40x$.

b) Skizzieren Sie die Graphen von K und E in einem ökonomisch sinnvollen Intervall.

c) Bestimmen Sie die Ausbringungsmenge, bei der die geringsten Kostensteigerungen entstehen, und stellen Sie den Zusammenhang zur Kostenfunktion K her. Beurteilen Sie dabei die Besonderheit von 0 € Grenzkosten. Skizzieren Sie den Sachverhalt in demselben Koordinatensystem.

d) Ermitteln Sie die kurzfristige Preisuntergrenze und erläutern Sie ihre Bedeutung. Skizzieren Sie den Graphen von k_v in das vorhandene Koordinatensystem. Begründen Sie, warum sich die Graphen von k_v und K' im Betriebsminimum schneiden.

e) Stellen Sie den Term der Gewinnfunktion G auf und skizzieren Sie ihren Graphen in die vorhandene Zeichnung.

f) Berechnen Sie die Gewinngrenze, indem Sie die Gewinnschwelle bei 4 ME bestätigen. Ermitteln Sie das Gewinnmaximum.

g) Analysieren und interpretieren Sie die Graphenverläufe im von a) bis e) entstandenen Koordinatensystem. Wählen Sie dazu die kennzeichnenden Intervalle.

h) Nehmen Sie Stellung zu den folgenden Behauptungen.

h$_1$) Der Graph der variablen Stückkostenfunktion k_v liegt immer oberhalb des Graphen der Stückkostenfunktion k.

h$_2$) Der Graph der Grenzkostenfunktion schneidet den Graphen der Stückkostenfunktion im Betriebsoptimum.

2. Der Jahresbedarf eines Modelabels an T-Shirts beträgt 120 000 Stück. Die Beschaffungsmenge ist in gleichgroße Bestellmengen x aufzuteilen. Die Kosten pro Bestellung betragen 180 € und sind fix. Der Lagerkostensatz beläuft sich auf 10 % des eingesetzten Kapitals, wobei grundsätzlich vom durchschnittlichen Lagerbestand ausgegangen wird.
Der Einstandspreis pro T-Shirt ist 3 €.
Ermitteln Sie die optimale Bestellmenge. Es sind weder Lieferzeiten noch Fehlmengen zu berücksichtigen.

3. Im Rahmen einer Werbemaßnahme verteilt ein Schulbuchverlag Schultüten für Berufsschüler, die gerade ihre Ausbildung begonnen haben oder bald beginnen werden. Dazu beauftragt der Verlag ein Schreibwarengeschäft, Kegel mit einer Seitenkante von 24 cm und maximalem Volumen zu erstellen. Dem Schulbuchverlag werden daraufhin Schultüten mit einem Volumen von 5125 cm^3 geliefert.
Stellen Sie die Berechnungen auf, die das Schreibwarengeschäft zuvor gemacht hat, um den Durchmesser der Schultüten zu bestimmen, sodass das Volumen maximal wird.
Prüfen Sie, ob der Verlag mit dem Ergebnis des Auftrages zufrieden sein kann.

Arbeiten mit dem GTR/CAS

Auf den folgenden Seiten werden ausgewählte Beispiele der Kapitel 1–3 mithilfe eines grafikfähigen Taschenrechners (GTR) und eines Computer-Algebra-Systems (CAS) gelöst. Auf diese Weise lernen wir die wichtigsten Befehle beider Systeme kennen.

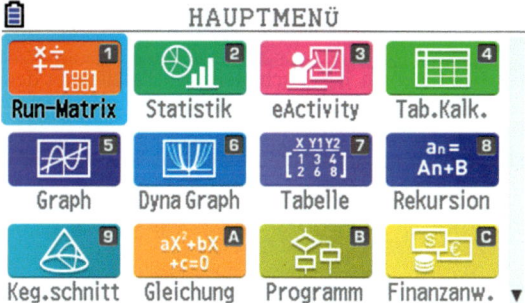

CA Casio fx-CG20/50: Seiten 280–287

TI TI-nspire CX bzw. TI-nspire CX CAS: Seiten 288–295

▶ Eine Einführung in die Arbeit mit dem Casio fx-CG20/50 und TI-nspire CX bzw. TI-nspire CX CAS finden Sie auf den Seiten 24 bis 26.

Arbeiten mit dem GTR/CAS

CA Casio fx-CG20/50

Darstellung statistischer Daten

 Säulen- und Kreisdiagramm ▶ Seite 33

Die JoRo GmbH ist in Produktionssparten gegliedert, die selbstverantwortlich wirtschaften. Die Tabelle gibt den Umsatz jeder Sparte im Jahr 2017 in Tausend € an.

Sparte	Verkehrstechnik (1)	Medizintechnik (2)	Haushaltstechnik (3)	Kommunikations- technik (4)	Anlagentechnik (5)
Umsatz	24 832	33 861	8335	10 589	35 749

Stellen Sie die Umsatzzahlen der Sparten jeweils in einem Säulen- und Kreisdiagramm dar.

Wir verwenden die Anwendung Statistik (MENU, 2) und geben die Umsatzdaten ein.

Dann wählen wir den Menüpunkt Graph (F1) und anschließend Set (F6).

Der erste Graph GRAPH1 (F1) soll aus den Daten in der ersten Liste (List 1) ein Säulendiagramm (Bar) erstellen.
Im Eingabefenster bewegen Sie sich mit den Cursor-Tasten.

Im zweiten Graph GRAPH2 (F2) soll als Graph Type das Kreisdiagramm (Pie) ausgewählt werden. Data ist auch hier List 1 und für Display wird die Anzeige in Prozentzahlen (%) ausgewählt. Das Fenster wird mit EXIT verlassen.

Die Auswahl von GRAPH1 erstellt ein Säulendiagramm und GRAPH2 ein Kreisdiagramm der eingegebenen Umsatzzahlen. Mit EXIT verlassen wir das Diagrammfenster.

▶ Die Zahlen können in Listen eingegeben und durch ihre Listennummer angesprochen werden.

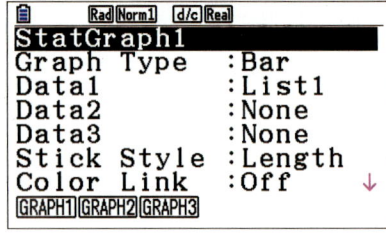

▶ Zur Auswahl einer Liste für Data1 muss der Menüpunkt List (F1) angewählt und die Nummer der Liste eingegeben werden.

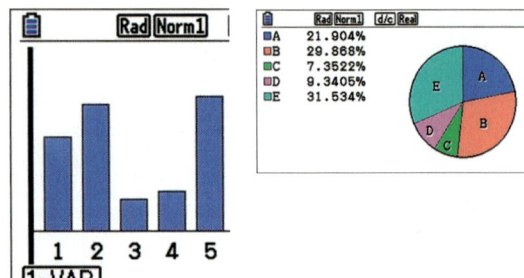

Histogramm ▸ Seite 34

In einer Rechtsanwaltskanzlei sind 15 Rechtsanwälte verschiedenen Alters beschäftigt:

Anwalt	A	B	C	D	E	F	G	H	I	J	K	L	M	N	O
Alter	28	55	29	47	53	38	40	42	67	63	61	35	70	43	55

Erstellen Sie ein Histogramm mit einer Klassenbreite von 10 Jahren.

Wir verwenden die Anwendung Statistik (MENU, 2) und geben die Daten als Liste ein.
Dann wählen wir das Untermenü Graph (F1) und anschließend Set (F6).
Zur Darstellung eines Histogramms benötigen wir den Graph Type: Hist. Das Fenster wird mit EXIT verlassen.

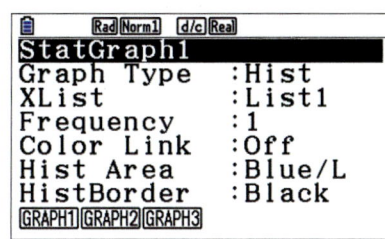

GRAPH1 stellt das Histogramm dar.
Beim erscheinenden Fenster stellen wir für das Histogramm den Startwert Start: 25.01 und die Klassenbreite Width: 10 ein. EXE erstellt das gesuchte Histogramm.

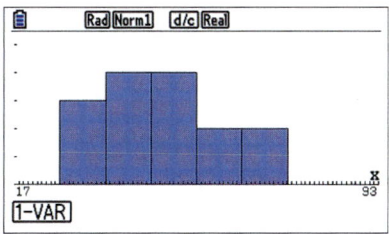

Deutung und Bewertung von Daten

Statistische Kennzahlen ▸ Seiten 42 und 46

Eine große Elektrohandelskette verkauft in einer Filiale in Oldenburg und in einer zweiten Filiale in Peine Navigationsgeräte. Beide Filialen beschäftigen hauptsächlich Aushilfskräfte. Diese werden je nach Bedarf eingesetzt. Die Geschäftsführerin Frau Ott hat vor, für eine der beiden Filialen eine feste Arbeitsstelle einzurichten. In welcher, möchte sie vom Absatz abhängig machen. Sie vergleicht deshalb die monatlichen Absatzzahlen des letzten Jahres. Allerdings liegen aus Oldenburg keine Absatzzahlen für den Oktober vor.
Ermitteln Sie, für welche Filiale sich Frau Ott entscheiden soll.

Monat	Jan	Feb	März	April	Mai	Juni	Juli	Aug	Sept	Okt	Nov	Dez
Oldenburg	220	205	210	220	225	210	210	210	230	—	235	300
Peine	170	180	210	220	210	210	200	180	200	220	200	500

Wir übertragen die Absatzzahlen der Filiale Oldenburg in die Liste 1 und die der Filiale Peine in die Liste 2 der Anwendung Statistik (MENU, 2).

Wesentliche Lage- und Streuungsmaße berechnet der Befehl 1-VAR (F1) im Untermenü CALC (F2).

Wir erhalten für beide Filialen ein arithmetisches Mittel x_{aM} von 225. Im Durchschnitt verkaufen somit beide Filialen gleich viele Navigationsgeräte.

```
         Deg Norm1  d/c Real
1-Variable
x̄      =225
Σx     =2475
Σx²    =563975
σx     =25.4057974
sx     =26.6458251
n      =11              ↓
```

▸ Standardmäßig werden die statistischen Kennzahlen für die Liste 1 (hier Filiale Oldenburg) berechnet. Zur Berechnung der statistischen Kennzahlen für die Filiale Peine ist im Untermenü CALC (F2), SET (F6) für 1Var XList die Liste 2 zu wählen.

Für einen weiteren Vergleich beider Filialen ziehen wir die empirische Standardabweichung s_n zurate, die wir alternativ zur vorhergehenden Methode in der Anwendung Run-Matrix (MENU, 1) berechnen. Die empirische Standardabweichung wird durch OPTN, STAT (F5), StdDev (F4), σ (F2) berechnet.

Für Oldenburg erhalten wir $s_n \approx 25{,}41$ und für Peine erhalten wir eine Standardabweichung von $s_n \approx 84{,}31$.
Je geringer die Standardabweichung ist, desto gleichmäßiger sind die Werte verteilt.

Also ist es sinnvoll, die feste Arbeitsstelle in Oldenburg einzurichten.

```
 📖  Math Deg Norm1  d/c Real
StdDev_σ(List 1
              25.40579748
StdDev_σ(List 2
              84.31093247
□

 x̂   ŷ  │ DIST │StdDev│ Var
```

▶ Die Auswahl der Liste erfolgt durch OPTN, LIST (F1), List (F1) gefolgt von einer Zahl.

4 Lineare Regression ▶ Seite 58

In einem Sportverein werden die Körpergröße und das Körpergewicht von 10 Mädchen gemessen und aufsteigend nach Größe in einer Tabelle festgehalten. Veranschaulichen Sie den Zusammenhang zwischen Größe und Gewicht und bestimmen Sie die Gleichung der Geraden, die den Zusammenhang am besten beschreibt.

Name	Größe x	Gewicht y
Frieda	157 cm	48 kg
Aysun	157 cm	50 kg
Dana	159 cm	50 kg
Britta	163 cm	55 kg
Annika	165 cm	56 kg
Sarah	167 cm	55 kg
Laura	169 cm	59 kg
Pia	174 cm	64 kg
Marie	180 cm	68 kg
Hanna	181 cm	70 kg

Wir übertragen die gemessenen Werte in zwei Listen der Anwendung Statistik (MENU, 2).

Dann wählen wir das Untermenü GRAPH (F1) und anschließend SET (F6).

Bei GRAPH1 (F1) geben wir Scatter als Graph Type an. Die Größe (List1) soll auf der x-Achse und das Gewicht (List2) auf der y-Achse aufgetragen werden. Das Fenster wird mit EXIT verlassen.

Der Befehl GRAPH1 (F1) visualisiert den Zusammenhang zwischen dem Gewicht und der Größe als Punktdiagramm.

```
 📖      Rad Norm1  d/c Real
StatGraph1
Graph Type    :Scatter
XList         :List1
YList         :List2
```

▶ Die Körpergröße wurde in der Liste 1 und das Gewicht in der Liste 2 eingetragen.

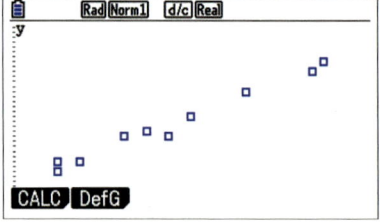

Um die Gleichung der Regressionsgeraden zu erhalten, wählen wir im Untermenü CALC ([F1]), X ([F2]) den Befehl ax+b ([F1]). Wir erhalten die Gleichung $y = 0{,}86\,x - 86{,}20$. ▸ Werte gerundet

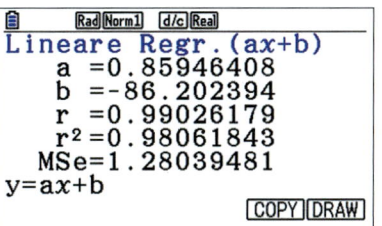

Der Wert für r gibt den Korrelationskoeffizienten an. Dieser ist ein Maß dafür, wie stark die Messwerte um die ermittelte Regressionsgerade streuen. Je näher der Betrag von r an 1 liegt, desto stärker ist der lineare Zusammenhang. Hier ist $r \approx 0{,}99$. Die Regressionsgerade beschreibt den Zusammenhang zwischen Körpergröße und Gewicht also sehr gut.

▸ COPY ([F5]) ermöglicht das Speichern der Regressionsgeraden in eine Funktionsvariable. Diese kann in anderen Anwendungen über [VARS] verwendet werden.

Der Befehl DRAW ([F6]) zeichnet die Regressionsgerade in das Punktdiagramm ein.
Mit ax+b ([F1]) wird wieder das Fenster mit den Werten der linearen Regression eingeblendet.

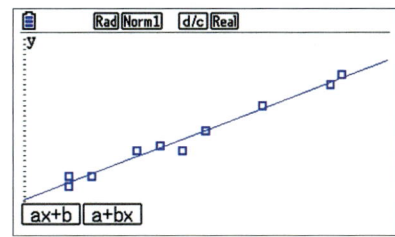

GTR
CAS

Kubische Regression ▸ Seite 153

⑤

Der folgende Zusammenhang zwischen dem Ertrag x und den Gesamtkosten $K(x)$ ist bekannt:

x	0	2,5	8	13,5	16
$K(x)$	400	429,7	459,4	489,1	518,8

Ermitteln Sie einen Term für $K(x)$, welcher den Zusammenhang möglichst gut beschreibt.

Wir geben die Werte in die Anwendung Statistik ([MENU], [2]) ein. Im Untermenü Graph ([F1]), Set ([F6]) stellen wir den Graph Type: Scatter ein und lassen uns den Graph (Punktdiagramm) ausgeben.

Um den Zusammenhang als Gleichung zu beschreiben, wählen wir den Befehl CALC ([F1]) und X³ ([F5]). Wir erhalten als Ergebnis

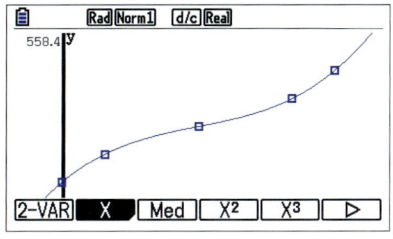

$$K(x) = 0{,}06\,x^3 - 1{,}44\,x^2 + 15{,}1\,x + 400$$

Mit dem Befehl DRAW ([F6]) können wir den zugehörigen Graphen einzeichnen lassen.

Neben der linearen, quadratischen und kubischen Regression gibt es weitere Typen, beispielsweise die exponentielle Regression.

Darstellung und Untersuchung von Funktionen

Die Darstellung von Funktionen übernimmt die Anwendung Graph ([MENU], [5]).

Untersuchung ökonomischer Funktionen ▶ Seite 108

Der Produzent einer Spezialkamera ist Monopolist. Für die Produktionskosten K gilt $K(x) = 0{,}2x + 1{,}6$; wobei x für die produzierten Mengeneinheiten steht. Die Preispolitik erfolgt auf der Grundlage einer linearen Preis-Absatz-Funktion: Bei einem Angebot von x ME kann ein Preis von $p_N(x) = -0{,}2x + 2$ GE pro ME erzielt werden. Zeichnen Sie die Graphen der Kosten-, Erlös- und Gewinnfunktion. Bestimmen Sie die Gewinnschwelle und -grenze sowie den maximalen Gewinn.

Die Kostenfunktion K sowie die Erlösfunktion E und Gewinnfunktion G mit $E(x) = p_N(x) \cdot x$ und $G(x) = E(x) - K(x)$ geben wir nacheinander in das Eingabefenster ein und bestätigen mit [EXE].

▶ Die Variable x muss mit der Taste [X,θ,T] eingegeben werden.

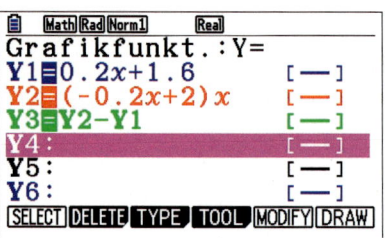

DRAW ([F6]) zeichnet die Funktionsgraphen.

Für eine geeignete Darstellung kann das Betrachtungsfenster mit dem Befehl V-Window ([F3]) eingestellt werden.

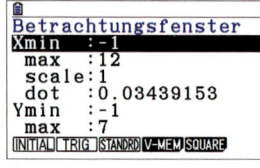

Das Einstellungsfenster wird mit [EXIT] wieder verlassen. DRAW ([F6]) führt zu der abgebildeten Darstellung.

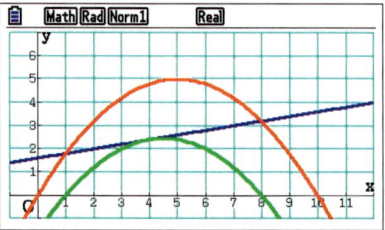

▶ Der Fensterausschnitt kann auch mit dem Untermenü Zoom ([F2]) angepasst werden.

Durch den Befehl INTSECT ([F5]) im Untermenü G-Solv ([F5]) können die Stellen, an denen die Kosten (blau) mit dem Erlös (rot) übereinstimmen, ermittelt werden.

▶ Mit den Cursor-Tasten [▲] [▼] [◄] [►] und [EXE] zur Bestätigung erfolgt die Auswahl der Funktionen und der Wechsel zwischen den Punkten.

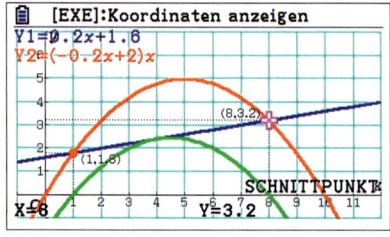

Wir erhalten die Gewinnschwelle $x_{GS} = 1$ und die Gewinngrenze $x_{GG} = 8$.

Durch „Abfahren" des Graphen mit dem Befehl Trace ([F1]) kann der maximale Gewinn von 2,45 GE bei einer Ausbringungsmenge von 4,5 ME abgeschätzt werden. Eine exakte Berechnung durch den Befehl MAX ([F2]) im Untermenü G-Solv ([F5]) bestätigt diese Abschätzung.

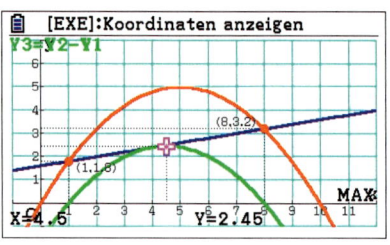

Kurvendiskussion ▶ Seiten 246–250

Diskutieren Sie die Funktion f mit $f(x) = -0.5x^3 + 2x^2 + 1.5x - 9$.

In der Anwendung Graph (MENU, 5) definieren wir die Funktion f sowie deren erste und zweite Ableitung.

▶ Die in der Graph-Anwendung definierten Funktionen Y1 bis Y3 können auch in anderen Anwendungen verwendet werden. Den Funktionsspeicher erreichen wir in der Run-Matrix-Anwendung über VARS, GRAPH (F4), Y (F1).

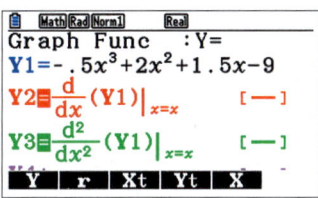

▶ Eingabe der Funktionen Y2 = f' durch OPTN, CALC (F2), d/dx (F1), Y (F1), 1. Zur Eingabe von $x = x$ muss die Taste X,θ,T verwendet werden. Die Eingabe von Y3 = f'' erfolgt analog mit dem Befehl d²/dx² (F2).

Wir wechseln zur Anwendung Run-Matrix (MENU, 1). Der **y-Achsenabschnitt** wird durch $f(0)$ bestimmt. Mit dem Befehl SolveN lösen wir die Gleichung $f(x) = 0$ und erhalten damit die **Nullstellen** von f.

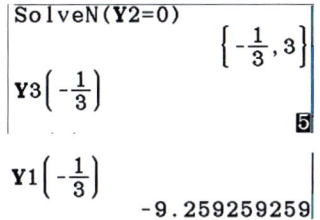

▶ SolveN kann unter OPTN, CALC (F4), SolveN (F5) ausgewählt werden.

Lokale Extrempunkte: Wir berechnen die Nullstellen von f' und setzen sie in die zweite Ableitung f'' ein. Da $f''\left(-\frac{1}{3}\right) > 0$ ist, erhalten wir den lokalen Tiefpunkt $T(-0.33\,|-9.26)$. Analog bestimmen wir den lokalen Hochpunkt $H(3\,|\,0)$.

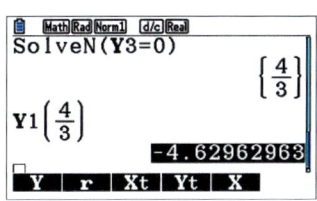

Wendestellen: Die Nullstellen von f'' sind die möglichen Wendestellen von f. Mit dem GTR kann die dritte Ableitung in einem Punkt nicht ermittelt werden, weshalb wir anhand des Graphen G_f oder durch eine Rechnung „per Hand" bestätigen, dass bei $W(1.33\,|-4.63)$ ein Wendepunkt vorliegt.

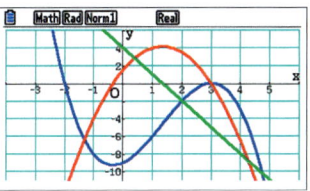

Den Graphen von f stellen wir in der Anwendung Graph (MENU, 5, F6) dar (blauer Graph) und lesen das Verhalten von f für $x \to \pm\infty$ sowie die Symmetrieeigenschaften ab.

▶ Wichtig: Alle Extrempunkte von f müssen dargestellt sein.

Alternativ kann in der Anwendung Graph die Funktion f auch mit den eingebauten Befehlen zur Analyse eines Graphen untersucht werden. Diese sind im Untermenü G-SOLVE (F5) zu finden.

y-Achsenabschnitt	$S_y(0\,|-9)$	Y-ICEPT (F4)
Nullstellen	$x_{N_1} = -2$; $x_{N_{2,3}} = 3$	ROOT (F1)
Tiefpunkte	$T(-0.33\,|-9.26)$	MIN (F3)
Hochpunkte	$H(3\,|\,0)$	MAX (F2)

GTR CAS

8 Funktionen mit Parametern ▶ Seite 72

Untersuchen Sie die Bedeutung des Parameters m bei einer linearen Funktion f der Form $f(x) = mx + 1$.

Wir geben den Funktionsterm $f(x)$ in das Eingabefenster der Anwendung DynaGraph ([MENU], [6]) ein.

▶ Die Variable x muss mit der Taste [X,θ,T] eingegeben werden. Für den Parameter kann der Buchstabe M verwendet werden.

Im Untermenü VAR ([F4]) kann die Dynamikvariable (hier M) eingestellt werden und unter SET ([F2]) werden sinnvolle Werte für M vorgegeben. Im Beispiel sind dies Start: –3, End: 3 und Step: 1. Wir schließen die Eingabe mit [EXIT] und starten die dynamische Ausgabe des Funktionsgraphen mit DYNA ([F6]). Wir erkennen, dass der Parameter m die Steigung der Geraden bestimmt.

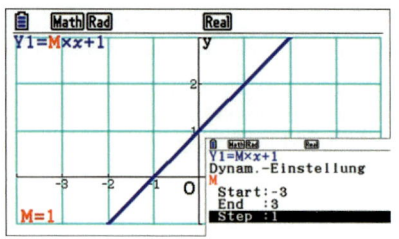

▶ Die Animation wird mit der Taste [AC/ON] beendet.

Lösen von Gleichungen

9 Quadratische Gleichung lösen

Lösen Sie die Gleichung $x^2 - 5 = 2x$.

In der Anwendung Gleichung ([MENU], [A]) wählen wir den allgemeinen Gleichungslöser SOLVER ([F3]), geben die Gleichung ein und bestätigen diese mit [EXE].

▶ Die Variable x muss mit der Taste [X,θ,T] eingegeben werden.

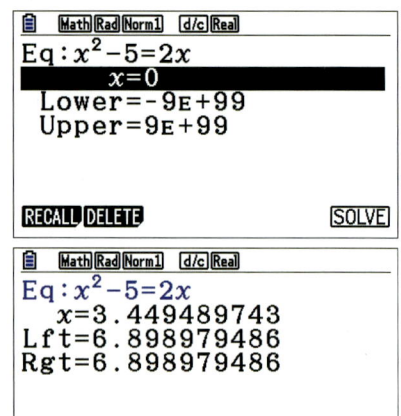

Nach der Eingabe der Gleichung wird der letzte Wert für x (im Beispiel $x = 0$) angegeben. Dies ist noch *keine* Lösung der Gleichung. Durch Lower und Upper geben wir ein Intervall ein, in dem wir eine Lösung vermuten. Mit Lower = 0 und Upper = 5 erhalten wir über SOLVE ([F6]) die erste Lösung $x_1 \approx 3{,}45$. REPEAT [F1] ermöglicht die Eingabe eines zweiten Intervalls $[-5; 0]$. Die zweite Lösung $x_2 \approx -1{,}45$ wird wieder mit SOLVE ([F6]) berechnet.

▶ Um ein geeignetes Intervall zu finden, hilft oft die grafische Darstellung des Problems. Man sucht hier z.B. die Schnittpunkte der Graphen zu $f(x) = x^2 - 5$ und $g(x) = 2x$.

Der allgemeine Gleichungslöser SOLVER berechnet numerische Näherungslösungen für jede beliebige Gleichung. Der Nutzer muss jedoch mit der Wahl der Intervalle dafür sorgen, dass alle relevanten Lösungen berechnet werden.

Für **Polynomgleichungen** (wie hier: $x^2 - 5 = 2x$) bietet die Anwendung Gleichung ([MENU], [A]) den Befehl POLY ([F2]) als Alternative an. Dieser Befehl liefert alle Lösungen der Polynomgleichung in einem Schritt. Dazu stellen wir die Polynomgleichung um:

$$x^2 - 2x - 5 = 0$$

Bei Grad wählen wir 2 ([F1]) aus. Im Fenster können wir dann die Koeffizienten der Polynomgleichung 2. Grades eingeben.
Der Befehl SOLVE ([F1]) berechnet die beiden Lösungen der Gleichung und stellt sie nicht nur numerisch sondern auch algebraisch exakt dar ($x_{1,2} = 1 \pm \sqrt{6}$).

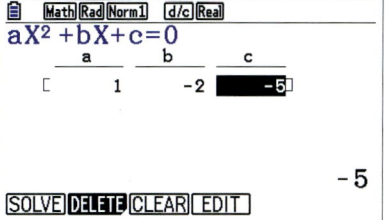

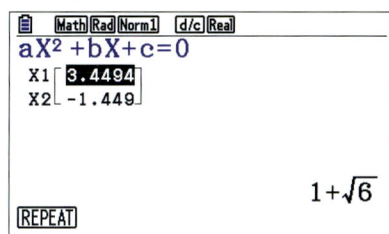

Lineare Gleichungssysteme

Bestimmen einer quadratischen Erlösfunktion ► Seite 112

Ein Betrieb erzielt beim Absatz von 2 ME einen Erlös von 14 GE, bei einem Absatz von 4 ME einen Erlös von 20 GE und bei einem Absatz von 6 ME einen Erlös von 18 GE.
Ermitteln Sie den Term der quadratischen Erlösfunktion E.

Der Ansatz für E lautet: $E(x) = ax^2 + bx + c$.

$E(2) = 14;$	$4a + 2b + c = 14$
$E(4) = 20;$	$16a + 4b + c = 20$
$E(6) = 18;$	$36a + 6b + c = 18$

In der Anwendung Gleichung ([MENU], [A]) wählen wir den Eintrag SIMUL ([F1]) und für die Anzahl der Unbekannten 3 ([F2]).
In der Eingabemaske können die Koeffizienten des Gleichungssystems als Matrix eingegeben werden.

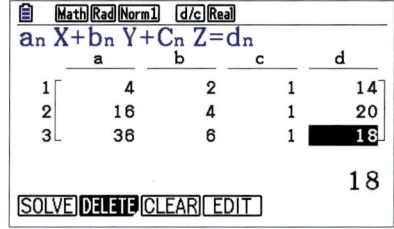

► Die Bezeichnung der Koeffizienten (a, b, c, d) und deren Reihenfolge sind vorgegeben.

Der Befehl SOLVE ([F1]) berechnet das Ergebnis -1 für a, 9 für b und 0 für c. Ersetzen wir a, b und c im allgemeinen Term $E(x) = ax^2 + bx + c$ durch die berechneten Werte, so erhalten wir die gesuchte Gleichung $E(x) = -x^2 + 9x$.

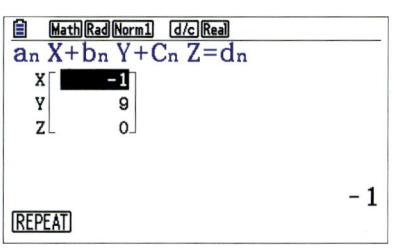

Lineare Gleichungssysteme mit Parametern können vom GTR nicht verarbeitet werden.

► Die Bezeichnung der Unbekannten (X, Y, Z) ist vorgegeben. Der Anwender muss das Ergebnis für sein Problem interpretieren. Bei uns steht z.B. X für die Variable a.

TI **TI-*n*spire CX und TI-*n*spire CX CAS**

Darstellung statistischer Daten

 11 Säulen- und Kreisdiagramm ▶ Seite 33

Die JoRo GmbH ist in Produktionssparten gegliedert. Die Tabelle gibt den Umsatz jeder Sparte im Jahr 2017 in Tausend € an. Stellen Sie die Umsatzzahlen jeweils in einem Säulen- und Kreisdiagramm dar.

Sparte	Verkehr (V)	Medizin (M)	Haushalt (H)	Kommunikation (K)	Anlagen (A)
Umsatz	24 832	33 861	8335	10 589	35 749

Wir geben die Umsatzdaten in die Anwendung Lists & Spreadsheet (`+page`) ein und beschriften die Spalten. Dann wählen wir `menu`, Daten und Ergebnisdiagramm. Die Sparten sollen auf der x-Achse, der Umsatz auf der y-Achse aufgetragen werden und die Anzeige soll auf einer neuen Seite erfolgen. Wir erhalten ein Säulendiagramm der Umsatzzahlen je Sparte. Über `menu`, Plot-Typ, Tortendiagramm werden die Zahlen in einem Kreisdiagramm dargestellt. Legen wir die Sparten auf die y-Achse (Zeiger über x-Achse bewegen und die Achsenvariable mit `enter` neu wählen), so kann über `menu`, Plot-Typ, Balkendiagramm auch ein Balkendiagramm dargestellt werden.

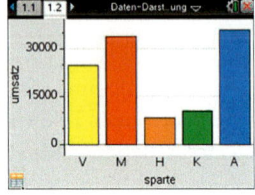

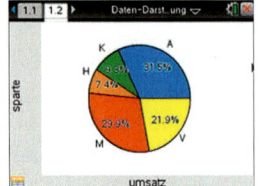

▶ Spaltennamen werden als Variablen betrachtet und werden daher immer in Kleinbuchstaben dargestellt

Die Variablen sparte und umsatz stehen dem gesamten Dokument zur Verfügung

 12 Histogramm ▶ Seite 34

In einer Rechtsanwaltskanzlei sind 15 Rechtsanwälte verschiedenen Alters beschäftigt:

Anwalt	A	B	C	D	E	F	G	H	I	J	K	L	M	N	O
Alter	28	55	29	47	53	38	40	42	67	63	61	35	70	43	55

Erstellen Sie ein Histogramm mit einer Klassenbreite von 10 Jahren.

Wir geben die Daten in die Anwendung Lists & Spreadsheet ein und fügen die Anwendung Data & Statistics dem aktuellen Dokument hinzu (`+page`). Bei der x-Achse wählen wir die Variable alter.
▶ Wird die y-Achse mit keiner Variablen belegt, wird die absolute Häufigkeit der x-Werte angezeigt.

Die Darstellung der Daten als Histogramm erfolgt durch `menu`, Plot-Typ und Histogramm.
Über `menu`, Plot-Eigenschaften, Histogramm-Eigenschaften, Säuleneinstellungen, gleiche Säulenbreite kann eine geeignetere Klassenbreite von 10 (Jahren) und eine Ausrichtung von etwas mehr als 25 (≈ 25,01) eingestellt werden.
Das Darstellungsfenster können wir mittels `menu`, Fenster/Zoom, Fenstereinstellungen anpassen.

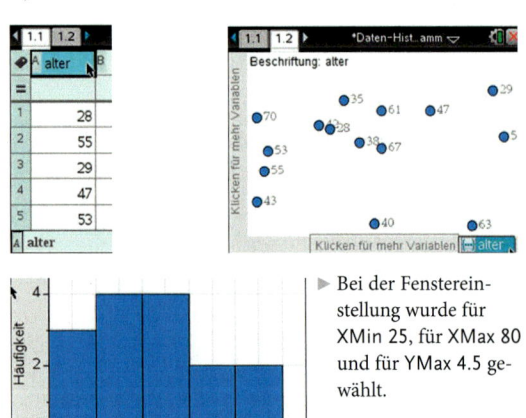

▶ Bei der Fenstereinstellung wurde für XMin 25, für XMax 80 und für YMax 4.5 gewählt.

Deutung und Bewertung von Daten

Statistische Kennzahlen ▸ Seiten 42 und 46

Eine große Elektrohandelskette verkauft in einer Filiale in Oldenburg und in einer zweiten Filiale in Peine Navigationsgeräte. Beide Filialen beschäftigen hauptsächlich Aushilfskräfte. Diese werden je nach Bedarf eingesetzt. Die Geschäftsführerin Frau Ott hat vor, für eine der beiden Filialen eine feste Arbeitsstelle einzurichten. In welcher, möchte sie vom Absatz abhängig machen. Sie vergleicht deshalb die monatlichen Absatzzahlen des letzten Jahres. Allerdings liegen aus Oldenburg keine Absatzzahlen für den Oktober vor.
Ermitteln Sie, für welche Filiale sich Frau Ott entscheiden soll.

Monat	Jan	Feb	März	April	Mai	Juni	Juli	Aug	Sept	Okt	Nov	Dez
Oldenburg	220	205	210	220	225	210	210	210	230	—	235	300
Peine	170	180	210	220	210	210	200	180	200	220	200	500

Wir berechnen geeignete Lage- und Streuungsmaße beider Filialen und vergleichen anschließend die Ergebnisse.

Wir geben die Absatzzahlen beider Filialen in je eine Spalte der Anwendung Lists & Spreadsheet ein.
Einen Überblick über wesentliche Lage- und Streuungsmaße erhalten wir mit dem Befehl menu, Statistik, Statistische Berechnungen und Statistik mit einer Variable.

Wir erhalten für beide Filialen ein arithmetisches Mittel x_{aM} von 225. Im Durchschnitt verkaufen somit beide Filialen gleich viele Navigationsgeräte.

Für einen weiteren Vergleich beider Filialen ziehen wir die empirische Standardabweichung s_n zurate. Für Oldenburg erhalten wir $s_n \approx 25{,}41$ und für Peine erhalten wir eine Standardabweichung von $s_n \approx 84{,}31$.
Je geringer die Standardabweichung ist, desto gleichmäßiger sind die Werte verteilt.

Also ist es sinnvoll, die feste Arbeitsstelle in Oldenburg einzurichten.

Die einzelnen statistischen Kennzahlen können auch direkt in der Anwendung Calculator (⌃+page) berechnet werden. Das arithmetische Mittel von 225 verkauften Navigationsgeräten der Filiale in Peine sowie die Standardabweichung von rund 84,31 können bestätigt werden.

Statistische Kennzahlen wie der Median und die Varianz werden ebenfalls in der Anwendung Calculator berechnet.

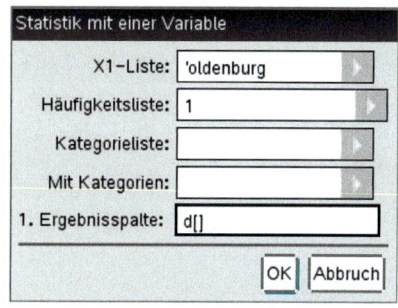

▸ Entsprechend den Einstellungen werden hier statistische Kennzahlen der Filiale in Oldenburg dargestellt.

▸ Sämtliche Befehle finden Sie unter menu, Statistik, Listen Mathematik. Verwenden Sie für die Varianz und die Standardabweichung die „Populations"-Varianten.

14 Lineare Regression ▶ Seite 58

In einem Sportverein werden die Körpergröße und das Körpergewicht von 10 Mädchen gemessen und aufsteigend nach Größe in einer Tabelle festgehalten. Veranschaulichen Sie den Zusammenhang zwischen Größe und Gewicht und bestimmen Sie die Gleichung der Geraden, die den Zusammenhang am besten beschreibt.

Name	Größe x	Gewicht y
Frieda	157 cm	48 kg
Aysun	157 cm	50 kg
Dana	159 cm	50 kg
Britta	163 cm	55 kg
Annika	165 cm	56 kg
Sarah	167 cm	55 kg
Laura	169 cm	59 kg
Pia	174 cm	64 kg
Marie	180 cm	68 kg
Hanna	181 cm	70 kg

**GTR
CAS**

Wir übertragen die gegebene Tabelle in die Anwendung Lists & Spreadsheet und fügen dem Dokument die Anwendung Data & Statistics (⌈+page⌉) hinzu. Auf der x-Achse tragen wir die Größe und auf der y-Achse das Gewicht auf.

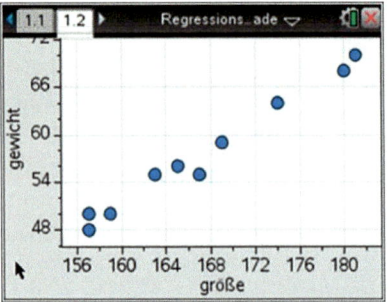

Der offensichtliche Trend zwischen Größe und Gewicht kann „nach Augenmaß" beschrieben werden, indem dem Punktdiagramm eine verschiebbare Gerade hinzugefügt wird: ⌊menu⌋, Analysieren, Verschiebbare Gerade hinzufügen.

Die Güte der Annäherung können Sie messen, indem Sie unter ⌊menu⌋, Analysieren, Residuen, Residuenquadrate anzeigen die quadratischen Abweichungen berechnen lassen.

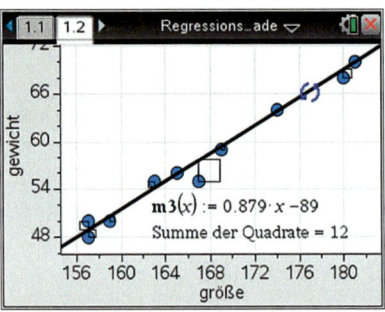

▶ Bewegen Sie den Zeiger über die Gerade und greifen Sie zu 🖐, um diese zu drehen und zu verschieben. Je kleiner die Summe der Quadrate wird, desto besser ist Ihre Beschreibung des Trends.

Das mathematische Verfahren zur Bestimmung der Gleichung der Regressionsgeraden berechnet die Gerade mit den geringsten quadratischen Abweichungen. Die Regressionsgerade blenden wir über ⌊menu⌋, Analysieren, Regression, Lineare Regression (mx + b) anzeigen ein.

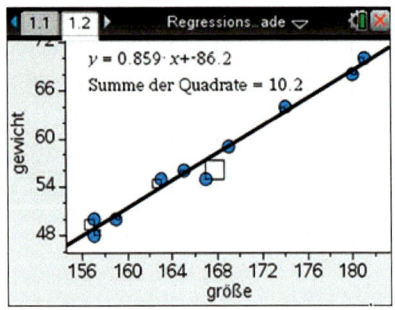

Kubische Regression ▷ Seite 153

Der folgende Zusammenhang zwischen dem Ertrag x und den Gesamtkosten $K(x)$ ist bekannt:

x	0	2,5	8	13,5	16
$K(x)$	400	429,7	459,4	489,1	518,8

Ermitteln Sie einen Term für $K(x)$, welcher den Zusammenhang möglichst gut beschreibt.

Wir geben die Werte in die Anwendung Lists & Spreadsheet ein und stellen sie in der Anwendung Data & Statistics dar.

Die Daten können am besten mit einer kubischen Regression beschrieben werden: menu, Analysieren, Regression, Kubische Regression anzeigen. Wir erhalten:

$K(x) = 0,06\,x^3 - 1,44\,x^2 + 15,1\,x + 400$

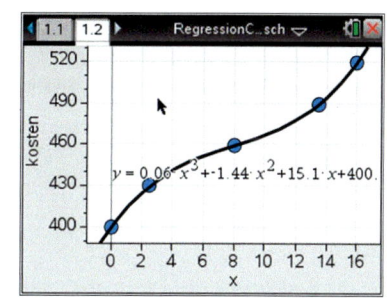

Darstellung und Untersuchung von Funktionen

Die Darstellung von Funktionen übernimmt die Anwendung Graphs.

Untersuchung ökonomischer Funktionen ▷ Seite 108

Der Produzent einer Spezialkamera ist Monopolist. Für die Produktionskosten K gilt $K(x) = 0,2\,x + 1,6$; wobei x für die produzierten Mengeneinheiten steht. Die Preispolitik erfolgt auf der Grundlage einer linearen Preis-Absatz-Funktion: Bei einem Angebot von x ME kann ein Preis von $p_N(x) = -0,2\,x + 2$ GE pro ME erzielt werden. Zeichnen Sie die Graphen der Kosten-, Erlös- und Gewinnfunktion. Bestimmen Sie die Gewinnschwelle und -grenze sowie den maximalen Gewinn.

Den Graphen der Kostenfunktion K erhalten wir durch die Eingabe des Funktionsterms in die Eingabezeile (bei f1(x)) und einer Bestätigung mit enter.

Mit tab wird die Eingabezeile eingeblendet und wir können die Funktionsterme der Erlös- und Gewinnfunktion eingeben: $E(x) = p_N(x) \cdot x$ (mit der Bezeichnung f2(x)) und $G(x) = E(x) - K(x)$ (hier: f3(x) = f2(x)-f1(x)).

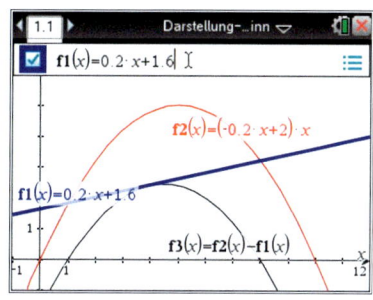

▷ Funktionen in der Graph-Anwendung werden immer mit f1(x), f2(x) usw. bezeichnet.

Einen geeigneten Fensterausschnitt stellen wir über menu, Fenster/Zoom, Fenstereinstellungen ein. Im Beispiel ist dies für die x-Achse von −1 bis 12 und für die y-Achse von −1 bis 7.

Mit menu, Graph analysieren, Schnittpunkt bestimmen wir die Stellen, an denen die Kosten (f1(x)) mit dem Erlös (f2(x)) übereinstimmen.
Dabei müssen zwei Funktionen, eine untere Schranke links, sowie eine obere Schranke rechts vom Schnittpunkt mit 🖱 oder enter ausgewählt werden.
Dieser Vorgang wird für jeden Schnittpunkt wiederholt.

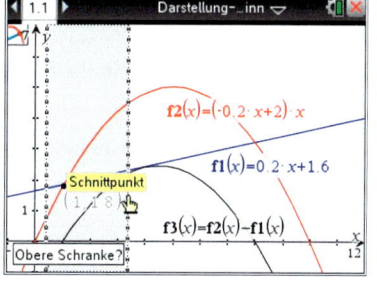

▷ Im markierten Bereich zwischen der unteren und der oberen Schranke sollte sich nur ein Schnittpunkt befinden.

- Wir erhalten die Gewinnschwelle $x_{GS} = 1$ und die
- Gewinngrenze $x_{GG} = 8$.

Durch „Abfahren" des Graphen: menu, Spur, Grafik-spur können wir den maximalen Gewinn von 2,45 GE bei einer Ausbringungsmenge von 4,5 ME abschätzen.

▶ Die Pfeiltasten ▲ ▼ wechseln zwischen den Funktionen. Der Spur-Modus kann mit esc verlassen werden.

Eine exakte Berechnung durch menu, Graph analysieren, Maximum bestätigt diese Abschätzung.

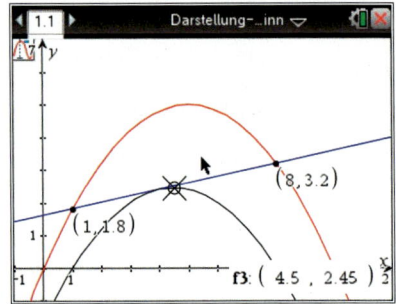

17 Funktionen mit Parametern ▶ Seite 72

Untersuchen Sie die Bedeutung des Parameters m bei einer linearen Funktion f der Form $f(x) = mx + 1$.

Wir geben den Funktionsterm $f(x)$ in die Anwendung Graphs ein. Erst nachdem für den Parameter m ein Schieberegler (menu, Aktionen, Schieberegler einfügen) erstellt wurde, wird der Graph von f eingezeichnet.

Durch Betätigen des Schiebereglers erkennen wir, dass m die Steigung der Geraden bestimmt.

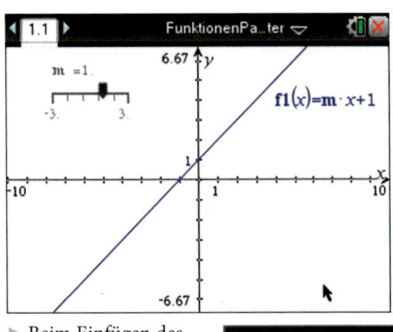

▶ Beim Einfügen des Schiebereglers wurden die dargestellten Schiebereglereinstellungen verwendet.

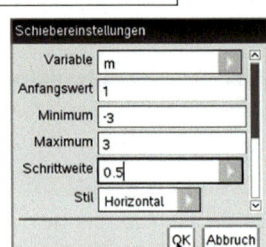

18 Beschränkter Abnahmeprozess (CAS) ▶ Seite 168

Auf dem Höhepunkt einer schweren Grippe hat ein Schüler 41 °C Fieber. Er nimmt ein Fiebermittel zu sich, das eine Senkung der Körpertemperatur bewirkt. Der Verlauf der Körpertemperatur nach t Tagen kann durch die Funktion f mit $f(t) = 4 \cdot 0{,}4^t + 37$ beschrieben werden. Zeigen Sie, dass sich die Funktionswerte $f(t)$ asymptotisch der normalen Körpertemperatur von 37 °C annähern.

In der Anwendung Calculator berechnen wir mit menu, Analysis und Limes den Grenzwert.

Wir können bestätigen, dass sich die Funktionswerte $f(t)$ asymptotisch einer Körpertemperatur von 37 °C annähern

▶ Das Zeichen ∞ befindet sich auf der Taste ∞β° (ctrl + ⌨).

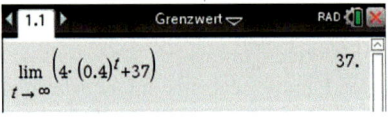

▶ Zur Eingabe von Limes kann auch die Vorlage der Taste ᵇⁱ{ᵇ verwendet werden.

Kurvendiskussion ▶ Seiten 246–250

⟲19⟳

Diskutieren Sie die Funktion f mit $f(x) = -0,5x^3 + 2x^2 + 1,5x - 9$.

In der Calculator-Anwendung bestimmen wir den **y-Achsenabschnitt** durch $f(0)$. Für die **Nullstellen** von f lösen wir die Gleichung $f(x) = 0$.

Abhängig von der Funktionsart können die Befehle nSolve, polyRoots *oder* solve *(CAS) angewendet werden.*

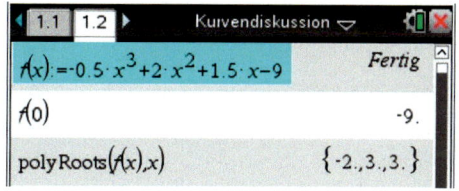

Lokale Extrempunkte: Wir bilden die 1. und die 2. Ableitung von f. Anschließend berechnen wir die Nullstellen von f' und setzen diese in f'' ein.

| $d2f(-0.33333)$ | 4.99999 | ▶ Tiefpunkt |
| $f(-0.33333)$ | -9.25926 | |

Wir erhalten den lokalen Tiefpunkt $T(-0,33\,|\,-9,26)$ und analog den lokalen Hochpunkt $H(3\,|\,0)$.

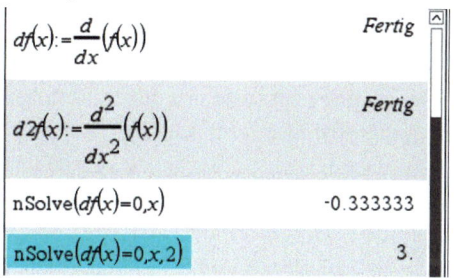

Wendestellen: Die Nullstellen von f'' sind die möglichen Wendestellen von f. Mit dem GTR kann die dritte Ableitung in einem Punkt nicht ermittelt werden. Deshalb bestätigen wir anhand des Graphen G_f oder durch eine Rechnung „per Hand", dass bei $W(1,33\,|\,-4,63)$ ein Wendepunkt vorliegt.

Mit dem CAS können auch Ableitungen höheren Grades gebildet werden.

Das Verhalten von f für $x \to \pm\infty$ und die Symmetrieeigenschaften von G_f können wir aus dem Graphen ablesen. ▶ Wichtig: Alle berechneten Extrempunkte von f müssen dargestellt sein.

Im CAS können wir den Grenzwert von f für $x \to \pm\infty$ auch direkt berechnen. ▶ Beispiel 18

Die Symmetrieeigenschaften $f(x) = f(-x)$ bzw. $f(x) = -f(-x)$ können wir mit dem CAS allgemein zeigen.

In der Anwendung Graphs kann die Funktion f mit den eingebauten Befehlen zur Analyse eines Graphen untersucht werden. Diese finden wir im Menü unter menu, Graph analysieren. Im gewählten Ausschnitt des Graphen müssen dazu alle interessanten Punkte dargestellt werden. Mit dem CAS können zusätzlich **Wendepunkte** direkt bestimmt werden.

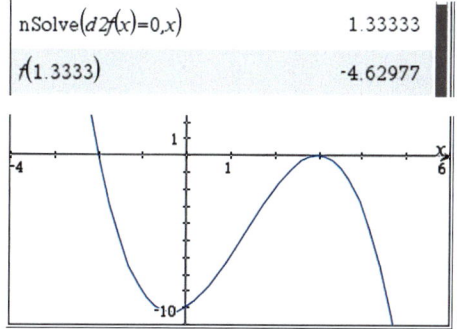

▶ Einen geeigneten Ausschnitt des Betrachtungsfensters über menu, Fenster/Zoom, Fenstereinstellungen wählen.

| solve$(f(x)=f(-x),x)$ |
| $x=-1.73205$ or $x=0.$ or $x=1.73205$ |

▶ Nicht achsensymmetrisch. Im positiven Fall würde das Ergebnis true ausgegeben werden.

Nullstellen	$x_{N_1} = -2$, $x_{N_{2,3}} = 3$	Nullstelle
Tiefpunkte	$T(-0,33\,|\,-9,26)$	Minimum
Hochpunkte	$H(3\,|\,0)$	Maximum

▶ Der zu untersuchende Bereich des Graphen muss ausgewählt werden.

| Wendepunkte | $W(1,33\,|\,-4,63)$ | Wendepunkt ▶ nur CAS |

GTR CAS

Lösen von Gleichungen

 20 Quadratische Gleichung lösen

Lösen Sie die Gleichung $x^2 - 5 = 2x$.

GTR CAS

Die Anwendung Calculator ($\boxed{\text{+page}}$) bietet den Befehl nSolve zum **numerischen** Lösen von Gleichungen an.
Wir geben den Befehl nSolve, die Gleichung und (durch Komma getrennt) die Variable x ein. Die erste numerische Lösung $x_1 = -1{,}45$ wird berechnet und angezeigt.

Die zweite Lösung erhält man erst durch die Eingabe eines geeigneten Startwerts (hier 3).

▸ Der Befehl nSolve berechnet numerische Näherungslösungen für jede beliebige Gleichung. Der Nutzer muss jedoch geeignete Startwerte wählen. Bei der Suche nach einem Startwert hilft die Darstellung der Graphen der beteiligten Funktionen.

Für **Polynomgleichungen** (wie hier: $x^2 - 5 = 2x$) bietet der Befehl polyRoots eine Alternative zu nSolve an.
Dazu stellen wir die Polynomgleichung um:

$$x^2 - 2x - 5 = 0$$

Dann wählen wir $\boxed{\text{menu}}$, Algebra, Polynomwerkzeuge, Wurzeln eines Polynoms finden und für den Grad 2 und Reell für Wurzeln.
Wir tragen die Koeffizienten des Polynoms in das Fenster ein und bestätigen die Eingabe.

Der Befehl polyRoots berechnet in einem Schritt alle Lösungen der Polynomgleichung.

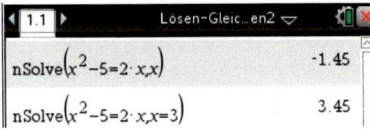

▸ nSolve ist unter $\boxed{\text{menu}}$, Algebra, Numerisch Lösen zu finden.

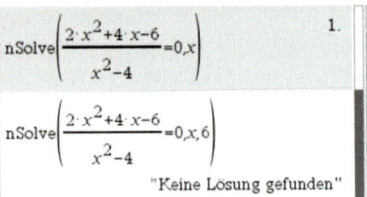

▸ Ein ungeeigneter Startwert kann auch zu keiner Lösung führen, obwohl eine Lösung existiert.

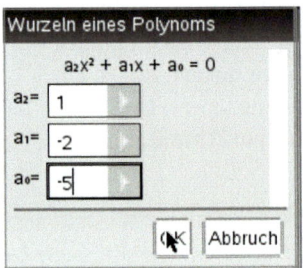

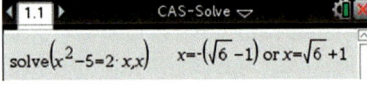

▸ Der Befehl polyRoots kann auch direkt eingegeben werden.

Hinweis zum CAS

Die CAS-Variante bietet zusätzlich den Befehl solve an, der Gleichungen algebraisch lösen kann. Dabei werden alle möglichen Lösungen der Gleichung berechnet und ausgegeben. Wir geben den Befehl solve über die Tastatur oder über $\boxed{\text{menu}}$, Algebra, Löse ein.

Das CAS kann mit dem Befehl solve auch Gleichungen mit Parametern lösen, z.B. die Gleichung $4x + 2a = 0$, in der der Parameter $a \in \mathbb{R}$ vorkommt.

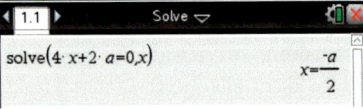

▸ Die Lösungen werden in Abhängigkeit des Parameters dargestellt.

Lineare Gleichungssysteme

Bestimmen einer quadratischen Erlösfunktion ▸ Seite 112

▸ Seite 112

(21)

Ein Betrieb erzielt beim Absatz von 2 ME einen Erlös von 14 GE, bei einem Absatz von 4 ME einen Erlös von 20 GE und bei einem Absatz von 6 ME einen Erlös von 18 GE.
Ermitteln Sie den Term der quadratischen Erlösfunktion E.

Der Ansatz für E lautet: $E(x) = ax^2 + bx + c$.

$E(2) = 14;$ $4a + 2b + c = 14$
$E(4) = 20;$ $16a + 4b + c = 20$
$E(6) = 18;$ $36a + 6b + c = 18$

GTR
CAS

Wir wählen die Anwendung Calculator (`ctrl+page`).
Der Befehl linSolve (`menu`, Algebra, Gleichungssystem lösen, System linearer Gleichungen lösen) löst lineare Gleichungssysteme. Für unsere Aufgabe wählen wir 3 Gleichungen und benutzen die Variablen a, b, c. Das Gleichungssystem kann wie gewohnt eingegeben werden.
Wir erhalten als Ergebnis $a = -1$, $b = 9$ und $c = 0$.

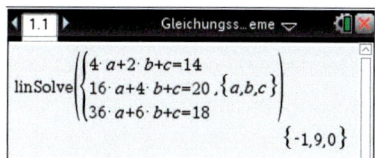

▸ Der Befehl linSolve kann auch direkt eingegeben werden. Die Taste ⊞ liefert die benötigten Vorlagen zur Eingabe.

Die Angaben der Aufgabenstellung können auch direkt ohne zusätzliche Rechenschritte in ein Gleichungssystem übertragen werden.

Auch mit dieser kompakten Schreibweise erhalten wir den gesuchten Term der Erlösfunktion:

$E(x) = -x^2 + 9x$

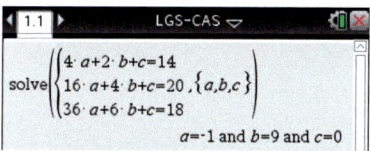

▸ Durch die Definition der Erlösfunktion in ihrer allgemeinen Form können die Angaben der Aufgabenstellung direkt verwendet werden.

Hinweis zum CAS

Das CAS bietet neben dem linSolve-Befehl auch den universellen solve-Befehl (`menu`, Algebra, Gleichungssystem lösen, Gleichungssystem lösen).
Wir wählen 3 Gleichungen und die Variablen a, b, c.
Die Lösung $a = -1$, $b = 9$ und $c = 0$ wird berechnet.

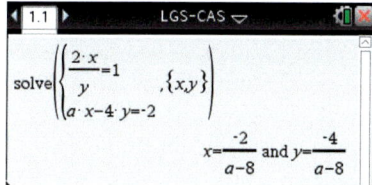

▸ Die Eingabe unterscheidet sich nicht von der Eingabe beim Befehl linSolve.

Der solve-Befehl ist nicht auf lineare Gleichungssysteme beschränkt und kann auch Gleichungssysteme mit Parametern lösen. Im Beispiel sind x und y die Unbekannten und a ist ein Parameter. Die Lösungen von x und y werden in Abhängigkeit von a dargestellt.

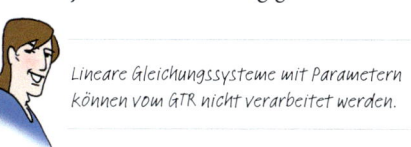

Lineare Gleichungssysteme mit Parametern können vom GTR nicht verarbeitet werden.

Lösungen der „Alles klar?"-Aufgaben

Seite 29

a) Grundgesamtheit: 1000 Passanten
Merkmalsträger: jeder Passant
Merkmale (Ausprägungen): Nutzungszeit (in Stunden/Minuten); Nutzungstyp (privat, beruflich); Zugang (mobiles Internet, kein mobiles Internet)

b) Nutzungstyp und Zugang sind nominalskaliert, also qualitative Merkmale, Nutzungszeit ist metrisch skaliert, also ein quantitatives Merkmal.

Seite 30

Geschlecht	m	w	Summe
abs. Häuf.	9	11	20
rel. Häuf.	0,45	0,55	1

Note	1	2	3	4	5	Summe
abs. Häuf.	2	4	7	5	2	20
rel. Häuf.	0,1	0,2	0,35	0,25	0,1	1

Alter	15	16	17	18	19	Summe
abs. Häuf.	4	8	5	2	1	20
rel. Häuf.	0,2	0,4	0,25	0,1	0,05	1

Seite 31

1. Montags häufen sich die Störungen, die dann im Wochenverlauf stark zurückgehen. Zum Wochenende hin nehmen die Störungen wieder leicht zu.
Mögliche Ursachen sind darin zu sehen, dass die Produktion am Wochenende steht und der Anlauf der Produktion besonders fehleranfällig ist. Vor dem Wochenende können die lange Betriebsdauer und zunehmende Unkonzentriertheit der Arbeiter eine mögliche Ursache sein.

2.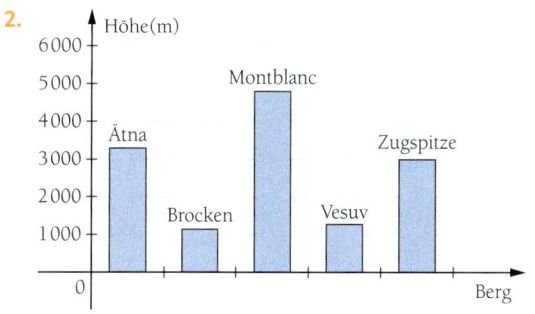

Seite 33

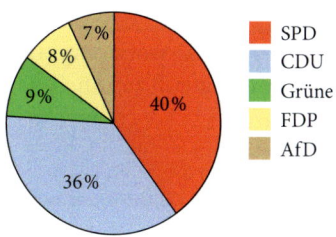

Seite 35

a) Histogramm

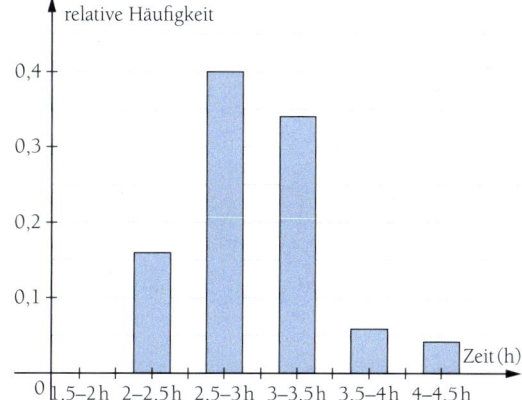

b) 2,5 h: 16 %; 3 h: 56 %; 3,5 h: 90 %
4 h: 96 %; 4,5 h: 100 %

c) Histogramm

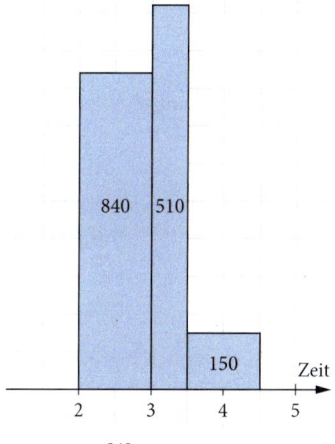

$2 \leq t \leq 3: \frac{840}{1500} = 56\,\%$

$3 < t \leq 3,5: \frac{510}{1500} = 34\,\%$

$3,5 < t \leq 4,5: \frac{150}{1500} = 10\,\%$

Seite 44

Arithmetisches Mittel: 2475 €

Median: 2500 €

Modalwert: 2650 €

Interpretation: Der Umsatz ist fast jede Woche angestiegen, die Geschäftsidee scheint erfolgreich zu sein.

Seite 48

Arithmetisches Mittel:

Mädchen: 3,4; Jungen: 3,6

Standardabweichung:

Mädchen: 1,25; Jungen: 1,2

Die Mädchen sind im Mittel erfolgreicher. Ihre Leistungen streuen aber stärker um dieses Mittel.

Seite 58

a)

Menge (ME)	1	2	3	4
Preis (GE/ME)	9	8	7	6

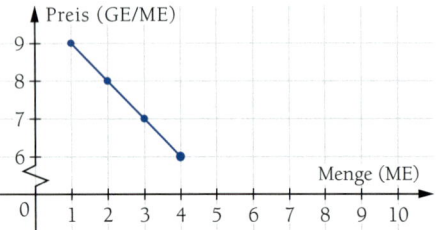

b) Eine geeignete Zuordnungsvorschrift ist durch die Gleichung $f(x) = -x + 10$ gegeben. Da der Produzent für mehr verkaufte Ware auch einen größeren Erlös erwarten sollte, ist ein Verkauf von mehr als 5 ME nach diesem Rabattsystem für ihn nicht sinnvoll ($5 \cdot 5 = 25$ GE beim Verkauf von 5 ME, aber $6 \cdot 4 = 24$ GE beim Verkauf von 6 ME).

Der Großhändler wiederum möchte sein Geld nicht verschenken und mindestens eine ME Ware erhalten, so dass eine sinnvolle Ausgangsmenge $A = \{1; 2; 3; 4; 5\}$ darstellt. Die Zielmenge ist dann entsprechend $A = \{5; 6; 7; 8; 9\}$.

Seite 62

a) Da zum Beispiel sowohl 1 als auch 2 größer gleich 0 sind, handelt es sich um keine eindeutige Zuordnung; es ist keine Funktion.

b) Jedem x wird genau ein y-Wert zugeordnet; es handelt sich um eine Funktion.

c) Auch hier ist die Zuordnung eindeutig. Jeder y-Wert berechnet sich eindeutig als Quadrat eines x-Werts; es ist eine Funktion.

d) Sowohl $y = 1$ als auch $y = -1$ erfüllen die Gleichung für $x = 1$. Die Zuordnung ist also nicht eindeutig; es ist keine Funktion.

Seite 74

1.

a) $m = -2,5$; $n = 5$ Die Gerade fällt.

b) $m = 0,5$; $n = -2$ Die Gerade steigt.

c) $m = \frac{1}{3}$; $n = -5$ Die Gerade steigt.

d) $m = -0,25$; $n = 0$ Die Gerade fällt.

e) $m = 0$; $n = -40$ Die Gerade verläuft parallel zur x-Achse.

2.

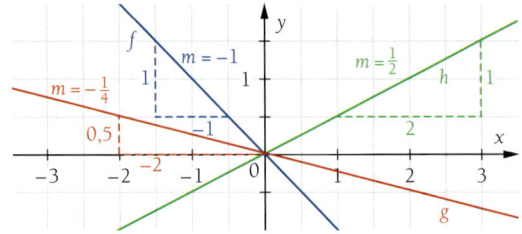

3.

a) $m = \dfrac{6 - (-4)}{1 - 3} = -5$

b) $m = \dfrac{1 - 1}{-6 - 4} = 0$

c) $m = \dfrac{3 - (-2)}{-1 - 9} = -\dfrac{1}{2}$

Seite 75

1.

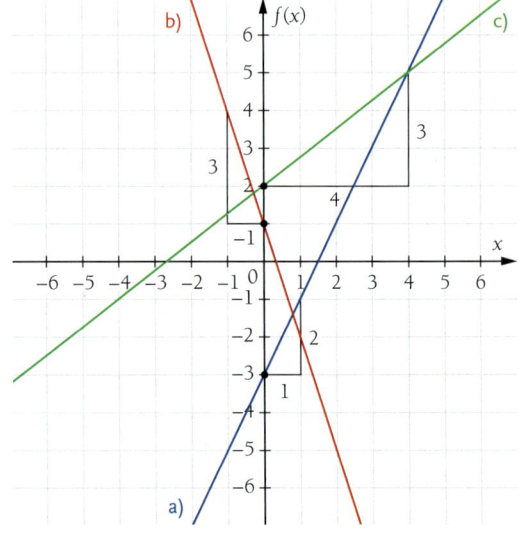

a) Die Punkte $P(1|-1)$ und $Q(-1|-5)$ müssen auf dem Graphen der Funktion liegen.

b) Die Punkte $P(-1|4)$ und $Q(1|-2)$ müssen auf dem Graphen der Funktion liegen.

c) Die Punkte $P\left(\frac{4}{3}|3\right)$ und $Q\left(\frac{8}{3}|4\right)$ müssen auf dem Graphen der Funktion liegen.

2.

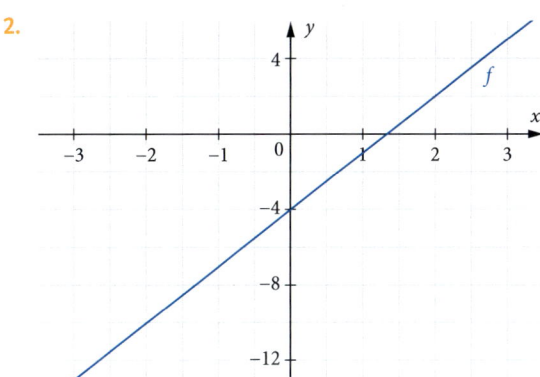

Die Steigung der Geraden ist 3 und der Schnittpunkt mit der y-Achse ist $(0|-4)$.

3.

Seite 77

1. $f_1(x) = \frac{1}{3}x + 6$ $f_2(x) = -2x + 4$

$f_3(x) = 3$ $f_4(x) = 3x - 1$

2.

a) $f(x) = x - 3$ b) $f(x) = -2x + 1$

3.

a) $f(x) = -1,5x + 6$ b) $f(x) = 0,25x$

Seite 82

$-3x_N - 12 = 0 \Leftrightarrow x_N = -4$

$0,25x_N + 3 = 0 \Leftrightarrow x_N = -12$

Seite 84

1. $f(0) = -12 \Rightarrow S_y(0|-12)$

$\quad f(x_N) = 0 \Leftrightarrow 3,5x_N - 12 = 0$

$\quad\quad\quad\quad\quad \Leftrightarrow x_N = \frac{24}{7} \Rightarrow N\left(\frac{24}{7}|0\right)$

$\quad g(0) = 7 \quad \Rightarrow S_y(0|7)$

$\quad g(x_N) = 0 \Leftrightarrow -6x_N + 7 = 0$

$\quad\quad\quad\quad\quad \Leftrightarrow x_N = \frac{7}{6} \Rightarrow N\left(\frac{7}{6}|0\right)$

$\quad f(x_S) = g(x_S) \Leftrightarrow 3,5x_S - 12 = -6x_S + 7 \Leftrightarrow x_S = 2$

$\quad y_S = -6 \cdot 2 + 7 = -5 \Rightarrow S(2|-5)$

2. $p_N(x) = p_A(x)$

$\quad -2x_G + 80 = 0,5x_G + 35$

$\quad x_G = 18; \; y_G = 44; \; MGG(18|44)$

Marktgleichgewicht liegt vor, wenn 18 ME zu einem Preis von 44 GE verkauft werden.

3. $f(x) = 20; \; g(x) = 0,06x + 3,95$

$\quad f(x_S) = g(x_S) \quad \Leftrightarrow 20 = 0,06x_S + 3,95$

$\quad\quad\quad\quad\quad\quad\quad \Leftrightarrow x_S = 267,5$

Die Flatrate von Maria lohnt sich ab 268 Gesprächsminuten.

Seite 97

Scheitelpunkt in Quadrant I: Verschiebung um 2 Einheiten nach rechts und eine nach oben. Gleichung: $f(x) = (x - 2)^2 + 1$

Scheitelpunkt in Quadrant II: Verschiebung um 3 Einheiten nach links und 3 nach oben. Gleichung: $f(x) = (x + 3)^2 + 3$

Scheitelpunkt in Quadrant III: Verschiebung um 4 Einheiten nach links und eine nach unten. Gleichung: $f(x) = (x + 4)^2 - 1$

Scheitelpunkt in Quadrant IV: Verschiebung um 3 Einheiten nach rechts und 3 nach unten. Gleichung: $f(x) = (x - 3)^2 - 3$

L

Seite 99

Gegenüber der Normalparabel ist der Graph von

a) f_1 gestreckt.

b) f_2 gestaucht und nach unten geöffnet.

c) f_3 gestaucht.

d) f_4 gestreckt und nach unten geöffnet.

e) f_5 gestaucht und um drei Einheiten nach oben verschoben.

f) f_6 gestreckt und um fünf Einheiten nach unten verschoben.

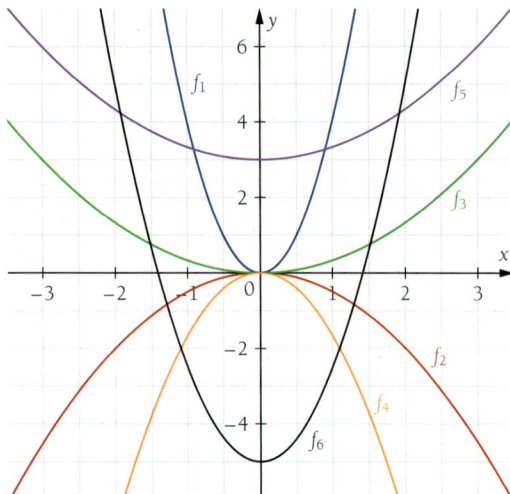

Seite 103

a) $f(x) = 0,5\,x^2 + 4x - 10 = 0,5 \cdot (x^2 + 8x - 20)$
$= 0,5 \cdot \left((x^2 + 8x + 4^2) - 4^2 - 20\right)$
$= 0,5 \cdot \left((x + 4)^2 - 36\right)$
$= 0,5 \cdot (x + 4)^2 - 18 \ \Rightarrow\ S(-4\,|-18)$

b) $f(x) = -3\,x^2 + 9x + 12 = -3 \cdot (x^2 - 3x - 4)$
$= -3 \cdot (x - 1,5)^2 + 18,75 \ \Rightarrow\ S(1,5\,|\,18,75)$

Seite 106

a) $f(x_N) = 0 \ \Leftrightarrow\ 2\,x_N^2 + 6\,x_N - 8 = 0$
$\Leftrightarrow\ x_N^2 + 3\,x_N - 4 = 0$
$\Leftrightarrow\ x_{N_{1,2}} = -1,5 \pm \sqrt{1,5^2 + 4}$
$\Leftrightarrow\ x_{N_1} = -4;\ x_{N_2} = 1$

Der Graph schneidet die x-Achse zwei Mal.

b) $f(x_N) = 0 \ \Leftrightarrow\ -0,25\,x_N^2 + 11\,x_N = 0$
$\Leftrightarrow\ -0,25\,x_N \cdot (x_N - 44) = 0$
$\Leftrightarrow\ x_{N_1} = 0;\ x_{N_2} = 44$

Der Graph schneidet die x-Achse zwei Mal.

c) $f(x_N) = 0 \ \Leftrightarrow\ 0,5\,x_N^2 + 2\,x_N + 7 = 0$
$\Leftrightarrow\ x_N^2 + 4\,x_N + 14 = 0$
$\Leftrightarrow\ x_{N_{1,2}} = -2 \pm \sqrt{2^2 - 14}$

Es gibt keine Nullstellen, der Graph schneidet die x-Achse nicht.

Seite 108

a) $f(x_S) = g(x_S) \ \Leftrightarrow\ x_S^2 - 3\,x_S - 10 = x_S + 2$
$\Leftrightarrow\ x_S^2 - 4\,x_S - 12 = 0$
$\Leftrightarrow\ x_{S_{1,2}} = 2 \pm \sqrt{(-2)^2 + 12}$
$\Leftrightarrow\ x_{S_1} = -2;\ x_{S_2} = 6$
$x_{S_1} = -2 \ \Rightarrow\ y_{S_1} = -2 + 2 = 0 \ \Rightarrow\ S_1(-2\,|\,0)$
$x_{S_2} = 6 \ \Rightarrow\ y_{S_2} = 6 + 2 = 8 \ \Rightarrow\ S_2(6\,|\,8)$

b) $f(x_S) = g(x_S) \ \Leftrightarrow\ 0,25\,x_S^2 - 1 = 2\,x_S^2 + 2\,x_S - 12$
$\Leftrightarrow\ 1,75\,x_S^2 + 2\,x_S - 11 = 0$
$\Leftrightarrow\ x_S^2 + \frac{8}{7}\,x_S - \frac{44}{7} = 0$
$\Leftrightarrow\ x_{S_{1,2}} = -\frac{4}{7} \pm \sqrt{\left(\frac{4}{7}\right)^2 + \frac{44}{7}}$
$\Leftrightarrow\ x_{S_1} = -\frac{22}{7};\ x_{S_2} = 2$
$x_{S_1} = -\frac{22}{7} \ \Rightarrow\ y_{S_1} = \frac{72}{49} \ \Rightarrow\ S_1\left(-\frac{22}{7}\,\Big|\,\frac{72}{49}\right)$
$x_{S_2} = 2 \ \Rightarrow\ y_{S_2} = 0 \ \Rightarrow\ S_2(2\,|\,0)$

c) $f(x_S) = g(x_S) \ \Leftrightarrow\ -2\,x_S^2 + 4\,x_S + 6 = -0,5\,x_S - 8$
$\Leftrightarrow\ -2\,x_S^2 + 4,5\,x_S + 14 = 0$
$\Leftrightarrow\ x_S^2 - 2,25\,x_S - 7 = 0$
$\Leftrightarrow\ x_{S_{1,2}} = 1,125 \pm \sqrt{(-1,125)^2 + 7}$
$\Leftrightarrow\ x_{S_1} = -1,75;\ x_{S_2} = 4$
$x_{S_1} = -1,75 \ \Rightarrow\ y_{S_1} = -7,125 \ \Rightarrow\ S_1(-1,75\,|-7,125)$
$x_{S_2} = 4 \ \Rightarrow\ y_{S_2} = -10 \ \Rightarrow\ S_2(4\,|-10)$

d) $\qquad\qquad f(x_S) = g(x_S)$
$\Leftrightarrow\ -x_S^2 + 3\,x_S + 10 = 0,5\,x_S^2 + 3\,x_S - 3,5$
$\Leftrightarrow\ 1,5\,x_S^2 - 13,5 = 0$
$\Leftrightarrow\ x_S^2 - 9 = 0$
$\Leftrightarrow\ x_{S_1} = -3;\ x_{S_2} = 3$
$x_{S_1} = -3 \ \Rightarrow\ y_{S_1} = -8 \ \Rightarrow\ S_1(-3\,|-8)$
$x_{S_2} = 3 \ \Rightarrow\ y_{S_2} = 10 \ \Rightarrow\ S_2(3\,|\,10)$

Seite 114

Einsetzen der Punkte in die allgemeine Parabelform liefert die drei Gleichungen.

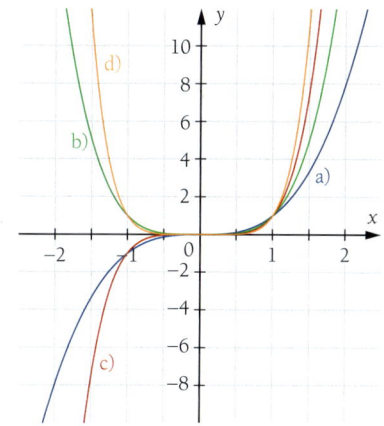

a	b	c	
4	−2	1	18
1	1	**1**	3 $\mid\cdot(-1)$
9	3	1	13
3	−3	0	15 $\mid:3$
1	1	1	3
8	2	0	10 $\mid:2$
1	−1	0	5
1	1	1	3
4	**1**	0	5 $\mid\cdot(-1)$
5	0	0	10 $\mid:5\mid\cdot3$ $\mid\cdot(-4)$
−3	0	1	−2
4	1	0	5
1	0	0	2 ▶ $a = 2$
0	0	1	4 ▶ $c = 4$
0	1	0	−3 ▶ $b = -3$

Die Funktionsgleichung der gesuchten Parabel lautet:
$f(x) = 2x^2 - 3x + 4$.

Seite 122

a) Grad 3; Wertetabelle:

−2	−1	−0,5	0	0,5	1	2
−8	−1	−0,125	0	0,125	1	8

b) Grad 4; Wertetabelle:

−2	−1	−0,5	0	0,5	1	2
16	1	0,0625	0	0,0625	1	16

c) Grad 5; Wertetabelle:

−2	−1	−0,5	0	0,5	1	2
−32	−1	−0,03125	0	0,03125	1	32

d) Grad 6; Wertetabelle:

−2	−1	−0,5	0	0,5	1	2
64	1	0,015625	0	0,015625	1	64

Seite 125

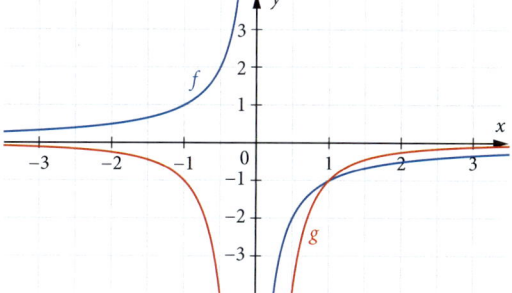

Der Graph von f ist punktsymmetrisch zum Ursprung; liegt ausschließlich im II. und IV. Quadranten; geht durch die Punkte $(-1|1)$ und $(1|-1)$; und hat keine Schnittpunkte mit den Koordinatenachsen. Der Graph von f ist der an der x-Achse gespiegelte Graph zu $f(x) = \frac{1}{x}$.
$D_f = \mathbb{R}\backslash\{0\}$; $W_f = \mathbb{R}\backslash\{0\}$

Der Graph von g ist achsensymmetrisch zur y-Achse; liegt ausschließlich im III. und IV. Quadranten; geht durch die Punkte $(-1|-1)$ und $(1|-1)$; und hat keine Schnittpunkte mit den Koordinatenachsen. Der Graph von g ist der an der x-Achse gespiegelte Graph zu $f(x) = \frac{1}{x^2}$.
$D_g = \mathbb{R}\backslash\{0\}$; $W_g = \mathbb{R}^-$

L

Seite 128

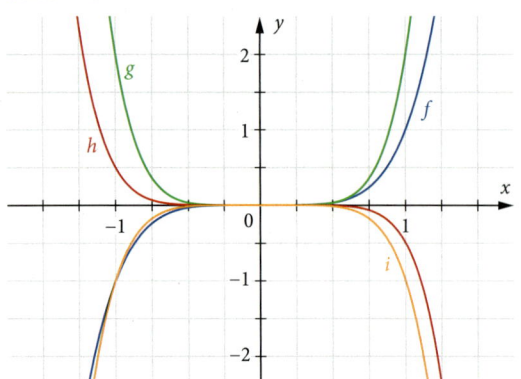

a) $a > 0$; n ungerade: Der Graph von f verläuft vom III. in den I. Quadranten. Er ist symmetrisch zum Ursprung und schneidet die x-Achse in diesem Punkt.

b) $a > 0$; n gerade: Der Graph von g verläuft vom II. in den I. Quadranten und ist nach oben geöffnet. Er ist symmetrisch zur y-Achse und berührt die x-Achse im Ursprung.

c) $a < 0$; n ungerade: Der Graph von h verläuft vom II. in den IV. Quadranten. Er ist symmetrisch zum Ursprung und schneidet die x-Achse genau in diesem Punkt.

d) $a < 0$; n gerade: Der Graph von i verläuft vom III. in den IV. Quadranten und ist nach unten geöffnet. Er ist symmetrisch zur y-Achse und berührt die x-Achse im Ursprung.

Seite 130

$g(x) = \sqrt{x + 2} + 1$

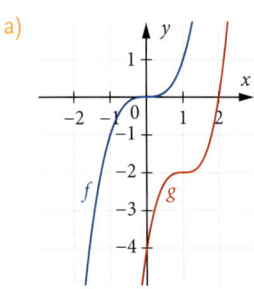

Seite 131

a)

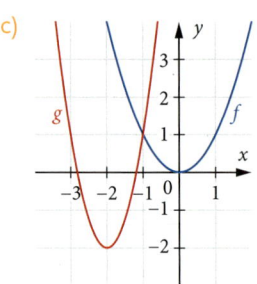

Streckung entlang der y-Achse mit dem Faktor 2; Verschiebung um 1 Einheit nach rechts und 2 Einheiten nach unten.

b)

Verschiebung um 2 Einheiten nach rechts und 1 Einheit nach oben.

c)

Streckung entlang der y-Achse mit dem Faktor 3 $\left(\frac{1}{3} \cdot 3^2\right)$; Verschiebung um 2 Einheiten nach links und 2 Einheiten nach unten.

d)

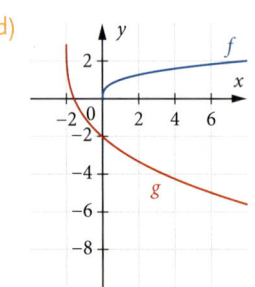

Streckung entlang der y-Achse mit dem Faktor 4; Spiegelung an der x-Achse; Verschiebung um 2 Einheiten nach links und 3 Einheiten nach oben.

Seite 139

1.

a) $n = 7$; $a_7 = 7$; $a_3 = 13$; $a_1 = 11$
   $a_0 = a_2 = a_4 = a_5 = a_6 = 0$

b) $n = 3$; $a_3 = 1$; $a_2 = 7$; $a_1 = 8$; $a_0 = -16$

c) $n = 0$; $a_0 = 5$

d) Keine ganzrationale Funktion, weil eine Potenz von x im Nenner auftritt.

e) Keine ganzrationale Funktion, weil eine Potenz von x ein Bruch ist ($\sqrt{x} = x^{\frac{1}{2}}$).

f) $n = 3$; $a_3 = \frac{1}{3}$; $a_2 = 37$; $a_1 = 0$; $a_0 = -6$

2. $V(x) = x(30 - 2x)(14 - 2x) = 4x^3 - 88x^2 + 420x$
   $D_V = [0; 7]$
   $V_{\max} = V(3) = 576$ (cm^3)
   Seitenlängen der Schachtel:
   $a = 24$ (cm); $b = 8$ (cm); $c = 3$ (cm)

L

Seite 140

a) nicht achsensymmetrisch zur y-Achse

b) achsensymmetrisch zur y-Achse (gerade Funktion)

c) achsensymmetrisch zur y-Achse (gerade Funktion)

Seite 141

a) nicht punktsymmetrisch zum Ursprung

b) punktsymmetrisch zum Ursprung (ungerade Funktion)

c) nicht punktsymmetrisch zum Ursprung

Seite 142

a) $x_N^4 + 6x_N^3 + 8x_N^2 = 0 \Leftrightarrow x_N^2 \cdot (x_N^2 + 6x_N + 8) = 0$

$\Leftrightarrow x_N^2 = 0$ oder $x_N^2 + 6x_N + 8 = 0$

$\Rightarrow x_{N_{1,2}} = 0$ (zweifach);

$x_{N_3} = -4;\ x_{N_4} = -2$ (beide einfach)

b) $-0,25x_N^3 - 5,5x_N = 0 \Leftrightarrow -0,25x_N \cdot (x_N^2 + 22) = 0$

$\Rightarrow x_N = 0$ (einfach)

Seite 143

$f(x) = 2 \cdot (x+2)^2 \cdot (x-1) = 2x^3 + 6x^2 - 8$

Seite 144

1.

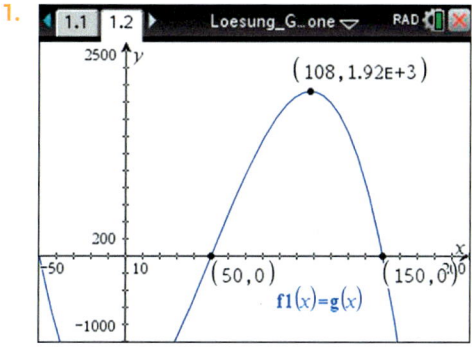

a) Die Gewinnschwelle liegt bei 50 ME und die Gewinngrenze bei 150 ME. Der maximale Gewinn von 1920 GE wird bei 108 ME erreicht.

b) Die Gleichung $G(x_N) = 0$ liefert die drei Lösungen $x_{N_1} = -50;\ x_{N_2} = 50;\ x_{N_3} = 150$. Die Lösung x_{N_1} liegt nicht im ökonomischen Definitionsbereich. Die Gewinnzone ist somit der Bereich von 50 ME bis 150 ME.

2.

a) $E(x) = (-8x + 160) \cdot x = -8x^2 + 160x$

$G(x) = -8x^2 + 160x - (x^3 - 8x^2 + 56x + 200)$

$= -x^3 + 104x - 200$

b)

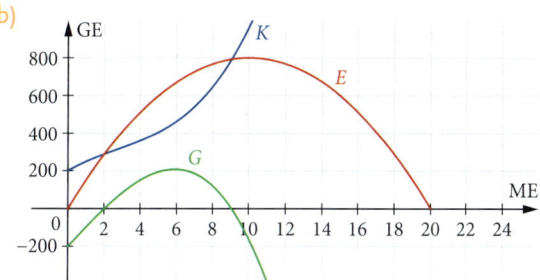

c) $G(x_N) = 0 \Rightarrow x_{N_1} \approx -11,05\ (\notin D_{\text{ök}});\ x_{N_2} = 2;$

$x_{N_3} \approx 9,05$

Gewinnschwelle: 2 ME

Gewinngrenze: rund 9 ME

Maximaler Gewinn (abgelesen): rund 210 GE

Seite 145

1.

a) $f(x_N) = 0 \Leftrightarrow x_N^4 - 2x_N^2 - 8 = 0 \qquad \blacktriangleright x_N^2 = z$

$\Leftrightarrow z^2 - 2z - 8 = 0$

$\Leftrightarrow z_1 = 4;\ z_2 = -2 \qquad \blacktriangleright z = x_N^2$

$\Leftrightarrow x_N^2 = 4$

$\Leftrightarrow x_{N_1} = -2;\ x_{N_2} = 2$

b) $f(x_N) = 0 \Leftrightarrow 2x_N^4 + 8x_N^2 - 90 = 0$

$\Leftrightarrow x_N^4 + 4x_N^2 - 45 = 0 \qquad \blacktriangleright x_N^2 = z$

$\Leftrightarrow z^2 + 4z - 45 = 0$

$\Leftrightarrow z_1 = 5;\ z_2 = -9 \qquad \blacktriangleright z = x_N^2$

$\Leftrightarrow x_N^2 = 5$

$\Leftrightarrow x_{N_1} = -\sqrt{5};\ x_{N_2} = \sqrt{5}$

c) $f(x_N) = 0 \Leftrightarrow 0,5x_N^5 + 2x_N^3 - 2,5x_N = 0$

$\Leftrightarrow 0,5x_N \cdot (x_N^4 + 4x_N^2 - 5) = 0$

$\Leftrightarrow x_{N_1} = 0$ oder $x_N^4 + 4x_N^2 - 5 = 0 \qquad \blacktriangleright x_N^2 = z$

$z^2 + 4z - 5 = 0 \Leftrightarrow z_1 = 1;\ z_2 = -5 \qquad \blacktriangleright z = x_N^2$

$\Leftrightarrow x_N^2 = 1$

$\Leftrightarrow x_{N_2} = -1;\ x_{N_3} = 1$

2.

a) $x_{N_1} \approx -9,82;\ x_{N_2} \approx -4,46;\ x_{N_3} \approx 4,35;\ x_{N_4} \approx 9,86$

b) $x_{N_1} \approx -1,68;\ x_{N_2} \approx 0,87;\ x_{N_3} \approx 2,16$

c) keine reellen Nullstellen

303

Seite 150

1.

a) $\lim\limits_{x \to -\infty} f(x) = +\infty$; $\lim\limits_{x \to +\infty} f(x) = +\infty$

Graph verläuft vom II. in den I. Quadranten.

b) $\lim\limits_{x \to -\infty} f(x) = -\infty$; $\lim\limits_{x \to +\infty} f(x) = -\infty$

Graph verläuft vom III. in den IV. Quadranten.

c) $\lim\limits_{x \to -\infty} f(x) = -\infty$; $\lim\limits_{x \to +\infty} f(x) = -\infty$

Graph verläuft vom III. in den IV. Quadranten.

d) $\lim\limits_{x \to -\infty} f(x) = +\infty$; $\lim\limits_{x \to +\infty} f(x) = -\infty$

Graph verläuft vom II. in den IV. Quadranten.

e) $\lim\limits_{x \to -\infty} f(x) = -\infty$; $\lim\limits_{x \to +\infty} f(x) = +\infty$

Graph verläuft vom III. in den I. Quadranten.

f) $\lim\limits_{x \to -\infty} f(x) = +\infty$; $\lim\limits_{x \to +\infty} f(x) = -\infty$

Graph verläuft vom II. in den IV. Quadranten.

2.

a) $\lim\limits_{x \to -\infty} f(x) = -\infty$; $\lim\limits_{x \to +\infty} f(x) = +\infty$

Graph verläuft vom III. in den I. Quadranten.

b) $\lim\limits_{x \to -\infty} f(x) = +\infty$; $\lim\limits_{x \to +\infty} f(x) = -\infty$

Graph verläuft vom II. in den IV. Quadranten.

c) $\lim\limits_{x \to -\infty} f(x) = -\infty$; $\lim\limits_{x \to +\infty} f(x) = -\infty$

Graph verläuft vom III. in den IV. Quadranten.

3.

a) z. B. $f(x) = x$ und $g(x) = x^3$
b) z. B. $f(x) = x^2$ und $g(x) = 2$

4. Die Graphen aus a) und b) verlaufen vom III. in den I. Quadranten.

Die Graphen aus c), f) und g) verlaufen vom II. in den I. Quadranten.

Die Graphen aus e) und h) verlaufen vom II. in den IV. Quadranten.

Der Graph aus d) verläuft vom III. in den IV. Quadranten.

Seite 151

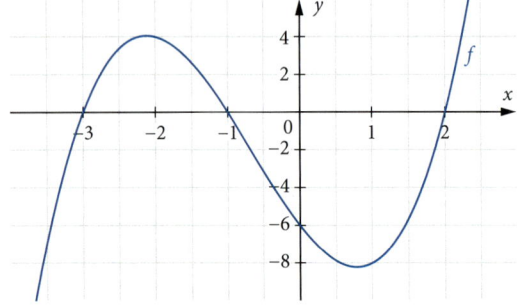

$M_1 =]-\infty; -2,1[$; $M_2 =]-2,1; 0,8[$; $M_3 =]0,8; \infty[$

G_f steigt streng monoton in M_1, fällt streng monoton in M_2 und steigt streng monoton in M_3.

G_f hat etwa bis zur Stelle 0,7 eine Rechtskrümmung und dann eine Linkskrümmung.

Seite 154

Blauer Graph f: Keine Symmetrie; $S_y(0|0)$

$x_{N_1} = -4$; $x_{N_2} = 0$; $x_{N_3} = 2$

$T(-2,5|-8,25)$; $H(1,2|2,25)$

$M_1 =]-\infty; -2,5[$: G_f fällt.

$M_2 =]-2,5; 1,2[$: G_f steigt.

$M_3 =]1,2; \infty[$: G_f fällt.

$K_1 =]-\infty; -0,5[$: G_f ist linksgekrümmt.

$K_2 =]-0,5; \infty[$: G_f ist rechtsgekrümmt.

$\lim\limits_{x \to -\infty} f(x) = \infty$ und $\lim\limits_{x \to \infty} f(x) = -\infty$

Grüner Graph g: Achsensymmetrie; $S_y(0|-5)$

$x_{N_1} = -2,7$; $x_{N_2} = 2,7$

$T(-1,4|-6)$; $H(0|-5)$; $T(1,4|-6)$

$M_1 =]-\infty; -1,4[$: G_f fällt.

$M_2 =]-1,4; 0[$: G_f steigt.

$M_3 =]0; 1,4[$: G_f fällt.

$M_4 =]1,4; \infty[$: G_f steigt.

$K_1 =]-\infty; -0,5[$: G_f ist linksgekrümmt.

$K_2 =]-0,5; 0,5[$: G_f ist rechtsgekrümmt.

$K_3 =]-0,5; \infty[$: G_f ist rechtsgekrümmt.

$\lim\limits_{x \to -\infty} f(x) = \infty$ und $\lim\limits_{x \to \infty} f(x) = \infty$

Seite 156

$f(x) = ax^3 + bx^2 + cx + d$

(1) $f(-4) = 14 \Leftrightarrow -64a + 16b - 4c + d = 14$

(2) $f(-1) = 8 \Leftrightarrow -a + b - c + d = 8$

(3) $f(0) = 18 \Leftrightarrow d = 18$ ▸ $d = 18$ in (1), (2), (4) setzen

(4) $f(2) = 20 \Leftrightarrow 8a + 4b + 2c + d = 20$

a	b	c	
-64	16	-4	-4
-1	1	-1	-10
8	4	2	2
1	0	0	-1 ▸ $a = -1$
0	0	1	9 ▸ $c = 9$
0	1	0	-2 ▸ $b = -2$

$f(x) = -x^3 - 2x^2 + 9x + 18$

Seite 165

1.

a) Für kleiner werdende Werte für x nähert sich G_f der x-Achse. G_f schneidet die y-Achse bei 2. Die Kurve steigt streng monoton (Linkskrümmung mit progressiver Zunahme).

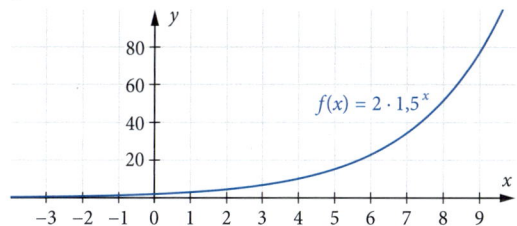

b) G_f fällt streng monoton (Linkskrümmung mit degressiver Abnahme) und schneidet die y-Achse bei 5. Für größer werdende Werte für x nähert sich G_f der x-Achse.

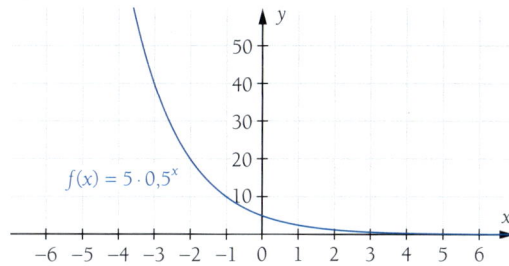

c) Für kleiner werdende Werte für x nähert sich G_f der x-Achse. G_f schneidet die y-Achse bei 0,5. Die Kurve steigt streng monoton (Linkskrümmung mit progressiver Zunahme).

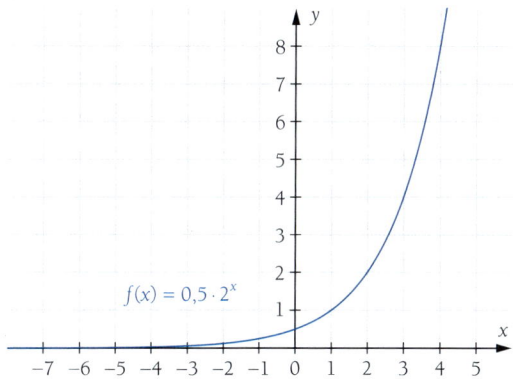

2. 1. Graph: G_g, 2. Graph: G_h, 3. Graph: G_f

Seite 167

1.

a) Graph liegt oberhalb der x-Achse und steigt (wegen $q > 1$ und $a > 0$). Graph schneidet die y-Achse in $S_y(0|1)$ und geht durch $P(1|4)$.

b) Graph liegt oberhalb der x-Achse und fällt (wegen $0 < q < 1$ und $a > 0$). Graph schneidet die y-Achse in $S_y(0|1)$ und geht durch $P(1|0{,}75)$.

c) Graph liegt oberhalb der x-Achse und steigt (wegen $q > 1$ und $a > 0$). Graph schneidet die y-Achse in $S_y(0|2)$ und geht durch $P(1|3)$.

d) Graph liegt oberhalb der x-Achse und fällt (wegen $0 < q < 1$ und $a > 0$). Graph schneidet die y-Achse in $S_y(0|5)$ und geht durch $P(1|3)$.

e) Graph liegt unterhalb der x-Achse und fällt (wegen $q > 0$ und $a < 0$). Graph schneidet die y-Achse in $S_y(0|-3)$ und geht durch $P(1|-6)$.

2. Funktionsgleichung: $f(x) = 2 \cdot 0{,}75^x$
Definitionsmenge: $D_f = \mathbb{N}$
Nach dem 4. Aufprall:
$f(4) = 0{,}6328125 \;\rightarrow\;$ Höhe beträgt rund 63 cm.
$f(5) \approx 0{,}47$ und $f(6) \approx 0{,}36 \;\rightarrow\;$ Der Ball springt 5-mal höher als 40 cm.

Seite 169

a)

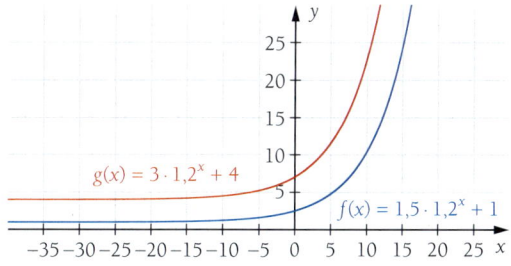

Beide Graphen sind streng monoton steigend (Linkskrümmung mit progressiver Zunahme) und nähern sich für kleiner werdende Werte für x immer mehr der x-Achse. G_f schneidet die y-Achse bei 2,5 und G_g schneidet die y-Achse bei 7.
G_f verläuft immer unterhalb von G_g.

305

b)

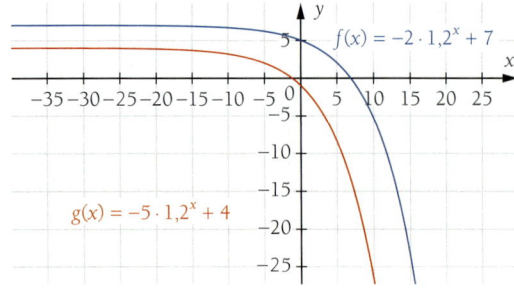

Beide Graphen sind streng monoton fallend (Rechtskrümmung mit progressiver Abnahme).

G_f nähert sich für kleiner werdende Werte für x immer mehr der Asymptote $y_A = 7$ und G_g seiner Asymptote $y_A = 4$. G_f schneidet die y-Achse bei 5 und G_g schneidet die y-Achse bei -1.

G_f verläuft immer oberhalb von G_g.

c)

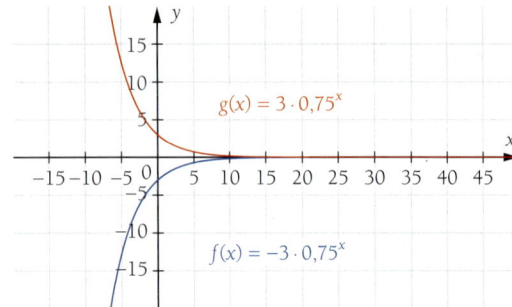

G_g ist streng monoton fallend (Linkskrümmung mit degressiver Abnahme) und G_f streng monoton steigend (Rechtskrümmung mit degressiver Zunahme). Beide Graphen nähern sich für größer werdende Werte für x immer mehr der x-Achse, G_f von unten und G_g von oben. G_f schneidet die y-Achse bei -3 und G_g schneidet die y-Achse bei 3.

G_f verläuft spiegelbildlich zu G_g; die Symmetrieachse ist die x-Achse.

Seite 171

1. $g(x) = 4^{x+2} + 1$

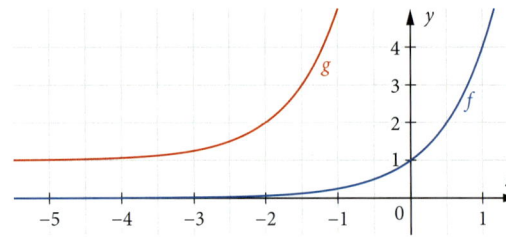

2.

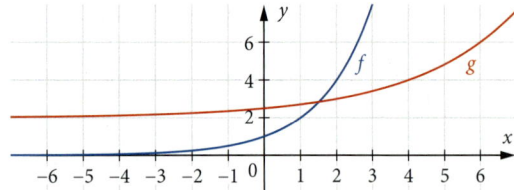

Der Graph von g entsteht aus dem Graphen von f durch Streckung entlang der x-Achse mit dem Faktor $2 \left(= \frac{1}{0,5}\right)$ sowie anschließender Verschiebung um 2 Einheiten nach rechts und 2 Einheiten nach oben.

Seite 172

a) $B(t) = 240\,000 \cdot 0,8^t$

b) $A(5) = 0,2 \cdot B(4) = 19\,660,80$
$B(5) = 240\,000 \cdot 0,8^5 = 78\,643,20$

c) $B(10) = 240\,000 \cdot 0,8^{10} \approx 25\,769,80$

Seite 175

1.

a) $x = \log_2 32 = \dfrac{\lg 32}{\lg 2} = 5$

b) $x = \log_4 \dfrac{50}{3} = \dfrac{\lg \frac{50}{3}}{\lg 4} \approx 2,03$

c) $x = \log_{25} 5 = \dfrac{\lg 5}{\lg 25} = 0,5$

d) $x = \log_{216} \sqrt{6} = \dfrac{\lg \sqrt{6}}{\lg 216} = \dfrac{1}{6}$

e) $x = \log_{0,25} 16 = \dfrac{\lg 16}{\lg 0,25} = -2$

f) $x = \log_3 7 = \dfrac{\lg 7}{\lg 3} \approx 1,77$

g) $x = \log_{0,125} 2 = \dfrac{\lg 2}{\lg 0,125} = -\dfrac{1}{3}$

h) $x = \log_3 3,375 = \dfrac{\lg 3,375}{\lg 3} \approx 1,11$

2.

a) $3^x = 81 \Leftrightarrow x = 4$

b) $10^x = 0,0001 \Leftrightarrow x = -4$

c) $2^x = 64 \Leftrightarrow x = 6$

d) $2^x = 0,03125 \Leftrightarrow x = -5$

e) $5^x = 3,125 \Leftrightarrow x = \dfrac{\lg 3,125}{\lg 5} \approx 0,71$

f) $0,25^x = 8 \Leftrightarrow x = \dfrac{\lg 8}{\lg 0,25} = -\dfrac{3}{2}$

g) $10^x = 10^3 \Leftrightarrow x = 3$

h) $10^x = 25 \Leftrightarrow x = \dfrac{\lg 25}{\lg 10} \approx 1,40$

Seite 177 (oben)

$K_8 = 1234\,€ \cdot 1{,}0275^8 \approx 1533{,}10\,€$

Seite 177 (Mitte)

$8100{,}18\,€ = 6500\,€ \cdot \left(1 + \frac{p}{100}\right)^5 \Leftrightarrow p\,\% \approx 4{,}5\,\%$

Seite 177 (unten)

$14\,343{,}63\,€ = K_0 \cdot 1{,}018^{10} \Leftrightarrow K_0 \approx 12\,000\,€$

Seite 178

1. $K_0 = \frac{2680{,}19}{1{,}05^6} \approx 2000$

$p = \sqrt[6]{\frac{2680{,}19}{2000}} - 1 \approx 0{,}05 \Rightarrow p\,\% = 5\,\%$

$n = \frac{\lg\left(\frac{2680{,}19}{2000}\right)}{\lg 1{,}05} \approx 6$

$K_6 = 2000 \cdot 1{,}05^6 \approx 2680{,}19$

2. Anfangskapital:

$K_n = K_0 \cdot q^n \qquad |: q^n$

$\Leftrightarrow K_0 = \frac{K_n}{q^n}$

Zinssatz:

$K_n = K_0 \cdot q^n \qquad |: K_0$

$\Leftrightarrow q^n = \frac{K_n}{K_0} \qquad |\sqrt[n]{}$

$\Leftrightarrow q = \sqrt[n]{\frac{K_n}{K_0}} \qquad |-1$

$\Leftrightarrow p = \sqrt[n]{\frac{K_n}{K_0}} - 1$

Zeit (Jahre):

$K_n = K_0 \cdot q^n \,|: K_0$

$\Leftrightarrow q^n = \frac{K_n}{K_0}$

$\Leftrightarrow n = \frac{\lg \frac{K_n}{K_0}}{\lg q}$

Seite 187

1.
a) $\sin(30°) = 0{,}5$
b) $\sin(60°) \approx 0{,}87$
c) $\cos(513°) \approx -0{,}89$
d) $\cos(12°) \approx 0{,}98$
e) $\sin(5°) \approx 0{,}09$
f) $\cos(20°) \approx 0{,}94$

2.

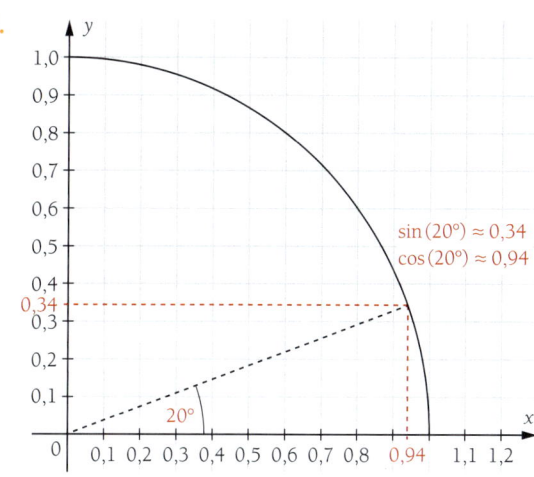

▶ Die Abbildung ist um 50 % verkleinert dargestellt und es wurde zugunsten der Übersichtlichkeit nur ein Winkel eingetragen.

a) $\sin(0°) = 0; \cos(0°) = 1$
b) $\sin(20°) \approx 0{,}34; \cos(20°) \approx 0{,}94$
c) $\sin(40°) \approx 0{,}64; \cos(40°) \approx 0{,}77$
d) $\sin(60°) \approx 0{,}87; \cos(60°) = 0{,}5$
e) $\sin(80°) \approx 0{,}98; \cos(80°) \approx 0{,}17$
f) $\sin(117°) \approx 0{,}89; \cos(117°) \approx -0{,}45$

Seite 188 (oben)

a) $\alpha = 350°$
b) $\alpha = 285°$
c) $\alpha = 230°$
d) $\alpha = 40°$

Seite 188 (unten)

a) $x \approx 0{,}1745$
b) $x \approx 0{,}9076$
c) $x \approx 0{,}5236$
d) $\alpha \approx 11{,}46°$
e) $\alpha = 90°$
f) $\alpha \approx 57{,}30°$
g) $\alpha = 180°$
h) $\alpha = 900°$
i) $x \approx 1{,}9373$

Seite 190

Wir können zu beliebigen Winkeln x den Wert $\sin(x)$ berechnen. Daher ist $D_{\sin} = \mathbb{R}$.

Der größte Wert der Sinusfunktion ist der Radius des Einheitskreises, also 1. Entsprechend ist der kleinste Wert −1.

Nach einer vollen Umdrehung im Einheitskreis wiederholen sich die Werte von $\sin(x)$, also hat die Sinusfunktion die Periodenlänge 2π.

Nullstellen hat die Sinusfunktion, falls der zugehörige Punkt im Einheitskreis die Höhe 0 hat. Dies ist bei 0 und π der Fall. Addieren wir jeweils ein Vielfaches von 2π, so erhalten wir ebenfalls die Höhe 0. Insgesamt erhält man also die Nullstellen $k \cdot \pi$ für $k \in \mathbb{Z}$.

L

Den Sinuswert von $-x$ erhalten wir aus dem Sinuswert von x durch Spiegelung des zugehörigen Punkts an der x-Achse. Es gilt also $-\sin(x) = \sin(-x)$. Der Graph der Sinusfunktion ist daher punktsymmetrisch zum Ursprung.

Seite 191

Wir können zu beliebigen Winkeln x den Wert $\cos(x)$ berechnen. Daher ist $D_{\cos} = \mathbb{R}$.

Der größte Wert der Kosinusfunktion ist der Radius des Einheitskreises, also 1. Entsprechend ist der kleinste Wert -1.

Nach einer vollen Umdrehung im Einheitskreis wiederholen sich die Werte von $\cos(x)$, also hat die Kosinusfunktion die Periodenlänge 2π.

Nullstellen hat die Kosinusfunktion, falls der zugehörige Punkt im Einheitskreis die Höhe 0 hat. Dies ist bei $\frac{\pi}{2}$ und $\frac{3\pi}{2}\pi$ der Fall. Addieren wir jeweils ein Vielfaches von 2π, so erhalten wir ebenfalls die Höhe 0. Insgesamt erhält man also die Nullstellen $\frac{\pi}{2} + k \cdot \pi$ für $k \in \mathbb{Z}$.

Den Kosinuswert von $-x$ erhalten wir aus dem Kosinuswert von x durch Spiegelung des zugehörigen Punkts an der y-Achse. Es gilt also $\cos(x) = \cos(-x)$. Der Graph der Kosinusfunktion ist daher achsensymmetrisch zur y-Achse.

Seite 192

Graph	Amplitude	Funktionsgleichung
blau ④	1	$f(x) = \sin(x)$
grün ②	1,5	$f(x) = 1,5\sin(x)$
orange ③	1	$f(x) = -\sin(x)$
rot ①	2	$f(x) = -2\sin(x)$

Seite 193 (oben)

Periodenlänge von f: $\frac{2\pi}{3}$

Periodenlänge von g: $\frac{2\pi}{\frac{1}{\pi}} = 2\pi^2$

Seite 193 (unten)

Beide Graphen sind gleich, denn die Funktionen sind identisch. Der Graph von g entsteht durch Verschiebung des Graphen von h um 2π nach links.

Seite 204

Besonders steil ist der Weg auf den ersten und den letzten 400 Metern. Besonders flach ist er zwischen 600 und 900 Metern Entfernung von Homberg.

Seite 205

1. Durchschnittliche Steigung:

P_2 zu P_3: $\frac{3}{70}$

P_3 zu P_4: $\frac{1}{15}$

Die Streckenabschnitte P_1 zu P_2 und P_2 zu P_3 werden durch die durchschnittliche Steigung recht gut charakterisiert, der Abschnitt P_3 zu P_4 weniger gut.

2. Differenzenquotient:

$[-1; 2]$: $\dfrac{f(2) - f(-1)}{2 - (-1)} = \dfrac{4 - 1}{3} = 1$

$[-1; 0]$: $\dfrac{f(0) - f(-1)}{0 - (-1)} = \dfrac{0 - 1}{1} = -1$

$[0; 2]$: $\dfrac{f(2) - f(0)}{2 - 0} = \dfrac{4 - 0}{2} = 2$

$[1; 1,1]$: $\dfrac{f(1,1) - f(1)}{1,1 - 1} = \dfrac{1,21 - 1}{0,1} = 2,1$

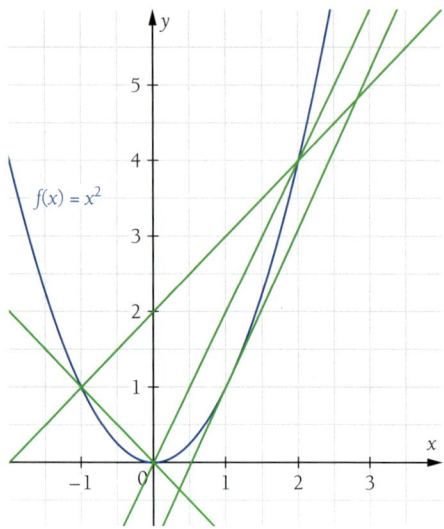

$f(x) = x^2$

Die Geraden zu $[-1; 0]$ und $[1; 1,1]$ spiegeln den Verlauf von G_f im jeweiligen Bereich am besten wider.

Seite 207

1. $\displaystyle\lim_{x \to 2} \frac{f(x) - f(2)}{x - 2} = \lim_{x \to 2} \frac{x^2 - 3 - 1}{x - 2}$

$\displaystyle = \lim_{x \to 2} \frac{x^2 - 4}{x - 2}$

$\displaystyle = \lim_{x \to 2} \frac{(x - 2) \cdot (x + 2)}{x - 2}$

$\displaystyle = \lim_{x \to 2} (x + 2) = 4$

Die Steigung von f bei $x_0 = 2$ ist 4.

2. $\lim\limits_{x\to 1}\dfrac{f(x)-f(1)}{x-1}$

a) $\lim\limits_{x\to 1}\dfrac{x^2-1}{x-1}=\lim\limits_{x\to 1}(x+1)=2$

b) $\lim\limits_{x\to 1}\dfrac{x^3-1}{x-1}=\lim\limits_{x\to 1}(x^2+x+1)=3$

c) $\lim\limits_{x\to 1}\dfrac{x^4-1}{x-1}=\lim\limits_{x\to 1}(x^3+x^2+x+1)=4$

d) $\lim\limits_{x\to 1}\dfrac{x^5-1}{x-1}=\lim\limits_{x\to 1}(x^4+x^3+x^2+x+1)=5$

e) $\lim\limits_{x\to 1}\dfrac{x^n-1}{x-1}=\lim\limits_{x\to 1}(x^{n-1}+x^{n-2}+\cdots+x^2+x+1)=n$

Seite 210

1. $\lim\limits_{x\to -2}\dfrac{f(x)-f(-2)}{x-(-2)}=\lim\limits_{x\to -2}\dfrac{2x^2-8}{x+2}$

$=\lim\limits_{x\to -2}\dfrac{2\cdot(x-2)\cdot(x+2)}{x+2}$

$=\lim\limits_{x\to -2}2\cdot(x-2)$

$=-8$ (Steigung)

$\lim\limits_{x\to 3}\dfrac{f(x)-f(3)}{x-3}=\lim\limits_{x\to 3}\dfrac{2x^2-18}{x-3}$

$=\lim\limits_{x\to 3}\dfrac{2\cdot(x-3)\cdot(x+3)}{x-3}$

$=\lim\limits_{x\to 3}2\cdot(x+3)$

$=12$ (Steigung)

$\lim\limits_{x\to 0}\dfrac{f(x)-f(0)}{x-0}=\lim\limits_{x\to 0}\dfrac{2x^2-0}{x-0}=\lim\limits_{x\to 0}2x$

$=0$ (Steigung)

2.

a) Graph zu $s(t)=20\,t$

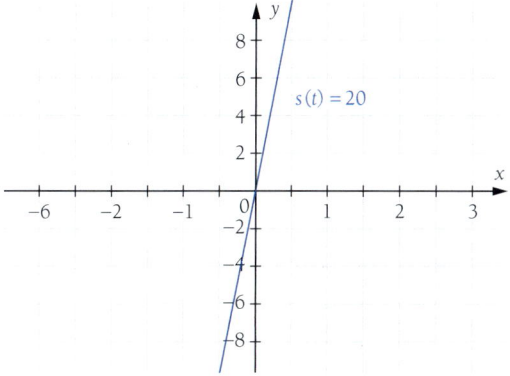

b) $\lim\limits_{t\to 3}\dfrac{s(t)-s(3)}{t-3}=\lim\limits_{t\to 3}\dfrac{20\,t-60}{t-3}=\lim\limits_{t\to 3}20=20$

$\lim\limits_{t\to 10}\dfrac{s(t)-s(10)}{t-10}=\lim\limits_{t\to 10}\dfrac{20\,t-200}{t-10}=\lim\limits_{t\to 10}20=20$

Die Momentangeschwindigkeit nach 3 Sekunden und nach 10 Sekunden beträgt $20\,\frac{m}{s}$.

c) Es handelt sich um eine geradlinige Bewegung mit konstanter Geschwindigkeit.

Seite 211

1. Die h-Methode benennt den Abstand $x-x_0$ explizit als h. Wenn $x\to x_0$ geht, dann geht auch $h\to 0$; und umgekehrt. Aus diesem Grund führen beide Methoden zu demselben Ergebnis.

2. $\lim\limits_{x\to -3}\dfrac{f(x)-f(-3)}{x-(-3)}=\lim\limits_{x\to -3}\dfrac{x^2-(-3)^2}{x+3}$

$=\lim\limits_{x\to -3}\dfrac{(x-3)\cdot(x+3)}{(x+3)}$

$=\lim\limits_{x\to -3}(x-3)=-6$

$\lim\limits_{h\to 0}\dfrac{f(-3+h)-f(-3)}{h}=\lim\limits_{h\to 0}\dfrac{(-3+h)^2-(-3)^2}{h}$

$=\lim\limits_{h\to 0}\dfrac{9-6h+h^2-9}{h}$

$=\lim\limits_{h\to 0}(-6+h)=-6$

Seite 213

$\lim\limits_{x\to x_0}\dfrac{x^2-x_0^2}{x-x_0}=\lim\limits_{x\to x_0}\dfrac{(x+x_0)\cdot(x-x_0)}{x-x_0}=\lim\limits_{x\to x_0}x+x_0=2x_0$

$\Rightarrow f'(x)=2x$

Seite 214

a), c)

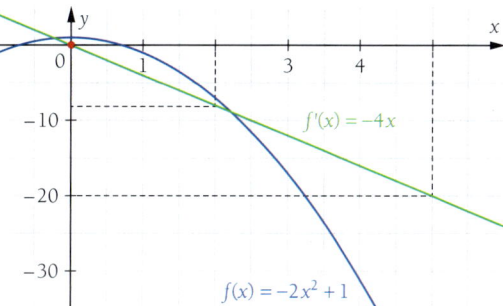

b), d) $f'(2)=-\dfrac{16}{2}=-8;\ f'(0)=0;\ f'(5)=-\dfrac{15}{0,75}=-20$

Seite 218

1.

a) $f'(x)=6x^2+4$

b) $f'(x)=-x$

c) $f'(x)=0{,}25\,x^4-1{,}2\,x^3$

d) $f'(x)=\frac{1}{6}x^6-\frac{1}{5}x^5+\frac{1}{4}x^4$

e) $f'(x)=x^3+x^2$

f) $f'(x)=0$

g) $f'(x)=3\,a\,x^2+2\,b\,x+c$

h) $f'(x)=14\,a\,x-2\,b$

2.

a) $f'(x) = 2$

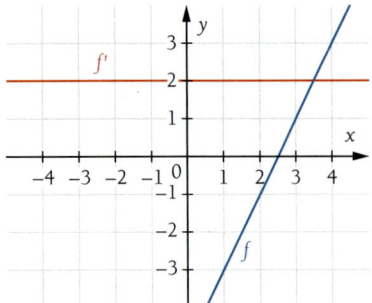

b) $f'(x) = -0,5x + 4$

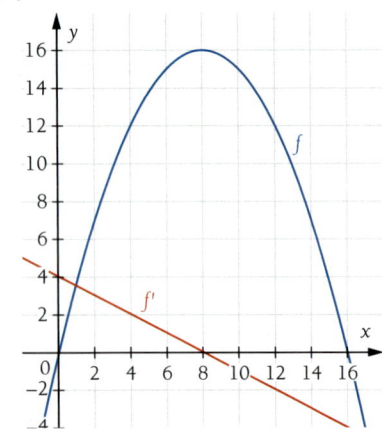

c) $f'(x) = \frac{3}{2}x^2 - 3$

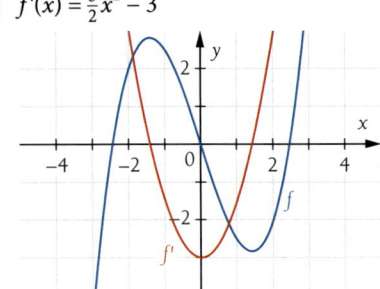

Seite 219

a) $f'(x) = 10x^3 + 6x$
$f''(x) = 30x^2 + 6$
$f'''(x) = 60x$
$f^{(4)}(x) = 60$
$f^{(5)}(x) = 0$

b) $f'(x) = 0,75x^2 - 5$
$f''(x) = 1,5x$
$f'''(x) = 1,5$
$f^{(4)}(x) = 0$

c) $f'(x) = -5x^4 + 0,8x^3 - 18x^2$
$f''(x) = -20x^3 + 2,4x^2 - 36x$
$f'''(x) = -60x^2 + 4,8x - 36$
$f^{(4)}(x) = -120x + 4,8$
$f^{(5)}(x) = -120$
$f^{(6)}(x) = 0$

d) $f'(x) = -\frac{2}{3}x^3 + \frac{5}{2}x^2 - \frac{2}{3}x - \frac{4}{3}$
$f''(x) = -2x^2 + 5x - \frac{2}{3}$
$f'''(x) = -4x + 5$
$f^{(4)}(x) = -4$
$f^{(5)}(x) = 0$

Seite 221

a) $m = \lim\limits_{h \to 0} \dfrac{f(x_0 + h) - f(x_0)}{h}$

$= \lim\limits_{h \to 0} \dfrac{\frac{-3}{x_0 + h} - \frac{-3}{x_0}}{h}$

$= \lim\limits_{h \to 0} \dfrac{1}{h} \cdot \dfrac{-3x_0 + 3(x_0 + h)}{(x_0 + h) \cdot x_0}$

$= \lim\limits_{h \to 0} \dfrac{1}{h} \cdot \dfrac{3h}{(x_0 + h) \cdot x_0}$

$= \lim\limits_{h \to 0} \dfrac{3}{(x_0 + h) \cdot x_0}$

$= \dfrac{3}{x_0 \cdot x_0} = \dfrac{3}{x_0^2}$

$\Rightarrow f'(x) = \dfrac{3}{x^2}$

b) $m = \lim\limits_{h \to 0} \dfrac{3(x_0 + h)^{-3} + 2(x_0 + h)^2 - (3x_0^{-3} + 2x_0^2)}{h}$

$= \lim\limits_{h \to 0} \dfrac{\frac{3}{(x_0 + h)^3} + 2(x_0^2 + 2x_0 h + h^2) - \frac{3}{x_0^3} - 2x_0^2}{h}$

$= \lim\limits_{h \to 0} \dfrac{1}{h} \cdot \left(\dfrac{3}{(x_0 + h)^3} - \dfrac{3}{x_0^3} + 2(x_0^2 + 2x_0 h + h^2) - 2x_0^2 \right)$

$= \lim\limits_{h \to 0} \dfrac{1}{h} \cdot \left(\dfrac{3x_0^3 - 3(x_0 + h)^3}{x_0^3 \cdot (x_0 + h)^3} + 4x_0 h + 2h^2 \right)$

$= \lim\limits_{h \to 0} \dfrac{1}{h} \cdot \left(\dfrac{-9x_0^2 h - 9x_0 h^2 - 3h^3}{x_0^3 \cdot (x_0 + h)^3} + 4x_0 h + 2h^2 \right)$

$= \lim\limits_{h \to 0} \left(\dfrac{-9x_0^2 - 9x_0 h - 3h^2}{x_0^3 \cdot (x_0 + h)^3} + 4x_0 + 2h \right)$

$= \dfrac{-9x_0^2}{x_0^6} + 4x_0 = \dfrac{-9}{x_0^4} + 4x_0$

$\Rightarrow f'(x) = -9x^{-4} + 4x$

Seite 222

$m = \lim\limits_{x \to x_0} \dfrac{f(x) - f(x_0)}{x - x_0} = \lim\limits_{x \to x_0} \dfrac{4\sqrt{x} - 4\sqrt{x_0}}{x - x_0}$

$= \lim\limits_{x \to x_0} \dfrac{4 \cdot (\sqrt{x} - \sqrt{x_0})}{(\sqrt{x} - \sqrt{x_0}) \cdot (\sqrt{x} + \sqrt{x_0})} = \lim\limits_{x \to x_0} \dfrac{4}{\sqrt{x} + \sqrt{x_0}}$

$= \dfrac{4}{2\sqrt{x_0}} = \dfrac{2}{\sqrt{x_0}}$

$\Rightarrow f'(x) = \dfrac{2}{\sqrt{x}}$

L

Seite 223

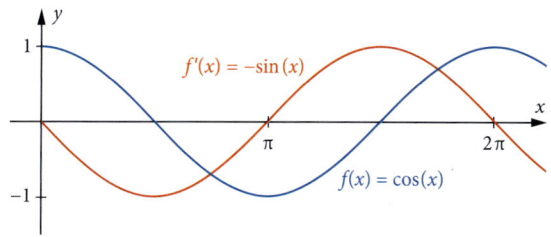

Seite 224

$f(-3) = -20{,}7 = t(-3); f'(x) = 0{,}3x^2 - 4x$

$\Rightarrow f'(-3) = 14{,}7$

$t(x) = 14{,}7x + b \Rightarrow -20{,}7 = 14{,}7 \cdot (-3) + b$

$\Leftrightarrow b = 23{,}4 \Rightarrow t(x) = 14{,}7x + 23{,}4$

Seite 225 (oben)

$f'(x) = 6x - 5; f'(x) = 1 \Leftrightarrow 6x - 5 = 1 \Leftrightarrow x = 1$

$f(1) = 2 \Rightarrow P(1|2)$

$g'(x) = 3x^2 - 11; g'(x) = 1 \Leftrightarrow 3x^2 - 11 = 1$

$\Leftrightarrow x^2 = 4 \Rightarrow x_1 = -2; x_2 = 2$

$g(-2) = 14 \Rightarrow P_1(-2|14)$

$g(2) = -14 \Rightarrow P_2(2|-14)$

Seite 225 (unten)

$f'(x) = 3x^2 - 4x - 8; f'(4) = 24$

$f'(4) \cdot s'(4) = -1 \Rightarrow s'(4) = -\frac{1}{24}$

$y = s'(4) \cdot x + n \quad \blacktriangleright P(4|0)$

$\Leftrightarrow 0 = -\frac{1}{24} \cdot 4 + n \Leftrightarrow n = \frac{1}{6}$

$s(x) = -\frac{1}{24}x + \frac{1}{6}$

Seite 227

Grenzkostenfunktion:

$K'(x) = -0{,}375x^2 + 5{,}65x - 5$

Grenzkosten für 6 ME: $K'(6) = 15{,}4$

Seite 234

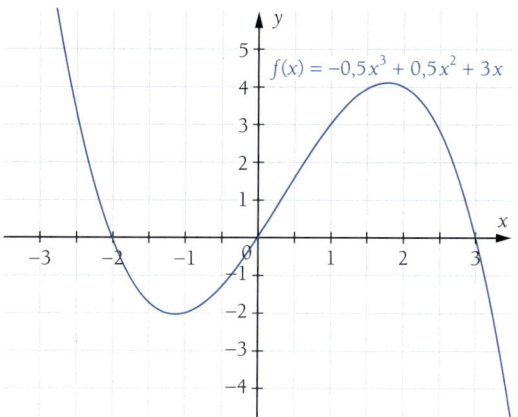

$M_1 =]-\infty; -1{,}12[$: Tangentensteigung in M_1 negativ

$\Rightarrow f$ fällt in M_1 streng monoton.

$M_2 =]-1{,}12; 1{,}79[$: Tangentensteigung in M_2 positiv

$\Rightarrow f$ steigt in M_2 streng monoton.

$M_3 =]1{,}79; \infty[$: Tangentensteigung in M_3 negativ

$\Rightarrow f$ fällt in M_3 streng monoton.

Seite 235

$f'(x) = -1{,}5x^2 + x + 3; f'(x_E) = 0$

$\Rightarrow x_{E_1} \approx -1{,}12; x_{E_2} \approx 1{,}79$

$M_1 =]-\infty; -1{,}12[: f'(-2) = -5 \; (< 0)$

$\Rightarrow f$ monoton fallend in M_1

$M_2 =]-1{,}12; 1{,}79[: f'(0) = 3 \; (> 0)$

$\Rightarrow f$ monoton steigend in M_2

$M_3 =]1{,}79; \infty[: f'(2) = -1 \; (< 0)$

$\Rightarrow f$ monoton fallend in M_3

Seite 238

1. $f'(x) = 3x^2 - 12; f'(x_E) = 0 \Rightarrow x_{E_1} = -2; x_{E_2} = 2$

   $f'(-3) = 15 \; (> 0); f'(-1) = -9 \; (< 0)$

   $\Rightarrow H(-2|16) \quad \blacktriangleright f(-2) = 16$

   $f'(1) = -9 \; (< 0); f'(3) = 15 \; (> 0)$

   $\Rightarrow T(2|-16) \quad \blacktriangleright f(2) = -16$

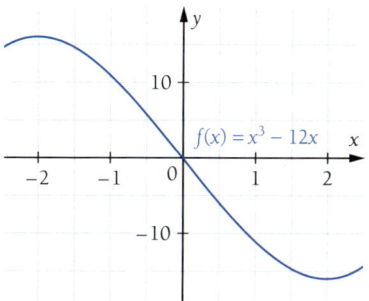

2. $G'(x) = -0.03\,x^2 + 18\,x - 150$

a) $G'(x_E) = 0 \;\Leftrightarrow\; -0.03\,x_E^2 + 18\,x_E - 150 = 0$
$\Leftrightarrow x_E^2 - 600\,x_E + 5000 = 0 \;\Rightarrow\; x_{E_1} \approx 8;\; x_{E_2} \approx 592$
$G'(590) = 27 \,(> 0);\; G'(595) = -60{,}75 \,(< 0)$
(G' hat bei 592 einen VZW von „+ nach −")
$\Rightarrow G_{max}(592\,|\,740\,629)$; max. Gewinn 740 629 €

f' hat bei −3 einen VZW von „−" nach „+"
$\Rightarrow$ −3 ist lokale Minimalstelle von f
f' hat bei −2 einen VZW von „+" nach „−"
$\Rightarrow$ −2 ist lokale Maximalstelle von f
f' hat bei 1 einen VZW von „−" nach „+"
$\Rightarrow$ 1 ist lokale Minimalstelle von f

b)

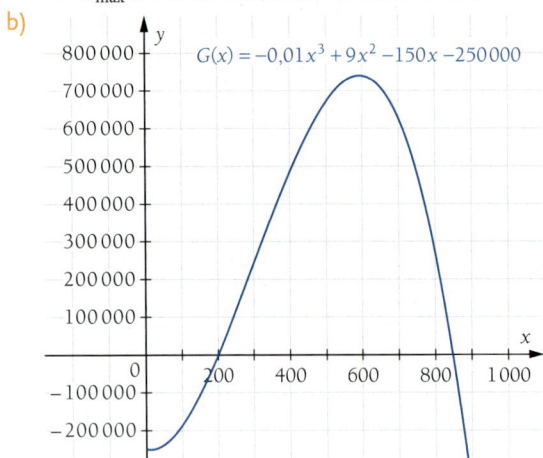

Bei einer Ausbringungsmenge von 200 ME wird die Gewinnschwelle erreicht. Der Gewinn ist bei etwa 592 ME maximal. Werden mehr ME ausgebracht, sinkt der Gewinn wieder, bis bei etwa 848 ME die Gewinngrenze erreicht ist.

c)

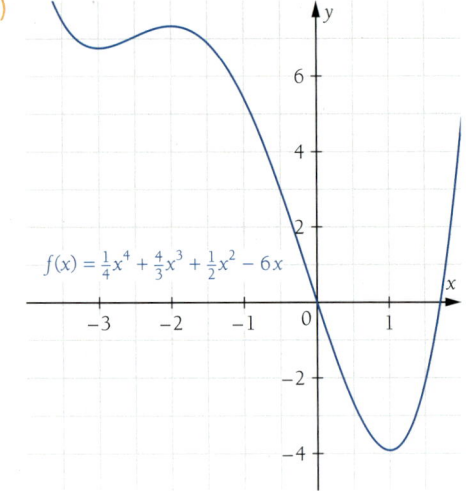

Seite 241
$f'(x) = 3\,x^2 - 12;\; f''(x) = 6\,x$
$f''(x_W) = 0 \;\Rightarrow\; x_W = 0$
$f''(-1) = -6 \,(< 0);\; f''(1) = 6 \,(> 0)$
$\Rightarrow W(0\,|\,0)$ mit RL-KW ► $f(0) = 0$

Die Funktion hat einen Wendepunkt in $W(0\,|\,0)$. Dort ändert sich das Krümmungsverhalten von Rechts- auf Linkskrümmung. In Wendepunkten ist das Steigungsverhalten extremal, Wendepunkte der Ausgangsfunktion sind deshalb Extrema der ersten Ableitung.

3.

a)

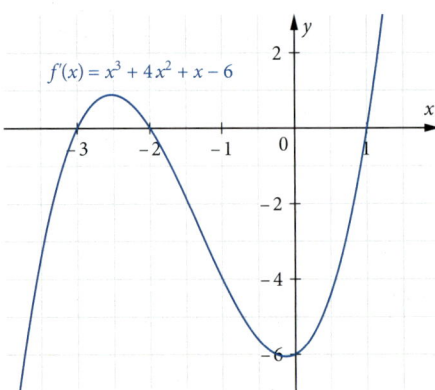

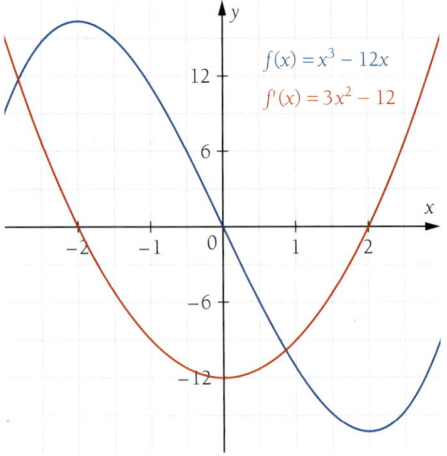

b) Der Graph von f muss bei $x_{E_1} = -3$, $x_{E_2} = -2$ und $x_{E_3} = 1$ je eine Extremstelle haben, da f' an diesen Stellen null wird und außerdem ein Vorzeichenwechsel in der ersten Ableitung stattfindet.

Rechnerische Bestätigung:
$f'(x) = 0 \;\Rightarrow\; x_{E_1} = -3;\; x_{E_2} = -2;\; x_{E_3} = 1$ ► GTR/CAS
$f'(-4) = -20 \,(< 0);\; f'(-2{,}5) = 0{,}875 \,(> 0);$
$f'(0) = -6 \,(< 0);\; f'(2) = 20 \,(> 0)$

Seite 243

$f'(x) = 3x^2 - 12; f'(x_E) = 0 \Rightarrow x_{E_1} = -2; x_{E_2} = 2$

$f''(x) = 6x$

$f''(-2) = -12 \ (< 0; -2 \text{ ist lokale Maximalstelle})$

$f(-2) = 16 \Rightarrow H(-2|16)$

$f''(2) = 12 \ (> 0; 2 \text{ ist lokale Minimalstelle})$

$f(2) = -16 \Rightarrow T(2|-16)$

Seite 244

$f'(x) = 3x^2 - 12; f''(x) = 6x; f'''(x) = 6;$

$f''(x_W) = 0 \Rightarrow x_W = 0$

$f'''(0) = 6 \ (> 0; \text{Wendestelle mit RL-KW})$

$f(0) = 0 \Rightarrow W(0|0) \text{ mit RL-KW}$

Seite 251

Verhalten von f für $|x| \to \infty$

$\lim\limits_{x \to -\infty} f(x) = -\infty; \ \lim\limits_{x \to \infty} f(x) = +\infty$

Symmetrieeigenschaften des Graphen von f

Der Graph von f ist punktsymmetrisch zum Ursprung, da die Funktion ungerade ist.

y-Achsenabschnitt

$f(0) = 0 \Rightarrow S_y(0|0)$

Nullstellen

$f(x_N) = 0 \Leftrightarrow x_N^3 - 4x_N = 0 \Leftrightarrow x_N \cdot (x_N^2 - 4) = 0$

$\Rightarrow x_{N_1} = 0; x_{N_2} = -2; x_{N_3} = 2$

Lokale Extrempunkte

$f'(x) = 3x^2 - 4; f''(x) = 6x$

$f'(x_E) = 0 \Leftrightarrow 3x_E^2 - 4 = 0 \Rightarrow x_{E_1} \approx -1{,}15; x_{E_2} \approx 1{,}15$

$f''(-1{,}15) = -6{,}9 \ (< 0, \text{lokale Maximalstelle})$

$f(-1{,}15) \approx 3{,}08 \Rightarrow H(-1{,}15|3{,}08)$

Wegen Punktsymmetrie: $T(1{,}15|-3{,}08)$

Monotonieverhalten

Die Funktion f steigt in $]-\infty; -1{,}15[$ und $]1{,}15; \infty[$ monoton und fällt in $]-1{,}15; 1{,}15[$ monoton.

Wendepunkte

$f''(x) = 6x; f'''(x) = 6$

$f''(x_W) = 0 \Leftrightarrow 6x_W = 0 \Leftrightarrow x_W = 0$

$f'''(0) = 6 \ (> 0, \text{Wendestelle mit RL-KW})$

$f(0) = 0 \Rightarrow W(0|0) \text{ mit RL-KW}$

Krümmungsverhalten

Die Funktion f ist in $]-\infty; 0[$ rechtsgekrümmt und in $]0; \infty[$ linksgekrümmt.

Graph der Funktion

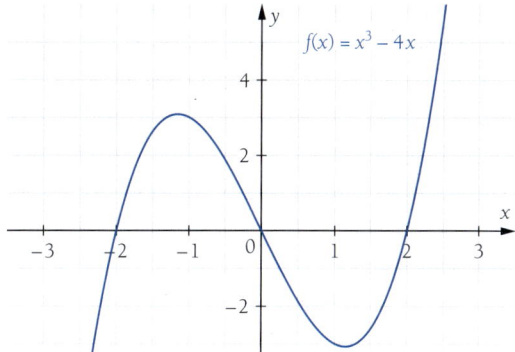

$f(x) = x^3 - 4x$

Seite 259

1. $K'(x) = 0{,}15x^2 - 8x + 110; K''(x) = 0{,}3x - 8;$

   $K'''(x) = 0{,}3$

   $K''(x_W) = 0 \Leftrightarrow 0{,}3x_W - 8 = 0$

   $\Rightarrow x_W = \frac{80}{3} \approx 26{,}67$

   $K'''\left(\frac{80}{3}\right) = 0{,}3 \ (> 0, \text{LK}) \Rightarrow \text{lokale Minimalstelle von } K'$

   $K'\left(\frac{80}{3}\right) = \frac{10}{3} \approx 3{,}33 \Rightarrow GKM(26{,}67|3{,}33)$

   Bei der Produktion von 26,67 ME sind die Grenzkosten minimal und betragen 3,33 GE.

2. $K'(x) = 0{,}3x^2 - 3{,}6x + 14; K''(x) = 0{,}6x - 3{,}6;$

   $K'''(x) = 0{,}6$

   $K'(x_E) = 0 \Leftrightarrow x_E^2 - 12x_E + \frac{140}{3} = 0$

   $\Leftrightarrow x_{E_{1,2}} = 6 \pm \sqrt{36 - 46\frac{2}{3}}; \text{keine reelle Lösung}$

   $\Rightarrow \text{kein Extremwert}$

   $K''(x_W) = 0 \Leftrightarrow 0{,}6x_W - 3{,}6 = 0 \Leftrightarrow x_W = 6$

   $K'''(6) = 0{,}6 \ (> 0, \text{Wendestelle mit RL-KW})$

   Der Graph von K hat kein Extremum, aber einen Wendepunkt mit RL-KW. Daher hat K einen ertragsgesetzlichen Verlauf.

Seite 260

a) $E(x) = p(x) \cdot x = -1{,}25x^2 + 200x$

   $G(x) = E(x) - K(x)$

   $= -0{,}05x^3 + 2{,}75x^2 + 90x - 2500$

b) $G(20) = 0 \Rightarrow x_{N_1} = 20; x_{N_2} \approx 70{,}47;$

   $x_{N_3} \approx -35{,}47 \ (\notin D_{\text{ök}})$

   $\Rightarrow \text{Gewinnzone: } [20; 70{,}47]$

c) $G'(x) = -0{,}15x^2 + 5{,}5x + 90; G''(x) = -0{,}3x + 5{,}5$

   $G'(x_E) = 0 \Leftrightarrow -0{,}15x_E^2 + 5{,}5x_E + 90 = 0$

   $\Leftrightarrow x_E^2 - \frac{110}{3}x_E - 600 = 0$

   $\Leftrightarrow x_{E_{1,2}} = \frac{55}{3} \pm \sqrt{\left(\frac{55}{3}\right)^2 + 600}$

   $\Rightarrow x_{E_1} \approx 48{,}93 \text{ und } x_{E_2} \approx -12{,}26 \ (\notin D_{\text{ök}})$

   $G''(48{,}93) \approx -9{,}18 \ (< 0, \text{lokale Maximalstelle})$

$G(48,93) \approx 2630,32 \Rightarrow G_{max}(48,93 | 2630,32)$
Maximale Ausbringungsmenge: 48,93 ME
Maximaler Gewinn: 2630,32 GE

Seite 263

Absatzzone

$A(t_N) = 0 \Rightarrow t_{N_1} = 10$ und $t_{N_2} = 17$
$\Rightarrow$ Absatzzone: $[10; 17]$ ▸ Oktober bis Mai

Absatzmaximum

$A'(t) = 3t^2 - 88t + 629; A''(t) = 6t - 88$
$A'(t_E) = 0 \Leftrightarrow 3t_E^2 - 88t_E + 629 = 0$

$\Leftrightarrow t_{E_{1,2}} = \frac{44}{3} \pm \sqrt{\left(\frac{44}{3}\right)^2 - \frac{629}{3}}$

$\Leftrightarrow t_{E_1} = 12\frac{1}{3}$ und $t_{E_2} = 17$

$A''\left(12\frac{1}{3}\right) = -14 \ (< 0,$ lokale Maximalstelle$)$

$A\left(12\frac{1}{3}\right) \approx 50,815 \Rightarrow A_{max}(12,33 | 50,815)$
Maximaler Absatzzeitpunkt: ca. 10. Januar
Maximaler Absatz: 5 081 500 kg

Maximaler Absatzzuwachs bzw. -rückgang

$A''(t_W) = 0 \Leftrightarrow 6t_W - 88 = 0$

$\Leftrightarrow t_W = \frac{44}{3} = 14\frac{2}{3}$

$A'''(t) = 6 \Rightarrow A'''\left(\frac{44}{3}\right) = 6 \ (> 0,$ Wendestelle mit RL-KW$)$

$A'\left(\frac{44}{3}\right) = -\frac{49}{3} \Rightarrow$ maximaler Absatzrückgang ca. am
20. Februar mit ca. 1 633 333 kg pro Tag

$A'(10) = 49 \Rightarrow$ maximaler Absatzzuwachs Ende
Oktober mit ca. 4 900 000 kg pro Tag

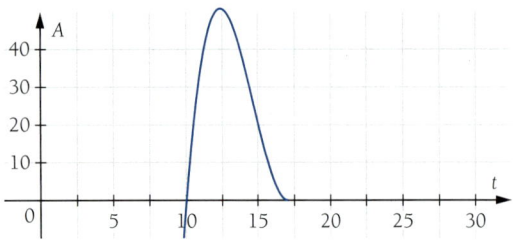

Maximaler Absatzanstieg an der Absatzschwelle; degressiver Anstieg bis zum Absatzmaximum; dann Absatzrückgang, der im Wendepunkt am stärksten ist; dann verlangsamter (degressiver) Absatzrückgang bis zur Absatzgrenze.

Seite 266

a) Richtige Aussage: G_K hat eine Wendestelle an der Minimalstelle von $G_{K'}$, etwa bei $x = 4$.

b) Falsche Aussage: Ab dem Schnittpunkt von $G_{K'}$ mit G_k steigen die Stückkosten.

c) Falsche Aussage: Das Betriebsoptimum liegt im Schnittpunkt von $G_{K'}$ mit G_k.

Seite 272

Zielfunktion: $A(a, b) = a \cdot b$

Nebenbedingung: $U = 2\pi r + 2a = 400; r = \frac{b}{2}$

$\Rightarrow U = \pi b + 2a = 400 \Rightarrow b = \frac{1}{\pi} \cdot (400 - 2a)$

$\Rightarrow A(a) = \frac{1}{\pi} \cdot (400a - 2a^2); D(A) = [0; 200]$

$A'(a) = \frac{1}{\pi} \cdot (400 - 4a) = 0 \Rightarrow a = 100$

$A''(a) = -\frac{4}{\pi} \ (< 0,$ lok. Max.$); A(100) \approx 6366,2$

$A(0) = A(200) = 0 \Rightarrow$ beide Randwerte $< 6366,2$

$b \approx 63,66; r \approx 31,83$
Maximale Fläche 6366 m² bei $a = 100, b \approx 63,66$.

Seite 273

x: Anzahl der Bestellungen;

$DLB(x) = \frac{120\,000}{2x} = \frac{60\,000}{x}$

$LK(x) = 0,1 \cdot DLB(x) \cdot 3 = \frac{18\,000}{x}$ ▸ Lagerkosten

$BK(x) = 180x$ ▸ Bestellkosten

$K(x) = 180x + \frac{18\,000}{x}$ ▸ Gesamtkosten

$K'(x) = 180 - \frac{18\,000}{x^2}; K''(x) = \frac{36\,000}{x^3}$

$K'(x_E) = 0 \Rightarrow x_{E_1} = -10 \ (\notin D_{\text{ök}})$ und $x_{E_2} = 10$

$K''(10) = 36 \ (> 0;$ LK, lokales Minimum$)$

$K(10) = 3600 \Rightarrow K_{Min}(10 | 3600)$

Bei 10 Bestellungen werden jeweils 12 000 Stück bestellt und minimale Gesamtkosten von 3600 € verursacht.

Glossar

Hinweis: Die folgenden Begriffe werden so erklärt, wie sie in diesem Lehrbuch verwendet werden. Die Erklärungen erheben nicht den Anspruch einer exakten Definition im volks- oder betriebswirtschaftlichen Sinn.

Absatz (*sales*) ist die in einem bestimmten Zeitraum verkaufte (abgesetzte) Menge eines Produkts.

Abschreibung (*depreciation*) erfasst planmäßige und außerplanmäßige Wertminderungen von Vermögensgegenständen.

Amortisation (*amortization*) ist der Prozess, in dem die Anschaffungskosten einer Investition durch die Einzahlungen gedeckt werden, die durch die Investition entstehen.

Angebot (*supply*) ist die Bereitschaft zum Verkauf eines Gutes.

Angebotsmonopol (*supply monopoly*) ist eine Marktform, bei der nur ein einziger Anbieter eines bestimmten Gutes existiert.

Angebotsüberschuss (*excess supply*) besteht, wenn das Angebot größer ist als die Nachfrage. Das kann dann der Fall sein, wenn der Verkaufspreis über dem Gleichgewichtspreis liegt.

Aufwand (*expenses*) ist der wertmäßige Einsatz von Gütern und Dienstleistungen, um einen Ertrag zu erzielen.

Ausbringungsmenge (*output*) ist die Menge eines Gutes, die in einer Produktionsperiode hergestellt wird.

Barwert (*cash value*) ist der Wert, den zukünftige Zahlungen in der Gegenwart haben.

Betriebsminimum ist die Ausbringungsmenge, bei der die geringsten variablen Stückkosten entstehen.

Betriebsoptimum ist die Ausbringungsmenge, bei der die geringsten Stückkosten entstehen (kostengünstigste Produktionsmenge).

Break-even-Punkt (*break-even point*) siehe **Gewinnschwelle**

Cournot'scher Punkt gibt die gewinnmaximale Menge und den zugehörigen Preis beim Monopol an.

Deckungsbeitrag (*contribution margin*) ist der Betrag, der vom Erlös übrig bleibt, wenn die variablen Kosten bereits gedeckt sind. Er dient zur Deckung der fixen Kosten.

Degressiver Kostenverlauf (*degressive cost schedule*) siehe **ertragsgesetzlicher Kostenverlauf**

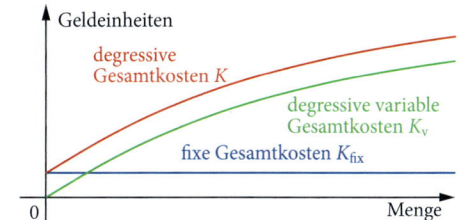

Durchschnittlicher Lagerbestand (*average stock*) gibt Auskunft darüber, wie groß die Vorräte im Durchschnitt sind.

Erlös (*revenue*) ist der Wert des Absatzes.

Erlösgrenze (*revenue limit*) ist die Absatzmenge, bei der der Preis null ist.

Erlöszone (*revenue area*) liegt zwischen der Erlösschwelle und der Erlösgrenze.

Ertrag (*revenue*) siehe **Erlös**

Ertragsgesetzlicher Kostenverlauf (*costs in the law of diminishing returns*) ist der Kostenverlauf, bei dem der Anstieg der Kosten bis zu einem bestimmten Punkt immer schwächer wird (**degressiver Verlauf**) und danach immer stärker (**progressiver Verlauf**).

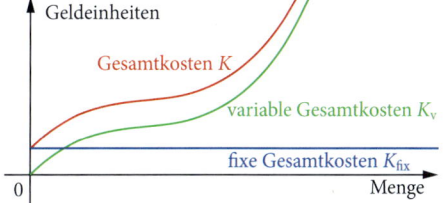

Fixe Kosten (*fixed costs*) sind der Bestandteil der Gesamtkosten, der unabhängig von der Produktionsmenge in einem bestimmten Zeitraum anfällt, z.B. Miete, Lohnkosten.

Gesamtdeckungsbeitrag (*contribution margin*) siehe **Deckungsbeitrag**

Gesamtkosten (*total costs*) sind die Summe aus variablen und fixen Kosten.

Gewinn (*profit*) ist die Differenz zwischen Ertrag (Erlös/Umsatz) und Aufwand (Kosten).

Gewinngrenze (*profit limit*) ist der Absatz am Übergang von einem positiven Gewinn zu einem negativen Gewinn (Verlust).

Gewinnschwelle (*break-even point*) ist der Absatz am Übergang vom Verlust (negativer Gewinn) zu einem (positiven) Gewinn.

Gewinnzone (*profit area*) ist der Bereich zwischen Gewinnschwelle und Gewinngrenze.

Grenzkosten (*marginal costs*) sind Mehrkosten, die bei der Produktion einer zusätzlichen Mengeneinheit eines Produkts entstehen.

Höchstpreis (*maximum price*) ist der Preis, bei dem die Käufer nicht mehr bereit sind, ein Gut zu kaufen. Die Nachfrage ist also null. Der Höchstpreis befindet sich im Schnittpunkt der Nachfragekurve mit der y-Achse.

Kapazitätsgrenze (*capacity limit*) ist die größtmögliche Ausbringungsmenge in einem bestimmten Zeitraum. Sie ist technisch oder organisatorisch bedingt.

Kapitalwert (*cash value*) bezeichnet den Barwert aller Ein- und Auszahlungen einer Investition. Der Berechnung des Barwerts wird ein Kalkulationszinssatz zugrunde gelegt.

Kapitalwertmethode (*net present value method*) dient der Beurteilung der Vorteilhaftigkeit einer Investition. Eine Investition wird als vorteilhaft angesehen, wenn ihr Kapitalwert mindestens null ist.

Kurzfristige Preisuntergrenze (*short-term lower price limit*) ist der Preis, unterhalb dessen die variablen Kosten nicht mehr gedeckt sind (unabhängig von der Ausbringungsmenge). Sie ist so hoch wie die geringsten variablen Stückkosten im Betriebsminimum.

Lagerkosten (*inventory costs*) setzen sich zusammen u.a. aus den Bestellkosten und den Zinsen für das im Lager gebundene Kapital.

Langfristige Preisuntergrenze (*long-term lower price limit*) ist der Preis, unterhalb dessen die gesamten Kosten nicht mehr gedeckt sind (unabhängig von der Ausbringungsmenge). Sie ist so hoch wie die geringsten durchschnittlichen Gesamtkosten im Betriebsoptimum.

Marktgleichgewicht (*market equilibrium*) stellt sich ein, wenn Angebot und Nachfrage nach einem Gut übereinstimmen. Es wird bestimmt durch die Gleichgewichtsmenge und den Gleichgewichtspreis.

Materialeinsatz (*input*) oder **Input** ist der mengenmäßige Einsatz von Produktionsfaktoren, beispielsweise von Rohstoffen.

Mengenanpassung (*quantity adjustment*) bedeutet, dass der Gewinn nicht durch den Preis eines angebotenen Gutes beeinflusst werden kann, sondern nur durch die Höhe des Absatzes.

Nachfrage (*demand*) ist die Bereitschaft zum Kauf eines Gutes.

Nachfrageüberschuss (*excess demand*) besteht, wenn die Nachfrage größer ist als das Angebot. Das kann dann der Fall sein, wenn der Verkaufspreis unter dem Gleichgewichtspreis liegt.

Optimale Bestellmenge (*optimal order quantity*) ist dann erreicht, wenn die Lagerkosten minimal sind.

Output (*output*) siehe **Ausbringungsmenge**

Preis-Absatz-Funktion (*price-sales function*) gibt an, welche Menge eines Gutes ein Unternehmen in Abhängigkeit vom Preis absetzen kann. Die Preis-Absatz-Funktion eines Angebotsmonopolisten ist die Nachfragefunktion der Käufer.

Produktionsmenge (*output*) siehe **Ausbringungsmenge**

Produktlebenszyklus (*product life cycle*)
Einführungsphase: geringer Umsatz, hohe Stückkosten.
Wachstumsphase: höherer Umsatz, geringere Stückkosten; etwa ab Gewinnschwelle steigt der Gewinn bis zum Gewinnmaximum.
Reifephase: Konkurrenten treten auf, Preise fallen, Umsatz steigt langsamer.
Sättigungsphase: Umsatz geht zurück, Marktsättigung ist erreicht.

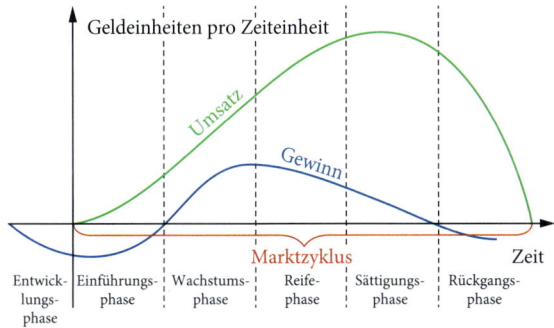

Progressiver Kostenverlauf (*progressive cost schedule*) siehe **ertragsgesetzlicher Kostenverlauf**

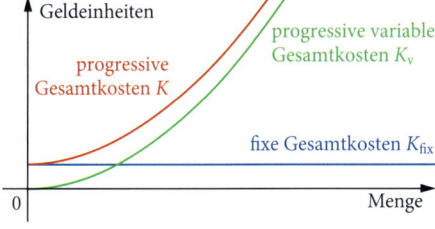

Prohibitivpreis (*prohibitive price*) siehe **Höchstpreis**

Sättigungsmenge (*saturation quantity*) ist die Menge, bei der keine weiteren Mengen mehr nachgefragt werden, obwohl der Preis schon bei null liegt (Nullstelle der Nachfragefunktion).

Stückdeckungsbeitrag (*unit contribution margin*) gibt an, wie viele Geldeinheiten **eine** Mengeneinheit eines Produkts zur Deckung der Fixkosten beiträgt.

Stückkosten (*unit costs*) sind die Kosten pro Mengeneinheit.

Tilgung (*redemption*) ist der Betrag, um den die Restschuld eines Darlehens verringert wird.

Umsatz (*revenue*) siehe **Erlös**

Variable Kosten (*variable costs*) sind der Bestandteil der Gesamtkosten, dessen Höhe von der produzierten Menge abhängt.

Stichwortverzeichnis

gleichnamig 10
Gleichung
  der allgemeinen Exponentialfunktion 166
  lineare 17
  quadratische 20
globale Maximalstelle 238
globale Minimalstelle 238
globaler Hochpunkt 238
globaler Tiefpunkt 238
globales Maximum 238
globales Minimum 238
Grad 122, 139
Gradmaß 188
grafisches Differenzieren 214
Graph 16
Grenzertragsmaximum 261
Grenzkosten 227
Grenzkostenfunktion 227, 240, 258
Grenzkostenminimum 240, 258
Grenzwert 124
Grundgesamtheit 28
Grundwert 15

H
Häufigkeit
  absolute 30
  relative 30
Hauptnenner 10
hinreichende Bedingung 238, 241,
  243, 244
Histogramm 34
Hochpunkt 151, 238
Höchstpreis 82
Hyperbel 124

I
irrationale Zahlen 9

K
Kapazitätsgrenze 85
Kennzahlen 42
Klassenbreite 34
kleinstes gemeinsames Vielfaches
  (kgV) 10
Koeffizient 139
konstante Funktion 72
Konstantenregel 216
Koordinatensystem 16

Kosinus 186
Kosinusfunktion 191
Kosten 85
Kostenfunktion 85
  ertragsgesetzliche 153
Kostensteigungsfunktion 240
Kreisdiagramm 33
Kriterium
  1. Kriterium für f' 238
  1. Kriterium für f'' 241
  2. Kriterium für f'' 243
  2. Kriterium für f''' 244
Krümmungsfunktion 241
Krümmungsintervall 151
Krümmungsverhalten 151
kubische Funktion 139
Kurvendiskussion 246
kurzfristige Preisuntergrenze 157,
  265

L
Lagemaß 42
Lagerbestand 272
Lagerkosten 272
langfristige Preisuntergrenze 266
Laufzeit 178
Limes 124
lineare Funktion 71
lineare Gleichung 17
lineare Regression 58
lineare Ungleichung 17
lineares Gleichungssystem 18, 112
lineares Glied 94
Linearfaktor 21
Linearfaktorzerlegung 21, 142
Liniendiagramm 32
Linkskrümmung 151
Logarithmus 174
lokale Änderungsrate 207
lokale Maximalstelle 238
lokale Minimalstelle 238
lokaler Extrempunkt 237
lokaler Hochpunkt 238
lokaler Tiefpunkt 238
lokales Maximum 238
lokales Minimum 238

M
Marktgleichgewicht 83

Maximalstelle 238
Maximum 238
Median 43
Merkmal 28
  qualitatives 28
  quantitatives 28
Merkmalsausprägungen 28
Merkmalsträger 28
metrische Skala 28
Minimalstelle 238
Minimum 238
mittlere Änderungsrate 205
mittlere quadratische
  Abweichung 46
Modalwert 44
Modus 44
Momentangeschwindigkeit 209
Monopolist 99
Monotonie 234
Monotonieintervall 151

N
Nachfragefunktion 82
Nachfragekurve 82
natürliche Zahlen 9
nominale Skala 28
Normalform einer quadratischen
  Gleichung 20, 101
notwendige Bedingung 238, 241,
  243, 244
Nullstelle 82, 106, 146

O
ökonomischer Definitions-
  bereich 82, 105
optimale Bestellmenge 272
Optimalpunkt 261
ordinale Skala 28
Ordinatenachse 16

P
Parabel 94
Parameter 71
partielles Radizieren 13
Periodenlänge 190
Phasenverschiebung 193
Polstelle 124
Polynom 139
Polynomfunktion 139

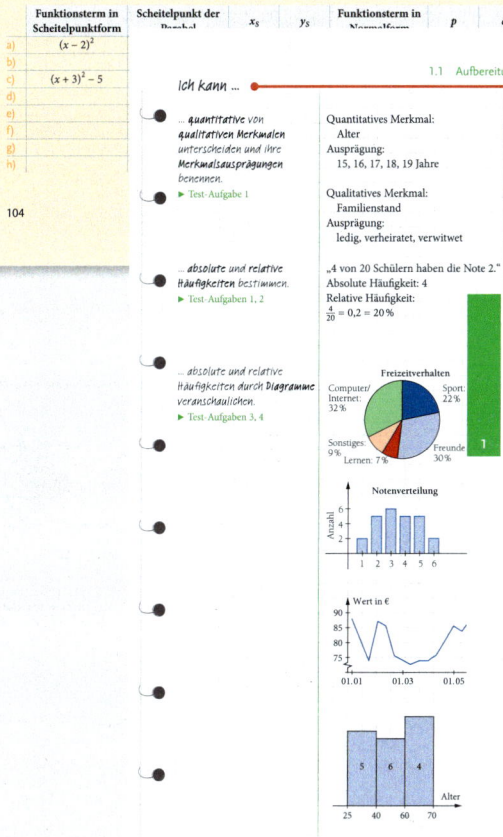

Am Ende jedes Abschnitts finden Sie zahlreiche **Übungen**. Nach jedem Abschnitt zweiter Ordnung folgen übergreifende Aufgaben.

Aufgaben, die mit dem Symbol $\boxed{\substack{\text{oHi}\\\text{Mi}}}$ gekennzeichnet sind, sollen ohne Hilfsmittel gelöst werden.

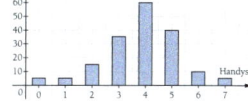

Die Übungen enthalten mit dem Schloss-Symbol $\boxed{\text{🔓}}$ gekennzeichnete „offene Aufgaben". Zu jeder offenen Aufgabe gibt es auch eine passende „geschlossene Variante" $\boxed{\text{🔒}}$.

Zum Abschluss jedes Abschnitts zweiter Ordnung finden Sie den Kompetenz-Check **„Ich kann …"** sowie einen **Abschluss-Test**. So können erworbene inhaltliche und anwendungsbezogene Kompetenzen überprüft werden.

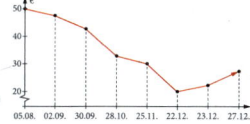

Das Symbol $\boxed{\substack{\text{GTR}\\\text{CAS}}}$ weist darauf hin, dass es im Anhang (Seiten 279–295) ein Beispiel gibt, das zeigt, wie man das Problem mit dem GTR (Casio fx-CG20/50 oder TI-nspire CX) bzw. CAS (TI-nspire CX CAS) löst. Eine kurze Einführung finden Sie auf den Seiten 24–26.